Thema Sozialwissenschaften

Wirtschaftspolitik im internationalen Rahmen

Konjunktur und Wachstum – Geldpolitik und Außenwirtschaft – wirtschaftspolitische Konzeptionen

Uwe Taenzer
Friedrich Tholen
Uli Pieper

Ernst Klett Verlag
Stuttgart · Leipzig

1. Auflage 1 5 4 3 2 1 | 13 12 11 10 09

Autoren: Uwe Taenzer, Geseke; Friedrich Tholen, Aachen; Uli Pieper, Brühl

Redaktion: Dr. Hans-Werner Thunig
Herstellung: Krystyna Müller

Illustrationen: Marine Ludin, Heidelberg
Reproduktion: Meyle + Müller, Medien-Management, Pforzheim
Satz und Grafiken: atelier eilenberger, Leipzig
Druckerei: Offizin Andersen Nexö, Leipzig

Printed in Germany
ISBN: 978-3-12-885125-9

9 783128 851259

Inhalt

Vorwort

Nach zwei Jahren wirtschaftlichen Aufschwungs in Deutschland, in denen es gelang, die Arbeitslosigkeit um mehr als 2 Millionen abzubauen und die Neuverschuldung des Staates zurückzuführen, führte die Finanzmarktkrise und die dadurch verursachte weltweite Wirtschaftskrise auch in Deutschland zu einem jähen Ende dieser so erfreulichen Entwicklung. Für jedermann wurde sichtbar, wie sehr wirtschaftliche Entwicklungen auch zu persönlicher Betroffenheit führen. Wirtschaftspolitische Themen beherrschen die Medien mit ihren Schlagzeilen: Bankenkrise, Teilverstaatlichung der Commerzbank, 500 Mrd. Hilfspaket des Staates für die Banken, Konjunkturprogramme, Einbruch des Exports, Kurzarbeit in der Automobilindustrie, Unternehmenszusammenbrüche. Daraus resultieren viele Fragen: Ist die starke Exportorientierung Deutschlands notwendig? Welche Rolle kann und soll der Staat bei der Steuerung der wirtschaftlichen Entwicklung spielen? Hat die Europäische Zentralbank wirksame Mittel zur Sicherung des Geldwertes und zur Ankurbelung der Wirtschaft? Muss das Verhältnis von Staat und Markt in der sozialen Marktwirtschaft neu überdacht werden? Welche wirtschaftspolitische Konzeption ist die richtige?
In einer ersten Annäherung an die vielfältigen wirtschaftspolitischen Aspekte werden die globale Finanzmarktkrise ab 2007 und die dadurch verursachte weltweite Wirtschaftskrise aufgegriffen, indem deren Ursachen und Auswirkungen thematisiert werden. Im Kapitel 1 „Globalisierung – eine Herausforderung für die Soziale Marktwirtschaft?" wird in die ordnungspolitischen Merkmale der Sozialen Marktwirtschaft eingeführt und diskutiert, welche Konsequenzen sich aus der Globalisierung für die Ausgestaltung der Sozialen Marktwirtschaft ergeben. In Kapitel 2 „Wachstum über alles? Ziele der Wirtschaftspolitik" werden die wirtschaftspolitischen Ziele und ihre Indikatoren vorgestellt. Es wird die Frage aufgeworfen, inwieweit Wirtschaftswachstum für die Stabilität einer marktwirtschaftlich organisierten Gesellschaft unverzichtbar ist. Kapitel 3 „Wie wird das BIP ermittelt? – Grundzüge der Volkswirtschaftlichen Gesamtrechnung" führt in die Volkswirtschaftliche Gesamtrechnung und die Zahlungsbilanz als Basis jeder Wirtschaftspolitik ein. Kapitel 4 „Instabilitäten marktwirtschaftlicher Entwicklung – Konjunktur- und Wachstumszyklen" stellt die Entwicklung sowie die Bestimmungsgründe von Konjunktur und Wachstum dar. In Kapitel 5 „Theoretische Grundlagen der Konjunkturpolitik" werden sehr knapp von Keynes entwickelte makroökonomische Zusammenhänge vorgestellt, die ein Fundament für die in Kapitel 6 „Wirtschaftspolitische Konzeptionen in der Diskussion" dargestellten wirtschaftspolitischen Konzeptionen bilden. Dabei werden die ordnungspolitischen Auswirkungen der unterschiedlichen wirtschaftspolitischen Konzeptionen reflektiert. Kapitel 7 „Die Geldpolitik der Europäischen Zentralbank – Möglichkeiten und Grenzen" informiert über Ursachen von Inflation, Grundelemente der Geldordnung sowie über die Geldpolitik der EZB, ihre Handlungsmöglichkeiten zur Aufrechterhaltung des Geldwertes und zur Flankierung der Konjunkturpolitik. Kapitel 8 „Außenwirtschaftliche Abhängigkeit Deutschlands im Zeitalter der Globalisierung" geht der Frage nach, welche Einflüsse von der Außenwirtschaft auf die wirtschaftliche Entwicklung Deutschlands ausgehen, informiert über Ursachen des internationalen Handels, internationale Währungsbeziehungen und globale Finanzmärkte. Auf der Basis der vorhergehenden Kapitel wird zum Abschluss die Diskussion zum Verhältnis von Markt und Staat aufgenommen. Die abschließende Zukunftswerkstatt soll zu einer Auseinandersetzung mit dieser fundamentalen Frage anregen.
Den Kapiteln sind verschiedene Fachmethoden zugeordnet, die zu einer differenzierten Analyse wissenschaftlicher Ergebnisse und zu selbstständigen und intersubjektiv nachvollziehbaren Urteilen notwendig sind.

Finanzmarktkrise – Auslöser für eine neue Wirtschaftspolitik? Eine erste Annäherung

1 Internationale Währungsfonds – IWF, gegründet 1944 in Bretton Woods, Kernaufgabe des IWF ist es, die wirtschaftliche Stabilität in seinen 184 Mitgliedstaaten und in der Weltwirtschaft insgesamt zu fördern. Er untersucht unter diesem Blickwinkel regelmäßig die Wirtschafts- und Finanzpolitik der Mitgliedstaaten und zeigt dabei gegebenenfalls Risiken auf, vgl. Kapitel 8.6

In den Jahren 2007/2008 hat sich gezeigt, wie Schwierigkeiten in einem relativ kleinen Segment des amerikanischen Hypothekenmarktes sich im Zeitalter der Globalisierung schockwellenartig zu einer Finanzkrise globalen Ausmaßes und darüber hinaus in atemberaubendem Tempo zu einer weltweiten Wirtschaftskrise ausgeweitet haben. Sinkende Immobilienpreise in den USA ließen die Spekulationsblase auf dem Immobilienmarkt platzen und führten zu einem dramatischen Kursverlust der minderwertigen Wertpapiere, in denen die Kredite für Immobilien verbrieft waren. Das führte bei zahlreichen Kreditinstituten, die diese Wertpapiere gekauft hatten, zu Verlusten in Milliardenhöhe und zu Liquiditätsproblemen. Das daraus entstehende Misstrauen zwischen den Banken war so groß, dass sie sich gegenseitig keine Kredite mehr gewährten. Der Geldmarkt, der in normalen Zeiten die Geldversorgung der Banken mit Zentralbankgeld sichert (vgl. dazu Kapitel 7.5, M 14), kam so zum Erliegen. Die amerikanische Zentralbank, die Bank of England, die Europäische Zentralbank, die japanische Zentralbank und viele andere Zentralbanken mussten in großem Umfang Zentralbankgeld zur Verfügung stellen, um einen Zusammenbruch des globalen Finanzsystems zu verhindern. Außerdem senkten sie die Zinsen für Kredite an die Banken in mehreren Schritten teilweise bis auf unter 1 Prozent.
Um Kreditinstitute vor dem Konkurs aufgrund ihrer Fehlspekulation zu retten, griff der Staat in Deutschland wie auch in anderen Ländern – zunächst fallweise durch Bürgschaften und Finanzspritzen – einzelnen Banken unter die Arme. Mit der von Fachleuten nicht für möglich gehaltenen Insolvenz von Lehman Brothers – einer der weltweit größten und renommiertesten amerikanischen Investmentbanken – im September 2008

wurde das Vertrauen in die Stabilität von Banken und Versicherungen so stark beschädigt, dass die Kreditgewährung zwischen den Banken wiederum weitgehend zum Erliegen kam. Daraufhin erfolgte im Oktober ein grundlegender Politikwechsel. Die fallweisen Stützungsaktionen wurden zu Gunsten umfassender Lösungsansätze aufgegeben. So beschloss die Bundesregierung am 13. Oktober 2008 als Rettungsprogramm für das deutsche Finanzsystem das Finanzmarktstabilisierungsgesetz (FMStG) mit einem Volumen von 500 Mrd. Euro, das nach Verabschiedung im Bundestag und Bundesrat am 18. Oktober in Kraft trat. Banken und Versicherungen wurde damit staatliche finanzielle Hilfe angeboten, um deren Risiken abzudecken und einen Kollaps des Finanzsystems zu verhindern. In anderen Ländern wurden ähnliche staatliche Hilfsprogramme zur Stabilisierung des Finanzsystems verabschiedet „Ohne staatliche Interventionen hätte die systemische Krise zu einem Zusammenbruch des gesamten Finanzsystems geführt. Nicht nur die Kreditvergabe zwischen den Banken, sondern auch die an Unternehmen und private Haushalte wäre zum Stillstand gekommen. Es hätte die Gefahr bestanden, dass Sparer versuchen, ihre Einlagen in großem Stil aufzulösen. Da Kredite eine deutlich längere Laufzeit aufweisen als Einlagen, sind Banken grundsätzlich nicht in der Lage, einem flächendeckenden Einlagenabzug nachzukommen. Unternehmen und private Haushalte könnten dann nicht mehr frei über Bankguthaben und Ersparnisse verfügen. Das Vertrauen in das Bankensystem wäre zerstört worden und die Finanzierung realwirtschaftlicher Aktivitäten zusammengebrochen.“ (SVR 2008/2009 S. 1)
An den Börsen fielen weltweit die Aktienkurse, in Deutschland verlor der DAX 2008 40 %. Das Wirtschaftswachstum in den USA und mit Verzögerungen auch in Europa und anderen Ländern wurde negativ beeinflusst mit Rückwirkungen auf Arbeitslosigkeit, Steuereinnahmen etc. Für Deutschland machte sich diese Entwicklung in einem Einbruch bei den Exporten bemerkbar. Einzelne Branchen, die besonders exportorientiert sind, wie die Automobil- und Chemieindustrie, erlitten dramatische Absatzeinbußen, so dass die Unternehmen mit der Stilllegung einzelner Produktionsstätten, mit Kurzarbeit und der Entlassung von Leiharbeitern reagierten.
Die noch im Frühjahr 2008 vollmundigen Äußerungen von Politikern und Ökonomen, die Finanzmarktkrise werde in Deutschland nur marginale Auswirkungen auf die Konjunkturentwicklung haben, erwiesen sich schnell als krasse Fehleinschätzung. Wie schnell sich die Auswirkungen der Finanzkrise von USA auf die EU-Staaten, bis nach Japan und China auf die Realwirtschaft übertrugen, hat alle überrascht.
Der Internationale Währungsfonds prognostizierte für 2009 eine weltweite Rezession, die Angst vor einer globalen Krise – vergleichbar mit der Weltwirtschaftskrise von 1929 – geht um. Konjunkturprogramme, deren Summen unvorstellbar sind, sollen ein Abgleiten in eine lang anhaltende tiefgreifende Krise verhindern.
Die folgenden Materialien werfen ein Schlaglicht auf die Ursachen, den Verlauf und die vielfältigen globalen Auswirkungen der Finanzmarktkrise. In den einzelnen Kapiteln dieses Werkes wird die Krise in unterschiedlichen Aspekten aufgenommen.

M 1

Die Geisterstadt im Postbezirk 44105

Aus einem stahlblauen Himmel scheint die Frühlingssonne auf Cleveland und gibt sich alle Mühe, die verbliebenen Schneereste zu schmelzen, die die Stürme des Winters zurückgelassen haben. Doch die ersten warmen Sonnenstrahlen verheißen der Stadt am Eriesee in diesem Jahr wohl keinen Aufbruch, keine Erneuerung. Im Slavic Village, einem einst von Einwanderern aus Polen, Tschechien und der Slowakei gegründeten Viertel nur wenige Autominuten südlich der Innenstadt, herrschen Zerstörung und Trostlosigkeit. Hier, an der Union Street und in den angrenzenden Straßenzügen, wird das Ausmaß der Verwüstung deutlich, die der Sturm der Hypotheken-

1 ESOP – Empowering and Strengthening Ohio's People, eine Bürger- und Verbraucherschutzorganisation in Ohio

2 Subprime-Darlehen – Als Subprime-credits bezeichnet man Kredite von Banken, bei denen die Kreditnehmer kaum Sicherheiten, ein niedriges Einkommen oder kein eigenes Kapital bei der Kreditvergabe vorweisen konnten.

krise in Teilen Amerikas inzwischen angerichtet hat: Häuser über Häuser, deren Fenster und Türen mit Brettern vernagelt sind, verlassen von ihren Bewohnern, weil ihnen die Hypothekenschulden über den Kopf wuchsen und sie keinen anderen Ausweg mehr sahen, als sich auf- und davonzumachen in der Hoffnung, die Gläubiger werden sie niemals finden.

Es sind nicht mehr nur ein paar, auch nicht nur ein paar Dutzend Häuser, die aufgegeben und, kaum, dass ihre Bewohner fort waren, von Plünderern ausgeschlachtet wurden. Sie haben es vor allem auf die Kupferleitungen und anderes Metall abgesehen, weil sie dafür von den lokalen Schrotthändlern ein paar Dollar bekommen. Hunderte Häuser im Slavic Village stehen inzwischen leer, weil die Zwangsvollstreckung angeordnet wurde und die Hausbesitzer keinen anderen Ausweg mehr sahen, als zu verschwinden. Der Postbezirk 44105, zu dem auch dieses Stadtviertel gehört, hat in Amerika inzwischen traurige Berühmtheit erlangt: Nirgendwo anders im Land gab es im vergangenen Jahr mehr Zwangsversteigerungen von Häusern und Wohnungen als hier. Das Slavic Village wird mehr und mehr zu einer Geisterstadt im 21. Jahrhundert, und täglich erhalten drei weitere der noch verbliebenen Bewohner einen Brief vom Gericht mit der Ankündigung der Zwangsversteigerung. [...]

Zu den vielen verlassenen Häusern könnte schon bald auch das von Mandisa Lewis zählen, das nicht weit vom Slavic Village entfernt steht. „Ich bin bereit, alles hinzuschmeißen und abzuhauen", sagt die Mittvierzigerin. Vor acht Jahren hat sie das Häuschen gekauft, für 83 000 Dollar, und weil sie und ihr damaliger Mann keine Ersparnisse hatten, haben sie sich das ganze Geld von der Bank geliehen. 2003 nahm Lewis, mittlerweile geschieden, eine zweite Hypothek über 32 000 Dollar auf, einen so genannten „home equity loan", bei dem der gestiegene Wert des Hauses als Sicherheit dient. „Warum ich das gemacht habe, weiß ich gar nicht mehr", sagt Lewis. So richtig verstanden habe sie die Bedingungen des zweiten Kredits nicht, gesteht sie, und sie habe sich auch nicht beraten lassen, sondern alles auf dem Postweg geregelt.

1055 Dollar habe sie im Monat für die beiden Hypotheken bezahlen müssen. „Das war aber

Die Hausbesitzer sind geflüchtet.

kein Problem, denn ich hatte einen ordentlichen Job in der Schulverwaltung, wo ich 45 000 Dollar im Jahr verdiente", sagt sie. Dann habe sie ihre Stelle verloren und zunächst nur einen Aushilfsjob gefunden, der ihr 10 Dollar in der Stunde brachte. Als dann auch noch der flexible Zins für das zweite Darlehen von 8 auf 16 Prozent und die monatliche Belastung auf 1300 Dollar kletterten, sei schnell das Ende der Fahnenstange erreicht gewesen. „Seit Oktober 2007 habe ich nicht mehr bezahlt", sagt die Mutter erwachsener Kinder. 83 000 Dollar schuldet sie der Bank trotz jahrelanger Zahlungen für den ersten Kredit, und aus den 28 000 Dollar des zweiten Darlehens sind inzwischen 32 000 Dollar geworden. Doch Lewis hat noch nicht endgültig aufgegeben, will es noch einmal versuchen. Seit einigen Wochen hat sie eine neue Stelle, ordentlich bezahlt, in der Verwaltung der Lutherischen Kirche von Cleveland. Das macht Mut, von Hoffnung will sie aber noch nicht sprechen. [...]

Die Mitarbeiter von ESOP[1] meinen die Schuldigen der Hypothekenkrise längst gefunden zu haben: raffgierige Kredithaie, die die Unbedarftheit der Menschen schamlos ausgenutzt und ihnen Hypotheken zu aberwitzigen Konditionen aufgeschwatzt haben, von denen sie wissen mussten, dass sie die Schuldner früher oder später in Schwierigkeiten bringen würden. Es sind die berüchtigten „Subprime-Darlehen"[2] mit einem niedrigen Lockzins, der später rasant in die Höhe steigt. [...]

Nicht weit von der Bürgerorganisation, in der Innenstadt Clevelands, befasst sich auch Jim Rokakis täglich mit der Häuserkrise. Der Kämmerer des Landkreises Cuyahoga bezeichnet die Verwüstung ganzer Stadtteile als „unsere

Katrina", jener Wirbelsturm, der Ende August 2005 weite Teile der Stadt New Orleans zerstörte. Über rund 15 500 Häuser und Wohnungen seines Kreises ist 2007 die Zwangsverstreckung eröffnet oder schon abgeschlossen worden; sieben Jahre zuvor war es nicht einmal die Hälfte.

Rokakis stimmt den Aktivisten von ESOP zu, dass predatory lending[1], eine geradezu räuberische Praxis der Kreditvergabe, die Wurzel des Übels sei. „Da haben viele Menschen hohe Hypothekendarlehen erhalten, die niemals einen solchen Kredit hätten bekommen dürfen", sagt der Sohn griechischer Einwanderer und gibt sich gar keine Mühe, die Wut über Hypothekenbanken wie Countrywide oder die inzwischen von der Citigroup übernommene Argent Mortgage zu verbergen. „Es ist eine Verschwörung, in die alle Beteiligten verwickelt sind", sagt Rokakis und erläutert die mitunter üblen Tricks, mit denen es den Banken, aber nicht zuletzt auch vielen unabhängigen Hypothekenmaklern gelungen sei, viele Bewohner seiner Stadt zum Abschluss einer Subprime-Hypothek zu überreden: keine Fragen nach dem Einkommen und das Versprechen schnellen Geldes. Kreditnehmer, die über eine einigermaßen gute Bonität verfügen und darum Anspruch auf einen niedrigen Darlehenszins hätten, seien zu einem höheren Zins überredet worden und hätten dafür vom Kreditvermittler einen Teil seiner Prämie erhalten. [...]

Claus Tigges: Die Geisterstadt im Postbezirk 44105. In: FAZ 5. 4. 2008, S. 14

1 predatory lending – Der Begriff stammt aus den USA, darunter wird eine einseitige und sittenwidrige Gestaltung von Kreditbeziehungen zu Lasten des Kreditnehmers verstanden.

M 2

Erst traf es die amerikanischen Hausbesitzer, dann traf es die ganze Welt

Der Dominoeffekt

M 2a

Kreditkrise – schwere Zeiten für Merrill Lynch

Der von der Kreditkrise massiv getroffene größte US-Finanzkonzern Citigroup ist tief in die roten Zahlen gerutscht und schreibt die zusätzliche Rekordsumme von 18,1 Milliarden Dollar ab.

Über weitere Großaktionäre und Anleihen verschafft sich die Bank erneut dringend benötigtes Kapital von insgesamt 14,5 Milliar-

1 Im Geschäftsjahr 2008 hatte sie einen Verlust von 19,7 Mrd. Schweizer Franken.

den Dollar (9,8 Mrd Euro). Citigroup streicht zudem die Dividende um mehr als 40 Prozent zusammen. In den vergangenen Monaten hatte die Citigroup-Spitze immer wieder betont, die Dividende müsse nicht angetastet werden.

http://www.sueddeutsche.de/wirtschaft/artikel/954/152567/ (15.01.2008)

M 2b

Finanzkrise-Verluste der UBS

01. April 2008 Die Schweizer Großbank UBS ist schwerer von der Finanzkrise betroffen als bislang gedacht. Am Dienstagmorgen meldete die Bank, dass sie im ersten Quartal des laufenden Geschäftsjahres einen Reinverlust von rund zwölf Milliarden Franken (7,6 Milliarden Euro) erwartet und ihr Kapital weiter aufstocken muss. Verwaltungsratspräsident Marcel Ospel zieht die Konsequenzen und tritt zurück. [...] Vor etwa einer Woche war über eine Kapitalerhöhung in Höhe von zehn Milliarden Franken spekuliert worden. Analysten hatten den Abschreibungsbedarf für das Gesamtjahr auf nochmals 10 bis 20 Milliarden Dollar geschätzt. Die Abschreibungen in der zweiten Hälfte des vergangenen Jahres wegen der Engagements auf dem amerikanischen Immobilienmarkt beliefen sich auf 21,3 Milliarden Franken. Mit den jüngsten Abschreibungen erhöht sich das Debakel der UBS auf dem amerikanischen Hypothekenmarkt auf einen Abschreibungsbedarf von mehr als 40 Milliarden Franken – so viel wie bei keiner anderen Bank[1].

http://www.faz.net/s/RubD16E1F55D21144C4AE3F9DD-F52B6E1D9/Doc~E4EFF5C5C04954DA7905C7586AA3D95BB~ATpl~Ecommon~Scontent.html

M 2d

Deutsche Bank schockt Börse

14. Januar 2009. Die Deutsche Bank erwartet im vierten Quartal und für das Gesamtjahr 2008 einen Milliardenverlust. Im vierten Quartal liege das Ergebnis nach Steuern bei minus 4,8 Mrd. Euro, teilte die Bank [...] mit. Für das Gesamtjahr geht die größte deutsche Bank von einem Verlust von etwa 3,9 Milliarden Euro aus. Im Vorjahr hatte die Bank noch einen Rekordgewinn von 6,5 Mrd. Euro erzielt. Nach Bekanntgabe der Meldung fiel der Kurs der Aktie deutlich um rund 7 Prozent. Als Grund führte die Bank in ihrer überraschenden Mitteilung „außerordentlich schwierige Marktbedingungen" an. [...]

http://www.faz.net/s/RubD16E1F55D21144C4AE3F9DD-F52B6E1D9/Doc~E8FAD67D3C1BA41EBB5BC3486FA1986E6~ATpl~Ecommon~Scontent.html

M 2c

Bankpleiten in den USA

American Freedom Mortgage	Hypothekenbank	Januar 2007
New Century Financial	Hypothekenbank	März 2007
American Home Mortgage	Hypothekenbank	August 2007
Sentinel Management Group	Investmentfonds	August 2007
Ameriquest	Hypothekenbank	August 2007
NetBank	Bank	September 2007
IndyMac Bank	Hypothekenbank	Juli 2008
Columbian Bank and Trust Company	Hypothekenbank	August 2008
Integrity Bank	Hypothekenbank	August 2008
Silver State Bank	Hypothekenbank	September 2008
Lehman Brothers	Investmentbank	September 2008
Ameribank	Bank	September 2008
Washington Mutual	Bank	September 2008
Alpha Bank	Bank	Oktober 2008
Freedom Bank	Bank	Oktober 2008

Uwe Taenzer

M 2e

Kreditkrise grassiert/Alarmstimmung in China

Die US-Hypothekenkrise hat jetzt auch chinesische Banken erreicht. Die Bank of China werde für das vierte Quartal 2007 deutliche Abschreibungen vornehmen müssen, berichtete die „South China Morning Post“. Die Bankenaufsicht habe die Regierung entsprechend informiert. Betroffen von Abschreibungen könnten auch zwei weitere Banken sein, berichtete das Blatt unter Berufung auf nicht identifizierte Quellen.
Die Abschreibungen könnten dem Bericht zufolge den Gewinn der Bank of China für das Gesamtjahr aufzehren oder sogar zu einem Verlust führen. Ein Sprecher des Instituts nahm zunächst keine Stellung. Die Bank hatte ihr Subprime-Portfolio im September auf 7,95 Milliarden Dollar von 9,65 Milliarden Dollar im August abgebaut. Bei den anderen Banken handelt es sich um die Industrial Commercial Bank of China und die China Construction Bank. [...]

www.n-tv.de, (21.01.2008)

M 2f

IWF: Finanzkrise kostet fast eine Billion Dollar

Der Internationale Währungsfonds (IWF) befürchtet bis zu 945 Milliarden Dollar (603 Milliarden Euro) Verluste als Folge der von den Vereinigten Staaten ausgehenden Finanzkrise. Diese entstünden durch die fallenden Immobilienpreise in Amerika, Hypothekenausfälle, aber auch durch andere Kreditarten sowie mit Geschäftsimmobilien und bei Verbraucherkrediten, schreibt der IWF in seinem am Dienstag vorgelegten Bericht zur Stabilität der weltweiten Finanzmärkte.
Zwar seien diese Schätzungen unpräzise, doch stehe der Finanzsektor vor weiteren Belastungen. Zudem stiegen die Sorgen über Beeinträchtigungen der Realwirtschaft. [...]

FAZ, (09.04.2008)

M 3

Wie macht man aus minderwertigen Hypotheken beste bewertete Wertpapiere?

[...] Der Ursprung der Krise liegt in Wyoming, in Ohio und überall sonst in den USA, wo auch Geringverdiener ihren Teil vom amerikanischen Traum abhaben wollen. Wo der Fernseher fünf Stunden am Tag läuft und wo in jeder Werbepause Spots von Kreditanbietern über den Bildschirm flimmern. Deren Botschaft lautet: Jeder Traum, der für Geld zu haben ist, ist machbar. Egal, wer man ist. Ohne Risiko. Sofort.
Die Amerikaner, die diese Botschaften sehen, verdienen vielleicht 30 000 Dollar im Jahr, oft weniger. Sicherheiten haben sie keine. Der Immobilienfinanzierer, ob er nun Countrywide, New Century oder Aegis Mortgage heißt, gibt ihnen trotzdem Kredit. Mit dem wird der Traum vom Eigenheim wahr. Für die Finanzierer war das Geschäft lange ohne Risiko. Sie konnten die Kredite einfach weitergeben. Möglich machte das die Verbriefung der Kredite, die wichtigste Finanzinnovation der vergangenen Jahre. Erdacht von Finanzmathematikern, werden Kredite dabei erst gebündelt, danach gestückelt und dann in Paketen weiterverkauft, um Risiken zu streuen.
Genau hier kamen die Ratingagenturen[1] ins Spiel: Indem die Banken die Kredite mit hohen Ausfallrisiken poolten und sie gemeinsam mit Krediten guter Bonität in so genannten Asset Backed Securities (ABS) verpackten, schufen sie Produkte, die trotz hoher Risiken häufig mit der höchsten Bonitätsnote, einem so genannten AAA-Rating ausgezeichnet wurden. Unter diesen Obligationen gab es viele, die kein solches Spitzenrating erhielten – sie wurden weiterverpackt in so genannte Collaterized Debt Obligations (CDOs). Die enthielten zwar noch deutlich mehr Risiken, konnten jedoch abhängig vom Mischungsverhältnis ebenfalls noch ein AAA-Rating erhalten.
Eines der Probleme: Es gibt im Gegensatz zur Bewertung klassischer Anleihen keine historischen Daten. Größere Ausfälle waren deshalb unbekannt – bisher. Doch allen Beteiligten musste klar sein: Wenn aus schwachen Schuldnerdarlehen plötzlich bestbewertete Papiere werden, gleicht das mehr Zauberei denn ernsthafter Analyse.

1 Ratingagentur – Ratingagenturen bewerten die Kreditwürdigkeit (Bonität) von Unternehmen und Ländern durch eine Buchstabenkombination (Ratingcode), die von AAA bzw. Aaa (beste Qualität) bis D (zahlungsunfähig) reicht.
Ratingagenturen sind private auf Gewinnmaximierung ausgerichtete Unternehmen. Bis zur Finanzmarktkrise 2007/2009 genossen sie eine hohe Wertschätzung. Ihre Ratings galten als allgemein anerkannte und zuverlässige Richtwerte. Durch ihre Beteiligung an der Verbriefung der Subprime-Kredite haben sie jedoch an Glaubwürdigkeit verloren.

Viele Banken haben sich dennoch blind auf die Bewertung der von ihnen bezahlten Ratingagenturen verlassen. Während die einfachen Kreditsachbearbeiter in Deutschland die Vergabe eines jeden Kleindarlehens gleich mehrfach prüfen, kauften die hoch bezahlten Investmentbanker viel komplexere Strukturen im ganz großen Stil ein. Dass aber ein Produkt ein Rating von AAA besitzt und trotzdem wesentlich höhere Rendite als vergleichbar bewertete Papiere wie etwa Staatsanleihen bringen soll, „hätte die Banken stutzig machen müssen", sagt eine Branchenkenner. Denn schließlich lernt jeder Bankazubi im ersten Lehrjahr: Nur ein hohes Risiko ermöglicht eine hohe Rendite.

Es war einfach zu verführerisch. Warum auch sollten die Banken die Bonität eines Schuldners noch genau prüfen, wenn es ohnehin einen Abnehmer gibt, der ihnen den Kredit aus den Händen reißt? Der das Paket dann so lange zurechtschnürt, „bis niemand mehr versteht, wie dieses Produkt funktioniert und was eigentlich drin ist", wie ein hochrangiger Banker zugibt.

Wer glaubt, die Ratingagenturen seien Opfer ihres eigenen Berechnungsmodells geworden, der irrt. Sie berieten die Banken, wie sie diese Produkte zusammenstellen mussten, um die höchste Bonitätsstufe zu erreichen. Und sie drehten offenbar auch regelmäßig selbst an ihrem Berechnungsmodell – auf Anregung der Banken. Das ist eines der Hauptprobleme der Ratingagenturen: Der Interessenkonflikt aufgrund ihrer Doppelfunktion als Berater und Bewerter. „Oft probiert eine Bank zusammen mit ihrer Ratingagentur verschiedene Mischungen von Subprime-Hypotheken, angereichert mit besseren Wertpapieren wie Unternehmensobligationen, am Modell aus", berichtet ein Top-Manager einer Ratingagentur. „Ergibt das Bewertungsmodell nach mehreren Versuchen immer noch ein unbefriedigendes Rating, wird es angeglichen, bis die neue Note dem Gusto des Kunden entspricht." [...]

Christoph Schürmann, Cornelius Welp, Melanie Bergermann: Elitärer Zirkel. Folgen der Finanzkrise sind hausgemacht. In: Wirtschaftswoche; http://www.wiwo.de/unternehmer-maerkte/folgen-der-finanzkrise-sind-hausgemacht-265047/2/ (15.02.2008)

M 4

Auswirkungen der Finanzkrise

M 4a

Die Angst geht um

Fachleute glauben, dass nur eine Zinssenkung der amerikanischen Notenbank einen längerfristigen Abwärtstrend verhindern kann.

Es war ein historischer Tag an den europäischen Börsen. Im Minutentakt ging es abwärts mit den Kursen – die ansonsten eher stabilen Leitindizes rauschten in die Tiefe wie ein exotischer Nebenwert.

„Es ist ein Desaster heute", sagt Werner Bader, Aktienstratege bei der Landesbank Baden-Württemberg (LBBW). Der Zeitpunkt des Crashs war überraschend, einige Experten hatten suggeriert, die Kreditkrise werde überwunden, ohne dass es zum großen Knall kommt. Nun ist Panik im Markt – und dieses Gefühl ist hochansteckend.

Die Börsenumsätze waren am Montag überdurchschnittlich hoch, und die Stimmung so schlecht wie seit 2003 nicht mehr. Ablesbar war das am VDax, dem Angstbarometer der Börse. Der Wert stieg auf 32 Prozent – ein Drittel höher als am Freitag.

Die heftigen Kursverluste dokumentieren, wie leicht in unsicheren Zeiten Kettenreaktionen ausgelöst werden. [...]

Die Börsenverluste vom Montag waren der bisherige Höhepunkt eines im historischen Vergleich sehr schlechten Jahresauftakts. Investoren scheinen sich erst jetzt der Gefahren der Kreditkrise bewusst zu werden – womöglich ist der Zeitpunkt aber auch kein Zufall. „Ich glaube, es gab 2007 eine stillschweigende Übereinkunft aller wichtigen Investoren, den Markt nicht allzu tief fallen zu lassen, um die Jahresperformance und die Boni für 2007 zu sichern. Diese Übereinkunft gilt nun nicht mehr – jeder versucht, so unbeschadet wie möglich aus dem Markt herauszukommen", sagt eine Hedge-Fondsmanagerin, die nicht genannt werden will.

Markus Zydra, Martin Hesse: Die Angst geht um. In: SZ, www.sueddeutsche.de/finanzen/artikel/76/153681/che.de/ (21.01.2008)

M 4b

Das Undenkbare denken

Die globale Finanzkrise hat eine neue Dimension erreicht: Der Internationale Währungsfonds schließt massive Ausgabenprogramme zwecks Verhinderung eines Absturzes der Weltwirtschaft nicht aus.

Über all dem wilden Auf und Ab an den Weltbörsen ist eine der wichtigsten Nachrichten dieser Woche fast untergegangen: Der Internationale Währungsfonds (IWF) hat die Regierungen seiner Mitgliedsstaaten in einem dramatischen Appell aufgefordert, notfalls mit massiven Ausgabenprogrammen einen Absturz der Weltwirtschaft zu verhindern. Der IWF-Manager Joseph Lipsky sprach zwar nicht von „Absturz", sondern nur vornehm von „deceleration" (Verlangsamung) der Konjunktur. Wie ernst die Lage ist, wurde jedoch schnell klar: Die Politiker müssten das „Undenkbare denken" und sich darauf vorbereiten, sagte Lipsky. Für den auf Solidität erpichten IWF bedeutet dies einen Kurswandel, den man sich radikaler kaum vorstellen kann. Bis vor kurzem verlangte der Fonds Haushaltssanierung[1] auch in Zeiten der Rezession[2].

Die globale Finanzkrise hat in diesen Tagen eine neue Dimension erreicht. Die Vereinigten Staaten dürften sich bereits jetzt in einer Rezession befinden, der Dollar schien zeitweise ins Bodenlose zu stürzen, Gold stieg erstmals über die Marke von 1000 Dollar. Die amerikanische Notenbank Federal Reserve flutete die Finanzmärkte mit Geld. Bemerkenswert war dabei nicht nur die schiere Summe von 200 Milliarden Dollar, sondern auch die Qualität ihrer Kredite; die Fed akzeptierte als Sicherheiten erstmals bestimmte Wertpapiere, die durch Hypotheken gedeckt sind, sie streckte die Frist der Kredite von einem auf 28 Tage. Ökonomen und Politiker in den Vereinigten Staaten diskutieren zunehmend radikalere Maßnahmen, um die Krise zu stoppen: Der Staat soll massiv notleidende Hauskredite aufkaufen und so Schuldnern und Banken gleichermaßen aus der Falle helfen.

Und immer schwingt das „Undenkbare" im Hintergrund mit, die Erinnerung an die Weltwirtschaftskrise[3] des vergangenen Jahrhunderts. Die heutige Krise sei die schwerste seit sechzig Jahren, sagten Experten am Rande einer großen Bankenkonferenz vorige Woche in Rio. Zwar sagt niemand, auch keiner der ärgsten Pessimisten unter den Ökonomen, einen Zusammenbruch von Weltwirtschaft und Welthandel, eine Verelendung breiter Schichten und Massenarbeitslosigkeit in den damaligen Dimensionen voraus. Wirtschaft und Politik haben aus den Erfahrungen der dreißiger Jahre gelernt. Aber es gibt trotzdem klare Parallelen zwischen gestern und heute.

Diese Parallelen lassen sich vor allem an einem schönen, über die Jahre fast vergessenen Begriff zeigen: dem der **„Liquiditätsfalle"**. Der Ökonom John Maynard Keynes[4] kennzeichnete in den dreißiger Jahren damit eine Situation, in der die Investoren auf ihrem Geld sitzen, weil sie Angst vor der Zukunft haben. Eigentlich sollten, nach der klassischen Theorie, in einer Rezession die Zinsen so weit sinken, dass sich das Investieren bald wieder lohnt. Manchmal aber, so sagte Keynes, kann der Zins gar nicht genügend sinken, weil die Furcht zu groß ist. Investoren werden von „tierischen Instinkten" geleitet, in guten wie in schlechten Zeiten. Sind sie einmal in die Angstfalle geraten, kommen sie aus ihr nicht mehr von selbst heraus. In dieser Situation muss der Staat eingreifen und die Wirtschaft vor sich selbst retten. (vgl. Kap. 6.2 und 6.3)

Die extreme Risikoscheu, die derzeit an den Finanzmärkten herrscht, ähnelt verblüffend dieser Liquiditätsfalle: Weil niemand weiß, welche Risiken der andere noch in seinen Büchern hat, misstrauen die großen Banken einander, was dazu führt, dass der Preis selbst erstklassiger Wertpapiere abstürzt. In so einer Situation stößt die Geldpolitik an klare Grenzen. Die Federal Reserve hat die Zinsen so aggressiv gesenkt wie noch nie und konnte doch die Angst nicht aus den Märkten treiben. Gleichzeitig ist die Inflation mit einer Jahresrate von vier Prozent so hoch, dass sie unter normalen Umständen höhere Zinsen erfordern würde.

Niemand kennt derzeit das eine, richtige Rezept, mit dem die Krise beendet werden könnte. Klar ist aber, dass es jetzt ohne den Staat, genauer: den amerikanischen Staat, nicht mehr geht. Der Kern des Übels, der Berg fauler Kredite in der US-Wirtschaft, muss beseitigt werden. Einen wichtigen ersten Schritt ist Finanzminister Hank Paulson diese Woche gegangen: Er hat eine Komplettrevision der

1 Haushaltssanierung – Bemühen, die laufenden Ausgaben des Staates durch Steuereinnahmen zu finanzieren, um eine Neuverschuldung und damit das Anwachsen der Staatsverschuldung zu vermeiden.

2 Rezession – Abschwächung der gesamtwirtschaftlichen Entwicklung. Wenn die Zuwachsrate des Bruttoinlandsprodukts über zwei Quartale hintereinander negativ ist, wird dies als Rezession bezeichnet, vgl. Kapitel 4.1.3

3 Weltwirtschaftskrise – Bezeichnung für den schweren wirtschaftlichen Einbruch der Industriestaaten, die von dem Zusammenbruch der Aktienkurse an der New Yorker Börse am 29. Oktober 1929, dem sog. „Schwarzen Freitag", ihren Ausgang nahm. Sie führte zu hoher Arbeitslosigkeit verbunden mit einer Deflation, vgl. Kapitel 6.2.2

4 Keynes, John Maynard, Lord of Tilton (1883–1946), bedeutender englischer Wirtschaftswissenschaftler. Hauptwerk: Allgemeine Theorie der Beschäftigung, des Zinses und des Geldes (1936). Zu seiner Lehre und zu seiner Bedeutung für die Wirtschaftspolitik vergleiche die Kapitel 5 und 6.

Regeln im amerikanischen Finanzsektor angekündigt. Das schafft Vertrauen, wirkt aber vor allem in die Zukunft. Vermutlich wird die Regierung in Washington tatsächlich gezwungen sein, den bedrängten Hausbesitzern (und deren Kreditgebern) mit Steuermitteln direkt zu helfen, durch den Druck der Öffentlichkeit, aber auch durch die Angstattacken auf den Finanzmärkten.
So ein Schritt ist immer bedenklich, weil damit letztlich unverantwortliche Verleiher, Banker und Investoren belohnt werden. Auch bei den Hausbesitzern, denen die unseriösen Hypotheken zum Verhängnis wurden, handelt es sich ja nicht nur um arme Familien, sondern oft auch um Spekulanten, die auf steigende Immobilienpreise setzten.
Die Rettungsaktionen häufen sich. Am Freitag billigte die amerikanische Notenbank eine Finanzspritze für die Investmentbank Bear Stearns, zu der sich die Notenbank von New York und die Bank JPMorgan durchgerungen hatten. Die britische Regierung ist so weit gegangen, die gescheiterte Bank Northern Rock zu verstaatlichen. In Deutschland wurden die Steuerzahler herangezogen, um in einer zweifelhaften Aktion die Mittelstandsbank IKB zu retten. Doch in der Liquiditätsfalle müssen Regierungen manchmal Schlimmes tun, um Schlimmeres zu verhindern.

Nikolaus Piper: Das Undenkbare denken. In: Süddeutsche Zeitung, 15.3.2008

M 4c

Während die regierungsamtlichen Stellungnahmen zur Entwicklung des Wachstums in Deutschland angesichts der globalen Finanzmarktkrise zum Jahresanfang 2008 noch recht optimistisch klangen, hat im Verlauf des Jahres die Finanzmarktkrise voll auf die Realwirtschaft durchgeschlagen. Kurzarbeit in der Automobilindustrie, wegbrechende Auftragseingänge aus dem Ausland ließen auch für die deutsche Wirtschaft wenig Hoffnung für 2009 zu. Der IFW sah in seiner Prognose vom November 2008 eine weltweite Rezession als Folge der Finanzmarktkrise heraufziehen. Im Kapitel 6.1 werden beispielhaft Maßnahmen verschiedener Regierungen zur Belebung der Konjunktur dargestellt.

IWF erwartet Weltrezession

Die Finanzkrise zwingt die Weltkonjunktur nach Schätzung des Internationalen Währungsfonds 2009 in die Rezession. Deutschland wird härter getroffen als bislang angenommen.
Die Finanz- und Wirtschaftskrise lässt das Wachstum weltweit einbrechen. Erstmals seit dem Zweiten Weltkrieg dürfte die Wirtschaftsleistung der Industrieländer im kommenden Jahr schrumpfen, heißt es im aktualisierten Weltwirtschaftsausblick des Internationalen Währungsfonds (IWF). Das Wachstum der entwickelten Länder wird sich demnach um 0,3 Prozent verringern. In diesem Jahr dürfte die Wirtschaftsleistung nur noch um 1,4 Prozent zunehmen.
Damit senkt der IWF seine Konjunkturprognose deutlich. Noch im Oktober hatten die Experten des Fonds ein Wachstum in den entwickelten Ländern von 0,5 Prozent vorhergesagt. Für dieses Jahr revidiert der IWF seine Zahlen ebenfalls leicht nach unten.
Auch das Wachstum der Weltwirtschaft insgesamt wird sich dem Bericht zufolge verlangsamen. So werde das globale Wachstum im kommenden Jahr nur noch 2,2 Prozent betragen, nach 3,7 Prozent in diesem Jahr. Der Fonds spricht bei einem weltweiten Wachstum von unter 3 Prozent von Rezession. Alle großen Industrieländer müssten mit einem schrumpfenden Bruttoinlandsprodukt rechnen, heißt es in dem IWF-Bericht.
Zugleich korrigierte der Fonds seine Prognosen für Deutschland nach unten. Die deutsche Wirtschaft werde kommendes Jahr um 0,8 Prozent schrumpfen. Im Oktober war der IWF noch von einer Stagnation ausgegangen[1]. Auch die USA dürfte dem Fonds zufolge im nächsten Jahr mit 0,7 Prozent im Minus landen, nach 1,4 Prozent Plus in diesem Jahr. Mit einer Erholung der Weltkonjunktur sei erst Ende 2009 zu rechnen.
Auch EZB-Präsident Jean-Claude Trichet sprach von einer großen Herausforderung für die Weltwirtschaft. „Die Verschärfung und Ausweitung der Finanzmarktkrise wird höchstwahrscheinlich die Nachfrage weltweit und im Euro-Raum für eine lange Zeit dämpfen", sagte er. Die Finanzkrise schlug unterdessen auch in Ungarn voll auf die Industrieproduktion durch. Diese verringerte sich im Septem-

1 Im Dezember 2008 ging der IWF von einer Schrumpfung des Bruttoinlandsprodukts von 2,5 % für Deutschland aus.

ber um 5,3 Prozent gegenüber dem Vorjahr, wie das Statistische Zentralamt in Budapest mitteilte. Zugleich müssen immer mehr Ungarn um ihre Arbeitsplätze fürchten. Das Land musste zuletzt bereits mit Krediten des IWF, der Europäischen Union und der Weltbank über insgesamt 20 Milliarden Euro vor der Zahlungsunfähigkeit bewahrt werden.

http://www.zeit.de/online/2008/46/iwf-weltrezession
© ZEIT ONLINE, dpa (6.11.2008)

M 4d

Während noch bis in die Mitte des Jahres 2008 von der Bundesregierung und Konjunkturbeobachtern gehofft wurde, dass die Finanzkrise in Deutschland nur geringe Auswirkungen auf die Konjunkturentwicklung haben werde, wurde im weiter Verlauf des Jahres deutlich, dass Deutschland von einer schweren Rezession nicht verschont bleiben würde. Ein 1. Konjunkturprogramm im November in Höhe von 32 Mrd. verteilt auf einen Zeitraum von zwei Jahren wurde als nicht hinreichend kritisiert. Die Verschärfung der Krisenerscheinungen führte im Januar 2009 zum 2. Konjunkturprogramm.

Das 2. Konjunkturprogramm

Deutschland soll nach dem Willen der Koalition durch das zweite Konjunkturpaket gestärkt aus der weltweiten Wirtschafts- und Finanzkrise hervorgehen. Bundeskanzlerin Angela Merkel (CDU) sagte am Dienstag in Berlin, die geplanten Schritte seien das größte Maßnahmenpaket in der Geschichte der Bundesrepublik.
Die Größe des Pakets mache die Dimension der weltweiten Finanz- und Wirtschaftskrise, aber auch die Entschlossenheit der Regierung deutlich, diese Krise zu überwinden. Frau Merkel betonte, die Regierung tue alles, damit Deutschland die Krise nicht nur überwinde, sondern aus ihr gestärkt hervorgehe. Das Konjunkturpaket stärke dabei die soziale Marktwirtschaft. Es sei ein Konzept gegen „sozialistische Experimente" und „Exzesse der Märkte". [...] Die Koalition habe gut daran getan, „nicht dem atemlosen Wettbewerb" nach immer schnelleren und sich zum Teil widersprechenden Maßnahmen anzuschließen, betonte Merkel weiter. Die Regierung habe sich viel mehr leiten lassen von einer nüchternen Analyse der Lage. Die Maßnahmen sollen nach den Worten der Kanzlerin Kräfte für Wachstum und Beschäftigung freisetzen. „Arbeit für die Menschen, das ist das, was uns leitet", hob Merkel hervor. Die Steuererleichterungen bezeichnete Merkel als ersten Schritt zu einer weiteren Strukturreform. Die beschlossenen Regelungen hielten die dazu notwendigen Optionen offen. Angesichts der weiteren Schuldenaufnahme verwies die Kanzlerin auf den vereinbarten Tilgungsplan. Damit sollten in analoger Weise zum Erblastentilgungsfonds nach der Wiedervereinigung Schulden abgebaut werden. Die könne etwa über Bundesbankgewinne geschehen oder an Wachstumsraten geknüpft werden.
Das von der großen Koalition geplante Konjunkturpaket wird die Neuverschuldung des Bundes auf einen Rekordwert von 50 Milliarden Euro treiben. „Das wird die höchste Nettoneuverschuldung in der Geschichte der Bundesrepublik", bestätigte der Vorsitzende der Unionsfraktion Volker Kauder. [...] Mit dem größten Konjunkturprogramm der Nachkriegsgeschichte stemmt sich die Bundesregierung gegen die Wirtschaftskrise. Die Spitzen von Union und SPD hatten sich am späten Montagabend auf ein Paket von rund 50 Milliarden Euro verständigt. Kernstück des Pakets ist ein Investitionsprogramm: Bund, Länder und Gemeinden wollen 2009 und 2010 rund 17 bis 18 Milliarden Euro zusätzlich in die Infrastruktur stecken. Zwei Drittel sollen in Bildungseinrichtungen fließen, der Rest unter anderem in Straßen, Schienen und schnellere Internetverbindungen.
Außerdem vereinbarte die Koalition Steuer- und Abgabensenkungen und einen 100-Milliarden-Euro-Rettungsschirm für Unternehmen mit Finanzierungsproblemen. Sie sollen staatliche Bürgschaften oder Kredite bekommen. Eine Beteiligung des Staates an Unternehmen soll es nicht geben. Bundesfinanzminister Peer Steinbrück kündigte an, Deutschland werde die europäische Defizitgrenze von maximal drei Prozent des Bruttoinlandsproduktes (BIP) in diesem Jahr gerade noch einhalten, im kommenden Jahr aber wohl nicht mehr. [...]

http://www.faz.net/s/Rub050436A85B3A4C64819D7E1B05B60928/Doc~EA6429C35541A40C8B82255307B1BB18D~ATpl~Ecommon~Scontent.html (13.01.09)

M 5

Der Weg zur globalen Finanz- und Wirtschaftskrise

Amerikanische Hausbesitzer
Nehmen Kredite zu historisch niedrigen Zinsen auf

▶ **Amerikanische Banken**
Vergeben Kredite ohne Einkommen der Kreditnehmer ausreichend zu prüfen
Bündeln Kredite zu Wertpapier-Paketen („Verbriefung")

▶ **Internationale Banken**
Kaufen Wertpapier-Pakete mit hohem Anlagenrisiko

Ende 2006: Zinsen steigen — 2007: Krise

Amerikanische Hausbesitzer
Können Kredite nicht zurückzahlen
Zwangsversteigerung
Preisverfall bei Eigenheimen

▶ **Amerikanische Banken**
Kreditausfälle, hohe Verluste, teilweise Insolvenzen
Geld wird knapp

▶ **Internationale Banken**
Gekaufte Papiere wertlos, hohe Verluste
Misstrauen: Banken leihen sich untereinander kein Geld mehr

2007 / 2008: Folgen

Amerikanische Wirtschaft
Weiterer Preisverfall
Stark rückläufiger privater Konsum, Unternehmen investieren weniger, Rückgang Wirtschaftswachstum

Notenbanken
Stellen Milliarden von Euro zur Verfügung, um internationalen Zahlungs- und Kreditverkehr zu sichern

Internationaler Kapitalmarkt
Kapitalanleger verkaufen ihre Bankaktien, Kurssturz an der Börse („Schwarzer Montag": 21.01.2008)

Weltwirtschaft
Rückgang Wirtschaftswachstum

http://www.bundesfinanzministerium.de/nn_54016/DE/BMF__Startseite/Service/Downloads/IP/065,templateId=raw,property=publicationFile.pdf

M 6

Ackermann fleht Staat um Hilfe an

Jetzt, da die Finanzkrise nicht mehr zu leugnen und schönzureden ist, rufen selbst Bankmanager nach dem Staat. Bei Bear Stearns hat es schon funktioniert. Doch Deutsche-Bank-Chef Josef Ackermann will noch mehr. Getreu dem Motto „Die Gewinne werden privatisiert, die Verluste sozialisiert" rief Ackermann Regierungen und Zentralbanken zu „mutigen Schritten" gegen die Finanzmarktkrise auf. Auf einem Treffen von Finanzexperten in Frankfurt am Montagabend sagte er, die Regierungen weltweit müssten an einem Strang ziehen, um einenTeufelskreis zu verhindern.

Der Staat soll es richten

Überraschenderweise erteilte der Chef eines rund 35 Milliarden Euro schweren Dax-Konzerns dem Neoliberalismus[1] eine Absage: Er selbst glaube hier nicht allein an die Selbstheilungskräfte des Marktes. Die Versorgung mit Liquidität reiche als Maßnahme nicht aus, sagte Ackermann am Montag in Frankfurt. Der Deutsche-Bank-Chef forderte Regierungen und Zentralbanken zu konzertierten Aktionen auf, um das Vertrauen in die globalen Finanzmärkte wieder herzustellen.

ag: Ackermann fleht Staat um Hilfe an, http://boerse.ard.de/contentjsp?key=dokument_283196 (18.03.2008), boerse. ARD.de, Hessischer Rundfunk, Frankfurt 2008

1 Neoliberalismus – eine Gesellschafts- und Wirtschaftstheorie, die im Wettbewerb und freien Märkten die Sicherung der individuellen Freiheit, die optimale Koordination des Wirtschaftsprozesses und eine leistungsgerechte Verteilung der Einkommen sieht. Staatliche Eingriffe werden weitgehend abgelehnt.

M 7

Köhler nennt Finanzmärkte „Monster"

Mit Blick auf die weltweite Krise der Finanzmärkte hat Bundespräsident Horst Köhler die Banken hart kritisiert. „Wir waren nahe dran an einem Zusammenbruch der Weltfinanzmärkte", sagte Köhler dem Magazin „Stern".

Die Finanzmärkte hätten sich „zu einem Monster entwickelt, das in die Schranken gewiesen werden muss". Dies müsse auch jedem verantwortlich Denkenden in der Finanzwelt klar geworden sein. […] Köhler unterstellte den Banken zudem, dass sie selbst die Übersicht verloren hätten. Ganz offensichtlich hätten die Banker so viele Derivate[1] geschaffen, dass sie am Ende selbst nicht mehr verstanden hätten, wie diese wirkten. „Die Überkomplexität der Finanzprodukte und die Möglichkeit, mit geringstem eigenem Haftungskapital große Hebelgeschäfte in Gang zu setzen, haben das Monster wachsen lassen", sagte Köhler, der früher Direktor des Internationalen Währungsfonds (IWF) war. „Es hat kaum noch Bezug zur Realwirtschaft." Dazu gehören auch „bizarr hohe Vergütungen für einzelne Finanzmanager". Die Finanzwelt habe sich „mächtig blamiert". Er vermisse aber noch immer als Schuldbekenntnis „ein klar vernehmbares mea culpa".

HANDELSBLATT, Mittwoch, 14. Mai 2008

1 Finanzderivat – Sie sind von traditionellen Finanzwerten (z. B. Anleihen, Aktien, Devisen) abgeleitete künstliche Finanzprodukte, die ein bestimmtes Recht verkörpern. Ihre Preise richten sich nach den Kursschwankungen oder den Preiserwartungen der Finanzwerte, von denen sie abgeleitet sind. Derivate sind so konstruiert, dass sie die Schwankungen der Preise der Anlageobjekte, auf denen sie basieren, überproportional nachvollziehen. Daher lassen sie sich sowohl zur Absicherung gegen Wertverluste (z. B. zur Sicherung gegen Wechselkursverluste) als auch zur Spekulation auf Kursgewinne der Basiswerte verwenden.

1. Erläutern Sie anhand von M 1 bis M 3, wie es zu der globalen Finanzkrise kommen konnte. Beurteilen Sie das Geschäftsgebaren der amerikanischen Hypothekenbanken bei der Kreditvergabe unter moralischen und betriebswirtschaftlichen Aspekten.

2. Arbeiten Sie die vielfältigen wirtschaftlichen Auswirkungen der Finanzkrise heraus, indem Sie eine Mindmap erstellen und Ihre Überlegungen dazu verdeutlichen (M 4a – M 4d, M 5).

3. Erklären Sie, warum die Zentralbanken verschiedener Länder den Banken Liquiditätshilfe in Form von Krediten in großem Umfang gegeben haben.

4. Nikolaus Piper schreibt: „Doch in der Liquiditätsfalle müssen Regierungen manchmal Schlimmes tun, um Schlimmeres zu verhindern" (M 4c). Erläutern Sie das Zitat.

5. Diskutieren Sie, ob der Staat mit Steuermitteln Banken, die durch den Kauf hoch spekulativer Wertpapiere in finanzielle Schwierigkeiten gekommen sind (z. B. IKB), vor dem Zusammenbruch retten soll (M 6).

6. Informieren Sie sich im Internet über die Reaktionen auf die Vorwürfe des Bundespräsidenten Horst Köhler (M 7) und nehmen Sie anschließend zu seiner Aussage Stellung.

7. Diskutieren Sie, warum es für Regierungsvertreter und Konjunkturforscher so schwierig ist, den Verlauf, das Ausmaß und die Folgen der Finanzkrise abzuschätzen (vgl. dazu auch den Methodenabschnitt Prognosen – Wahrsagerei?).

8. Die Weltwirtschaftskrise von 1929 nahm auch von den USA ihren Ausgang. Damals haben die Regierungen jeweils isoliert versucht, die Auswirkungen der Krise mit ganz unterschiedlichen Maßnahmen und wirtschaftspolitischen Konzeptionen zu bekämpfen (vgl. 6.2.2). Recherchieren Sie, ob im „Zeitalter der Globalisierung" die Regierungen global handelten, um ein weltweites Abrutschen in eine Wirtschaftskrise zu verhindern.

1 Globalisierung – eine Herausforderung für die Soziale Marktwirtschaft?

Wirtschaftliche Zielsetzungen wie Wirtschaftswachstum, hoher Beschäftigungsstand oder Preisniveaustabilität lassen sich in einer mehr und mehr zusammenwachsenden Welt immer schwieriger mit nationalstaatlich bestimmter Politik realisieren. Zunehmende internationale Verflechtungen mindern die staatliche Steuerungsfähigkeit politischer und wirtschaftlicher Prozesse, die wirtschaftspolitischen Einwirkungsmöglichkeiten des Nationalstaates in einer globalisierten Welt sind begrenzt. Dieser Wandel hat Folgen für unser Wirtschaftssystem. Auch die Soziale Marktwirtschaft, das deutsche Modell einer marktwirtschaftlichen Wirtschaftsordnung, welche nach dem Zweiten Weltkrieg etabliert wurde, wird sich weiter verändernden Bedingungen anpassen müssen.
Vorliegendes Kapitel zeigt Ursachen und mögliche Auswirkungen des Globalisierungsprozesses auf, stellt in Grundzügen die Wirtschaftsordnung Soziale Marktwirtschaft vor und greift die Debatte um die Zukunft unserer Wirtschaftsordnung auf.

Mit diesem Kapitel können Sie folgende Ziele erreichen:
- Begriff, Antriebskräfte und Folgen der Globalisierung der Weltwirtschaft beschreiben,
- Chancen und Risiken der Globalisierung in ihren Auswirkungen für die Soziale Marktwirtschaft in Deutschland erschließen und beurteilen,
- historische Hintergründe zur Durchsetzung der Sozialen Marktwirtschaft als Wirtschaftsordnung Deutschlands darlegen,
- Grundelemente der Wirtschaftsordnungen Marktwirtschaft und Planwirtschaft nennen und ihre Bedeutung erklären,
- die ordnungspolitische Konzeption der Sozialen Marktwirtschaft kennen und zentrale Kennzeichen erläutern,
- verschiedene Beurteilungen zur Entwicklung und zur Zukunft der Sozialen Marktwirtschaft vergleichend gegenüberstellen und gewinnbringend zur Bildung eines eigenen Standpunktes nutzen.

1.1 Globalisierung der Weltwirtschaft

Der Begriff Globalisierung bestimmt seit den 1990er Jahren des vorigen Jahrhunderts die Debatte zu wirtschaftlichen Problemen. Ebenso beeinflusst Globalisierung als zunehmende weltwirtschaftliche Verflechtung immer stärker unser alltägliches Leben. Der vorliegende Abschnitt liefert einen ersten Überblick zu Ausmaß, Begriff, Ursachen und Folgen der Globalisierung. In Kap. 8.4 werden Folgen der Globalisierung für Deutschland kontrovers diskutiert.

M 1

Globalisierung – die neue Welt

China, Indien, Handel, Klimawandel, unsichere Energielage, Japans Erholung, Europas politische und wirtschaftliche Zukunft, Google, das Informationszeitalter, globale Ungleichgewichte und Irans Atomprogramm – was haben diese Themen gemeinsam? Sie alle wurden beim Weltwirtschaftsforum in Davos behandelt. Viel wichtiger ist jedoch, dass sie allesamt in die Rubrik „Möglichkeiten und Gefahren der Globalisierung" fallen. Harvard[1]-Präsident Larry Summers sagte dort, dass die Welt eine Umwälzung durchlaufe, die so tief greifend sei wie die Renaissance oder die industrielle Revolution. Diese Behauptung ist nicht absurd.

In der Geschichte der Menschheit hat die Kommunikationstechnologie stets eine zentrale Rolle gespielt. Das Internet wird vielleicht nicht so revolutionär wie die Erfindung der Schrift oder des Buchdrucks sein. Dennoch ist es etwas völlig Neues, dass die Grenzkosten[2] für das Sammeln und Speichern von Informationen sowie für den Zugriff und Übertragung dieser Informationen fast auf null fallen. Schon jetzt hat über eine Milliarde Menschen Zugang zum Internet.

Die wirtschaftlichen Folgen der Integration Chinas und Indiens mit ihren insgesamt fast 2,4 Milliarden Menschen sind bereits spürbar. Die Zahl der Arbeiter, die der Weltwirtschaft zur Verfügung stehen, hat sich mindestens vervierfacht. Das noch nicht genutzte Potenzial ist größer als alles, was es bislang gegeben hat. Selbst heute beträgt Chinas Bruttoinlandsprodukt pro Kopf bei Kaufkraftparität noch weniger als ein Sechstel des Werts der USA. Und in Indien ist der Wert nur halb so hoch wie in China.

Man betrachte einige Folgen des Aufstiegs der neuen Lieferanten: Die Nachfrage nach Energie und Rohstoffen steigt. In den Industrieländer geraten die Löhne besonders für Ungelernte unter Druck. Für Hersteller arbeitsintensiver Produkte, speziell in Afrika und Lateinamerika, nimmt der Wettbewerb zu. Eine Folge ist, dass die Reichen und viele zuvor bitterarme Menschen besser dran sind. Den anderen ergeht es weniger gut.

Nimmt man die Auswirkungen neuer Technologien hinzu, sieht man noch mehr Veränderungen: rund um die Uhr arbeitende Finanzmärkte, die weltumfassende Integration von Produktion und Vertrieb. Die historische Unterscheidung von handelbaren Gütern und nicht-handelbaren Dienstleistungen ist überholt. Große Teile des Dienstleistungssektors – Finanzdienstleistungen, weite Bereiche der Unterhaltung und selbst der Bildung – sind inzwischen handelbar.

1 Harvard – Elite-Universität der USA

2 Grenzkosten – Veränderung der variablen Kosten bei Veränderung der Ausbringungsmenge um eine Einheit

Doch werden nicht nur legalen Aktivitäten zunehmend Möglichkeiten für global integrierte Produktion und Austausch eröffnet. Die neue Offenheit erleichtert auch den Fluss illegaler Einwanderer, im Menschen- und Drogenhandel, für den grenzüberschreitenden Terrorismus, Piraterie, Korruption und viele andere negative Dinge.

Darüber hinaus müssen die geopolitischen Wirkungen bedacht werden. China ist bereits eine führende Weltmacht, in einigen Jahren wird sich Indien dazugesellen. In Bezug auf globale Machtpolitik ist dieser Wandel mindestens so bedeutend wie einst der Aufstieg der USA, Deutschlands, Japans und Russlands. Er könnte als Verschiebung – oder Rückkehr zur Normalität – gewertet werden nach der in Asien weithin als anormal angesehenen Periode der Vorherrschaft der Europäer und ihrer kolonialen Erben.

So offensichtlich wie die Folgen all dieser Veränderungen sind die Herausforderungen.

Hier einige der wichtigsten:

Erstens muss die Wirtschaft lernen, mit einer Welt zurechtzukommen, in der mehr Konkurrenz herrscht und die dynamischer ist als früher. Politiker müssen dafür das richtige Umfeld schaffen – etwas, das viele in Europa immer noch nicht begriffen haben.

Zweitens müssen die Regierungen der Hochlohnländer auf die Veränderungen durch die Globalisierung reagieren, ohne dabei dem Protektionismus nachzugeben.

Drittens müssen Regierungen Wege finden, die Folgen der liberalisierten Kapitalflüsse auf Wechselkurse und die globale Zahlungsbilanz so gut wie es geht abzufedern.

Viertens müssen die für Entwicklungsländer Verantwortlichen, einschließlich der Geberländer, Wege finden, jenen zu helfen, die bisher kaum fähig waren, die Chancen dieser neuen Welt zu nutzen und deren Gefahren in den Griff zu bekommen.

Fünftens müssen Politiker eine langfristige Energiepolitik entwickeln, die den wachsenden Energieverbrauch erleichtert. Das war eine Konstante der beiden vergangenen Jahrhunderte, und Asiens Aufstieg garantiert, dass sich das nicht ändern wird.

Sechstens müssen die Entscheidungsträger die Bedeutung des Klimawandels richtig einschätzen und Wege finden, damit fertig zu werden, vermutlich durch einen Mix aus Verringern von Emissionen und Anpassen.

Nicht zuletzt müssen die Regierungen der Welt zusammenarbeiten, um das wichtigste Gut weltweit, Frieden und Stabilität, zu sichern.

Wir leben in einer neuen und in vielerlei Hinsicht schönen Welt. Wir müssen nun beweisen, dass wir es verdienen, in ihr zu leben.

Martin Wolf: Die neue Welt. In: Financial Times Deutschland, 7.2.2006

M 2

Die Globalisierung zwingt zum Umdenken

Schon seit langem beobachten wir, dass die Wirtschaft sich nicht mehr an nationalen Grenzen orientiert. Wirtschaft richtet sich danach, wo Firmen in aller Welt die günstigste Gelegenheit zur Herstellung und den profitabelsten Ort zum Verkauf ihrer Produkte finden. Beschränken sich Firmen dabei auf eine Region, existiert für sie ein regionaler Markt, wenn sie ein Land abdecken, gibt es einen nationalen Markt, und wenn Unternehmen weltweit agieren, treffen sie auf den Weltmarkt. Heute tendieren auf Grund der neuen Kommunikationsmethoden immer mehr Firmen zum weltweiten Handel. Das bedeutet: Nationale Wirtschaften lösen sich zunehmend auf, der Welthandel nimmt im Gegenzug immer weiter zu (vgl. Kap. 8).

Ein Welthandel übrigens, der nicht etwa auf Grund der Entscheidungen von Regierungen geschaffen wurde, sondern auf Grund der Entscheidungen von Firmen. Er nimmt deshalb immer größere Ausmaße an, weil Firmen ihre Kosten minimieren und ihre Gewinne maximieren müssen. Diejenigen Unternehmen, die dieses Spiel nicht mitmachen wollen, werden deshalb schnell aus dem Rennen sein im Vergleich zu jenen, die an der Globalisierung teilnehmen.

Während die Globalisierung so also nicht gestoppt werden kann, kann sie jedoch beeinflusst werden. Wenn wir nichts weiter täten und die Weltwirtschaft einfach so fortschreiten ließen, würden aller Wahrscheinlichkeit nach am Ende die positiven die negativen Begleiterscheinungen überwiegen. Aber es gibt trotzdem viele Dinge, die man tun kann, um jene positiven Auswirkungen zu stärken und negative Folgen abzuschwächen. Das aber setzt voraus, dass wir uns über die komplexen Antriebskräfte der Globalisierung im Klaren sind.

Es stimmt zum Beispiel nicht, dass die Globalisierung die Dritte Welt als Ganzes trifft. Wenn wir nur auf das vergangene Jahrzehnt zurückblicken, ist es beispielsweise klar, dass China einer der größten Gewinner der Globalisierung ist. China könnte nicht mit solchen Wachstumsraten wachsen, wenn es nicht Hochtechnologie aus der Ersten Welt geliefert bekäme und mit deren Hilfe die eigenen Produkte ebendort auch verkaufen würde. China ist ein äußerst armes Land, legt man das Pro-Kopf-Einkommen zu Grunde. Es hat weitaus mehr arme Menschen als so manches Dritte-Welt-Land. Berücksichtigt man also China, so ist die Welt im vergangenen Jahrzehnt dank der Globalisierung weitaus egalitärer geworden, als sie vorher war.

Aber da sind natürlich auch die Dritte-Welt-Länder, die immer weiter zurückfallen. Beispielsweise die Sub-Sahara-Region in Afrika, ein Landstrich, der sicher zu den am wenigsten von der Globalisierung berührten Regionen der Welt gehört. Sub-Sahara-Afrika bekommt so gut wie keine Direktinvestitionen[1] aus dem Ausland. Im- und Exporte sind mehr als bescheiden.

Die Globalisierung fügt diesen Ländern mithin keinen Schaden zu. Schlimmer noch: Sie ignoriert sie schlicht und einfach. Denn was will die Wirtschaft in Regionen mit einer hohen Analphabetenrate, wenig Infrastruktur und keinerlei innerer Sicherheit? Nichts! Die Antwort für solche Länder, die den Anschluss an die Globalisierung verlieren, ist deshalb auch, sie nicht etwa vor weiterer Globalisierung zu schützen, sondern ihnen im Gegenteil zu helfen, an der Globalisierung teilnehmen zu können.

Jeder, der in der Ersten Welt erklärt, er wolle der Dritten Welt helfen, aber gleichzeitig nicht bereit ist, für einen freien Welthandel im Agrarbereich zu sorgen, ist deshalb auch in hohem Maße unehrlich. Mit ihren immer größer werdenden Agrarsubventionen bewegt sich die Erste Welt nämlich immer weiter in Richtung nationaler Marktwirtschaften zurück. Die Landwirtschaft ist der Bereich, wo sich momentan die Globalisierung wieder auf dem Rückzug befindet. Was wir also brauchen, ist mehr Globalisierung in der Landwirtschaft, damit diese mit der Globalisierung in den übrigen Bereichen Schritt hält.

In der Ersten Welt sind die Auswirkungen der Globalisierung ebenfalls sehr komplex. Zwei Beispiele: Die Globalisierung an sich hält uns nicht davon ab, einen Sozialstaat zu haben, wie wir ihn uns wünschen. Aber sie bedeutet eben auch, dass ein solcher Sozialstaat nicht weiter wie bisher aus Einkommen- und Unternehmenssteuern bezahlt werden kann. Firmen werden ihren Sitz eben dorthin verlegen, wo sie weniger Abgaben zahlen müssen. In einer globalen Wirtschaft wird die soziale Wohlfahrt deshalb beispielsweise durch die Mehrwertsteuer finanziert werden müssen.

Beispiel Nummer zwei: Zwar sind die absoluten Zahlen noch relativ klein, aber schon jetzt jagt das Outsourcing[2] von Arbeitsplätzen vielen, gerade auch hoch bezahlten Arbeitnehmern in der Ersten Welt Angst und Schrecken ein. Denn die Verlagerung von Arbeitsplätzen in Billig-Lohn-Länder ist weiß Gott kein Problem allein von ungelernten Arbeitskräften. [...]

Die Globalisierung ist deshalb nicht etwa ein weiteres Kapitel in der [...] Wirtschaftsgeschichte. Sie ist etwas komplett Neues. Und es ist deshalb auch nicht verwunderlich, dass sie vielen Menschen so viel Angst einjagt.

Lester Thurow: Die Globalisierung zwingt zum Umdenken. In: Handelsblatt, Nr. 013, 20.01.04

1 Direktinvestitionen sind Vermögensanlagen im Ausland durch Investoren (natürliche oder juristische Personen). Im Rahmen der Internationalisierung aller Geschäfte und wachsender Mobilität von Kapital nehmen ausländische Direktinvestitionen (ADI) in Form von Neugründungen, Fusionen, Übernahmen oder Bildung gemeinsamer Unternehmungen stark zu.

2 Outsorcing – Ausgliederung von bestimmten betrieblichen Funktionen auf andere Unternehmen, um Kosten zu sparen, z. B. Ausgliederung der Werbung oder Schulung von Mitarbeitern.

M 3

Begriff und Ursachen der Globalisierung

Chancen und Risiken der Globalisierung werden in öffentlicher Debatte und Politik äußerst kontrovers diskutiert. In den folgenden Materialien finden Sie nach einleitenden theoretischen Grundlagen zu Begriff und Ursachen der Globalisierung zwei Beiträge zur Beurteilung der Folgen dieser Entwicklungen. Darüber hinaus eröffnet das Kapitel 8 „Außenwirtschaftliche Abhängigkeit Deutschlands im Zeitalter der Globalisierung" genauere Beurteilungsgrundlagen zur Bewertung der Folgen der Globalisierung.

1 Die Europäische Wirtschaftsgemeinschaft (EWG) ist die ursprüngliche Bezeichnung eines Zusammenschlusses europäischer Staaten zur Förderung der gemeinsamen Wirtschaftspolitik im Rahmen der europäischen Integration. Die EWG wurde am 25. März 1957 mit der Unterzeichnung der Römischen Verträge durch Belgien, Frankreich, Italien, Luxemburg, Niederlande und die Bundesrepublik Deutschland gegründet, 1993 in Berücksichtigung der erweiterten Aufgabenstellungen in Europäische Gemeinschaft (EG) umbenannt.

2 Bretton Woods ist ein Ort im US-Staat New Hampshire; 1944 fand dort eine internationale Finanz- und Währungskonferenz statt, welche die Errichtung der Weltbank und des Internationalen Währungsfonds beschloss. Die 1946 in Kraft getretenen Verträge von Bretton Woods dienten der Neuordnung der Weltwirtschaft und stellten die Grundlage für eine neue Weltwährungsordnung mit festen Wechselkursen dar.

3 Weltbank – Sonderorganisation der UNO, auf der Grundlage des Abkommens von Bretton Woods zusammen mit dem Internationalen Weltwährungsfonds errichtet. Ziele der Weltbank sind u.a. Förderung der wirtschaftlichen Entwicklung der Mitgliedsländer, z.B. durch Vergabe von Darlehen und Unterstützung von Entwicklungsarbeit, und Förderung des Außenhandels. Eine genauere Darstellung finden Sie in Kap. 8.7 Internationale Währungsbeziehungen.

M 3a

Begriff der Globalisierung

[…] Globalisierung ist die weltweite Verflechtung, in erster Linie die wirtschaftliche. Vor 1990 war das Wort Globalisierung nicht in Gebrauch. Man sprach vielleicht von der Internationalisierung der Wirtschaft. Diese hatte ihre Ursprünge in den Jahrhunderten der (europäischen) Seefahrer. Sie kam zu einem tragischen Höhepunkt während der Kolonialzeit des 19. Jahrhunderts. Mit dem technischen Fortschritt beim Verkehr und der Kommunikation wurde die wirtschaftliche Verflechtung der Staaten und der Erdteile immer intensiver und enger. […] Später galt – insbesondere nach den Schrecken des Zweiten Weltkrieges – die Förderung der wirtschaftlichen Verflechtung als besonders vernünftige Strategie zur Verhinderung künftiger Kriege. Für Deutschland und seine Nachbarn ist dies das prominenteste Motiv bei der Gründung der EWG[1] 1957 gewesen. Tatsächlich ist ein großer Teil der genannten Zunahme des „Außenhandels" dem Binnenhandel innerhalb der EWG/EG/EU zuzuschreiben.

Die wirtschaftliche Verflechtung und der Ausbau des Freihandels waren auch das wichtigste Ziel der US-amerikanischen Wirtschaftspolitik nach dem Zweiten Weltkrieg. Die gesamte „westliche Welt" hat diese Zielsetzung während des Kalten Krieges aus Überzeugung, zumindest aber widerspruchslos mit getragen.

Das herausragende Ereignis zur Etablierung des Verflechtungstrends war die Bretton Woods-Konferenz von 1944[2]. Hier wurden die Weltbank[3] und der Internationale Währungsfonds gegründet. 1947 kam das Allgemeine Zoll- und Handelsabkommen GATT hinzu. Insgesamt acht „Runden" des GATT haben in den nachfolgenden fünf Jahrzehnten große Fortschritte bei der Senkung von Zöllen und der Etablierung eines weltweiten Systems des Freihandels erbracht. Am Ende der längsten und bislang letzten Runde, der 1986 in Punta del Este, Uruguay, begonnenen „Uruguay-Runde" wurde 1995 als Nachfolgeinstitution des GATT die Welthandelsorganisation WTO gegründet.

Die wirtschaftliche Verflechtung hat das Gefüge der Nationen und Kontinente tiefgreifend verändert. Ein Ausdruck hiervon ist eben der Begriff „Globalisierung", der erst nach 1990 in den Sprachen der Welt aufgetaucht ist. Vor 1990 findet es sich in keinem Lexikon der Welt. […]

Ernst Ulrich v. Weizsäcker: Was ist Globalisierung und wie erklärt sie sich?

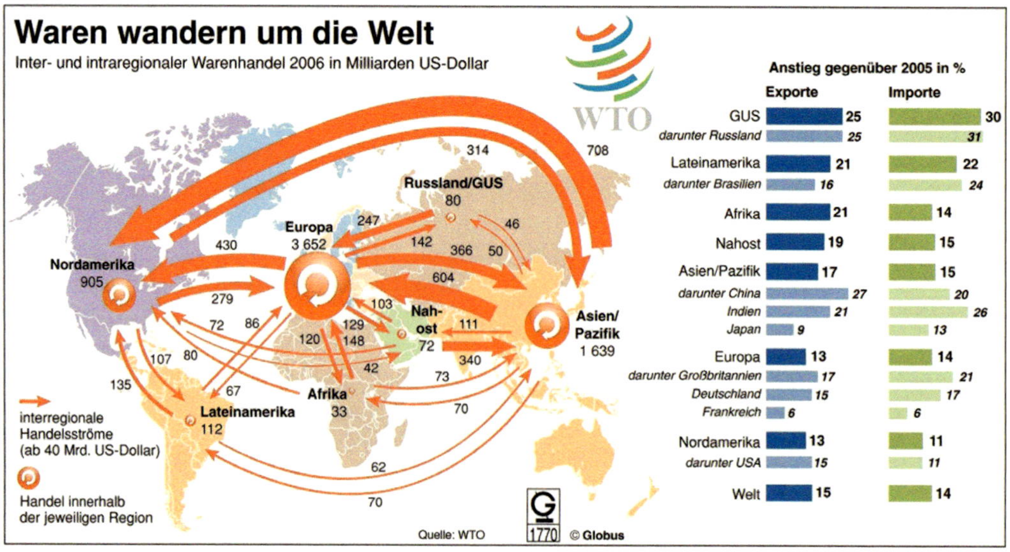

M 3b

Ursachen der Globalisierung

Die Ursachen der Globalisierung lassen sich relativ klar erkennen. Es sind dies zum einen die Abnahme der Transport- und Kommunikationskosten (Distanzüberwindungskosten) relativ zu den Produktionskosten und zum anderen der Abbau ehemals politisch bestimmter Handelshemmnisse.

Die **Transportkosten für Güter und Informationen** sind seit Jahrzehnten drastisch gesunken. So haben sich z. B. die Kosten für Schiffsfracht und Luftverkehr in den letzten 70 Jahren auf etwa ein Fünftel reduziert und die Kosten für Telekommunikation auf etwa ein Hundertstel. Entscheidend für den Prozess der Globalisierung ist, dass diese Kosten schneller gesunken sind als die Kosten der Produktion. [...] Eine solche **Reduktion der Distanzüberwindungskosten** relativ zu den Produktionskosten ist das entscheidende Movens der Globalisierung des Wettbewerbs. Der Abbau politisch bestimmter Handelshemmnisse ist letztlich auf den Wandel im Leitbild der Wirtschaftspolitik zurückzuführen, auf den Wandel hin zu einer Orientierung an den Grundprinzipien einer freien Marktwirtschaft: Handelsfreiheit und Marktzutrittsfreiheit. Im Einzelnen lassen sich folgende **Liberalisierungen** unterscheiden:

- der Abbau von Zöllen, Kontingenten und nicht-tarifären Handelshemmnissen[1] vor allem im Rahmen von GATT, WTO und regionalen „Freihandelszonen" wie der Europäischen Union;
- die zunehmend angestrebte Integration der Entwicklungsländer in die Weltwirtschaft;
- die Transformation der ehemaligen Planwirtschaften Mittel- und Osteuropas in Marktwirtschaften und die Öffnung Chinas integrieren große Teile der Welt in die globale Arbeitsteilung;
- die **Deregulierung** weiter Teile der Wirtschaft (Telekommunikation, Versorgung, Verkehr, Banken, Versicherungen) öffnet diese Sektoren dem internationalen Wettbewerb und verstärkt auch hier die internationale Arbeitsteilung.

Ulrich Baßeler u. a., Grundlagen und Probleme der Volkswirtschaft, 18. Auflage, Stuttgart, 2006, S. 559 f.

M 3c

Weitere Antriebskräfte der Globalisierung

Mit dem Begriff „Globalisierung„ werden unterschiedliche Prozesse angesprochen, die nicht unbedingt miteinander zusammenhängen und teilweise sogar die Basis für miteinander konkurrierende Interpretationen bilden.

Unter volkswirtschaftlicher Perspektive weist der Begriff auf einen Prozess, in dessen Verlauf die **Preise auf wichtigen Märkten** immer weniger von Angebot und Nachfrage in nationalen oder gar subnationalen Räumen gebildet werden, sondern immer mehr von Angebot und Nachfrage in supranationalen, letztlich globalen, Räumen. Dies gilt für Preise auf den Produktmärkten (Güter und Dienstleistungen) und auf den Kapitalmärkten. Die Frage ist, wie weit es auch für Preise auf den Arbeitsmärkten gilt.

Unter betriebswirtschaftlicher Perspektive schließt der Begriff Globalisierung das Ausgreifen von Unternehmen auf immer mehr fremde Märkte auch dann mit ein, wenn damit keine Entnationalisierung von Preisbildung einhergeht. Diese Art von Globalisierung führt dazu, dass multinationale Unternehmen in einer Vielzahl nationaler, voneinander abgegrenzter Märkte präsent sind und gegebenenfalls vor Ort für diese Märkte produzieren.

Die volkswirtschaftliche und betriebswirtschaftliche Perspektive verbinden sich, wenn Unternehmen nicht nur in national segmentierten Märkten präsent sind, sondern die Herstellung selbst länderübergreifend organisieren. Die Zwischenprodukte werden dabei innerhalb des Unternehmens – oder eines kooperierenden Unternehmensverbundes – über Ländergrenzen hinweg bewegt, ohne dass es unbedingt zu Markttransaktionen (also zu Außenhandel im klassischen Sinn) kommt. Die - in letzter Instanz - global agierenden Unternehmen nehmen dabei die jeweiligen Vorteile unterschiedlicher lokaler Beschaffungsmärkte wahr (global sourcing[2]). Solche Vorteile können sich aus dem Fortbestand segmentierter Regulierungsräume (nach wie vor äußerst wichtig für Arbeitsmärkte) ergeben oder schlichtweg aus den Spezialisierungsprofilen unterschiedlicher Standortregionen.

1 nicht-tarifäre Handelshemmnisse – Einschränkungen des Freihandels, z. B. Mengenbeschränkungen oder Normvorgaben

2 Eine einheitliche Definition des Global Sourcing gibt es nicht. Vor allem werden die international ausgerichteten Beschaffungsaktivitäten von Unternehmungen als Global Sourcing definiert, die diese aus Kostengründen oder aus anderen wirtschaftlichen Motiven vornehmen.

Länderübergreifende Produktionsplanung durch supranational agierende Unternehmen und Unternehmensverbünde unterscheidet die heutige Globalisierung von den offenen Weltmärkten etwa des 19. Jahrhunderts.
Die Überwindung von Distanz erfordert immer geringeren physischen Aufwand. Der wichtigste Grund ist der technische Fortschritt in der Informationsübermittlung und im Transportwesen. Aber auch Veränderungen in den Produktionsprozessen, den Produkteigenschaften und den Nachfragepräferenzen mögen den Transportaufwand vermindern, weil Gewicht bzw. Umfang pro Produktwerteinheit geringer werden (Miniaturisierung, zunehmende Komplexität der Produkte und somit steigender Anteil des Entwicklungsaufwandes und des Humankapitals am Produktwert).
Politische Beschränkungen internationaler Transaktionen wurden im Verlauf der letzten Jahrzehnte immer mehr abgebaut. Dies trifft als seit langem voranschreitender evolutionärer Prozess für den Güter- und Dienstleistungshandel und als gleichsam revolutionärer Prozess seit den 70er Jahren für den Kapitalverkehr zu. Hohe Zugangsbarrieren bestehen freilich weiterhin zu den nationalen Arbeitsmärkten. Der gewollte Abbau wirtschaftlicher Grenzen wird damit begründet, dass große, länderübergreifende Märkte zu
- einem effizienteren Einsatz knapper Ressourcen (Vorteile der Massenproduktion und der Spezialisierung) und
- verstärktem Leistungswettbewerb führen.

Beides wirkt sich zum Nutzen der Konsumenten aus. Andere stellen als Entgrenzungsmotiv den Vorteil der globalisierungsfähigen Akteure in den Vordergrund. Allen voran werden hier die multinationalen Unternehmen – des Finanzsektors und des Produktionssektors – genannt. Globalisierung verbessert ihre Verhandlungsposition gegenüber Arbeitnehmerschaften und Staaten. Für Finanzspekulanten eröffnen sich zum Teil phantastische Gewinnchancen.
Aufgrund der genannten Entwicklungen gelangen nicht nur Produkte leichter auf fremde Märkte. Auch Unternehmen können zunehmend physisch entfernte Produktionsprozesse in ihre firmeneigene Ablauforganisation integrieren und damit die räumliche Betriebseinheit bis zu einem gewissen Grad auflösen. Sie können neue Produktionsstandorte bis zu einem gewissen Grad unabhängig vom Entwicklungsstand des Gastlandes für den Weltmarkt erschließen.
Nationale Entwicklungsanstrengungen, die physische und institutionelle Infrastruktur aufbauen, Humankapital heranbilden, nationale Produktionskapazitäten errichten und durch angemessene Wirtschaftspolitik die internationale Marktfähigkeit ihres Produktionspotenzials sichern, treiben diese Verbreiterung der weltweiten Standortpalette zusätzlich voran.

Alfred Pfaller: Wirtschaftliche Globalisierung: Was bringt sie für Deutschland? Versuch, einen diffusen Diskurs zu strukturieren. Bonn 2001, S. 1ff. Electronic ed.: Bonn: FES Library, 2001

M 4

Zu den Folgen der Globalisierung – Warum macht die Globalisierung vielen Menschen Angst?

Sind die Folgen der Globalisierung positiv oder negativ?
Wer gerade seinen Job verloren hat oder wer seit Jahren von Sozialhilfe lebt, ist mit seinem Urteil rasch zur Hand. Die Globalisierung sei schuld für das persönliche Unglück. Sie vernichte Arbeitsplätze und zerstöre den Wohlfahrtsstaat. Sie mache möglich, dass Firmen Standorte in Billiglohnländer verlagern und vermögende Steuerzahler ins Ausland flüchten. Sie führe zu einem weltweiten Kampf um Wohlstand, bei dem die Reichen reicher, und die Armen ärmer werden. [...]
Die objektiven Zahlen sprechen eine klare Sprache. Die Globalisierung hat nicht alle Probleme der Welt gelöst. Sie hat im einen oder anderen Fall zu wirtschaftlichem Abstieg, zu mehr Unsicherheit, zu mehr Stress und zu Unzufriedenheit geführt. Sie hat aber zweifelsfrei in den letzten fünfzig Jahren den Lebensstandard der Massen insgesamt verbessert.
Heute leben mehr Menschen länger und gesünder als jemals zuvor in der Weltgeschichte. Der großen Mehrheit geht es materiell wesentlich besser als ihren Vorfahren – das gilt übrigens ganz besonders auch für Deutschland. Trotzdem glauben viele, dass es ihnen schlechter geht als in früheren Jahren, weil sie

Prof. Dr. Thomas Straubhaar ist Universitätsprofessor für Volkswirtschaftslehre, insbesondere Wirtschaftspolitik, an der Universität Hamburg. 1998 wurde er Direktor des Instituts für Integrationsforschung des Europa-Kolleg Hamburg. Seit dem 1. April 2005 ist er Direktor des Hamburgischen WeltWirtschaftsInstituts (HWWI). Seine Forschungsschwerpunkte sind: Internationale Wirtschaftsbeziehungen, Ordnungspolitik, Bildungs- und Bevölkerungsökonomie.

zwar nicht in absoluten Größen weniger haben, sondern weil der Abstand gegenüber der Spitze größer geworden ist, weil Besitzstände in Gefahr sind und weil der bekannte Status Quo der unbekannten Zukunft vorgezogen wird.

Globalisierung ist kein Nullsummenspiel, bei dem der eine nur das gewinnen kann, was der andere verliert. Globalisierung hebt die Boote insgesamt, aber eben nicht alle Boote mit der selben Tide.

Deshalb ist die kritische Feststellung richtig, dass sich in den letzten Jahren die Schere zwischen reich und arm weiter geöffnet habe. Das gilt nicht nur für das Wohlstandsgefälle zwischen den Ländern. Es gilt auch und vielleicht ganz besonders für das Wohlstandsgefälle innerhalb der Länder. Aber gerade die Länder in Asien und Lateinamerika, die sich globalisiert haben, haben aufgeholt, und das in weiten Teilen von der Globalisierung abgeschnittene Afrika ist weiter zurückgefallen. Genauso haben innerhalb der Länder jene profitiert, die sich rasch und erfolgreich an die Herausforderungen der Globalisierung angepasst haben und jene haben verloren, die weder reagieren wollten noch reagieren konnten. An der enorm weit geöffneten und aus moralischer Sicht mit Blick auf die ganze Weltbevölkerung viel zu breiten Wachstumsschere besteht kein Zweifel. Es ist völlig unbestritten, dass es weltweit noch immer viel zu viel Hunger, Massenelend, Unfreiheit und Unterdrückung – und auch in Deutschland zu viel Armut und Not gibt. Dafür aber die Globalisierung verantwortlich zu machen, heißt jedoch, Ursache und Wirkung durcheinanderzubringen. Das Gegenteil ist richtig: Globalisierung hat Armut und Not nicht verursacht, sondern hilft, die ökonomischen Geißeln der Menschheit zu überwinden. Jede Alternative zur Globalisierung führt zu mehr Opfern und weniger Gewinnern. Oder anders formuliert:

Globalisierung bietet mehr Menschen größere Chancen auf ein besseres Leben als alle denkbaren anderen Optionen. Das gilt in besonderem Masse für die scheinbaren Verlierer der Globalisierung.

Globalisierung verhindert nicht, dass Menschen ihre Jobs verlieren. Sie hilft jedoch nachhaltiger als jede Alternative, neue Jobs zu schaffen. Denn was oft als negative Folgen der Globalisierung beschrieben wird, sind nichts anderes als die Folgen eines stetigen, durch keine Macht der Welt aufzuhaltenden Strukturwandels. Deshalb ist es so nutzlos, zu verlangen, „wir müssten eine Pause einlegen und über die Globalisierung diskutieren." […]

Richtig ist, dass die Globalisierung das Tempo politischer, gesellschaftlicher und wirtschaftlicher Veränderungen beschleunigt hat. Das ist aber nichts wirklich Neues. Der **Strukturwandel** war und ist eine feste Konstante der Menschheitsgeschichte. Mal verläuft er schneller, mal etwas gebremster, immer aber vernichtet er alte Arbeitsplätze und schafft neue. In der Landwirtschaft erzeugt eine kleine Zahl Beschäftigter heute viel mehr Nahrungsmittel als ganze Agrargesellschaften in früheren Zeiten. In der Industrie ersetzen Maschinen die einfache Massenarbeit an den Fließbändern. Dafür finden Millionen von Menschen eine Beschäftigung im Informations- und Kommunikationsbereich, im Han-

del und Transport, in der Finanzierung und der Versicherung, in der Beratung und Bedienung, im Gesundheits- und im Bildungswesen oder bei haushaltsnahen Dienstleistungen.

Richtig ist auch, dass das beschleunigte Tempo des Strukturwandels nicht allen gleich viel Gutes bringt. Deshalb können auch nicht alle Menschen von den Früchten der Globalisierung gleichermaßen profitieren. Vielmehr gibt es Gewinner und Verlierer. Die Verbraucher freuen sich über billige Importe aus aller Welt, also Textilien aus China, Fernsehgeräte aus Korea, Computer aus Taiwan, Software aus Indien oder Schuhe aus Lateinamerika.

Denn der internationale Handel ermöglicht es, dass nicht alle Länder alles selber herstellen müssen. Die **globale Arbeitsteilung** nutzt die Vorteile der Spezialisierung und der Massenproduktion aus. Das spart Kosten und Ressourcen.

Der starke Druck der weltweiten Konkurrenz sorgt dafür, dass geringere Kosten in Form tieferer Preise an die Kunden weitergegeben werden. Tiefere Preise erhöhen die reale Kaufkraft der hiesigen Löhne. Anders formuliert: Man muss in Deutschland selber immer weniger lange arbeiten, um sich von anderen hergestellte Waren, Dienstleistungen, Urlaub oder Freizeitangebote leisten zu können. Ist das nicht wunderbar?

Für Arbeiter, vor allem wenn sie vergleichsweise weniger gut qualifiziert sind, zeigt die Globalisierung ein anderes, dunkleres Gesicht. Mit dem Einbezug Asiens und Lateinamerikas in die weltweite Arbeitsteilung kamen im Laufe der letzten Jahre Milliarden von Arbeitskräften neu ins Spiel. Sie stehen mit den Belegschaften des Westens nicht nur in fernen Welten im Kostenwettbewerb. Sie machen ihnen das Leben auch in Europa schwer, wenn auch nicht so sehr in Form der Zuwanderung, so doch in Form von Waren, die sie in Billiglohnländern herstellen und dann in die OECD-Länder enorm günstig zum Kauf anbieten.

Die Globalisierung macht vielen Deutschen Angst, weil in Asien und Lateinamerika fast immer billiger, gelegentlich besser und immer öfter auch schon besser und billiger als in Europa produziert wird. Das hat zur Folge, dass in Europa immer mehr Arbeitsplätze unter immer stärkeren **Wettbewerbsdruck** kommen. Das gilt vor allem für einfache, unqualifizierte und standardisierte Tätigkeiten. Es gilt weniger für spezielle Fach- und Führungskräfte.

Was auf dem Arbeitsmarkt zwischen Gewinnern und Verlierern genau passiert, lässt sich mit dem Häuptling-Indianer-Modell [...] veranschaulichen. Die Globalisierung hat das quantitative Verhältnis von Häuptlingen (Fach- und Führungskräfte, aber auch Firmen und deren Maschinen) und Indianern (wenig qualifizierte Arbeitskräfte für einfache, standardisierte Tätigkeiten) in unglaublichem Maße zugunsten der Häuptlinge verändert. Indianerarbeit wird im Überfluss angeboten und ist dadurch billig geworden. Hingegen fehlt es an Häuptlingen, um die Masse der Indianer zu führen. Als Folge hat sich das Machtgleichgewicht weg von den Indianern hin zu den Häuptlingen verschoben. Die westeuropäischen Arbeitnehmer und ihre Gewerkschaften verloren in wenigen Jahren, was sie über viele Jahrzehnte von den Arbeitgebern an Rechten und Zusagen erstritten und erkämpft hatten. Sie mussten weitreichende (Lohn-)Zugeständnisse machen, um im globalen Kostenwettbewerb mithalten und das Beschäftigungsniveau behalten zu können. Die Manager, Fach- und Führungskräfte hingegen konnten ihre (Lohn-)Ansprüche gewaltig nach oben schrauben und in der Regel auch durchsetzen. Die Globalisierung beschleunigt wirtschaftliche und gesellschaftliche Veränderungsprozesse. Die Anpassungskosten können nicht vermieden, sondern nur minimiert werden. [...]

Thomas Straubhaar: Warum macht die Globalisierung vielen Menschen Angst? HWWI Standpunkt 6/2007

M 5

Globalisierung – verengte Spielräume der Politik?

All dies wird als zunehmende Einschränkung politischer Spielräume verstanden, die sich zu einem **Souveränitätsverlust der Staaten** verdichtet. [...] Politikmuster, Organisationen, Informationsflüsse und soziale Netzwerke erstrecken sich über Territorien, die nicht mehr deckungsgleich mit Staatsgebieten sind. Betroffen sind hiervon insbesondere vier, einst dem Kern staatlicher Hoheitsrechte zugeordnete Politikbereiche. Das betrifft zum Ersten den **Verlust des Monopols der Geldordnung und Geldschaffung**, [...]. Mit der Delegation währungspolitischer Kompetenzen an die Europäische Zentralbank (EZB), der ersten transnationalen Institution dieser Art, haben bislang 13 europäische Staaten[1] den seit Mitte der 70er Jahre erkennbaren **Schwund geldpolitischer Spielräume** völkerrechtlich anerkannt (vgl. Kap. 7). Die zentraleuropäischen Reformstaaten sind auf dem Weg, ihre Beitrittsfähigkeit zur Euro-Zone unter Beweis zu stellen. Selbst die nordafrikanischen Länder der ehemaligen Franc-Zone sind an die geldpolitischen Entscheidungen der EZB angebunden. Auch Länder in anderen Weltregionen stehen unter währungspolitischen Anpassungszwängen. [...] Auch ohne Konsultationsverfahren legt die Federal Reserve[2] in Washington bereits die Währungspolitik für gut 50 Staaten der Welt fest. [...]

Geschäfte innerhalb transnationaler Unternehmen, E-Commerce und elektronisches Geld, grenzüberschreitende Aktivitäten und Auslandseinkäufe werden denn auch für eine zweite, vielleicht noch gravierendere Einschränkung staatlicher Handlungsfähigkeit verantwortlich gemacht: die **Erosion der Steuerhoheit**. Produzenten und Konsumenten scheinen hieran gleichermaßen beteiligt. Dass die Besteuerung internationaler Unternehmen den Staat vor neuartige Probleme stellt, liegt auf der Hand: Das beweglicher gewordene Kapital kann jederzeit Standorte aufsuchen, die mit niedrigeren Steuern, Steuerbefreiungen oder gar Subventionen um ausländische Investitionen werben. Für die OECD-Staaten wurde zwischen 1988 und 1998 eine deutliche Absenkung der durchschnittlichen Unternehmenssteuersätze verzeichnet, die auf eine solche „Steuerkonkurrenz" zwischen „Wirtschaftsstandorten" hindeuten. Spektakulärer als solche Trends sind jene Fälle, in denen große Konzerne trotz Milliardengewinnen ihre gesamte Steuerschuld gegen Null drücken. Auch ohne faktische Unternehmensverlegung haben transnationale Konzerne ein komplexes System so genannter Transferpreise entwickelt, das der Verschiebung von steuermindernden Kosten und steuerpflichtigen Gewinnen, das heißt der Steuervermeidung, dient. Dieses System funktioniert über den Kauf von Vor- und Dienstleistungen ihrer Filialen in Ländern mit niedrigen Steuern. Da der Wert dieser Leistungen von außen nur schwer überprüfbar ist, können die überhöht angegebenen Transferpreise solcher Vorleistungen die steuerpflichtigen Gewinne in Ländern mit hohen Steuern mindern. Das Potenzial für solche Operationen lässt sich daran abschätzen, dass nahezu 60 Prozent des Welthandels innerhalb multinationaler Unternehmen abgewickelt werden, so dass die OECD und die EU hier einen ernsthaften Bedarf an staatsübergreifenden Regelungen ausmachen. [...]

Über die veränderten Koordinaten der Geld- und Steuerpolitik hinaus sind die **wirtschaftspolitischen Spielräume der Staaten** zum Dritten auch durch neue Grenzen der Staatsverschuldung äußerst eingeschränkt. Die Möglichkeiten einer keynesianischen Beschäftigungspolitik[3] im nationalstaatlichen Rahmen wurden bereits in den 80er Jahren unter Hinweis auf die Internationalisierung der Geld- und Kapitalmärkte und die Herausbildung eines globalen Zinsniveaus infrage gestellt. Die Staaten verfügen nicht mehr über einen privilegierten Zugriff auf die nationale Ersparnis. Nicht anders als Unternehmen müssen sie sich über die Kapitalmärkte finanzieren, und das heißt auch, sich einer Bewertung ihrer Politik unter Risiko- und Renditegesichtspunkten unterziehen. Expansive Programme werden daher primär als Haushalts- und Inflationsrisiken wahrgenommen, die Zinsaufschläge nach sich ziehen. Die Idee einer produktiven Verschuldung zu konjunktur- oder wachstumspolitischen Zwecken ist in ihr Gegenteil verkehrt: Heute stehen ausgeglichene Haushalte und Finanzierungs-

1 Seit 01.01.2009: 16 Staaten

2 Federal Reserve – Amerikanische Zentralbank

3 Keynesianische Beschäftigungspolitik fordert im Rahmen einer Nachfragepolitik (Globalsteuerung) in Phasen von Konjunktur- und Wachstumsschwächen stimulierende staatliche Ausgabenerhöhungen (Defizitfinanzierung) oder Steuersenkungen. Das soll der Stärkung der Konsumgüternachfrage bzw. zur Erhöhung des Investitionsvolumens der Unternehmen führen. Vgl. Sie zur genaueren Darstellung Kap. 6.3

überschüsse zur Schuldenreduzierung auf dem Programm. Die 13 Länder der Euro-Zone haben sich mit ihrer gemeinsamen wirtschaftspolitischen Programmatik, dem „Stabilitäts- und Wachstumspakt"[1], auf einen restriktiven Kurs festgelegt, der bis zum Jahr 2004 allgemein ausgeglichene Haushalte vorsieht. Erstmals in der Geschichte unterwerfen sich Staaten freiwillig der Sanktion durch ihre Nachbarländer: Sofern das Haushaltsdefizit einer Regierung die festgelegte Grenze von drei Prozent übersteigt, werden Geldbußen an die Europäische Gemeinschaft fällig.

Zum Vierten greifen diese Veränderungen tief in das bisherige Selbstverständnis der westlichen Wohlfahrtsstaaten ein. Die immer auch auf Fragen des sozialen Ausgleichs und der Gerechtigkeit bezogenen Steuer- und Sozialsysteme sollen auf das Kriterium der Effizienz umgestellt werden. Neoliberal eingestimmte Soziologen sprechen vom Sozialstaat bereits in der Vergangenheitsform. „In einer globalen Wirtschaft wird nationale Solidarität zum Anachronismus", konstatiert Richard Münch[2] und schließt auf eine **Systemkrise der europäischen Wohlfahrtsstaaten**.

Klaus Müller: Globalisierung. Bonn 2002, (Lizenzausgabe für die Bundeszentrale f. pol. Bildung), S. 48 ff.

1 Damit eine dauerhafte Konsolidierung der öffentlichen Haushalte gesichert ist, einigten sich die Länder der EU auf einen Stabilitäts- und Wachstumspakt, der die Teilnehmerländer verpflichtet, mittelfristig einen ausgeglichenen oder überschüssigen Haushalt zu erreichen. Obergrenze für die jährlichen Haushaltsdefizite sind drei Prozent des Bruttoinlandsprodukts (BIP). Höhere Defizite sind nur zeitweise begrenzt und in bestimmten Ausnahmefällen, z. B. im Falle schwerer Rezessionen oder Naturkatastrophen, möglich. Zur Überwachung gelten Sanktionsmechanismen. So kann zunächst eine unverzinsliche Einlage des betroffenen Landes in Höhe von höchstens 0,5 Prozent des BIP verhängt werden. Wenn ein übermäßiges Defizit auch nach Ablauf einer bestimmten Frist nicht beseitigt wird, kann die Einlageverpflichtung als Geldbuße verhängt, zudem noch erhöht werden.

2 Richard Münch, Offene Räume. Frankfurt a. M. 2001, S. 124

1. Erarbeiten Sie vorliegende These, dass aufgrund der Globalisierung die Welt eine tiefgreifende Umwälzung durchlaufe. Erklären Sie dabei die angesprochenen Folgen der Globalisierung für Wirtschaft und Politik (M 1).

2. Entwickeln und erörtern Sie konkrete Strategien für Wirtschaft und Politik zur Bewältigung der angesprochenen Herausforderungen (M 1).

3. Erläutern Sie Thurows These, die Globalisierung zwinge die Erste Welt zum Umdenken. Entwickeln Sie dabei Strategien für Wachstums-, Beschäftigungs- und Sozialpolitik (M 2).

4. Erarbeiten Sie zusammenfassend Begriff, Antriebskräfte und Folgen der Globalisierung. Erklären Sie, was die heutige Globalisierung von den wirtschaftlichen Verflechtungen etwa des 19. Jahrhunderts unterscheidet (M 1 – M 3).

5. Analysieren Sie die weltweiten Handelsströme im Schaubild (M 3a). Untersuchen Sie dabei, wie sich die Handelsströme auf die Weltregionen verteilen.

6. Analysieren Sie Straubhaars Position zu den Folgen der Globalisierung (M 4). Entwickeln Sie Handlungsfelder bzw. Maßnahmen für Politik und Wirtschaft, um die von Straubhaar angesprochenen notwendigen wirtschaftlichen und gesellschaftlichen Veränderungsprozesse anzugehen.

7. Erörtern Sie Straubhaars Position, Globalisierung biete mehr Menschen größere Chancen auf ein besseres Leben (M 4).

8. Arbeiten Sie die Auswirkungen der Globalisierung für die Souveränität nationaler Wirtschafts-, Geld- und Sozialpolitik heraus. Erläutern und veranschaulichen Sie an Beispielen die zunehmende Einschränkung politischer Spielräume (M 5).

1.2 Das Konzept der Sozialen Marktwirtschaft

Die Entscheidung für die Soziale Marktwirtschaft war zwischen den politischen Parteien nach dem Ende des Zweiten Weltkrieges stark umstritten. Während die SPD wegen der Mangelsituation auf allen wichtigen Sektoren des wirtschaftlichen Lebens und des Siechtums der westdeutschen Wirtschaft es als unmöglich ansah, die Versorgung der Bevölkerung dem freien Markt zu überlassen und sich für eine systematische Planung und Lenkung aller notwendigen Bedarfsgüter aussprach, plädierte Ludwig Erhard, der zu dieser Zeit noch parteilos war und erst später der CDU beitrat, für eine Abkehr von der staatlichen Bewirtschaftung, die im Zweiten Weltkrieg eingeführt und durch die Siegermächte zunächst beibehalten wurde. Die beiden wichtigsten Entscheidungen, die den Weg für eine marktwirtschaftliche Ordnung in Westdeutschland bereiteten, waren die **Währungsreform** vom Juni 1948 und das so genannte **Leitsätzegesetz**, durch das die meisten Waren aus der staatlichen Bewirtschaftung entlassen, also Preisfixierungen und Kontingentierungen aufgehoben wurden und dem Leistungswettbewerb und dem **Markt** als Koordinationssystem wieder Geltung verschafft werden sollte. Das Leitsätzegesetz wurde im Juni 1948 vom Wirtschaftsrat, quasi dem ersten westdeutschen Nachkriegsparlament, mit den Stimmen von CDU/CSU und FDP gegen die Stimmen der SPD verabschiedet. Nach der Überwindung von inflationären Tendenzen und steigender Arbeitslosigkeit vollzog sich ein rascher Wachstumsprozess, der häufig als **Wirtschaftswunder** bezeichnet wurde. Durch eine weitere, auch den sozialen Ausgleich zwischen den gesellschaftlichen Schichten/Klassen betonende Ausgestaltung der Wirtschaftsordnung, entwickelte sich die Soziale Marktwirtschaft.
In diesem Abschnitt finden Sie zunächst eine Darstellung, wie die Soziale Marktwirtschaft als Wirtschaftsordnung der Bundesrepublik Deutschland nach dem Zweiten Weltkrieg durchgesetzt wurde. In den weiteren Materialien finden Sie anschließend eine genauere Darstellung zur Konzeption der Sozialen Marktwirtschaft als dritten Weg zwischen Marktwirtschaft und Planwirtschaft.

1.2.1 Die Weichenstellung zur Sozialen Marktwirtschaft – historische Entwicklung und Leistungen unserer Wirtschaftsordnung

Zunächst schildert der Tübinger Wirtschaftswissenschaftler Joachim Starbatty in seinem Aufsatz „Nach dem Untergang der Aufbruch“ die einschneidenden Veränderungen nach der Stunde Null und die Weichenstellung zur Sozialen Marktwirtschaft, welche den Weg frei machten zu den Wirtschaftswunderjahren der frühen Bundesrepublik.

M 6

Nach dem Untergang der Aufbau

Im Mai 1945 war Deutschland ein aus Kriegswunden blutendes Land: zerbombte Städte, unendliche Flüchtlingsströme, viele Soldaten noch in Kriegsgefangenschaft, Hungersnot, Zusammenbruch eines verbrecherischen Regimes, eine orientierungslose und demotivierte Bevölkerung. Berge von Schutt waren die höchsten städtischen Erhebungen, Frauen bahnten Schneisen durch die Trümmer und klopften Steine sauber, Akademiker verdingten sich als Knechte, um sich und ihren Familien das nackte Überleben zu sichern, hohlwangige Menschen suchten nach Essbarem und nach Zigarettenkippen, Care-Pakete aus den Vereinigten Staaten ließen die Menschen die harten Winter überstehen. Frauen packten häusliche Kostbarkeiten in ihre Rucksäcke und fuhren in überfüllten Zügen über Land, um Essbares zu ergattern. Vor leeren Lebensmittelläden bildeten sich lange Schlangen. Ganze Bündel labberiger Geldscheine ver-

1 Schieber – Geschäftemacher, Betrüger

2 Eine Währungsreform stellt eine völlige Neuordnung des Geldwesens eines Landes dar. Eine Währungsreform erfolgte am 21.6.1948 im Gebiet des heutigen Westdeutschlands, da die Reichsmark von der D-Mark ersetzt werden musste, weil die Reichsmark wegen der zurückgestauten Inflation wertlos geworden war. Guthaben in Reichsmark wurden im Verhältnis 100:6,5 auf D-Mark und Schulden in Reichsmark im Verhältnis 10:1 D-Mark umgerechnet.

3 Hermann Josef Abs, deutscher Bankfachmann, * 15.10.1901 Bonn, † 5. 2. 1994 Bad Soden; 1957–1967 Vorstandssprecher, 1967–1976 Aufsichtsratsvorsitzender der Deutschen Bank AG; hatte weitreichenden Einfluss auf die dt. Wirtschaft nach 1945.

schafften nur in Kombination mit Lebensmittelkarten das Dürftigste. Akademiker verdingten sich als Knechte, um sich und ihren Familien das nackte Überleben zu sichern, während auf schwarzen Märkten Schieber[1] ihr Glück machten; Whiskyflaschen und „Kamele" (Camel-Zigaretten) ersetzten dort die damalige Reichsmark als Tauschmittel, Wertmesser und Wertaufbewahrungsmittel. [...] Das Schlüsselereignis der Nachkriegszeit war die Währungsreform am 21. Juni 1948[2]. Die Menschen bekamen die D-Mark, und nicht nur das – sie bekamen auch die Waren und Güter, die sie mit der D-Mark kaufen wollten. [...]

Die **Währungsreform** war von deutschen Experten unter Oberaufsicht der alliierten Siegermächte vorbereitet worden. Es war der Ersatz der alten Reichsmark durch D-Mark in einem Verhältnis von 10 zu 1 für aufgelaufene Guthaben vorgesehen, nicht aber die Abschaffung der Warenbewirtschaftung. Das war Ludwig Erhards Tat. Die Menschen brauchten am Tag nach der Währungsreform für ihren Einkauf keine Lebensmittelmarken mehr. In einer Zeit bitterster Not die behördliche Zuteilung des (Über-) Lebenswichtigen abzuschaffen war ein Wagnis; für viele war die Anordnung des Direktors der Verwaltung für Wirtschaft ein unverantwortliches Wagnis.

Anekdoten und Geschichten ranken sich um diese Tat. Unser Gewährsmann ist Hermann Josef Abs[3]. Er berichtete – anlässlich der Verleihung des Ludwig-Erhard-Preises für Wirtschaftspublizistik 1983 – von einem Gespräch mit General Lucius Clay, dem damaligen Hochkommissar für die amerikanisch besetzten Teile Deutschlands. Erhard sei nach der Aufhebung der einschlägigen Militärgesetze zum Hochkommissar zitiert und mit dem Vorwurf konfrontiert worden, die deutsche Wirtschaftsverwaltung habe nicht das Recht, Militärgesetze zu ändern. Erhard habe bestritten, dass er sie geändert habe. „‚Aber' – so Lucius Clay –, das können Sie doch nicht bestreiten. Sie haben hier bei der Zwangsbewirtschaftung, bei Preiskontrollen' – und er nannte eine ganze Reihe von weiteren Dingen – ‚doch die Gesetze geändert!' Und Erhard sagte: ‚Nein, ich habe sie nicht geändert, ich habe sie nur aufgehoben.'" Lucius Clay, dem laut anderen Quellen Erhards Haltung imponiert hat, soll noch angemerkt haben: „Seine Experten hätten ihm gesagt, die Warenfreigabe würde angesichts der elementaren Not in einem Desaster enden." Daraufhin Ludwig Erhard: „Das haben mir meine Experten auch gesagt." Es kam anders. Am Tag nach der Währungsreform: volle Regale, keine Schlangen mehr, die schwarzen Märkte und Whisky- und Zigaretten Währungen verschwunden über Nacht, keine brechend vollen Hamsterzüge mehr. Kurz: die Rückkehr der Normalität.

Die Abschaffung der Warenbewirtschaftung war durch das **„Gesetz über Leitsätze für die Bewirtschaftung und Preispolitik nach der Geldreform"** (kurz: **Leitsätzegesetz**) vorbereitet worden. Es waren viele Kräfte am Werk, um die Entscheidung für die **Marktwirtschaft** herbeizuführen, wie sie dann im Juni 1948 gefallen ist. Wie der Tübinger Rechtswissenschaftler Knut Nörr schreibt, ist sie in die Form eines Gesetzes gekleidet worden, für das sich keine historischen Parallelen in irgendeiner Rechtsordnung finden ließen. Es ermächtigte den Direktor der Verwaltung für Wirtschaft, alle einschlägigen Maßnahmen zum Abbau der Bewirtschaftung zu treffen. Mit den Leitsätzen „Der Freigabe aus der Bewirtschaftung ist vor ihrer Beibehaltung der Vorzug zu geben" und „Der Freigabe der Preise ist vor der behördlichen Festsetzung der Vorzug zu ge-

ben" wurde – so schreibt Nörr – „allen Intentionen, die die planerischen und lenkenden Elemente der Zwangswirtschaft auch für die Zukunft beibehalten wollten, eine definitive Abfuhr erteilt".

Alle Welt sprach damals vom „German economic miracle", vom deutschen Wirtschaftswunder. Ludwig Erhard hat sich immer geweigert, von einem Wirtschaftswunder zu sprechen; er sah im ökonomischen Erfolg das Ergebnis der Tüchtigkeit von Arbeitnehmern und Unternehmern nach der ordnungspolitischen Weichenstellung in Richtung Marktbefreiung. Die **Soziale Marktwirtschaft** war damals eine Ressource, die die Produktivität förderte und so die Mittel für den sozialen Ausgleich bereitstellte. Sozialpolitik sollte die Bürger so stellen, dass sie in der Lage wären, für sich selbst zu sorgen. Die Gemeinschaft sollte subsidiär[1] tätig werden, wenn die finanziellen Möglichkeiten des einzelnen überfordert würden.

Die Dynamik der Sozialen Marktwirtschaft sorgte dafür, dass nicht nur die Arbeitslosen wieder rasch in den Produktionsprozess eingegliedert, sondern auch die Flüchtlinge aus der sowjetisch besetzten Zone beschäftigt werden konnten und danach Gastarbeiter angeworben werden mussten. Die Arbeitslosenquote sank von zweistelligen Ziffern nach Kriegsende auf 1,4 Prozent 1960 und verharrte auf diesem niedrigen Niveau bis 1973. Danach stieg sie von Konjunkturzyklus zu Konjunkturzyklus wieder an und ist mittlerweile in den zweistelligen Bereich zurückgekehrt.

Für den damaligen Erfolg waren zwei weitere ordnungspolitische Entscheidungen maßgeblich: eine unabhängige Deutsche Bundesbank[2] und ein unabhängiges Kartellamt[3] als Wächter über den Wettbewerb. Die Deutsche Bundesbank, deren institutionelle Verankerung keineswegs wasserdicht vor politischer Einflussnahme und Bedrängnis schützte, erarbeitete sich ihren stabilitätspolitischen Ruf durch konsequente – keineswegs starre – Orientierung am Ziel der Geldwertstabilität. Freilich war dies im Bretton-Woods-System stabiler Wechselkurse und in einer inflationierenden Umwelt keine leichte Aufgabe. Aber verschiedene Aufwertungen der D-Mark stellten unter Beweis, dass die Bundesbank ihre stabilitätspolitischen Pflichten ernster nahm als die Partnerzentralbanken. Sie verschaffte so dem dynamischen Wiederaufbau ein sicheres Fundament und bewahrte ihn vor Übertreibungen.

1 subsidiär – unterstützend

2 Die Deutsche Bundesbank ist die Zentralbank der Bundesrepublik Deutschland mit Sitz in Frankfurt am Main. Ihre Aufgabe war es, mit Hilfe ihrer währungs- und geldpolitischen Befugnisse den Geldumlauf und die Kreditversorgung der Wirtschaft zu regeln mit dem Ziel, die Währung stabil zu halten. Mit dem Eintritt in die dritte Stufe der Europäischen Wirtschafts- und Währungsunion zum 01.01.1999 ist die Deutsche Bundesbank integraler Bestandteil des Europäischen Systems der Zentralbanken geworden, das von diesem Zeitpunkt an die Geld- und Währungspolitik für die Teilnehmerstaaten gemeinschaftlich bestimmt.

3 Das Bundeskartellamt ist als Träger der Wettbewerbspolitik zuständig für den Schutz des Wettbewerbs. Die Wettbewerbspolitik ist ein Teilgebiet der staatlichen Ordnungs- und Wirtschaftspolitik. In Deutschland gibt es zu diesem Zweck das Gesetz gegen Wettbewerbsbeschränkungen (GWB). Zu den wichtigsten Bestimmungen des GWB zählen das Kartellverbot und die Fusionskontrolle. In Deutschland wacht das Bundeskartellamt über die Einhaltung des GWB. Darüber hinaus ist auch die Europäische Kommission aufgrund der Vorschriften des EG-Vertrags für die Wettbewerbspolitik zuständig. So fallen beispielsweise Zusammenschlüsse von EU-weiter Bedeutung in die Zuständigkeit der Brüsseler Wettbewerbshüter.

Ludwig Erhards Aufhebung der Warenbewirtschaftung war eine mutige, weitsichtige Entscheidung, [...] Fixpunkt in Erhards Denken sei seine Treue zu liberalen Grundsätzen gewesen. Er sei davon überzeugt gewesen, dass der Markt sich überall da, wo er sich in Konkurrenz mit staatlicher Zuteilung befinde, als die überlegene Ordnung herausstellen würde. Der Markt ist im Kern eine Institution, in der sich Menschen bewähren können und müssen; er ist der Ort, wo dezentrale Entscheidungen, die falsch oder richtig sein mögen, koordiniert werden. Erhards Zutrauen zum Markt ist letztlich Zutrauen zu den Menschen selbst und ihren Fähigkeiten.

Joachim Starbatty: Nach dem Untergang der Aufbruch. In: FAZ, Nr. 100, 30.04.05, S. 15

Der Vater des Wirtschaftswunders

Ludwig Erhard wurde am 4. Februar 1897 in Fürth geboren, am 5. Mai 1977 starb er in Bonn. Erhard gilt als Begründer der Sozialen Marktwirtschaft und des „deutschen Wirtschaftswunders". Erhard tat sich erstmals 1944 mit einer wirtschaftspolitischen Denkschrift zur Neuordnung Deutschlands nach dem Kriege hervor. Dies führte zu seiner Ernennung als Wirtschaftsberater der amerikanischen Militärbehörden in Nürnberg. Erhard war nun für den wirtschaftlichen Wiederaufbau in Franken verantwortlich und wurde noch im Herbst 1945 als Staatsminister für Handel und Gewerbe in die bayerische Landesregierung aufgenommen. Im Jahr 1947 wurde er Leiter der „Sonderstelle Geld und Kredit", die von deutscher Seite aus für die Durchführung der Währungsreform des Jahres 1948 zuständig war. Im März 1948 wurde er Wirtschaftsdirektor der Zweizonenverwaltung („Bizone") und stand damit vor der Aufgabe, die Neuordnung des Geldwesens durch eine Reform der allgemeinen Wirtschaftsordnung zu ergänzen. Erhards besonderes Verdienst besteht darin, dass er den Mut hatte, die noch von der Kriegszeit stammende Planwirtschaft nahezu schlagartig auf eine Marktwirtschaft umzustellen.

Der Erfolg gab ihm Recht. Nach Einführung der D-Mark am 20. Juni 1948 kam es in West-Deutschland zu einem überraschend starken Wirtschaftsaufschwung. In den fünfziger Jahren hat sich Erhard für eine effiziente Wettbewerbspolitik eingesetzt, die 1957 zur Verabschiedung des Gesetzes gegen Wettbewerbsbeschränkung führte. Erhard scheiterte Ende 1966 als Bundeskanzler an der ersten größeren Konjunkturschwäche der Nachkriegszeit.

Peter Bofinger: Grundzüge der Wirtschaftspolitik – Eine Einführung in die Wissenschaft von Märkten. Pearson Studium, München 2003, S. 179 f.

1. Erarbeiten Sie in einer Übersicht die Erklärungen Joachim Starbattys für das Wirtschaftswunder in Deutschland nach dem Zweiten Weltkrieg (M 6).
2. Verdeutlichen Sie die Rolle Ludwig Erhards, des damaligen Wirtschaftsministers der Bundesrepublik, für den ökonomischen Erfolg in Deutschland (M 6).

1.2.2 Theorie und Konzeption der Sozialen Marktwirtschaft

Joachim Starbatty sieht in der ordnungspolitischen Weichenstellung in Richtung Marktbefreiung die Grundlagen für den wirtschaftlichen Erfolg in Deutschland nach den Zerstörungen des Zweiten Weltkrieges. Der folgende Abschnitt stellt in knapper Form zunächst die **Marktwirtschaft als Idealtypus** vor, ergänzt durch eine Skizzierung der **Planwirtschaft als Idealtypus**. Markt- und Planwirtschaft werden damit modellhaft, also abstrahierend von konkreten Wirtschaftssystemen beschrieben. Es folgt eine genauere Darstellung der Wirtschaftsordnung **Soziale Marktwirtschaft**. Ludwig Erhard, Alfred Müller-Armack, Wilhelm Röpke, Walter Eucken und Franz Böhm gelten als geistige Väter des Konzepts der Sozialen Marktwirtschaft. Dieses Konzept wurde durch die Regierung Adenauer und insbesondere durch Wirtschaftsminister Erhard und seinem Staatssekretär Müller-Armack als Wirtschaftsordnung der BRD nach 1948 durchgesetzt. Müller-Armack stellt in M 9 Grundzüge und Kennzeichen der Sozialen Marktwirtschaft vor, in M 10 erfolgt eine vertiefende Zusammenfassung.

M 7

Die Marktwirtschaft als Idealtypus – Kennzeichen einer marktwirtschaftlichen Ordnung

In Deutschland, den Vereinigten Staaten und den meisten anderen demokratischen Ländern werden wirtschaftliche Fragen überwiegend über den Markt und die dort erfolgende Preisbildung gelöst. Daher nennt man diese Wirtschaftssysteme auch Marktwirtschaften. Die realen Marktwirtschaften weichen teilweise erheblich vom Idealmodell einer freien Marktwirtschaft ab. Das Modell lässt sich anschaulich anhand der Hauptgedanken ihres Vordenkers Adam Smith (1723–1790) beschreiben.

Die Idee der Marktwirtschaft stammt aus der Kritik an der staatlichen Bevormundung der Wirtschaft im **Merkantilismus**. Der Merkantilismus war die Wirtschaftsordnung im Zeitalter des Absolutismus, deren wirtschaftspolitische Hauptziele die Vergrößerung des nationalen Reichtums und die Ausdehnung der Macht des Staates waren. Die gedanklichen Grundlagen der Marktwirtschaft formulierte der britische Nationalökonom Adam Smith im Jahre 1776 in seinem Hauptwerk „Untersuchung der Natur und Ursachen von Nationalreichthümern" (auch als „Der Wohlstand der Nationen"). Ein Zitat aus diesem Werk verdeutlicht sein Gedankengut: „Nicht durch das Wohlwollen des Fleischers, des Brauers oder des Bäckers dürfen wir erwarten, uns zu sättigen, sondern durch die Wahrung ihrer Eigeninteressen." Er interpretierte die Marktwirtschaft als ein „System der natürlichen Freiheit", in dem – unbeschränkte Konkurrenz vorausgesetzt – das vom Selbstinteresse geleitete Handeln der Individuen zu einem sozialökonomischen Optimalzustand gelenkt wird.

Eine **freie Marktwirtschaft** ist eine Wirtschaft, in der die Wirtschaftssubjekte (Haushalte und private Unternehmen) alle Entscheidungen über Produktion und Konsum selbst treffen. Preise, Märkte, Gewinne, Verluste, Anreize und Belohnungen bestimmen, was, wie und für wen produziert wird. Unternehmen produzieren die Güter, die den höchsten Gewinn erwarten lassen („was"), mit den kostengünstigsten Produktionsmethoden („wie"). Der Konsum wird durch die Entscheidung der Haushalte darüber bestimmt, wie sie ihr Einkommen aus Arbeit und Vermögen ausgeben möchten („für wen"). Das bedeutet, es gibt keinen zentral vorgegebenen Wirtschaftsplan, an den sich alle halten müssen, sondern Haushalte und Unternehmen bilden ihre eigenen individuellen Verbrauchswirtschaftspläne, Einkommenspläne oder Produktionspläne. Der **Preis** als lenkende Hand **koordiniert Angebot und Nachfrage**. Dieser Mechanismus kann nur funktionieren, wenn Unternehmen die Freiheit haben, entsprechend ihrer Gewinnerwartungen zu produzieren, und private Haushalte sich frei unter den am Markt gegebenen Möglichkeiten entscheiden, also ihren Nutzen maximieren dürfen.

Jeder Einzelne strebt nach seinem Glück und trägt, ohne sich dessen bewusst zu sein, sei-

1 Allokation – Verteilung der verfügbaren Produktionsmittel Boden, Arbeit, Kapital auf die verschiedenen Produktionsmöglichkeiten in einer Volkswirtschaft

nen Teil dazu bei, das Gemeinwohl zu verbessern. Unternehmer, die Marktlücken entdecken oder neuen Bedarf wecken, haben Markterfolg und erzielen Gewinne. Unternehmer, die hingegen nicht bedarfsorientiert produzieren, erleiden Verluste und müssen früher oder später aus dem Markt ausscheiden. Dieses Wettbewerbsprinzip gilt auch für den Arbeitsmarkt und den Kapitalmarkt.

Im Modell der freien Marktwirtschaft spielt der **Staat** eine **Nachtwächterrolle** und greift nicht aktiv in das Wirtschaftsgeschehen ein. Er beschränkt sich als Gesetzgeber auf die Ordnungspolitik und schafft die notwendigen Rahmenbedingungen. Die Individuen können weitgehend Gewerbe, Beruf und den Ort ihrer Tätigkeit selbst bestimmen. Unternehmen werden lediglich durch allgemeine Gesetze und Verordnungen sowie die Wünsche der Nachfrager am Markt beschränkt. Vertragsfreiheit und Rechtsstaatlichkeit bilden notwendige Voraussetzungen der Marktwirtschaft. Die Marktbeteiligten einigen sich selbst über die Bedingungen, unter denen sie Verträge abschließen wollen. Das deutsche Kaufrecht ist größtenteils entsprechend dem Grundsatz der Vertragsfreiheit gestaltet. Nur im Falle, dass keine speziellen Formulierungen getroffen wurden, gelten ersatzweise gesetzliche Regelungen.

In der Marktwirtschaft sind die Produktionsmittel – das Kapital – im Privatbesitz (daher auch die Bezeichnung **Kapitalismus**). Jeder kann frei entscheiden, wie er sein Einkommen aus Arbeit und Vermögen verwendet. Es kann gespart oder konsumiert werden. Private können ihr Kapital auch Unternehmen zur Verfügung stellen oder selbst einen Betrieb eröffnen. Das Einkommen in der Marktwirtschaft ist Ausdruck der persönlichen Leistung und Risikobereitschaft. Das Privateigentum ist Statussymbol der Erfolgreichen. Ein Eingreifen in die aus dem Marktgeschehen resultierende Wohlstandsverteilung findet in der freien Marktwirtschaft nicht statt. [...]

Herbert Buscher und Michael Bauer-Emmerichs in: Wirtschaft heute. Lizenzausgabe für die Bundeszentrale für pol. Bildung, Bonn 2000, S. 24

M 8

Die Planwirtschaft als Idealtypus – Kennzeichen einer planwirtschaftlichen Ordnung

Planwirtschaft bezeichnet eine Wirtschaftsordnung, in der alle Wirtschaftsprozesse (Produktion, Investitionen, Allokation[1], Konsumtion) eines Landes auf der Grundlage gesamtwirtschaftlicher Pläne zentral koordiniert werden. Für den Idealtyp dieser Wirtschaftsordnung bzw. den Extremfall der totalen Planwirtschaft prägte der Ökonom Walter Eucken (1891–1950) den Begriff **Zentralverwaltungswirtschaft**.

In einer Zentralverwaltungs- bzw. Planwirtschaft wird von der staatlichen Führung ein **zentraler Wirtschaftsplan** erstellt. Der Staat lenkt den gesamten Ablauf des Wirtschaftsprozesses nach diesem Plan. Er gibt den Unternehmen und Haushalten ein so genanntes Plansoll vor. Hierin liegt ein ganz wesentlicher Unterschied zu marktwirtschaftlichen Systemen, in denen die individuellen Ziele der Haushalte und Unternehmen unmittelbar deren wirtschaftliches Handeln bestimmen. Die Einhaltung der Planvorgaben wird von einem hierarchisch gegliederten, bürokratischen Lenkungsapparat überwacht. Die **Planungsbehörde** bestimmt, was, wie und für wen produziert wird. Der zentrale Wirtschaftsplan wird in seine Bestandteile zerlegt und von oben nach unten delegiert. Die mittelfristige Wirtschaftsplanung (meist fünf Jahre) ist i.d.R. als Ausführung einer längerfristigen Perspektivplanung (über 10 Jahre) konzipiert. Die Produktionsmittel gehören der Gesellschaft, nicht den Einzelnen. Die zentrale Planung bringt allerdings auch mit sich, dass sich die Entscheidungen über die zu produzierenden Güter nicht unbedingt an den wahren Bedürfnissen der privaten Haushalte orientieren. Auch die Preise der Güter werden staatlich festgesetzt. Wie viel tatsächlich angeboten und nachgefragt wird, ist irrelevant. Märkte, auf denen Angebot und Nachfrage durch den Preis geregelt werden, existieren nicht. Geld dient eigentlich lediglich als Verrechnungsgröße. Grundnahrungsmittel erhalten niedrige, Luxusgüter dagegen hohe Preise.

Ebenda, Wirtschaft heute. Lizenzausgabe für die Bundeszentrale für pol. Bildung, Bonn 2000, S. 26

1. Erarbeiten Sie in einer Übersicht die Kennzeichen der Wirtschaftsordnung Freie Marktwirtschaft (M 7).
2. Das Kernproblem einer Wirtschaftsordnung ist die Abstimmung der Konsumpläne von Haushalten sowie der Produktionspläne der Unternehmen. Erläutern Sie, wie in der Marktwirtschaft dieses Koordinationsproblem gelöst wird (M 7).
3. Klären Sie die Rolle des Staates im Modell der freien Marktwirtschaft (M 7).
4. Grenzen Sie die Kennzeichnungen Marktwirtschaft und Kapitalismus voneinander ab (M 7).
5. Erklären Sie, dass die Freie Marktwirtschaft nur eine idealtypische Vorstellung darstellt. (Zur Methode Idealtypus: Thema Wirtschaft Oberstufe – Unternehmen im Globalisierungsprozess)
6. Erörtern Sie unter Berücksichtigung der Debatte um Auswüchse des Kapitalismus kritisch zentrale Leitvorstellungen der Freien Marktwirtschaft. Sie können sich von folgenden Impulsen leiten lassen:
   - Führt das von vom Selbstinteresse der Individuen geleitete Handeln zu einem sozioökonomischen Optimalzustand?
   - Können die Wirtschaftssubjekte alle Produktions- und Konsumentscheidungen frei entscheiden?
   - Können die Individuen weitgehend Gewerbe, Beruf und Ort ihrer Tätigkeit selbst bestimmen?
7. Erarbeiten Sie in einer Übersicht die Kennzeichen der Wirtschaftsordnung Planwirtschaft (M 8). Kennzeichnen Sie die zentralen Unterschiede zur Wirtschaftsordnung Marktwirtschaft (M 7, M 8).
8. Untersuchen Sie kritisch die Leitvorstellungen der Wirtschaftsordnung Planwirtschaft und überlegen Sie, warum planwirtschaftliche Systeme, verwirklicht in den ehemaligen sozialistischen Ländern, in der Praxis gescheitert sind.

M 9

Alfred Müller-Armack, Ersetzung des zusammenbrechenden Systems totaler Lenkungswirtschaft durch eine Soziale Marktwirtschaft

Die Lage unserer Wirtschaft zwingt uns zu der Erkenntnis, dass wir uns in Zukunft zwischen zwei grundsätzlich voneinander verschiedenen Wirtschaftssystemen zu entscheiden haben, nämlich dem System der **antimarktwirtschaftlichen Wirtschaftslenkung** und dem System der auf **freie Preisbildung,** echten **Leistungswettbewerb** und **soziale Gerechtigkeit** gegründeten Marktwirtschaft.
Alle Erfahrungen mit wirtschaftlichen Lenkungssystemen verschiedenster Schattierungen haben erwiesen, dass sie unvermeidlich zu einer mehr oder weniger weitgehenden Vernichtung der Wirtschaftsfreiheit des einzelnen führen, also mit demokratischen Grundsätzen unvereinbar sind, und zweitens mangels zuverlässiger Maßstäbe infolge der Aufhebung des Preismechanismus nicht in der Lage sind, die verschiedenen Knappheitsgrade zuverlässig zu erkennen. Jede Lenkungswirtschaft hat daher in der Praxis am wirklichen volkswirtschaftlichen Bedarf „vorbeigelenkt“. Wir stützen uns auf die Erfahrung, wenn wir feststellen, dass allein durch die freie Bildung echter Preise die Signale für volkswirtschaftlich dringlichste Produktionen

Der Ökonom und Soziologe **Alfred Müller-Armack** (1901 bis 1978 entwickelte in seiner Schrift „Wirtschaftslenkung und Marktwirtschaft" den Begriff „Soziale Marktwirtschaft". Er kennzeichnete damit eine „dritte wirtschaftspolitische Form", bei welcher der Markt zwar das „tragende Gerüst" darstelle, darüber hinaus aber „eine bewusst gesteuerte, und zwar sozial gesteuerte Marktwirtschaft" erreicht werden solle.

http://www.sozialemarktwirtschaft.eu/fileadmin/marktwirtschaft/zeitstrahl/1947-

gewonnen werden können und dass zweitens durch Wiederherstellung der Freiheit des Wirtschaftens für alle und Schaffung eines echten Leistungswettbewerbs diejenigen Energien freier Menschen wieder für das Gesamtwohl wirksam werden, die unter dem Zwange bürokratischer Planung und Enge kein Interesse mehr an zusätzlicher Erzeugung haben.

Die angestrebte moderne Marktwirtschaft soll betont sozial ausgerichtet und gebunden sein. Ihr sozialer Charakter liegt bereits in der Tatsache begründet, dass sie in der Lage ist, eine größere und mannigfaltigere Gütermenge zu Preisen anzubieten, die der Konsument durch seine Nachfrage entscheidend mitbestimmt und die durch niedrige Preise den Realwert des Lohnes erhöht und dadurch eine größere und breitere Befriedigung der menschlichen Bedürfnisse erlaubt. Durch die freie Konsumwahl wird der Produzent gezwungen, hinsichtlich Qualität, Sortiment und Preis seiner Produkte auf die Wünsche der Konsumenten einzugehen, die damit eine echte **Marktdemokratie** ausüben. Eine ähnliche, die Wirtschaft maßgeblich bestimmende Stellung vermag eine Lenkungswirtschaft der Masse der Verbraucher nicht einzuräumen. Demokratie und Lenkungswirtschaft sind eben nicht vereinbar.

Liegt also bereits in der Produktivität der Marktwirtschaft ein starkes soziales Moment beschlossen, so wird es gleichwohl notwendig sein, mit aller Entschiedenheit eine Reihe von Maßnahmen durchzuführen, die eine soziale Sicherheit gewährleisten und die durchaus im Rahmen einer Marktwirtschaft zu verwirklichen sind.

Um den Umkreis der Sozialen Marktwirtschaft ungefähr zu umreißen, sei folgendes **Betätigungsfeld künftiger sozialer Gestaltung** genannt:

1. Schaffung einer sozialen Betriebsordnung, die den Arbeitnehmer als Mensch und Mitarbeiter wertet, ihm ein soziales Mitgestaltungsrecht einräumt, ohne dabei die betriebliche Initiative und Verantwortung des Unternehmers einzuengen.
2. Verwirklichung einer als öffentliche Aufgabe begriffenen Wettbewerbsordnung, um dem Erwerbsstreben der Einzelnen die für das Gesamtwohl erforderliche Richtung zu geben.
3. Befolgung einer Anti-Monopolpolitik zur Bekämpfung möglichen Machtmissbrauches in der Wirtschaft.
4. Durchführung einer konjunkturpolitischen Beschäftigungspolitik mit dem Ziel, dem Arbeiter im Rahmen des Möglichen Sicherheit gegenüber Krisenrückschlägen zu geben. Hierbei ist außer kredit- und finanzpolitischen Maßnahmen auch ein mit sinnvollen Haushaltssicherungen versehenes Programm staatlicher Investitionen vorzusehen.
5. Marktwirtschaftlicher Einkommensausgleich zur Beseitigung ungesunder Einkommens- und Besitzverschiedenheiten, und zwar durch Besteuerung und durch Familienzuschüsse, Kinder- und Mietbeihilfen an sozial Bedürftige.
6. Siedlungspolitik und sozialer Wohnungsbau.
7. Soziale Betriebsstruktur-Politik durch Förderung kleinerer und mittlerer Betriebe und Schaffung sozialer Aufstiegschancen.

8. Einbau genossenschaftlicher Selbsthilfe – etwa im Wohnungsbau – in die Wirtschaftsordnung.
9. Ausbau der Sozialversicherung.
10. Städtebauplanung.
11. Minimallöhne und Sicherung der Einzellöhne durch Tarifvereinbarungen auf freier Grundlage.

Alfred Müller-Armack. In: Genealogie der Sozialen Marktwirtschaft. 2. Auflage, Bern, Stuttgart 1981, S. 99 ff. (Erstveröffentlichung: Vorschläge zur Verwirklichung der Sozialen Marktwirtschaft, Mai 1948)

M 10

Das Konzept der Sozialen Marktwirtschaft

Das Leitbild der Sozialen Marktwirtschaft ist maßgeblich durch Alfred Müller-Armack geprägt worden, der u.a. zu der Zeit, als Ludwig Erhard Wirtschaftsminister der Bundesrepublik wurde, Staatssekretär im Bundeswirtschaftsministerium war.

Über die **Ziele der Sozialen Marktwirtschaft** äußerte er sich 1948 wie folgt: „Was wir verlangen, ist eine neu zu gestaltende Wirtschaftsordnung. Eine solche kann nie aus dem Zweckdenken und überalterten politischen Ideen allein hervorgehen, sondern bedarf der tieferen Begründung durch sittliche Ideale, welche ihr erst die Berechtigung verleihen. Zwei großen sittlichen Zielen fühlen wir uns verpflichtet, der Freiheit und der sozialen Gerechtigkeit."[1] Er betont, dass sich diese Ziele nicht durch eine „unorganische Mischung lenkungs- und marktwirtschaftlicher Elemente, bei der sich nur die Nachteile beider Systeme summieren – das heißt die Marktwirtschaft gestört wird und die Lenkung ihre echten Ziele ebenfalls nicht erreicht"[2] – realisieren lassen, sondern durch einen dritten Weg, „der zwischen ungezügeltem Liberalismus [...] und Sozialismus hindurchführt und auf eine Synthese abzielt zwischen rechtsstaatlich gesicherter, insbesondere wirtschaftlicher Freiheit einerseits und den sozialstaatlichen Idealen sozialer Sicherheit und sozialer Gerechtigkeit andererseits"[3]. Folgende **Elemente** sind nach Müller-Armack grundlegend für die **Soziale Marktwirtschaft**:

„1. Die Soziale Marktwirtschaft basiert auf den Funktionen eines beweglichen und sich dynamisch entwickelnden Marktes [...].
2. Die Soziale Marktwirtschaft ist angetreten mit dem Anspruch, durch den marktwirtschaftlichen Prozess nicht nur die Gütererzeugung anzuheben, den Bereich persönlicher freier Gestaltungsmöglichkeiten für die Einzelnen zu erweitern, sondern auch soziale Fortschritte zu bringen [...].
3. Die Soziale Marktwirtschaft fordert keinen schwachen Staat, sondern sieht in einem starken demokratischen Staat die Voraussetzungen für das Funktionieren dieser Ordnung. Der **Staat** hat nicht nur der Sicherung der Privatrechtsordnung zu dienen, er (hat) [...] sich für die Erhaltung eines echten Wettbewerbs als einer politischen Funktion [...] einzusetzen. Die vom Staat zu sichernde Wettbewerbsordnung wehrt zugleich Machteinflüsse auf dem Markt ab.
4. Garant des sozialen Anspruchs der Marktwirtschaft ist nicht nur der Markt, dessen wirtschaftliche Leistungen sehr oft schon sozialen Fortschritt bedeuten. Der Staat hat vielmehr die unbestrittene Aufgabe, über den Staatshaushalt und die öffentlichen Versicherungen die aus dem Markt resultierenden Einkommensströme umzuleiten und soziale Leistungen, wie Kindergeld, Mietbeihilfen, Renten, Pensionen, Sozialsubventionen usw. zu ermöglichen. Das alles gehört zum Wesen dieser Ordnung, und es wäre eine Farce, nur den unbeeinflussten Marktprozess zu sehen, ohne seine vielfältige Einbettung in unsere staatliche Ordnung zu beachten. Das bedeutet keineswegs ein Hinüberwechseln aus dem Markt in den staatlichen Bereich, sofern man sich dabei bewusst ist, dass die Mittel, die der Staat transformiert, von der wirtschaftlichen Leistung des Marktes abhängig bleiben und **„marktkonform"** sein müssen. Es muss die Grenze eingehalten werden, deren Überschreitung eine Störung der Marktvorgänge bewirkt.
5. Neben den engeren Aufgaben der Wettbewerbssicherung und den weiteren Aufgaben des sozialen Schutzes steht der Staat seit je und heute bewusster als früher vor Aufgaben der Gesellschaftspolitik, um die [...] Lebensumstände für alle zu verbessern [...]. Ich nenne Erweiterung der Vermögensbildung, Verbesserungen der Investitionen im Bereiche des Verkehrs, des

1 Alfred Müller-Armack: Genealogie der Sozialen Marktwirtschaft. Bern, Stuttgart 1984, S. 90

2 Ebenda, S. 90

3 Heinz Lampert: Die Soziale Marktwirtschaft der Bundesrepublik Deutschland. In: Aus Politik und Zeitgeschichte, Beilage zur Wochenzeitung Das Parlament, 22.04.1988, S. 6

Gesundheitswesens, Aufwendungen für Bildung und Forschung, Schutz gegen die wachsende Verschlechterung vieler Umweltbedingungen, Städtebauförderung.

6. Die Ordnung der Sozialen Marktwirtschaft schließt also alle Ziele, die wir auch für eine weitere Zukunft ins Auge zu fassen haben, ein. Sie bleibt insofern Marktwirtschaft, als sie darauf besteht, dass das durch freie Betätigung aller Gruppen gesicherte Privateigentum, eine gesicherte Rechtsordnung und stetes Wirtschaftswachstum auch [...] in der Zukunft die besten Grundlagen bieten, um die Fülle der vor uns stehenden Aufgaben im staatlichen und privaten Bereich zu fördern [...]. *Die Soziale Marktwirtschaft ist ein Stil, der ein festes Formprinzip mit der Fülle der Gestaltungsmöglichkeiten im Einzelnen verbindet [...]. Alle Ordnungen der Zukunft, in welchen freien Ländern der Welt sie auch praktiziert werden mögen, werden irgendwie den Linien [...] der Sozialen Marktwirtschaft folgen müssen.*"[1]

Die Soziale Marktwirtschaft ist also kein starres und dogmatisches System, das auf unveränderlichen Regeln beruht, sondern sie ist offen für neue Herausforderungen und Probleme, die sich aus veränderten gesellschaftlichen und wirtschaftlichen Bedingungen ergeben. So war z. B. Umweltschutz 1948 kein Thema. Die Wohlstandsmehrung, die ja gerade auch eine Folge des durch diese Wirtschaftsordnung herbeigeführten Wirtschaftswachstums ist, hat ganz wesentlich die heutigen Umweltprobleme verursacht. Als die Umweltbelastungen als dringendes Problem erkannt wurden, musste nicht eine neue Wirtschaftsordnung gesucht werden, sondern Ziele definiert und Instrumente entwickelt werden – unter Beachtung der grundlegenden Prinzipien der Sozialen Marktwirtschaft –, um dem Problem zu begegnen. Allerdings ist die Bundesrepublik von dem als wünschenswert geltenden Zustand noch weit entfernt, wie bei anderen Problemen (Arbeitslosigkeit, neue Armut, Unternehmenskonzentration) auch. „Auch in der Bundesrepublik Deutschland gab und gibt es immer wieder die Diskrepanz zwischen der Blaupause und der real existierenden Ordnung. Die Soziale Marktwirtschaft bleibt bei all ihren immensen Vorteilen verbesserungs- und erneuerungsbedürftig [...]. Auch in der Sozialen Marktwirtschaft gibt es das **Spannungsverhältnis zwischen dem ‚Sozialen' und der ‚Effizienz'**. Die Gewichte zwischen beiden Elementen können, wie unsere Geschichte und die der anderen westlichen Länder zeigt, innerhalb gewisser Toleranzgrenzen verschoben werden – sofern die marktwirtschaftlichen Kernelemente nicht darunter leiden. Der Wettbewerb um die beste sozial verpflichtete Marktwirtschaft findet in freien demokratischen Wahlen statt."[2]

Uwe Taenzer: Ökonomische Kernprobleme in Deutschland. Stuttgart 1999, S. 94 f.

1 Alfred Müller-Armack, a. a. O., S. 150 ff.

2 Otto Schlecht: Ein Modell macht Karriere. In: Frankfurter Allgemeine Zeitung, 03.03.1990

1. Erläutern Sie die kennzeichnenden Merkmale einer Sozialen Marktwirtschaft (M 9, M 10).

2. Erklären Sie Müller-Armacks Einwände gegen ein antimarktwirtschaftliches Lenkungssystem (M 9).

3. Begründen Sie Müller-Armacks Ansicht, dass die marktwirtschaftliche Ordnung schon „ein starkes soziales Moment" beinhaltet (M 9).

4. Erläutern Sie Müller-Armacks Begründungen für die Soziale Marktwirtschaft (M 9).

5. Erarbeiten Sie detailliert, welche Aufgaben Müller-Armack dem Staat zuweist, und überlegen Sie, wie in der Sozialen Markwirtschaft der BRD der Staat diese Aufgaben realisiert (M 9).

6. Erarbeiten Sie, wodurch sich die Konzeption der Sozialen Marktwirtschaft von dem Idealtypus der reinen Marktwirtschaft in Bezug auf die Rolle des Staates unterscheidet und wie diese Unterschiede begründet werden (M 9, M 10).

1.3 Globalisierung – Reform oder Gefährdung der Sozialen Marktwirtschaft?

Abschluss des Kapitels bilden Analysen und Stellungnahmen zur Reform bzw. zur Gefährdung der Sozialen Marktwirtschaft. Angesichts der Herausforderung Globalisierung wird auf der einen Seite ein Ende der Sozialen Marktwirtschaft und der Abbau des Sozialstaates befürchtet, die andere Seite betrachtet die Krise als Chance zur Erneuerung der Sozialen Marktwirtschaft.

M 11

Berliner Rede von Bundespräsident Horst Köhler am 1. Oktober 2007

[...] Die Globalisierung ist weder Naturereignis noch allein Folge des technischen Fortschritts. Sie wird seit Jahrhunderten angetrieben vom friedlichen Handel und Wandel. Sie ist politisch gewollt und bewusst beschleunigt worden durch die Öffnung der Märkte und die Schaffung internationaler Institutionen. Sie hat dann einen zusätzlichen Schub erhalten durch den Fall des Eisernen Vorhangs und den Eintritt Chinas und Indiens in die Weltwirtschaft. Milliarden Menschen tragen mit ihrer Arbeit und ihren Wünschen dazu bei. Ihr Streben nach Glück durchdringt und verändert die Welt.

Diese Veränderungen machen in den westlichen Industrienationen vielen Menschen Sorgen. Sie fragen: Können unsere Staaten auch weiterhin die Voraussetzungen für Freiheit, Arbeit, Wohlstand und sozialen Ausgleich bieten? Haben sie die Kraft, der Entwicklung der Weltwirtschaft Regeln zu setzen und Probleme wie die grenzüberschreitende Umweltverschmutzung und das organisierte Verbrechen wirksam zu bekämpfen? Gefährdet die Globalisierung am Ende unser ganzes Sozialmodell?

Solche Fragen sind berechtigt, denn in der Tat: Der weltweite Wettbewerbsdruck stellt Vieles auf die Probe, die Wirtschaftsunternehmen genauso wie die Umsicht und Wirksamkeit allen staatlichen Handelns [...].

Zunächst einmal: Gerade uns Deutschen ist die Globalisierung besonders zugute gekommen. Dass nach dem Zweiten Weltkrieg der Wiederaufbau gelang und wir heute an der Spitze der weltweiten Exportstatistik stehen, das haben wir vor allem der Integration unseres Landes in die Weltwirtschaft zu verdanken. Wir genießen heute ein so hohes Maß an Wohlstand wie nie zuvor in unserer Geschichte.

Wahr ist allerdings auch: Die Ungleichheit der Einkommensverteilung in Deutschland hat zugenommen – nicht zuletzt, weil die Einkünfte aus Kapitalerträgen viel stärker gestiegen sind als die Arbeitslöhne. Die Erwerbsbiographien sind unsicherer geworden und verlaufen weniger stetig. Viele westliche Industrienationen erleben eine ähnliche Entwicklung. Die Arbeitslöhne sind unter Druck geraten, weil der weltweite Wettbewerb schärfer geworden ist und weil der technische Fortschritt immer mehr einfache Arbeiten ersetzt. Es geht der breiten Mittelschicht in Deutschland zwar unverändert recht gut, aber es greifen Abstiegsängste um sich, und viele Menschen aus einkommensschwachen und bildungsferneren Schichten kommen aus eigener Kraft nicht voran. Aus diesem Befund leite ich vier Schlussfolgerungen ab. Erstens: Wir haben in

Horst Köhler (geb. 1943) promovierte in Volkswirtschaft und Politischen Wissenschaften an der Universität Tübingen. Von 1990 bis 1993 arbeitete er als Staatssekretär im Bundesfinanzministerium. In dieser Zeit führte er im Auftrag der deutschen Regierung die Verhandlungen über das Abkommen, das zum Maastricht-Vertrag über die Europäische Wirtschafts- und Währungsunion wurde. Von 1993 bis 1998 leitete Horst Köhler als Präsident den Deutschen Sparkassen- und Giroverband, anschließend zwei Jahre lang (bis 2000) die Europäische Bank für Wiederaufbau und Entwicklung (EBWE) mit Sitz in London. Im Jahr 2000 wurde Köhler Geschäftsführender Direktor für eine Amtszeit von fünf Jahren zum Geschäftsführenden Direktor des Internationalen Währungsfonds (IWF) bestellt. Am 23. Mai 2004 ist Horst Köhler zum Bundespräsidenten gewählt worden. Dieses Amt trat er am 1. Juli 2004 an.

der Vergangenheit eine wachsende Ungleichheit der Einkommen nur hingenommen, weil die Kurve für alle nach oben wies. Das muss so bleiben. Der Aufstieg der einen darf nicht der Abstieg der anderen sein! Zweitens: Die Arbeitnehmer sollten stärker als bisher an den Erträgen und am Kapital der Unternehmen beteiligt werden. Das verschafft ihnen eine zusätzliche Einkommensquelle. Drittens: Wer unverschuldet in Not gerät, soll sich auch künftig auf das soziale Netz verlassen können und eine wirksame Starthilfe erhalten, um schnell wieder aus eigener Kraft voranzukommen. Und viertens: Es müssen endlich alle wirklich gleiche Zugangschancen zu guter Bildung, wirtschaftlichem Erfolg und sozialem Aufstieg haben. Bildung ist die wichtigste Voraussetzung für gesellschaftliche Gerechtigkeit und soziale Mobilität.

Wahr ist ferner: Der weltweite Wettbewerb beschleunigt den wirtschaftlichen Strukturwandel und trägt dazu bei, dass vor allem Menschen arbeitslos werden, die keine gute Ausbildung haben. Zugleich beobachten wir, dass Branchen wie der Maschinenbau oder die Medizintechnik von der Nachfrage in den aufstrebenden Ländern profitieren und deshalb wachsende Schwierigkeiten haben, ihren Bedarf an qualifizierten Arbeitskräften zu decken.

Kluge Beobachter sagen deshalb: Der wirkliche Konflikt über die Globalisierung spielt sich nicht zwischen den ärmeren und den reicheren Ländern ab, denn alle Länder können von fairem Handel und internationaler Arbeitsteilung profitieren. Der eigentliche Konflikt entsteht innerhalb der Länder, zwischen den Gewinnern und den Verlierern des Strukturwandels.

Diese Entwicklung ist nicht neu. Der technische Fortschritt, die Veränderung der Konsumgewohnheiten und der betriebliche Wettbewerb führten schon immer zum Wegfall von Arbeitsplätzen. Die Mechanisierung der Landwirtschaft zum Beispiel zwang Hunderttausende von Bauern und Landarbeitern zum Berufswechsel. Wir müssen den Strukturwandel als Charakteristikum einer modernen und erfolgreichen Wirtschaft annehmen – und zwar nicht nur als Belastung für die unmittelbar Betroffenen, denen wir helfen müssen, sondern viel mehr noch als Chance, denn solche Veränderungen modernisieren ein Land und schaffen dadurch neue Grundlagen für die Bewahrung von Wohlstand und sozialer Sicherheit. Wir alle müssen bereit sein, lebenslang zu lernen und uns in immer neue Zusammenhänge hineinzufinden. Die Vermögenden in unserem Land möchte ich ermutigen, sich noch stärker für das Gemeinwohl einzubringen, zum Beispiel mit und in Bürgerstiftungen.

Aber alles hängt davon ab, dass tatsächlich immer neue, wettbewerbsfähige Arbeitsplätze entstehen, die rasch mit gut geschulten Arbeitnehmern besetzt werden können. Diese Aufgabe ist lösbar. Der rasche Rückgang der Arbeitslosigkeit in jüngster Zeit ist nicht nur auf die gute Entwicklung der Weltkonjunktur und auf maßvolle Tarifabschlüsse zurückzuführen. Die mutigen Reformen der vergangenen Jahre haben einen wesentlichen Beitrag dazu geleistet. Heute reicht ein deutlich niedrigeres Wirtschaftswachstum aus, um neue Arbeitsplätze zu schaffen. Das weist den Weg. Ich bin der Ansicht: Vollbeschäftigung in Deutschland ist möglich. Arbeiten wir mit aller Kraft daran, dieses Ziel zu erreichen.

Es wäre auf jeden Fall töricht, den internationalen Wettbewerb aus Deutschland und Europa auszusperren. Durch Protektionismus würden wir Strukturen unter Schutz stellen, die nicht mehr auf der Höhe der Zeit sind und ihre Leistung verbessern müssen. Obendrein würden vermutlich die Länder, deren Erzeugnisse wir aussperren, Gleiches mit Gleichem vergelten und unsere Exporte behindern. Dann würde unsere heimische Wirtschaft ausgerechnet da geschwächt, wo sie besonders erfolgreich ist und für neue Arbeitsplätze sorgt. Darum ist klar: Abschottung ist keine Lösung, sie kostet Wohlstand und führt letztlich zu Niedergang und zu geistiger und kultureller Verarmung.

Es geht also nicht darum, gegen die Globalisierung erfolgreich zu sein, sondern in ihr und mit ihr. [...]

„Das Streben der Menschen nach Glück verändert die Welt" – Berliner Rede von Bundespräsident Horst Köhler am 1. Oktober 2007. In: www.BUNDESREGIERUNG.DE. 01.10.2007

M 12

Franz Müntefering, Soziale Marktwirtschaft oder Marktwirtschaft pur?

Staat ist mehr als nur ein Reparaturbetrieb. Er darf sich nicht zufrieden geben mit der Aufgabe, Fehlentwicklungen auszugleichen, den Schwächsten zu helfen. Er hat Aufgaben, die er für die Gesellschaft erledigt.

Staat muss gestalten, das ist das europäische Verständnis von Sozialer Ordnung. Das ist auch das sozialdemokratische Verständnis von Staat.

Wir wissen, dass es ein Spannungsverhältnis zwischen staatlicher und gesellschaftlicher Politik einerseits und den ungehemmten Regeln des Marktes andererseits gibt. Diese Spannung gilt es auszuhalten und produktiv zu nutzen. Deshalb wollen wir soziale Marktwirtschaft und nicht Marktwirtschaft pur. Im Denken und Handeln der Ökonomie ist der Primat der Ökonomie selbstverständlich, scheint staatliches Handeln oft unnötig bis kontraproduktiv. Ökonomie zielt – bestenfalls – indirekt auf das Sozialwesen Mensch, sie kalkuliert die Menschen zwar ein, aber nur in Funktionen: als Größe in der Produktion, als Verbraucher oder als Ware am Arbeitsmarkt.

Diese abstrakte Logik schlägt sich konkret im Handeln von bestimmten Finanz-Unternehmen nieder: Die international forcierten Profit-Maximierungs-Strategien gefährden auf Dauer unsere Demokratie. Es liegt im eigenen Interesse von Unternehmern, – und davon gibt es noch sehr viele –, die sich für ihr Unternehmen, für ihre Arbeitnehmer und für den Standort mitverantwortlich fühlen und entsprechend handeln, diesen Entwicklungen gemeinsam mit uns entgegenzutreten.

Unsere Kritik gilt der international wachsenden Macht des Kapitals und der totalen Ökonomisierung eines kurzatmigen Profit-Handelns. Denn dadurch geraten einzelne Menschen und die Zukunftsfähigkeit ganzer Unternehmen und Regionen aus dem Blick. Und die Handlungsfähigkeit der Staaten wird rücksichtslos reduziert. Im Ergebnis wird damit die Reputation[1] des Staates bei seinen Bürgerinnen und Bürgern dramatisch belastet, weil er nicht mehr in die Lage ist, die von ihm erwartete Interessenwahrung hinreichend zu leisten.

Auf diese Entwicklung müssen wir politisch reagieren: Wo der Nationalstaat an die Grenzen seiner Handlungsmöglichkeiten stößt, könnte die Europäische Union und könnten

1 Reputation – Ruf, Ansehen

Gesetze sind zu finden unter: http\\bundesrecht.juris.de

Grundgesetz für die Bundesrepublik Deutschland

Artikel 20

(1) Die Bundesrepublik Deutschland ist ein demokratischer und sozialer Bundesstaat.

Artikel 14

(3) Eigentum verpflichtet. Sein Gebrauch soll zugleich dem Wohle der Allgemeinheit dienen.

1 tangieren – berühren

2 Subsidiarität – gesellschaftspolitisches Prinzip, nach welchem übergeordnete gesellschaftliche Einheiten, insbesondere der Staat, nur solche Aufgaben übernehmen sollen, zu deren Wahrnehmung untergeordnete Einheiten nicht in der Lage sind.

Institutionen der internationalen Völkergemeinschaft wirkungsvoll handeln. Die EU muss sich entscheiden: Will sie dem Markt unter der Überschrift Wettbewerb Schneisen schlagen, die auch die sozialstaatlichen Aufgaben der einzelnen Staaten massiv tangieren[1]? Oder will sie, im Sinne der EU-Verfassung, gemeinsam mit den Nationalstaaten eine demokratische und soziale Union?

[...] Wenn der Staat leisten soll, was wir von ihm erwarten, damit Demokratie, Rechtsstaat und Sozialstaat bestehen können, stellt sich mit Nachdruck auch die Frage nach seiner finanziellen Basis.

Diese Frage ist nicht populär, aber wichtig. Sie muss ehrlich beantwortet werden, denn sie tangiert die Steuer- und Abgabenpolitik erheblich. Das Prinzip der Subsidiarität[2] und das der Eigenverantwortung haben Priorität; was vor Ort und privat geregelt werden kann, soll dort und so getan werden. Staat muss sich da entbehrlich machen, wo dies verantwortlich möglich ist. Und er muss gestärkt werden, wo es notwendig ist, zum Beispiel:

– Unsere Kommunen brauchen mehr Investitionskraft, sonst wird es bergab gehen mit der Lebensqualität vor Ort. Sie müssen Freiraum haben, bei Mehreinnahmen nicht nur zu entschulden, sondern teilweise auch zu investieren im Sinne von Substanzpflege. Auch zum Nutzen der Arbeitsangebote vor Ort.

– Die großen sozialen Sicherungssysteme sind nicht entbehrlich, wenn für die existentiellen Situationen des Lebens der umfassende Risikoausgleich funktionieren soll. „Einigkeit macht stark", – das gilt auch hier und ist auch ökonomisch vernünftig.

– Die Investitionen in die langfristige Zukunftsfähigkeit – voran in die Bildung – werden nicht breit genug erfolgen, wenn nicht der Staat je nach Zuständigkeit in den Kommunen, den Ländern und dem Bund diese Entscheidungen trifft. Die Bildungschancen der Sozial- und Lernschwächeren würden weiter geschmälert. Dieser staatliche Bildungsauftrag lässt ausreichend Platz für private Initiativen und Bildungseinrichtungen unterschiedlichster Art.

– Grundlagenforschung bleibt nötig, wenn innovative Produkte und Dienstleistungen entwickelt werden sollen. Die Beispiele Energie, Mobilität und Medizin seien genannt. Der Staat muss Impulse setzen und kann nicht abwarten, ob im privatwirtschaftlichen Spiel der Kräfte diese Forschungen rechtzeitig angestoßen werden.

Und die Umwelt muss gesichert werden. Die Kultur gefördert, die Mobilität garantiert. Und die Staatsdiener ordentlich bezahlt. Der Staat muss handlungsfähig sein.

Rede des SPD-Parteivorsitzenden Franz Müntefering auf dem 3. Programmforum der SPD „Demokratie. Teilhabe, Zukunftschancen, Gerechtigkeit" am Mittwoch, dem 13. April 2005, Willy-Brandt-Haus, Berlin

M 13

Hans Tietmeyer, Freiheit als Chance – Plädoyer für eine Neue Soziale Marktwirtschaft

„Die Freiheit", so hat Thomas Mann einmal notiert, „ist eine unsterbliche Idee."

Das war 1939. Zehn Jahre später, als die Bundesrepublik Deutschland aus der Taufe gehoben wurde, war die Freiheit ihr prominentester Pate. Das gilt für das politische System, die parlamentarische Demokratie auf der Basis freier Wahlen.

Es gilt ebenso für das von Ludwig Erhard initiierte Wirtschaftssystem. Seine Eckpfeiler waren und sind: die Freiheit des Marktes, die Gewerbe- und Niederlassungsfreiheit, die freie Preisbildung, die freie Wahl des Arbeitsplatzes.

Die Freiheit sollte zugleich Grundgedanke des Sozialsystems sein, das Eigenverantwortung mit Solidarität verbindet. Die Betonung der Freiheit war wirtschaftliche Notwendigkeit und politisches Programm: Eindeutiger hätte die Abgrenzung sowohl von der nationalsozialistischen Kommandowirtschaft früherer Jahre

Hans Tietmeyer, deutscher Finanzfachmann, *18.08.1931 Metelen; 1990/91 Mitglied des Direktoriums der Deutschen Bundesbank; 1991 Vizepräsident, 1993 bis 1999 Präsident.

EIN MODERNER UMBAU IST DRINGEND NOTWENDIG!

als auch von der sozialistischen Planwirtschaft der zeitgleich gegründeten DDR nicht ausfallen können.

Im Laufe der Jahre bekam die Freiheit jedoch Konkurrenz: Die enorme Wohlstandsmehrung insbesondere der 60er- und 70er-Jahre führte dazu, dass die sozialen Sicherungssysteme massiv ausgebaut wurden und d ie staatliche Regulierungsdichte dramatisch zunahm. Zwischen 1970 und 1999 stieg der Anteil der Sozialleistungen an der Bruttowertschöpfung von 26 auf über 33 Prozent. Im selben Zeitraum sank der Anteil der Bruttoanlageinvestitionen am Bruttoinlandsprodukt von 25,5 auf knapp über 21 Prozent. Die Staatsquote[1] stieg und liegt – trotz zeitweiliger Korrekturen – immer noch bei rund 50 Prozent. Und der Behörden- und Gesetzesdschungel ist für den Bürger inzwischen nicht mehr durchschaubar. Wie ein Leviathan[2] legt sich der bürokratische Staat über Wirtschaft und Gesellschaft. An die Stelle der persönlichen Verantwortung – als notwendiges Pendant[3] zur Freiheit – ist vielfach staatliche Vollversorgung getreten. So haben wir uns von Ludwig Erhard und auch den Sozialpolitikern der Nachkriegszeit weit entfernt.

Eine Zeitlang waren die kontinuierliche Erhöhung der Staatsquote[3] und die stetige Ausweitung der Sozialsysteme nicht nur populär, sie schienen sogar finanzierbar. Der Preis war jedoch schon damals zunehmende Arbeitslosigkeit. Heute, im Zeitalter der Digitalisierung und der internationalen Konkurrenz können wir uns die Ausuferungen eines einstigen Erfolgsmodells nicht länger leisten. Denn sie bedeuten einen herben Verlust an Flexibilität und damit an Wettbewerbsfähigkeit. Dieser Verlust wird durch die demographische Entwicklung noch verstärkt. Es ist unbestritten: Eine Rückbesinnung auf die grundlegenden Prinzipien ist erforderlich. Die Soziale Marktwirtschaft muss erneuert werden.

Die Neue Soziale Marktwirtschaft muss neben dem Aspekt des Sozialen vor allem den Gedanken der Freiheit und der Eigenverantwortung wieder in den Vordergrund rücken. Es muss wieder mehr Freiräume und Antrieb für Selbsthilfe geben. Es geht um die Freiheit des Einzelhändlers, seinen Laden auch nach 18 Uhr offen zu halten; die Freiheit des Sozialhilfeempfängers, eine Arbeit aufzunehmen, deren Entgelt ihm nicht wieder weggesteuert wird; aber auch die Freiheit des Schülers, nach 12

1 Die Staatsquote misst das Verhältnis von Staatsausgaben in der Abgrenzung der Volkswirtschaftlichen Gesamtrechnung (VGR) zum Bruttoinlandsprodukt (BIP). Sie belief sich im Jahre 2001 auf 48,4 Prozent. Dies bedeutet jedoch nicht, dass der Staat rund 50 Prozent des BIP für sich in Anspruch nimmt. Denn in den Staatsausgaben sind neben den Ausgaben für Investitionen, Personal und Verwaltung, also den Ausgaben im engeren Sinne, auch Zinszahlungen und vor allem Ausgaben für Transfers und Subventionen enthalten.

2 Leviathan – Symbol für den allmächtigen Staat in den Schriften des englischen Philosophen Thomas Hobbes (17. Jahrhundert)

3 Pendant – Gegenstück

1 Sir (1964) Karl Raimund Popper, englischer Philosoph österreichischer Herkunft, * 28.7.1902 Wien, † 17.9.1994 London; 1949 bis 1965 Professor in London; Begründer und Hauptvertreter des kritischen Rationalismus. Wesentliches Element der Popper'schen Wissenschaftsphilosophie ist das Trial-and-error-Verfahren (Versuch und Irrtum), d. h. die Wissenschaft macht theoretische Vorschläge zur Lösung von Problemen, die jedoch nur vorläufig sind und auch verworfen werden dürfen. Obwohl Popper nicht an die endgültige Verifizierbarkeit empirisch-wissenschaftlicher Sätze glaubt, blieb für ihn doch die Annäherung an die Wahrheit Ziel der Wissenschaft.

Jahren Abitur zu machen. In der Neuen Sozialen Marktwirtschaft sind die Haushalte frei in der Wahl ihres Strom- und Telefonanbieters; die jungen Menschen erhalten größere Freiheit, ihre Altersvorsorge selbst zu definieren. Und der Arbeitnehmer, sofern es ihn im klassischen Sinne überhaupt noch gibt, erhält die Freiheit, einige Monate lang mehr als 40 Stunden pro Woche zu arbeiten, um danach eine längere Auszeit, ein „Sabbatical" zu nehmen. Die Unternehmen müssen freier, aber auch agiler werden, Innovationen hervorzubringen und sie am Markt einzuführen. Freiheit schulden wir schließlich den großen Ordnungseinheiten: Die Sozialversicherungssysteme müssen die Freiräume bekommen, die sie benötigen, um den wirklich Bedürftigen zu helfen. Und auch der Staat wäre freier in der Zukunftsgestaltung, wenn wir ihn nicht täglich mit Ansprüchen belagern würden.

Die Soziale Marktwirtschaft hat breit gestreuten Wohlstand gebracht. Die Neue Soziale Marktwirtschaft soll und wird im Ergebnis ebenfalls zu mehr Wohlstand führen. Sie ist jedoch vor allem ein Angebot an Chancen: an Chancen für jedermann, sich aus- und weiterzubilden, als Arbeitnehmer oder Angestellter nach oben zu klettern oder sogar ein eigenes Unternehmen zu gründen. „Chancen für alle" heißt deshalb das Leitmotiv einer neuen Zeit, in der es mehr als je zuvor darum geht, die Dinge selbst in die Hand zu nehmen: mit Eigeninitiative und Eigenverantwortung, mit Leistungs- und Risikobereitschaft, mit Wagemut und Unternehmergeist.

[...] Ob Staatsverschuldung oder Steuerbelastung, Überlastung der Sozialsysteme, Regulierungsdichte oder Arbeitslosigkeit – es liegt noch vieles im Argen in Deutschland. Nehmen wir uns die Freiheit, daran etwas zu ändern. Nehmen wir uns die Freiheit, die Soziale Marktwirtschaft zu erneuern. Seit genau zehn Jahren ist Deutschland als Ganzes eine „offene Gesellschaft" (Karl Popper[1]). Nach dem Gewinn der politischen Freiheit in Gesamtdeutschland müssen wir nun auch im Wirtschafts- und Sozialsystem der Freiheit auf breiter Front wieder zum Durchbruch verhelfen – wobei mehr Freiheit und mehr Eigenverantwortung zusammengehören.

Unsere Kinder und Enkel werden es uns danken.

FAZ, 05.10.2000

1. Erarbeiten und erläutern Sie die unterschiedlichen Positionen von Köhler, Müntefering und Tietmeyer zur Entwicklung und zur Zukunft der Sozialen Marktwirtschaft in Deutschland.

2. Informieren Sie sich genauer über das Sozialstaatsgebot des Grundgesetzes mit Hilfe von Nachschlagewerken oder durch eine Internetrecherche. Stellen Sie Ihre Ergebnisse in einer Präsentation vor.

3. Zur vertiefenden Problemanalyse: Erarbeiten Sie in Grundzügen die Ausgestaltung der Sozialordnung bzw. Sozialpolitik der Bundesrepublik Deutschland und die sich aktuell ergebenden Belastungen und Schwierigkeiten. Ermitteln Sie, warum der deutsche Wohlfahrtsstaat in die Kritik geraten ist.

4. Freiheit und Eigenverantwortung in einer Neuen Sozialen Marktwirtschaft oder Begrenzung der Macht der Ökonomie? Nehmen Sie begründet Stellung zu den vorliegenden Positionen und diskutieren Sie, wie die Zukunft der Sozialen Marktwirtschaft in Deutschland aussehen soll.

Lernkontrolle

Stichwortsammlung

Globalisierung der Weltwirtschaft
- Globalisierung
- Ursachen und Antriebskräfte der Globalisierung
- Technischer Fortschritt in der Informationsübermittlung und im Transportwesen, Reduktion der Distanzüberwindungskosten
- Liberalisierung des Welthandels, Deregulierung der Wirtschaft
- internationaler Wettbewerb, supranationale Preisbildung, Global Sourcing
- internationale Arbeitsteilung, länderübergreifende Produktionsplanung
- Folgen der Globalisierung
- Wohlstandsgefälle innerhalb und zwischen den Ländern
- Strukturwandel und Wettbewerbsdruck
- Souveränitätsverlust der Staaten: Schwinden geldpolitischer Spielräume, Erosion der Steuerhoheit, Einschränkung wirtschaftspolitischer Spielräume, Systemkrise der europäischen Wohlfahrtsstaaten

Das Konzept der Sozialen Marktwirtschaft
- Weichenstellung zur Sozialen Marktwirtschaft
- Wirtschaftswunder, Währungsreform, Leitsätzegesetz
- Marktwirtschaft als Idealtypus
- freie Marktwirtschaft, Preismechanismus, marktwirtschaftliche Koordination, Nachtwächterrolle des Staates
- Planwirtschaft als Idealtypus
- Lenkungswirtschaft, Wirtschaftsplan, Planbehörde
- Theorie und Konzeption der Sozialen Marktwirtschaft
- Ziele und Elemente der Sozialen Marktwirtschaft
- Aufgaben des Staates in der Sozialen Marktwirtschaft
- Spannungsverhältnis zwischen dem Sozialen und der Effizienz
- Sozialpolitik, marktkonformer Einkommensausgleich

2 Wachstum über alles? – Ziele der Wirtschaftspolitik

In diesem Kapitel steht die Bedeutung des Wirtschaftswachstums als wirtschaftspolitisches Ziel im Vordergrund. Es wird am Beispiel Deutschlands erörtert, welchen Stellenwert Wirtschaftswachstum für die Stabilität einer Gesellschaft hat, die auf einer marktwirtschaftlichen Ordnung basiert.
Der Abschnitt 2.1 stellt Ihnen die wirtschaftspolitischen Ziele vor, wie sie im „Gesetz zur Förderung der Stabilität und des Wachstums der Wirtschaft" (StWG) formuliert sind und häufig als magisches Viereck bezeichnet werden.
Während in dem vorhergehenden Abschnitt die Entwicklung des Wirtschaftswachstums in Deutschland und die Zielbeziehungen zu anderen wirtschaftspolitischen Zielen im Vordergrund der Betrachtung standen, wird im abschließenden Abschnitt 2.2 die gesellschaftspolitische Dimension des Wachstums als Konfliktregelungsmechanismus in der Marktwirtschaft betrachtet. Inwieweit Wirtschaftswachstum in entwickelten Industriegesellschaften die vielfältigen Erwartungen als umfassendes „Problemlösungsinstrument" erfüllen kann, wird in diesem Abschnitt am Beispiel von vier Politikfeldern kontrovers diskutiert.
Dazu werden die wirtschaftspolitischen Ziele des StWG um das Umweltziel und das Verteilungsziel erweitert, wie es in der wirtschaftspolitischen Diskussion seit langem üblich ist. Ein methodischer Exkurs führt in Möglichkeiten der Ideologiekritik ein.

Mit diesem Kapitel können Sie folgende Ziele erreichen:
- sich einen Überblick über die Entwicklung des Wirtschaftswachstums in Deutschland im Vergleich zu anderen Ländern verschaffen,
- erläutern, wie das Wirtschaftswachstum ermittelt wird,
- die Bedeutung des Wirtschaftswachstums im Rahmen anderer wirtschaftspolitischer Ziele erörtern,
- Zielbeziehungen zwischen den Zielen des magischen Vierecks erklären,
- Indikatoren für die Messung der wirtschaftspolitischen Ziele erläutern und beurteilen,
- unterschiedliche Positionen zur Bedeutung des Wirtschaftswachstums für die Entwicklung und die Stabilität marktwirtschaftlich organisierter Gesellschaften am Beispiel wichtiger Politikfelder diskutieren und ideologiekritisch analysieren.

2.1 Ziele der Wirtschaftspolitik – das magische Viereck

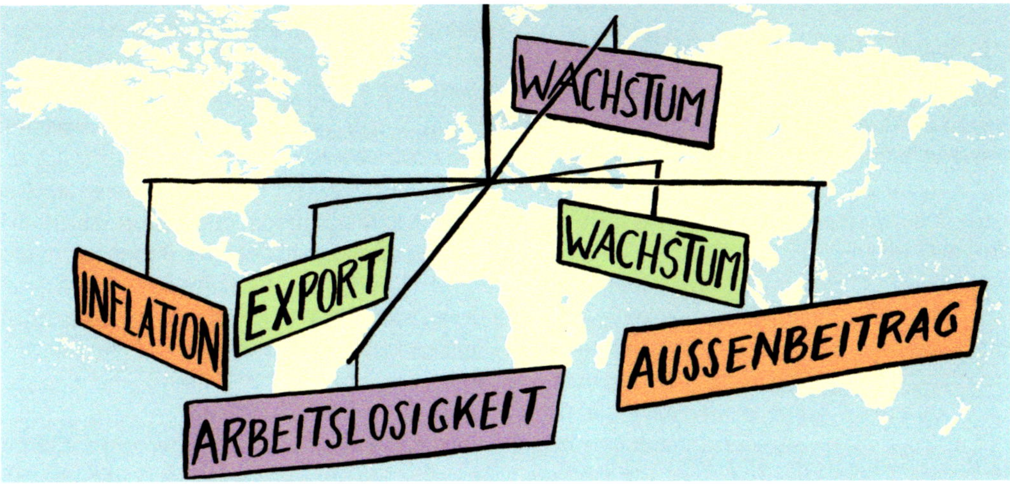

Wenn die Probleme in der Gesellschaft zunehmen, ist der Ruf nach dem Staat, der alles in Ordnung bringen soll, schnell bei der Hand. Als die in der Annäherung dargestellte Finanzmarktkrise zu Schwierigkeiten bei renommierten Banken führte, wurde von denjenigen, die sonst immer die Selbstheilungskräfte des Marktes betonten, nach staatlicher Hilfe gerufen. Das war in den USA so, als das amerikanische Finanzsystem durch die Zahlungsunfähigkeit von Großbanken wie Bear Stearns, LehmanBrother und MerrillLynch in Bedrängnis geriet und durch ein 700 Mrd.$ Rettungspaket stabilisiert wurde, genauso wie in Deutschland, als der Staat mit Finanzspritzen und Bürgschaften die Milliardenverluste der IKB und die Risiken der Hypo Real Estate deckte, um einen Kollaps des Finanzsystems zu verhindern. Ökonomen und Politiker forderten darüber hinaus Stützungsmaßnahmen des Staates, um einer drohenden Rezession[1] vorzubeugen. In den USA hatte der Staat zu diesem Zeitpunkt bereits in großem Umfang mit finanziellen Mitteln versucht, das Wirtschaftswachstum anzukurbeln.
In Deutschland gelten für die wirtschaftspolitischen Maßnahmen des Staates die Ziele, die im Stabilitäts- und Wachstumsgesetz von 1967 festgelegt wurden.
Nach den Jahren des Wirtschaftswunders, die zu Wohlstand und Vollbeschäftigung geführt hatten, kam es 1966/67 zu der ersten Nachkriegsrezession. 1967 betrug die Wachstumsrate -0,3 %, die Arbeitslosenquote stieg auf den – für die damalige Zeit sehr hohen – Wert von 2,1 %. Plötzlich kehrte das Gespenst der Krise mit Arbeitslosigkeit und sinkendem BIP wieder. In dieser Situation griff man auf die Lehre von John Maynard Keynes zurück, die aus den Erfahrungen der Weltwirtschaftskrise entwickelt wurde und seitdem zum Mainstream in den Wirtschaftswissenschaften geworden war (vgl. Kapitel 5). Sie fand ihren Niederschlag im Gesetz zur Förderung der Stabilität und des Wachstums der Wirtschaft (StWG). Das StWG wurde im Jahre 1967 zur Zeit der Regierung der Großen Koalition[2] verabschiedet. In ihm wurden die noch heute gelten wirtschaftspolitischen Ziele verankert, die Richtschnur für das wirtschaftspolitische Handeln der Bundesregierung sein sollen und die der SVR[3] bei seinen Jahresgutachten zugrunde legt.
Der folgende Abschnitt stellt die wirtschaftspolitischen Ziele des sog. magischen Vierecks vor und geht der Frage nach, inwieweit die gleichzeitige Realisierung dieser Ziele überhaupt zu erreichen ist.

1 Rezession – Wenn das Wirtschaftswachstum, gemessen an der realen Wachstumsrate des BIP, in zwei aufeinanderfolgenden Quartalen negativ ist, wird von einer Rezession gesprochen. Zu Abgrenzungsproblemen und unterschiedlichen Definitionen vgl. Kapitel 4.1.3 und 4.1.4.

2 Große Koalition – Regierungsbildung durch die beiden großen Parteien CDU/CSU und SPD 1966 bis 1969 unter Bundeskanzler Kiesinger

3 SVR – Sachverständigenrat zur Begutachtung der gesamtwirtschaftlichen Entwicklung, die sog. fünf Weisen

2.1.1 Die gesetzliche Verankerung der wirtschaftspolitischen Ziele

1 Mikrorelationen – Wirtschaftsbeziehungen zwischen den Wirtschaftssubjekten, z. B. zwischen Verkäufern und Käufern auf Märkten und die sich daraus ergebende Preisbildung

2 makroökonomisch – gesamtwirtschaftlich, Analyse gesamtwirtschaftlicher Größen wie z. B. gesamtwirtschaftliche Produktion und Nachfrage

M 1

Grundprinzipien und Ziele des StWG.

Das Gesetz zur Förderung der Stabilität und des Wachstums der Wirtschaft ist vor allem mit dem Namen von Karl Schiller, Wirtschaftsminister zur Zeit der großen Koalition, verbunden. Das Grundprinzip des StWG beschrieb Karl Schiller so: „Die optimale Zuordnung der Mittel besteht also in der kombinierten Anwendung des Prinzips der Selbststeuerung durch den Wettbewerb für die Mikrorelationen[1] und der Globalsteuerung für den makroökonomischen[2] Komplex. Dies ist die wirtschaftspolitische Grundentscheidung nach dem Prinzip, Wettbewerb so weit wie möglich, Planung so weit wie nötig." Die Ziele der Wirtschaftspolitik werden in §1 StWG folgendermaßen formuliert: „Bund und Länder haben bei ihren wirtschafts- und finanzpolitischen Maßnahmen die Erfordernisse des gesamtwirtschaftlichen Gleichgewichts zu beachten. Die Maßnahmen sind so zu treffen, dass sie im Rahmen der marktwirtschaftlichen Ordnung gleichzeitig zur Stabilität des Preisniveaus, zu einem hohen Beschäftigungsstand und außenwirtschaftlichem Gleichgewicht bei stetigem und angemessenem Wirtschaftswachstum beitragen."

In §1 StWG wird ausdrücklich betont, dass alle finanz- und wirtschaftspolitischen Maßnahmen des Staates die Erfordernisse des **gesamtwirtschaftlichen Gleichgewichts** im Rahmen einer **marktwirtschaftlichen Ordnung** zu beachten haben. Damit sind punktuelle Eingriffe oder dirigistische Maßnahmen, d. h. solche, die direkt in die Beziehungen zwischen den Wirtschaftssubjekten eingreifen (z. B. Vorschriften über die Höhe von Produktionsmengen oder Preisfestsetzungen), ausgeschlossen. Dem liegt die Vorstellung zugrunde, dass ein funktionsfähiger Wettbewerb im Verein mit einer freien Konsumwahl das optimale Lenkungsmittel einer Marktwirtschaft für die wirtschaftlichen Beziehungen zwischen den einzelnen Wirtschaftssubjekten ist, so wie es im obigen Zitat von Karl Schiller zum Ausdruck kommt. Da aber der Wettbewerb und die Koordinierung der einzelwirtschaftlichen Entscheidungen über Märkte weder Geldwertstabilität und Vollbeschäftigung noch ein störungsfreies angemessenes Wachstum sowie außenwirtschaftliches Gleichgewicht gewährleisten, soll über global wirkende Maßnahmen der Finanz- und Wirtschaftspolitik versucht werden, dem **gesamtwirtschaftlichen Gleichgewicht** nahe zu kommen. Global wirkende Maßnahmen ersetzen also nicht die Koordinierungsfunktion des Marktes, sondern setzen im Idealfall nur neue Daten, innerhalb deren sich die Wirtschaftssubjekte arrangieren können. In Kapitel 5 und 6 werden die wirtschaftstheoretischen Grundgedanken, die diesem Gesetz zugrunde liegen, dargestellt.

Bleibt zu fragen, was unter dem gesamtwirtschaftlichen Gleichgewicht zu verstehen ist. Der Begriff wird in der Makroökonomik unterschiedlich verwendet. In der makroökonomischen Theorie wird darunter in Analogie zum Marktgleichgewicht ein gesamtwirtschaftlicher Zustand verstanden, bei dem das gesamtwirtschaftliche Angebot und die gesamtwirtschaftliche Nachfrage übereinstimmen. Geht man vom Wortlaut des StWG aus, dann sollen im gesamtwirtschaftlichen Gleichgewicht alle Ziele des magischen Vierecks gleichzeitig realisiert sein. Die Frage, ob dies nur eine Idealvorstellung ist, die nicht erreichbar ist, aber für die Wirtschaftspolitik die Richtschnur des Handelns vorgibt, wird in M 24 aufgenommen. In §1 StWG fehlen konkrete Angaben darüber, bei welcher Größenordnung die wirtschaftspolitischen Ziele erreicht sind und anhand welcher Indikatoren die Ziele gemessen werden sollen. Wann existiert Preisniveaustabilität, welche Arbeitslosenquote ist noch mit einem „hohen" Beschäftigungsstand vereinbar, welche Wachstumsrate kann als „angemessenes" Wirtschaftswachstum angesehen werden? Ist eine Wachstumsrate von 3% oder 10% angemessen? Solche quantifizierenden Zielvorgaben per Gesetz wären wenig sinnvoll, weil sich die wirtschaftlichen Bedingungen im Zeitablauf ändern. In der Aufbauphase nach dem Zweiten Weltkrieg ist vielleicht eine Wachstumsrate von 8% angemessen und auch realisierbar gewesen. Unter den heutigen Bedingungen wäre schon wegen des erreichten hohen Bruttoinlandsprodukts eine solche Wachstumsrate kaum zu erreichen und im Hinblick auf die Umweltbelastungen und die Knappheit der Rohstoffe in seiner Wünschbarkeit stark umstritten. Was als angemessen gilt, ist zudem ganz wesentlich von politischen Vorstellungen und Entscheidungen abhängig. Die offene Formulierung der Ziele in §1 StWG ist also notwendig und beabsichtigt. Sie lässt Spielraum für politische Entscheidungen und sich verändernde wirtschaftliche Gegebenheiten. Dadurch ergeben sich aber unterschiedliche Interpretationsmöglichkeiten für die Beurteilung des Grades der Zielerreichung und der Wirtschaftspolitik der jeweiligen Bundesregierung. Hinzu kommt, dass es bereits bei der Beratung des Gesetzes eine Diskussion dazu gab, ob die vier Ziele nicht ergänz werden müssten durch das Ziel einer gerechten Einkommensverteilung und durch ein Umweltschutzziel (vgl. Abschnitt 2.2), wie es schließlich 1992 als Staatsziel (Art. 20a GG, Schutz der natürlichen Lebensgrundlagen) in die Verfassung aufgenommen wurde.

Über die Auswahl, den Stellenwert und die Formulierung gesellschaftlicher Ziele wird je nach Weltanschauung und Gruppeninteressen in demokratischen Gesellschaften gestritten. Das gilt auch für die wirtschaftspolitischen Ziele. Zwar besteht weitgehender Konsens darüber, dass gesamtwirtschaftliche Stabilität, wie sie durch den § 1 des StWG umschrieben ist, wünschenswert ist; worin sie aber im Einzelnen besteht und welches Ziel dabei wichtiger bzw. weniger wichtig ist, ist umstritten. Solche Vorstellungen und Prioritätensetzungen ändern sich je nach wirtschaftlichen und gesellschaftlichen Problemlagen im Zeitablauf. Beispielsweise wurde zu Beginn der 1970er Jahre von vielen qualitatives statt quantitatives Wachstum gefordert, um eine lebenswerte Umwelt zu erhalten. Heute redet kaum noch jemand davon, vielmehr geht die Angst vor einem zu geringen Wachstum um. Die Instrumente, die im StWG zur Erreichung des gesamtwirtschaftlichen Gleichgewichts verankert worden sind, werden heute nicht mehr eingesetzt, weil sich an der Steuerbarkeit makroökonomischer Prozesse durch den Staat erhebliche Zweifel ergeben haben (vgl. dazu Kapitel 6). Trotz der Dominanz wirtschaftspolitischer Ziele in der öffentlichen Diskussion ist zu fragen, inwieweit wirtschaftliche Ziele nicht nur als Mittel (Modalziele) übergeordneten gesamtgesellschaftlichen Zielen (Finalzielen) wie Freiheit, Gerechtigkeit, Wohlstand und sozialem Frieden dienen sollen.

Uwe Taenzer

M 2

Das „magische Viereck" der Wirtschaftspolitik

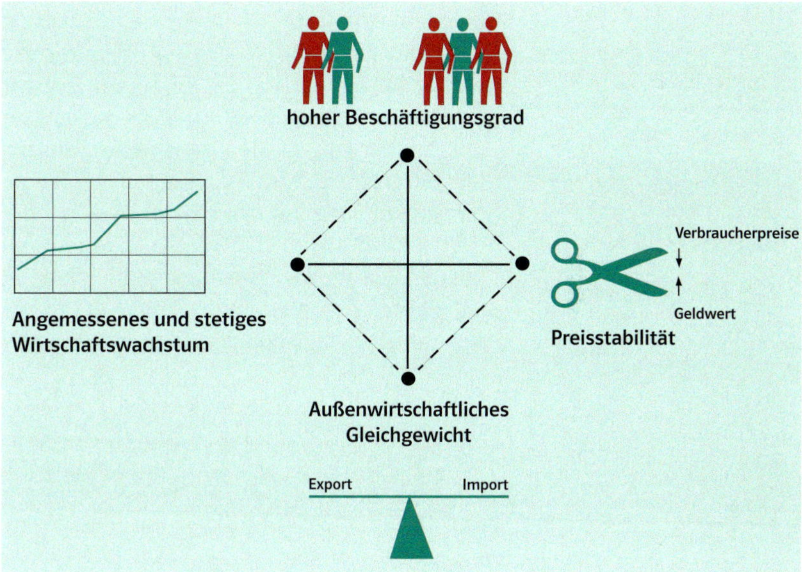

M 3

Verhältnis von gesellschaftlichen und wirtschaftspolitischen Zielen

Die Benennung von Zielen ist in demokratischen und pluralistischen Gesellschaften nicht eindeutig. [...] Diese Heterogenität ist für alle Bereiche der Wirtschaftspolitik, also auch für die Stabilitätspolitik kennzeichnend. [...] Ein wesentlicher Grund für die begrenzte Gültigkeit der Ziele liegt darin, dass die ökonomische Stabilität instrumentellen Charakter hinsichtlich übergeordneter gesellschaftlicher Ziele hat, also ein „Modalziel" zur Erreichung von Finalzielen darstellt. [...]Welche Finalziele sollen durch das Zwischenziel „ökonomische Stabilität" erreicht werden? [...] Häufig werden Freiheit, Sicherheit, Gerechtigkeit und Wohlstand als Grund- oder Finalziele genannt. Die Finalziele sind aber weitgehend inhaltsleer. Was heißt Gerechtigkeit? Individuen, Verbände und Parteien interpretieren das Gerechtigkeitsziel je nach Wert- und Interessenposition unterschiedlich. Neben dem Leerformelcharakter besteht ein weiteres Problem in der Festlegung einer Gleichrangigkeit oder Hierarchie dieser „letzten" Ziele. Auch hierbei wird keine einheitliche Auffassung anzutreffen sein. So stufen z. B. Konservative das Freiheitspostulat höher ein als das Gerechtigkeitsziel; bei Sozialdemokraten wird die Bewertung eher umgekehrt sein. Der weite und unbestimmte Rahmen der Finalziele kommt den pluralistischen Gesellschaften der westlichen Industrieländer entgegen. Zwar ist ein Minimalkonsens erforderlich, so z. B. in der Zustimmung zu den genannten Finalzielen. Unterschiedliche Interessen und Ziele bedingen Konflikte innerhalb einer Gesellschaft, die bei Ausbruch zu ernsthaften Krisen führen können. Solche Konflikte bleiben bei einer inhaltsleeren Zielbenennung zumindest teilweise latent. Die Individuen und Gruppen können die Finalziele [...] unterschiedlich interpretieren und trotzdem kann der formale Konsens über die Finalziele erhalten bleiben. Politische Herrschaft wird durch diese Unbestimmtheit erleichtert. [...] Wenn die „letzten" Ziele je nach Interessenstandpunkt inhaltlich verschieden „ausgefüllt" werden (können), dann ist zu erwarten, dass die Beziehungen zwischen gesamtwirtschaftlichen und gesellschaftlichen Zielen unterschiedlich sind. So kann z. B. Arbeitslosigkeit abgelehnt werden, weil sie dem Postulat der Gerechtigkeit entgegensteht; sie kann auch abgelehnt werden, weil durch sie die Neigung zu politisch-ideologischer Radikalisierung gefördert wird; Arbeitslosigkeit kann schließlich abgelehnt werden, um größere Freiheit für die abhängig Beschäftigten zu erreichen. Das gesellschaftliche Bezugssystem des Vollbeschäftigungspostulats ist also keineswegs einheitlich.

Gerd-Jan Krol, Alfons Schmid: Volkswirtschaftslehre. Eine problemorientierte Einführung, 21. Aufl., Tübingen 2002, S. 180–182

1. Prüfen Sie, ob die Benennung der Ziele des magischen Vierecks in M 2 mit dem Wortlaut und dem Sinn des §1 StWG übereinstimmt. Entwerfen Sie andernfalls ein eigenes Schaubild.
2. Erläutern Sie den Unterschied zwischen modalen und finalen Zielen (M 3) und erörtern Sie das Verhältnis von wirtschaftspolitischen und gesellschaftlichen Zielen an Beispielen.
3. In § 1 StWG wird der wichtige Begriff des gesamtwirtschaftlichen Gleichgewichts verwendet, das bei gleichzeitiger Realisierung der vier Ziele des StWG gegeben wäre. Welcher Wissenschaft ist der Gleichgewichtsbegriff entlehnt? Diskutieren Sie vor dem Hintergrund Ihrer Vorkenntnisse, ob ein gesamtwirtschaftliches Gleichgewicht überhaupt zu realisieren ist.

2.1.2 Ziel: Angemessenes und stetiges Wirtschaftswachstum

Mit Spannung erwartet die Öffentlichkeit jedes Jahr im November das Gutachten der so genannten „Fünf Weisen". Dieser angesehene fünfköpfige „Sachverständigenrat zur Begutachtung der gesamtwirtschaftlichen Entwicklung" (SVR) hat den Gesetzesauftrag, die wirtschaftliche Situation in Deutschland zu analysieren, Prognosen für die wirtschaftliche Entwicklung des kommenden Jahres zu erstellen, die sich auf die Ziele des magischen Vierecks beziehen, und der Bundesregierung Empfehlungen für ihre Wirtschaftspolitik zu geben. Große Beachtung findet dabei die Entwicklung des Bruttoinlandsprodukts (BIP), an dessen Veränderung das Wachstum der Wirtschaft gemessen wird.

M 4

Stetiges und angemessenes Wirtschaftswachstum

Mit einem „stetigen und angemessenen Wirtschaftswachstum" werden gleich zwei fundamentale wirtschaftspolitische Ziele beschrieben: Durch ein angemessenes Wachstum soll der Wohlstand eines Landes allgemein erhöht werden. Da es sich beim Wachstum um einen exponentiellen[1] Verlauf handelt, kann man schon mit relativ geringen Zuwachsraten starke Veränderungen erzielen: Wenn die Wirtschaft jährlich nur um 2 % wächst, verdoppelt sich der Wohlstand bereits nach 35 Jahren. Wirtschaftswachstum ist insbesondere für die weniger wohlhabenden Schichten eines Landes von Bedeutung. Es gibt ihnen die Chance, ihre Lage zu verbessern, ohne dass dadurch den „Reichen" mehr abgenommen werden muss. Die mit einer verstärkten Umverteilung einhergehenden negativen Anreizeffekte können so vermieden werden. Durch ein stetiges Wachstum sollen starke Ausschläge in der wirtschaftlichen Entwicklung vermieden werden. Diese sind vor allem deshalb problematisch, weil sie in der Regel mit entsprechenden Schwankungen der Beschäftigung und damit auch der Arbeitslosenzahlen einhergehen. Als Indikator für wirtschaftliches Wachstum wird heute weltweit das Bruttoinlandsprodukt (BIP) verwendet. Es bildet den gesamtwirtschaftlichen Output ab, der in einer Periode von den Unternehmen produziert (= gesamtwirtschaftliches Angebot) und dann auch von den Konsumenten und Investoren

1 exponentiell – Das Wachstum ist exponentiell, wenn die Veränderung des gegenwärtigen Wertes um einen festen Prozentsatz je Zeiteinheit wächst. Der Wachstumsvorgang lässt sich durch eine Exponentialfunktion beschreiben.

nachgefragt wurde (= gesamtwirtschaftliche Nachfrage).

Peter Bofinger: Grundzüge der Volkswirtschaftslehre – Eine Einführung in die Wissenschaft von Märkten. 2.Aufl. München (Pearson Studium) 2007, S. 287

M 5

Bruttoinlandsprodukt und Wachstumsrate

Als Indikator für das Wirtschaftswachstum hat sich auch international die Wachstumsrate des BIP durchgesetzt. Das Bruttoinlandsprodukt (BIP) selber ist die weltweit verwendete Größe, mit der die Leistungsfähigkeit und das wirtschaftliche Wachstum einer Volkswirtschaft ermittelt werden. Unter dem BIP eines Landes versteht man den in Marktpreisen ausgedrückten Wert aller Sachgüter (z. B. Autos, Schweine, Düsenjäger, Drehbänke, Äpfel) und Dienstleistungen (z. B. ärztliche Behandlung, Postzustellung, Tätigkeit eines Polizisten), die in einer Periode, z. B. einem Jahr, in einem Land erstellt worden sind. Es bildet damit den gesamtwirtschaftlichen Output ab, der von den Unternehmen und dem Staat produziert worden ist und entspricht dem gesamtwirtschaftlichen Angebot. Dabei handelt es sich um eine rückblickende (Ex-post-)Analyse, also um die Ermittlung für eine zurückliegende Wirtschaftsperiode.

In der Bundesrepublik Deutschland betrug im Jahr 2007 das nominale Bruttoinlandsprodukt 2433,0 Mrd Euro. Vom nominalen BIP spricht man, wenn die Güter und Dienstleistungen mit den Preisen des jeweiligen Jahres bewertet wurden. Vergleicht man das nominale BIP Deutschlands von 2006 (2322,2 Mrd Euro) mit dem von 2007 (2433,0 Mrd Euro), ergibt sich ein nominaler Anstieg des BIP von 110,8 Mrd Euro, prozentual beträgt die Veränderung gegenüber dem Vorjahr demnach 4,3 %. Da 2007 jedoch eine Geldentwertung stattgefunden hat, wäre es ein Irrtum anzunehmen, dass der Wert der Güterproduktion tatsächlich in diesem Umfang gestiegen ist. Um das wirkliche – reale – Wachstum des BIP zu erhalten, muss die Geldentwertung ausgeschaltet werden. Die Statistiker sprechen von Preisbereinigung oder Deflationierung. Nach einer Revision der Volkswirtschaftlichen Gesamtrechnung im Jahr 2005 berechnet das Statistische Bundesamt nur noch die reale Wachstumsrate des BIP auf der Grundlage der Vorjahrespreismethode. Die bis 2005 übliche Berechnung eines Wertes für das reale BIP ist entfallen. Nach der neuen Methode werden die Preisgewichte des jeweiligen Vorjahres herangezogen und nicht mehr die eines länger zurückliegenden Basisjahres (vgl. Kapitel 3.2 M 5, M 6). Die Wachstumsrate drückt die prozentuale Änderung des realen BIP gegenüber der Vorperiode, hier dem Vorjahr aus. Sie beträgt für 2007 2,5 %.

Uwe Taenzer

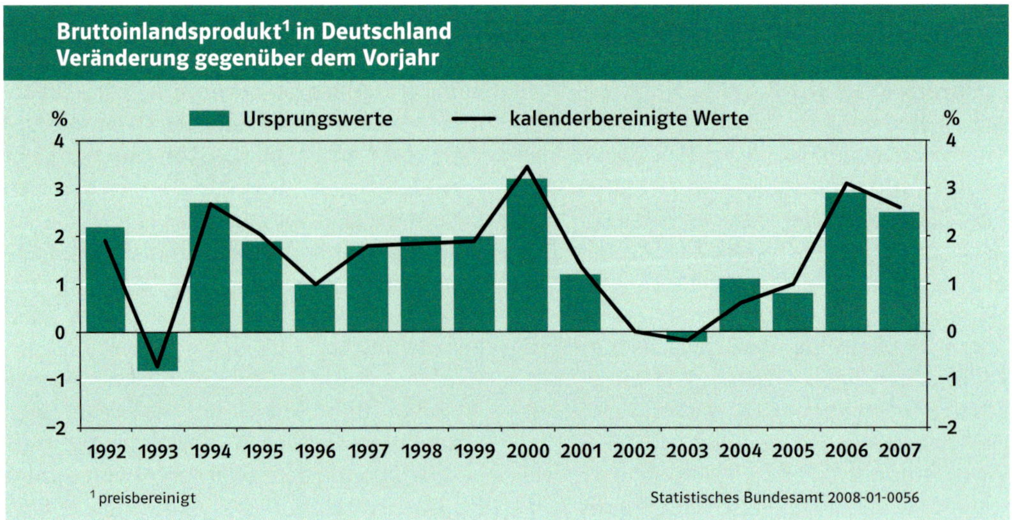

M 6

Der Sachverständigenrat zur Begutachtung der gesamtwirtschaftlichen Entwicklung (SVR) setzt die Begriffe Bruttoinlandsprodukt, Wachstum und konjunkturelle Schwankungen folgendermaßen in Beziehung:

Abhängigkeit des BIP von Konjunktur- und Wachstumsschwankungen

Unter Wachstum versteht man in diesem Zusammenhang die langfristige Entwicklung des Bruttoinlandsprodukts bei voller oder zumindest normaler Auslastung aller Kapazitäten [...]. Im Allgemeinen weicht hiervon die Entwicklung des Bruttoinlandsprodukts aufgrund konjunktureller Schwankungen ab. [...] Der Zuwachs des Bruttoinlandsprodukts wird [...] im Wesentlichen durch die Entwicklung zweier Komponenten, einer **konjunkturellen (kurzfristigen)** und einer **langfristigen (Wachstums-)** Komponente, determiniert. Die langfristige Komponente [...] ist ein Maß für das mittel- bis langfristig spannungsfreie Expansionstempo einer Volkswirtschaft. Geringe Zuwachsraten des Bruttoinlandsprodukts sind weniger bedenklich, wenn sie konjunkturell bedingt und damit vorübergehender Natur sind, sich eine Volkswirtschaft somit lediglich in einer ungünstigen Phase des Konjunkturzyklus befindet.

Jahresgutachten 2003/04 des Sachverständigenrates zur Begutachtung der gesamtwirtschaftlichen Entwicklung, S. 109 f.

M 7

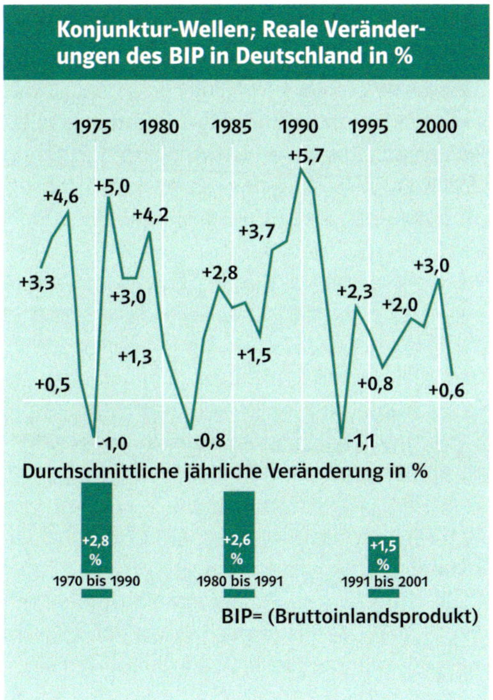

M 8

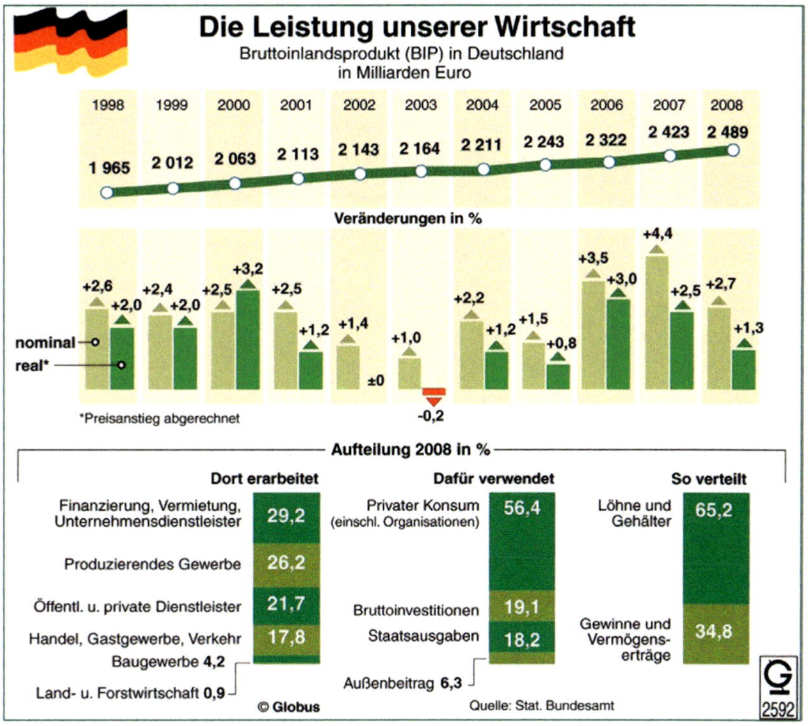

M 9

Entwicklung des Wirtschaftswachstums in Deutschland

Es gibt in Deutschland keine Definition für „angemessenes" Wirtschaftswachstum. Allerdings ist unstrittig, dass das durchschnittliche Wachstum des realen Bruttoinlandsprodukts in den letzten Jahren mit weniger als 1% unbefriedigend war[1]. Dies liegt schon daran, dass es bei Wachstumsraten in dieser Größenordnung zu einem Rückgang der Beschäftigung kommt, weil die Arbeitsproduktivität in der Regel um rund 1% jährlich zunimmt. Wenn die Arbeitslosigkeit abgebaut werden soll, benötigt man über mehrere Jahre hinweg Wachstumsraten von rund 2%. Wie Deutschland wieder auf einen dynamischeren Wachstumspfad zurückfinden kann, ist in den letzten Jahren ebenso intensiv wie kontrovers diskutiert worden. Unstrittig ist dabei, dass es sich um ein ganzes Paket von Maßnahmen handeln muss, die Reformen in unterschiedlichsten Bereichen (u.a. Bildung, Niedriglohnsektor. Gesundheit, Steuern) erforderlich machen. Kontrovers ist die Frage, welche Rolle die Nachfrage bei der Belebung der deutschen Wirtschaft spielen soll. [...]

Wie man das auch immer bewerten mag, unstrittig ist, dass das Erreichen des Ziels eines angemessenen Wirtschaftswachstums weit über die reine Stabilisierungsfunktion hinausgeht. Es umfasst im Prinzip alle drei Bereiche des staatlichen Handelns im Wirtschaftsprozess, d.h. neben der Stabilisierungsfunktion auch die Distributions[2]- und die Allokationsfunktion[3].

Die Stabilisierungsfunktion steht im Mittelpunkt, wenn es um das Teilziel des stetigen Wirtschaftswachstums geht. Es geht vor allem darum, extreme Schwankungen des Wirtschaftswachstums um seinen Trend zu vermeiden. In der Vergangenheit Ist das nicht immer geglückt. [...]

In der Nachkriegszeit sind auf der Wachstumskurve nur sehr geringe Dellen erkennbar. Dies konnte den Eindruck erwecken, dass wir in den letzten 50 Jahren eine weitgehend stabile wirtschaftliche Entwicklung erleben konnten. Im Vergleich zur ersten Hälfte des 20. Jahrhunderts trifft dies sicherlich zu, allerdings war die Zeit danach auch nicht ohne gesamtwirtschaftliche Probleme. Bei einer genaueren Betrachtung zeigt sich, dass es in der Phase von 1950 bis heute immerhin fünfmal zu einer Rezession gekommen ist. Von einer Rezession spricht man, wenn das reale Bruttoinlandsprodukt über zwei Quartale hinweg zurückgeht.

- Die erste konjunkturelle Schwächephase in der deutschen Nachkriegsgeschichte fand in den Jahren 1966/67 statt. Im Rückblick erwies sich die zunächst als Rezession eingestufte Entwicklung nur noch als eine Stagnation. Nach den Wachstumserfolgen des „Wirtschaftswunders" in den fünfziger und frühen sechziger Jahren führte diese wirtschaftliche Abkühlungsphase sogar zum Rücktritt Ludwig Erhards vom Amt des Bundeskanzlers.
- Die erste richtige Rezession trat in den Jahren 1974/75 als Folge der Ölkrise von 1973/74 auf. Sie stellte zugleich auch den ersten weltweiten Konjunkturabschwung in der Nachkriegszeit dar. In Deutschland ging das reale BIP um 1,0% zurück.
- Auch die Rezession von 1981/82 wurde von einer starken Ölverteuerung ausgelöst. Das reale BIP sank dabei um 0,8%.
- Die vierte Rezession trat im Jahr 1993 ein. Auch hier belief sich der Rückgang auf 0,8%. Der Einbruch folgte dem sehr starken wirt-

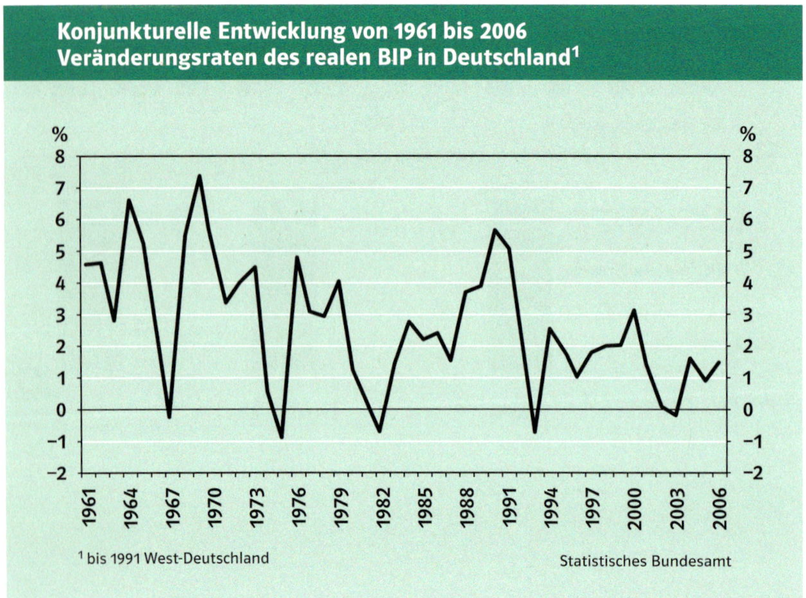

Jahresgutachten 2007/2008 des Sachverständigenrates zur Begutachtung der gesamtwirtschaftlichen Entwicklung, S. 63 f.

1 gemeint sind die Jahre bis 2005

2 Distributionsfunktion – Nach dem Finanzwissenschaftler Richard A. Musgrave (1910–2007) hat der Staat in einer Marktwirtschaft drei Funktionen: Stabilisierungs-, Distributions- und Allokationsfunktion. Die Distributionsfunktion des Staates wird in der Umverteilung der über den Markt erzielten Primäreinkommen durch z.B. Erhebung einer progressiven Einkommensteuer und direkte Transfers in Form von Arbeitslosengeld 2, Kindergeld, Sozialhilfe etc. gesehen.

3 Allokationsfunktion – Der Staat stellt institutionelle Rahmenbedingungen in Form von Rechtsordnung, Währungssystem, Wettbewerbsordnung, sozialer Sicherung, innerer und äußerer Sicherheit etc. bereit.

schaftlichen Aufschwung, der vom Nachfrageboom der deutschen Vereinigung des Jahres 1990 ausgelöst worden war.

- Im Jahr 2003 kam es mit -0,2 % zu einem leichten Rückgang des Bruttoinlandsprodukts. Die gesamte Phase von 2001 bis 2005 war dabei durch ein schwaches Wachstum und eine stagnierende Binnennachfrage (privater Verbrauch, Staatsverbrauch, private und öffentliche Investitionen) gekennzeichnet.

Beim Ziel des stetigen Wirtschaftswachstums geht es darum, die Schwankungen des Bruttoinlandsprodukts um seinen Trend möglichst gering zu halten. Dies lässt sich noch deutlicher als in Schaubild 15.2 abbilden, wenn man das Konzept der **Output-Lücke** verwendet. Diese Größe ist definiert als Abweichung des Bruttoinlandsprodukts einer Periode (Y) von einem bei Vollauslastung aller Kapazitäten möglichen Output, den man auch als **Produktionspotenzial** (Yv) bezeichnet, Die Output-Lücke wird dabei als prozentuale Abweichung des aktuellen realen Bruttoinlandsprodukts vom Produktionspotenzial definiert: Output-Lücke = Y-Yv / Yv

Leider lässt sich das Produktionspotenzial einer Volkswirtschaft nicht exakt ermitteln. Dazu müsste man zum Beispiel wissen, wie stark der Output ansteigen würde, wenn man alle Arbeitslosen in Deutschland beschäftigen könnte. Es werden daher unterschiedliche Schätzverfahren verwendet, die dementsprechend zu divergierenden Ergebnissen führen. Für das Ziel des stetigen Wirtschaftswachstums gibt es keine quantitativen Zielwerte. Es ist daher offen, ob bei einer Output-Lücke von zum Beispiel 1 % bereits eine Verletzung vorliegt oder nicht. Dass es insgesamt für eine Volkswirtschaft vorteilhaft ist, starke Schwankungen des gesamtwirtschaftlichen Outputs zu vermeiden, ergibt sich daraus, dass diese in der Regel mit einer inflationären Überhitzung (positive Output-Lücke) oder aber steigender Arbeitslosigkeit (negative Output-Lücke) einhergehen. So gesehen besteht also eine deutliche Interdependenz[1] zwischen den gesamtwirtschaftlichen Zielgrößen.

Peter Bofinger: Grundzüge der Volkswirtschaftslehre – Eine Einführung in die Wissenschaft von Märkten. 2. Aufl. München (Pearson Studium) 2007, S. 288 ff.

1 Interdependenz – wechselseitige Abhängigkeit

Abweichung der Zuwachsrate des BIP vom Produktionspotenzialwachstum

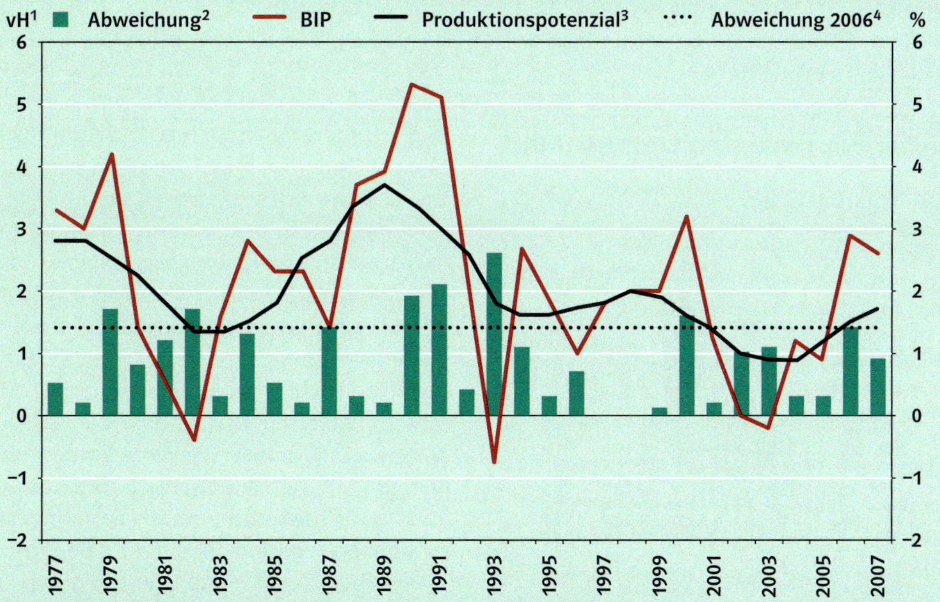

[1] Veränderung gegenüber dem Vorjahr
[2] absolute Abweichung der Zuwachsraten des BIP vom Produktionspotenzialwachstum in Prozentpunkten
[3] Mittelwert der Wachstumsraten des Produktionspotenzials für unterschiedliche Schätzverfahren
[4] absolute Abweichung 2006: 1,4 Prozentpunkte

SVR 2007/08, S. 63

1. Der Zuwachs des Bruttoinlandsprodukts wird nach Ansicht des SVR durch eine konjunktur- und eine wachstumsabhängige Komponente bestimmt (M 6). Wodurch unterscheiden sich beide Komponenten?

2. Untersuchen Sie, inwieweit sich in M 7, M 8 und M 9 konjunkturelle Komponenten bzw. Wachstumskomponenten erkennen lassen.

3. Verdeutlichen Sie an M 7, worin der Unterschied zwischen einer sinkenden und einer negativen Wachstumsrate des BIP in Bezug auf die absoluten Werte des realen BIP besteht.

4. Bisweilen wird argumentiert, dass die in M 8 erkennbare Entwicklung der durchschnittlichen Wachstumsrate eine natürliche Entwicklung bei Volkswirtschaften darstellt, die bereits ein hohes BIP erreicht haben. Nehmen Sie zu dieser Argumentation aufgrund Ihrer Kenntnisse zu Wachstumsprozessen in anderen Wissenschaften (z. B. Biologie) Stellung.

5. Erklären Sie das Schaubild in M 9 unter der Verwendung der Begriffe Produktionspotenzial, Bruttoinlandsprodukt, Output-Lücke, Rezession und Aufschwung.

2.1.3 Ziel: Hoher Beschäftigungsstand

Für die Beurteilung, inwieweit das Beschäftigungsziel erreicht bzw. verletzt worden ist, wird als gebräuchlichster Indikator die Arbeitslosenquote herangezogen. Es werden zwei verschiedene **Arbeitslosenquoten** verwendet, die von der Bundesagentur für Arbeit ermittelt werden:
– registrierte Arbeitslose in Prozent der abhängigen zivilen Erwerbspersonen[1],
– registrierte Arbeitslose in Prozent aller zivilen Erwerbspersonen.
Daneben veröffentlicht das Statistische Bundesamt als einen weiteren Indikator die **Erwerbslosenquote**.

1 zivile Erwerbspersonen – Summe der sozialversicherungspflichtig Beschäftigten, Auszubildenden, geringfügig Beschäftigten, Beamten (ohne Soldaten), Arbeitslosen (gemeldet), Selbstständigen und mithelfenden Familienangehörige

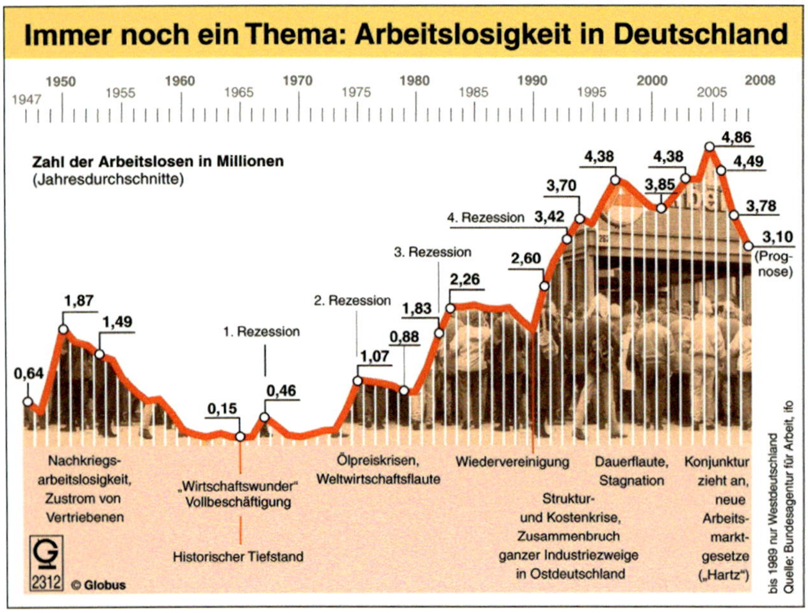

M 10a

Entwicklung der Arbeitslosigkeit

In der Zeit nach dem zweiten Weltkrieg war die Arbeitslosigkeit in Westdeutschland zunächst noch sehr hoch, da sehr viele Flüchtlinge aus dem Osten Deutschlands in den Arbeitsmarkt integriert werden mussten. Durch das Wirtschaftswunder konnten diese Menschen aber rasch Jobs finden. Die sechziger Jahre waren dann durch die „leergefegten Arbeitsmärkte" gekennzeichnet. Um die sehr hohe Nachfrage nach Arbeitnehmern decken zu können, wurden in dieser Zeit erstmals „Gastarbeiter" aus Italien und anderen Ländern angeworben. Mit den Rezessionen von 1974/75 und 1991/82 endete die Zeit der Vollbeschäftigung. Man sieht daran, dass schon ein relativ geringer Rückgang des realen Brut-

toinlandsprodukts zu einem deutlichen Anstieg der Arbeitslosigkeit führen kann. Dies ist darauf zurückzuführen, dass die Produktivität in der Regel mit einer Rate von rund 1,5% steigt. Eine Zunahme des realen BIP um diesen Betrag kann also mit einem konstanten Beschäftigungsvolumen erwirtschaftet werden. Bleibt der Anstieg des BIP unter dieser Marke, nimmt die Beschäftigung ab.
Durch die deutsche Vereinigung im Jahr 1990 kamen auf einen recht hohen Sockel westdeutscher Arbeitsloser noch einmal eine Million ostdeutscher Beschäftigungssuchender hinzu, die durch die Wirtschaftstransformation ihren Arbeitsplatz verloren hatten. Bei dem seit 1993 recht geringen Wirtschaftswachstum ist es der Wirtschaftspolitik nicht mehr gelungen, die Arbeitslosigkeit auch nur annähernd in den Griff zu bekommen. Die Arbeitslosigkeit stieg in den neunziger Jahren auf bis zu vier Millionen, sie ging in den Jahren 1999 bis Anfang 2001 etwas zurück. Bei einer nahezu stagnierenden Wirtschaft stieg sie bis 2005 wieder merklich an.[1]

Peter Bofinger: Grundzüge der Volkswirtschaftslehre – Eine Einführung in die Wissenschaft von Märkten. 2. Aufl., München 2007, S. 293

M 10b

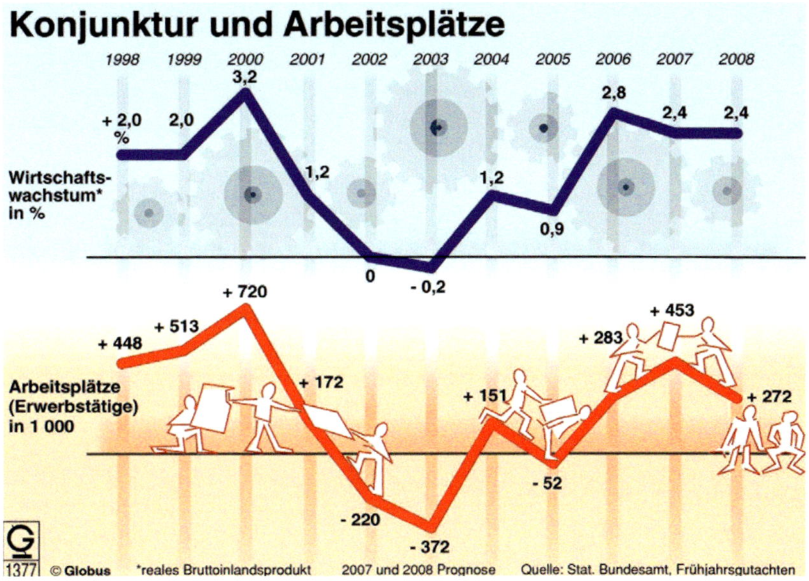

M 11

Wer gilt amtlich als arbeitslos?

In der öffentlichen Diskussion wird der Arbeitslosigkeit mindestens eine ebenso hohe Bedeutung beigemessen wie dem Wirtschaftswachstum.
Dies ist leicht nachzuvollziehen, da eine hohe Unterbeschäftigung sehr viele Menschen sehr unmittelbar berührt. Selbst wenn man seinen Arbeitsplatz noch nicht verloren hat, kann die Sorge, plötzlich ohne Job dazustehen, eine große persönliche Belastung darstellen. Die Arbeitslosigkeit wird in Deutschland anhand der Statistik der Bundesanstalt für Arbeit ermittelt. Als arbeitslos wird dabei gezählt,
- wer das 15., aber noch nicht das 65. Lebensjahrvollendet hat, - wer vorübergehend nicht in einem Beschäftigungsverhältnis steht oder nur eine kurzzeitige Beschäftigung ausübt,
- der Arbeitsvermittlung zur Verfügung steht,
- nicht arbeitsunfähig erkrankt ist,
- und ein versicherungspflichtiges, mindestens 15 Stunden wöchentlich umfassendes Beschäftigungsverhältnis mit einer Dauer von mehr als 7 Kalendertagen sucht. [...] Das Ziel eines hohen Beschäftigungsstandes wurde nie genau quantifiziert, aber es besteht ein Konsens darüber, dass man bereits bei einer

1 In den Jahren 2006 bis 2008 sank die Arbeitslosigkeit erheblich.

Arbeitslosenquote von 4 % im Bereich der Vollbeschäftigung liegt. Dies ist damit zu erklären, dass es auch bei einer sehr guten Konjunkturlage Arbeitslosigkeit gibt, weil: Die Beschäftigten von einem Job zum anderen wechseln und dabei nicht immer einen lückenlosen Übergang finden **(friktionelle Arbeitslosigkeit)**, in manchen Branchen – wie z. B. der Bauwirtschaft – im Winter nicht gearbeitet werden kann **(saisonale Arbeitslosigkeit)**, es immer Menschen gibt, die sich arbeitslos melden, ohne wirklich an einer Beschäftigung interessiert zu sein **(freiwillige Arbeitslosigkeit)**.

Peter Bofinger: Grundzüge der Volkswirtschaftslehre – Eine Einführung in die Wissenschaft von Märkten, 2. Aufl., München 2007, S. 291 f.

M 12

Berechnung von Arbeitslosenquoten und Bezugsgrößen

[...] Der Kreis der Erwerbspersonen bzw. der Erwerbstätigen kann unterschiedlich abgegrenzt werden. Insofern werden zwei unterschiedliche Arbeitslosenquoten ermittelt:

1. Arbeitslosenquote, bezogen auf alle zivilen Erwerbspersonen:
Alle zivilen Erwerbstätigen (alle ziv. ET) sind die Summe aus den abhängigen zivilen Erwerbstätigen sowie Selbständigen und mithelfenden Familienangehörigen. Die Quote errechnet sich entsprechend als

$$\underset{\text{(auf der Basis aller ziv. EP)}}{\text{Arbeitslosenquote}} = \frac{\text{Arbeitslose}}{\text{alle ziv. ET + Arbeitslose.}}$$

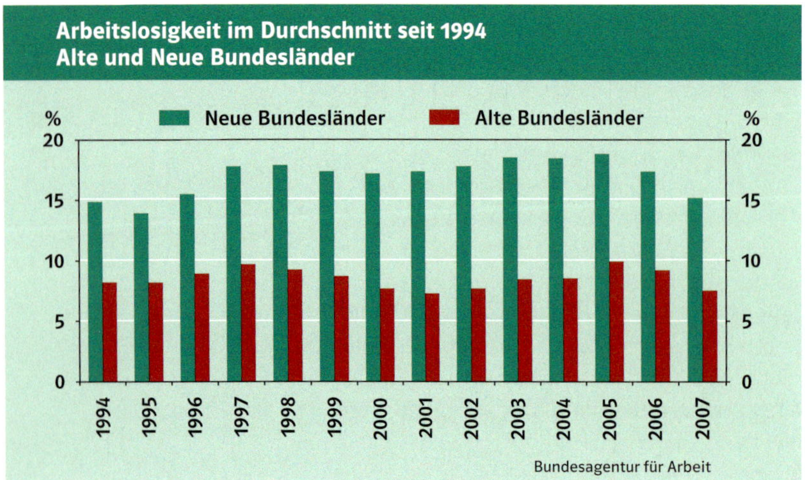

Quoten auf der Basis aller zivilen Erwerbspersonen sind seit 1994 auch für Länder verfügbar, seit 1997 für Arbeitsämter bzw. Arbeitsagenturen und ihre Geschäftsstellen. Entsprechende Quoten für Männer und Frauen gibt es seit 1995, allerdings nur für das Bundesgebiet und die Bundesländer.

2. Arbeitslosenquote, bezogen auf die abhängigen zivilen Erwerbspersonen:
Der Nenner enthält nur die abhängigen zivilen Erwerbstätigen (abh. ziv. ET), d. h. die Summe aus sozialversicherungspflichtig Beschäftigten (einschl. Auszubildende), geringfügig Beschäftigten, Personen in Arbeitsgelegenheiten (Mehraufwandvariante), Beamten (ohne Soldaten) und Grenzpendlern. Daraus errechnet sich:

$$\underset{\text{(auf der Basis aller ziv. EP)}}{\text{Arbeitslosenquote}} = \frac{\text{Arbeitslose}}{\text{abh. ziv. ET + Arbeitslose.}}$$

Diese Art der Quotenberechnung hat in Deutschland die längere Tradition. Aus datentechnischen Gründen bezogen sich bis Berichtsmonat Dezember 2008 tiefer strukturierte Arbeitslosenquoten (z. B. nach Geschlecht und Alter) regelmäßig nur auf die abhängigen zivilen Erwerbspersonen.

Die Zahl der Erwerbspersonen bzw. die Bezugsgrößen für die Berechnung der Arbeitslosenquoten[1] werden einmal jährlich aktualisiert, und zwar regional gegliedert bis auf die Kreisebene. [...]

Angaben über registrierte Arbeitslose und Arbeitslosenquoten sind aufgrund unterschiedlicher nationaler Definitionen und Erhebungen von „Arbeitslosigkeit" für zwischenstaatliche Vergleiche nur sehr eingeschränkt nutzbar. Vom Statistischen Bundesamt werden deshalb monatlich die Zahl der Erwerbslosen und die **Erwerbslosenquote** nach den Definitionen der Internationalen Arbeitsorganisation (ILO) im Rahmen einer Telefonbefragung erhoben.

Bundesagentur für Arbeit http://www.pub.arbeitsamt.de/hst/services/statistik/000000/html/start/arbeitslosenquote.shtml

M 13

Arbeitslosenzahl: Welche ist die richtige?

Die von der Bundesagentur für Arbeit ermittelte Zahl der registrierten Arbeitslosen ist in

1 Zur Berechnung und Ermittlung der Erwerbspersonen und Bezugsgrößen vgl.: http://www.pub.arbeitsamt.de/hst/services/statistik/000000/html/start/arbeitslosenquote.shtml

den ersten Monaten dieses Jahres (es handelt sich um das Jahr 2005) auf über 5 Mio. gestiegen. Das Überschreiten dieser Schwelle hat die Öffentlichkeit sensibilisiert und die Diskussion um die Lage am Arbeitsmarkt neu angeheizt. Anfang März veröffentlichte das Statistische Bundesamt darüber hinaus zum ersten Mal die nach dem Konzept der International Labour Organization (ILO)[1] ermittelte Zahl der Erwerbslosen; diese belief sich für Januar auf „nur" 3,99 Mio. Wirtschaftswissenschaftler schätzen die tatsächliche Zahl an Arbeitslosen hingegen auf 7,5 Mio. und mehr. Die Unterschiede in den Zahlen beruhen auf unterschiedlichen Erhebungsverfahren und Abgrenzungen, was unter **Erwerbstätigkeit** bzw. **Arbeitslosigkeit** zu verstehen ist. So gelten nach der – international üblichen – ILO-Erwerbsstatistik bereits alle, die mindestens eine Wochenstunde beschäftigt sind, als nicht erwerbslos. Nach der Arbeitsmarktstatistik der Bundesagentur ist das hingegen erst ab 15 Wochenstunden der Fall. Die Wirtschaftswissenschaftler beziehen zusätzlich die „verdeckte" Arbeitslosigkeit mit ein, d. h. jene Erwerbsfähigen, die keinen Arbeitsplatz im ersten Arbeitsmarkt haben, sondern sich in arbeitsmarktpolitischen Maßnahmen oder in der Stillen Reserve[2] befinden. Ökonomisch relevant, insbesondere wenn man an die Wachstums- und die Finanzprobleme der öffentlichen Kassen und Sozialversicherungssysteme denkt, ist nicht nur die – wie auch immer abgegrenzte – veröffentlichte Zahl der Arbeitslosen, sondern das gesamte Ausmaß an Unterbeschäftigung. Arbeitslosigkeit, auch verdeckte, kostet nicht nur Geld und führt zu Wachstumsverlusten, sondern bedeutet auch Einkommens- und damit Einnahmeausfälle bei Steuern und Sozialabgaben. Je ehrlicher und umfassender die ausgewiesene Zahl der Arbeitslosen die Unterbeschäftigung widerspiegelt, umso größer ist auch der politische Druck zum Handeln und umso eher lassen sich Problemlösungen durchsetzen.

Arbeitslosenzahlen: Welche ist die richtige? In: Wirtschaftsdienst, März 2005, S. 137

M 14

Wie werden die Erwerbslosen ermittelt?

[...] Die Unterschiede zwischen den Zahlen der BA und denen der ILO liegen in der Erhebungsmethode und der Definition von Arbeitslosigkeit. Für die BA gilt als arbeitslos, wer zwischen 15 und 64 Jahre alt ist, weniger als 15 Stunden in der Woche arbeitet und der Arbeitsvermittlung zur Verfügung steht. Die Nürnberger Behörde zählt lediglich zusammen, wie viele Menschen diese Kriterien im abgelaufenen Monat erfüllt haben. Nach dem ILO-Konzept gilt als erwerbslos, wer zwischen 15 und 74 Jahre alt ist, in der Berichtswoche weniger als eine Stunde gearbeitet hat, aktiv eine Beschäftigung sucht und dafür in den kommenden zwei Wochen zur Verfügung steht. Das Bundesamt lässt dazu monatlich 30 000 repräsentativ ausgewählte Teilnehmer telefonisch befragen. Die Ergebnisse werden mit Hilfe des „Mikrozensus"[3] hochgerechnet, eines Pakets detaillierter Bevölkerungsdaten. Bisher hatten die Statistiker nur einmal jährlich eine vergleichbare Erhebung durchgeführt. Diese Daten hatte die EU genutzt, um monatlich die so genannte EU-standardisierte Erwerbslosenzahl hochzurechnen, die im Wesentlichen auch auf dem ILO-Konzept beruht. [...]

Birgit Marschall: Auf einen Schlag eine Million Erwerbslose weniger. In: FTD, 01.03.2005, S. 13

1 ILO – International Labour Organization, Unterorganisation der UN mit der Aufgabe, die Arbeitsbedingungen in den Mitgliedsländern zu verbessern und abzustimmen

2 Stille Reserve – Im engeren Sinne der Teil der nicht registrierten Arbeitslosen, der statistisch nicht erfasst werden kann, sondern nur geschätzt wird. Dabei handelt es sich um Personen, die Arbeit suchen, aber sich nicht bei den Agenturen für Arbeit melden.

3 Der Mikrozensus ist eine statistische Erhebung, die durch das Statistische Bundesamt und die statistischen Landesämter durchgeführt wird. Im Gegensatz zu einer Volkszählung sind beim Mikrozensus nur 1 % der Haushalte in Deutschland, die nach bestimmten Kriterien ausgewählt werden, beteiligt. Der Mikrozensus dient dazu, die bei Volkszählungen erhobenen Daten in kürzeren Zeitabständen zu überprüfen und fortzuschreiben. Sie liefert den politischen Entscheidungsträgern wichtige Informationen über die wirtschaftliche und soziale Lage der Bevölkerung.

1. Informieren Sie sich über den Umfang der verdeckten Arbeitslosigkeit aus dem aktuellen Jahresgutachten des Sachverständigenrates zur Begutachtung der gesamtwirtschaftlichen Entwicklung (www.sachverstaendigenrat-wirtschaft.de).

2. Wodurch unterscheiden sich die von der BA unterschiedenen Arbeitslosenquoten in M 12?

3. Beschreiben Sie anhand von M 10 die Entwicklung der Arbeitslosigkeit in Deutschland.

4. Beurteilen Sie die Validität des Indikators „Arbeitslosenquote" für das Beschäftigungsziel (M 13, M 14).

5. Die USA werden häufig in den Medien und bei politischen Diskussionen als Vorbild für den erfolgreichen Kampf gegen die Arbeitslosigkeit angeführt. Informieren Sie sich darüber, wie in den USA und in Deutschland die Arbeitslosenzahlen ermittelt werden., z.B. SVR-Gutachten 1996 Bundestagsdrucksache 13/6200, Ziffer 39 (http://www.sachverstaendigenrat-wirtschaft.de). Verfassen Sie aufgrund dieser Informationen einen Leserbrief, der die Problematik solcher Vergleiche verdeutlicht.

6. Vergleichen Sie die Erhebungsmethoden zur Arbeitslosigkeit des Statistischen Bundesamtes und der BA (M 11 – M 14). Beurteilen Sie die Validität der ermittelten Werte.

7. Analysieren Sie den Zusammenhang zwischen Wirtschaftswachstum und Arbeitslosigkeit (M 10a, M 10b).

2.1.4 Ziel: Stabilität des Preisniveaus

Das wirtschaftspolitische Ziel Preisniveaustabilität darf nicht verwechselt werden mit Preisstabilität. Diese würde bedeuten, dass alle Preise konstant blieben. Für eine Marktwirtschaft wäre eine solche Forderung Unsinn, weil die einzelnen Güterpreise entsprechend der Änderungen von Angebot und Nachfrage fallen oder steigen. Da Preisniveaustabilität wie auch Wirtschaftswachstum ein Begriff mit nur indirektem empirischem Bezug ist, also nicht direkt quantifizierbar ist, müssen zu seiner Messung Indikatoren gebildet werden. Als gebräuchlichster Indikator wird vom Statistischen Bundesamt der Verbraucherpreisindex (VPI) ermittelt. Ferner wird für den Euroraum der Harmonisierte Verbraucherpreisindex (HVPI) berechnet, der methodisch mit der Ermittlung des Verbraucherpreisindex weitgehend übereinstimmt. Für die Entwicklung des Geldwertes in Deutschland steht der Verbraucherpreisindex im Vordergrund des öffentlichen Interesses. Zur Definition von Geldwertstabilität vgl. Kap. 7.6, M 22b.

M 15

Ermittlung des Verbraucherpreisindex

Inflation ist ein anhaltender Prozess von Preissteigerungen auf breiter Front, der zu einem sinkenden Geldwert führt. Der Geldwert oder die Kaufkraft des Geldes wird am **Preisniveau** gemessen. Dem Preisniveau wird der so genannte Verbraucherpreisindex als gebräuchlichster Indikator zugrunde gelegt. Steigt der Verbraucherpreisindex, sinkt der Geldwert, bei fallendem Verbraucherpreisindex – fallendem Preisniveau – steigt der Geldwert. Der Geldwert kommt also im reziproken[1] Wert des Preisniveaus zum Ausdruck. Für die Bestimmung des Preisindex werden die Preise solcher Waren und Dienstleistungen ausgewählt, die von den privaten Haushalten typi-

1 reziproker Wert – Kehrwert, Vertauschung von Zähler und Nenner in einem Bruch

scherweise nachgefragt werden. Während man bis 2002 für verschiedene Haushaltstypen den Lebenshaltungskostenindex ermittelte, wird ab 2003 mit der Umbenennung in Verbraucherpreisindex nur ein Index, der sich auf alle Haushalte bezieht, berechnet. Der zugrunde gelegte Indexhaushalt, bei dem das Statistische Bundesamt für das Jahr 2000 von 2,1 Mitgliedern ausgeht, repräsentiert einen Mittelwert aus allen an einem bestimmten Stichtag in Deutschland vorhandenen Haushalten. Er ist eine rein rechnerische Größe, eine gedankliche Konstruktion, da es in der Realität natürlich keinen Haushalt mit 2,1 Personengeben kann. Ebenso verhält es sich mit den Gütern, die dieser Indexhaushalt nachfragt. Der Nachfrage liegt die durchschnittliche Ausgabenstruktur aller privaten Haushalte zugrunde. Da kein realer Haushalt aus 2,1 Personen bestehen kann und jeder einzelne Haushalt einen individuellen Verbrauch hat, ist der Preisindex für einen individuellen Haushalt nur eingeschränkt aussagefähig dafür, wie ihn die Geldwertentwicklung betrifft.
Für die Ermittlung des Verbraucherpreisindex muss das Statistische Bundesamt die **Verbrauchsgewohnheiten** und **die Preise** für die von den Haushalten nachgefragten Waren erfassen.

Uwe Taenzer

M 16a

Warenkorb und Wägungsschema

Die Begriffe Warenkorb und Wägungsschema werden häufig als Synonyme verwandt. Diese Art der Darstellung ist aber sehr vereinfachend und oft Anlass für Missverständnisse. Der wichtigere Begriff für die Verbraucherpreisstatistik ist der Begriff des Wägungsschemas, in der Öffentlichkeit bekannter ist dagegen der Begriff Warenkorb.
Der Verbraucherpreisindex für Deutschland will ein umfassendes Bild der Preisentwicklung vermitteln, soweit davon die privaten Haushalte betroffen sind. Es ist deshalb erforderlich, deren Verbrauchsgewohnheiten umfassend und sehr detailliert zu erfassen und den Berechnungen eines Verbraucherpreisindex zugrunde zu legen. Es ist aber nicht möglich und auch nicht erforderlich, die Preise für alle angebotenen und von privaten Haushalten gekauften Waren und Dienstleistungen zu erheben. Es ist vielmehr ausreichend, aus der Fülle des Güterangebots einige hundert auszuwählen, die stellvertretend sowohl den gesamten Verbrauch als auch die Preisentwicklung der von den Haushalten nachgefragten Güter mit hinreichender Genauigkeit repräsentieren. Die Gesamtheit der ausgewählten Güter heißt **Warenkorb**. Der Warenkorb für die Preisindizes in der Bundesrepublik Deutschland umfasst zur Zeit etwa 700 Waren und Dienstleistungen.
Diese Güterauswahl muss von Zeit zu Zeit daraufhin überprüft werden, ob sie noch den aktuellen Verbrauchsgewohnheiten entspricht. Es ist dabei nicht nötig, jede kurzfristige Konsumveränderung exakt abzubilden. Längerfristige Veränderungen im Verbrauchsverhalten müssen aber berücksichtigt werden. Darüber hinaus werden ständig neue Produkte angeboten, alte verschwinden vom Markt. Dies vollzieht sich aber nicht schlagartig, sondern über längere Zeiträume hinweg. Die Veränderungen in der Zusammensetzung des Warenkorbs 2005 im Vergleich zu 2000 sind daher nicht spektakulär und haben nur einen vergleichsweise geringen Einfluss auf die Ergebnisse der Verbraucherpreisstatistik.
Viel wichtiger als die Auswahl der einzelnen Preisrepräsentanten, also die Festlegung des Warenkorbes, ist die Bestimmung des Gewichts, mit dem die Preisentwicklung einzelner Preisrepräsentanten in die Gesamtindizes eingeht. Das **Wägungsschema** quantifiziert, welchen Anteil zum Beispiel die Mietausgaben oder andere Ausgabepositionen an den gesamten Verbrauchsausgaben der privaten Haushalte haben. Höhe und Struktur der Ausgaben der privaten Haushalte werden vom Statistischen Bundesamt aus den Ergebnissen der Einkommens- und Verbrauchsstichprobe[1], die alle fünf Jahre durchgeführt wird, und der jährlichen Statistik der laufenden Wirtschaftsrechnungen abgeleitet. Ergänzend werden hierfür Ergebnisse der Volkswirtschaftlichen Gesamtrechnungen, der Steuerstatistiken und vieler anderer amtlicher und nichtamtlicher Datenquellen verwendet.
Weil sich Güterangebot und Präferenzen der Verbraucher im Zeitablauf ändern, stehen der Grundsatz der Aktualität des Wägungssche-

1 Einkommens- und Verbrauchsstichprobe (EVS) wird seit 1993 im Abstand von 5 Jahren vom Statistischen Bundesamt erhoben. Die Daten werden durch Befragung und teilweise aus von ausgewählten Haushalten geführten Aufzeichnungen (Haushaltsbüchern) ermittelt mit dem Ziel, Informationen über die Einnahmen und Ausgaben sowie Vermögensbestände der Haushalte zu erhalten.

mas und das Ziel der Preisstatistik, reine Preisveränderungen auszuweisen, in einem gewissen Widerstreit. Das Statistische Bundesamt trägt dem dadurch Rechnung, dass es den Verbraucherpreisindex für Deutschland mit einem konstanten Wägungsschema auf fester Basis berechnet (Laspeyres[1]-Index auf fester Basis). Nach jeweils circa fünf Jahren wird ein neues Wägungsschema und damit eine neue Basisperiode eingeführt. Veränderungen im Wägungsschema können sowohl durch veränderte Angebots- als auch durch veränderte Nachfragekonstellationen bedingt sein.

http://www.destatis.de/jetspeed/portal/cms/Sites/destatis/Internet/DE/Content/Statistiken/Preise/Ve,
© Statistisches Bundesamt, Wiesbaden 2009

1 Laspeyres-Index – Der Laspeyres-Preisindex, benannt nach dem deutschen Statistiker Etienne Laspeyres (1834–1913), untersucht, was der Kauf eines Warenkorbes in der Zusammensetzung der Periode t_0 (Basisjahr t_0) im Vergleich zum Kauf des gleichen Warenkorbes in der Periode t kostet.

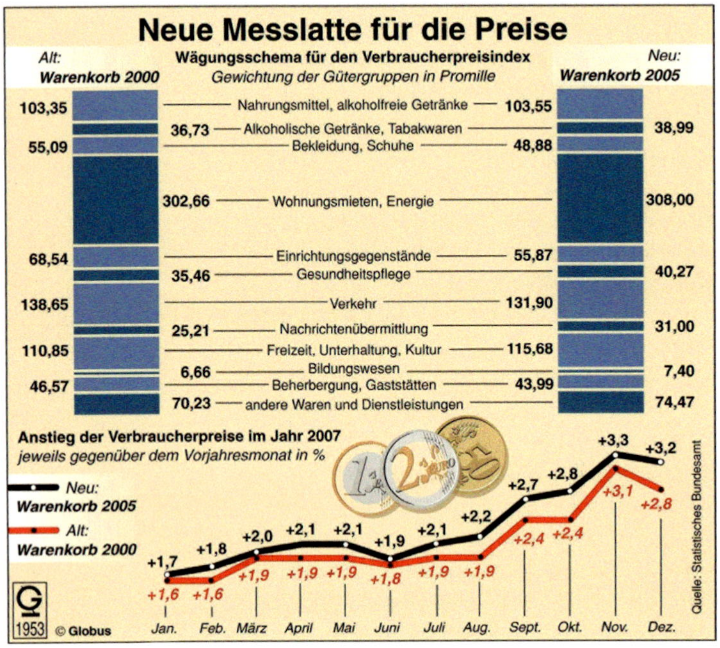

M 16b

Harmonisierter Verbraucherpreisindex (HVPI)

Für europäische Zwecke berechnet das Statistische Bundesamt zusätzlich zum Verbraucherpreisindex für Deutschland (VPI) [...] seit 1997 auch einen Harmonisierten Verbraucherpreisindex (HVPI) für Deutschland. Der HVPI wird zur Inflationsmessung in internationalen, meist innereuropäischen Vergleichen herangezogen. Er wird nach harmonisierten Konzepten, Methoden und Verfahren berechnet und spiegelt die Preisentwicklung in den einzelnen Staaten wider, wobei von den nationalen Verbrauchsgewohnheiten ausgegangen wird. Der HVPI dient unter anderem zur Messung des Konvergenzkriteriums „Preisstabilität", um beurteilen zu können, ob ein Mitgliedstaat der Europäischen Wirtschafts- und Währungsunion beitreten kann (vgl. Kap.7).
Der HVPI wird für die Mitgliedstaaten der Europäischen Union (EU), für Norwegen und für Island berechnet [...]. Die Europäische Zentralbank nutzt den HVPI-EWU für ihre Währungspolitik zur Beurteilung der Preisstabilität innerhalb der Eurozone.
Der HVPI fußt auf einer in Verordnungen der Europäischen Kommission und ergänzenden Leitlinien festgelegten Methodik. Er richtet sich wie der deutsche Verbraucherpreisindex (VPI) nach der international angewandten „Classification of Individual Consumption by Purpose (COICOP)" und wird weitgehend vom VPI abgeleitet. Insbesondere wird die Preiserhebung für den deutschen VPI auch für die Berechnung des deutschen HVPI genutzt.
Der HVPI misst – wie auch der deutsche Verbraucherpreisindex – nur reine Preisveränderungen. Dies wird dadurch erreicht, dass die Kosten für ein im Zeitablauf quantitativ und qualitativ unverändertes Bündel von Konsumgütern ermittelt und verglichen werden. Bei den Berechnungen werden deshalb die Verbrauchsstruktur und alle für die Höhe des Preises maßgeblichen Faktoren (unter anderem Mengeneinheit, Vertriebsweg, Liefer- und Zahlungsbedingungen) konstant gehalten. Ändert sich eines dieser Merkmale, so kann die Differenz zwischen dem neuen und dem zuletzt gemeldeten Preis eine unechte Preisveränderung enthalten, die anhand verschiedener Qualitätsbereinigungsverfahren eliminiert wird. Der HVPI ist ein Laspeyres-Preisindex [...]. In Deutschland werden die Gewichte des Index im Fünf-Jahres-Turnus überarbeitet [...].
Die Erfassungsbereiche des deutschen VPI und des deutschen HVPI unterscheiden sich im Wesentlichen durch die zusätzliche Einbeziehung des vom Eigentümer selbst genutzten Wohneigentums und der Kraftfahrzeugsteuer im deutschen VPI.

http://www.destatis.de/jetspeed/portal/cms/Sites/destatis/Internet/DE/Presse/abiszHVPI,templateId=renderPrint.psml
© Statistisches Bundesamt, Wiesbaden 2009

M 17

Ermittlung der Inflationsrate

Die Preise für die im Warenkorb enthaltenen Waren und Dienstleistungen werden von den Mitarbeitern des Statistischen Bundesamtes in den Bundesländern in 190 Berichtsgemeinden monatlich erhoben. Aus den so festgestellten 350 000 Einzelpreisen für die einzelnen Waren bzw. Warengruppen werden Landes- und Bundesdurchschnittspreise errechnet. Aus ihnen lässt sich ermitteln, wie viel der Warenkorb im Erhebungszeitpunkt kostet. Um lediglich Veränderungen des Preisniveaus zu erfassen, wird von einem in seiner Zusammensetzung konstanten Warenkorb und Wägungsschema ausgegangen. Es werden also konstante Verbrauchsgewohnheiten unterstellt. Das Jahr, in dem entsprechend den Verbrauchsgewohnheiten die gütermengenmäßige Zusammensetzung des Warenkorbs festgelegt wird, wird als Basisjahr bezeichnet. Der Geldbetrag, der im Basisjahr durchschnittlich notwendig war, um den Warenkorb zu kaufen, wird mit der Indexzahl 100 bewertet. Aus dem Vergleich des für den Kauf des Warenkorbs notwendigen Geldbetrages im Berichtsjahr und dem für den gleichen Warenkorb im Basisjahr aufzuwendenden Geldbetrag lässt sich der Verbraucherpreisindex ermitteln.

Um die Inflationsrate zu errechnen, muss man die Indexwerte für verschiedene Zeitpunkte vergleichen. Üblicherweise wird die Inflationsrate im Vorjahresvergleich errechnet, um saisonale Schwankungen in der Preisentwicklung auszuschließen:

Beispiel: Legt man die Zahlen des Statistischen Bundesamtes zugrunde, ergibt sich folgende Inflationsrate für Juni 2008:

$$\text{Inflationsrate für Juni 2008} = \frac{(\text{Preisindex Juni 2008} - \text{Preisindex Juni 2007}) \times 100}{\text{Preisindex Juni 2007}}$$

$$\text{Inflationsrate} = \frac{(107{,}0 - 103{,}6) \times 100}{103{,}6} = 3{,}28\,\%$$

Uwe Taenzer

M 18

Ist der Verbraucherpreisindex ein falscher Indikator? – Die gefühlte Inflation

Hans Wolfgang Brachinger erinnert sich noch daran, als wäre es gestern gewesen. Er saß in einem schmucklosen Büro an der Columbia-Universität in New York. Der Plotter[1] malte zwei Kurven: eine für die offizielle Inflationsrate des Statistischen Bundesamts, eine für den von ihm erfundenen „Index der wahrgenommenen Inflation“ (IWI). Und siehe da: Kurz nach der Euro-Einführung schoss der IWI auf elf Prozent in die Höhe, während die amtliche Inflation bei zwei Prozent herumdümpelte. „Da habe ich mich riesig gefreut“, erzählt der gebürtige Münchner, der heute an der Universität Fribourg in der Schweiz lehrt und forscht. „Ich hatte eine Erklärung für ein Phänomen gefunden, das in aller Welt für Aufregung gesorgt hat.“

Denn der gewaltige Anstieg seines IWI-Index nach der Euro-Einführung bewies: Der Euro war eben doch ein Teuro, genau wie es die Menschen fast überall in Europa empfunden hatten. Und genau so verhält es sich auch jetzt wieder: Während angesichts explodierender Preise für Benzin und viele Lebensmittel zwar auch die offizielle Inflationsrate gestiegen ist, spiegelt der IWI unser Inflationsempfinden viel besser wider. Er liegt aktuell mit 11,6 Prozent im April sogar noch höher als nach der Einführung des Euro-Bargelds 2002.

Ausgangspunkt des IWI ist die Überlegung, dass wir Preisänderungen umso stärker wahrnehmen, je häufiger wir ein Produkt kaufen: Wenn Bier, Brot und Benzin teurer werden, führt das zu einem „Alles-wird-teurer-Gefühl“; wenn dagegen Computer billiger werden, entgeht das weitgehend unserer Wahrnehmung, weil wir höchstens alle paar Jahre mal einen kaufen. Daher nimmt Brachinger zwar den gleichen Warenkorb wie das Statistische Bundesamt, gewichtet die Güter darin aber anders: Nicht mit ihrem Anteil an den Gesamtausgaben des Haushalts, sondern mit ihrer Kaufhäufigkeit. Außerdem berücksichtigt er, dass die Menschen dazu neigen, Preiserhöhungen stärker wahrzunehmen als Preissenkungen – ein Phänomen, das Ökonomen „Verlustaversion“ nennen und das in zahlreichen Experimenten nachgewiesen wurde.

1 Plotter – Ausgabegerät, das Grafiken und technische Zeichnungen ausdruckt.

Subjektiver Schock – Amtliche und gefühlte Inflation
Veränderung zum Vorjahr in Prozent

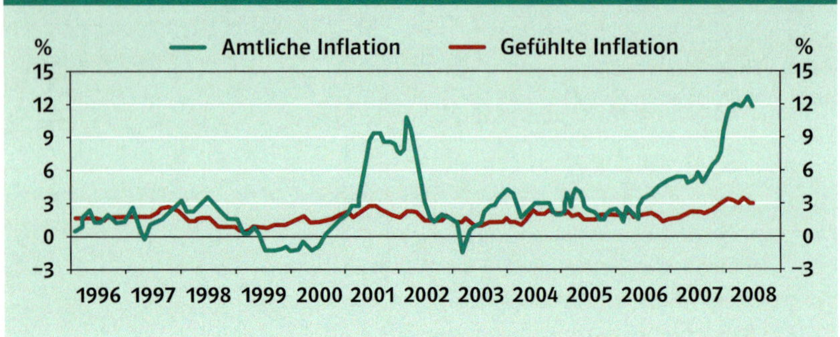

Am offiziellen Verbraucherpreisindex möchte Brachinger mit seinem IWI zwar nicht rütteln – der hat für ihn weiterhin seine Berechtigung. Aber der Statistik-Experte ist überzeugt, dass sein Index eine wichtige Ergänzung der amtlichen Inflationsrate liefert, eben weil er die Alltagserfahrung und das subjektive Empfinden der Konsumenten misst. Und das ist es schließlich, was ihr Verhalten prägt – und nicht der amtliche Verbraucherpreisindex. „Wer den Konsumenten ernst nimmt", so Brachinger, „der kommt an der Inflationswahrnehmung nicht vorbei." Deshalb dürfte der IWI-Index auch besser geeignet sein, die künftige Konsumentwicklung abzuschätzen. „Ist die wahrgenommene Inflation höher, spart man eher bei den größeren Anschaffungen", ist Brachinger überzeugt. Der Grund: Die Menschen legen Reserven an, um den teurer gewordenen Alltagskonsum aufrechterhalten zu können. Die Zahlen belegen das: „Wir beobachten seit Langem steigende Sparquoten bei steigender Inflationswahrnehmung", sagt der studierte Mathematiker.

Hochbrisant sind Brachingers Berechnungen aber auch für die Währungshüter der Europäischen Zentralbank (EZB). Denn für sie sind die Inflationserwartungen der Menschen eine ganz entscheidende Größe: Rechnen sie mit immer schneller steigenden Preisen, kann sich die Inflation leicht verselbstständigen und außer Kontrolle geraten. Deshalb schauen die EZB-Ökonomen genau auf die regelmäßig von der EU-Kommission veröffentlichten Umfragen, bei denen auch Fragen zur Inflation gestellt werden. Die geben aber nur den Anteil der Bevölkerung wieder, der mit steigenden Preisen rechnet. Der IWI erlaubt dagegen auch Rückschlüsse über das Ausmaß der erwarteten Preissteigerungen.

Rolf Ackermann: Wie Hans Wolfgang Brachinger von der Universität Fribourg die Inflationsmessung revolutionierte und welche Schlussfolgerungen sein „Index der wahrgenommenen Inflation" erlaubt. In: Wiwo 02.06.2008, S. 29

1. Warum wird der Preisindex als Maßstab für das allgemeine Preisniveau gewählt (M 15)?
2. Begründen Sie, warum der Warenkorb, nach der Verbrauchsstruktur der Haushalte gewichtet, für einen bestimmten Zeitraum als konstant angenommen wird, um Änderungen des Preisniveaus zu messen (M 16).
3. Analysieren Sie anhand des Wägungsschemas in (M 16) die Veränderungen der Verbrauchsgewohnheiten.
4. Beurteilen Sie, inwieweit der Verbraucherpreisindex dem Kriterium der Gültigkeit entspricht. Gehen Sie dabei auch auf den Unterschied zwischen wahrgenommener und statistisch ermittelter Inflationsrate ein (M 18).
5. Informieren Sie sich zu den Unterschieden zwischen dem VPI und dem HVPI (M 16b).
6. Berechnen Sie die Inflationsrate aus dem Verbraucherpreisindex für Juli 2008 gegenüber dem Vorjahresmonat (M 17).

2.1.5 Ziel: Außenwirtschaftliches Gleichgewicht

Deutschland ist eine extrem exportabhängige Volkswirtschaft. So ist jeder fünfte Arbeitsplatz vom Export abhängig. Das Wirtschaftswachstum im Jahr 2007 wurde ganz wesentlich durch die Exporterfolge der deutschen Unternehmen getragen. Deutschland als rohstoffarmes Land ist auf Importe angewiesen und viele Deutsche wollen ihren Urlaub lieber im Ausland verbringen, nehmen also Dienstleistungen im Ausland in Anspruch (vgl. dazu Kap. 8). Die zunehmende internationale Verflechtung Deutschlands in den Welthandel, die mit dem Schlagwort von der Globalisierung gekennzeichnet wird, wirkt sich auf die Erreichung der nationalen wirtschaftspolitischen Ziele Wirtschaftswachstum, Beschäftigung und Preisniveaustabilität aus (vgl. Kap. 1.1).

M 19

Wechselkurssysteme und außenwirtschaftliches Gleichgewicht

Als das StWG 1967 verabschiedet wurde, beruhte der internationale Zahlungsverkehr auf dem **System fester Wechselkursen**, wie es gegen Ende des Zweiten Weltkrieges in Bretton Woods konzipiert worden war. Die Austauschverhältnisse zwischen den Währungen der verschiedenen Länder, die **Wechselkurse**, konnten nur in sehr engen **Bandbreiten** von einem festgelegten Mittelkurs abweichen. Gemeinsamer Bezugspunkt der Währungen war der US-$ als Leitwährung. Jedes Land legte den Wechselkurs seiner Währung gegenüber dem US-$ fest. Daraus ergab sich die **Dollarparität**. Der Dollar selbst war entsprechend einer festgelegten Goldparität an Gold gebunden. Das bedeutet, dass sich das amerikanische Schatzamt verbürgte, jederzeit von ausländischen Notenbanken angebotene Dollarbeträge gegen Gold einzulösen. Die nationalen Notenbanken hatten die Aufgabe, durch An- oder Verkäufe von Devisen den Wechselkurs in der jeweiligen Bandbreite zu halten. Damit resultierte der Wechselkurs nicht aus dem freien Spiel von Angebot und Nachfrage von Devisen, der Marktmechanismus war also auf dem Devisenmarkt weitgehend außer Kraft gesetzt. Wenn beispielsweise der Dollarkurs gegenüber der DM unter den unteren Grenzwert der Bandbreite sank, musste die Bundesbank Dollar ankaufen, dadurch stieg die Geldmenge in Deutschland und löste inflationäre Impulse aus. Unter diesen Bedingungen war das außenwirtschaftliche Gleichgewicht von großer Bedeutung für die innere Stabilität des Preisniveaus. 1973 brach das System von Bretton Woods aufgrund zahlreicher Währungskrisen zusammen, die primär durch die inflationär wirkende Politik der USA ausgelöst wurden. Es folgte der Übergang zum **System flexibler Wechselkurse**, d.h. die Wechselkurse wurden dem freien Spiel der Märkte überlassen. Seitdem hat das außenwirtschaftliche Gleichgewicht als wirtschaftspolitisches Problem an Bedeutung verloren.

Indikator für das außenwirtschaftliche Gleichgewicht

Als Indikator für das Ziel des außenwirtschaftlichen Gleichgewichts wird vorwiegend der prozentuale Anteil des **Außenbeitrags** am realen BIP herangezogen. Der Außenbeitrag ist die Differenz zwischen **Export** und **Import** von Gütern und Dienstleistungen. Der Außenbeitrag ist positiv, wenn der Wert der Exporte größer ist als der Wert der Importe. Ein Überschuss der Exporte über die Importe erhöht das BIP. Ferner entstehen dadurch **Devisenreserven**, also Forderungen gegenüber dem Ausland. Ist umgekehrt der Import größer als der Export, ist der Außenbeitrag negativ. Ein Importüberschuss verringert das BIP, Devisenreserven werden in diesem Fall abgebaut, um die Forderungen des Auslands zu bezahlen. Sind keine oder nicht ausreichende Devisenreserven vorhanden, entstehen gegenüber dem Ausland Schulden. Es müssen im Ausland Kredite aufgenommen werden, für die Zinsen gezahlt werden müssen, um die Importe zu finanzieren. Ist die Auslandsverschuldung zu hoch und können die Zinsen für die aufgenommenen Auslandskredite nicht gezahlt werden, wird die betroffene Volkswirtschaft international zahlungsunfähig. Banken werden solchen Ländern keine Kredite gewähren.

Es ist schwierig zu entscheiden, wann das außenwirtschaftliche Gleichgewicht als realisiert gelten kann. Da die Bundesrepublik in erheblichem Maße unentgeltliche Leistungen z. B. für Entwicklungshilfe, Beiträge zum EU-Haushalt und für internationale Organisationen aufbringen muss, ist sie auf einen positiven Außenbeitrag angewiesen. Wenn allerdings der Außenbeitrag zu groß wird, baut die Bundesrepublik dadurch ihre Gläubigerposition aus, während ihre Handelspartner zwangsläufig in Schuldnerpositionen gedrängt werden. Auf Dauer müssten solche außenwirtschaftlichen Ungleichgewichte den internationalen Güteraustausch gefährden, weil die Handelspartner Deutschlands Probleme bekommen, ihre Importe zu bezahlen.

Uwe Taenzer

M 20

Offenheitsgrad der deutschen Volkswirtschaft

Der Offenheitsgrad ist ein Indikator für die Integration der Volkswirtschaft in die Weltwirtschaft.

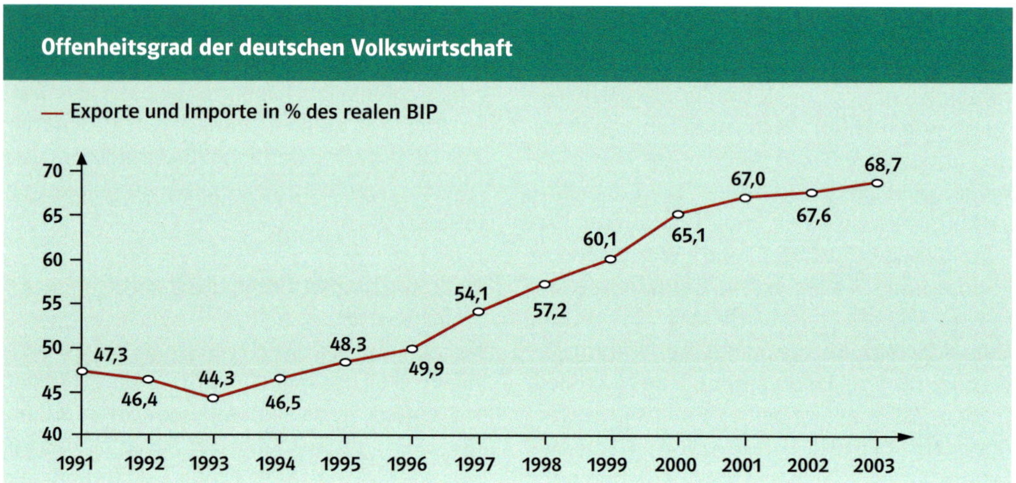

Bundesministerium für Wirtschaft und Arbeit: Jahreswirtschaftsbericht 2004, S.14

M 21

Wann ist das außenwirtschaftliche Gleichgewicht realisiert?

Der Begriff „außenwirtschaftliches Gleichgewicht" ist wenig präzise. Entsprechend vielfältig sind die Versuche, den Begriffsinhalt mittels eines Indikators zu erfassen.

Allgemein lässt sich außenwirtschaftliches Gleichgewicht als eine Situation umschreiben, die dadurch gekennzeichnet ist, dass von den wirtschaftlichen Aktivitäten des Inlandes mit dem Ausland keine negativen Wirkungen auf die binnenwirtschaftliche Entwicklung (insbesondere auf Preisniveau und Beschäftigung) ausgehen. So interpretiert, ist außenwirtschaftliches Gleichgewicht notwendige Voraussetzung (Vorziel) zur Realisierung der binnenwirtschaftlichen Ziele. Die außenwirtschaftliche Absicherungspolitik umfasst dann sämtliche (marktwirtschaftskonformen) Aktivitäten, die dem Ziel dienen, außenwirtschaftliche Gefährdungen der binnenwirtschaftlichen Zielerreichung an der Grenze abzufangen. Umgekehrt kann dies allerdings nicht bedeuten, dass binnenwirtschaftliche Probleme gleichsam auf Kosten des Auslandes „gelöst" werden, also beispielsweise Arbeitslosigkeit durch Errichtung von Importschranken, Subventionierung der Exporte bzw. durch Abwertung der heimischen Währung quasi in das Ausland „exportiert" wird. Die Folge einer derartigen „beggar my neighbour-policy" wären entsprechende Abwehrmaßnahmen des Auslandes und damit eine Spirale protektionistischer[1] und interventionistischer[2] Maßnahmen.

Jürgen Pätzold: Stabilitätspolitik. 6. Aufl., Wien/Stuttgart 1998, S. 64

1 protektionistisch – Maßnahmen des Staates zum Schutz der heimischen Wirtschaft vor ausländischer Konkurrenz in Form von mengenmäßigen Begrenzungen, Einfuhrverboten für bestimmte Waren, Einfuhrzöllen etc.

2 interventionistisch – Eingriffe des Staates in das Wirtschaftsgeschehen, hier Eingriffe z. B. der EZB um den Wechselkurs des Euro gegenüber dem Dollar zu beeinflussen

M 22

Wie hat sich der Außenbeitrag entwickelt?

Außenbeitrag in v. H. des BIP			
Jahr	Außenbeitrag	Jahr	Außenbeitrag
1950	– 2,50	1990	5,30
1955	1,69	1991[1]	1,11
1960	2,74	1992	0,33
1965	0,03	1993	0,55
1970	1,95	1994	0,65
1973	2,89	1995	0,95
1974	4,35	1996	0,31
1977	2,28	1997	1,66
1979	0,80	1998	1,71
1980	– 0,01	1999	1,23
1981	1,10	2000	0,57
1982	2,35	2001	1,99
1983	2,11	2002	4,50
1984	3,30	2003	4,33
1985	4,20	2004	5,36
1986	5,80	2005	5,05
1987	5,50	2006	5,44
1988	5,67	2007	6,94
1989	6,99		

1) Gesamtdeutschland

Berechnet nach Jahresgutachten und Wirtschaft und Statistik

1. Begründen Sie, warum ein außenwirtschaftliches Gleichgewicht für Deutschland nicht bestehen würde, wenn der Außenbeitrag gleich Null wäre (M 19).

2. 2002 hatte das BIP in jeweiligen Preisen einen Wert von 2110,40 Mrd Euro. Der Export von Waren und Dienstleistungen betrug 757,64 Euro und der Import 666,97 Euro. Ermitteln Sie den Anteil des Exports und Imports am BIP (die sog. Export- und Importquote), den Außenbeitrag und den Anteil des Außenbeitrags am BIP. Erläutern Sie ausführlich, wie sich der Außenhandel in diesem Jahr auf das Wachstumsziel ausgewirkt hat.

3. Erklären Sie den Unterschied zwischen M 20 und M 22. Welche Informationen kann man für die Bedeutung des Außenhandels in Deutschland entnehmen?

4. Angenommen, die deutschen Konsumenten würden als „vaterlandslose Gesellen" von Regierungsvertretern und den öffentlichen Medien beschimpft, weil sie ausländische Autos kaufen. Zur Arbeitsplatzsicherung in der Automobilindustrie sollten gefälligst deutsche Autos gekauft werden. Schreiben Sie zu dieser Kampagne einen kurzen Kommentar (M 19 und 21).

2.1.6 Das gesamtwirtschaftliche Gleichgewicht – ein ökonomischer Traum

Das folgende Material geht zunächst auf Zielbeziehungen in allgemeiner Form ein, bevor exemplarisch die Beziehung zwischen dem Beschäftigungs- und Stabilitätsziel aufgegriffen wird.

M 23

Zielbeziehungen

Grundsätzlich lassen sich folgende Beziehungen zwischen wirtschaftspolitischen Zielen unterscheiden:

Kompatibilität (Harmonie, Komplementarität): Ziele sind in einer bestimmten wirtschaftlichen Situation dann miteinander vereinbar, wenn die Erreichung des einen Ziels die Erreichung der anderen Ziele fördert. Beispiel: Um die Arbeitslosigkeit abzubauen, werden vom Staat zusätzliche Investitionen zum Ausbau des Autobahnnetzes durchgeführt. In dieser Situation sind die beiden Ziele Vollbeschäftigung und Wachstum kompatibel: die Förderung des Ziels Vollbeschäftigung fördert gleichzeitig das Wachstumsziel.

Inkompatibilität (Zielkonflikt): Zwei oder mehrere Ziele sind dann unvereinbar, wenn die Erreichung des einen Ziels die des/der anderen behindert. Ob Ziele inkompatibel sind, hängt wiederum von der Ausgangssituation ab. Häufig handelt es sich nicht um eine absolute Unvereinbarkeit der Ziele, sondern um eine graduelle Unverträglichkeit. Dies gilt insbesondere für die vier Teilziele des § 1 StWG. Beispiel: In einer konjunkturellen Abschwungphase sind die Ziele Vollbeschäftigung, Wachstum und Geldwertstabilität weitgehend miteinander vereinbar. Die Förderung des Vollbeschäftigungsziels fördert das Wachstumsziel, ohne das Ziel der Geldwertstabilität zugefährden, weil genügend freie Produktionskapazitäten verfügbar sind. Besteht jedoch in einer Hochkonjunktur annähernd Vollbeschäftigung, und das Produktionspotential ist weitgehend ausgeschöpft, sind die Ziele Wachstum und Geldwertstabilität inkompatibel, weil die Untenehmen Preissteigerungsspielräume aufgrund der hohen Nachfrage nutzen werden, wodurch das Preisniveau steigt.

Neutralität: Zwei oder mehrere Ziele sind neutral, wenn die Förderung des einen Ziels die Erreichung des anderen oder der anderen weder positiv noch negativ beeinflusst. Aufgrund der Interdependenz des wirtschaftlichen Geschehens ist Zielneutralität selten.

Die in § 1 StWG genannten Ziele sind untereinander durch Zielkonflikte bzw. Zielkompatibilität charakterisiert. Ob diese Ziele vereinbar oder unvereinbar sind, ist von der jeweiligen wirtschaftlichen Lage abhängig.

Uwe Taenzer

M 24

Gesamtwirtschaftliches Gleichgewicht – eine Illusion

Die berühmte Weisheit

In dem Begriff „magisches Viereck“ kommt bereits zum Ausdruck, dass es an Zauberei grenzen würde, wenn man alle 4 Ziele der Wirtschaftspolitik gleichzeitig erreichen würde. Betrachtet man nur den Zeitraum seit der Jahrtausendwende, konnte zwar bis 2007 das Preisniveau in Deutschland und im Euroraum relativ stabil gehalten werden, aber das Beschäftigungsziel war extrem verletzt mit einer Arbeitslosenquote von mehr als 10 %. Auch das Wachstumsziel war bis 2006 nicht angemessen. Deutschland galt als der „kranke Mann" Europas, weil es im Vergleich zu wichtigen Partnerländern eine deutliche Wachstumsschwäche im Hinblick auf die Zuwachsraten des Bruttoinlandsprodukts und des Bruttoinlandsprodukts je Einwohner zeigte. Das hat sich erst ab 2006 mit Zuwachsraten von 2,9 % und für 2007 von 2,6 % geändert. Aber bereits 2008 zeigte sich eine Abschwächung des Wirtschaftswachstums aufgrund der internationalen Finanzmarktkrise und der steigenden Rohstoffpreise. Seit 2007 gelang es andererseits der Europäischen Zentralbank nicht mehr ihr Ziel zu realisieren, die Inflationsrate knapp unter 2 % zu halten. 2008 kam es in Deutschland zu nicht mehr für möglich gehaltenen Teuerungsraten. Es scheint also eine Illusion zu sein, die drei wichtigsten makro-ökonomischen Ziele gleichzeitig zu verwirklichen. Überspitzt könnte man formulieren, das gesamtwirtschaftliche Gleichgewicht ist aufgrund der Instabilität marktwirtschaftlicher Systeme ein unerreichbares Ziel, das dazu dient, die tatsächlichen Abweichungen vom Ideal zu messen.

Uwe Taenzer

M 25

Ein typischer Zielkonflikt wurde bis Anfang der 70er Jahre zwischen Geldwertstabilität und Vollbeschäftigung gesehen, wie er für verschiedene westliche Industriestaaten in Form der modifizierten Phillipskurve empirisch ermittelt wurde. Danach war Geldwertstabilität nur unter Hinnahme eines gewissen Maßes an Arbeitslosigkeit erreichbar (M 25, M 26). In den 70er Jahren tauchte das Phänomen der Stagflation auf. Inflation, Arbeitslosigkeit und Wachstumsschwäche traten gleichzeitig auf. Besteht die Gefahr, dass sich dieses Phänomen wiederholt (M 27)?

Zielkonflikt zwischen Geldwertstabilität und Vollbeschäftigung

Damit stellt sich die Frage, ob diese Ziele überhauptgleichzeitig erreichbar sind oder ob Konflikte zwischen den Zielen bestehen, die eine gleichzeitige Erreichbarkeit erschweren oder sogar ausschließen. Bei der Analyse von Zielbeziehungen steht die Diskussion eines Zielkonflikts zwischen Vollbeschäftigung und Preisniveaustabilität im Mittelpunkt. [...] Wegen seiner zentralen Rolle referieren wir kurz diesen Zielkonflikt [...] 1958 veröffentlichte der englische Nationalökonom Phillips eine empirische Untersuchung über die Beziehung zwischen Arbeitslosigkeit und Lohnveränderungen. [...] Danach gibt es einen negativen statistischen Zusammenhang zwischen Lohnsteigerungen und der Höhe der Arbeitslosigkeit. Je niedriger die Arbeitslosigkeit, desto höher die Lohnsteigerungen und umgekehrt. In der Folgezeit wurden weitere Untersuchungen durchgeführt und ein „tradeoff"[1] zwischen Inflation und Arbeitslosigkeit begründet. Das Ergebnis war die Ableitung einer modifizierten Phillipskurve. [...] Die Kurve [...] illustriert den Konflikt zwischen Preisniveaustabilität und Arbeitslosigkeit: Je höher (niedriger) die Inflationsrate, desto niedriger (höher) die Arbeitslosigkeit. Der Verlauf der Phillipskurve wird auf verschiedene Faktoren zurückgeführt. Eine gängige Erklärung begründet diesen Zielkonflikt damit, dass durch eine Erhöhung der Nachfrage die Preise steigen, bevor die Vollbeschäftigung erreicht ist. Wenn die Nominallöhne bei steigenden Preisen konstant bleiben (Annahme der Geldillusion der Arbeitskraftanbieter), dann sinken die Reallöhne. Die Folge ist eine Erhöhung der Beschäftigungs- und Produktionsmenge mit dann steigenden Löhnen und weiter steigenden Preisen. Der Rückgang der Arbeitslosigkeit geht also mit einem Anstieg der Inflationsrate einher.

Gerd-Jan Krol, Alfons Schmid: Volkswirtschaftslehre. Eine problemorientierte Einführung. 21. Aufl., Tübingen 2002, S. 258 f.

1 tradeoff – Begriff wird hier im Sinne von Zielkonflikt verwendet.

M 26

Die modifizierte Phillips-Kurve

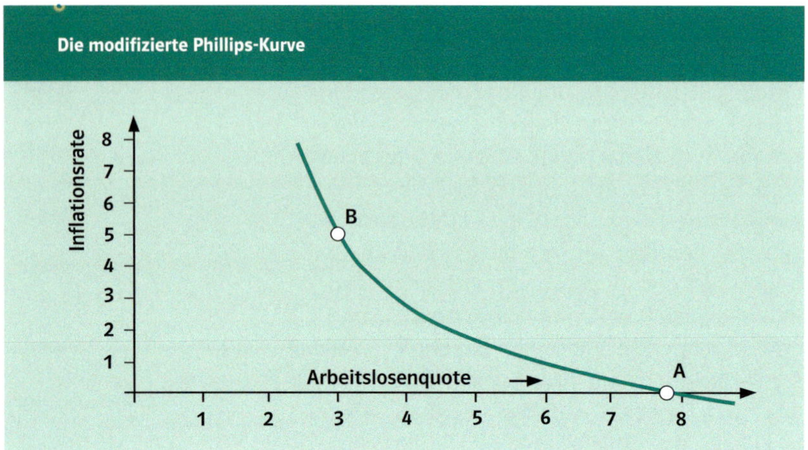

Nach Bernhard Gahlen u. a.: Volkswirtschaftslehre. 14. Aufl., Tübingen 1983, S. 132

M 27

Stagflation – kehrt sie wieder?

Das Wort verbreitet Angst und Schrecken unter Anlegern und Wirtschaftsexperten: Stagflation. Der Begriff ist eine Mischung aus den Worten Stagnation – also wirtschaftlicher Stillstand- und Inflation, sprich: hohen Preissteigerungsraten. Weil die Wirtschaft in den Vereinigten Staaten, aber auch in einigen Ländern Europas, an Schwung verloren hat, zugleich jedoch die Preise wegen des teuren Öls weiter zulegen, befürchten manche Pessimisten schon eine Rückkehr dieses Phänomens. Wieso ist Stagflation gefährlich? Das Heimtückische an dieser Kombination ist, dass sie das Bedrohlichste aus zwei Wirtschaftswelten vereint. Läuft die Konjunktur schlecht, sind die Preise normalerweise recht stabil. Das liegt daran, dass in einer Abschwungphase die Unternehmen ihre Kapazitäten nicht ausgelastet haben, da die Nachfrage nicht mehr so groß ist: ein ungünstiges Umfeld für Preiserhöhungen. Die Notenbank wird dann meist die Zinsen senken, also Kredite billiger machen. Das soll die Nachfrage ankurbeln. Ist aber gleichzeitig die Inflation hoch, bleibt den Währungshütern dieser Weg versperrt. Steigen die Preise, müssen die Zentralbanken Geld eigentlich verteuern und die Nachfrage dämpfen: Weniger Nachfrage bedeutet niedrigere Preise.

Welche Folgen hat das Dilemma?
Das grundlegende Problem, dass das Wachstum schwach, zugleich aber die Inflation zu hoch ist, gibt es schon. Das merkte man vergangene Woche: Da kündigte Jean-Claude Trichet, der Präsident der Europäischen Zentralbank (EZB), an, die Zinsen wahrscheinlich im Juli zu erhöhen, räumte aber ein, dass der EZB-Rat, in dem die Chefs der nationalen Notenbanken sitzen, bei dieser Frage zerstritten war. Kein Wunder: Zwar liegt die Inflation im Euroraum, also bei den Staaten, die die Gemeinschaftswährung eingeführt haben, klar über der Zielmarke der Währungshüter – statt unter 2,0 Prozent bei 3,6 Prozent im Mai. Zur selben Zeit verliert die Wirtschaft allerdings deutlich an Schwung. Die Zinserhöhung belastet nun die Konjunktur weiter, denn sie verteuert Kredite. Außerdem werden dadurch Anlagen in Euro attraktiver im Vergleich zu Investments in Dollar – darum steigt als eine Nebenwirkung dieser Medizin der Eurokurs. Das hemmt die Exportindustrie in Europa, weil ein starker Euro hiesige Produkte in vielen Auslandsmärkten verteuert. Ein zusätzliches Problem ist, dass ein starker Euro – und damit ein spiegelbildlich schwacher Dollar – den Ölpreis nach oben treibt. Der Rohstoff wird in Dollar abgerechnet; verfällt der Wert der Währung, setzen die Förderländer den Preis hoch. [...]

Björn Finke: Die Angst vor dem S-Wort. In Süddeutsche Zeitung, 10.06.2008 Deutsche Bundesbank Auszüge aus Presseartikeln Nr. 24, 11.06.2008

M 28

Misery-Index

In der Makroökonomie, die sich primär auf die Stabilisierungsaufgabe konzentriert, kann man sich auf ein Ziel-Dreieck aus drei Zielen beschränken:

- stetiges Wirtschaftswachstum,
- hoher Beschäftigungsstand und
- stabiles Preisniveau.

Aus Gründen der Vereinfachung reduziert man in der Regel den Zielkatalog noch weiter. Da die Entwicklung der Arbeitslosenrate relativ eng an die Schwankungen des Bruttoinlandsprodukts gekoppelt ist, kann man alternativ [...] zweidimensionale Zielkataloge verwenden:

Abweichung der Zuwachsrate des BIP vom Produktionspotenzialwachstum

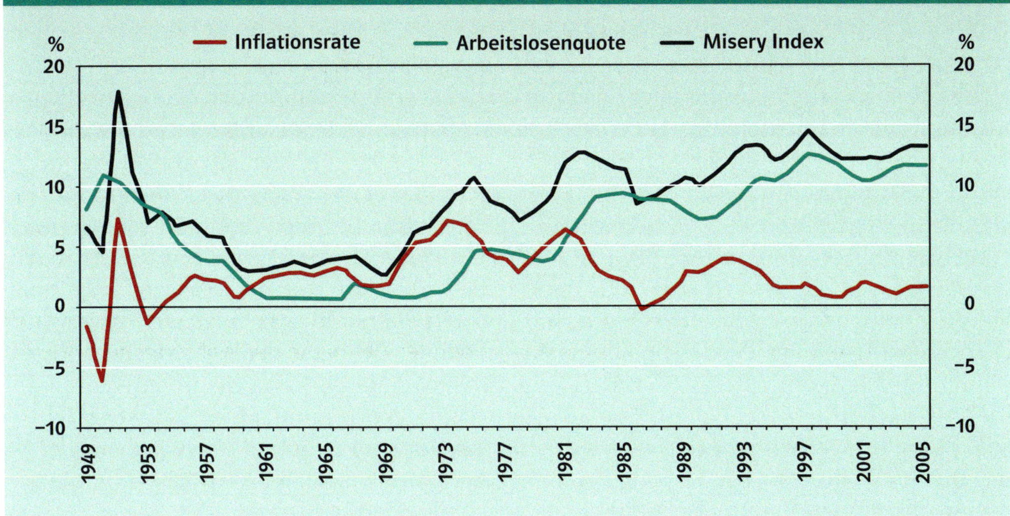

Mit dem „Misery-Index" bildet man die Entwicklung von Inflation und die Arbeitslosigkeit ab. [...] Der „Misery-Index" wird errechnet als eine einfache Addition der Inflationsrate und der Arbeitslosenrate, also der beiden „Grundübel" einer Marktwirtschaft. Ein Blick auf den Index [...] zeigt, dass die sechziger Jahre rückblickend als das goldene Jahrzehnt bezeichnet werden könnten, da sowohl die Arbeitslosigkeit als auch die Inflationsrate niedrig waren. Der stetige Anstieg der Sockelarbeitslosigkeit[1] seit den siebziger Jahren führte zu einer schrittweisen Verschlechterung des Index.

Peter Bofinger: Grundzüge der Volkswirtschaftslehre. Eine Einführung in die Wissenschaft von Märkten. 2. Aufl., München 2007, S. 302 f.

1 Sockelarbeitslosigkeit – der Teil der Arbeitslosigkeit, der auch in einem Konjunkturaufschwung nicht abgebaut wird. Die Sockelarbeitslosigkeit ist seit den 1970er-Jahren von Zyklus zu Zyklus gestiegen.

1. Erarbeiten Sie die Intention der Karikatur in M 24 in Bezug auf die Zielbeziehungen. Klassifizieren Sie die erkennbaren Zielbeziehungen unter Verwendung der Begriffe aus M 23.
2. Erläutern Sie die modifizierte Phillipskurve (M 26), indem Sie auf die Punkte A und B Bezug nehmen.
3. Erklären Sie den Aufbau der Grafik in M 28 Ihren Mitschülerinnen/Mitschülern.
4. Vergleichen Sie anhand von M 28 die Beziehungen zwischen Arbeitslosigkeit und Inflation für die Jahre 1965, 1980 und 1997. Entsprechen oder widersprechen Ihre Ergebnisse den Annahmen der modifizierten Phillipskurve? Vergleichen Sie Ihre Ergebnisse mit denen anderer Kursteilnehmer.
5. Erarbeiten Sie, wie in M 27 ein Wiederaufleben der Stagflation begründet wird.

2.2 Braucht die Marktwirtschaft Wirtschaftswachstum zur Lösung ihrer Probleme?

Ist eine Markwirtschaft nicht generell auf hohe Wachstumsraten angewiesen, um bestehende strukturelle Konflikte in den Griff zu bekommen? Während in den bisherigen Abschnitten die Entwicklung des Wirtschaftswachstums in Deutschland und die Zielbeziehungen zu anderen wirtschaftspolitischen Zielen im Vordergrund der Darstellung standen, wird hier die gesellschaftspolitische Dimension des Wachstums als Konfliktregelungsmechanismus in der Marktwirtschaft betrachtet. Ferner werden die Ziele einer gerechteren Einkommensverteilung und der Schutz der Umwelt in die Darstellung einbezogen.
Die anscheinend unlösbaren Probleme auf dem Arbeitsmarkt und bei der Finanzierung der Staatsaufgaben sowie die vielfältigen Verteilungskonflikte als Folge fehlenden oder nicht hinreichenden Wirtschaftswachstums verweisen darauf, dass die innere Stabilität marktwirtschaftlich organisierter Gesellschaften ein stetiges und angemessenes Wirtschaftswachstum voraussetzt. Niedrige, sinkende oder gar negative Wachstumsraten des BIP erscheinen als Niedergang einer auf Wachstum ausgelegten Gesellschaft, die den sozialen Frieden und den Wohlstand der Gesellschaft bedrohen. Aber ist ein geringes Wirtschaftswachstum nicht auch wünschenswert zum Schutz der Umwelt? Ist der erreichte Wohlstand in Deutschland nicht bereits so hoch, dass Verteilungskonflikte gar nicht mehr sein müssen oder ist der Wohlfahrtsstaat gar in Gefahr? Ist die Vollbeschäftigungsgesellschaft nicht eine Illusion angesichts der rasanten Entwicklung arbeitssparender Technologien? Inwieweit Wirtschaftswachstum in entwickelten Industriegesellschaften die vielfältigen Erwartungen als umfassendes „Problemlösungsinstrument" erfüllen kann, wird in diesem Abschnitt am Beispiel einiger Politikfelder kontrovers diskutiert.

M 29

Wohlstand für alle

Am Ausgangspunkt stand der Wunsch, über eine breit geschichtete Massenkaufkraft die alte konservative soziale Struktur endgültig zu überwinden.

Diese überkommene Hierarchie war auf der einen Seite durch eine dünne Oberschicht, welche sich jeden Konsum leisten konnte, wie andererseits durch eine quantitativ sehr breite Unterschicht mit unzureichender Kaufkraft gekennzeichnet. [...]
„Wohlstand für alle" und „Wohlstand durch Wettbewerb" gehören untrennbar zusammen; das erste Postulat kennzeichnet das Ziel, das zweite den Weg, der zu diesem Ziel führt. [...]
Zwischen 1949 – dem Jahr, in welchem sich die Bundesregierung der Politik der sozialen Marktwirtschaft verpflichtete – und 1961 gelang es, das Bruttosozialprodukt [...] um 139 Mrd. DM auf 252,1 Mrd. DM zu erhöhen. [...]
Dieser Hinweis auf den unbestreitbaren Erfolg dieser Politik lehrt, wie ungleich sinnvoller es ist, alle einer Volkswirtschaft zur Verfügung stehenden Energien auf die Mehrung des Ertrages der Volkswirtschaft zu richten, als sich in Kämpfen um die Distribution[1] des Ertrages zu zermürben und sich dadurch von dem allein fruchtbaren Weg der Steigerung

1 Distribution – Verteilung, hier die Verteilung des Volkseinkommens

des Sozialprodukts abdrängen zu lassen. Es ist sehr viel leichter, jedem Einzelnen aus einem immer größer werdenden Kuchen ein größeres Stück zu gewähren, als einen Gewinn aus einer Auseinandersetzung um die Verteilung eines kleinen Kuchens ziehen zu wollen, weil auf solche Weise jeder Vorteil mit einem Nachteil bezahlt werden muss.

Ludwig Erhard: Wohlstand für Alle. 2. überarb. Aufl., Gütersloh 1962, S. 7–9

Begründen Sie unter Rückgriff auf das Zitat von Ludwig Erhard, welche Schwierigkeiten in einer Marktwirtschaft durch eine geringe oder negative Wachstumsrate entstehen.

2.2.1 Wachstum – Problem Arbeitslosigkeit

Im Jahr 2004 stieg das reale BIP um 1,6 %. Die Arbeitslosenquote ging jedoch nicht zurück. Erst als 2006/07 die Wachstumsrate des BIP auf über 2% stieg, sank die Arbeitslosigkeit kräftig (vgl. M 12, S. 58). Stimmt das Rezept, durch Wirtschaftswachstum die Arbeitslosigkeit zu beseitigen oder abzubauen, vielleicht gar nicht mehr? Müssen nicht ganz andere Schlussfolgerungen gezogen werden?

Sockelarbeitslosigkeit

M 30

Arbeitsproduktivität, Wachstum und Beschäftigung

Um den Zusammenhang zwischen Wirtschaftswachstum und Beschäftigung genauer zu klären, sind drei Größen miteinander in Beziehung zu setzen, die Wachstumsrate des BIP, die Veränderung der Arbeitsproduktivität und die Veränderung der Beschäftigtenzahl. Dazu ist der Begriff der Arbeitsproduktivität zu klären.

Durch die Produktivität wird auf betrieblicher Ebene die Ergiebigkeit der Produktion ermittelt. Die physische oder technische Produktivität misst den mengenmäßigen Ertrag (output), der mit der Menge der eingesetzten Produktionsfaktoren (input) erreicht worden ist nach der Formel:

$$\textbf{Produktivität} = \frac{\text{output}}{\text{input}}$$

Produktivitätskennziffern können auch nur auf einen Produktionsfaktor bezogen werden, beispielsweise auf den Produktionsfaktor Arbeit oder Kapital. Für die Arbeitsproduktivität sind übliche Kennziffern „output (z.B. Computer) je Arbeitsstunde“ oder „output je Arbeitnehmer“.

Beispiel:
Das ehemalige Olympiawerk in Erfurt produzierte 1988 mit 6000 Mitarbeitern 250 000 Schreibmaschinen. Die Arbeitsproduktivität je Arbeitnehmer betrug 250 000/6000 = 41,67 Maschinen. In Wilhelmshaven produzierte die AEG-Olympia mit 2000 Mitarbeitern im gleichen Jahr ebenfalls 250 000 Maschinen. Die Arbeitsproduktivität je Arbeitnehmer betrug also 125 Schreibmaschinen.

Die wertmäßige Arbeitsproduktivität geht aus dem Wert der Erzeugnisse je Tag oder Jahr pro Mitarbeiter hervor.

Gesamtwirtschaftlich kann die Produktivität als ein Maß für die Leistungsfähigkeit der Produktionsfaktoren Arbeit und Kapital einer Volkswirtschaft dienen. In allgemeiner Form gibt sie das Verhältnis von gesamtwirtschaftlicher Produktionsmenge und gesamtwirtschaftlichem Faktoreinsatzmenge wieder. Je nachdem, welcher Produktionsfaktor betrachtet wird, erhält man auch hier entweder die Arbeitsproduktivität, die Kapitalproduktivität oder die totale Faktorproduktivität aus Arbeit und Kapital.

Die hier zu betrachtende gesamtwirtschaftliche Arbeitsproduktivität ergibt sich aus dem Verhältnis von gesamter Gütererzeugung bewertet zu konstanten Preisen, also aus dem realen BIP und der dazu erforderlichen Arbeitszeit gemessen in Stunden oder bezogen auf die Zahl der Erwerbstätigen:

$$\textbf{Arbeitsproduktivität je Erwerbstätigenstunde} = \frac{\text{reales BIP}}{\text{Erwerbstätigenstunde}}$$

$$\textbf{Arbeitsproduktivität je Erwerbstätigen} = \frac{\text{reales BIP}}{\text{Zahl der Erwerbstätigen}}$$

Langfristig ist die Arbeitsproduktivität gestiegen. Der wichtigste Grund dafür ist die immer bessere Ausstattung der Arbeitsplätze mit leistungsfähigen Maschinen.

Die Beziehung zwischen Wachstumsrate des BIP, Arbeitsproduktivität und Beschäftigung kann sehr vereinfacht durch die Gleichung

$$w_t = b_t + p_t$$

ausgedrückt werden. Dabei bezeichnet w_t die prozentuale Veränderung des BIP, also die Wachstumsrate, b_t die prozentuale Veränderung der Beschäftigung und p_t die prozentuale Veränderung der Arbeitsproduktivität, wobei t die Bezugsperiode, das jeweilige Jahr ist. Die Wachstumsrate des BIP ist also die Summe aus der Veränderung der Beschäftigung und der Arbeitsproduktivität. Formt man die Gleichung nach b_t um, ergibt sich die Gleichung

$$b_t = w_t - p_t$$

Daraus lassen sich folgende Schlussfolgerungen ziehen:

- entspricht die Wachstumsrate des BIP der Veränderung der Arbeitsproduktivität ist die Wirkung für die Beschäftigung gleich Null,
- ist die Steigerungsrate der Arbeitsproduktivität höher als die Wachstumsrate des realen BIP, dann sind weniger Arbeitsstunden/Erwerbstätige notwendig, um das BIP zu erzeugen, die Arbeitslosigkeit steigt (Beispiel: $b_t = w_t - p_t$; $-1\% = 1\% - 2\%$),
- ist die Wachstumsrate des BIP höher als die Änderung der Arbeitsproduktivität, nimmt die Beschäftigung zu.

Uwe Taenzer

M 31

Im folgenden Material werden die Ergebnisse einer Untersuchung zur Beschäftigungsschwelle in Deutschland für den Zeitraum von 1965 bis 1997 wiedergegeben.

Die Beschäftigungsschwelle

Skepsis gegenüber dem Versuch des Abbaus von Arbeitslosigkeit ausschließlich über Wachstumsimpulse legt auch die Analyse der Beschäftigungsschwelle nahe. [...]

Das methodische Instrumentarium der **Beschäftigungsschwelle** untersucht den Beschäftigungsgehalt des Wirtschaftswachstums. Dazu wird die Beschäftigungsschwelle definiert als jener Wert des Wirtschaftswachstums, ab dem eine Ausweitung der Beschäftigung einsetzt. Liegt das reale Wirtschaftswachstum unter der Beschäftigungsschwelle, so ist der Produktivitätsfortschritt größer als das Wirtschaftswachstum und es findet gesamtwirtschaftlich ein Personalabbau statt. Umgekehrt kommt es zu einer Ausweitung der Beschäftigung, wenn das Wirtschaftswachstum nicht mehr allein durch das Produktivitätswachstum getragen werden kann. Die Abbildung [...] zeigt die gesamtwirtschaftliche Beschäftigungsschwelle für den Zeitraum 1965 bis 1997.

Die **lineare Regression**[1] zeigt einen positiven Zusammenhang der Wachstumsrate des realen Bruttoinlandsprodukts mit der Wachstumsrate der Produktivität (in Höhe von 0,5346x) sowie einen positiven Y-Achsenabschnitt von 1,1875. Der Y-Achsenabschnitt bedeutet, dass auch bei einem konstanten Bruttoinlandsprodukt ein Produktivitätsfortschritt zu beobachten ist, der dann als autonomer Produktivitätsfortschritt bezeichnet wird. Bei einer positiven Wachstumsrate des Bruttoinlandsprodukts wächst darüber hinaus die Produktivität zusätzlich um die Rate von 0,5346. Aufgrund des Zusammenspiels von Y-Achsenabschnitt und einem endogenen Wachstum der Produktivität kleiner eins gibt es einen Schnittpunkt, bei dem beide Veränderungsraten gleich sind. Im obigen Beispiel liegt dieser Schnittpunkt bei einem Wert von ca. 2,5 Prozent. Dieser Wert von 2,5 Prozent Wirtschaftswachstum ist die **gesamtwirtschaftliche Beschäftigungsschwelle.** Wird sie überschritten, liegt also die reale Wachstumsrate über 2,5 Prozent, so reicht der Produktivitätsfortschritt nicht mehr aus, um die Produktionszunahmen zu bedienen, und die Beschäftigung steigt. Umgekehrt fällt die Beschäftigung, wenn das Wirtschaftswachstum weniger als 2,5 Prozent beträgt.

Beschäftigungsschwelle 1965 – 1997

[...] Im langfristigen Vergleich ist die gesamtwirtschaftliche Beschäftigungsschwelle gesunken, da – wie oben erläutert – die Wachstumsraten des Produktivitätsfortschritts gesunken sind. Tendenziell ist daher das Wirtschaftswachstum beschäftigungsintensiver geworden. Dieser Trend wurde traditionell von dem sektoralen Strukturwandel getragen, da im wachsenden Dienstleistungssektor sowohl die Produktivität als auch ihre Wachstumsraten geringer waren als in der Industrie. In den letzten Jahren scheint sich dieser Trend umzukehren, da nun die gesamtwirtschaftliche Beschäftigungsschwelle wieder ansteigt, was vor allem damit begründet wird, dass nun auch im tertiären Sektor (einschließlich des öffentlichen Dienstes) erhebliche Produktivitätssteigerungen realisiert werden. Insgesamt ist daher die Befürchtung nicht unbegründet, dass das Wirtschaftswachstum zukünftig weniger beschäftigungsintensiv wird und die Situation eines Wachstums ohne Beschäftigungseffekt – **jobless growth** – droht. Wäre dies der Fall, dann stünde in der Tat die Arbeitsmarkt- und Beschäftigungspolitik vor neuen Herausforderungen, die kaum mit den alten Instrumenten zu bewältigen wären.

Zerche, Schönig, Klingenberger: Arbeitsmarktpolitik und -theorie. München 2000, S. 38 f.

M 32

Der Sachverständigenrat zur Begutachtung der gesamtwirtschaftlichen Entwicklung hat in seinem Gutachten von 1987 sehr grundsätzlich erläutert, welche Funktionen ein angemessenes Wirtschaftswachstum für eine marktwirtschaftliche Ordnung hat. Im Textausschnitt wird die Bedeutung des Wachstums für die Beschäftigungsentwicklung erörtert.

Gibt es eine unverrückbare Beschäftigungsschwelle?

Eine kaum verrückbare „Beschäftigungsschwelle" gibt es nicht. Mit ein und derselben Wachstumsrate der gesamtwirtschaftlichen Produktion kann – je nachdem, welche Produktionsbereiche das Wachstum tragen, je nach-

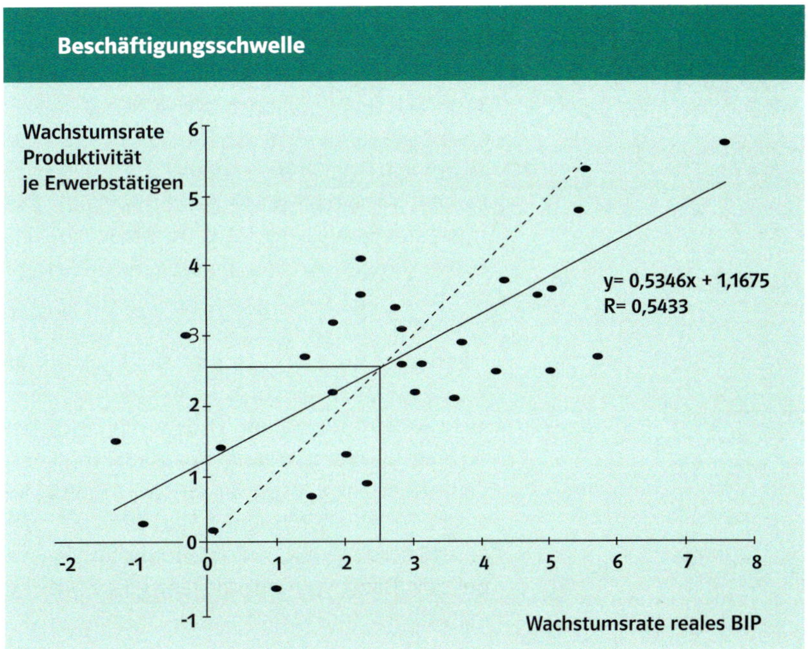

Bundesministerium für Arbeit und Sozialordnung 1998; eigene Berechnungen

1 lineare Regression vgl. Methode Trendaussagen und Projektion, S. 134 f.

1 neoliberale Utopie – Unter Utopien werden nicht realisierbare, wirklichkeitsfremde Pläne und Vorstellungen verstanden. Der Neoliberalismus ist eine Gesellschafts- und Wirtschaftstheorie, die im Wettbewerb die Sicherung der individuellen Freiheit, die optimale Koordination des Wirtschaftsprozesses und eine leistungsgerechte Verteilung der Einkommen sieht.

2 prekär – misslich, schwierig; eine Situation, aus der es schwierig ist, herauszukommen

3 diskontinuierlich – unterbrochen, zusammenhanglos

4 semi-industrialisiert – halbindustrialisiert

dem, für wie lohnend es gehalten wird, das Arbeitsplatzangebot auszudehnen – ein höherer oder ein kleinerer Anstieg der Beschäftigung einhergehen. Gleichwohl aber: Ein anhaltend höheres Wachstum bietet zweifellos die größeren Chancen für die Ausweitung der Beschäftigung. Bei vergleichsweise hohem Wirtschaftswachstum werden komplementär zu den neuen Arbeitsplätzen für Personen mit hoher Qualifikation auch zusätzliche Beschäftigungsmöglichkeiten für weniger qualifizierte entstehen. Bei steigendem durchschnittlichem Lohnniveau können dann die Löhne stärker differenziert und damit die Beschäftigungschancen der Personen mit geringer beruflicher Qualifikation, die heute von Arbeitslosigkeit besonders betroffen sind, verbessert werden [...]

Jahresgutachten 1987/88 des Sachverständigenrates zur Begutachtung der gesamtwirtschaftlichen Entwicklung. Deutscher Bundestag, Drucksache 11/1317, S. 132

M 33

jobless growth

Die Wachstumsverlangsamung in verschiedenen, vor allem europäischen Ländern in den letzten Jahrzehnten hat zur These eines **„jobless growth"** geführt. Danach wächst zwar eine Volkswirtschaft, aber ohne dass die Beschäftigung zunimmt; Letztere stagniert oder nimmt sogar ab. So stieg z. B. das reale BIP in der Bundesrepublik in den neunziger Jahren überwiegend an, trotzdem blieb die Arbeitslosigkeit hoch bzw. nahm sogar zu. Das Wachstum wurde demnach durch eine entsprechende Zunahme der Arbeitsproduktivität ermöglicht. Die These des „jobless growth" trifft trotz solcher Entwicklungen in der allgemeinen Aussage nicht zu. Der positive Zusammenhang zwischen Wachstum und Beschäftigung gilt immer noch. Was die These zum Ausdruck bringt ist, dass das Wachstum in einigen Ländern nicht mehr hoch genug ist bzw. die Zuwachsrate der Arbeitsproduktivität nicht mehr so stark übersteigt, dass die Beschäftigung zunimmt. Ein Gegenbeispiel sind die USA seit den 70er Jahren. Dort stiegen Wachstum und Beschäftigung bei einem geringen Zuwachs der Arbeitsproduktivität.

Gerd-Jan Krol, Alfons Schmid: Volkswirtschaftslehre Tübingen 2002, S. 329

M 34

Aus einer ganz anderen Perspektive nimmt der in München lehrende Soziologe Ulrich Beck die Beschäftigungsproblematik auf:

Das Ende der Arbeitsgesellschaft?

Die ungewollte Folge der neoliberalen Utopie[1] des freien Marktes ist die Brasilianisierung des Westens. [...] Das Herausragende ist die neue Ähnlichkeit von Entwicklungsprofilen der Erwerbsarbeit in der sog. ersten und der sog. dritten Welt. Es ist der Einbruch des Prekären[2], Diskontinuierlichen[3], Flockigen, Informellen in die westlichen Bastionen der Vollbeschäftigungsgesellschaft. Damit breitet sich im Zentrum des Westens der sozialstrukturelle Flickenteppich aus, will sagen: die Vielfalt, Unübersichtlichkeit und Unsicherheit von Arbeits-, Biographie- und Lebensformen des Südens [...].
In einem semi-industrialisierten[4] Land wie Brasilien repräsentieren die lohn- und gehaltsabhängig Beschäftigten in einem formalisierten Vollzeitarbeitsverhältnis nur eine Minderheit an wirtschaftlich Aktiven; die Mehrheit dagegen arbeitet unter prekären Erwerbsbedingungen. Die Menschen sind ambulante Verkäufer, Kleinhändler und -handwerker, verdingen sich als Dienstboten aller Art oder sind „Arbeits-Nomaden", die zwischen verschiedenen Tätigkeitsfeldern, Beschäftigungsformen und Ausbildungen hin- und herpendeln. Wie die anbrechende Entwicklung in den so genannten „hochentwickelten" Vollbeschäftigungsgesellschaften zeigt, bildet diese nomadische „Multi-Aktivität" [...] nicht eine „vormoderne Restgröße", sondern eine sich rapide ausbreitende Entwicklungsvariante später Arbeitsgesellschaften des Westens, denen die attraktive, hochqualifizierte und gutbezahlte Vollerwerbstätigkeit ausgeht.
Die Entwicklung in Deutschland steht für die Entwicklung in anderen westlichen Gesellschaften: In den 60er-Jahren gehörte erst ein Zehntel der Arbeitnehmer dieser Gruppe der prekär Beschäftigten an. In den 70er Jahren war es bereits ein Fünftel, in den 80er Jahren ein Viertel, und in den 90er Jahren ist es ein Drittel. Wenn diese Entwicklungsgeschwindigkeit anhält, und dafür spricht vieles, dann wird in zehn Jahren nur noch jeder zweite ab-

hängig Beschäftigte einen dauerhaften Vollzeitarbeitsplatz einnehmen, während sozusagen die andere Hälfte „brasilianisch" arbeitet. Hier zeigt sich, was im Rahmen einer **politischen Ökonomie der Unsicherheit** – oder politischen Ökonomie der Weltrisikogesellschaft – im Einzelnen begriffen und entfaltet werden muss:

1) In der politischen Ökonomie der Unsicherheit drückt sich das neue Machtspiel und Machtgefälle aus zwischen territorial fixierten politischen Akteuren (Regierungen, Parlamente, Gewerkschaften) und nicht territorial gebundenen wirtschaftlichen Akteuren (Kapital-, Finanz- und Handelsrechte).

2) Hieran schließt sich der begründete Eindruck, dass der Handlungsspielraum der Staaten auf das Dilemma geschrumpft ist, entweder zunehmende Armut mit hoher Arbeitslosigkeit zu bezahlen (wie in den meisten europäischen Ländern) oder aber eklatante Armut für etwas weniger Arbeitslosigkeit hinzunehmen (wie in den USA).

3) Dies hängt damit zusammen, dass die Erwerbsgesellschaft sich ihrem Ende zuneigt, je mehr die Menschen durch den Einsatz intelligenter Technologien ersetzt werden. Die steigende Arbeitslosigkeit lässt sich also nicht länger auf zyklische Wirtschaftskrisen zurückführen, sondern auf die Erfolge eines technologisch avancierten[1] Kapitalismus. Das heißt also: Das alte, wirtschaftspolitische Instrumentarium versagt, und alle Erwerbsarbeit gerät unter den Noch-Vorbehalt drohender Ersetzbarkeit.

4) Die politische Ökonomie der Unsicherheit beschreibt damit einen Domino-Effekt. Was sich in guten Zeiten wechselseitig ergänzt und gestärkt hat – Vollbeschäftigung, sichere Renten, hohes Steueraufkommen, Spielräume staatlicher Politik –, gefährdet sich nun wechselseitig: Erwerbsarbeit wird prekär; die Grundlagen des Sozialstaates zerfallen; die Normalbiographie wird brüchig; Altersarmut wird vorprogrammiert; aus den leergefegten Kassen der Kommunen kann der anschwellende Sturm auf die Sozialhilfe nicht finanziert werden.

5) Überall wird „Flexibilität" eingeklagt: ein „Arbeitgeber" soll seine „Arbeitnehmer" leichter „feuern" können. „Flexibilität" heißt auch: Umverteilung von Risiken vom Staat und von der Wirtschaft auf die Individuen. Die verfügbaren Jobs werden kurzfristig, leichter kündbar, d.h. „erneuerbar". „Flexibilität" meint schließlich: „Freue dich, dein Wissen und Können ist veraltet, und niemand kann dir sagen, was du lernen musst, damit du in Zukunft gebraucht wirst."

Ulrich Beck: Modell Bürgerarbeit. In: Ulrich Beck (Hrsg.): Schöne neue Arbeitswelt – Vision Weltbürgergesellschaft. 2. Aufl., Frankfurt/New York 1999, S. 7–9

1 avanciert – fortgeschritten; hier fortgeschrittener, auf einer höheren Stufe der Entwicklung stehender Kapitalismus

1. 2003 betrug die Wachstumsrate in den USA 2,9%. Die Arbeitsproduktivität je geleisteter Arbeitstunde im Unternehmenssektor ohne Landwirtschaft stieg um 4,3%. Erläutern Sie die Auswirkungen auf die Arbeitslosenquote (M 30).

2. Verdeutlichen Sie am Konzept der Beschäftigungsschwelle den Zusammenhang zwischen Wachstum und Beschäftigung (M 31, M 32). Berücksichtigen Sie dabei auch den Begriff „jobless growth" (M 33) und die Karikatur.

3. Ulrich Beck gebraucht den Begriff der Brasilianisierung zur Veranschaulichung der Entwicklungen auf dem Arbeitsmarkt (M 34). Welche Rolle spielt dabei in seiner Argumentation der Produktivitätsfortschritt?

4. Beck entwickelt Merkmale der „politischen Ökonomie der Unsicherheit". Welche Konsequenzen ergeben sich daraus für Ihre eigene berufliche Zukunftsplanung?

5. Schreiben Sie ein 15-zeiliges Statement, in dem Sie Ihre begründete Ansicht darüber zum Ausdruck bringen, ob mit der Wachstumsstrategie das Beschäftigungsproblem in den Griff zu bekommen ist. Stellen Sie Ihr Statement in einer Diskussionsrunde vor.

2.2.2 Wachstum – Problem Verteilung

Wenn der „Kuchen“ kaum noch wächst und Massenarbeitslosigkeit unverschuldetes Schicksal vieler Menschen ist, verändern sich die politischen Machtverhältnisse zwischen Arbeit und Kapital. Der für eine Marktwirtschaft typische **strukturelle Konflikt**[1] zwischen Arbeit und Kapital verschärft sich, erhält eine neue politische Dimension (Daten zur Verteilung vgl. Kap. 3.4 und 6.7).

1 struktureller Konflikt – Dabei handelt es sich um soziale Auseinandersetzungen, die sich aus der Gesellschaftsstruktur ergeben, weil zwischen Gesellschaftsgruppen, Schichten oder Klassen Interessengegensätze bestehen, beispielsweise zwischen den Eigentümern von Produktionsmitteln und Arbeitnehmern.

Neue Verteilung der Einkommen

M 35

Max Schön, zum Zeitpunkt der Veröffentlichung seines Beitrages Präsident der Arbeitsgemeinschaft Selbständiger Unternehmer e.V. (ASU), setzt sich mit der Ethik des Teilens auseinander:

Zurück zu einer „Ethik des Mehrens“

Immer mehr Deutsche fragen sich, was eigentlich mit ihrem Land los ist. Das Land des Wirtschaftswunders, das Land des Exportweltmeisters, das Land des berühmten „Made in Germany“, das Land von Ludwig Erhards einmal viel bewunderter „Sozialer Marktwirtschaft“ – das alles verschwindet mehr und mehr. Deutschland ist kein Vorbild mehr – für kein modernes Land der Welt. Darum müssen einige Fragen gestellt werden.

Warum wird Deutschland ärmer? Warum haben seit 1989 mehr als 1,5 Millionen qualifizierte Menschen Deutschland verlassen? Warum haben wir seit Jahren so viele Arbeitslose? Warum wird die versprochene soziale Sicherheit immer mehr zu einer staatlich organisierten sozialen Ungewissheit? Warum zerbricht die Solidarität zwischen den Generationen? Warum gibt es kein Wirtschaftswunder Ost? Warum rangiert Deutschland bei den Wachstumsstatistiken am Ende der Länder der Organisation für Entwicklung und Zusammenarbeit (OECD) und ist in dieser Hinsicht das Schlusslicht in Europa [...]

Eine Antwort lautet, dass wir falschen ethischen Idealen nachgejagt sind: einer **Ethik des Teilens**, des Gleichmachens. Als „soziale“ Gerechtigkeit missverstanden, hat sie diesen Abstieg verschuldet. Diese „Ethik des Teilens“, die ursprünglich aus der Familie und den einfachen Gemeinschaften stammt, teilt das Vorhandene „gerecht“, das heißt nach persönlichen Bedürfnissen. Aber sie bringt nichts Zusätzliches hervor. Wir quälen uns mit der Frage, wie wir den vorhandenen Kuchen in möglichst „gerechte“ Teile zerschneiden können, statt einen möglichst großen Kuchen zu backen, von dem dann jeder ein größeres Stück nehmen kann. In diesem Stil praktizieren wir Deutschen ökonomisch die Wiedervereinigung.

Immer neue Umverteilungsprogramme sollen die Wiederwahl der Politiker sichern. Nur heißt es inzwischen: „Die Party ist vorbei“ – die Substanz hat sich erschöpft. Lange rühmten sich die Politiker der Höhe des Sozialbudgets – als Leistungsausweis des „Sozialen", der Linderung von Notständen durch die Politik. Dies ist so, als wenn ein Feuerwehrmann sich der Zahl seiner Einsätze rühmt, aber verschweigt, dass er bei der Legung der Brände behilflich war. Denn alles, was die Sozialpolitik umverteilt, muss sie vorher den Bürgern wegnehmen. [...]

Die Regierung, die eigentlich dazu eingesetzt ist, Leben, Freiheit und Eigentum ihrer Bürger zu schützen, ist zu einer Bedrohung für Freiheit und Eigentum der Bürger geworden. Dies alles im Namen einer Ethik des Teilens. So bahnt diese übel angewandte, weil überdehnte Ethik des Teilens der Verarmung und dem Abstieg Deutschlands den Weg. Der Kardinalfehler war eben, ihre an sich sympathischen Regeln des brüderlichen Teilens und der Solidarität, die in kleinen privaten Gemeinschaften ihr Recht haben, auf die Markt- und Tauschbeziehungen auszudehnen, auf die sie nicht passen. Der Markt ist keine Liebesgemeinschaft. Darum ist es an der Zeit, anstelle der Ethik des Teilens im Marktbereich wieder eine Ethik durchzusetzen, die die Mehrung der Güter, die Überwindung der Knappheiten belohnt und zu diesem Zweck Kräfte entfesselt, Leistungen ermutigt statt bestraft, zu Eigeninitiative und Selbständigkeit anspornt.

Illustrieren wir diese **„Ethik des Mehrens"** an einem Beispiel. Allbekannt ist die Geschichte des römischen Offiziers Sankt Martin, der, als er einem frierenden Bettler am Straßenrand begegnete, seinen Mantel teilte und die eine Hälfte dem Bettler herunterreichte. Was war das Ergebnis? Zwar ein Heiliger mehr, aber gewiss kein Bettler weniger. Die Armut wird zwar etwas gelindert für den Moment, aber sie wird nicht überwunden, sondern bleibt erhalten. Dies ist eine Willkür unseres modernen Sozial-Staates: Er lindert die (heute ja nur noch relative) Armut, aber er konserviert sie auch. Und neuerdings droht er sie zu vermehren, ja direkt zu erzeugen, indem seine Bemühungen zur „Umverteilung" zugunsten der „Schlechterverdienenden" alle vernünftigen Dimensionen sprengen und dabei die wirklich Bedürftigen häufig gar nicht mehr erreicht werden [...].

Wie ginge ein unternehmerischer Sankt Martin mit der Armut um? Er gründete eine Mantelfabrik und verschaffte dem Bettler dort einen Arbeitsplatz, so dass dieser in die Lage versetzt würde, sich einen Mantel selbst zu kaufen, statt zu betteln. Dies ist die Ethik des Mehrens, die in den vergangenen zwei Jahrhunderten durch Unternehmerinitiative die Armut als Massenerscheinung überwunden hat. Es drängt sich die Frage auf: Wer hat eigentlich mehr getan zur Überwindung der Massenarmut? Der, welcher sie – wie die Sozialverwaltung und Armenfürsorge bis auf den heutigen Tag – erhält, nährt und konserviert – oder der, der sie überwindet? Wer ist in diesem Sinne der „Sozialere"? Und welche Ethik ist auf dieser Ebene die überlegene?

Die Ethik des Teilens, die alles andere überwuchert hat, ist der sichere Weg in die Armut und „ungerechte" soziale Einebnung. [...]

Max Schön: Zurück zu einer „Ethik des Mehrens". In: FAZ, 16.10.2004, S.16

M 36

Der Vorsitzende des Deutschen Gewerkschaftsbundes, Michael Sommer, hat in Hannover eine Rede gehalten, in der er über den Wert der sozialen Gerechtigkeit reflektierte. Das Material enthält solche Ausschnitte aus der Rede, in denen Verteilungsfragen angeschnitten werden:

Sozialstaat und Gerechtigkeit

Gerechtigkeit ist einer der Werte, die diese Gesellschaft zusammenhalten. Die Idee der Gerechtigkeit hat die Bundesrepublik geprägt und sie stark gemacht. Es gibt keinen Grund dafür, sich von diesem zentralen Begriff und diesem wichtigen Ziel politischen Handelns zu verabschieden. Aber es gibt gute Gründe, für sie zu streiten. Das Wichtigste ist, dass unsere Gesellschaft auseinanderdriftet. [...]

Denn wir erleben heute, dass auch die Mittelschicht von der Angst vor dem sozialen Abstieg ergriffen wird. Und Hoffnungen, der Staat spinne ein soziales Auffangnetz, erfahren immer mehr Menschen als Trugschluss. Krisenlösung wird mehr und mehr individualisiert. Ist das die neue Form der Freiheit?

Nach einem Sommer zwischen Hartz IV und Managergehältern zeigt sich, dass nichts die Menschen mehr ärgert, als wenn die Gerechtigkeit in ihrer Wahrnehmung mit Füßen ge-

1 Ökonomismus – Betrachtung der Gesellschaft unter rein ökonomischen Gesichtspunkten, hier abwertend gemeint bezogen auf alleiniges Rentabilitätsstreben als Beurteilungskriterium

treten wird. Dagegen müssen wir angehen. Denn es ist doch die zentrale Lehre aus der deutschen Geschichte: **Demokratie und Freiheit** sind ohne **soziale Gerechtigkeit** auf Dauer nicht zu haben. Und nicht erst seit Hartz IV wissen, mindestens aber ahnen wir: Es gibt keinen Konsens mehr, wie viel Gerechtigkeit und soziale Sicherheit wir den Menschen zugestehen wollen. [...]

Allerdings weiß ich auch, dass andere, dass „Werte-Fragen", keinen Nachrichtenwert haben. Ich möchte gerne dazu beitragen, das zu ändern. [...] Auch als Gegengewicht gegen den neoliberalen Ökonomismus[1], der nur nach betriebswirtschaftlicher Rentabilität rechnet. Er ist die herrschende Meinung in der Wirtschaftswissenschaft und in vielen Medien. Dazu gehört auch, dass Volkswirtschaft mit der Summe der Betriebswirtschaften gleichgesetzt wird. Welch ein fataler Trugschluss.

Dieser ökonomische Schwachverstand lebt von Ideologie und Mottenkiste. Oder ist etwas modern daran, Schutzrechte abzubauen und Arbeitszeiten zu verlängern? Seinen erfolgreichsten Ausdruck findet der Ökonomismus in der Initiative Neue Soziale Marktwirtschaft. Sie wird von den Metallarbeitgebern finanziert und inhaltlich genährt von einer professoralen Alt-Herren-Riege. Ihr Credo diffamiert den Sozialstaat seit Jahren als Leistungs- und Wachstumshindernis. Und Arbeitnehmer gelten hier in erster Linie als Kostenfaktoren. Wer eine andere Meinung vertritt, sieht sich schnell als Traditionalist oder Betonarbeiter gebrandmarkt. Doch auch in der globalisierten Welt können Gesellschaften zugleich marktwirtschaftlich und erfolgreich und sozial gerecht organisiert sein. [...]

Gerechtigkeit wäre, nein ist, für mich ein zentraler Bestandteil dieses Kitts. Natürlich hat sich unser Verständnis von Gerechtigkeit verändert. Die keineswegs überholten **Verteilungsfragen** wurden schon immer ergänzt um Aspekte wie Zugang, Teilhabe und Chancen, Generation und Nachhaltigkeit. Ich sage aber auch ergänzt und nicht ersetzt: Heute zu argumentieren, es gebe morgen keine Zuwächse mehr zu verteilen, ist falsch und ideologisch borniert. Denn wir leben in einem sehr reichen Land. Das Geldvermögen der Deutschen betrug 2003 3,9 Billionen Euro. Das bedeutet einen Zuwachs um 5 Prozent im Vergleich zum Vorjahr. Und: Die Erbschaften aus privaten Vermögen werden sich bis 2020 mehr als verdoppeln. Hiervon sollte auch die res publica etwas haben. Nur dann lässt sich die Lücke zwischen privatem Reichtum und öffentlicher Armut schließen. Die Erfahrung ist allerdings eine andere. Immer weniger von diesem Reichtum fließt in die Gesellschaft zurück. Auch er ist individualisiert und vor allem sehr, sehr scheu. Sie sehen also, die materielle Verteilungsfrage bleibt für das Thema Gerechtigkeit durchaus wichtig – aber es kommen eben auch andere Facetten hinzu. [...]

Freiheit ist untrennbar von Gerechtigkeit und von Sicherheit. Nur: Gerade mit dem Freiheitsbegriff ist in den letzten Jahren besonders grober Unfug betrieben worden. Die einfache Gleichung, die uns da präsentiert wird, lautet: **je weniger Staat desto mehr Freiheit**. Sie enthält für mich zu viele Unbekannte. Vor allem aber meinen ihre Anhänger in der Regel die Freiheit des Kapitals. Aus der wird dann nicht die Freiheit, sondern die Freisetzung arbeitender Menschen. Das erinnert doch sehr an den Sarkasmus von Franz Mehring von der doppelten Freiheit nach der Abschaffung der Leibeigenschaft.

Ich sage es noch drastischer: Einen schlanken Staat im Sinne solcher Freiheitskämpfer kann nur der wünschen, der genug Fettpolster hat. Und der sich nicht darum scheren will, dass Eigentum auch dem Gemeinwohl verpflichtet ist. Mit diesem Freiheitsbegriff kann ich wirklich wenig anfangen. Die Freiheit derer, die haben, ist nicht selten mit dem Verlust an Freiheit derer erkauft, die von ihrer Arbeitskraft leben müssen. Und das ist in der globalisierten Wirtschaft sehr viel schwieriger geworden. Mit dem Ergebnis, dass Arbeitslosigkeit ein weltweites und in Deutschland ein besonders großes Gerechtigkeitsproblem ist. [...]

Und an dieser Stelle möchte ich noch einige Worte an unsere Sozialpartner richten. Auch das gehört zu einem Gespräch über Gerechtigkeit dazu. Die sommerliche Debatte über die Vorstandsgehälter in der Bundesrepublik fand ich gut und wichtig. Denn es ist überfällig, einmal nach der Verantwortung unserer Top-Manager für die Probleme des Landes zu fragen. Der unnachahmliche Dieter Hildebrandt hat in diesem Zusammenhang geschrieben, dass der Sand knapp geworden ist, in den Manager etwas setzen können. Der Mann hat Recht! Ich will Ihnen nur zwei Beispiele nennen:

- Teile der Automobilindustrie in Deutschland sind in arge Schwierigkeiten geraten, weil sich die einen an Übernahmen verschluckt und die anderen sich an unverkäuflichen Autos verhoben haben;
- die Deutsche Bank kommt nicht aus den Schlagzeilen, weil ihre Spitze sie zu einem weltweit tätigen Investment-Institut machen will.

Dass dabei mit fast allen guten Traditionen der „Deutschland AG" gebrochen wird, interessiert den shareholder nicht. Und noch weniger, dass zwischen 2000 und 2003 fast 30 000 Arbeitsplätze abgebaut wurden. Wie wäre es wohl, wenn auch unsere Spitzenmanager strikt nach Leistung bezahlt würden? Das ist doch der neue Trend, der von den Arbeitnehmern verlangt wird. Wie soll ihnen angesichts vieler Pleiten, Pech und Pannen denn überzeugend vermittelt werden, dass in der Spitze die deutschen Manager-Bezüge um fast 300 Prozent gestiegen sind. In den USA waren es in 29 Jahren übrigens schwindelerregende 2800 Prozent. Vorbild ist das eine, Verantwortung das andere. Auch daran hapert es noch. Denn offensichtlich träumen manche Verbandsfunktionäre und Unternehmensspitzen davon, dass ihre Beschäftigten unter rumänischen Produktionsbedingungen arbeiten und sie selbst mit amerikanischen Gehältern bedacht werden. Das passt einfach nicht zusammen. Und ich glaube, dass es auch durch die Standort-Rhetorik nicht mehr begründet werden kann. Die Menschen sind sensibler geworden. Hinzu kommt noch, dass Arbeitnehmer, die im Job mehr und mehr unter Druck stehen, in der Regel eben keine Risiko-Versicherung gegen eigenes Versagen haben wie Herr Ackermann von der Deutschen Bank.

Diese Dinge offen beim Namen zu nennen hat nichts mit Klassenkampf-Rhetorik zu tun. Aber sehr viel mit „gefühlter Gerechtigkeit". Den Beschäftigten die Rechte zu nehmen, mit Standortverlagerung zu drohen, um Lohnkürzungen durchzusetzen – das passt nicht zu unternehmerischem Versagen oder nicht eingehaltenen Selbstverpflichtungen. Ich würde mir jedenfalls wünschen, dass in den Arbeitgeberverbänden wieder weniger Lagerdenken und mehr Gemeinsinn zu finden ist. [...]

Michael Sommer: Ab durch die Mitte mit der sozialen Gerechtigkeit? Rede bei den Hannah-Arendt-Tagen in Hannover 30.10.2004, http://www.dgb.de/dgb/gbv/reden/rede_sommer_arendt_tage.pdf (20.7.2005)

1. Verdeutlichen Sie die Intention des Karikaturisten auf S. 78.

2. Analysieren Sie die Ausführungen von Max Schön und Michael Sommer (M 35, M 36) ideologiekritisch (vgl. Methode Ideologiekritik am Ende des Kapitels).

3. Erörtern Sie, inwieweit die Umformulierung der Sankt-Martin-Legende durch Schön ein realisierbares Konzept ist, um alle Probleme Deutschlands, die er am Anfang anführt, zu beheben (M 35).

4. Bereiten Sie die Ausführungen Schöns und Sommers (M 35, M 36) thesenartig auf, so dass Sie die jeweilige Position in einer Podiumsdiskussion zum Thema „Soziale Gerechtigkeit in Zeiten der Wachstumsschwäche" vertreten könnten. Welche Position würden Sie in der Podiumsdiskussion übernehmen wollen? Begründen Sie Ihre Entscheidung.

5. Welcher Redeausschnitt in M 36 deckt sich mit den Intentionen der Karikatur auf S. 78?

2.2.3 Wachstum – Problem Soziale Sicherung

„Sozialabbau" ist ein Schlagwort, mit dem die Sozialpolitik der letzten Jahre häufig charakterisiert worden ist.
Aber gibt es bei schrumpfender Erwerbsbevölkerung und geringen Wachstumsraten eine Alternative? Oder ist die wirtschaftliche und demografische[1] Situation nur ein Vorwand, um den Wohlfahrtsstaat abzubauen und andere gesellschaftspolitische Vorstellungen durchzusetzen?

1 demografisch – Demografie ist die Bevölkerungswissenschaft, die sich insbesondere mit der Bevölkerungsstruktur und der Bevölkerungsentwicklung beschäftigt.

Kinderspielplätze der Zukunft

M 37

Erwerbsfähige und Rentner – der Altersquotient

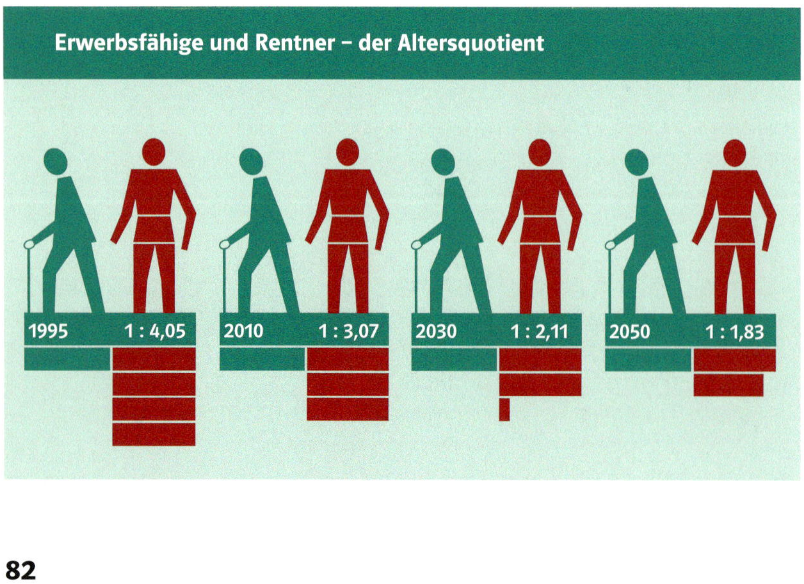

Der Altersquotient wird in der Debatte um den demographischen Wandel häufig zitiert. Er setzt die Zahl der Rentner in Bezug zu Menschen im Erwerbsalter, also zwischen 20 und 64 Jahren. Bei einem Rentenalter von 65 Jahren kamen 1995 rund vier Erwerbsfähige auf einen Rentner, im Jahr 2050 werden es nur noch 1.83 sein.

Nach: Frankfurter Allgemeine Sonntagszeitung, Nr. 13, 17.08.2003, S. 52/53

M 38

Der Sachverständigenrat zur Begutachtung der gesamtwirtschaftlichen Entwicklung geht in dem Textauszug auf das Verhältnis von Wachstum und sozialer Sicherung ein.

Wachstum und soziale Sicherung

Die bekannten Schwierigkeiten, denen die gesetzliche Rentenversicherung bei langfristig schrumpfender Erwerbsbevölkerung und steigender Anzahl der Leistungsempfänger entgegengeht, lassen sich nur bei kräftig und anhaltend steigenden Erwerbseinkommen in einer Weise beheben, die sich nicht mit einem gravierenden **Generationenkonflikt** verbindet. Es ist sehr wichtig, dass in den wenigen Jahren, in denen die deutsche Erwerbsbevölkerung noch wächst, Vorsorge für die kritische Entwicklung nach der Jahrhundertwende getroffen wird, wenn der Anteil der alten Menschen an der Gesamtbevölkerung mehr und mehr zunimmt. Das ist umso eher möglich, je mehr sich die Kapitalakkumulation beschleunigt und je mehr es die Einkommensentwicklung erlaubt, den Anteil der Eigenvorsorge auszuweiten. Auch in der Gesundheitsversorgung wird sich das Angebot an medizinischen Leistungen der verschiedensten Art unter voller Nutzung des technischen Fortschritts nur dann voll entwickeln, wenn hierfür genügend finanzielle Mittel bereitgestellt werden können. Das fällt in einer kräftig expandierenden Wirtschaft mit entsprechend höheren Einkommen viel leichter als in einer stagnierenden.

Jahresgutachten 1987/88 des Sachverständigenrates zur Begutachtung der gesamtwirtschaftlichen Entwicklung. Deutscher Bundestag, Drucksache 11/1317, S. 132 f.

M 39

Die „Initiative Neue Soziale Marktwirtschaft", der Unternehmer und Wirtschaftswissenschaftler angehören, die in allen Bereichen die Marktgesetze mehr zur Geltung kommen lassen wollen, begründet eine Umorientierung des Sozialsystems folgendermaßen:

Sprungbrett statt Hängematte

Mehr Eigenvorsorge, mehr Wettbewerb und mehr Anreize zur Selbsthilfe sind die Leitlinien für die dringend notwendige Reform unseres Sozialsystems.

Ein zukunftssicherer Sozialstaat garantiert eine Grundversorgung im Alter, bei Krankheit und in wirtschaftlicher Not. Aber er lässt den Bürgern die Freiheit und die finanziellen Möglichkeiten, zusätzlich nach eigenen Vorstellungen Vorsorge zu treffen. Der **Sozialstaat** gehört ganz ohne Zweifel zu den großen Errungenschaften der Sozialen Marktwirtschaft. Er hat sich aber im Laufe der Jahre zum allumfassenden **Versorgungsstaat** entwickelt. Die Verantwortung für die soziale Sicherheit wird heute in erster Linie dem Staat übertragen, die Menschen sehen die Vorsorge nicht mehr als ihre eigene Verpflichtung an. Vor dieser Entwicklung hatte der „Vater der Sozialen Marktwirtschaft", Ludwig Erhard, schon vor 40 Jahren gewarnt: „Die Blindheit und intellektuelle Fahrlässigkeit, mit der wir dem Versorgungs- und Wohlfahrtsstaat zusteuern, kann nur zu unserem Unheil ausschlagen." [...]

Sinkende Geburtenraten und steigende Lebenserwartung – die demografische Entwicklung – stellen unsere umlagefinanzierten Sozialversicherungssysteme vor kaum noch zu bewältigende Finanzierungsprobleme. Die Sozialversicherungsbeiträge sind von rund 24 Prozent der beitragspflichtigen Einkommen im Jahr 1960 auf mehr als 40 Prozent gestiegen. [...]

Großzügige öffentliche Hilfen mindern den Willen zur eigenen Leistung

Die gestiegenen Sozialabgaben haben nicht nur den Freiraum der Bürger zunehmend eingeengt. Sie haben auch die Arbeitskosten für Unternehmen in die Höhe getrieben und zum Abbau von Arbeitsplätzen geführt, vor allem im Niedriglohnbereich für weniger qualifizierte Menschen. Je mehr Arbeitsplätze aber abgebaut werden, desto höher werden wiederum die verbliebenen mit Sozialabgaben belastet – ein Teufelskreis. Gleichzeitig mindern die hohe Abgabenbelastung einerseits und die großzügig bemessenen Sozialleistungen andererseits die Leistungsbereitschaft sowohl der Erwerbstätigen als auch der Arbeitslosen. Damit untergräbt der Sozialstaat zunehmend seine eigene wirtschaftliche Basis.

Abschied vom Versorgungsstaat

Eine Rückkehr vom allumfassenden Versorgungs- zum leistungsfähigen Sozialstaat ist dringend geboten. Ein modernes Sozialsystem muss sich an den ordnungspolitischen Grundsätzen der Sozialen Marktwirtschaft orientieren.

Das Ziel ist nicht ein System, das die Menschen in existenzieller Not alleine lässt. Soziale Sicherheit kann dauerhaft aber nur erhalten werden, wenn die Sozialpolitik die Eigeninitiative der Bürger und damit die Leistungsfähigkeit des marktwirtschaftlichen Systems nicht zu stark beeinträchtigt.

So viel Freiheit wie möglich – so viel Zwang wie nötig.

Die Reform des Sozialstaats muss sich an zwei wesentlichen Zielen orientieren: Erstens muss sich sozialstaatliche **Umverteilung** auf die wirklich Hilfsbedürftigen konzentrieren. Zweitens muss in den Sozialversicherungssystemen der Weg in Richtung **private Vorsorge** konsequent weitergegangen werden. Durch Basispakete und ergänzende Wahltarife sollte den Versicherten eine weitgehende Entscheidungsfreiheit darüber gegeben werden, wie viel Schutz über eine verpflichtende Grundversorgung hinaus gewünscht wird. So viel Freiheit wie möglich – so viel Zwang wie nötig, das ist die Devise eines zukunftsfähigen Sozialstaats.

Initiative neue Soziale Marktwirtschaft: http://www.chancenfueralle.de/Soziales/Sozialpolitik/Sprungbrett_statt_Haengematte_(Zukunftsfaehige_Sozialhilfepolitik).html (20.5.2005)

M 40

Die Gewerkschaft Verdi beurteilt in dem Textauszug die Sozialpolitik der Bundesregierung und die weitergehenden Forderungen der Opposition und anderer gesellschaftlicher Kräfte folgendermaßen:

Demografie wird zur Demagogie

Für die gegenwärtigen Finanzierungsprobleme des Sozialstaats ist neben Fehlern in der Steuer- und Finanzpolitik jedoch vor allem die Massenarbeitslosigkeit verantwortlich [...]. Zur Begründung für den gegenwärtigen Sozialabbau wird dennoch die Demografie als Vorwand genutzt. [...]

Die nicht mehr arbeitende ältere Generation, Kranke und Pflegebedürftige können umso leichter versorgt werden, je mehr von den Erwerbsfähigen auch tatsachlich arbeiten. Wenn über sieben Millionen Menschen erwerbslos sind, können sie keinen Beitrag zur Versorgung der Älteren leisten. Wenn viele, gerade viele Frauen, aufgrund schlechter sozialer Versorgung – zum Beispiel für Kinder und Pflegebedürftige – nicht erwerbstätig sind, können sie ihre Fähigkeiten und Qualifikationen im Berufsleben nicht einbringen.

Es drängt sich der Verdacht auf: Politiker, die von Überalterung und Demografie reden, haben den Abbau der Massenarbeitslosigkeit bereits abgeschrieben [...].

Der Produktivitätsfortschritt ermöglicht es den Beschäftigten, in der gleichen Arbeitszeit mehr zu produzieren, Einkommen wird erhöht und **Arbeitszeit** kann verkürzt werden. Und vor allem: Immer mehr nichterwerbstätige Menschen können immer besser versorgt werden. Entscheidend sind aber nicht nur die Steigerungen der Produktivität. Entscheidend ist auch, dass der wachsende Wohlstand den Menschen und der Gesellschaft zu Güte kommt. Es drängt sich der Verdacht auf:

Politiker, die von Überalterung und Demografie reden, haben sich längst auf eine beständige Umverteilung von unten nach oben eingestellt. Die Alterung der Gesellschaft kann bewältigt werden durch den Abbau der Arbeitslosigkeit und eine höhere Erwerbsbeteiligung, vor allem von Frauen und älteren Erwerbsfähigen. Werden außerdem die Erwerbstätigen und Rentner mindestens in gleicher Höhe wie die Kapitalseite an den Erträgen des Produktivitätsfortschritts beteiligt, ist für alle im gleichen Maße eine Steigerung des Lebensstandards möglich.

Können die gesellschaftlichen und politischen Kräfte sich durchsetzen, die von einer Umverteilung von unten nach oben profitieren, so wird Demografie zum Problem. Sie ist aber nicht die Ursache, sondern lediglich der Vorwand für breite soziale Verschlechterungen. [...]

Ver.di: Mythos Demografie, S. 1 und 3, www.verdi.de/wirtschaftspolitik (20.4.2004)

1. Verdeutlichen Sie anhand von M 37 und der Karikatur auf S. 82 Probleme, von denen Sie durch die voraussichtliche demografische Entwicklung betroffen sein werden.
2. 1987, also schon vor der Vereinigung Deutschlands, hat der SVR (M 38) auf die kritische demografische Entwicklung nach der Jahrhundertwende hingewiesen. Die Mahnungen sind nicht rechtzeitig von der Politik beachtet worden. Woran mag das liegen?
3. In M 39 wird eine umfassende Revision der Sozialpolitik gefordert. Stellen Sie die Argumente dafür übersichtlich zusammen und analysieren Sie das Menschenbild sowie die ordnungspolitischen Vorstellungen der Verfasser.

2.2.4 Wachstum – Problem Umweltschutz

Ist Umweltschutz trotz Wirtschaftswachstum zu realisieren oder ist ein geringes Wirtschaftswachstum nicht geradezu ein Segen für die Umwelt? Sind die Wachstumsgrenzen nicht bereits erreicht, ist eine andere Wirtschaftsweise notwendig? Diese Fragen werden in dem folgenden Material aufgegriffen.

M 41

»Hurra, wieder 2,5% höher!«

Umweltschutz und Wirtschaftswachstum – ein Konfliktfall?

Die Erstellung von Gütern und Dienstleistungen führt stets zu einem Verbrauch von Ressourcen. In der (klassischen) Produktionsfunktion bestimmt die Menge der eingesetzten Faktoren Arbeit, Kapital und Boden die Höhe des Outputs. Nach der klassischen Definition dient dabei der Produktionsfaktor Boden bekanntermaßen der land- und forstwirtschaftlichen Produktion, der Gewinnung von Rohstoffen (Bergbau) sowie als Standort für Fabriken. In einer erweiterten „moderneren" Interpretation könnte man im Produktionsfaktor Boden sämtliche natürlichen Ressourcen zusammenfassen, also auch die Pflanzen- und Tierarten, die nicht selbst Ergebnis eines vom Menschen gesteuerten Produktionsprozesses sind, natürliche Wasservorräte oder auch die Erdatmosphäre. Schon die Klassiker haben erkannt, dass der Faktor Boden – sprich: die natürlichen Ressourcen – grundsätzlich begrenzt und nicht vermehrbar sind. Gleichwohl waren sie der Ansicht, dass Einschränkungen des Wachstums, die aus der Begrenztheit natürlicher Ressourcen resultieren, erst in (sehr ferner) Zukunft zu erwarten seien. Im Zeitalter der Industrialisierung verhielten sich die expandierenden Unternehmen und Länder dann auch so, als seien die natürlichen Ressourcen der Erde unerschöpflich. Der wirtschaftliche Aufschwung wurde (fast) ohne Rücksicht auf die Umwelt vorangetrieben. Daneben waren auch die Belange der Arbeitskräfte lange Zeit nur von zweit- oder drittrangiger Bedeutung. Die Ausbeutung von „Natur" und Arbeitskräften wurde billigend in Kauf genommen oder überhaupt nicht als solche wahrgenommen. In diesem Sinne bestand in dieser Zeit – jedenfalls in der sehr langfristigen Perspektive – ein ganz erheblicher Konflikt zwischen Wirtschaftswachstum und Umwelt- und Ressourcenschutz.

Paradigmenwechsel in den 1970er Jahren

Spätestens als der „Club of Rome" im Jahr 1972 die drohenden „Grenzendes Wachstums" aufzeigte, rückte [...] der Umweltschutz und damit die Höhe des Verbrauchs natürlicher Ressourcen stärker ins Bewusstsein der politischen und wirtschaftlichen Entscheidungsträger. [...] Der Club of Rome prognostizierte, dass bei einer Fortführung der wirtschaftlichen Entwicklung wie bisher in spätestens 100 Jahren alle nichterneuerbaren Ressourcen auf der Erde aufgebraucht wären. Dies würde zu einem relativ raschen und kaum kontrollierbaren Rückgang sowohl der Bevölkerungszahl als auch der Produktionskapazitäten führen. Darüber hinaus seien ohne ein Umsteuern eine gravierende Zerstörung der Umwelt sowie Probleme bei der ausreichenden Versorgung der Bevölkerung mit Nahrungsmitteln programmiert. Nur eine international abgestimm-

te und sofortige/baldige Reaktion könne das beschriebene Szenario verhindern.

Leitbild der Nachhaltigkeit

Der Bericht des Club of Rome versetzte der Wachstumseuphorie der 50er und 60er Jahre einen spürbaren Dämpfer. Er forderte ein langfristig orientiertes Wirtschaftsregime, das u. a. dem Schutz der Umwelt hohe Priorität zumisst. Damit enthielt der Bericht implizit erstmals die Forderung nach einer **„nachhaltigen Entwicklung“** der Wirtschaft. Nachhaltigkeit- ein Begriff, der heute geradezu inflationär verwendet wird, [...] ist nach gängiger Definition dann gegeben, wenn die Bedarfsdeckung aller Menschen beliebig lange fortsetzbar ist, ohne dass die Ökosysteme der Erde - oder einfacher die Umwelt - überlastet und die Ressourcenbasis künftiger Generationen geschmälert werden. Im Konzept der Nachhaltigkeit ist also ein Ausgleich der drei (gleichberechtigten) Ziele „ökologisch verträglich“, „wirtschaftlich profitabel“ und„sozial förderlich“ angestrebt. Keines der Ziele sollte die beiden anderen dominieren. Nachhaltigkeit war auch das Leitbild späterer Umweltkonferenzen, so der ersten UN-Konferenz für Umwelt und Entwicklung 1992 in Rio de Janeiro (UNCD), und sie ist es bis heute.

Situation heute

[...] Wo liegt der größte Handlungsbedarf für die Zukunft? [...] Grundsätzlich ist zu konstatieren, dass in den letzten dreißig Jahren in vielen Ländern und Sektoren schon beachtenswerte Fortschritte in Sachen Umweltschutz gemacht worden sind. Dies gilt beispielsweise für die höhere Energieeffizienz in der Industrie, so dass in einigen wenigen (Industrie-)Ländern schon von einer Entkopplung des Wirtschaftswachstums vom Energieverbrauch gesprochen werden kann. Auch im Verkehrssektor ist die Energieeffizienz durch die Entwicklung verbrauchsärmerer Fahrzeuge kontinuierlich gestiegen. Positiv zu erwähnen sind ferner der international abgestimmte Verzicht auf FCKW-basierte Treibgase, deren Verwendung zu einer Schädigung der Ozonschicht führt, die Erfolge im Gewässerschutz dank erheblich verringerter Schadstoffeinträge sowie der sparsamere Umgang mit Wasser, die Verbesserungen in der Abfallbeseitigung durch neue Technologien oder der Aufbau von geschlossenen Stoffkreisläufen für viele Produkte und Rohstoffe. Die hier genannten Erfolge wurden durch den Einsatz verschiedener (umwelt-)politischer Instrumente herbeigeführt. Beispielsweise hat die deutsche Industrie ihren Ausstoß von Treibhausgasen auf der Basis so genannter freiwilliger Selbstverpflichtungen [...] in den 1990er-Jahren kontinuierlich verringert, wenngleich ein großer Teil der Reduktion auf den Zusammenbruch der ostdeutschen Industrie nach der Wiedervereinigung zurückzuführen ist. Daneben haben ordnungsrechtliche Instrumente (Gebote, Auflagen, Verbote) und Steuern/Abgaben zwanghaft oder über den Preismechanismus zu einem sparsameren Umgang mit knappen Ressourcen geführt.

Fortschritte in den Industrieländern

Bislang sind die Erfolge im Umweltschutz fast ausschließlich auf die reifen und reichen Industrieländer beschränkt. Das liegt nahe, denn erstens muss sich eine Land den Schutz der Umwelt leisten können, und zweitens haben in den meisten Schwellen- und Entwicklungsländern (scheinbar) dringendere Probleme höhere Priorität, da Umweltschutz in der Regel kein Kurzfristprojekt ist und einzelne Gefahren, wie die sich abzeichnende Erwärmung der Erdatmosphäre, nicht unmittelbar negativ spür- oder sichtbar sind. Gleichzeitig sind viele Entwicklungsländer kurzfristig darauf angewiesen, durch den Verkauf ihrer (endlichen) Rohstoffe ausreichende Deviseneinnahmen zu erzielen, um wirtschaftlich zu überleben. Dass ein solche Strategie langfristig nicht erfolgversprechend ist - nicht nachhaltig ist! - wird wegen kurzfristiger Sachzwänge verdrängt. Insgesamt sind die Fortschritte im Umweltschutz (in den industrialisierten Staaten) in den letzten Jahrzehnten als positiv zu beurteilen. Unbestritten ist aber auch, dass die Industrienationen noch immer weit vom Leitbild einer nachhaltigen Entwicklung entfernt sind, d.h. kein wirtschaftlich bedeutendes Land der Erde wirtschaftet heute nachhaltig. Beispielsweise sind die weltweiten CO_2-Emissionen in den 90er Jahren trotz höherer Energieeffizienz um etwa 8% gestiegen, obwohl die Industrieländer in Rio 1992 und später in Kyoto 1997 eine Reduktion vereinbart hatten; der Flächenverbrauch für Gebäude und Verkehrswege ist noch immer zu hoch – kurzum: Die **Abbaurate** erneuerbarer Ressourcen ist heute höher als deren **Regenerationsrate**, und nichterneuerbare Ressourcen werden in größerem Umfang genutzt, als gleichwertiger Ersatz an regenerativen Rohstoffen geschaffen wird. Darüber hinaus wurde nicht selten die Zahlung von bereits zugesagten Finanzmitteln für den Umweltschutz nachträglich verweigert. Auch das Konsumverhalten in vielen Industrieländern deutet auf ein noch nicht sonderlich stark ausgeprägtes Umweltbewusstsein in Teilen der Bevölkerung hin. Beispielsweise verbraucht ein US-Amerikaner – bei in etwa gleichem Wohlstandsniveau – im Durchschnitt deutlich mehr als doppelt so viel Trinkwasser und emittiert fast doppelt so viel CO_2 wie ein Deutscher. Oft zeigt sich, dass nationale wirtschaftliche Interessen – mit Verweis auf mögliche Gefährdungen der eigenen internationalen Wettbewerbsfähigkeit – oberste Priorität haben und Umweltbelange erst an zweiter Stelle kommen.

Entwicklungs- und Schwellenländer gewinnen rapide an Bedeutung

Rund ein Fünftel der Weltbevölkerung lebt heute in den Industrieländern. Auf dieses Fünftel entfallen aber schätzungsweise 70% des globalen Energie- und Ressourcenverbrauchs. Aus ökologischer Sicht war und ist der Nord-Süd-Konflikt daher schon Realität und kein Zukunftsszenario mehr. Der Korrekturbedarf ist in den Industrieländern also allein aufgrund ihres großen Anteils am Umweltverbrauch riesig. Gleichwohl wird die Bedeutung der Entwicklungs- und Schwellenländer in den nächsten Jahrzehnten aus zweierlei Gründen zunehmen:

Erstens steigt mit der angestrebten wirtschaftlichen Expansion dieser Länder [...] auch deren Ressourcenverbrauch überproportional an, so dass eine Bewegung in Richtung des Niveaus der industrialisierten Länder erfolgen wird. Zweitens spielen sich in Zukunft die aus Nachhaltigkeits- und Umweltgesichtspunkten wichtigsten Entwicklungen in den Entwicklungs- und Schwellenländern ab bzw. werden diese am stärksten treffen. [...]

Besteht ein Konflikt zwischen Umwelt- und Ressourcenschutz und Wirtschaftswachstum? Für die ersten 150 Jahre des Zeitalters der Industrialisierung kann diese Frage eindeutig mit „Ja" beantwortet werden; Wohlstand wurde auf Kosten der Umwelt gemehrt. Es steht fest, dass der Konflikt auch kurz- bis mittelfristig Bestand haben wird, will man nicht quasi über Nacht einen Großteil der Fabriken weltweit schließen. Mittel- bis langfristig kann der Konflikt aber durchaus gelöst werden.

Die Hoffnungen ruhen dabei einerseits auf dem technischen Fortschritt. [...] Andererseits gilt es, die Energie- und Ressourcenproduktivität – und damit die Effizienz der „globalen Volkswirtschaft" – kontinuierlich zu erhöhen. [...]

Norbert Walter und Eric Heymann: Umweltschutz und Wirtschaftswachstum – ein Konfliktfall? Deutsche Bank Research
http://www.dbresearch.de

1. Erarbeiten Sie, wie in M 41 in den unterschiedlichen Epochen das Verhältnis von Wirtschaftswachstum und Umweltschutz gesehen wird.
2. Interpretieren Sie vor dem Hintergrund des Textes die Intentionen des Karikaturisten.
3. Stellen Sie Ihre Auffassung zum Verhältnis von Wirtschaftswachstum und Umweltschutz dar.

Lernkontrolle

Stichwortsammlung

Bruttoinlandsprodukt (BIP)
- reales und nominales BIP
- Wachstumsschwäche
- Wachstum
- Wachstumsrate des BIP
- Bruttoinlandsprodukt je Einwohner
- Konjunkturzyklus

Ziele der Wirtschaftspolitik
- Zielbeziehungen: Harmonie und Konflikt
- Stabilität des Preisniveaus
- hoher Beschäftigungsstand
- außenwirtschaftliches Gleichgewicht
- stetiges und angemessenes Wachstum
- gesamtwirtschaftliches Angebot
- gesamtwirtschaftliche Nachfrage
- gesamtwirtschaftliches Gleichgewicht
- magisches Viereck
- Arbeitslosenquote
- Außenbeitrag
- Verbraucherpreisindex
- Warenkorb
- Wägungsschema
- Geldwert
- Basisjahr
- Preisniveau
- gefühlte Inflation
- Inflationsrate
- Export
- Bretton Woods
- feste Wechselkurse
- Bandbreiten
- Offenheitsgrad
- Devisen, Devisenreserven

Wachstum und Beschäftigung
- Arbeitsproduktivität
- Kapitalproduktivität
- Beschäftigung
- Beschäftigungsschwelle
- jobless growth
- Vollbeschäftigungsgesellschaft
- Brasilianisierung
- Ökonomie der Unsicherheit

Wachstum und Verteilung
- Einkommens- und Vermögensverteilung
- soziale Gerechtigkeit
- Sozialstaat
- Freiheit
- Demokratie
- öffentliche Armut
- Sozialpartner
- Ethik des Teilens
- Ethik des Mehrens
- Eigenvorsorge
- soziale Marktwirtschaft
- Kostenexplosion des Sozialstaates
- Sozialabbau
- Demografie
- Überalterung
- Umverteilung

Wachstum und Umweltschutz
- Grenzen des Wachstums
- Umweltstabilisierung
- Umweltschutz
- Wachstumsgesellschaft
- Umweltschäden
- umweltintensive Produktion
- Umweltschutzgüter
- Wachstumsimpulse
- Ökologie
- Leitbild der Nachhaltigkeit
- Ressourcenverbrauch
- Ressourcenproduktivität
- Regenerationsrate
- Abbaurate
- Entwicklungs- und Schwellenländer
- Umweltbewusstsein

Methode: Ideologie und Ideologiekritik

Auch in wirtschaftspolitischen Auseinandersetzungen gehen unterschiedliche Interessen und Weltanschauungen ein, die häufig von den Beteiligten verschleiert werden und deshalb nicht unmittelbar erkenntlich sind. Das ist z. B. in den Materialien zu dem Abschnitt 2.4 zu beachten. Eine ideologiekritische Analyse ist daher eine notwendige Methode für eine fundierte Auseinandersetzung.

Was sind Ideologien? – Elemente von Ideologien

Der Ideologiebegriff wird unterschiedlich weit gefasst und ist abhängig vom jeweiligen wissenschaftstheoretischen Standort. Für den Wissenssoziologen Karl Mannheim (1893 bis 1947), der einen totalen Ideologiebegriff vertritt, ist alles gesellschaftsbezogene Denken unweigerlich an einen gesellschaftlichen Standort gebunden und deshalb einseitig und ideologisch, auch wenn es frei von Unwahrheiten, Wertaussagen und bewussten Verzerrungen ist. Gesellschaftskritische Sozialwissenschaftler betonen hingegen die herrschaftssichernde Funktion von Ideologien und deren bewusste Verzerrung der gesellschaftlichen Realität. Für Vertreter des kritischen Rationalismus ist ideologisches Denken dadurch charakterisiert, dass es auf empirisch unzutreffenden Voraussetzungen beruht oder aufgrund von begrifflicher Schwammigkeit, logischer Widersprüche und Leerformelhaftigkeit sowie der Herleitung von wertenden (präskriptiven) aus beschreibenden (deskriptiven) Aussagen vortäuscht, überprüfbare Aussagen über die gesellschaftliche Realität zu liefern, ohne tatsächlich diesem Anspruch zu genügen (vgl. Bd. 1 dieser Reihe „Unternehmen im Globalisierungsprozess, S. 144 f.). Unabhängig von dem jeweiligen Verständnis von Ideologien sind folgende Merkmale von Ideologien zu beachten:

- Sie bestehen aus einem System von Überzeugungen, Begriffen und Aussagen, das der Rechtfertigung und Durchsetzung von Machtinteressen dient, ohne dass diese offen gelegt werden. Sie fungieren als Instrument zur Durchsetzung von persönlichen, gruppenspezifischen oder gesellschaftlichen Interessen, der Erlangung, Begründung oder Sicherung von Macht und Herrschaft.
- Ideologien können sich einerseits auf das politische System und die gesamte Wirtschafts- und Gesellschaftsordnung beziehen und aus systematisch entwickelten umfassenden Gedankengebäuden bestehen, wie es beim Marxismus oder Liberalismus der Fall ist. Andererseits können Ideologien auch nur auf Teilbereiche der Wirtschaft- und Gesellschaftsordnung bezogen sein und dazu dienen, gruppenspezifische, partikulare Ziele durchzusetzen.
- Ideologien versuchen die Wirklichkeit zu verschleiern, indem sie Tatsachen, Meinungen und Wertungen vermischen oder Hypothesen als gesicherte Erkenntnisse ausgeben. Sie beruhen meistens auf Teilwahrheiten, die jedoch als umfassende Wahrheit propagiert werden.
- Verfechter von Ideologien behaupten das allgemeine Wohl zu fördern, wenn sie im Sinne der jeweiligen Ideologie handeln, und verschleiern dadurch bewusst oder unbewusst die Interessenbezogenheit ihrer Forderungen, ihres Handelns.
- Ideologien kleiden sich häufig in den Mantel der Wissenschaftlichkeit, um gesellschafts- und wirtschaftspolitische Ziele zu tarnen und mehr Überzeugungskraft zu gewinnen sowie als unangreifbar zu erscheinen. Gerade in wirtschaftspolitischen Auseinandersetzungen ist das der Fall.
- Ideologien haben eine Orientierungsfunktion, weil sie für viele Menschen eine Orientierungshilfe und Sinn geben sowie ihr politisch- gesellschaftliches Denken und Handeln auf Ziele hinlenken. Eine Gefahr von Ideologien besteht darin, dass man sich selber des eigenen ideologischen Standpunktes nicht mehr bewusst ist und dass daraus Intoleranz gegenüber Andersdenkenden resultiert.

Worin besteht Ideologiekritik?

Mit Aufklärung meint der große Philosoph der Aufklärung Immanuel Kant (1724–1804) „den Ausgang der Menschheit aus ihrer selbstverschuldeten Unmündigkeit". Die Aufforderung „wage zu denken" (sapere aude) ist genau das, was Ideologiekritik fordert. Menschen, die die gegebenen gesellschaftlichen Verhältnisse nicht mehr als Naturtatsachen anerkennen, fragen nach den Prinzipien und der Legitimität der wirtschaftlichen und gesellschaftlichen Ordnung, in der sie leben.

Ökonomische Urteilskompetenz beinhaltet in diesem Sinne u. a. die Fähigkeit, ökonomische Problemlösungsansätze im Hinblick auf ihre Interessenbezogenheit, beabsichtigte und unbeabsichtigte Nebenfolgen zu analysieren.

Konkreter können folgende Schritte der Ideologiekritik unterschieden werden, die sich aus den Merkmalen von Ideologien ableiten:

- Auf welchen Werten, Überzeugungen beruhen die ideologischen Aussagen? Wer vertritt sie? Gegen wen richten sie sich? Welchen Interessen dienen sie?
- Soll die gegebene wirtschaftliche und gesellschaftliche Ordnung insgesamt gerechtfertigt oder verändert werden, oder geht es um die Rechtfertigung oder Veränderung von Teilbereichen?
- Welche Aussagen können durch Fakten überprüft werden? Welche Aussagen haben wertenden Charakter? Werden Sachaussagen und wertende Aussagen miteinander vermischt? Werden wertende Aussagen als Sachaussagen ausgegeben? Werden Annahmen als gesicherte Erkenntnisse dargestellt?
- Werden Einzelinteressen von Verbänden, Gruppen, Parteien verschleiert und als dem Allgemeinwohl dienlich ausgegeben? Welche sprachlichen Mittel werden verwendet? Inwieweit entspricht bzw. widerspricht das Verhalten derjenigen, die diese Aussagen machen, den vorgeblichen Gesamtinteressen?
- Erfolgt, um die Überzeugungskraft der ideologischen Aussagen zu erhöhen, ein Rückgriff auf die Wissenschaft? Werden wirtschafts- oder gesellschaftspolitische Ziele als wissenschaftliche Erkenntnisse ausgegeben? Wie erfolgt der Rückgriff auf die Wissenschaft? Welche Forderungen, Vorschläge sollen dadurch gerechtfertigt werden?
- Welche Konsequenzen haben die aus Ideologien abgeleiteten Handlungsempfehlungen? Auf welchem Wege, mit welchen Mitteln sollen die Ziele realisiert werden? Wer profitiert davon? Welche Gruppen werden benachteiligt? Werden Vor- und Nachteile gegeneinander abgewogen?

Für eine ideologiekritische Analyse ist es nicht notwendig, dass Sie jeweils alle Schritte bearbeiten. Jedoch sind die ersten vier Arbeitsschritte vorrangig zu beachten.

3 Wie wird das BIP ermittelt? – Grundzüge der Volkswirtschaftlichen Gesamtrechnung

Bruttosozialprodukt

Wenn früh am Morgen die Werkssirene dröhnt
Und die Stechuhr beim Stechen lustvoll stöhnt
In der Montagehalle die Neonsonne strahlt
Und der Gabelstaplerführer mit der Stapelgabel prahlt

Ja dann wird wieder in die Hände gespuckt
Wir steigern das Bruttosozialprodukt
Ja ja ja jetzt wird wieder in die Hände gespuckt …

aus: Geier Sturzflug, Bruttosozialprodukt, Früher oder später, 1983

In den letzten Jahren haben die Finanzminister der Länder und der Finanzminister des Bundes jedes Mal einen Schock bekommen, wenn die Steuerschätzer wieder ein geringeres Steueraufkommen prognostizierten als sie ihren Planungen zugrunde gelegt hatten. Dann beginnt die Suche, wie man in den Haushaltsplänen die entstehenden Lücken schließen kann: Ausgaben kürzen, noch mehr Kredite aufnehmen, Verkauf des „Tafelsilbers" oder gar Steuern erhöhen? Worauf stützen aber die Steuerschätzer ihre Prognosen und die Finanzminister ihre Haushaltplanungen? Hier bildet die Volkswirtschaftliche Gesamtrechnung (VGR) die unverzichtbare Datenbasis ebenso wie für andere Politikfelder. Auch die in Kapitel 2 verwendeten Zahlen zur Entwicklung des Wirtschaftswachstums sind ein Ergebnis der VGR. Ebenso fußen die Ausführungen in Kapitel 4 zur Konjunkturentwicklung in Deutschland auf der VGR.
Zum Verständnis gesamtwirtschaftlicher Zusammenhänge und wirtschaftspolitischer Diskussionen ist die Aneignung von Grundkenntnissen zur Volkswirtschaftliche Gesamtrechnung notwendig. In diesem Kapitel werden Ihnen die Entstehungs-, Verwendungs- und Verteilungsrechnung als wesentliche Bestandteile der VGR mit dem dazu gehörenden Begriffsapparat vorgestellt. Da die Volkswirtschaftliche Gesamtrechnung auf den Überlegungen zum Wirtschaftskreislauf aufbaut, wird das Modell des einfachen Wirtschaftskreislaufes zu Beginn des Kapitels aufgenommen, um grundlegende Kenntnisse zu vermitteln. Inwieweit das Bruttoinlandsprodukt als Wohlstandsindikator gelten kann, wird in Abschnitt 3.5 kontrovers diskutiert. In Abschnitt 3.6 wird als wichtiges volkswirtschaftliches Rechenwerk zur Erfassung der Transaktionen mit dem Ausland in die Zahlungsbilanz eingeführt. Am Schluss des Kapitels wird in einem Methodenteil auf den Aussagewert von Prognosen in den Wirtschaftswissenschaften, hier bezogen auf Konjunkturprognosen, eingegangen.

Mit diesem Kapitel können Sie folgende Ziele erreichen:
- den Erklärungswert des Kreislaufsmodells beurteilen,
- die Arten der Volkswirtschaftlichen Gesamtrechnung in ihrem Aufbau unterscheiden und ihren Zusammenhang verstehen,
- Grundbegriffe der Volkswirtschaftlichen Gesamtrechnung anwenden,
- Gründe für die Revision der Volkswirtschaftlichen Gesamtrechung seit 2005 erläutern,
- das Bruttoinlandsprodukt als Wohlstandsindikator reflektieren,
- die Zahlungsbilanz mit ihren Teilbilanzen erklären,
- Zahlungsbilanzungleichgewichte in ihrer Bedeutung bewerten,
- Prognosen als bedingte Aussagen erkennen,
- Faktoren erörtern, die die Treffsicherheit von Prognosen in den Wirtschaftswissenschaften beeinflussen.

3.1 Wirtschaftskreislauf und VGR

Sicher ist Ihnen das Modell des Wirtschaftskreislaufes bereits bekannt. Hier geht es darum, Ihre Kenntnisse darüber aufzugreifen und die Bedeutung des Kreislaufmodells als Strukturprinzip für die Volkswirtschaftliche Gesamtrechung aufzuzeigen.

M 1

Kreislaufdarstellungen in der Volkswirtschaftslehre

Bereits Francois Quesnay (1694–1774), Leibarzt von Ludwig XV., stellte den Wirtschaftsprozess einer Volkswirtschaft in Analogie zum menschlichen Blutkreislauf als Kreislauf dar. In seinem Hauptwerk „Tableau economiqe" entwarf er das erste Modell eines geschlossenen ökonomischen Kreislaufs, durch den der Zusammenhang von Produktion, Einkommensentstehung und Einkommensverwendung in einer Volkswirtschaft erklärt wurde. Seit den makroökonomischen Analysen von J. M. Keynes (vgl. Kapitel 4–6) bildet die Darstellung der gesamtwirtschaftlichen Kreislaufzusammenhänge eine zentrale Grundlage für die Beurteilung der wirtschaftlichen Lage einer Volkswirtschaft und hat ihren statistischen Niederschlag in der Volkswirtschaftlichen Gesamtrechnung gefunden, wie sie für Deutschland vom Statistischen Bundesamt ermittelt wird.

Das wirtschaftliche Geschehen in einer Volkswirtschaft äußert sich in einer Vielfalt von Transaktionen. Unternehmen produzieren und verkaufen Güter, investieren, nehmen Kredite auf usw.; Haushalte beziehen Einkommen, konsumieren, sparen, zahlen Steuern und Sozialabgaben; der Staat erhebt Steuern, kauft Güter von den Unternehmen, gewährt ihnen Subventionen, beschäftigt Arbeiter, Angestellte, Beamte, nimmt Kredite auf etc.; Waren und Dienstleistungen werden vom Ausland bezogen und an das Ausland geliefert. Um die Vielzahl der von Konsumenten, Unternehmen, staatlichen Institutionen (die die Ökonomik als Wirtschaftssubjekte bezeichnet) vollzogenen wirtschaftlichen Aktivitäten in einer Marktwirtschaft in ihrem gesamtwirtschaftlichen Zusammenhang zu verstehen, sind Kreislaufanalysen in den Wirtschaftswissenschaften unersetzlich.

Die Kreislaufdarstellungen beruhen auf Definitionen. Die Aussage beispielsweise, dass das Volkseinkommen (Y) von den privaten Haushalten für Konsum (C) und Sparen (S) verwendet wird, lässt sich in der **Definitionsgleichung** Y = C +S darstellen. Diese Gleichung basiert auf keiner Gesetzmäßigkeit wie etwa die Konsumfunktion (vgl. Kapitel 5.1), die eine Hypothese (wenn-dann-Aussage) darüber enthält, in welcher Weise der Konsum der privaten Haushalte (abhängige Variable) vom Volkseinkommen, bzw. verfügbaren Einkommen (unabhängige Variable) abhängt: C = C (Y). Die Konsumfunktion enthält also eine **bedingte Aussage** über das Verhalten der privaten Haushalte in Bezug auf den Konsum bei Veränderungen des Volkseinkommens. Solche Aussagen werden als **Verhaltensgleichungen** bezeichnet. Mit Hilfe der Konsumfunktion können theoretisch begründete Aussagen darüber formuliert werden, wie sich der geplante Konsum der Haushalte in der **Zukunft** entwickeln wird, wenn das Volkseinkommen steigt oder fällt. Solche auf Theorien beruhenden Verhaltensgleichungen haben einen **Ex-ante-**Charakter, sind also in die Zukunft gerichtet.

Im Gegensatz dazu sind Kreislaufschemata Definitionssysteme, die es ermöglichen, Güter- und Einkommensströme z. B. am Ende eines Jahres, also in einer rückwärts gewandten Perspektive, zu erfassen. Eine solche Betrachtungsweise wird als **Ex-post-Analyse** bezeichnet. Sie liegt ebenfalls der Volkswirtschaftlichen Gesamtrechnung zugrunde.

Uwe Taenzer

M 2

Das Modell des Wirtschaftskreislaufs

Die Volkswirtschaft besteht aus Millionen von Menschen, die sich in vielerlei ökonomischen Aktivitäten engagieren – Kaufen, Verkaufen, Arbeiten, Leute einstellen. Produzieren und so weiter. Um verstehen zu können, wie die Volkswirtschaft funktioniert, müssen wir einen Weg zur Vereinfachung des Nachdenkens über diese Aktivitäten finden. Mit anderen Worten brauchen wir ein Modell, das in allgemeinen Begriffen erklärt, wie die Volkswirtschaft organisiert ist. [...]

In diesem Modell hat die Volkswirtschaft zweierlei Entscheidungsträger – Haushalte und Unternehmungen. Unternehmungen erzeugen Güter (Waren und Dienstleistungen), wobei sie verschiedene Inputs verwenden, wie z. B. Arbeit, Boden und Kapital (Realkapital wie Gebäude und Maschinen). Diese Inputs nennt man **Produktionsfaktoren**. Die Haushalte sind Eigentümer der Produktionsfaktoren, und sie verbrauchen alle von den Unternehmungen hergestellten Güter.

Haushalte und Unternehmungen interagieren auf zweierlei Märkten. Auf den Gütermärkten sind die Haushalte Käufer und die Unternehmungen Verkäufer. Genauer gesagt kaufen die Haushalte den von den Unternehmungen produzierten Output an Gütern. Auf den **Faktormärkten** sind die Haushalte Verkäufer und die Unternehmungen Käufer. Auf diesen Märkten stellen die Haushalte den Unternehmungen die zur Produktion der Güter notwendigen Inputs bereit. Das Kreislaufdiagramm bietet ein einfaches Verfahren, um all die zwischen den Haushalten und den Unternehmungen der Volkswirtschaft ablaufenden ökonomischen Transaktionen anzuordnen.

Die innere, rechtsherum verlaufende Schleife repräsentiert die **Güterströme** zwischen Haushalten und Unternehmungen. Die Haushalte „verkaufen" auf den Faktormärkten den Gebrauch ihrer Arbeitskraft, ihrer Grundstücke und Gebäude sowie ihres Realkapitals an die Unternehmungen. Die Unternehmungen verwenden diese Produktionsfaktoren bei der Herstellung von Gütern, die auf den Gütermärkten wiederum an die Haushalte verkauft werden. So fließen die Produktionsfaktoren von den Haushalten zu den Unternehmungen und die Güter von den Unternehmungen zu den Haushalten.

Die äußere, linksherum verlaufende Schleife repräsentiert die den Güterströmen entsprechenden **Geldströme**. Die Haushalte geben Geld aus für den Kauf von Waren und Dienstleistungen von den Unternehmungen. Die Unternehmungen verwenden diese Einnahmen aus den Güterverkäufen teilweise dazu, um die Produktionsfaktoren zu entlohnen (z. B. Löhne und Gehälter für ihre Arbeitskräfte). Was übrig bleibt, ist der Gewinn des Unternehmers, der selbst auch zum Haushaltssektor gehört. Somit fließen Ausgaben für Güter von den Haushalten zu den Unternehmungen und Einkommen in Form von Löhnen, Mieten und Pacht sowie Gewinn von den Unternehmungen zu den Haushalten.

N. Gregory Mankiw, Adolf Wagner (Übers.): Grundzüge der Volkswirtschaftslehre. Stuttgart 1999, S. 25 f.

Das Modell des Wirtschaftskreislaufs

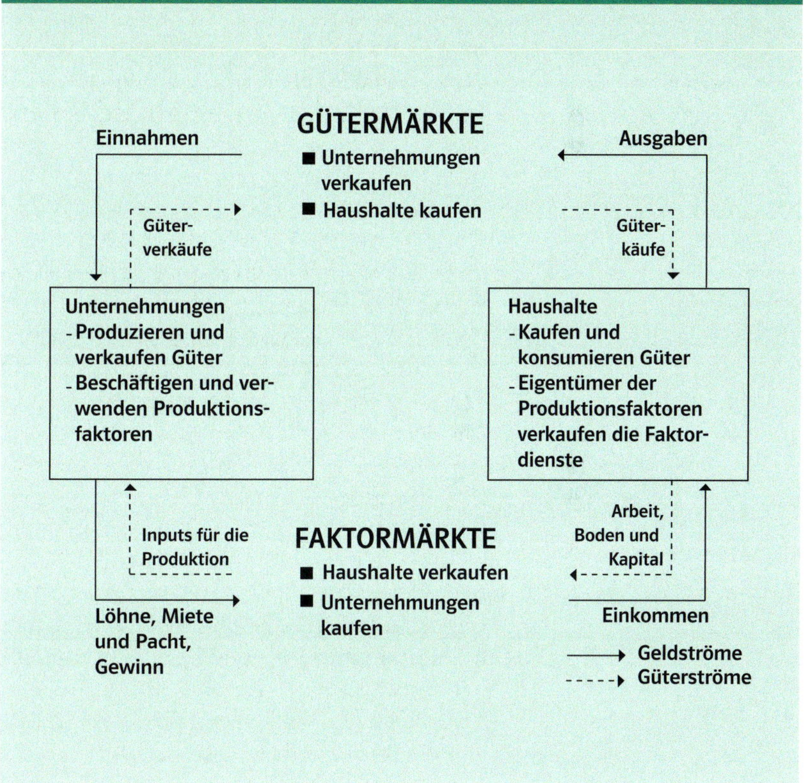

M 3

Wirtschaftskreislauf unter Berücksichtigung des Staates und des Auslands

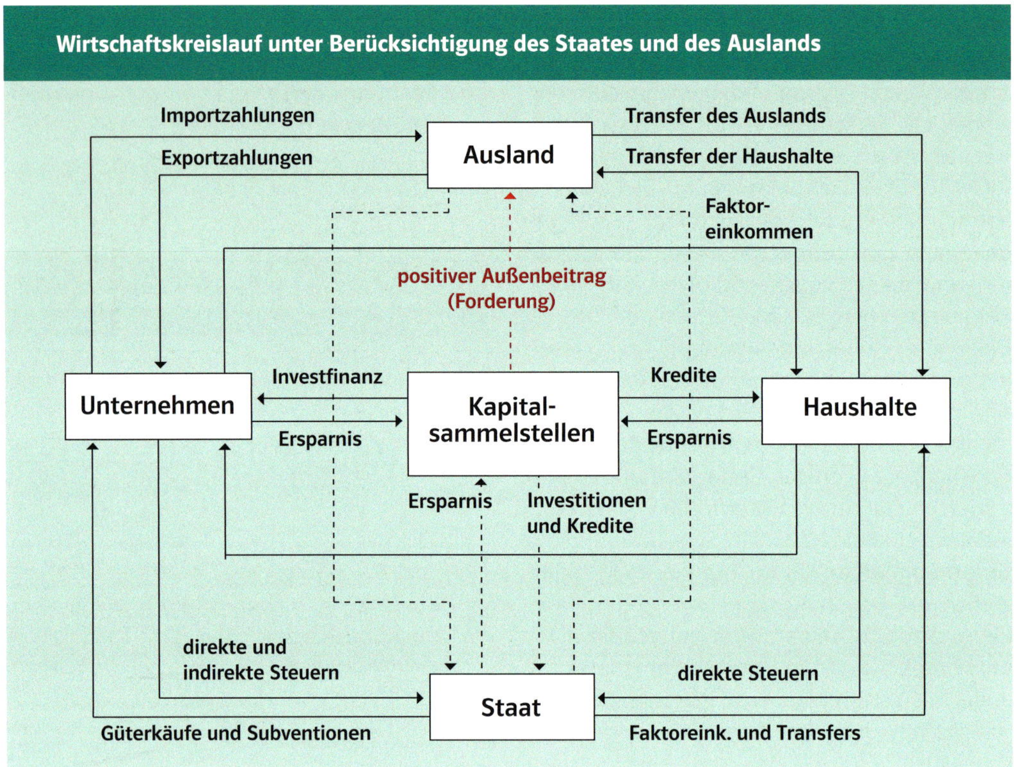

1. Erläutern Sie am einfachen Wirtschaftskreislauf, warum der Wert der Güterproduktion dem Einkommen der Haushalte entspricht (M 2).
2. Klären Sie den Unterschied zwischen einer Ex-post- und Ex-ante-Analyse sowie zwischen Definitions- und Verhaltensgleichungen (M 1).
3. In M 3 werden der Güter- und der Geldstrom unterschieden. Welcher der beiden Ströme wird in M 3 dargestellt?
4. In M 3 hat der Zeichner des Kreislaufs eine wichtige Transaktion vergessen. Ergänzen Sie diese.
5. Erarbeiten Sie die Transaktionen im erweiterten Wirtschaftskreislauf. Veranschaulichen Sie die entsprechenden Ströme durch Beispiele.

3.2 Entstehungsrechnung

In dem Abschnitt werden wesentliche Merkmale der VGR dargestellt und in die Berechnung des Bruttoinlandsprodukts über die Entstehungsseite eingeführt.

Wie addiert man Äpfel und Birnen

M 4

Peter Bofinger, seit 2004 Mitglied des Sachverständigenrates zur Begutachtung der gesamtwirtschaftlichen Entwicklung, über die VGR:

Merkmale der Volkswirtschaftlichen Gesamtrechung

Bei der Volkswirtschaftlichen Gesamtrechnung (VGR) handelt es sich (wie bei allen volkswirtschaftlichen Statistiken) um eine rückblickende Betrachtung des wirtschaftlichen Geschehens. Man spricht deshalb auch von einer **Ex-post-Betrachtung**. Sie zeichnet sich dadurch aus, dass sich z.B. auf einem Markt am Ende des Tages die angebotene und die nachgefragte Menge immer entsprechen muss. Dies ist anders bei einer **Ex-ante-Betrachtung** des Wirtschaftsprozesses, die sich damit befasst, ob die Pläne von Anbietern und Nachfragern zusammenpassen […].

Aufgrund der **Ex-post-Identität** von beiden Marktseiten spricht man in der VGR nicht mehr vom gesamtwirtschaftlichen Angebot oder der gesamtwirtschaftlichen Nachfrage, sondern vom Bruttoinlandsprodukt. So gesehen könnte man sich darauf beschränken, entweder nur die Angebotsseite (Entstehungsseite) oder nur die Nachfrageseite (Verwendungsseite) zu berechnen und dann auf die jeweils andere Seite zu schließen. Da jedoch alle Versuche, die Gesamtwirtschaft statistisch zu erfassen, mit größeren methodischen Schwierigkeiten verbunden und nicht alle Daten vollständig verfügbar sind, versuchen die Statistiker im Statistischen Bundesamt, das die VGR für Deutschland errechnet, stets beide Seiten getrennt zu erfassen und zu berechnen. Am Ende muss bei beiden Verfahren das Gleiche herauskommen. Auftretende Divergenzen sind dann ein Zeichen dafür, dass bei einer der Berechnungsmethoden ein Fehler aufgetreten und eine Korrektur erforderlich ist.

Das in einer Periode erstellte Angebot an Gütern führt stets in voller Höhe zu Einkommen entweder der Arbeitnehmer, der Unternehmer oder Vermögenseigentümer. Da also das Angebot mit dem Einkommen identisch ist, könnte man das gesamtwirtschaftliche Angebot im Prinzip auch über die in einer Periode erzielten Einkommen errechnen. Allerdings stellt sich dabei das Problem, dass die Unternehmensgewinne statistisch nur unvollständig erfasst werden können. Sie werden deshalb als Restgröße („Residuum“) der VGR errechnet.

Somit gibt es drei Grundformen der Berechnung des Bruttoinlandsprodukts:
Die **Entstehungsrechnung** ermittelt aus den verfügbaren Daten über die Produktion von Gütern und Dienstleistungen (Unternehmenserhebungen, Umsatzsteuerstatistiken, Kostenstrukturstatistiken), wie hoch das gesamtwirtschaftliche Angebot in einer Periode war.
Die **Verwendungsrechnung** nimmt die vorhandenen Informationen über die einzelnen Nachfragekomponenten (Unternehmenserhebungen, Produktionsstatistik, Kfz-Zulassungen, Außenhandelsstatistik) und aggregiert diese zu der gesamtwirtschaftlichen Nachfrage.
Die **Verteilungsrechnung** errechnet den Wert der produzierten Güter aus den Informationen über die bei der Produktion entstandenen Einkommen, die sich auf das Arbeitnehmerentgelt sowie die Unternehmens- und Vermögenseinkommen aufteilen.

Peter Bofinger: Grundzüge der Volkswirtschaftslehre. Eine Einführung in die Wissenschaft von Märkten, München 2. Aufl. 2007, S. 316f.

M 5

Die Berechnung des Bruttoinlandsprodukts über die Angebotsseite

Ausgangspunkt der Entstehungsrechnung ist der Produktionswert der Unternehmen. Dieser wird wie folgt errechnet:

Verkäufe von Waren und Dienstleistungen (aus eigener Produktion sowie von Handelware)[1]
+ Wert der Bestandsveränderung an Halb- und Fertigwaren aus eigener Produktion
+ Wert der selbsterstellten Anlagen
= Produktionswert

Wichtig ist dabei, dass die in den Umsätzen enthaltene Mehrwertsteuer[2] zunächst nicht berücksichtigt wird. Da im **Produktionswert** eines Unternehmens auch alle für die Produktion erforderlichen Inputs an Gütern und Dienstleistungen enthalten sind, würde es zu Mehrfachzählungen führen, wenn man nun einfach diese Größe für alle Unternehmen addieren wollte. Deshalb muss man vom Produktionswert die Vorleistungen abziehen, die ein Unternehmen von anderen Unternehmen in einer Periode bezogen hat. Dazu zählen u. a. Rohstoffe, Vorprodukte, Bauleistungen, Transportkosten und Mieten. Vorleistungen sind allgemein also die in einer Periode erzeugten Güter, die in derselben Periode wieder in die Produktion eingehen oder verbraucht werden. Auf diese Weise erhält man die **Bruttowertschöpfung** eines Unternehmens.[3]

Produktionswert
– Vorleistungen
= Bruttowertschöpfung

Wir können dies [...] gut am konkreten Beispiel unserer Bierwirtschaft verdeutlichen. Der Produktionswert ist der gesamte Umsatz (ohne Mehrwertsteuer), den die Bierkneipe erzielt (plus das Bier, das der Wirt selbst trinkt und dann als ehrlicher Steuerzahler auch dem Finanzamt als Eigenverbrauch angibt). Zieht man davon die Vorleistungen, also das von der Brauerei bezogene Bier, die Pacht, sowie Strom und Wasser ab, so erhält man die Bruttowertschöpfung des Biergartens, die vom Wirt und seinen Mitarbeiterinnen und Mitarbeitern erbracht wurde. Wichtig ist dabei also, dass die Lohnkosten in der Bruttowertschöpfung enthalten sind.
Jetzt müssen wir nur noch berücksichtigen, dass wir bisher alle Outputs ohne die Mehrwertsteuer, d.h. zu **Faktorkosten**, bewertet haben. Die Marktpreise hingegen enthalten diese und andere indirekte Steuern, teilweise wurden sie auch durch Subventionen künstlich gesenkt. Da jeder Anbieter nun aber auch für die von ihm bezogenen Inputs Mehrwertsteuer bezahlt hat, kann er diese von der Steuerzahlung für seine Verkäufe als „Vorsteuer" abziehen. Der verbleibende Saldo wird nun abzüglich der Subventionen auf die Bruttowertschöpfung addiert. Summiert über alle Unternehmen, erhält man das **gesamtwirtschaftliche Angebot zu Marktpreisen**, das in der Regel als **Bruttoinlandsprodukt** bezeichnet wird:

Bruttowertschöpfung
+ Gütersteuern
– Gütersubventionen
= Bruttoinlandsprodukt

1 Zu den Verkäufen zählen auch die Vermietung von Wohnungen und gewerblichen Anlagen sowie der Eigenkonsum der Unternehmer.

2 Mehrwertsteuer – Die Mehrwertsteuer ist eine Umsatzsteuer, beide Begriffe werden in Deutschland synonym verwendet. Bei der Mehrwertsteuer, eine so genannte Allphasensteuer, wird nur die jeweilige Wertschöpfung, also der von einem Unternehmen erwirtschaftete Mehrwert, mit Umsatzsteuer belastet. Der Endverbraucher hingegen muss die Umsatzsteuer in voller Höhe bezahlen.

3 Da Bankgebühren häufig nur indirekt berechnet werden, insbesondere in der Weise, dass für Sichtguthaben keine Zinsen vergütet werden, ziehen die Statistiker dafür von der hier definierten, „unbereinigten" Bruttowertschöpfung noch einen fiktiven Betrag ab und kommen so zur „bereinigten" Wertschöpfung. Dieser Unterschied soll hier jedoch nicht weiter berücksichtigt werden.

Strukturwandel in Deutschland

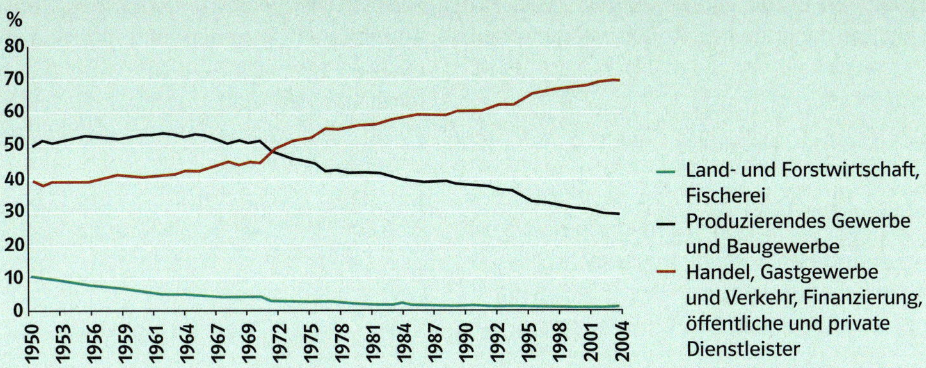

Hinweis: Die Prozente geben den Anteil der jeweiligen Sektoren der Bruttowertschöpfung an.

In der amtlichen Statistik wird die Bruttowertschöpfung nach den wichtigsten Wirtschaftsbereichen differenziert dargestellt: Dies ermöglicht es, u.a. den wirtschaftlichen Strukturwandel abzubilden.

Üblicherweise unterteilt man hierzu die Gesamtwirtschaft in drei Bereiche: Den **primären Sektor**, d.h. die Land- und Forstwirtschaft sowie die Fischerei, den **sekundären Sektor**, d.h. die Industrie, und den **tertiären Sektor**, d.h. die Dienstleistungsbereiche. [...]

Peter Bofinger: a.a.O., S.319 ff.

M 6

Warum wird auf die Vorjahrespreismethode übergegangen?

In den deutschen Volkswirtschaftlichen Gesamtrechnungen wurde im Rahmen der Revision 2005 bei der Preis-und Volumenmessung eine ganz wesentliche Änderung der Berechnungsmethoden durchgeführt. Die Volumenmessung erfolgt nunmehr entsprechend internationaler Konventionen und verbindlicher europäischer Rechtsvorschriften auf der Grundlage einer jährlich wechselnden Preisbasis (Vorjahrespreisbasis). Die neue Methode ersetzt somit die bisherige Berechnung in konstanten Preisen eines – bisher üblicherweise fünfjährlich wechselnden – festen Preisbasisjahres. Durch die Verwendung eines möglichst aktuellen Basisjahres soll eine genauere Berechnung der „realen" Veränderungsraten erfolgen (insbesondere für das Wachstum des Bruttoinlandsprodukts). Die Kritik am Konzept der Festpreisbasis besteht vor allem darin, dass die Preisrelationen eines Basisjahres für die Folgejahre immer weniger relevant würden und dass sie für eine Rückrechnung in die Vergangenheit ökonomisch eigentlich völlig irrelevant seien. Die Darstellung einer realen Entwicklung unter der Annahme, dass die Preise eines Basisjahres unverändert gelten würden, führe zu eher hypothetischen Ergebnissen und statistischen Artefakten. Außerdem führte der Übergang auf eine neue Festpreisbasis im Rahmen von

Veränderung des preisbereinigten Bruttoinlandsprodukts gegenüber dem Vorjahr

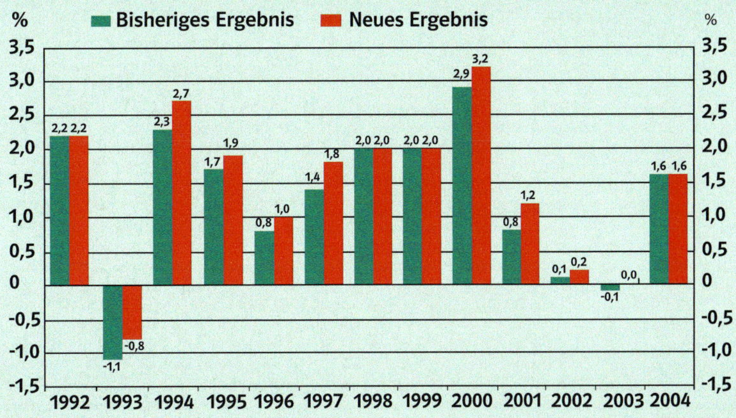

Statistisches Bundesamt 2004 - 01 - 0533

VGR-Revisionen immer wieder auch zu einer Änderung der „realen" Entwicklung wichtiger VGR-Größen in der Vergangenheit. Diese Kritik gilt umso mehr, je stärker die Verschiebung der Preisrelationen gegenüber dem Preisbasisjahr ist. [...]
Unmittelbarer rechtlicher Anlass für die Einführung der Vorjahrespreisbasis und die Abkehr von der bisherigen Festpreisbasis in den deutschen VGR ist die Entscheidung 98/715/EG der Kommission vom 30. November 1998 (zur Klarstellung von Anhang A der (ESVG-)Verordnung Nr. 2223/96 des Rates im Hinblick auf die Grundsätze zur Preis- und Volumenmessung). Der Rechtsakt schreibt in Grundsatz 3 vor: „Die auf der elementaren Aggregationsebene abgeleiteten Volumenmaße werden mit Gewichten aggregiert, die aus dem Vorjahr abgeleitet werden." Zur Umsetzung dieser Vorgabe wurde Deutschland eine Übergangsfrist bis 2005 eingeräumt.

Braakmann, Hartmann, Räth, Strohm: Revision der Volkswirtschaftlichen Gesamtrechung 2005 im Zeitraum 1991 bis 2004. In: Wirtschaft und Statistik 5/2005, S. 428 f.

1. Verdeutlichen Sie die Aufteilung der VGR in die drei Grundformen der Berechnung des Bruttoinlandsprodukts und stellen Sie die Beziehung zum Modell des Wirtschaftskreislaufs her (M 3, M 4).
2. Begründen Sie, warum bei der Ermittlung der Bruttowertschöpfung Vorleistungen abgezogen werden und die Mehrwertsteuer unberücksichtigt bleibt (M 5).
3. Erklären Sie den Unterschied zwischen Bruttowertschöpfung zu Faktorkosten und Bruttoinlandsprodukt (M 5).
4. Beschreiben Sie anhand des Schaubildes den Strukturwandel in Deutschland (M 5).
5. Aktualisieren Sie die Grafik (M 5), indem Sie die Daten beim Statistischen Bundesamt recherchieren.
6. Erklären Sie die Unterschiede zwischen der Festpreismethode und der Vorjahrespreismethode. Erläutern Sie, warum das Statistische Bundesamt das Wachstum des realen BIP seit 2005 nach der Vorjahrespreismethode ermittelt (M 6).

3.3 Verwendungsrechnung

Die Verwendungsrechnung hat für die Konjunkturpolitik eine besondere Bedeutung. Sie lässt erkennen, wie sich die Nachfrage der privaten Haushalte, der Unternehmen, des Staates und des Auslandes entwickelt hat. Die kurzfristigen Schwankungen der einzelnen Komponenten können die konjunkturelle Entwicklung im abgelaufenen Zeitraum erklären. Erkennbar ist auch, welche der Nachfragekomponenten besonderen Schwankungen unterliegen.

M 7

Verwendungsrechnung für 2007

Verwendung des Bruttoinlandsprodukts	
Gegenstand der Nachweisung	**Mrd. Euro**
private Konsumausgaben	1376,3
Konsumausgaben des Staates	435,9
Bruttoinvestitionen	442,8
Bruttoanlageninvestitionen	449,2
Ausrüstungen	186,8
Bauten	235,3
sonstige Anlagen	27,1
Vorratsveränderungen und Nettozugänge an Wertsachen	–6,4
inländische Verwendung	**2254,9**
Außenbeitrag	168,1
Exporte	1139,0
abzüglich Importe	970,9
Bruttoinlandsprodukt in jeweiligen Preisen	**2423,0**

Zusammengestellt aus: Statistisches Bundesamt: Wirtschaft und Statistik 1/2008, S. 19

M 8

Die Berechnung des Bruttoinlandsprodukts über die Nachfrageseite

Da bei Ex-post-Betrachtung Angebot und Nachfrage übereinstimmen müssen, können wir das BIP auch über die Nachfrageseite ermitteln. Wie schon erwähnt, ist die Berechnung des BIP einer Volkswirtschaft nicht ganz einfach, so dass es auf jeden Fall sinnvoll ist, es über alternative Berechnungsverfahren zu ermitteln, bei denen unterschiedliche Primärstatistiken genutzt werden.

Für die Berechnung des BIP über die Nachfrageseite addiert man einfach alle Komponenten der **gesamtwirtschaftlichen Nachfrage** auf:

a) Die **privaten Konsumausgaben**: Hierbei handelt es sich vor allem um die Konsumausgaben der privaten Haushalte. In der VGR betrachtet man auch alle Käufe von langlebigen Gütern wie Automobilen oder Möbeln als Konsum. Unter dieser Kategorie wird auch der Eigenverbrauch der Unternehmer erfasst, ebenso wie die Ausgaben von privaten Organisationen ohne Erwerbszweck (Kirchen, Gewerkschaften, Parteien). Käufe von Grundstücken und Gebäuden werden den Brutto-Anlageinvestitionen zugerechnet.

b) Die Konsumausgaben des Staates: Hierbei handelt es sich um den Wert der Güter, die vom Staat selbst produziert werden. Da sich der Wert staatlicher Leistungen (z. B. der

Wert einer Vorlesung) nicht über Marktpreise erfassen lässt, unterstellt man, dass der Wert den „Erstellungskosten", also den dafür erforderlichen Lohnkosten und den sonstigen notwendigen Inputkosten, entspricht. Insbesondere werden auch alle laufenden Ausgaben des Staates als „Konsum" verbucht, d. h. also seine gesamten Zahlungen für Löhne und Gehälter. Dies gilt auch dann, wenn damit Professoren und Lehrer bezahlt werden, deren Leistungen (meistens) als Investitionen in das so genannte Humankapital einer Volkswirtschaft betrachtet werden können. Güter, die der Staat erstellt und an die Privaten verkauft, werden unter den anderen Nachfragekomponenten, wie etwa den Brutto-Anlageinvestitionen, erfasst.

c) Die **Brutto-Anlageinvestitionen**: Diese werden untergliedert in Ausrüstungen (Maschinen, Geräte, Fahrzeuge), Bauten (Wohnbauten, Nichtwohnbauten) und sonstige Anlagen (unter anderem Computersoftware, Urheberrechte).

d) **Vorratsveränderungen:** Bei dieser Größe werden die Veränderungen der Vorratsbestände erfasst, wobei die Statistik rein preisbedingte Veränderungen des Bestandes auszuschalten versucht. Die Vorratsbestände werden deshalb mit ihren jahresdurchschnittlichen Preisen bewertet, so dass Preisanstiege oder Preisrückgänge dieser noch nicht verkauften Güter nicht zu Gewinnen oder Verlusten führen. Da bei einem Konjunktureinbruch Vorratsveränderungen auch unfreiwillig auftreten können, hat diese Größe eine gewisse Pufferfunktion.

e) Die **Exporte**: Hierzu zählen alle im Inland produzierten Waren und Dienstleistungen, die vom Ausland im Inland nachgefragt werden.

Die Summe der Komponenten a) bis d) bezeichnet man als „letzte inländische Verwendung", zuzüglich der Exporte kommt man dann zur „letzten Verwendung". Bei dieser Größe stellt sich das Problem, dass die darin enthaltenen Güter und Dienstleistungen nicht ausschließlich im Inland erstellt wurden, sondern zumindest teilweise aus dem Ausland stammen. Um die Nachfrage nach den im Inland produzierten Gütern zu ermitteln, muss man also von der letzten Verwendung die **Importe** abziehen. Auf diese Weise gelangt man dann auch über die Verwendungsrechnung zum Bruttoinlandsprodukt. Die Verwendungsseite kann also zusammenfassend durch folgende Identität beschrieben werden:

$$Y^{brutto}_{Marktpreise} = C^{Privat} + C^{Staat} + I^{Brutto} + (Ex - Im)$$

Peter Bofinger: a. a. O., S. 321

1. Erläutern und unterscheiden Sie die Komponenten der gesamtwirtschaftlichen Nachfrage (M 8).
2. Ermitteln Sie die prozentualen Anteile der Nachfragekomponenten am BIP (M 7).
3. Recherchieren Sie unter www.destatis.de oder www.bundesbank.de/monatsbericht die Komponenten der Verwendungsrechnung für das aktuelle Jahr und setzen Sie die Werte in die Gleichung ein.

3.4 Verteilungsrechnung

Aus dem Wirtschaftskreislauf wissen Sie, dass im Wert der Produktion Einkommen entstehen, die die privaten Hauhalte als Entgelt für ihre erbrachten Faktorleistungen erhalten. In der Verteilungsrechnung wird das Volkseinkommen und seine funktionale Verteilung, d. h. die Verteilung auf die Produktionsfaktoren Arbeit und Kapital, ermittelt.

M 9

Berechnung des Volkseinkommens über die Verteilungsrechnung

Die Volkswirtschaftslehre geht davon aus, dass bei jeder Produktion eines Gutes in der Regel Bruttowertschöpfung stattfindet.[1] Die Produktion ist also unmittelbar mit der Schaffung von Einkommen verbunden, die den dabei eingesetzten Produktionsfaktoren, d. h. der Arbeit und dem Kapital, zufließen. Ausgehend vom bereits ermittelten Bruttoinlandsprodukt versucht die Verteilungsrechnung zu ermitteln, wie die in einem Jahr entstandenen Einkommen auf diese beiden Faktoren verteilt wurden.

Dabei stellt sich zunächst das Problem, dass sich das BIP auf die in einem Land erwirtschaftete Wertschöpfung bezieht, ohne dabei zu berücksichtigen, welcher Anteil davon auf Ausländer entfällt. Umgekehrt können Inländer Einkommen aus einer im Ausland vorgenommenen Wertschöpfung erhalten haben. Beides wird im Saldo der **Primäreinkommen**[2] mit der übrigen Welt berücksichtigt. Zieht man diesen vom BIP ab, erhält man das **Bruttonationaleinkommen**[3]:

Bruttoinlandsprodukt
– Saldo der Primäreinkommen
= Bruttonationaleinkommen

Für die Einkommensermittlung hat man außerdem zu berücksichtigen, dass ein Teil der in einem Jahr produzierten Güter allein dafür verwendet wurde, Maschinen zu ersetzen, die in dieser Zeit abgeschrieben wurden. Da dieser Teil der Produktion also lediglich zum Erhalt des Status quo dient, steht er nicht als Einkommen zur Verfügung. Deshalb zieht man die Abschreibungen vom Bruttonationaleinkommen ab und gelangt so zum Nettonationaleinkommen:

Bruttonationaleinkommen
– Abschreibungen
= Nettonationaleinkommen

Jetzt kommt auch noch der Staat mit ins Spiel. Als wir bei der Entstehungsrechnung das BIP ermittelten, wurden die indirekten Steuern zur Bruttowertschöpfung addiert und die Subventionen abgezogen. Für die Verteilungsrechnung müssen wir diese nun wieder subtrahieren bzw. addieren und sind dann endlich beim **Volkseinkommen** angelangt:

Nettonationaleinkommen
– Produktions- und Importabgaben an den Staat
+ Subventionen vom Staat
= Volkseinkommen

Das Volkseinkommen fließt nun den Arbeitnehmern, Unternehmern und Vermögensbesitzern zu. Da die Arbeitnehmerentgelte statistisch recht gut zu erfassen sind, zieht man diese vom Volkseinkommen ab und gelangt so zu den Unternehmens- und Vermögenseinkommen. Diese stellen also eine **Residualgröße**[4] der Volkswirtschaftlichen Gesamtrechnung dar.

Volkseinkommen
– Arbeitnehmerentgelte
= Unternehmens- und Vermögenseinkommen

Peter Bofinger: a. a. O., S. 322 f.

1 Es kann natürlich auch sein, dass bei einer Produktion überhaupt keine Wertschöpfung erfolgt, sondern eine Wertvernichtung eintritt. Dies ist dann der Fall, wenn der Wert des Endprodukts unter dem der dafür erforderlichen Inputs liegt. Bis Ende der 1980er-Jahre wurde für Länder in Osteuropa und in der ehemaligen Sowjetunion immer wieder von Unternehmen berichtet, die einen *„negativen" value-added* aufwiesen.

2 Primäreinkommen – Einkommen, wie sie über den Markt erzielt werden, ohne Umverteilung des Staates

3 Bis zur Reform der VGR im Jahr 1999 war der Begriff Bruttosozialprodukt gebräuchlich. Er ist durch den international gebräuchlichen Begriff Bruttonationaleinkommen ersetzt worden.

4 Residualgröße – Restgröße, als Rest zurückbleibend

M 10

Verteilung des Volkseinkommens

Jahr	Nettonational-einkommen	Produktions- und Importabgaben abzüglich Subventionen[1]	Volkseinkommen insgesamt	Arbeitnehmer-entgelt (Inländer)	Unternehmens- und Vermögens-einkommen	Nachrichtlich: Lohnquote (Spalte 4 in % von Spalte 3)
	1	2	3	4	5	6
			Mrd. EUR			
2005	1929,4	238,3	1691,2	1129,9	561,3	66,8
2006	2004,9	253,7	1751,2	1149,4	601,9	65,6
2007	2100,9	2276,0	1824,9	1179,7	645,1	64,6
			Veränderung gegenüber dem Vorjahr in %			
2006	+3,9	+6,5	+3,6	+1,7	+7,2	x
2007	+4,8	+8,8	+4,2	+2,6	+7,2	x

1) Vom Staat empfangene Abgaben bzw. vom Staat gezahlte Subventionen

Statistisches Bundesamt: Wirtschaft und Statistik 1/2008, S. 23

M 11

Entwicklung von Lohnquote und Arbeitnehmerquote 1991–2007

Bei der Diskussion der Einkommensverteilung und insbesondere bei den Tarifverhandlungen zwischen Gewerkschaften und Arbeitgeberverbänden spielt die Lohnquote eine Rolle. Darüber, wie sie sich entwickelt hat, informiert dieses Material (vgl. auch S. 218 f.).

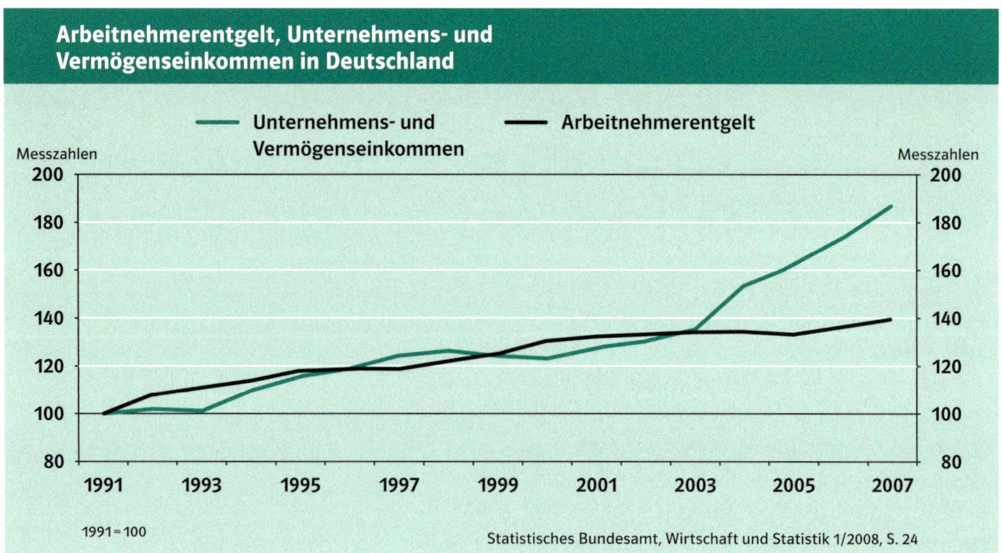

1. Vergewissern Sie sich des Zusammenhanges zwischen Produktion und Einkommensentstehung am Modell des einfachen Wirtschaftskreislaufs (vgl. M 1).
2. Erläutern Sie den Unterschied zwischen dem BIP und dem Bruttonationaleinkommen (M 9).
3. Erklären Sie, wie man vom Bruttonationaleinkommen zum Volkseinkommen gelangt (M 9).
4. Erläutern Sie anhand der Materialien in M 10 und M 11 die Entwicklung der Einkommensverteilung in Deutschland und erörtern Sie den Aussagewert der Lohnquote für die Einkommensverteilung.

3.5 BIP – ein Wohlstandsindikator?

Die bisherigen Abschnitte zeigen, welcher Aufwand getrieben wird, um das BIP zu ermitteln. Ist das BIP denn wirklich der Indikator, der über den Wohlstand in einer Volkswirtschaft informiert? Das wird durchaus kontrovers diskutiert. Aber gibt es einen besseren Maßstab, um den Wohlstand zu messen?

M 12

Was wird im BIP nicht erfasst?

Die Gleichsetzung von Wachstum des BIP und Wohlstandsmehrung ist aus verschiedenen Gründen problematisch. Einerseits bleiben Leistungen unberücksichtigt, die den Wohlstand mehren, weil sie statistisch nicht erfasst werden, andererseits erhöhen solche Güter und Leistungen das BIP, die allenfalls dazu dienen, Schäden zu beheben.

Zur ersten Gruppe kann man die **Schattenwirtschaft** (z. B. Handwerksbetrieb renoviert eine Wohnung ohne Rechnung zur Vermeidung von Steuern) und die **Schwarzarbeit** rechnen (z. B. jemand erbringt in seiner Freizeit oder bei Arbeitslosigkeit illegal eine Leistung gegen Bezahlung, die weder unter Nachbarschaftshilfe noch Eigenleistung fällt).

Aber auch die Eigenleistungen von privaten Haushalten und die vielen ehrenamtlichen Tätigkeiten werden nicht im BIP erfasst, weil sie nicht marktbewertet sind, aber sicher zum Wohlstand erheblich beitragen. Ferner bleiben wichtige, die Wohlfahrt eines Volkes erhöhende strukturelle Änderungen, wie die Vermehrung der Freizeit, die Verbesserung der Bildung, eine erhöhte Lebenserwartung, unberücksichtigt.

Zur zweiten Gruppe zählen **soziale Kosten**, die bei der Produktion und Verwendung der Güter der Gesellschaft entstehen, die aber nicht im BIP berücksichtigt werden, weil sie von den einzelnen Unternehmen rechnerisch nicht erfasst werden. Hauptbeispiel für solche sozialen Kosten sind Verschmutzungen von Luft und Wasser, die die Wohlfahrt der Bevölkerung beeinträchtigen und daher bei der Berechnung des BIP als Wohlstandsindikator abgezogen werden müssten. Sofern Maßnahmen zur Abwehr der Umweltzerstörungen ergriffen werden und als Wertschöpfung in das BIP eingehen und es dadurch erhöhen, entspricht ihnen keine Wohlstandsmehrung, weil lediglich der frühere Zustand wiederhergestellt wird.

Darüber hinaus kann ein gleicher Wert des realen BIP bei verschiedener Zusammensetzung nach Güterarten eine ganz unterschiedliche Bedeutung für die soziale Wohlfahrt eines Volkes besitzen, z. B. Kanonen statt Butter. Ebenso ist nicht allein die Höhe, sondern auch die Verteilung des Bruttonationaleinkommens von entscheidender Bedeutung für den Wohlstand einer Bevölkerung.

Ferner bewirken erhebliche Schwankungen in der Zuwachsrate des BIP gegenüber einer gleichmäßigeren Entwicklung eine Wohlfahrtsminderung, weil durch erhöhte Arbeitslosigkeit in der Krise und inflationäre Tendenzen im Boom soziale Unsicherheit und Vermögensverluste entstehen, die die Aussagefähigkeit des BIP als Wohlfahrtsindikator weiter einschränken.

Uwe Taenzer

M 13

Ernst Ulrich von Weizsäcker, Vorsitzender des Ausschusses für Umwelt, Naturschutz und Reaktorsicherheit des Deutschen Bundestages, über das BIP als Wohlstandsindikator:

Autounfall und BIP

Zwei Autos fahren auf der Landstraße friedlich aneinander vorbei, nichts passiert, und sie tragen beide nur minimal zum Bruttosozialprodukt bei. Aber dann passiert es, der Lenker des einen Autos passt nicht auf, gerät auf die Gegenfahrbahn und verursacht mit einem inzwischen anrollenden dritten Auto einen schweren Verkehrsunfall. Da freut sich das Bruttosozialprodukt und klettert sprunghaft nach oben: Rettungshubschrauber, Ärzte, Krankenschwestern, Abschleppdienst, Autoreparatur oder Neukauf, Rechtsstreit, Verwandtenbesuche zu den Unfallopfern, Ausfallgeld, Versicherungsagenten, Zeitungsberichte, Alleebaumsanierung, all das sind beruflich erfasste Tätigkeiten, die bezahlt werden müssen. Und Wert hat in der gängigen Wirtschaft nur, was bezahlt wird. Auch wenn kein Beteiligter einen Gewinn an Lebensqualität hat und einige einen großen Verlust haben, so steigt doch der Wert unseres „Wohlstands", den das Bruttosozialprodukt angibt.

Ernst Ulrich von Weizsäcker: Erdpolitik. 4. Aufl., Darmstadt 1994, S. 251 f.

M 14

Die Wochenzeitschrift „Die Zeit" hat zum Jahresende 2003 eine Artikelserie dem „Wachstumsrätsel" gewidmet. Darin wird auch der Frage nachgegangen, ob das BIP mit Wohlstand gleichgesetzt werden kann:

BIP kein Wohlstandsindikator?

Alle schauen auf das Bruttoinlandsprodukt. Doch Wohlstand hängt von viel mehr ab als von dieser Zahl. Und der Verlierer ist […] Deutschland! Kaum eine Aussage haben Politiker, Ökonomen und Journalisten in diesem Jahr so oft wiederholt. Denn in fast allen Industrieländern ist die Wirtschaft seit 1990 stärker gewachsen als in der Bundesrepublik. Das einst reiche Land scheint im Abstieg begriffen. Briten, Holländer, Österreicher, sogar die Iren – sie alle verzeichnen inzwischen ein höheres Pro-Kopf-Einkommen als die Deutschen. Norweger, Isländer oder Amerikaner sind schon seit langem enteilt. Ihnen geht es besser als uns.

Wirklich? Wohl keine Zahl beeinflusst die wirtschaftspolitische Debatte so stark wie das Bruttoinlandsprodukt (BIP) und sein Wachstum. Aber bedeutet ein höheres BIP tatsächlich mehr Wohlstand für alle? Und bedeutet mehr Wohlstand auch ein besseres, längeres Leben in einem schöneren Land? […]

Allerdings beschreibt das BIP pro Kopf nur ansatzweise, wie gut es sich in dem jeweiligen Land leben lässt.

In den USA etwa bricht bei jedem Schneesturm das öffentliche Stromnetz zusammen – trotz konstant hoher Wachstumsraten des BIP ist die Infrastruktur schlechter als in Deutschland. Das Pro-Kopf-Einkommen sagt eben nichts darüber aus, wofür […] es verwandt wurde, ob für den Bau von Krankenhäusern, Autobahnen oder Zigarettenmaschinen. Ein weiteres Manko: Der Durchschnittswert BIP pro Kopf vernachlässigt völlig, wie die Einkommen innerhalb der Gesellschaft verteilt sind. In Brasilien etwa besitzen die reichsten zehn Prozent der Bevölkerung 65-mal mehr als die ärmsten zehn Prozent […] Kein Wunder also, dass eine steigende Zahl von Wirtschaftswissenschaftlern nach alternativen Indikatoren für den Zustand eines Landes sucht. Dabei geht es ihnen vor allem um zwei Fragen. Erstens: Wie entwickeln sich ärmere Länder? Zweitens: Wie gut geht es den Menschen in den reichen Industrienationen – in jenen Ländern also, in denen viel von Sozialreformen und Verzicht die Rede ist?

Um die erste Frage besser beantworten zu können, veröffentlichen die Vereinten Nationen den so genannten Index der menschlichen Entwicklung **(Human Development Index, HDI)**, der neben dem BIP-Pro-Kopf auch die Bildung und die Lebenserwartung berücksichtigt […]. So soll er ein möglichst umfassendes Bild der Lebenschancen […] zeichnen.

Tatsächlich aber reicht dieser Index nicht weit genug. „Der HDI ist sinnvoll, wenn es darum geht, ein armes Land von einem mit vielen McDonald's-Restaurants zu unterscheiden", spottet der britische Wirtschaftsforscher Andrew Oswald von der Universität Warwick, „die feinen Unterschiede innerhalb der prosperierenden Länder erfasst er nicht." Tatsächlich liegen die Industrieländer im HDI nah beieinander. Bei der Beantwortung der zweiten Frage – Wie gut geht es den Menschen eines reichen Landes wirklich? – hilft der HDI kaum weiter.

Der Schweizer Ökonom Bruno Frey weist bei seiner Suche nach einer Antwort auf einen interessanten Zusammenhang hin: Obwohl in den westlichen Industriestaaten das Pro-Kopf-Einkommen seit den fünfziger Jahren immer weiter gestiegen ist, blieb die persönliche Zufriedenheit der Menschen konstant oder sank sogar. Wie sich die Bürger eines Landes fühlen, hängt eben von mehr Faktoren ab als nur vom Wirtschaftswachstum. Das belegt auch der Indikator, den der Münchener Wirtschaftshistoriker John Komlos vorschlägt: die Körperlänge. Je besser es den Menschen gehe, desto größer würden sie, so Komlos, der herausgefunden hat, dass in den Ländern mit dem höchsten BIP nicht unbedingt auch die längsten Menschen leben.

In der Praxis spiegelt sich die Lebensqualität in vielen Faktoren wieder: in der ökologischen Verfassung des jeweiligen Landes ebenso wie in der Verteilung der Einkommen, der Fettleibigkeit der Menschen, der Selbstmordrate oder der Zahl der Langzeitarbeitslosen.

Gerade Letztere ist ein wichtiger Indikator. „Der negative Effekt von Arbeitslosigkeit ist um ein Vielfaches stärker als der positive eines steigenden Einkommens", sagt der britische Sozialforscher David Halpern. Die Angst vor Jobverlust kann eine Gesellschaft lähmen – ganz gleich, wie stark die Wirtschaft wächst. Um festzustellen, wie gut es den Deutschen im Vergleich etwa zu Amerikanern, Franzosen oder Japanern tatsächlich geht, bräuchte man daher einen komplizierten multidimensionalen Wohlstandsindikator. Solange der nicht entwickelt ist, bleibt nur der Blick auf die einzelnen Faktoren. Eines verrät immerhin auch der schon: Die Wirklichkeit ist zu kompliziert, um Deutschland oder andere Industrieländer pauschal als Gewinner oder Verlierer zu kategorisieren.

Marc Brost, Wolfgang Uchatius: Wie geht's uns denn heute? In: DIE ZEIT, Nr. 2, 31.12.2003, S. 19

M 15

Friedrich Heinemann, Leiter der Forschergruppe Makroökonomie am Zentrum für Europäische Wirtschaftsforschung:

Der beste Kompass für die Wirtschaftspolitik

Immer wieder stößt die Orientierung der Wirtschaftspolitik auf das Ziel, das Wachstum des Bruttoinlandsproduktes zu erhöhen, auf Kritik. Waren es früher die vermeintlichen Grenzen des Wachstums, so sind es heute häufig methodische Einwände: Das in der volkswirtschaftlichen Gesamtrechnung erfasste Sozialprodukt sei ein viel zu ungenaues Maß für das umfassende Wohlergehen eines Landes. Eine Politik, die ihre Bemühungen am Indikator BIP ausrichtet, befinde sich daher auf einer Art „Blindflug". Was ist von dieser Kritik zu halten?

Zunächst einmal gibt es sicher zutreffende konzeptionelle Einwände, vom BIP-Wachstum immer bedenkenlos auf eine Zunahme des gesellschaftlichen Wohlergehens zu schließen. So ist das Bruttoinlandsprodukt als Einkommensgröße nur bedingt aussagefähig für die Entwicklung des Gesamtvermögens einer Volkswirtschaft. Bei Naturkatastrophen etwa kommt es beim reinen Blick auf das BIP zu einer glatten Fehleinschätzung: Das BIP wird in der Regel durch die Schadensbeseitigung positiv beeinflusst, während das gesamtwirtschaftliche Vermögen sinkt. Weitere Schwächen ergeben sich aus verzerrten Informationen über die umfassende Wertschöpfung, weil nicht am Markt bewertete Leistungen (etwa bei der Hausarbeit) oder externe Effekte (Umweltschäden) nicht in die Betrachtung mit eingehen.

Hinzu treten in jüngerer Zeit empirisch begründete Aspekte, die sich aus dem Zusammenhang zwischen BIP-Wachstum und der Zufriedenheit der Menschen ergeben. In dieser so genannten „Glücksforschung" tritt Folgendes zutage: Eine Zunahme des BIP im Zeitverlauf hat kaum einen direkten Einfluss auf die in Umfragen ermittelte Zufriedenheit der Menschen mit ihrem Leben. Beispielsweise ist die Zufriedenheit der Japaner von 1960 bis in die Neunziger praktisch konstant geblieben, obwohl sich das reale Pro-Kopf-Einkommen in dieser Zeit verfünffacht hat. [...]

Gerade dieser letzte Befund ist in der Tat ein ernst zu nehmendes Argument: Warum eigentlich sollten Regierungen danach streben, das BIP zu mehren, wenn dadurch die Menschen nicht glücklicher werden? Sollte man den Erfolgsindikator BIP also über Bord werfen? Die Antwort ist ein klares Nein, Betrachtet man die folgenden Gesichtspunkte, dann wird die Eignung des BIP als sinnvoller Kompaß für die Wirtschaftspolitik gestärkt.

Für das BIP spricht zunächst, dass diese Größe das Lebensglück der Menschen zwar nicht direkt, aber über viele indirekte Kanäle massiv beeinflusst. So ist Arbeitslosigkeit einer der stärksten Negativfaktoren, der in vielen Analysen der Glücksforschung immer wieder unterstrichen wird. Arbeitslosigkeit ist ein Ereignis, welches unabhängig von den damit verbundenen finanziellen Folgen die Zufriedenheit mit dem eigenen Leben massiv mindert. Der Zuwachs an Freizeit für die Arbeitslosen, den die BIP-Kritiker gerne auf der Aktivseite ihrer umfassenderen Bilanzen verbuchen würden, ist für die Betroffenen eindeutig kein Zuwachs an Lebensqualität. Dass das BIP diesen Freizeitkonsum nicht einbezieht, ist also eher eine Stärke als eine Schwäche des Konzepts. Bemerkenswert ist noch dazu, dass die Zufriedenheit eines Menschen sinkt, wenn in seinem Land die Arbeitslosigkeit steigt, er persönlich aber nicht betroffen ist. Kaum ein empirischer Zusammenhang in der Makroökonomie ist so unzweifelhaft wie die positive Beziehung zwischen Wachstum und Beschäftigung. Eine Politik, die unter den heutigen Bedingungen des deutschen Arbeitsmarkts auf eine Steigerung des BIP setzt, ist daher sehr wohl eine die Zufriedenheil der Menschen steigernde Politik.

Daneben gibt es eine ganze Reihe weiterer indirekter Kanäle, über die das BIP-Wachstum das Wohlergehen der Menschen positiv beeinflusst. Ein höheres BIP erhöht ohne Steuersatzerhöhung das Steuer- und Abgabenaufkommen. Es erleichtert so die Finanzierung von öffentlicher Infrastruktur, von Bildungs- und Sozialpolitik. Es erleichtert außerdem die Konsolidierung von Staatsschulden und eröffnet damit größere politische Handlungsspielräume. Ein funktionierendes Gemeinwesen und ein stabiler Sozialstaat, wichtige Faktoren für die individuelle Zufriedenheit, lassen sich unter den heutigen Bedingungen nur durch BIP-Wachstum gewährleisten.

Auch laufen in einer umfassenden Sichtweise viele der konzeptionellen Einwände ins Leere. So wird etwa kritisiert, dass das BIP Faktoren wie steigende Kriminalität nicht berücksichtige. Hier kann man entgegenhalten, dass es dies indirekt sehr wohl tut. Weil höheres Wachstum die Arbeitslosigkeit senkt, die wiederum eine wichtige Determinante der Kriminalität ist, bleibt das BIP auch in dieser Hinsicht eine hilfreiche Orientierungsmarke. Mit anderen Worten: BIP-Wachstum ist mit vielen gesellschaftlichen Zielgrößen wie sozialem Frieden, politischer Stabilität, Rechtssicherheit positiv korreliert.

Natürlich ist das BIP insgesamt nichts anderes als eine recht grobe Näherungsgröße für die gesamtgesellschaftliche Wohlfahrt. Genauso sicher ist aber auch: Wir haben heute keine bessere umfassende Orientierungsgröße. Daher bleibt es sinnvoll, den Erfolg der Wirtschaftspolitik anhand dieses Indikators zu beurteilen. Denn auch wenn BIP-Wachstum nicht alles ist, so ist doch ohne BIP-Wachstum alles nichts.

Friedrich Heinemann: Der beste Kompaß für die Wirtschaftspolitik. In: FAZ, 11.8.2004, S. 10

1. Erläutern Sie anhand von Beispielen aus Ihrem Erfahrungsbereich die Aspekte, die in M 12 bis M 14 gegen den Aussagewert des BIP als Wohlstandsindikator angeführt werden.

2. Schreiben Sie analog zu M 13 einen Bericht, wie sich ein Raubüberfall auf eine Sparkasse auf die Höhe des BIP auswirkt.

3. Analysieren Sie die Gründe, die der Autor in M 15 für das BIP als Wohlstandsindikator anführt.

4. Vergleichen Sie die Position der Autoren von M 14 und M 15 und erarbeiten Sie eine eigene Stellungnahme zum Aussagewert des BIP als Wohlstandsindikator.

3.6 Zahlungsbilanz und Zahlungsbilanzausgleich

1 Der Devisenbilanzsaldo kann, je nachdem, ob Zahlungseingänge oder Zahlungsausgänge größer sind, rechts oder links stehen.

Zur Erfassung der wirtschaftlichen Transaktionen einer Volkswirtschaft mit dem Ausland dient die Zahlungsbilanz. Sie liefert wichtige Informationen über die Güter- und Kapitalbewegungen zwischen der heimischen Volkswirtschaft und dem Ausland.
Die Struktur der Zahlungsbilanz mit ihren Teilbilanzen wird in M16 erläutert. M17 bezieht sich auf das Ziel des außenwirtschaftlichen Gleichgewichts und erklärt die Bedeutung von Leistungsbilanzdefiziten bzw. -überschüssen.

M16

Struktur der Zahlungsbilanz

Als Zahlungsbilanz einer Volkswirtschaft bezeichnet man die statistische ex-post-Erfassung aller ökonomischen Transaktionen zwischen inländischen und ausländischen Wirtschaftseinheiten für ein Jahr. Wirtschaftseinheiten sind private und öffentliche Haushalte, Unternehmen und sonstige Organisationen. Inländer sind die Wirtschaftssubjekte, die ihren Wohnsitz im Inland haben.

Die Zahlungsbilanz eines Landes verzeichnet auf der Aktivseite Zahlungseingänge und auf der Passivseite Zahlungsausgänge eines Landes. Die Zahlungseingänge müssen nicht tatsächlich erfolgen; so wird ein Export auch dann als Zahlungseingang verbucht, wenn er durch Kredit finanziert ist. In Tabelle 29.1 ist die vereinfachte Struktur der Zahlungsbilanz wiedergegeben. Die Buchungen in der Zahlungsbilanz sind entweder Buchungen von Leistungstransaktionen oder von Finanztransaktionen. Die Teilbilanzen der Zahlungsbilanz sind die **Leistungsbilanz**, die **Bilanz der Vermögensübertragungen**, die **Kapitalbilanz** und die Veränderung der Währungsreserven der Zentralbank (Devisenbilanz, d.V.). Die **Leistungsbilanz**, auch Bilanz der laufenden Posten genannt, setzt sich zusammen aus der **Handelsbilanz**, der **Dienstleistungsbilanz**, der **Bilanz der Erwerbs- und Vermögenseinkommen** und der **Bilanz der unentgeltlichen Leistungen** (laufende Übertragungen). In der **Handelsbilanz** stellen Exporte von Gütern Zahlungseingänge und Import Zahlungsausgänge dar.

Zahlungseingänge in der Dienstleistungsbilanz sind u.a. der „Export" von Dienstleistungen an Touristen aus dem Ausland (und der Verkauf von Sachgütern an Touristen) oder Transportdienste deutscher Unternehmen für Ausländer (analog: Versicherungsleistungen). Die Bilanz der Erwerbs- und Vermögenseinkommen erfasst als Zahlungseingänge u.a. die Kapitalertragseinnahmen aus dem deutschen Auslandsvermögen. Beispiele für Zahlungsausgänge sind Dividendenzahlungen deutscher Unternehmen an ausländische Anteilseigner. In der Bilanz der laufenden Übertragungen sind Transaktionen ohne Gegenleistungen verzeichnet, z.B. Transfers an die Europäische Union und Überweisungen der Gastarbeiter an ihre Familien. In der Vermögensübertragungsbilanz werden im Gegensatz zu den laufenden Übertragungen solche unentgeltlichen Leistungen erfasst, die zwar das Vermögen der an der Transaktion beteiligten Länder, nicht jedoch das Einkommen oder den Verbrauch direkt verändern. Die Übertragung muss also als „einmalig" angesehen werden. Beispiel für Zahlungsausgänge sind (für ein Gläubigerland) der Erlass von Schulden und Schenkungen. Bestimmte Leistungen der EU, die als vermögenswirksam betrachtet werden, wie beispielsweise Transfers für Infrastrukturmaßnahmen, stellen einen Zahlungseingang dar. Die Kapitalbilanz erfasst als Zahlungseingänge (Kapitalimporte) ausländische Direktinvestitionen in Deutschland,

Vereinfachte Struktur der Zahlungsbilanz

Zahlungseingänge	Zahlungsausgänge
Exporte von Gütern und Dienstleistungen	Importe von Gütern und Dienstleistungen
Kapitalimport – Neue Schulden gegenüber dem Ausland – Kapitalrückzahlungen durch das Ausland	Kapitalexport – Kredite an das Ausland – Kapitalrückzahlungen an das Ausland
Devisenbilanzsaldo[1]	

Schuldenaufnahmen im Ausland, Kapitalrückzahlungen durch das Ausland und den Erwerb inländischer Wertpapiere (z.B. Aktien und Anleihen) und Finanzderivate[1] durch ausländische Anleger. Durch den Kauf inländischer Wertpapiere durch das Ausland nehmen die Devisenbestände der Geschäftsbanken oder der Zentralbank zu. Daher handelt es sich um einen Kapitalimport. Zahlungsausgänge (Kapitalexporte) sind deutsche Direktinvestitionen im Ausland, Kreditgewährungen und Kapitalrückzahlungen an das Ausland. Auch der Kauf ausländischer Wertpapiere durch Inländer ist ein Kapitalexport, denn die Forderungen an das Ausland nehmen zu, die Devisenbestände entweder der Geschäftsbanken oder der Zentralbank nehmen ab. [...]

Ausgleich der Zahlungsbilanz

Nach dem Prinzip der doppelten Buchführung müsste der Saldo der Leistungs- und der Vermögensübertragungsbilanz dem Saldo der Kapitalbilanz und der Veränderung der Währungsreserven der Zentralbank entsprechen. Man könnte auch sagen, der Devisenbilanzsaldo muss ebenso groß sein wie die Summe der anderen Teilbilanzen. Denn zu jeder Transaktion in der Leistungsbilanz oder der Bilanz der Vermögensübertragungen erfolgt eine Gegenbuchung entweder in der Kapitalbilanz oder auf dem Devisenkonto der Zentralbank. Wenn Exporte kreditiert oder Importe aus Devisenbeständen von Geschäftsbanken bezahlt werden, findet die Gegenbuchung in der Kapitalbilanz statt. Importe von Gütern bzw. Exporte von Kapital können eine Abnahme des Devisenbestandes der Zentralbank bewirken.
In der Praxis sind diese Übereinstimmungen nicht immer gegeben. Zum einen können nicht alle Transaktionen periodengerecht erfasst werden. Zum anderen bestehen statistische Erfassungsschwierigkeiten in allen Teilbilanzen mit Ausnahme der Veränderung der Währungsreserven der Zentralbank. Abweichungen werden als „Restposten" aufgeführt unter dem „Saldo der statistisch nicht aufgliederbaren Transaktionen".
Der formale Ausgleich der Zahlungs- und Devisenbilanz ist nicht zu verwechseln mit dem materiellen Ausgleich der Zahlungsbilanz. Der materielle Ausgleich der Zahlungsbilanz wird auf die Salden von Teilbilanzen bezogen. In der Regel spricht man von einer ausgeglichenen Zahlungsbilanz, wenn sich die Devisenpo-

1 Finanzderivat – Finanzderivate sind von traditionellen Finanzwerten (z.B. Anleihen, Aktien, Devisen) abgeleitete künstliche Finanzprodukte, die ein bestimmtes Recht verkörpern. Ihre Preise richten sich nach den Kursschwankungen oder den Preiserwartungen der Finanzwerte, von denen sie abgeleitet sind. Derivate sind so konstruiert, dass sie die Schwankungen der Preise der Anlageobjekte, auf denen sie basieren, überproportional nachvollziehen. Daher lassen sie sich sowohl zur Absicherung gegen Wertverluste (z.B. zur Sicherung gegen Wechselkursverluste) als auch zur Spekulation auf Kursgewinne der Basiswerte verwenden.

© Erich Schmidt Verlag 218 001

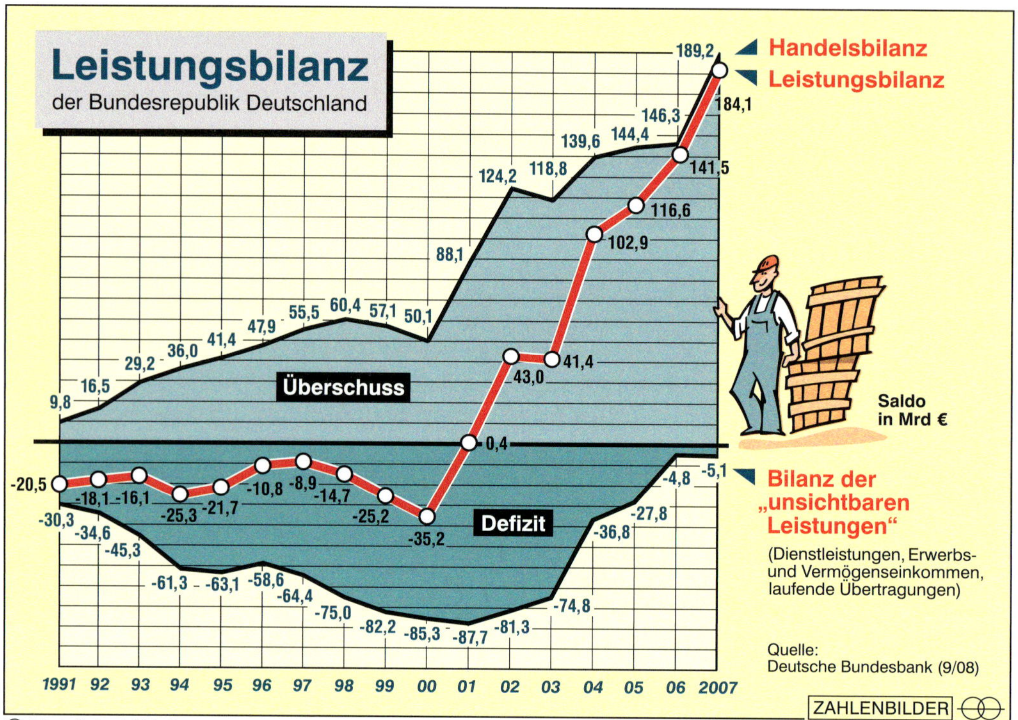

© Erich Schmidt Verlag

394 015

sition der Zentralbank nicht verändert, d.h. der Saldo der Devisenbilanz null ist, ein Land also keine Devisen verliert.

Der Saldo der Devisenbilanz ist an den in der Zahlungsbilanz erfassten Transaktionen zu erkennen. Für eine Definition des **materiellen Zahlungsbilanzausgleichs** unterscheidet man **autonome** und **zahlungsbilanzinduzierte** Transaktionen. Zahlungsbilanzinduziert sind diejenigen Transaktionen, die mit dem Ziel durchgeführt werden, einen Ausgleich der Zahlungsbilanz herbeizuführen. In der Regel handelt es sich um wirtschaftspolitische Maßnahmen wie Anleihen zwischen Regierungen, Stützungsaktionen (z.B. stand-by agreements; BIZ-Kredit) und Regierungsimporte. Autonom sind dagegen solche Transaktionen, die unabhängig von der Zahlungsbilanzsituation vorgenommen werden, z.B. private Exporte, Importe und private Kapitalbewegungen, aber auch Transaktionen einer Regierung, die nicht mit dem Ziel des Zahlungsbilanzausgleichs erfolgen. Eine ausgeglichene Zahlungsbilanz liegt nach diesem Ansatz dann vor, wenn die Summe der autonomen Aktiv-Posten mit der Summe der autonomen Passiv-Posten identisch ist. Ein Zahlungsbilanzüberschuss ist gegeben, wenn die Summe der autonomen Aktiv-Posten die Summe der autonomen Passiv-Posten übersteigt.

Horst Siebert: Einführung in die Volkswirtschaftslehre. 14. Aufl., Stuttgart 2003, S. 412 ff.

M 17

Leistungsbilanzausgleich als Ziel der Wirtschaftspolitik

Eine ausgeglichene Leistungsbilanz wird häufig als ein wichtiges außenwirtschaftspolitisches Ziel angesehen, weil eine unausgeglichene Leistungsbilanz unerwünschte wirtschaftliche und politische Konsequenzen haben kann.

Ein **Defizit in der Leistungsbilanz** bedeutet, dass man – bezogen auf den Warenverkehr und auf Dienstleistungen – auf Kredit anderer Länder und sozusagen über seine Verhältnisse lebt. Die „günstige" Tauschposition des Landes wird dann – bei unveränderter Devisenposition – durch Kapitalimporte finanziert. Das vorübergehende „Leben über seine Verhältnisse" hat Zinszahlungen und Tilgungen in späteren Perioden zur Folge. Dann müssen Exporte getätigt werden, um Devisen für die

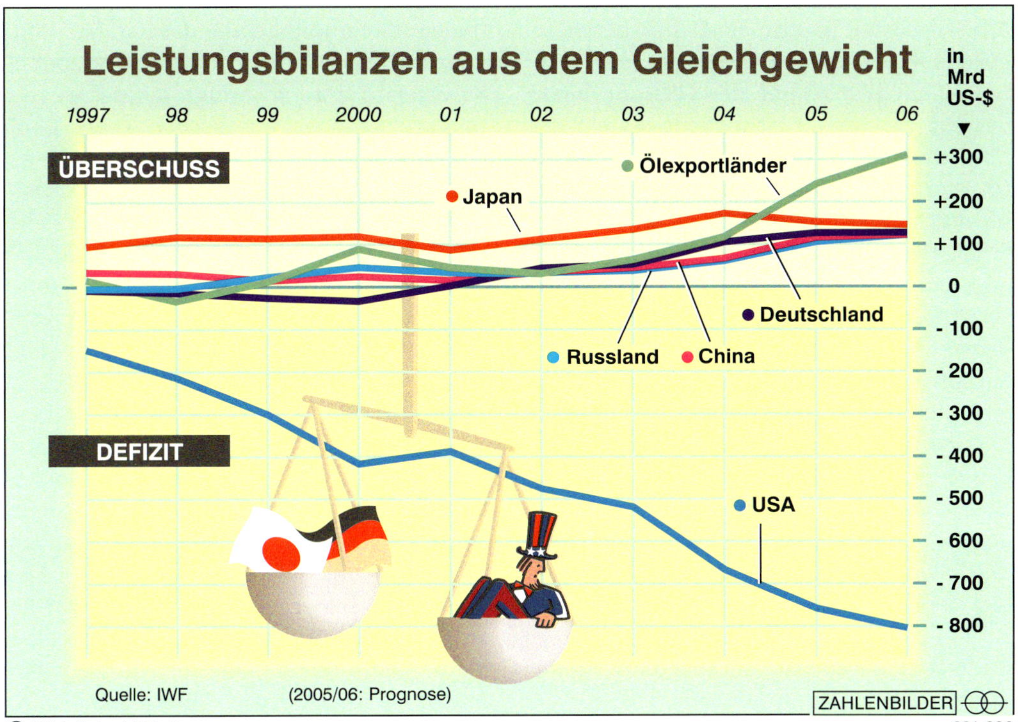

© Erich Schmidt Verlag 681 230

Bedienung der Auslandsverbindlichkeiten zu verdienen. Die Volkswirtschaft erweitert durch die Kredite ihren Konsumspielraum heute […], schränkt aber den Spielraum zukünftiger Perioden ein […].

Allerdings sind Kapitalimporte über Leistungsbilanzdefizite nicht per se negativ zu bewerten. Sie sind vielmehr Ausdruck einer intertemporalen Allokation[1] des Konsums, die durch den Zugang zum internationalen Kapitalmarkt ermöglicht wird. […] Kapitalimporte und -exporte (können) als intertemporaler Handel[2] interpretiert werden, bei dem sich die Länder gemäß ihrer komparativen Vorteile spezialisieren. Der intertemporale Handel kann den beteiligten Ländern Wohlfahrtsgewinne bringen, wie „normaler" Handel mit verschiedenen Gütern auch. Ein kapitalimportierendes Land kann sich beispielsweise durch Leistungsbilanzdefizite Kapital beschaffen, das der Finanzierung von Investitionen dient und mit den dadurch bewirkten Produktionssteigerungen in Zukunft seine Auslandsschulden zurückzahlen. Ein Land kann durch den Zugang zum internationalen Kapitalmarkt auch vorübergehende Einkommensschocks ausgleichen und somit seinen Konsumstrom über die Zeit glätten.

Ein Problem kann jedoch dann entstehen, wenn sich ein Land durch fortwährende Leistungsbilanzdefizite übermäßig im Ausland verschuldet. So kann es beispielsweise passieren, dass das Ausland keine Kredite mehr gewährt, wenn die Bonität des Landes angezweifelt wird. Dann muss das Defizitland – möglicherweise abrupt – sein Konsumniveau reduzieren und, falls importiertes Kapital als Produktionsfaktor eingesetzt wird, seine Produktion einschränken. Vor allem bei der Finanzierung eines Leistungsbilanzdefizits durch kurzfristige Kredite können die kurzfristigen Kapitalzuflüsse plötzlich ausbleiben. Eine Währungskrise ist die Folge.

Auch die fortlaufende Finanzierung eines Leistungsbilanzdefizits durch ein eigenes Devisenpolster ist auf Dauer nicht möglich. Denn ein Defizit bedeutet einen Verlust an Devisen, bis – je nach anfänglichem Devisenbestand des Landes – die Devisenreserven aufgebraucht sind.

Nach der Keynesianischen Theorie bedeutet ein Defizit in der Leistungsbilanz zudem einen negativen Außenbeitrag mit Absickerverlusten (vgl. Kap. 8.2). Die inländische Beschäftigung wird reduziert; in einer Situation mit

1 intertemporalen Allokation des Konsums – Die intertemporale Allokation des Konsums ist der Verzicht auf gegenwärtigen Konsum zu Gunsten zukünftigen Konsums bzw. die Bevorzugung gegenwärtigen Konsums durch Verschuldung auf Kosten zukünftigen Konsums. Diese Entscheidungen werden durch die Zeitpräferenz bestimmt. Im internationalen Handel ermöglichen Kapitalimporte Leistungsbilanzdefizite und erweitern dadurch gegenwärtige Konsumspielräume zu Ungunsten zukünftiger Perioden.

2 intertemporaler Handel – Handel von heutigen Gütern gegen Güter von morgen. Dadurch können Kapitalimporte bzw. Kapitalexporte entstehen.

1 Budgetrestriktion – Begriff der aus der Mikroökonomie, und zwar der Haushaltstheorie, auf eine Volkswirtschaft übertragen wird. In der Haushaltstheorie beschränkt das vorgegebene Einkommen, das ist die Restriktion, die Konsummöglichkeiten. Übertragen auf eine Volkswirtschaft beschränkt die Leistungsbilanz die Möglichkeiten Güter und Dienstleistungen zu importieren.

2 Finanzierungsrestriktion – hier die Beschränkung der Importe durch Leistungsbilanzdefizite, die zur Verschuldung gegenüber dem Ausland führen.

Arbeitslosigkeit ist also ein Defizit beschäftigungspolitisch unerwünscht [...].

Bei einem **Überschuss der Leistungsbilanz** besteht die oben beschriebene Gefahr der Überschuldung nicht. Der Überschuss bedeutet aber, dass ein Land wertmäßig mehr Güter durch Export hergibt als es an Importen erhält. Wenn das in Form von Übertragungen oder durch übermäßig günstige Kredite geschieht, dann werden mögliche Gewinne aus dem Außenhandel von dem Land nicht voll ausgeschöpft. Das Inland „verschenkt" dann einen Teil seiner Exporte.

Ein Überschuss kann ferner negative Auswirkungen auf das Preisniveau haben, da ein Überschuss in der Devisenbilanz das Geldangebot einer Volkswirtschaft vermehrt, wodurch im Inland die Preise steigen können (vgl. Kap. 7 zur Geldpolitik).

Nationaler Zahlungsbilanzausgleich in der Europäischen Währungsunion

Auch in einer Währungsunion stellt die Leistungsbilanz weiterhin eine Budgetrestriktion[1] und eine Finanzierungsrestriktion[2] für die einzelnen Mitgliedsländer dar. Das Neue ist jedoch, dass das Land nicht mehr über eine eigene Währung verfügt, mit der es Leistungsbilanzsalden ausgleichen kann. Gerät ein Mitgliedsland der Währungsunion in ein Leistungsbilanzdefizit, so lässt sich das Defizit weiterhin dadurch finanzieren, dass dieses Land Kredite erhält, also Kapitalimport betreibt. Die Kredite können von anderen Mitgliedsländern der Währungsunion kommen oder von außerhalb der Währungsunion. Das Leistungsbilanzdefizit kann auch dadurch finanziert werden, dass das Defizitland Devisen aus seinem Devisenbestand abgibt. Dabei kann das Defizitland seine Devisen sowohl an andere Mitgliedsländer der Währungsunion hergeben oder an Länder außerhalb der Währungsunion und dafür Güter importieren. Eine Abwertung seiner eigenen Währung zur Reduktion des Leistungsbilanzdefizits scheidet jedoch aus. Diese Aufgabe des Wechselkurses müssen die nominalen Güter- und Faktorpreise übernehmen. [...]

Horst Siebert, Oliver Lorz: Außenwirtschaft. 8. Aufl., Stuttgart 2006, S. 183–185

1. Erklären Sie, wie Zinseinkommen eines Inländers aus dem Ausland, der Ferienaufenthalt eines Ausländers im Inland, Überweisungen eines ausländischen Arbeitnehmers an seine Familie im Ausland, sowie der Erwerb eines ausländischen Unternehmens in der Zahlungsbilanz erscheinen (M16).
2. Von 1995 bis 2000 wies die Leistungsbilanz für Deutschland ein Defizit aus. Erläutern Sie, welche Teilbilanzen zur Leistungsbilanz zusammengefasst werden und wodurch ein Leistungsbilanzdefizit hervorgerufen werden kann. Recherchieren Sie anschließend die Ursachen für das Leistungsbilanzdefizit in diesem Zeitraum (M16).
3. Die USA haben seit Jahren ein Leistungsbilanzdefizit. Erörtern Sie, wie ein solches Defizit finanziert werden kann (M17).
4. Erklären Sie, welche Änderungen sich für die Länder des Euroraums bei der Finanzierung eines Leistungsbilanzdefizits ergeben haben.

Methode: Prognosen = Wahrsagerei?

Was bringt die Zukunft? Die Antwort steht nicht nur in den Sternen. Sie hängt auch von richtigen Weichenstellungen in Vergangenheit und Gegenwart ab.

Jedes Jahr wiederholt sich im November das Schauspiel: Die fünf Weisen treten auf, überreichen Bundeskanzler oder Wirtschaftsminister ihr Jahresgutachten, das von Jahr zu Jahr umfangreicher wird. In den Massenmedien werden dann vor allem die Prognosen für das kommende Jahr hochgespielt, die mit großer Sicherheit so nicht eintreffen werden. Die Häme ist den Sachverständigen sicher. In der Öffentlichkeit bestehen offensichtlich Erwartungen an Prognosen, die diese nie erfüllen können. Warum dies so ist, ist Gegenstand dieses Methodenabschnitts.

Unterschied zwischen Prognosen und Prophetien

Prognosen sind keine Prophetien, sondern **bedingte** Aussagen, die man in Form einer **Wenn-Dann-Aussage** formulieren kann, z. B.: Wenn der Dollarkurs konstant bleibt, nimmt der Export der deutschen Wirtschaft um 5 % zu. Wenn die Bedingung – in diesem Beispiel der konstante Dollarkurs – nicht zutrifft, kann natürlich auch nicht die prognostizierte Wirkung in dieser Weise eintreten.

Im Gegensatz zu Wettervorhersagen, die auch Prognosen sind, kommt bei wirtschaftlichen Prognosen eine Besonderheit hinzu. Das Wetter lässt sich von den Prognosen nicht beeinflussen. Wenn jedoch durch die Medien z. B. verbreitet wird, der SVR prognostiziert für das nächste Jahr einen weiteren Anstieg der Arbeitslosigkeit, ist es durchaus wahrscheinlich, dass sich viele Abnehmer der Prognose davon in ihrem Verhalten beeinflussen lassen. Manche Arbeitnehmer befürchten vielleicht, dass sie arbeitslos werden könnten und sorgen durch Sparen für diesen Fall vor. Politiker überlegen sich möglicherweise neue Formen der Arbeitsbeschaffung, z. B. den 50 Cent-Job mit kostenlosem Mittagessen von der Heilsarmee. Im ersten Fall steigt die Arbeitslosigkeit eventuell noch stärker an als prognostiziert wurde, im zweiten Fall geht sie sicher rapide zurück. Die Abnehmer solcher Prognosen lassen sich also im Gegensatz zum Wetter wahrscheinlich durch die Prognosen beeinflussen und das führt dazu, dass die Realität von den Prognosen abweichen muss.

Prognosen und tatsächliche Entwicklungen

Realität und Erwartungen 2004
Tatsächliche und erwartete Veränderungen in Deutschland gegenüber dem Vorjahr in Prozent

	Wirklichkeit	... und Prognosen								
	2004[1]	Sachverständige[2]	Ifo Institut[3]	HWWA[4]	IfW[5]	IW[6]	RW[7]	DIW[8]	IWH[9]	Gemeinschaftsgutachten[10]
Wirtschaftswachstum (BIP, real)	1,8	1,5	1,8	1,7	1,8	1,75	1,8	1,4	1,6	1,7
Verbraucherpreise	1,6	1,2	1,2	1,5	1,4	1,25	1,4	1,0	1,3	1,3
Private Konsumausgaben	− 0,3	0,8	1,3	1,2	1,3	1,5	1,3	0,7	1,0	1,5
Anlageinvestitionen (brutto, real)	− 0,3	1,6	0,8	1,0	1,7	1,5	–	1,7	0,4	1,7
Ausrüstungen u. sonst. Anlagen	2,0	3,3	0,7	–	1,0	3,75	3,8	–	1,7	4,0
Bauten	− 2,2	0,2	1,0	–	1,6	− 0,5	0,8	–	− 0,7	− 0,2
Exporte (real)	9,4	4,8	5,7	4,5	5,7	4,5	5,6	4,4	6,1	5,3
Importe (real)	7,9	3,4	4,4	3,1	4,1	4,0	4,8	3,1	4,7	5,1
Arbeitnehmerentgelt (brutto)	0,0	1,4	0,9	1,3	0,8	1,5	1,6	0,6	1,5	1,5
Unternehmens- und Vermögenseinkommen (brutto)	12,6	3,2	8,7	5,6	5,8	4,0	5,2	7,5	5,9	4,7
Arbeitslose in Millionen (Jahresdurchschnitt)	4,38	4,40	4,3	4,40	4,40	4,37	4,3	4,32	4,4	4,45

1) Schätzungen des DIW; 2) Jahresgutachten des Sachverständigenrates; 3) Ifo Institut für Wirtschaftsforschung, München; 4) Hamburgisches Welt-Wirtschafts-Archiv, Hamburg; 5) Institut für Weltwirtschaft, Kiel; 6) Institut der deutschen Wirtschaft, Köln; 7) Rheinisch-Westfälisches Institut für Wirtschaftsforschung, Essen; 8) Deutsches Institut für Wirtschaftsforschung, Berlin; 9) Institut für Wirtschaftsforschung, Halle; 10) Gemeinschaftsgutachten der Arbeitsgemeinschaft deutscher wirtschaftswissenschaftlicher Forschungsinstitute

Keine Alternative zu Prognosen

Jörg Hinz, wissenschaftlicher Mitarbeiter in der Abteilung „Internationale Makroökonomie“ im Hamburgischen Welt-Wirtschafts-Archiv (HWWA), zur Treffgenauigkeit von Prognosen:

Wer glaubt, ökonomische Entwicklungen gehorchten bestimmten Gesetzmäßigkeiten und es läge lediglich an den Fähigkeiten der Prognostiker, daraus die richtigen Schlüsse für die Zukunft zu ziehen, schätzt die Möglichkeiten von Konjunkturprognosen falsch ein. Exakt zutreffende Prognosen sind aus einer Reihe von Gründen eher Zufall, Prognosefehler im Sinne von nicht genauer Übereinstimmung zwischen Prognose- und Ist-Werten der Normalfall.

[...] Ökonomische Wirkungszusammenhänge sind nicht stabil, das Wirtschaftsgeschehen ist vielmehr ein evolutorischer Prozess, in dem die Wirtschaftssubjekte ihre Verhaltensweisen ständig den sich ändernden Bedingungen anpassen. Wiedervereinigung, Einführung der Europäischen Wirtschafts- und Währungsunion (EWU), EU-Erweiterung oder Globalisierung der Märkte führen zu ständigen institutionellen und strukturellen Veränderungen der Wirtschaft, die die konjunkturelle Entwicklung überlagern. An bestimmten Märkten, etwa an den Öl-, Devisen-, Aktien- oder Immobilienmärkten, kommt es überdies immer wieder zu gewissen Übersteigerungen bzw. „Preisblasen“; zwar sind die Risiken von Korrekturen dort dann oftmals erkennbar, aber nicht, wann und in welchem Ausmaß diese erfolgen. Das alles beeinflusst die Prognose(un)sicherheit ebenso wie die seit Jahren anhaltende Verunsicherung durch die Wirtschaftspolitik und exogene Schocks. Konjunkturzyklen weisen zwar gewisse Regelmäßigkeiten auf, aber den regelmäßigen Konjunkturzyklus, was die Dauer und Intensität der Schwankungen betrifft, gibt es nicht.

Berücksichtigt man all die Probleme, so wird deutlich, dass Prognosen nicht „sicher“ sein können. Daraus aber den Schluss zu ziehen, man brauchte sie nicht, wäre abwegig. Was wäre die Alternative, wenn es keine Prognosen gäbe? Unternehmerisches und wirtschaftspolitisches Handeln ist zu einem großen Teil in die Zukunft gerichtet, man denke an die Investitionsentscheidungen von Unternehmen oder an die Finanzplanung des Staates (z. B. Steuerschätzungen). Im Rahmen der wirtschaftspolitischen Beratung ist ein Zweck der Konjunkturprognosen etwaige wirtschaftliche Fehlentwicklungen aufzuzeigen und so zu signalisieren, dass Handlungsbedarf besteht; steuert die Wirtschaftspolitik tatsächlich entgegen, ist es nur folgerichtig, dass die prognostizierte Entwicklung nicht eintritt (Selbstzerstörung einer Prognose). Aus all den vorgenannten Gründen besteht entsprechender Informationsbedarf bei den am Wirtschaftsprozess Beteiligten; Konjunkturprognosen sind deshalb für ihre Planungen und Entscheidungen unentbehrlich. Prognosen können zwar die Unsicherheit über die Zukunft nicht beseitigen, sie können sie aber, insbesondere wenn die Rahmenbedingungen und Risikoabwägungen beachtet werden, reduzieren und dadurch helfen, rationale Entscheidungen zu treffen. Daraus erklärt sich schließlich das trotz weitverbreiteter Skepsis und Kritik nach wie vor große Interesse an Prognosen.

Jörg Hinz: Konjunkturprognosen: Falsche Erwartungen an Treffgenauigkeit. In: Wirtschaftsdienst, Februar 2005, S. 122 f.

Wie sicher sind wirtschaftliche Prognosen?

Der Sachverständigenrat hat in einem früheren Gutachten zur Sicherheit von Konjunkturprognosen Stellung genommen:
Seinem gesetzlichen Auftrag entsprechend hat der Sachverständigenrat in seinem Jahresgutachten nicht nur die jeweilige gesamtwirtschaftliche Lage, sondern auch die voraussehbare Entwicklung darzustellen. Prognosen der wirtschaftlichen Entwicklung sind, darauf haben wir immer wieder mit Nachdruck hingewiesen, selbst für einen relativ kurzen und, wie man vielfach meint, überschaubaren Zeitraum mit großen Risiken behaftet. […]
Die Reaktionen in der Öffentlichkeit auf die Prognosen des Rates wie auf Prognosen im Allgemeinen, veranlassen uns zu einer Vorbemerkung über die Problematik gesamtwirtschaftlicher Vorausschätzungen. Hierbei geht es uns nicht darum, einen Freispruch für frühere und künftige Fehlprognosen zu erwirken. Vielmehr sollen falsche Vorstellungen darüber korrigiert werden, was Konjunkturprognosen zu leisten vermögen und was nicht. Entgegen manchen Vorstellungen, die da und dort bestehen mögen, kann man nicht erwarten, dass irgendjemand, auch nicht ein Gremium, in der Lage ist, die künftige wirtschaftliche Entwicklung vorauszusehen. Wir können nur die Entwicklungen, die unsere Wirtschaft in der Zukunft nehmen könnte, der Reihe nach überprüfen, um aus dem weiten Bereich der Möglichkeiten jene Zukunftshypothese herauszufinden, die am besten mit den uns bekannten Tatsachen und Theorien in Einklang steht und die wir deshalb als unsere beste Setzung ansehen. Sie ist eine Projektion, der wir zwar eine größere Wahrscheinlichkeit beimessen als anderen, die aber nicht einmal eine hohe Wahrscheinlichkeit zu besitzen braucht […]. Wer verlangt, dass eine Prognose die künftige Entwicklung zuverlässig trifft, verwechselt Prognose mit Prophetie.
Um es deutlich zu machen: Wir schätzen unsere Möglichkeiten zur Voraussicht wegen der Begrenztheit des Zukunftswissens nur gering ein. Was wir allenfalls können ist, wahrscheinliche Entwicklungen darzulegen; nicht weil wir überzeugt davon wären, dass eine bestimmte Entwicklung unter allen Umständen eintreten wird, sondern um anzuzeigen, welche konjunkturpolitische Bedeutung darin liegt, dass sie wahrscheinlich geworden ist. In vielen Fällen müssen wir sogar wünschen, dass die Ereignisse unsere Vorhersagen nicht bestätigen. Das gilt vor allem für Fehlentwicklungen, die sich durch ein vorbeugendes Verhalten der Wirtschaftspolitik und der sozialen Gruppen vermeiden lassen.
Gewiss kann man sich fragen, ob man angesichts dieser Unsicherheit nicht auf Prognosen überhaupt verzichten solle. Es gibt jedoch keine Wahl. Denn Entscheidungen sind

1 Analogie – Entsprechung, Ähnlichkeit von Erscheinungen, Entwicklungen

unumgänglich und planvolles Handeln, sei es bei den Privaten, sei es beim Staat, verlangt nach Vorstellungen über die künftige Entwicklung. Prognosen erfüllen ihren Zweck, wenn sie das Ausmaß der Ungewissheit verringern.
Jede **wissenschaftliche Prognose** beruht auf statistischen Informationen, theoretischem Wissen und praktischen Erfahrungen, die sich gegenseitig ergänzen aber nicht ersetzen. Sie ist wertlos, wenn sie sich nur auf Theorien und oder nur auf Erfahrungen mit zyklischen Bewegungen gründet, aber die Fakten ignoriert; statistische Informationen hingegen helfen wenig, wenn sie nicht durch Vorstellungen über konjunkturelle Wirkungszusammenhänge verknüpft werden.
Die wichtigste Voraussetzung für eine zutreffende Konjunkturprognose ist die zutreffende **Diagnose**; die Prognose ist die Fortentwicklung der Diagnose in die Zukunft. Viele Prognoseirrtümer resultieren bereits aus einer falschen Einschätzung der Ausgangslage. Ein Grund hierfür ist der Mangel an statistischen Informationen. […] Zudem fallen viele Informationen, gemessen an den Bedürfnissen der Prognose, zu spät an; im günstigen Fall sind sie vier bis sechs Wochen hinter der tatsächlichen Entwicklung zurück. So muss sich der Sachverständigenrat bei seinen Arbeiten für das Jahresgutachten überwiegend auf Daten stützen, die nur bis September, in manchen Fällen auch nur bis August reichen. Zudem muss in Rechnung gestellt werden, dass wichtige Daten häufig im Nachhinein korrigiert werden, was ihren diagnostischen und prognostischen Wert mindert. Wo Informationen für eine Prognose fehlen, müssen an ihre Stelle Hypothesen treten. Dies gilt vor allem in Bezug auf das Verhalten der privaten Investoren und Verbraucher, deren Entscheidungen in einem marktwirtschaftlichen System weitgehend autonom getroffen werden und die daher nur schwer vorhersehbar sind. Prognosen können immer nur so gut sein, wie die **Hypothesen**, auf denen sie beruhen.
Aus früheren Konjunkturzyklen haben wir zwar Anhaltspunkte dafür, wie sich die Wirtschaftssubjekte in bestimmten konjunkturellen Situationen verhalten, doch steht dahinter keine einfache Gesetzmäßigkeit. Die Konjunkturanalogie[1] ist kein zuverlässiger Ratgeber. Das gilt vor allem in Phasen, in denen abrupte Datenänderungen eine Veränderung in den Verhaltensweisen zur Folge haben: […] Selbst über das Verhalten der öffentlichen Stellen besteht kein hinreichendes Maß an Voraussehbarkeit. Zwar sollen diese ihre Haushaltspläne vor Beginn eines Jahres beschließen, doch geschieht das nicht immer. Zudem bieten die Haushaltspläne keine Gewähr dafür, dass sie auch eingehalten werden. So überschreiten die Ausgaben häufig die Ansätze, wenn die Steuern reichlicher als erwartet fließen, oder unterschreiten sie, wenn die Steuern stark hinter den Erwartungen zurückbleiben.
Die falschen Vorstellungen über die Leistungsfähigkeit von Konjunkturprognosen werden wahrscheinlich auch dadurch begünstigt, dass derartige Prognosen zumeist in der Form der Volkswirtschaftlichen Gesamtrechnungen präsentiert und damit in Zahlen ausgedrückt werden. Das geschieht, um die Vorstellungen über den zukünftigen Konjunkturverlauf auf ihre Konsistenz zu prüfen. Solche Zahlen täuschen eine Exaktheit vor, die ihnen nicht zukommt. In der öffentlichen Diskussion entwickeln sie häufig ein Eigenleben, losgelöst von den Annahmen, unter denen sie zustande gekommen sind. In Wirklichkeit sind sie jedoch nichts anderes als Rechengrößen, mit denen die Grundrichtung und das ungefähre Tempo der Entwicklung skizziert werden sollen mit einem mehr oder weniger breiten Unsicherheitsbereich nach beiden Seiten; eine Punktprognose ist streng genommen wissenschaftlich gar nicht möglich.

Jahresgutachten des Sachverständigenrates zur Begutachtung der gesamtwirtschaftlichen Entwicklung 1975/76. Bundestagsdrucksache, S. 109 f.

1. Stellen Sie die Gründe thesenförmig zusammen, die der Sachverständigenrat für die Unsicherheit von Konjunkturprognosen anführt. Sollte man auf Prognosen ganz verzichten?

Lernkontrolle

Stichwortsammlung

Kreislauf
- Francois Quesnay
- einfacher Wirtschaftskreislauf
- ex-post
- ex-ante
- Verhaltens- und Definitionsgleichungen
- Faktorleistungen
- Geldkreislauf
- Güterkreislauf
- input
- output

Entstehungsrechnung
- Produktionswert
- Vorleistungen
- Bruttowertschöpfung
- Gütersteuern
- Gütersubventionen
- Bruttoinlandsprodukt
- Faktorkosten

Verwendungsrechnung
- gesamtwirtschaftliche Nachfrage
- private Konsumausgaben
- Konsumausgaben des Staates
- Bruttoinvestitionen
- Außenbeitrag
- Export
- Import

Verteilungsrechnung
- Bruttonationaleinkommen
- Abschreibungen
- Nettonationaleinkommen
- Produktions- und Importabgaben an den Staat
- Subventionen vom Staat
- Volkseinkommen
- Arbeitnehmerentgelte
- Unternehmens- und Vermögenseinkommen

BIP als Wohlstandsindiaktor
- Schattenwirtschaft
- Schwarzarbeit
- Eigenproduktion
- Glücksforschung
- sozialer Frieden
- Umweltbelastungen
- Human Development Index

Prognosen
- Konjunkturprognose
- bedingte Aussage
- Zukunftshypothese
- Zukunftswissen
- Unsicherheit
- Treffgenauigkeit
- Prophetie
- Diagnose
- Konjunkturzyklus

Zahlungsbilanz und Zahlungsbilanzausgleich
- Zahlungsbilanz
- ex-post-Erfassung
- Leistungsbilanz
- Handelsbilanz
- Dienstleistungsbilanz
- Bilanz der Erwerbs- und Vermögenseinkommen
- Bilanz der unentgeltlichen Leistungen (laufende Übertragungen)
- Bilanz der Vermögensübertragungen
- Kapitalbilanz
- Devisenbilanz

Veränderung der Währungsreserven der Zentralbank
- Kapitalexport
- Kapitalimport
- Zahlungsbilanzausgleich
- Leistungsbilanzausgleich
- Leistungsbilanzdefizit
- Währungskrise
- Überschuss der Leistungsbilanz
- Zahlungsbilanz des Euroraums

4 Instabilitäten marktwirtschaftlicher Entwicklung – Konjunktur- und Wachstumszyklen

In Kapitel 3 wurde in Grundzügen die VGR dargestellt, durch die die Daten zur wirtschaftlichen Entwicklung einer Volkswirtschaft ermittelt werden. Analysen der Daten im Zeitverlauf zeigen, wie bereits in Abschnitt 2.1 dargestellt, dass sich die wirtschaftliche Entwicklung einer Volkswirtschaft, gemessen an den Wachstumsraten des realen BIP, nicht stetig, sondern in mehr oder weniger ausgeprägten Schwankungen vollzieht. Wenn die wirtschaftliche Entwicklung einer Volkswirtschaft analysiert wird, sind zwei Betrachtungsweisen zu unterscheiden:

- Konjunkturanalysen greifen die kurzfristigen Änderungen der wirtschaftlichen Aktivität auf,
- Wachstumsanalysen untersuchen die langfristigen Änderungen der wirtschaftlichen Entwicklung.

Das Kapitel 4 informiert im Abschnitt 4.1 über die kurzfristigen Konjunkturschwankungen, wie sie sich typischerweise im Konjunkturzyklus manifestieren, und analysiert, durch welche Bestimmungsgrößen die Konjunkturschwankungen hervorgerufen werden. Im Abschnitt 4.2 werden die Bestimmungsgrößen für den langfristigen Wachstumsprozess dargestellt. Ferner wird der Frage nachgegangen, welche langfristigen Wachstumszyklen sich beobachten lassen.

Mit diesem Kapitel können Sie folgende Ziele erreichen …
- den Konjunkturzyklus im Modell mit seinen idealtypischen Ausprägungen erläutern,
- Konjunkturzyklen in Deutschland analysieren,
- unterschiedliche Möglichkeiten der Abgrenzung von Konjunkturphasen unter dem Aspekt der Zweckmäßigkeit beurteilen,
- unterschiedliche Definitionen des Rezessionsbegriffs kennen,
- die Bedeutung der Komponenten der gesamtwirtschaftlichen Nachfrage als Zyklusdämpfer oder Zyklusverstärker anhand statistischer Ergebnisse der Verwendungsrechnung klassifizieren,
- die Bedeutung des Produktionspotentials für den Wachstumsprozess erklären,
- die Entwicklung des Produktionspotentials in Deutschland analysieren,
- Faktoren, die den langfristigen Wachstumsprozess bestimmen, erläutern,
- Wachstumszyklen beschreiben und kritisch hinterfragen,
- den Einfluss der Investitionen auf Konjunktur und Wachstum erklären.

4.1 Konjunkturschwankungen

Das Auf und Ab der Wirtschaft hat immer wieder die Menschen beschäftigt, wenn von den Auswirkungen viele in ihrer Existenz bedroht wurden, wie z. B. in der **Weltwirtschaftskrise** und der **Finanzmarktkrise** ab 2007. Aber auch schon in vorindustriellen Zeiten kam es zu schweren wirtschaftlichen Krisen. Bekannt sind die sieben fetten und sieben mageren Jahre des Alten Testaments und Josephs Vorsorge für die kommende Notzeit. Diese vorkapitalistischen Krisen hatten ihre Ursachen in Missernten, Kriegen, Seuchen, aber auch schon in Spekulationen, wie beispielsweise bei der Tulpenkrise (1636 – 1639), bei der für eine Tulpenzwiebel der unvorstellbare Preis von bis zu 1500 Gulden bezahlt wurde. Als die Spekulationsblase platzte, führte der Preissturz zu einem allgemeinen wirtschaftlichen Zusammenbruch, weil aufgenommene Kredite nicht zurückgezahlt werden konnten. Die heute zu beobachtenden Schwankungen der wirtschaftlichen Aktivität in marktwirtschaftlichen Systemen sind überwiegend anderer Art, für die es viele Erklärungsversuche gibt. In diesem Abschnitt sind jedoch nicht die Erklärungen Gegenstand der Analyse, sondern die typischen Erscheinungsformen von Konjunkturschwankungen.

4.1.1 Konjunkturzyklus im Modell

Wirtschaftliche Entwicklung vollzieht sich nicht stetig, sondern eher in Bewegungen eines Schaukelstuhls, wobei das Auf und Ab mal stärker oder schwächer ausgeprägt sein kann. Hier geht es nicht um die möglichen Ursachen dieser Schwankungen (vgl. dazu Kapitel 5 und 6), sondern um die Phasen, die sich typischerweise, wenn von den Besonderheiten der realen Entwicklung abstrahiert wird, feststellen lassen. Durch welche Merkmale sind die Konjunkturphasen gekennzeichnet?
In diesem Abschnitt werden die konjunkturellen Bewegungen dargestellt. Da diese eine gewisse Regelmäßigkeit erkennen lassen, ist es üblich, in Anlehnung an die Physik die wirtschaftliche Entwicklung wellenförmig in einer Art Sinuskurve darzustellen, die sich zyklisch wiederholt. Modellhaft wird ein solcher Konjunkturzyklus in verschiedene Phasen aufgeteilt, die durch charakteristische wirtschaftliche Phänomene gekennzeichnet sind. Üblicherweise werden vier Phasen unterschieden, deren Bezeichnung jedoch nicht einheitlich ist: **Aufschwung (Expansion), Hochkonjunktur (Boom), Abschwung (Stagnation, Rezession), Krise (Depression)**.

M 1

Phasen des Konjunkturzyklus

Die Inflation, das Wachstum und die Arbeitslosigkeit sind durch den Konjunkturzyklus miteinander verbunden. Der Konjunkturzyklus ist das mehr oder weniger regelmäßige Muster von Expansionen bzw. von Aufschwüngen (Erholungen) und Kontraktionen (Rezessionen) der wirtschaftlichen Aktivität um den Pfad eines Wachstumstrends herum. Auf einem Gipfel des Zyklus ist relativ zum Trend die wirtschaftliche Aktivität hoch, und in einem Tal des Zyklus ist der niedrigste Punkt wirtschaftlicher Aktivität erreicht. Die Inflation, das Wachstum und die Arbeitslosigkeit weisen alle deutliche zyklische Muster auf. Im Moment konzentrieren wir uns auf die Messung des Verhaltens des Outputs oder des BIPs relativ zum Trend über den Konjunkturzyklus hinweg.
Die aufwärtsgerichtete Linie in der Abbildung „Der Konjunkturzyklus“ zeigt den Trendpfad des realen BIPs. **Der Trendpfad des BIPs** gibt den BIP-Pfad an, dem das BIP folgenden würde, wenn alle Produktionsfaktoren vollbeschäftigt wären. […] Das reale BIP (wird sich) im Laufe der Zeit aus zwei Gründen verändern. Erstens, es werden mehr **Ressourcen** verfügbar: Die Größe der Bevölkerung nimmt zu, die Unternehmen kaufen Maschinen oder errich-

Der Konjunkturzyklus

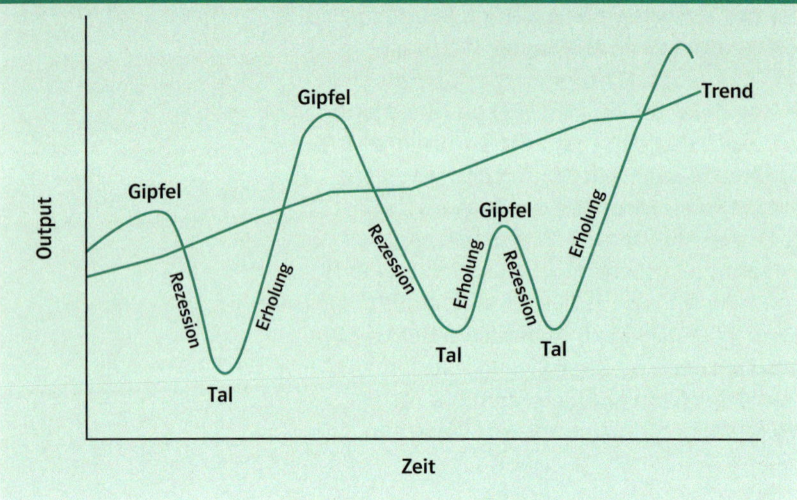

ten Fabriken, der Boden wird für den Anbau verbessert, der Kenntnisstand erhöht sich, wenn neue Güter oder neue Produktionsmethoden erfunden und eingeführt werden. Diese erhöhte Verfügbarkeit der Produktivkräfte erlaubt es der Volkswirtschaft, mehr Güter und Dienstleistungen zu erzeugen, was in einem ansteigenden Trendniveau des Outputs resultiert.

Zweitens, die Faktoren werden aber nicht die ganze Zeit voll genutzt. Die Vollbeschäftigung der Produktionsfaktoren ist ein wirtschaftliches und kein physisches Konzept. Physisch gesehen ist Vollbeschäftigung der Arbeit dann gegeben, wenn alle Arbeitskräfte während des gesamten Jahres pro Tag 16 Stunden arbeiten. Ökonomisch bedeutet die Vollbeschäftigung der Arbeit, dass jedermann, der Arbeit sucht, einen Arbeitsplatz innerhalb eines angemessenen Zeitraums finden kann. Da die wirtschaftliche Definition nicht präzise ist, definieren wir üblicherweise die Vollbeschäftigung der Arbeit durch eine Übereinkunft, dass beispielsweise die Arbeit dann als vollbeschäftigt gilt, wenn die Arbeitslosenquote 5,5 Prozent beträgt. Ähnlich ist das Kapital im physischen Sinne nie voll beschäftigt; dies gilt beispielsweise für Verwaltungsgebäude oder Vorlesungsräume, die einen Teil des Kapitalstocks ausmachen, aber nur zu bestimmten Zeiten eines Tages genutzt werden.

Der Output ist nicht immer auf seinem Trendniveau, d.h. auf einem Niveau, das der (ökonomischen) Vollbeschäftigung der Produktionsfaktoren entspricht. Vielmehr schwankt der Output um seinen Trend herum. Während eines Aufschwungs (oder einer Erholungsphase) steigt die Beschäftigung der Produktionsfaktoren, und dies ist eine Quelle der wachsenden Produktion. Die Produktion kann über den Trend hinaus steigen, weil die Wirtschaftssubjekte Überstunden leisten und Maschinen in mehreren Schichten genutzt werden. Umgekehrt erhöht sich während einer Rezession die Arbeitslosigkeit und es wird weniger produziert, als tatsächlich mit den gegebenen Ressourcen und der gegebenen Technologie produziert werden könnte. Die wellige Linie in der Abbildung zeigt diese zyklischen Abweichungen der Produktion vom Trend. Diese Trendabweichungen der Produktion heißen Produktionslücke (Outputlücke).

Rüdiger Dornbusch, Stanley Fischer, Richard Stratz: Makroökonomik. 8. Aufl., München, Wien 2003, S. 17 f.

M 2

Aufschwung und Boom

Konjunkturaufschwung: Im Konjunkturaufschwung steigen die Beschäftigung, Einkommen, Steueraufkommen und auch – zunächst zwar nur zögernd – die Lohnsätze, weil die Nachfrage in der Volkswirtschaft insgesamt steigt. Die Gewinnerwartungen der Unternehmer, die bis dahin negativ waren, werden aufgrund der positiven Entwicklung der genannten ökonomischen Variablen optimistischer, Investitionen, die als zu riskant erschienen, weil die Absatzlage ungünstig war und freie Produktionskapazitäten existierten, werden günstiger beurteilt und daher durchgeführt. Dadurch erhöht sich wiederum die Produktion, die Beschäftigung, das Volkseinkommen, das Steueraufkommen und, daraus resultierend, die gesamtwirtschaftliche Nachfrage. Produktion und Nachfrage haben in dieser Phase die Tendenz, sich gegenseitig „aufzuschaukeln". Durch die zusätzliche Nachfrage werden die bestehenden Produktionskapazitäten immer besser ausgeschöpft. Die Preissteigerungsrate wird zunächst nur allmählich ansteigen, da noch unausgenutzte Produktionskapazitäten vorhanden sind, so dass der höheren Nachfrage durch eine steigende Güterproduktion

begegnet werden kann. Die Zuwachsrate des realen Bruttoinlandsprodukts ist relativ hoch, da in der voraufgegangenen Rezessionsphase durch Rationalisierungsmaßnahmen die Ergiebigkeit der Produktion (Produktivität) gesteigert wurde und nicht genutzte Kapazitäten wieder eingesetzt werden können.
Hochkonjunktur (Boom): Der Aufschwung setzt sich weiter fort. Es stellen sich jedoch in zunehmendem Maße in den verschiedenen Industriezweigen Engpässe ein, da die Produktionskapazitäten voll ausgelastet sind. Die Produktion kann nicht mehr durch die Auslastung freier Kapazitäten gesteigert werden, deshalb führt die Nachfragesteigerung zu einer Erhöhung des Preisniveaus. Die Gewerkschaften setzen höhere Tariflöhne durch. Wegen der Erhöhung der Einkommen können die höheren Lohnkosten über Preissteigerungen weitergegeben werden (Lohn-Preis-Spirale). Das Preisniveau steigt stärker, die Verteuerung der Waren kann zu einem Rückgang der Exporte und zu steigenden Importen führen.

Uwe Taenzer

M 3

Konjunkturabschwung und Rezession

Konjunkturabschwung: Ist der Gipfel erreicht, geht der Boom allmählich in die Abschwungphase über. Ähnlich, wie sich im Aufschwung die Antriebskräfte gegenseitig unterstützen, setzt nun eine Abwärtsbewegung der wirtschaftlichen Aktivität ein, die dazu tendiert, sich zu verstärken. Die sinkende gesamtwirtschaftliche Nachfrage führt zu einer geringeren Auslastung der Produktionskapazitäten, die Wachstumsrate des BIP sinkt, bleibt aber positiv. Investitionspläne der Unternehmen werden wegen der nicht ausgelasteten Kapazitäten verschoben. Es kommt in der Investitionsgüterindustrie zu Auftragsmangel, Kurzarbeit und Entlassungen. Der Abschwung ist der Beginn der Rezession.
Rezession: Die verringerten Einkommen und die Furcht der Beschäftigten vor einem Anwachsen der Arbeitslosigkeit führen zu einer sinkenden Konsumgüternachfrage. Dadurch wird auch die Produktion in der Konsumgüterindustrie eingeschränkt. Die Arbeitslosigkeit verstärkt sich, ein weiterer Rückgang der gesamtwirtschaftlichen Nachfrage ist die Folge. Die Gewinne der Unternehmen schrumpfen, wodurch die Investitionsbereitschaft zusätzlich gedämpft wird. In dieser Phase sinken die Steuereinnahmen des Staates, seine durch die Arbeitslosigkeit bedingten Ausgaben steigen. Ist die Rezession so stark, dass die Wachstumsrate des BIP negativ wird, wird auch von einer Krise oder gelegentlich auch von einer Depression gesprochen. (Die Begriffe Rezession, Krise und Depression werden teilweise synonym gebraucht, ebenso werden die Begriffe Rezession und Abschwung in gleichem Sinne gebraucht). Die private Nachfrage hat ein relativ niedriges Niveau erreicht. Die Kapazitätsauslastung ist so gering, dass teilweise sogar die abgenutzten Maschinen nicht mehr ersetzt werden. Die Zahl der Firmenzusammenbrüche nimmt zu. Die Arbeitslosenquote ist hoch, die Inflationsrate wird rückläufig aufgrund der geringen Nachfrage. Schließlich ist ein so niedriges Niveau der wirtschaftlichen Aktivität erreicht, dass der Schrumpfungsprozess zum Stillstand kommt, der untere Wendepunkt, die „Talsohle", ist erreicht und damit der Umschlag zu einem neuen Expansionsprozess.

Uwe Taenzer

1. Erläutern Sie, durch welche Faktoren der Trendoutput bestimmt wird (M 1).
2. Inwiefern kann der Output über dem Trendoutput liegen (M 1)? Erläutern Sie in diesem Zusammenhang den Begriff der Outputlücke (vgl. auch Kap. 2.1, M 9).
3. Ordnen Sie die in M 2 und M 3 beschriebenen Merkmale der Konjunkturphasen dem in M 1 dargestellten Schaubild zu.
4. In M 3 wird von sinkenden und negativen Wachstumsraten des BIP gesprochen. Worin unterscheiden sie sich in Bezug auf die absoluten Werte für das reale BIP?

4.1.2 Konjunkturzyklen in Deutschland

Die Wirtschaftspolitik hat es nicht geschafft, das in § 1 StWG festgelegte Ziel eines „stetigen" Wachstums zu erreichen. Erkennbar sind Konjunkturzyklen mit mehr oder weniger stark ausgeprägten Phasen. Wie lassen sich diese voneinander abgrenzen?

M 4

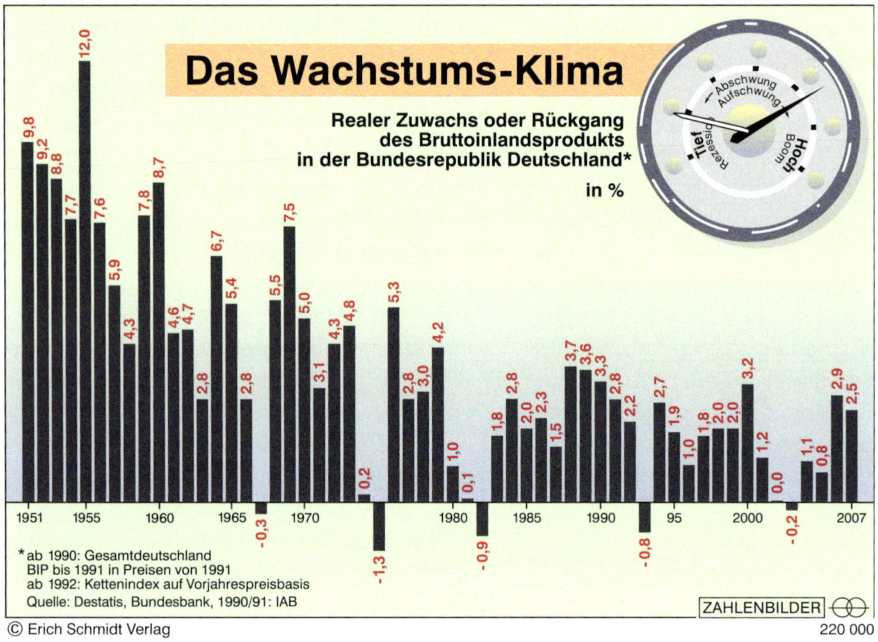

M 5

Schwankungen in der inländischen Nachfrage und des Außenbeitrags

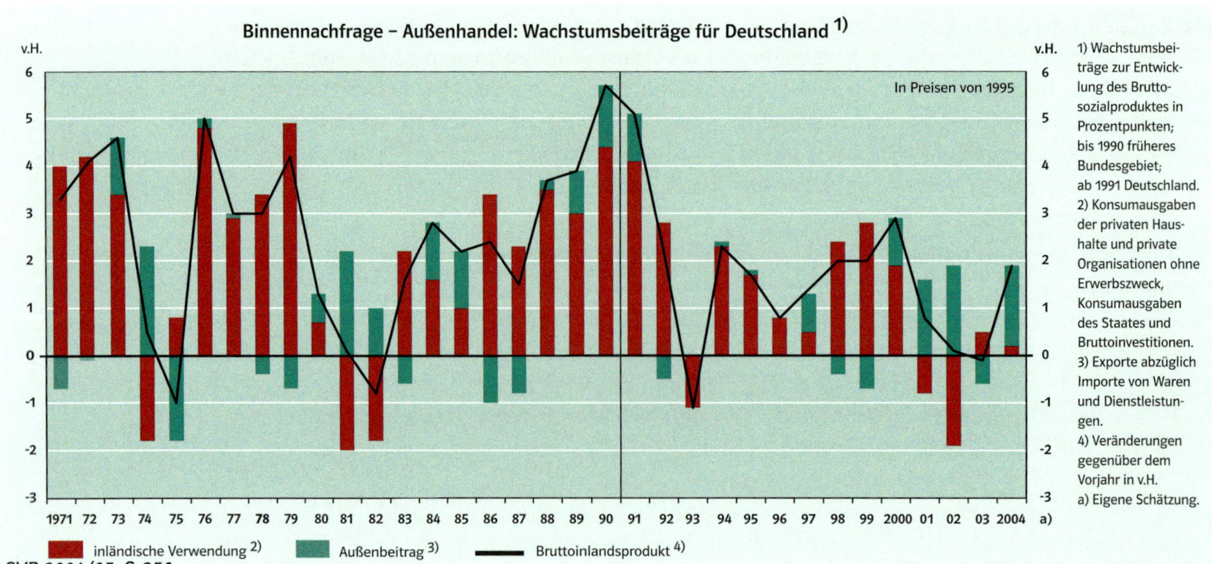

SVR 2004/05, S.350

M 6

Vergleich konjunktureller Schwächephasen

Die zurückliegende Stagnation war gleichermaßen gekennzeichnet von einer schwachen Dynamik einzelner Komponenten der **aggregierten Nachfrage** sowie von einem schwachen Potentialwachstum. Im Vergleich zu früheren konjunkturellen Schwächephasen mündete der Abschwung jedoch nicht in eine Rezession, sondern in eine **persistente Stagnation**[1]: Markante Einbrüche des Bruttoinlandsprodukts, wie in den Jahren 1975, 1982 und 1993, waren in den Jahren 2001 bis 2003 nicht zu beobachten. Während in den konjunkturellen Schwächephasen der siebziger und neunziger Jahre jedoch eine Belebung bereits nach wenigen Quartalen einsetzte, wies die jüngste Schwächephase, vergleichbar mit der in den achtziger Jahren, ein beachtliches Beharrungsvermögen auf (vgl. Tabelle).

Den zyklischen Schwächephasen in den Jahren 1980 bis 1982 und 2001 bis 2003 folgte eine konjunkturelle Erholung, die wesentlich vom Außenbeitrag angestoßen und getragen wurde. Dieses Muster der konjunkturellen Erholung ließ sich im Anschluss an die Jahre 1974 bis 1975 beziehungsweise 1992 bis 1993 in dieser Form nicht beobachten: Obschon in der Folge der genannten rezessiven oder stagnativen Perioden die Exporte von Waren und Dienstleistungen jeweils kräftig zulegten, trug der Außenbeitrag in den Jahren 1976 und 1994 lediglich mit 4,0 v.H. beziehungsweise 3,9 v.H. zum Zuwachs des Bruttoinlandsprodukts bei, während sich dieser Beitrag im Jahr 1984 auf 43,2 v.H. und im Jahr 2004 auf rund 90 v.H. belief. [...]

Ein markanter Unterschied zu den Rezessionen der siebziger und neunziger Jahre lag im schwachen privaten Konsum. Vergleichbar mit den achtziger Jahren, aber anders als in den Rezessionsphasen der siebziger und neunziger Jahre, wiesen die privaten Konsumausgaben in den Jahren 2001 bis 2003 eine nur sehr schwache Dynamik auf, und im Unterschied zur konjunkturellen Erholung in den vorausgegangenen Perioden trugen die privaten Konsumausgaben im Jahr 2004 nicht zur konjunkturellen Erholung bei. Während die Entwicklung der privaten Konsumausgaben in den Jahren 2001 bis 2003 durch den Anstieg der **Sparquote**[2] gedämpft wurde, war ihr geringer Zuwachs in diesen Jahren maßgeblich auf die schwache Zunahme des verfügbaren Einkommens zurückzuführen.

Die privaten Ausrüstungsinvestitionen entwickelten sich in der jüngsten Stagnationsphase ebenfalls schwach, wobei insbesondere der Rückgang zu Beginn der konjunkturellen Abkühlung markant ausfiel. Ähnlich kräftig war der Rückgang Mitte der siebziger Jahre – der Abschwung der Ausrüstungsinvestitionen setzte dabei bereits vor Beginn der Schwächephase ein –, während er in den Jahren 1980 bis 1982 nicht ganz so ausgeprägt ausfiel. Die Investitionstätigkeit in den Jahren 1992 bis 1993 war noch stärker rückläufig. Wesentliche Ursachen des Einbruchs in den Jahren 2001 bis 2003, dem eine Phase kräftiger Zuwächse der Ausrüstungsinvestitionen vorausgegangen war, lagen sowohl in einer deutlichen Verschlechterung des gesamtwirtschaftlichen Umfelds als auch in Anpassungen der Finanzierungsstruktur der Unternehmen im Anschluss an die Kurseinbrüche an den Aktienmärkten. [...]

Die Investitionsausgaben des Staates waren in der zurückliegenden Stagnation ebenfalls rückläufig, weder die öffentlichen Ausrüstungsinvestitionen noch die öffentlichen Bau-

Konjunkturelle Schwächephasen[1]
Durchschnittlich jährliche Veränderung in v. H.[2]

	1974 bis 1975	1980 bis 1982	1992 bis 1993	2001 bis 2003
Bruttoinlandsprodukt	– 0,3	0,2	0,4	0,3
Konsum (Ausgabenkonzept)	2,8	0,3	1,6	0,5
Private Haushalte[3]	2,1	– 0,2	1,2	0,3
Staat	4,9	1,79	2,5	1,0
Bruttoanlageinvestitionen (ohne Staat)	– 9,3	– 2,1	– 1,0	– 6,2
Ausrüstungsinvestitionen	– 6,7	– 3,9	– 10,7	– 7,3
Bauinvestitionen	– 11,0	– 1,3	6,1	– 6,5
Bruttoanlageinvestitionen des Staates	5,5	– 6,3	2,2	– 4,2
Ausrüstungsinvestitionen	11,0	– 12,2	– 3,6	– 3,6
Bauinvestitionen	4,9	– 5,8	3,0	– 4,7
Exporte (Waren und Dienstleistungen)	2,6	5,2	– 3,7	4,0

1) Die Datierung der konjunkturellen Schwächephasen beruht auf einer Reihe von empirisch geschätzten Output-Lücken, wobei die Output-Lücke definiert ist als relative Abweichung des Bruttoinlandsprodukts vom Produktionspotential. Der Beginn einer konjunkturellen Schwächephase wird hierbei durch einen markanten Rückgang der Output-Lücke angezeigt. 2) Für den angegebenen Zeitraum errechnet aus den saison- und kalenderbereinigten Vierteljahreswerten in Preisen von 1995. 3) Einschließlich private Organisationen ohne Erwerbszweck.

1 persistente Stagnation – anhaltender, hartnäckiger Stillstand der gesamtwirtschaftlichen Entwicklung

2 Sparquote – Anteil des Sparens am verfügbaren Einkommen, entspricht der durchschnittlichen Sparquote

investitionen stützten die gesamtwirtschaftliche Entwicklung. Das zyklische Muster der öffentlichen Ausrüstungsinvestitionen und Bauinvestitionen ähnelte vielmehr der Entwicklung in den achtziger Jahren, wenngleich der zuletzt zu beobachtende Rückgang etwas weniger stark ausfiel. Gestützt wurde die konjunkturelle Entwicklung hingegen von den Konsumausgaben des Staates, die wie in den vorausgegangenen Schwächeperioden weiter zunahmen, obschon die Zuwächse geringer ausfielen als in den vergleichbaren Perioden zuvor.

Die Beschreibung einzelner Konjunkturzyklen illustriert Unterschiede und Gemeinsamkeiten der konjunkturellen Schwäche- und Erholungsphasen. Gleichwohl ist eine solche Beschreibung insofern unvollständig, als zunächst offen bleibt, von welchen Faktoren die konjunkturelle Schwäche ausgelöst wurde.

Jahresgutachten 2004/2005 des Sachverständigenrates zur Begutachtung der gesamtwirtschaftlichen Entwicklung. Bundestagsdrucksache 15/4300, S. 132–134

1. Erläutern Sie das Schaubild M 4. Wie viele Konjunkturzyklen können Sie identifizieren? Ermitteln Sie die Dauer einzelner Konjunkturzyklen und notieren Sie dabei protokollartig die auftauchenden Schwierigkeiten.
2. Wodurch unterscheiden sich die Zyklen tendenziell in den einzelnen Jahrzehnten (M 4)?
3. Erörtern Sie, inwieweit die empirischen Befunde zur wirtschaftlichen Entwicklung dem Modell des Konjunkturzyklus entsprechen (M 1 – M 6).
4. Analysieren Sie den Einfluss der inländischen Nachfrage und des Außenbeitrags auf die Konjunkturschwankungen (M 5).
5. Erarbeiten Sie, wodurch sich die konjunkturelle Schwächephase 2001–2003 von früheren Schwächephasen unterscheidet (M 6).

4.1.3 Abgrenzungsprobleme von Konjunkturphasen

In den Medien werden Begriffe wie Rezession mit unterschiedlichem Verständnis verwendet. Die Materialien gehen auf diese Unterschiede ein und greifen die Frage auf, wie sich die Konjunkturphasen voneinander abgrenzen lassen.

M 7

Abgrenzung von Konjunkturphasen

In der Realität ergeben sich Schwierigkeiten, die einzelnen Phasen eines Konjunkturzyklus klar voneinander abzugrenzen. Es ist z. B. nicht möglich zu sagen, zu welchem Zeitpunkt der Aufschwung in den Boom übergeht. Deshalb werden für Arbeiten auf empirischer Grundlage andere Einteilungen des Konjunkturzyklus vorgenommen. So werden z. B. nur eine Aufschwung- und eine Abschwungphase unterschieden. Eine einfache Abgrenzung der Aufschwung- und Abschwungphase ergibt sich, wenn von den Veränderungen der Wachstumsrate des realen Bruttoinlandsprodukts (d_{wt}) gegenüber der Wachstumsrate der Vorperiode/Vorquartal oder -jahr (w_{t-1}) ausgegangen wird: $d_{wt} = w_t - w_{t-1}$. Fällt die Wachstumsrate (w_t) im Vergleich zum Vorperiode, dann ist d_{wt} negativ – auch wenn die Wachstumsrate selber positiv ist –, so befindet sich die Wirtschaft im Konjunkturabschwung. Steigt die Wachstumsrate (w_t) gegenüber der Vorperiode, d_{wt} ist positiv, so befindet sich die Wirtschaft im Konjunkturaufschwung.

Uwe Taenzer

M 8

Horst Siebert, langjähriges Mitglied des SVR, über Abgrenzungsschwierigkeiten von Konjunkturphasen:

Was ist eine Rezession?

Die Klassifikation von Konjunkturphasen ist nicht einfach. Es gibt drei Ansätze:

1) Man ermittelt die maximale Produktionsmöglichkeit (das Produktionspotential) und untersucht, inwieweit die tatsächliche Produktion davon abweicht. So geht der Sachverständigenrat vor. Das Produktionspotential wird berechnet als die mit den gegebenen Faktoren Arbeit und Kapital maximal mögliche Produktion. Ferner wird eine normale Auslastung des Produktionspotentials ermittelt, die – je nach Konjunkturzyklus – etwa bei knapp 97 v. H. des Potentials liegt. Eine Rezession liegt dann vor, wenn das Bruttoinlandsprodukt

– deutlich unter der Normalauslastung liegt und

– gleichzeitig fällt oder langsamer wächst als das Produktionspotential.

Entsprechend ist ein Boom dadurch gekennzeichnet, dass das Bruttoinlandsprodukt

– deutlich über der Normalauslastung (nahe dem Produktionspotential) liegt und

– schneller steigt als das Potential.

Ein Aufschwung ist nach diesem Ansatz dadurch gekennzeichnet, dass sich die Auslastung verbessert, und zwar sowohl unterhalb als auch oberhalb der Normalauslastung. Analog ist ein Abschwung dadurch charakterisiert, dass der Auslastungsgrad abnimmt, und zwar sowohl oberhalb als auch unterhalb der Normalauslastung. Der kritische Punkt dieses Ansatzes ist, ob das Produktionspotential eindeutig bestimmt werden kann.

2) Der zweite Ansatz besteht darin, einen langfristigen Wachstumspfad zu ermitteln, dem die Volkswirtschaft folgt. Abweichungen von dieser **Trend-Wachstumsrate** stellen dann Auf- und Abschwung bzw. Boom und Rezession dar. In dem Schaubild (M 11) ist dazu ein Wachstumstrend berechnet worden, von dem die Abweichungen definiert werden.

3) Pragmatisch wird von einer Rezession dann gesprochen, wenn in zwei aufeinander folgenden Quartalen die Veränderungsrate des Bruttoinlandsprodukts negativ ist.

Horst Siebert: Einführung in die Volkswirtschaftslehre. 13. Aufl., Stuttgart, Berlin, Köln 2000, S. 388 f.

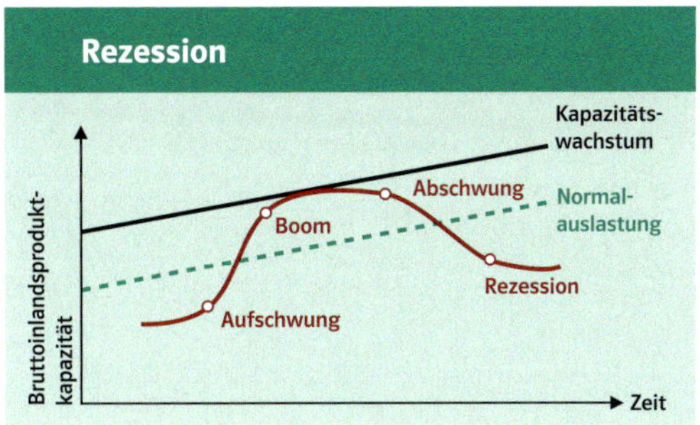

M 9

Wachstumsraten

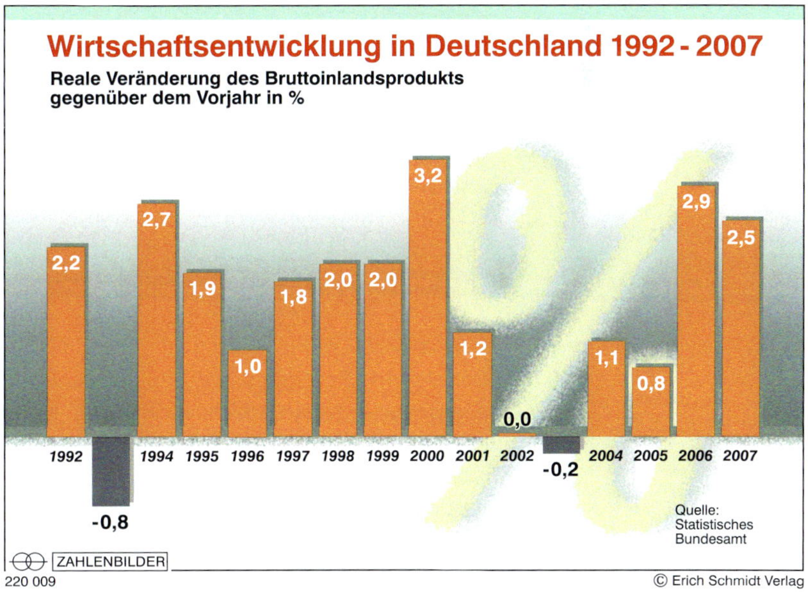

M 10

Konjunkturzyklus und Wachstumstrend

(Im folgenden) Schaubild [...] ist die konjunkturelle Bewegung in Deutschland ab 1970 dargestellt. Dabei ist der Wachstumstrend mit der gleichgewichtigen Wachstumsrate identisch, wenn sich die Nachfrageseite in gleicher Weise entwickelt wie das Produktionspotential. Weicht die Nachfrageseite jedoch in ihrer Entwicklung temporär von dem Zuwachs der Kapazität ab, so ergeben sich Schwankungen

Im Netz finden Sie diese Informationen unter: www. destatis.de/basis/d/vgr/vgrgrafl.php

des Bruttoinlandsprodukts um den langfristigen Wachstumstrend.

Reales Bruttoinlandsprodukt und Wachstumstrend

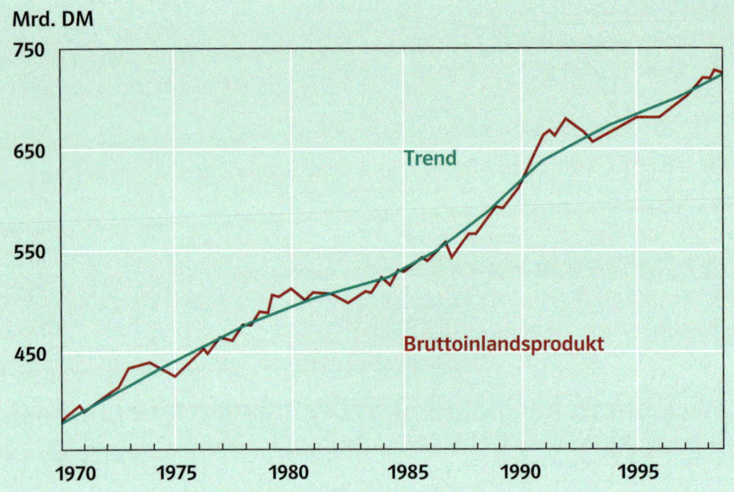

Horst Siebert: Einführung in die Volkswirtschaftslehre. a. a. O., S. 386 f.

M 11

Rezessionsbegriff

Der Begriff „Rezession" wird in der Literatur allerdings unterschiedlich verwendet. Nach unserem Verständnis bezieht sich Rezession (von lat.: recedere = zurückgehen) auf eine Verringerung des betrachteten Wachstumsindikators, also z. B. der Wachstumsrate des realen BIP (andere Interpretationen beziehen sich auf die Auslastung des Produktionspotenzials). Sinkt diese unter die Vorjahreswerte ab, so wächst das Inlandsprodukt zwar noch absolut, aber langsamer bzw. weniger als vorher. In Analogie von „Wachstum" zu „Geschwindigkeit" eines Autos bedeutet Rezession „Bremsen", also eine Verringerung der Geschwindigkeit, wobei das Auto aber noch vorwärts fährt. Eine Rezession ist also eine Verringerung der Wachstumsrate des Inlandsprodukts, was ein absolutes (aber geringeres) Wachstum des Inlandsprodukts nicht ausschließt. Andere Ökonomen vertreten die Auffassung, dass der Begriff Rezession im Gegensatz zu einem bloßen Abschwung mit sinkenden positiven Wachstumsraten einen absoluten Rückgang des BIP, also negative Wachstumsraten voraussetzt (das Auto fährt rückwärts). Diese Interpretation ist zwar verständlich, vor allem aus Politikermund, weil dann von 1983–1992 ein anhaltender Aufschwung vorgelegen hätte, ist aber sachlich falsch: Ich bin vielmehr der Meinung, dass jeder Rückgang der Wachstumsraten des BIP (jede Verringerung der Vorwärtsbewegung), egal ob mit positiven oder negativen Werten, eine Rezession – nur mit unterschiedlicher Schärfe – darstellt. „Aufschwung" impliziert somit „Wachstum", doch kann umgekehrt Wirtschaftswachstum auch in Abschwungphasen vorliegen und ist nicht synonym mit Aufschwung […] Eine positive Wachstumsrate ist folglich nicht zwangsläufig gleichbedeutend mit Aufschwung; hierfür sind „zunehmende" Wachstumsraten erforderlich.

Jörn Altmann: Wirtschaftspolitik. 7. Aufl., Stuttgart 2000, S. 52

1. Erklären und ermitteln Sie anhand von M 9 Auf- und Abschwungphasen und bestimmen Sie entsprechende Konjunkturzyklen aufgrund der in M 7 und M 8 vorgeschlagenen Abgrenzung.
2. Erläutern Sie anhand der Abbildungen in M 10 und M 11 die unterschiedlichen Definitionen der Rezessionsphase.
3. Schreiben Sie einen Kommentar zum unterschiedlichen Verständnis und Gebrauch des Rezessionsbegriffs, indem Sie auf den Zeitraum von 2001 bis 2003 eingehen. Beziehen Sie sich dabei auch auf den ersten Abschnitt in M 6.
4. Recherchieren Sie, wie der Rezessionsbegriff in den Medien verwendet wird.

Methode: Lineare und logarithmische Skalierung

In der Ökonomie finden Sie oftmals Diagramme, die eine logarithmische Skalierung aufweisen. Sie werden diese Darstellungsweise häufig bei Diagrammen zu Wachstumsprozessen finden. Warum verwendet man diese Darstellungsart?

Wir können Geraden besser erfassen als Kurven.

Bei Wachstumsprozessen mit konstantem Wachstum (z. B. konstantem Zinssatz) ergibt sich bei logarithmischer Skalierung eine Gerade als Graphenverlauf. Wenn sich eine Veränderung der Wachstumsrate ergibt, dann ist diese bei logarithmischer Skalierung viel leichter wahrnehmbar als bei linearer Skalierung. Bei linearer Skalierung verbirgt sich die Änderung in der Wachstumsrate hinter der kaum zu bemerkenden Steigerungsänderung der Kurve.
Hierzu ein Beispiel:
Zu sehen ist in beiden angeführten Diagrammen a) und b) die Entwicklung eines Grundkapitals, das über 35 Jahre angelegt wird. Die ersten 20 Jahre wurde ein Zinssatz von 12% vereinbart, die folgenden 15 Jahre ein Zinssatz von 9%.
Bei der logarithmischen Skalierung ergeben sich bei konstanter Wachstumsrate Geraden, bei der linearen Skalierung Kurven mit gekrümmtem Verlauf.
Vergleichen Sie anhand der Darstellung selbst, bei welchem Graphen Sie die Änderung der Wachstumsrate besser erkennen können. Dieselben Zahlenwerte ergeben je nach Darstellungsform einen unterschiedlichen Verlauf.

Praktikabilitätsgründe

Ein weiterer Grund, der für die logarithmische Skalierung bei Wachstumsprozessen spricht, ist die **bessere Ausnutzung des Platzes im Koordinatensystem**. Besonders bei langen Zeitreihen sind bei Wachstumsprozessen die Steigerungen im Graphenverlauf anfangs kaum wahrnehmbar. Auch hier bietet eine logarithmische Skalierung die Möglichkeit, den Graphenverlauf zu Gunsten einer besseren Wahrnehmbarkeit zu verändern. Unterschiedliche Darstellungsformen desselben Sachverhaltes sind auch von anderen Diagrammen her bekannt. So lässt sich wählen, ob Daten im Säulen-, Kreis- oder Liniendiagramm dargestellt oder auch als absolute Werte oder relative Angabe eingezeichnet werden. Je nach Darstellungsform ergeben sich andere Wahrnehmungsschwerpunkte, was man bei der Veränderung der Skalierung ausnutzen kann.
Kritisch muss hierbei bemerkt werden, dass die **Wirkung des Verlaufs höchst unterschiedlich** ist. Betrachten wir noch einmal das Beispiel: Während in Darstellung a) die Steigung als extrem wahrgenommen wird, flacht in Darstellung b) die Steigung sogar ab.
Stellen Sie sich nun vor, dass Sie einen Bericht zur Staatsverschuldung verfassen wollen. Je nachdem, was Sie aussagen möchten (ob sie als Regierungs- oder Oppositionsvertreter argumentieren), bietet sich eine andere Darstellungsform an.
Die Darstellungsweise mit einer logarithmischen Skalierung begegnet Ihnen in diesem Buch in Kap. 4, z. B. M 19. Dort ist genau zu erkennen, wo ein Wachstumstrend durchbrochen wurde (vgl. Werte um Kriege).
Auch in anderen Wissensgebieten werden logarithmische Skalen verwendet. Beispiele sind die Richterskala bei Erdbeben oder die Schalldruck- bzw. Schalldruckpegelmessung.

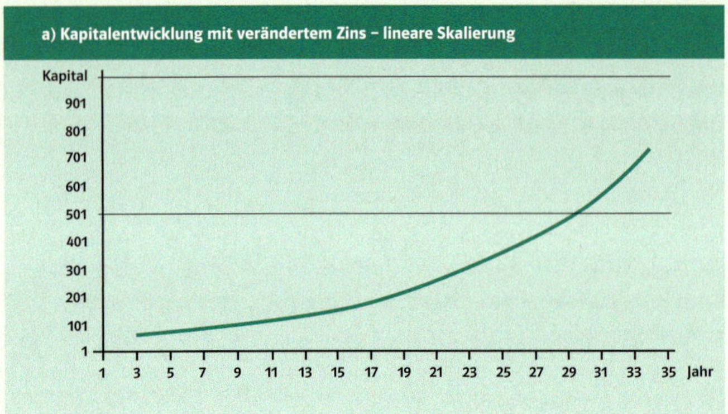

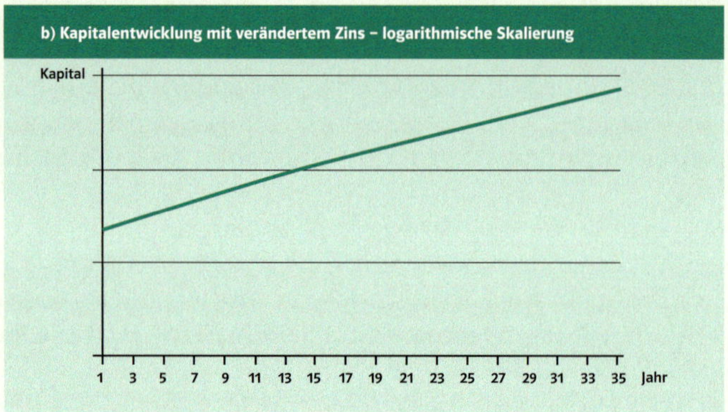

1. Falls Sie Erfahrung im Umgang mit einem Tabellenkalkulationsprogramm haben: Recherchieren Sie beim Statistischen Bundesamt Zeitreihen zur Staatsverschuldung. Stellen Sie die Zeitreihe einmal mit einer logarithmischen und einmal mit einer linearen Skalierung dar. Diskutieren Sie die Unterschiede bezüglich der Wirkung. Vertreten Sie einmal die Regierung und einmal die Oppositionsparteien und verwenden Sie die Darstellungsarten zur Unterstützung ihrer jeweiligen Politik.

Der abgebildete Screenshot zeigt die Möglichkeiten, wie man bei einer Tabellenkalkulation die Achsenskalierung einstellen kann. Man hat die Möglichkeit, zwischen logarithmischer und linearer Skalierung zu wechseln (vgl. Mauszeiger. Abbildung aus Open Office.org 2.0).

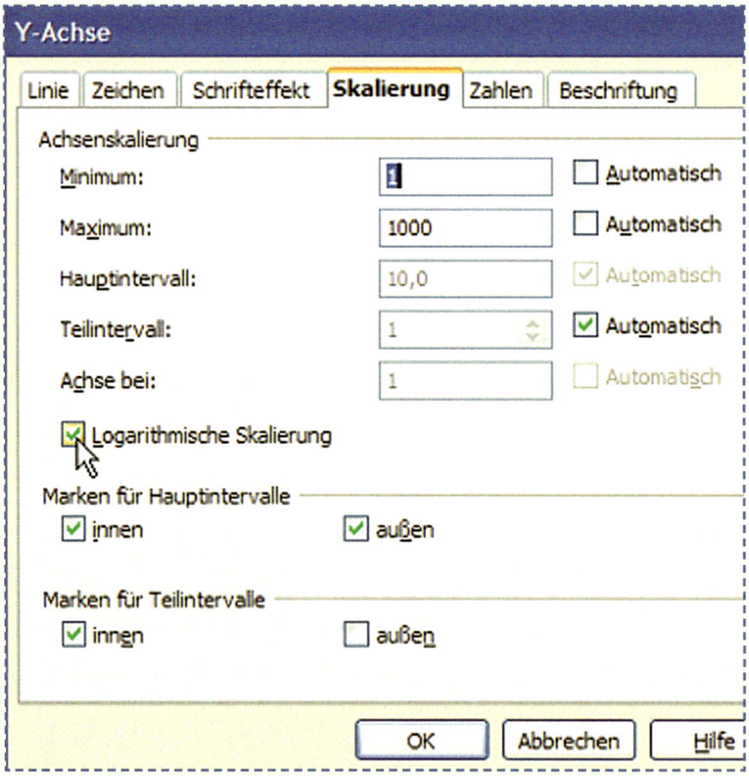

4.2 Welche Faktoren beeinflussen Konjunktur und Wachstum?

Für die Wirtschaftspolitik, die an den Zielen des StWG ausgerichtet ist, ist es wichtig zu wissen, welche Faktoren die Konjunkturentwicklung und das Wirtschaftswachstum beeinflussen. Nur wenn man diese Einflussgrößen und deren Auswirkungen kennt, können bei Zielabweichungen entsprechende Maßnahmen ergriffen werden. Welche Maßnahmen bei Zielverfehlungen zu ergreifen sind und ob diese dann die gewünschte Wirkung haben, ist eine andere Frage, die in dem Kapitel 6 behandelt wird. In diesem Abschnitt werden zunächst Determinanten von Konjunktur und Wachstum betrachtet.

4.2.1 Zyklusdämpfer und Zyklusverstärker

Die Ursachen für Konjunkturschwankungen sind vielfältig. Sie können durch externe Schocks, beispielsweise durch drastische Ölpreiserhöhungen, Wiedervereinigung Deutschlands, Kriege oder Terroranschläge ausgelöst werden, aber auch durch Veränderungen der Gesetzgebung (Steuern, Sozialabgaben, Kündigungsschutz, Umweltschutzauflagen etc.). Alle diese Faktoren beeinflussen die Nachfrage von Unternehmen, von privaten Haushalten, des Staates und des Auslands und damit die Konjunkturentwicklung. Wie diese einzelnen Komponenten der gesamtwirtschaftlichen Nachfrage auf die Konjunkturentwicklung einwirken, ist Gegenstand der folgenden Materialien.

M 12

Aggregate der gesamtwirtschaftlichen Nachfrage

Um Konjunkturschwankungen zu verringern und gleichzeitig einen angemessenen Auslastungsgrad des Produktionspotentials zu erreichen, müssen mögliche Ursachen der zyklischen Schwankungen möglichst genau analysiert werden. Für den Konjunkturverlauf werden die Schwankungen in der **gesamtwirtschaftlichen Nachfrage** als entscheidend angesehen. Sie besteht aus der Konsumgüternachfrage der privaten Haushalte, der Investitionsgüternachfrage der Unternehmen, dem staatlichen Konsum und der staatlichen Investitionsgüternachfrage sowie der Nachfrage des Auslands (Export) reduziert um die Importe (vgl. Kapitel 3.3 Verwendungsrechung).

Uwe Taenzer

Gesamtwirtschaftliche Nachfrage

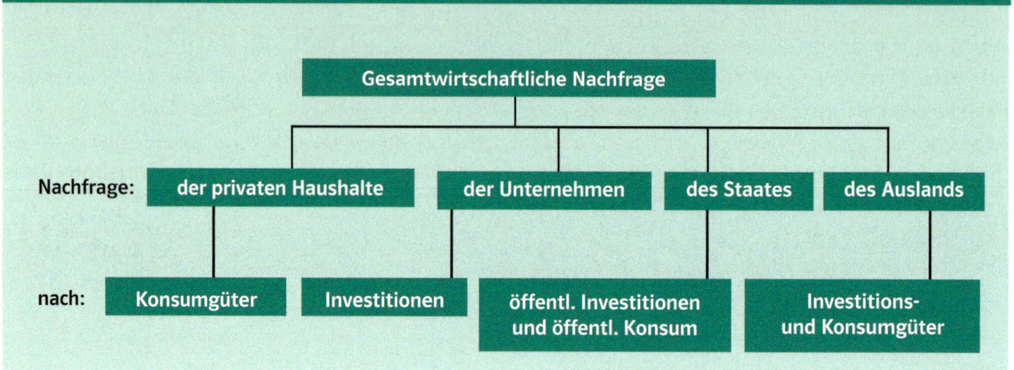

M 13

Entwicklung der Nachfragekomponenten

Die Wirtschaftsentwicklung in der Bundesrepublik Deutschland verlief in zyklischen Schwankungen. Aus konjunkturpolitischer Sicht ist daher interessant, welche Nachfragekomponenten in welchem Ausmaß zu diesen zyklischen Schwankungen beigetragen haben. In empirischen Untersuchungen ist der Versuch unternommen worden, die Schwankungen der Wachstumsrate des Bruttoinlandsprodukts [...] zu erklären:

1) Die **private Konsumgüternachfrage** hat einen retardierenden[1] Einfluss auf die gesamtwirtschaftliche Entwicklung. Im Aufschwung liegt die Wachstumsrate des privaten Verbrauchs häufig unter, im Abschwung häufig über der des Bruttoinlandsprodukts. Der private Verbrauch kann somit als „**Zyklusdämpfer**" eingestuft werden. Die relativ stetige Entwicklung der Konsumgüternachfrage lässt darauf schließen, dass die Konsumausgaben nur bedingt vom aktuellen verfügbaren Einkommen abhängen, sondern vor allem von der durchschnittlichen Einkommensentwicklung geprägt sind. Hierdurch werden kurzfristige zyklische Veränderungen dieser Nachfragekomponente nivelliert. Das schwache zyklische Muster der Entwicklung der Konsumnachfrage schließt allerdings nicht aus, dass Änderungen im Konsumverhalten nicht doch einen maßgeblichen Einfluss auf die konjunkturelle Entwicklung der Gesamtwirtschaft haben. Unterstellt man gemäß der **Akzeleratorhypothese**[2], dass die private Investitionstätigkeit überproportional auf Veränderungen der privaten Konsumnachfrage reagiert, so bewirken geringe Veränderungen beim Konsum überproportionale Ausschläge der privaten Investitionstätigkeit.

2) Die **private Investitionsgüternachfrage** zählt zu den „**Zyklusverstärkern**". Dies gilt speziell für die Bruttoanlageinvestitionen und nur bedingt für die Lagerinvestitionen. Die Anlageinvestitionen beeinflussen einerseits über den **Nachfrageeffekt** der Investitionstätigkeit den Auslastungsgrad der Produktionskapazitäten, sie bestimmen jedoch andererseits über ihren **Kapazitätseffekt** entscheidend die künftige Zuwachsrate der Kapazitätsentwicklung, also die Zuwachsrate des Produktionspotentials. Eine stark zyklisch schwankende Investitionstätigkeit hat damit nicht nur zur Folge, dass der Auslastungsgrad der Produktionskapazitäten zyklisch schwankt, sondern dass der Kapazitätsaufbau selbst ein zyklisches Verlaufsmuster annimmt. [...] Als Bestimmungsgründe der Investitionsgüternachfrage fungieren vor allem die **Gewinnerwartungen**

1 retardieren – verzögern, hemmen.

2 Akzeleratorhypothese – Diese Hypothese stellt eine Beziehung zwischen Veränderungen der Konsumgüternachfrage und den Unternehmensinvestitionen her. Danach bewirkt eine prozentuale Zunahme der Konsumgüternachfrage eine wesentlich höhere Steigerung der Investitionsgüternachfrage. Der Akzelerator (Beschleuniger) bestimmt das Ausmaß der durch die Nachfrage induzierten Investitionen. Der Akzelerator selber ist durch den Kapitalkoeffizienten bestimmt. Der Kapitalkoeffizient ist definiert als das Verhältnis von Kapitalstock zum Bruttoinlandsprodukt. Der Kapitalkoeffizient betrug in Deutschland 2003 5,4, d.h. um eine Einheit des BIP zu produzieren, waren 5,4 Einheiten des Kapitalstocks notwendig. Je höher der Kapitalkoeffizient ist, umso höher sind die durch den zusätzlichen Konsum induzierten Investitionen.

der Unternehmen. Diese hängen ihrerseits von der **erwarteten Umsatzentwicklung** (erwarteter Absatz mal erwarteter Produktpreis) und der künftigen Kostenentwicklung ab (vgl. 5.2.1). Die Vielfalt der Investitionsdeterminanten und die faktische Unmöglichkeit, die funktionellen Zusammenhänge eindeutig zu quantifizieren, wirft in der Praxis erhebliche Prognose- und wirtschaftspolitische Steuerungsprobleme auf. Dies gilt vor allem dann, wenn nur eine marktwirtschaftskonforme (indirekte) Beeinflussung der Investitionsnachfrage in Betracht gezogen wird und deren direkte Lenkung außer Diskussion steht. [...]

3) Die **Nachfrage des Staates** nach Gütern und Diensten setzt sich aus der staatlichen Investitionstätigkeit (Infrastrukturausgaben im weitesten Sinne) und dem staatlichen Verbrauch (insbesondere die „unentgeltliche" Bereitstellung öffentlicher Dienstleistungen und militärische Ausgaben) zusammen. Sie dienen der Bereitstellung öffentlicher Güter und Dienstleistungen **(Allokationsfunktion)**. Teilweise werden diese Ausgaben auch in den Dienst der Stabilisierung des konjunkturellen Prozesses gestellt **(Stabilisierungsfunktion)**. Empirische Untersuchungen zeigen, dass speziell die quantitativ ins Gewicht fallende Investitionstätigkeit des Staates sich eher parallel zur Konjunktur als entgegengesetzt entwickelt. Die Schwankungsintensität ist jedoch geringer als die der privaten Investitionsnachfrage. Die staatliche Verbrauchsentwicklung ist dagegen relativ stetig. Insgesamt hat die Finanzpolitik – entgegen der vorherrschenden Lehrbuchvorstellung – eher **prozyklisch**[1] auf die Konjunkturentwicklung eingewirkt. [...] Speziell die öffentliche Ausgabenpolitik erweist sich per Saldo in der Realität als Zyklusverstärker. [...]

4) Die **Auslandsnachfrage** hat sich in der Vergangenheit sowohl als Zyklusverstärker als auch als Zyklusdämpfer erwiesen. Die Bestimmungsfaktoren des Außenbeitrages sind vielfältig. Zu den wesentlichsten Determinanten zählen die Entwicklung der Gesamtnachfrage im Ausland im Verhältnis zur Nachfrageentwicklung im Inland, die Preisniveauentwicklung im Ausland im Vergleich zu der im Inland, die Wechselkurse, Zölle, Export- bzw. Importsteuern, nichttarifäre Handelshemmnisse u. a. m.

Diese knappe Analyse der Entwicklung der Teilkomponenten der gesamtwirtschaftlichen Nachfrage verdeutlicht [...], dass Auslastungsschwankungen des Produktionspotentials entscheidend auf Nachfrageschwankungen zurückgeführt werden können.

Jürgen Pätzold: Stabilisierungspolitik. 6. Aufl., Bern, Stuttgart, Wien 1998, S. 89, 92, 93

1 prozyklisch – Konjunkturbewegungen verstärkend

M 14

Privater Verbrauch und Investitionen

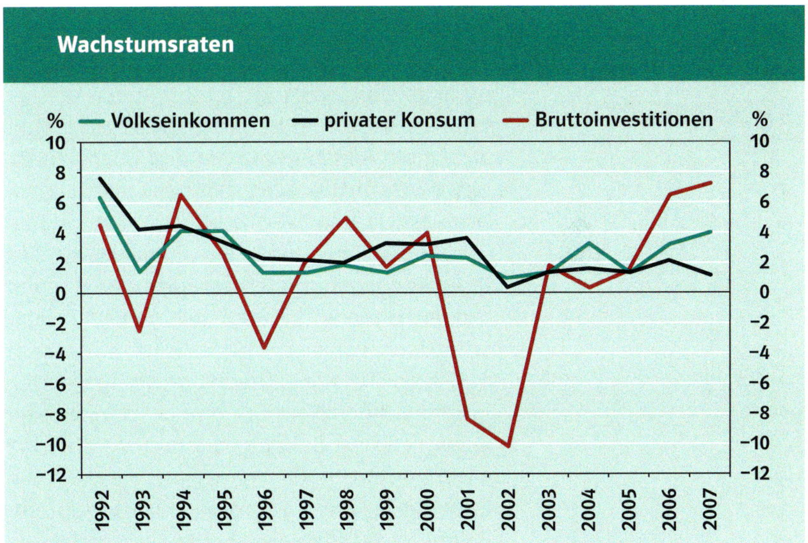

http://www.macroeconomics.tu-berlin.de/avwl2/vorlesung/konsum.pdf, S4

1. Überprüfen Sie, inwieweit die allgemeine Beschreibung der Nachfrageschwankungen des privaten Verbrauchs und der Investitionen im Konjunkturzyklus in M 13 mit der Entwicklung dieser Aggregate in Deutschland von 1990–2006 (M 14) übereinstimmt.
2. Erörtern Sie, von welchen Komponenten der gesamtwirtschaftlichen Nachfrage die stärksten Einflüsse auf die Konjunkturschwankungen ausgehen (M 13, M 14).
3. Analysieren Sie in M 5 und 6 die Wirkungen des Außenbeitrags auf die Konjunktur.

4.2.2 Produktionspotential und Wirtschaftswachstum

Die bisherigen Überlegungen zu den Determinanten von Konjunkturschwankungen betonten die Nachfrageseite und die kurzfristige Perspektive. Die wirtschaftliche Entwicklung wird jedoch auch entscheidend von der Angebotsseite her bestimmt: Schließlich sind es die Unternehmen, die entscheiden, was in welchem Umfang mit welchen Produktionsmethoden wo produziert wird. Zur Angebotseite zählen aber auch die „Faktorleistungen", die von den Haushalten angeboten werden. In diesen Materialien erfolgt deshalb ein Wechsel der Perspektive. Es werden langfristige Entwicklungen der wirtschaftlichen Aktivität und die Angebotsseite betrachtet.

M 15

Zum Wachstumsbegriff

In den Medien wird zwischen Konjunktur und Wachstum gewöhnlich nicht unterschieden, weil für beide Phänomene die Entwicklung des Bruttoinlandsprodukts herangezogen wird. Für makroökonomische Analysen ist es jedoch zweckmäßig und notwendig, zwischen beiden Begriffen zu unterscheiden. Während der Analyse von Konjunkturschwankungen eine kurzfristige Zeitperspektive zugrunde liegt, die an den kurzfristigen Schwankungen der gesamtwirtschaftlichen Nachfragekomponenten ansetzt (vgl. 4.1.1), gilt für Wachstumsanalysen eine langfristige Zeitperspektive, die die Angebotsseite in den Blick nimmt. Unter Wachstum wird demnach die langfristige Entwicklung des Bruttoinlandsprodukts verstanden, die durch die Entwicklung des Produktionspotentials bestimmt wird. Wenn das vorhandene Produktionspotential ausgeschöpft ist, kann sich zusätzliches Wachstum nur dann einstellen, wenn auf der Angebotsseite die Produktionsfaktoren – vor allem die Sach- und Humankapitalbildung –, vermehrt und/oder qualitativ verbessert werden. Die Entwicklung des gesamtwirtschaftlichen Produktionspotentials beschreibt also den möglichen Wachstumspfad einer Volkswirtschaft, deren Angebotsmöglichkeiten in der Zukunft. Das Potentialwachstum, wie die Veränderung des Produktionspotentials auch bezeichnet wird, ist ein Indikator für die Wachstumsmöglichkeiten einer Volkswirtschaft. Im Allgemeinen weicht hiervon die Entwicklung des Bruttoinlandsprodukts aufgrund der kurzfristigen konjunkturellen Schwankungen ab (vgl. M 1).

Uwe Taenzer

M 16

Entwicklung des Wachstumspotenzials

Nach der Schwächung während der langwierigen Stagnation gibt es nun klare Anzeichen für eine Regeneration der gesamtwirtschaftlichen Wachstumskräfte in Deutschland. Dies zeigt sich nicht nur in einer höheren **Potenzialrate**. Ebenso bemerkenswert ist, dass der mittelfristige Expansionspfad auch insofern an Qualität gewonnen hat, als die Stärkung der Wachstumsbasis vom Unternehmensbereich in Form vermehrter Sachkapitalbildung und strukturell höherem Arbeitseinsatz getragen wird. Demgegenüber hat der Anpassungsbedarf in der Wohnungswirtschaft noch dämpfend gewirkt. Hinzu kamen die Konsolidierungs[1]- und Umstrukturierungserfordernisse im Staatssektor, die ihrerseits allerdings eine wichtige Voraussetzung für strukturelle Verbesserungen im Unternehmensbereich bildeten. [...]

So gesehen waren die seit 2003 umgesetzten Arbeitsmarktreformen ein wichtiger Schritt in die richtige Richtung und eine konzeptionell erforderliche Flankierung der stärker beschäftigungs- und standortorientierten Tarifpolitik. Sie allein reichen aber nicht aus, um die Wachstumsmöglichkeiten, die in der deutschen Wirtschaft prinzipiell vorhanden sind, voll zur Entfaltung zu bringen. Eine Potenzialrate von jährlich 2%, die keineswegs als mittelfristig zu ambitioniert angesehen werden sollte, ist derzeit trotz guter Wachstumsentwicklung nicht in Sicht. Dazu bedarf es eines langen reformpolitischen Atems. Eine ausgedehnte Reformpause oder gar eine Verwässerung der bereits umgesetzten Maßnahmen würde das von der deutschen Wirtschaft mühsam zurückgewonnene Terrain wieder

1 Konsolidierung – Begrenzung und Rückführung der Staatsverschuldung

aufs Spiel setzen. Insbesondere sollten der Grundcharakter der Arbeitslosenversicherung als Risikoversicherung erhalten bleiben und die Anreize zur Arbeitsaufnahme weiter gestärkt werden. Die beschäftigungsfördernde Wirkung der in den letzten Jahren ergriffenen Reformmaßnahmen am Arbeitsmarkt ist im jetzigen Aufschwung klar zu erkennen.

Deutsche Bundbank, Monatbericht Oktober 2007: Fortschritte bei der Stärkung des gesamtwirtschaftlichen Produktionspotentials, S. 45

M 17

Die Entwicklung des realen BIP

Wenn wir uns einmal die langfristige Entwicklung des realen Bruttoinlandsprodukts in den letzten 130 Jahren ansehen, erkennen wir einen eindrucksvollen Prozess des Wirtschaftswachstums in Deutschland (Schaubild):
Im Jahr 2000 war die Menge der in Deutschland produzierten Güter und Dienstleistungen fast vierzigmal so hoch wie im Jahr 1870. In dieser Zeit hat auch die Bevölkerung zugenommen, aber es verbleibt noch immer eine Erhöhung der realen Einkommen pro Kopf um einen Faktor von etwa 28. Der Wohlstand hat sich in Deutschland also enorm erhöht. Besonders dynamische Phasen waren die Jahre von 1871 bis 1913, die so genannte „Gründerzeit", und die fünfziger Jahre des letzten Jahrhunderts, die als Zeit des „deutschen Wirtschaftswunders" bezeichnet werden. Worauf langfristige Wachstumsprozesse zurückzuführen sind, wird in der Volkswirtschaft im Teilgebiet der Wachstumstheorie diskutiert. [...]
Es geht vor allem darum, wie stetig das Wirtschaftswachstum verläuft. Hier hat es in den 130 Jahren manche Höhen und Tiefen gegeben. Im Schaubild [...] können wir in den Jahren von 1914 bis 1950 eine Reihe besonders ausgeprägter Zacken erkennen. Die Ursachen hierfür sind die beiden Weltkriege und die „Große Depression" (1929–1933). Diese weltweite und bisher gravierendste Wirtschaftskrise war für viele Ökonomen ein klares Zeichen dafür, dass die Selbstheilungskräfte eines Marktsystems bei sehr großen Störungen völlig überfordert sein können. Es ist kein Zufall, dass der Urvater der Makroökonomie, John Maynard Keynes (1883–1946), sein Hauptwerk „The General Theory of Employment, Interest and Money" im Jahr 1936 veröffentlichte. Er verdeutlichte darin, dass derartige Schocks nur mit einem staatlichen Eingreifen in Form einer expansiven **Geld- und Fiskalpolitik**[1] bewältigt werden können.

Peter Bofinger: a. a. O., S. 288 f.

Entwicklung des realen BIB

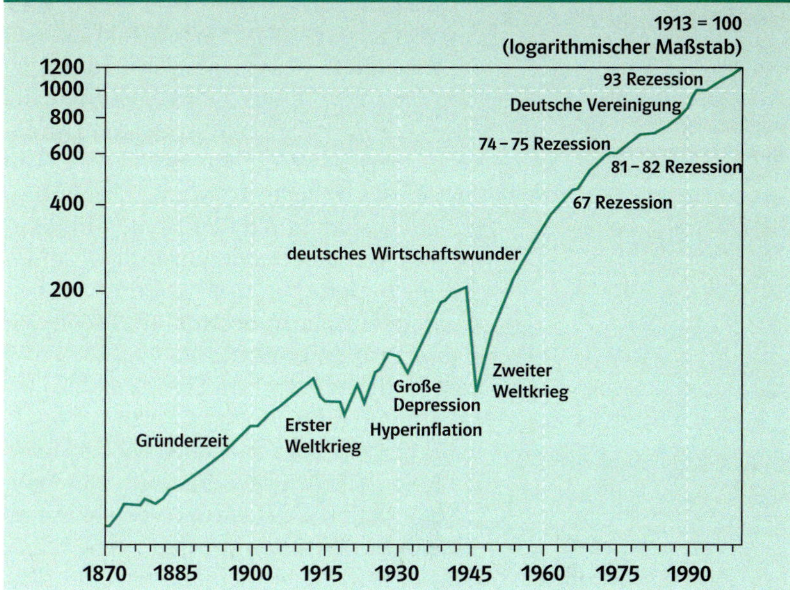

Nach: Agnus Maddison: „Dynamic Forres in Capitallst Development". S. 206 ff., ab 1990 eigene Berechnungen auf der Basis von Daten des Statistischen Bundesamts

1 Geld- und Fiskalpolitik – Die Geldpolitik wird durch die Zentralbank bestimmt, z. B im Euroland durch die Europäische Zentralbank. Ihr stehen verschiedene Instrumente zur Verfügung, um die Geldmenge und das Zinsniveau zu steuern. Unter Fiskalpolitik wird die Finanzpolitik des Staates mit konjunkturpolitischer Zielsetzung verstanden (vgl. Kapitel 6).

1. Untersuchen Sie am Text von Peter Bofinger (M 17), wie konjunkturelle Aspekte und Wachstumsaspekte miteinander verbunden werden.

2. Schreiben Sie einen maximal 20-zeiligen Text zur Entwicklung des Produktionspotentials im Zeitraum von 1977 bis 2007 (M 16).

3. Erörtern Sie, ob die Wachstumsrate des realen BIP in einem Jahr stärker steigen kann als die Wachstumsrate des Produktionspotenzials.

Methode: Trendaussagen und Projektionen

„Etwas liegt voll im Trend" – bedeutet, dass etwas momentan angesagt ist, dass etwas den Zeitgeist trifft und nicht zu sehr von der allgemein üblichen Norm abweicht. Auch in der Wirtschaft macht man sich Gedanken über Trends. Einerseits wird von Unternehmen versucht, Trends zu beeinflussen oder gar zu bestimmen, andererseits muss auf Entwicklungstrends reagiert werden, um im Geschäft zu bleiben.
Beispielsweise ist es seit Jahren in der Automobilindustrie ein zu beobachtender Trend, dass PKW's mit Dieselmotoren immer beliebter geworden sind, so dass die meisten Hersteller Dieselmotoren in ihr Programm aufgenommen und ihre Produktion entsprechend angepasst haben. Bei ihrer Produktionsplanungen müssen sie, ausgehend von dem bisherigen Trend, diese Entwicklung in die Zukunft übertragen, projizieren, um die Kundenwünsche in der Zukunft befriedigen zu können.
Solche **Projektionen** beruhen also auf in der Vergangenheit zu beobachtenden Entwicklungen, die in Form von **Trends** verallgemeinert werden und deren Fortwirken auch für die Zukunft angenommen wird.
Im Gegensatz zum oben angeführten allgemeinen Sprachgebrauch wird unter einem Trend in den Sozialwissenschaften eine Entwicklung in eine bestimmten Richtung (steigender oder fallender Trend) verstanden, die auf Daten einer Zeitreihe beruht. Da die Einzeldaten einer Zeitreihe voneinander abweichen, ist oftmals die Entwicklungsrichtung nicht offensichtlich. Trendberechnungen haben das Ziel, diese Entwicklungsrichtung zu verdeutlichen.
Trends und Projektionen sind auf gesellschaftlicher und gesamtwirtschaftlicher Ebene insbesondere für die Wirtschaftspolitik von großer Bedeutung, beispielsweise für die Folgen, die sich aus der Bevölkerungsentwicklung ergeben.
Seit Mitte der 70er Jahre pendelt sich die Zahl der lebend geborenen Kinder in Deutschland bei einem Wert von 1,4 pro Frau ein. Wenn dieser Trend in die Zukunft projiziert wird und die Lebenserwartung nur geringfügig wächst sowie bei einem Wanderungsüberschuss von jährlich 100 000 Menschen, wird die Bevölkerung von 82,5 Millionen Ende 2001 auf 77, 6 Millionen im Jahr 2030 schrumpfen. Nach dieser Projektion wird der Bevölkerungsanteil der über 60-Jährigen dann mit Abstand die größte Bevölkerungsgruppe stellen mit allen Konsequenzen für die Rentenfinanzierung, die Krankheitskosten etc., auf die die Politik reagieren muss. Aber die Entvölkerung und veränderte Altersstruktur können auch zum Verfall ganzer Stadtbezirke, zur Verschiebungen in der Infrastruktur (Altenheime statt Kindergärten) und verändertem Konsumbedarf führen.
Im Folgenden wird zunächst erklärt,
- wie sich Trends ermitteln lassen,
- wie Trends manipuliert werden können,
- wodurch sich Projektionen und Prognosen unterscheiden.

Wie lassen sich Trends ermitteln?

Ein **Trend** lässt sich zunächst einmal als eine statistisch erfassbare Größe definieren, die eine bestimmte Richtung aufweist. Zur Ermittlung von Trends eignen sich vor allem Zeitreihen, die trotz Schwankungen im Einzelnen im Gesamtverlauf eine Entwicklungsrichtung aufweisen. Da aufgrund der Schwankungen der Einzelwerte der Trend häufig nicht auf den ersten Blick erkennbar ist, gibt es verschiedene mathematische Methoden der Trendanalyse, wie z. B. die Methode der kleinsten Quadrate oder der linearen Regression.
Möchte man nicht selbst rechnen, bieten sich die Tabellenkalkulationsprogramme an, mit deren Hilfe man z. B. die Regressionsgerade[1] darstellen kann.
Als Beispiel wird hier die lineare Regression für die Wachstumsraten des BIP in Deutschland im Zeitraum von 1995 bis 2005 dargestellt.

1 Regressionsgerade – Gerade, hier die Trendgerade, die sich aufgrund einer linearen Regression ergibt. Eine lineare Regression beruht auf der Verwendung einer linearen Funktion, Funktion 1. Grades, zur Beschreibung des Zusammenhangs zwischen Variablen.

Reale Wachstumsrate des BIP in Deutschland 1995 – 2005

Jahr	1995	1996	1997	1998	1999	2000	2001	2002	2003	2004	2005[1]
Wachstumsrate des BIP	1,9	1,0	1,8	2,0	2,0	3,2	1,2	0,2	0,0	1,6	1,4

1) geschätzt, Statistisches Bundesamt, Wirtschaft und Statistik 5/2005, S. 426

Die Steigung der Regressionsgeraden der Datensätze für die Wachstumsrate bestimmt man mit der Formel STEIGUNG [...] im Tabellenkalkulationsprogramm (für den mathematischen Hintergrund siehe http://de.wikipedia.org/wiki/Regressionsgerade).

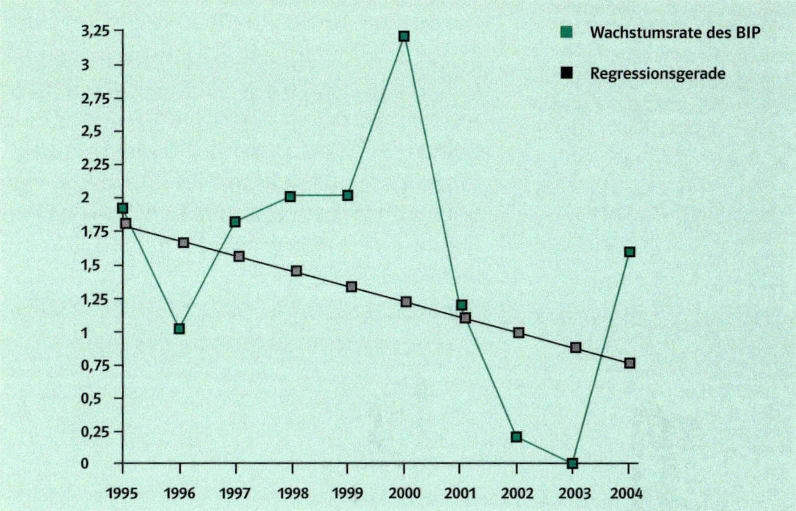

Wie Trends manipuliert werden können!

Trendaussagen hängen in starkem Maße davon ab, wie die vorhandenen Daten aufbereitet und grafisch dargestellt werden. Aus der gleichen Datenmenge können sehr unterschiedliche Grafiken und Trends „konstruiert" werden. Daraus ergibt sich die Gefahr der Manipulation von Trenddarstellungen je nach Interessenlage. Welcher Trend „herauskommt", hängt insbesondere davon ab, welche „Stützperiode" zugrunde gelegt wird und wie die Achsen dimensioniert werden.
Im folgenden Beispiel wird der Wachstumstrend absichtsvoll dadurch verändert, „manipuliert", dass gleichzeitig eine andere Stützperiode, also ein anderer Zeitraum für die Berechnung und Darstellung des Trends gewählt sowie eine Streckung der Zeitkoordinate vorgenommen wird.
Allein durch die Auswahl eines anderen Zeitraums und einer Streckung der Zeit-Achse erzeugen dieselben Daten wie für das obige Diagramm einen völlig anderen Eindruck, eine nahezu abstürzende Regressionsgerade.

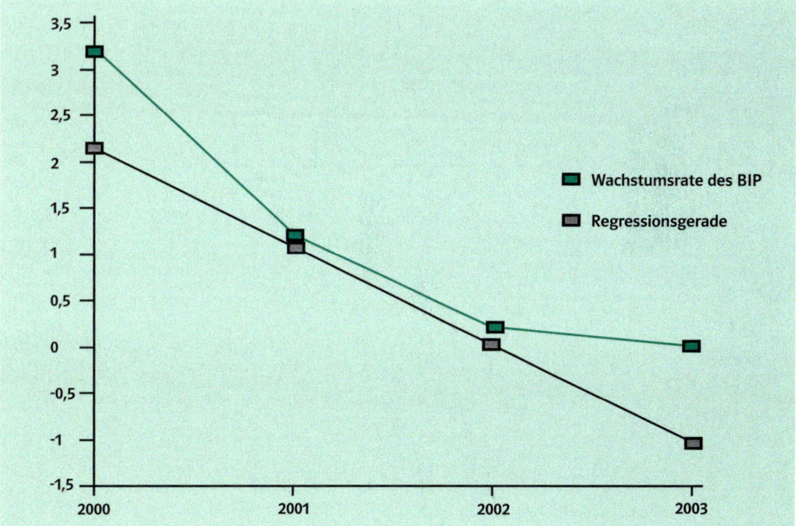

Wodurch unterscheiden sich Projektionen von Prognosen?

Die Erfahrung zeigt, dass Projektionen brauchbare Informationsgrundlagen für wirtschaftspolitische Entscheidungen bieten können.
Die Treffsicherheit von Projektionen unterscheidet sich nicht wesentlich von der von Prognosen (vgl. Methode Prognose in Kapitel 3), kann diese sogar gelegentlich übersteigen. Dies hängt davon ab, ob einfache mechanische Trendextrapolationen[1] der Realität entsprechen. Mechanische Projektionen von wirtschaftlichen Trends führen jedoch dann zu unbefriedigenden Ergebnissen, wenn größere Veränderungen auftreten. Generell ergeben sich Projektionsprobleme mit der Länge des Projektionszeitraums und mit dem Ausmaß kurzfristiger Schwankungen um einen Entwicklungstrend.

1 Extrapolation – Schluss von beobachteten Datenwerten auf unbekannte zukünftige Werte, die aus den beobachteten Regelmäßigkeiten, hier dem Trend, abgeleitet werden.

1 falsifizieren – widerlegen, hier ist die Widerlegung von Hypothesen oder Theorien durch empirische Aussagen gemeint. Die Falsifikation ist ein zentrales Konzept des kritischen Rationalismus. Danach können Hypothesen oder Theorien sich nicht als wahr erweisen, nicht verifiziert werden, weil nicht ausgeschlossen werden kann, dass in der Zukunft ein Ereignis eintritt, das die Theorie widerlegt. Um falsifizierbar zu sein, müssen Theorien so formuliert sein, dass sie an der Realität scheitern können.

Projektionen sind gegenüber Prognosen vorteilhafter, wenn sie auf einfachen Trendextrapolationen beruhen, weil sie dann weniger aufwendig sind. Der grundsätzliche Unterschied zwischen Projektionen und Prognosen lässt sich folgendermaßen zusammenfassen: „Mit einer Projektion werden bestimmte, zum Analysezeitpunkt vorhandene empirische Erfahrungen in die Zukunft projiziert. Es wird also unterstellt, dass Gegenwarts- oder Vergangenheitsbeobachtungen auch für die Zukunft gelten werden. Andererseits beruht eine Prognose auf zum Analysezeitpunkt bewährten Hypothesen, die durch künftige Beobachtungen sehr wohl falsifiziert[1] werden können. Bei der Prognose wird daher unterstellt, dass die bisherige Erfahrung, wie sie sich in der Hypothese niedergeschlagen hat, auch künftig gelten wird. Insofern – so könnte man argumentieren – beruht auch die Prognose auf einer Extrapolation von Vergangenheitswissen, weshalb zwischen ihr und der Projektion kein grundsätzlicher Unterschied bestehe.
Wenn Projektionen und Prognosen Extrapolationen von Vergangenheitswissen sind, so doch von Wissen unterschiedlicher Art. Bei Projektionen werden Beobachtungen verallgemeinert und fortgeschrieben. Bei Prognosen wird dagegen die künftige Geltung bisher bestätigter Ursache-Wirkungs-Zusammenhänge vorausgesetzt. [...] Die gelegentlich behauptete grundsätzliche Gleichwertigkeit geht jedoch an den unterschiedlichen Erkenntnisgrundlagen von Projektionen und Prognosen vorbei."

Peter Dobias: Die Prognose als Grundlage der Politik. In: Fragenkreise. Paderborn, München 1979, S. 13 f.

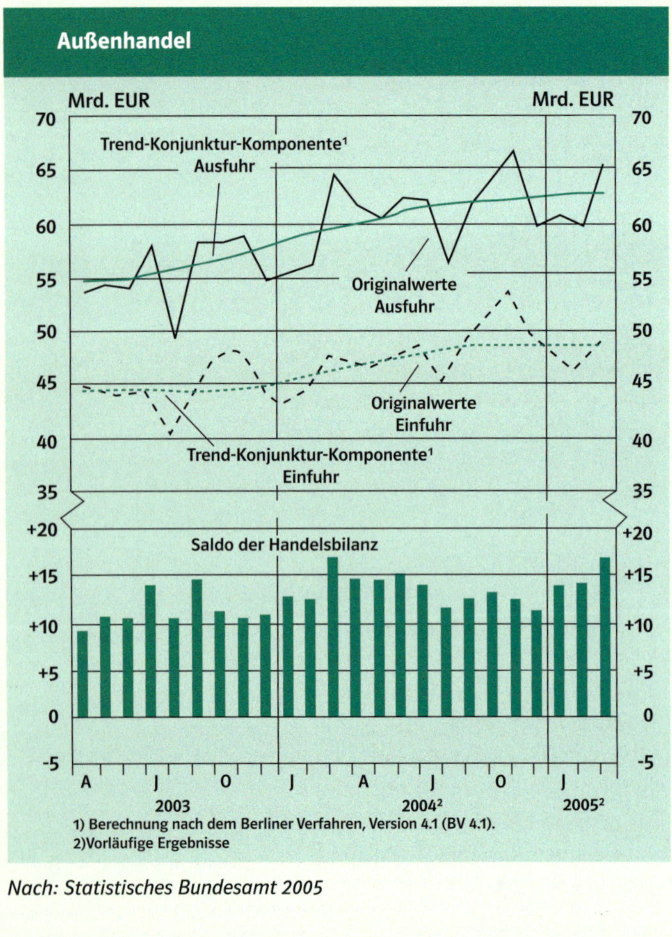

Nach: Statistisches Bundesamt 2005

1. Erläutern Sie am Beispiel einer aktuellen Konjunkturprognose (vgl. Kapitel 3 Methode Prognose) den Unterschied zwischen Projektionen und Prognosen.
2. Erstellen Sie auf Grundlage der auf S. 135 enthaltenen Wachstumsraten eine optimistische Darstellung, die Sie zur Unterstützung einer positiven Trendaussage nutzen können.
3. Erläutern Sie anhand des nebenstehenden Schaubildes zum Außenhandel den Erkenntniswert der Trenddarstellung im Vergleich zu den Originalwerten.
4. Falls Sie Kenntnisse im Umgang mit einem Tabellenkalkulationsprogramm besitzen: Erstellen Sie Diagramme mit Regressionsgeraden auf der Grundlage von aktuellen Zeitreihen, die Sie auf den Internetseiten des Statistischen Bundesamtes finden (z. B. Staatsverschuldung, Arbeitslosenquote, ...).

4.2.3 Wachstumsfaktoren

Für die Wirtschaftspolitik, ist es wichtig zu wissen, welche Faktoren das Wirtschaftswachstum beeinflussen. Nur wenn man diese Einflussgrößen und deren Auswirkungen kennt, kann versucht werden, den Wachstumsprozess zu stärken. In der wachstumspolitischen Diskussion ist u. a. die Bildungspolitik in der letzten Zeit in den Vordergrund gerückt. Eliteuniversitäten sollen durch gezielte finanzielle Zuwendungen gebildet werden, das Schulwesen insgesamt scheint international nur Mittelmaß zu sein. Was hat das aber mit Wirtschaftwachstum zu tun?

M 18

Wodurch wird das Wachstums beeinflusst?

Langfristiges Wirtschaftswachstum setzt Wachstum des Produktionspotentials voraus. Dabei muss sich der Bestand an Sachkapital in seiner qualitativen Zusammensetzung und in seiner Höhe durch Investitionen verändern. Folglich sind Art und Höhe der Investitionen entscheidend für das Wirtschaftswachstum. Ferner wird Wirtschaftswachstum bestimmt durch den Produktionsfaktor Arbeit, das mengenmäßige Arbeitskräfteangebot und dessen Qualität, von der letztlich der technische Fortschritt abhängig ist. Berechnungen des Sachverständigenrates zur Begutachtung der gesamtwirtschaftlichen Entwicklung zum Wachstum des Produktionspotentials haben ergeben, dass bereits seit Mitte der 1990er-Jahre in der Bundesrepublik Deutschland eine zu geringe Dynamik in der Zunahme an Sachkapital der wachstumshemmende Faktor ist. Die Investitionen sind also nicht in wünschenswertem Umfang vergrößert worden. Darüber hinaus gibt es zahlreiche Faktoren, die das Wachstum positiv oder negativ beeinflussen können wie die natürliche Umwelt, die Höhe der Steuern und Sozialabgaben, der Grad der Flexibilität der Faktor- und Gütermärkte, die Verschuldung des Staates, die Rechtssicherheit und andere institutionelle, soziale und kulturelle Faktoren.

Uwe Taenzer

M 19

Der Reichtum der Nationen

Vor einem Jahrhundert entsprach der Lebensstandard der Deutschen in etwa dem der Philippiner oder Ägypter von heute. Am Ende des Zweiten Weltkriegs war Hongkong nicht mehr als eine steinige, völlig mittellose Insel. Heute pulsiert das Leben auf ihr, und das Pro-Kopf-Einkommen hat sich seit 1960 versiebenfacht. Das durchschnittliche Einkommen eines Inders liegt im Moment etwa sechzigmal unter dem Einkommen eines Durchschnittsamerikaners.

Warum schaffen manche Länder einfach nicht den Weg aus der Armut, während andere es zu Wohlstand bringen? Wie lassen sich die unterschiedlichen Entwicklungsniveaus erklären? Was bedingt den zunehmenden Reichtum einer Nation, das heißt ihr Wachstum? Große Fragen sind das. Und extrem wichtige, nicht nur für die Entwicklungsländer, nicht nur für die Länder, die gerade den Kommunismus hinter sich gelassen haben, sondern genauso für uns, die alten westlichen Länder, die – ohne übertreiben zu wollen – auch nicht immer auf der Höhe sind. [...]

Wenn man die Armut bekämpfen und den Lebensstandard aller anheben möchte, sollte man schlicht und ergreifend für Wachstum sorgen. Das soll nicht heißen, dass Wachstum keine Nachteile hat: Umweltverschmutzung, Staus, Müll, von den sozialen Kosten wollen wir einmal ganz schweigen. Zum Glück haben wir die Mittel, diese Probleme vielleicht nicht gerade zu beseitigen, aber doch zu mildern. Lassen wir mal jede Polemik beiseite – versuchen wir, offen und unvoreingenommen zu sein –, so werden wir der kontroversen Wirtschaftsfrage schon etwas abgewinnen können.

Als Einstieg möchte ich zunächst mit einer sehr verbreiteten Vorstellung aufräumen: Es ist falsch zu glauben, dass eine Nachfrage, die durch künstlich erzeugte Kaufkraft entsteht, zu Wachstum und zu Reichtum führt. Wenn dem so wäre, hätte man die Wirtschaftsprobleme schon seit langem mit Hilfe von einigen Hubschraubern gelöst, die regelmäßig Geldscheine über der begeisterten Menge abgeworfen hätten. Leider hat man, damit eine Nation produziert und floriert, noch keine besseren Lösungen gefunden als Arbeit (ich bin ja auch nicht glücklich darüber), Kapital (die Fabriken, Maschinen, Transport- und Verkehrsverbindungen), Technologie und Innovationen. Auf lange Sicht führt nicht die globale Nachfrage nach Gütern und Dienstleistungen zum Reichtum der Nationen. Es ist vielmehr umgekehrt so, dass langfristig die Schaffung von Reichtum Nachfrage erzeugt – man will sein Geld ja schließlich ausgeben.

Welchen Beitrag zu einem langfristigen Wachstum leisten die oben genannten Produktionsfaktoren? Unerreicht steht der technische Fortschritt an erster Stelle, gefolgt von der Arbeit und dann dem Kapital. Das Wachstum pro Kopf ist offenbar zu 80 Prozent auf technischen Fortschritt zurückzuführen!

Und wovon hängt der technische Fortschritt ab? Vom Wissensvorsprung und von der globalen Leistungsfähigkeit der Wirtschaft.

Deshalb spielen auch das Bildungs- und Gesundheitswesen und die Forschung eine so zentrale Rolle. Und deshalb ist es auch so wichtig, dass die Märkte flexibel und anpassungsfähig genug sind, die Aktivitäten von Mensch und Kapital bestmöglich zu lenken [...].

Und zu guter Letzt spielen deshalb auch Unternehmer, die neue Wege suchen, eine bedeutende Rolle.

André Fourcans, Sabine Schwenk (Übers.): Die Welt der Wirtschaft. Frankfurt, New York 1998, S. 59 f.

M 20

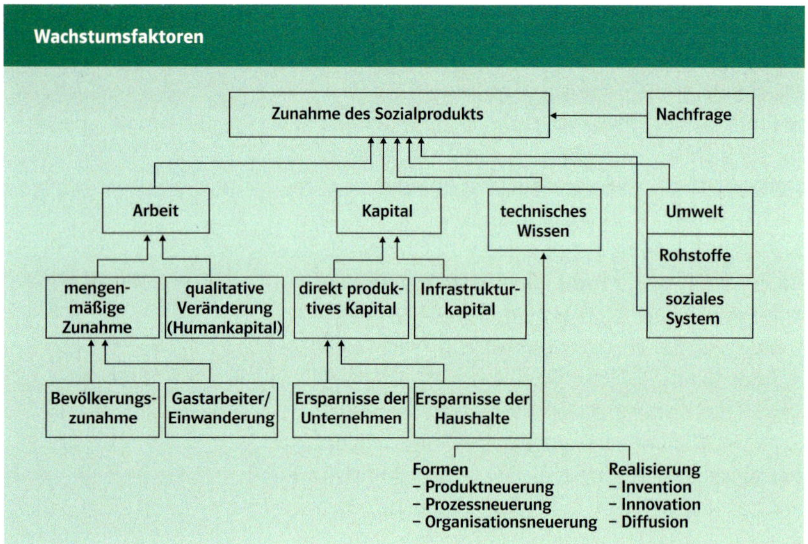

Horst Siebert: Einführung in die Volkswirtschaftslehre. 13. Aufl., Stuttgart, Berlin, Köln 2000, S. 434

M 21

Das soziale System als Wachstumsfaktor

Unter dem **sozialen System** verstehen wir die Gesamtheit der institutionellen Regelungen, also die Verfassung (Demokratie, Diktatur), die politische Gewaltenteilung, die Wirtschafts- und Rechtsordnung, die gesellschaftliche Struktur, die Organisationsformen, die soziale Schichtung sowie die Mentalität und Attitüden der Bevölkerung. Damit ist auch die politische Stabilität angesprochen.

Einige wichtige wachstumsrelevante Faktoren des gesellschaftlichen Systems sind die **Familienstrukturen**, die **soziale Schichtung** und **die Religion**.

Entwicklungsländer sind häufig durch Großfamilien gekennzeichnet, bei denen die Jungverheirateten in der Familie bleiben. Die Mobilität der Arbeitskraft wird dadurch erheblich beeinträchtigt und das Risikoverhalten der jungen Leute gebremst. Die Anreize, zusätzliche Arbeit anzubieten, werden reduziert, da alles Einkommen in einen gemeinsamen Pool fließt. In einigen Entwicklungsländern kommt eine positive Sparneigung nicht auf, da die Großfamilie eine Art Versicherung darstellt, bei der die jungen Mitglieder für die Alten sorgen; eine Zukunftssicherung durch Sparen ist dann nicht erforderlich. Ein anderer Einfluss des Familiensystems besteht etwa in dem Erbsystem der Landwirtschaft, durch das beispielsweise in Teilen Europas die Höfe immer stärker geteilt wurden und ineffiziente Betriebseinheiten zustande kamen. Schließlich sind mit dem Familiensystem auch Heiratsalter, Geburtenhäufigkeit und die Rolle der Frau in der Gesellschaft verknüpft.

Die soziale Schichtung, die „Klassenstruktur", ist ein entscheidender Bestimmungsfaktor der

Mobilität des Produktionsfaktors Arbeit. So legt das indische Kastenwesen die Mitglieder einer Kaste auf bestimmte Beschäftigungsgruppen fest und verhindert eine vertikale soziale Mobilität. Die Mobilität der Arbeit ist aber eine wesentliche Voraussetzung für die Anpassungsfähigkeit des Produktionssystems an geänderte Nachfragebedingungen und für eine produktionssteigernde Kombination der Produktionsfaktoren. Unter der Überschrift „Klassenstruktur" ist auch das Argument der Politologen einzuordnen, dass eine breite Mittelklasse für die Stabilität einer Demokratie entscheidend ist. Länder – wie die Südamerikas – ohne starke Mittelklasse haben in der Vergangenheit immer wieder revolutionäre Entwicklungen und Regierungsumstürze erlebt, die den Datenkranz der einzelwirtschaftlichen Entscheidungen geändert haben und keineswegs wachstumsfördernd waren.

In Bezug auf die Religion hat Max Weber die Beziehung zwischen der Reformation und der wirtschaftlichen Entwicklung aufgezeigt. Seine Grundthese besagt, dass die calvinistische Reformation[1], die sich vor allem in England und den USA ausgewirkt hat, in ihrem Glauben an die Vorherbestimmung des Menschen und daran, dass die Prädestination[2] am wirtschaftlichen Erfolg erkannt wird, entscheidende Anreize für Produktion, Spartätigkeit und Handel gab [...].

Die bisher aufgezeigten Wachstumsdeterminanten Kapital, Arbeit, Humankapital, technisches Wissen, Umwelt, natürliche Ressourcen, Boden und soziales System bestimmen die Zunahme des potentiellen Produktionsvolumens, also der Produktionskapazität. In unserer Darstellung sind die einzelnen Wachstumsfaktoren isoliert untersucht worden. Wir müssen uns aber darüber im Klaren sein, dass die einzelnen Wachstumsdeterminanten gleichzeitig auftreten können und sich gegenseitig bedingen und beeinflussen.

Horst Siebert: Einführung in die Volkswirtschaftslehre. 13. Aufl., Stuttgart, Berlin, Köln 2000, S. 432 f.

1 calvinistische Reformation – Reformation durch Calvin (1509 – 1564)

2 Prädestination – göttliche Vorherbestimmtheit zur Seligkeit oder Verdammnis durch Gottes Gnadenwahl, wichtiges Element der Lehre der calvinistischen Reformation

M 22

Die Nachfrage als Wachstumsstimulator

Bei der Diskussion der Wachstumsdeterminanten haben wir uns auf die Angebotsseite konzentriert. Implizit ist bei dieser Analyse unterstellt, dass die Nachfrage nach dem zusätzlichen Angebot, das durch Kapazitätswachstum möglich ist, hinreichend stark zunimmt, um das zusätzliche Angebot abzunehmen. In dieser Betrachtung ist eine hinreichend starke Entwicklung der Nachfrage eine notwendige Bedingung, die für Wachstum erfüllt sein muss. In der Wirklichkeit vollzieht sich Wachstum sowohl auf der Angebotsseite als auch auf der Nachfrageseite. So kann es Situationen geben, in denen die Produktionskapazität relativ schnell vergrößert werden kann und in denen die Zunahme der Gesamtnachfrage als entscheidender Stimulator eines Wachstumsprozesses wirkt. Eine solche Situation lag etwa nach dem Ende des zweiten Weltkrieges in der Bundesrepublik vor, wo der Kapitalbestand zerstört war, aber qualifizierte Arbeitskräfte, gutes Management und technisches Know-how vorhanden waren. Auch bei einer starken technischen Neuerung, die eine beachtliche Ausweitung der Produktionskapazität erlaubt, mag die Nachfrageseite als entscheidender Wachstumsfaktor angesehen werden. In Volkswirtschaften mit Außenhandel können Exporte die Rolle der Nachfragestimulierung übernehmen.

Horst Siebert: Einführung in die Volkswirtschaftslehre. a. a. O., S. 433

1. Ergänzen Sie das Schaubild M 20, indem Sie die Komponenten für die gesamtwirtschaftliche Nachfrage aus M 12 von 4.2.1 einfügen.

2. Verdeutlichen Sie anhand der Texte (M 18, M 19, M 21 und M 22) wesentliche Wachstumsfaktoren des Schaubildes M 19.

3. Erläutern Sie, warum die Investitionen der Unternehmen für den Wachstumsprozess einer Volkswirtschaft eine besondere Rolle spielen (M 18, M 22). Beachten Sie dabei auch die Nachfrageseite.

4.2.4 Wachstumszyklen

Die zyklische Entwicklung der Wirtschaft hat immer wieder dazu geführt, nach Regelmäßigkeiten in den Abläufen zu suchen, um auch die unterschiedliche Stärke von Rezessionen zu erklären. So wurde nach 40 Monate, 9–10 Jahre und 50–60 Jahre dauernden Zyklen unterschieden. Wenn die Tiefpunkte der drei Zyklen zusammenfallen, so eine eher spekulative Vermutung als überprüfbare Hypothese, nimmt eine Rezession die Gestalt einer schweren Depression an. Die folgenden Materialien gehen vor allem auf den langfristigen Wachstumszyklus, den Kondratieff-Zyklus ein, weil er in der öffentlichen Diskussion eine Rolle spielt.

M 23

Kondratieff-Zyklen

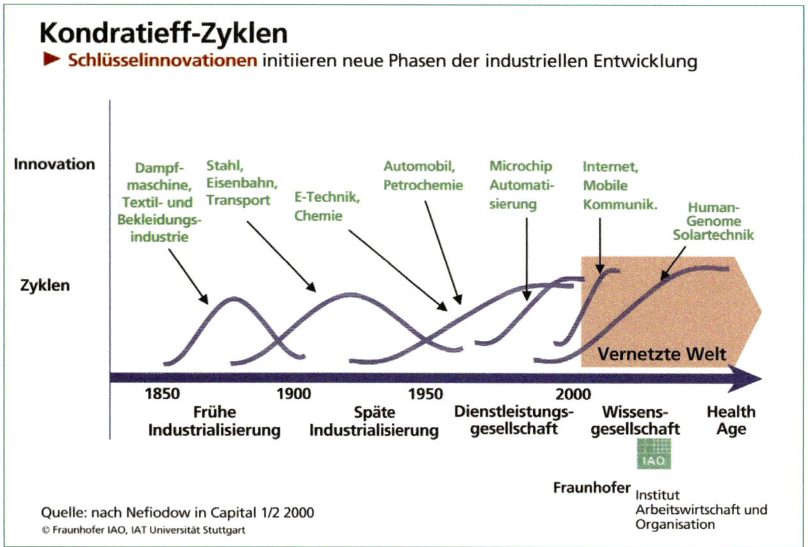

M 24

Paul Strathern, ein britischer Wissenschaftsjournalist, geht auf die Analyse von zyklischen Wachstumsprozessen durch Joseph Schumpeter (1883–19590) ein.

Kurze und lange Zyklen

Die erste umfassende Analyse der Konjunkturzyklen stammt von Joseph Schumpeter, einem amerikanischen Ökonomen österreichischer Herkunft. […] Schumpeter unterschied drei Konjunkturzyklen. Der erste war der **Kitchin-Zyklus**, benannt nach dem südafrikanischen Bergbauunternehmer, der diesen Zyklus entdeckt hatte. Dieser Zyklus dauerte etwa 40 Monate. Sein Motor war die Beurteilung zukünftiger Absatzperspektiven. Zunächst wurden die Lager aufgestockt, um für den steigenden Verkauf gewappnet zu sein. Sobald sich das Wachstum verlangsamte, wurde die Produktion gedrosselt, um nicht auf großen Mengen unverkäuflicher Ware sitzen zu bleiben. Sobald sich das Wachstum wieder beschleunigte, wurde die Produktion gesteigert, und der Zyklus begann von neuem.

Der zweite Zyklus war der so genannte **Juglar-Zyklus**, benannt nach dem französischen Arzt und Wirtschaftstheoretiker, der die Existenz dieses Zyklus als Erster wissenschaftlich überzeugend nachgewiesen hatte. Juglar zufolge war der Kreislauf des Wirtschaftsgeschehens mit dem menschlichen Blutkreislauf vergleichbar. Der Juglar-Zyklus dauerte neun bis zehn Jahre und wird heute gemeinhin als der wichtigste der drei Konjunkturzyklen angesehen. […] Der Zyklus beginnt mit der Expansion von Unternehmen, die Kapital in die Modernisierung von Fabriken investieren. Diese Phase dauert vier bis fünf Jahre. In der zweiten Zyklushälfte gibt es keine weitere Expansion oder Investition mehr, und die Fabrik und die Gerätschaften verschleißen. Vier bis fünf Jahre später beginnt der Zyklus von vorne, da die verschlissenen Maschinen durch neue ersetzt werden müssen.

Der dritte Konjunkturzyklus heißt **Kondratieff-Zyklus** nach dem russischen Wirtschaftsgenie Kondratieff. Kondratieff wurde mit 25 Jahren Vizeminister für Lebensmittel in Kerenskis kurzlebiger liberaler Regierung, die 1917 zwischen dem Sturz des Zaren und der bolschewistischen Revolution an der Macht war. Später war er Wirtschaftsberater der Regierung im neuen Russland, verschwand aber spurlos während der stalinistischen Säuberungen der dreißiger Jahre. Der Kondratieff-Zyklus dauert 50 bis 60 Jahre und wird durch neue Erfindungen und Innovationen in der Industrietechnologie ausgelöst. In Zeiten des wirtschaftlichen Abschwungs sind die Unternehmen nicht bereit, unerprobte Methoden anzuwenden. Erfindungen und Innovationen werden deshalb ignoriert und akkumulieren sich über mehrere Jahrzehnte hinweg. Mit dem wirtschaftlichen Aufschwung werden die Unternehmen offen für Neuerungen, neue Erfindungen werden in der Praxis angewandt und ein neuer Kondratieff-Zyklus beginnt. Schumpeter zeichnete die Entwicklung des Kondratieff-Zyklus in der europäischen Wirtschaft in den vergangenen zweieinhalb Jahrhunderten nach. Ein solcher Zyklus begann demnach mit der frühindustriellen Revolution Ende des 18.Jahrhunderts. Erfindungen wie die Feinspinnmaschine und die vielfältigen neuen Anwendungsmöglichkeiten für die Dampfkraft waren der Auslöser. Weitere Kondratieff-Zyklen setzten Mitte des 19. Jahrhunderts mit dem Boom im Eisenbahnbau, sodann im frühen 20.Jahrhundert mit den Automobilen, der Elektrizität und neuen Technologien in der Chemieindustrie ein. Die Jahre vor dem Ersten Weltkrieg waren eine Zeit des Wohlstands. In den zwanziger Jahren kam dann die Rezession und in den dreißiger Jahren die Große Depression. Verfolgen wir die Entwicklung weiter, sehen wir den Beginn eines neuen Kondratieff-Zyklus um 1957, gleichlaufend mit dem Wirtschaftswachstum der frühen fünfziger und sechziger Jahre und der Massenproduktion von Haushaltsgeräten wie Kühlschrank, Waschmaschine und Fernsehgerät. Fünfzig Jahre später begann mit der Einführung des Computers und der Revolution im Telekommunikationsbereich eine neue Phase des wirtschaftlichen Wachstums. Solche Auf- und Abschwünge lassen sich jedoch unterschiedlich interpretieren. [...] Viele Wirtschaftstheoretiker gehen sogar so weit, die Existenz des Kondratieff-Zyklus zu leugnen. Der renommierte amerikanische Ökonom Paul Samuelson sprach in Bezug auf den Kondratieff-Zyklus sogar von absolutem Unsinn.

Paul Strathern, Sonja Schumacher (Übers.): Schumpeter mit Reithosen. Die genialsten Wirtschaftstheorien und ihre verrückten Erfinder. Frankfurt/M. 2003, S. 258–260

M 25

Eine Schumpeter'sche Perspektive

Den theoretischen Ausgangspunkt der Analyse bildet Schumpeters Theorie des ökonomischen Einflusses technischer Revolutionen [...]. Diese Theorie ist grundsätzlich eine historische Erklärung des Kapitalismus seit der Industriellen Revolution. Sie besagt, dass wesentliche langfristige Fluktuationen durch die Bündelung von so genannten Basisinnovationen während Depressionsperioden entstehen. Als **Basisinnovationen** gelten dabei große technologische Durchbrüche wie beispielsweise die Dampfmaschine, der Dynamo, der Verbrennungsmotor oder in jüngerer Zeit der Computer, der Halbleiter oder die Gentechnik. Eine wesentliche Rolle in Schumpeters Theorie spielt der Unternehmer, der Basisinnovationen zur Erreichung von Profiten in den Markt einführt (z. B. Bill Gates als Prototyp des Schumpeter'schen Unternehmers). Nach ihrer Einführung ziehen diese Basisinnovationen eine ganze Schar von Imitationen nach sich, die jede aus zunehmend verbesserten Versionen des ursprünglichen Grunddesigns besteht. Genau durch diese Imitationsprozesse diffundiert[1] die neue Technologie in den Markt – ein Vorgang, der sich über Jahrzehnte hinziehen kann. Aufgrund der großen Möglichkeiten für Verbesserungen der Produktivität und der Produktqualität, die mit der neuen Technologie verbunden sind, wächst die Wirtschaft in dieser **Diffusionsperiode** mit hoher Geschwindigkeit. Mit der Zeit verringern sich die Möglichkeiten für eine weitere Verbesserung der Basisinnovationen, und die Boomphase kommt zu einem Ende. An ihre Stelle tritt zunächst eine Rezession, später sogar eine Depression, und die Wirtschaft wird langsam wieder bereit für die nächste Welle von Basisinnovationen. Die zeitliche Abfolge von Boom, Rezession und Depression erfolgt periodisch in einem Abstand von 50–60 Jahren. Schumpeter bezog sich dabei auf die Arbeiten des russischen Wirtschaftswissenschaftlers Kondratieff.

Bart Verspagen: Wachstum und Strukturwandel: Trends, Muster und Politikoptionen. In: Thomas Gries, Andre Jungmittag, Paul J. J. Welfens (Hrsg.): Neue Wachstums- und Innovationspolitik in Deutschland und Europa. Wirtschaftswissenschaftliche Beiträge 189, Heidelberg 2003, S. 92 f.

1 diffundieren – eindringen

1. Erläutern Sie den Verlauf eines Kondratieff-Zyklus anhand von M 23 – M 25.
2. Wodurch unterscheidet sich ein Kondratieff-Zyklus in den grundsätzlichen Annahmen von einem Konjunkturzyklus, wie er in 4.1.1 und 4.1.2 beschrieben wurde?
3. In M 24 werden alle drei Zyklen als Konjunkturzyklen bezeichnet. Daran können Sie erkennen, dass die Begriffe Wachstum und Konjunktur nicht immer klar von einander abgegrenzt werden. Formulieren Sie M 24 so um, dass die unterschiedenen drei Zyklenarten der in diesem Kapitel verwendeten Begrifflichkeit von Konjunktur und Wachstum entsprechen.
4. Versuchen Sie, alle drei Zyklen in einem Schaubild darzustellen.

4.2.5 Investitionen, Konjunktur und Wachstum

Investitionen treten bei den zyklischen Abläufen der wirtschaftlichen Aktivität in zweifacher Weise in Erscheinung: einmal als Komponente der gesamtwirtschaftlichen Nachfrage, deren Änderungen ursächlich für kurzfristige konjunkturelle Ausschläge sind, und zum anderen als die Größe, die die Höhe des Kapitalstocks einer Volkswirtschaft bestimmt. Der Kapitalstock ist wiederum ein wesentlicher Faktor für das mittel- und langfristige Wachstumspotential. Jedoch erhöht nicht jede Investition den Kapitalstock. Deshalb ist es notwendig, differenzierter als bisher auf den Investitionsbegriff einzugehen, um die Wirkungen der Investitionen auf Konjunktur und Wachstums analysieren zu können.

M 26

Investitionen und Kapitalstock

Unter Kapital wird in makroökonomischer Perspektive der **Produktionsfaktor Kapital** verstanden, also die produzierten Produktionsmittel. Der Bestand an Produktionsmitteln in einer Volkswirtschaft an einem Stichtag wird als **Kapitalstock** bezeichnet. Er ist eine wesentliche Determinante für das Produktionspotential einer Volkswirtschaft. Änderungen des Kapitalstocks werden durch Investitionen hervorgerufen. Als **Bruttoinvestitionen** wird der Teil des Bruttoinlandsprodukts bezeichnet, der zum Ersatz ausgeschiedener dauerhafter Produktionsmittel, zur Erweiterung und/oder Verbesserung des Produktionsapparates oder zur Vergrößerung von Lagerbeständen verwendet wird. Im Gegensatz zum Kapitalstock sind Investitionen keine Bestands-, sondern Stromgrößen; sie beziehen sich auf eine Periode, z. B. ein Jahr.
Aus der Definition für die Bruttoinvestitionen wird auch deutlich, dass technische und wirtschaftliche Gesichtspunkte, nach denen Güter in Konsum- und Investitionsgüter klassifiziert werden können, keine Bedeutung für diese Definition haben.
Die Re- oder **Ersatzinvestitionen** entsprechen dem Teil der Bruttoinvestitionen, der notwendig ist, um den durch den Produktionsprozess bewirkten Verschleiß an Produktionsmitteln, der rechnerisch in Form von Abschreibungen erfasst wird, zu ersetzen. Werden die Reinvestitionen von den Bruttoinvestitionen subtrahiert, ergeben sich die **Nettoinvestitionen**, in deren Höhe der Kapitalstock verändert wird.

Uwe Taenzer

M 27

Motive für Nettoinvestitionen

Nettoinvestitionen, soweit sie Investitionen der Unternehmen sind, können danach unterschieden werden, ob sie der Erweiterung oder der Rationalisierung dienen. Unternehmen werden ihre Produktionsanlagen erweitern, wenn ihre Kapazitäten ausgelastet sind und die Nachfrage nach ihren Produkten längerfristig steigt (**Erweiterungsinvestitionen**). Auslösender Faktor für solche Erweiterungsinvestitionen ist also die bestehende bzw. zu erwartende Nachfrage. Erweiterungsinvestitionen können daher als nachfrageinduzierte Investitionen bezeichnet werden. Durch die Erweiterung der Produktionsanlagen will man die vorhandenen Absatzchancen nutzen, um die Gewinne zu erhöhen.

Unternehmen sind ständig darum bemüht, ihre Kosten zu senken bzw. den Kostenanstieg zu minimieren. Investitionen, die diesem Zweck dienen, werden als **Rationalisierungsinvestitionen** bezeichnet. Es können grundsätzlich zwei Arten unterschieden werden:

- Rationalisierungsinvestitionen dienen einmal dazu, den zu teuer gewordenen Produktionsfaktor Arbeit durch Kapital zu ersetzen. Ursächlich sind für diese Rationalisierungsinvestitionen also die zu hohen Lohn- und Lohnnebenkosten.
- Rationalisierungsinvestitionen können ferner der Einsparung von Energie und Rohstoffen dienen, um die Energie- und Rohstoffkosten zu senken. Je stärker diese Kosten steigen, umso größer wird der Druck zur Rationalisierung.

Gemeinsames Motiv für Erweiterungs- und Rationalisierungsinvestitionen ist letztlich die Gewinnerwartung der Unternehmen. Gewinne der Unternehmen können durch höhere Erlöse und/oder sinkende Kosten gesteigert werden.

Nettoinvestitionen können ferner durch die Einführung eines neuen Produktes hervorgerufen werden. Dynamische Unternehmen sind darum bemüht, durch Produktinnovationen neue Absatzmärkte zu erschließen. Ursache für solche Investitionen ist nicht eine aktuelle Nachfrage am Markt, sondern der Versuch eines Unternehmens, durch neue Produkte die Nachfrage zu wecken. Hier ist also das Angebot gegenüber der Nachfrage im zeitlichen Vorlauf. Da solche Investitionen nicht nachfrageinduziert sind, werden sie auch als autonome Investitionen bezeichnet. Sie sind für die Dynamik einer Volkswirtschaft von entscheidender Bedeutung. Sie treiben den „Prozess der schöpferischen Zerstörung", wie Schumpeter die wirtschaftliche Entwicklung marktwirtschaftlicher Systeme charakterisierte, voran.

Investitionsmotive deutscher Unternehmen

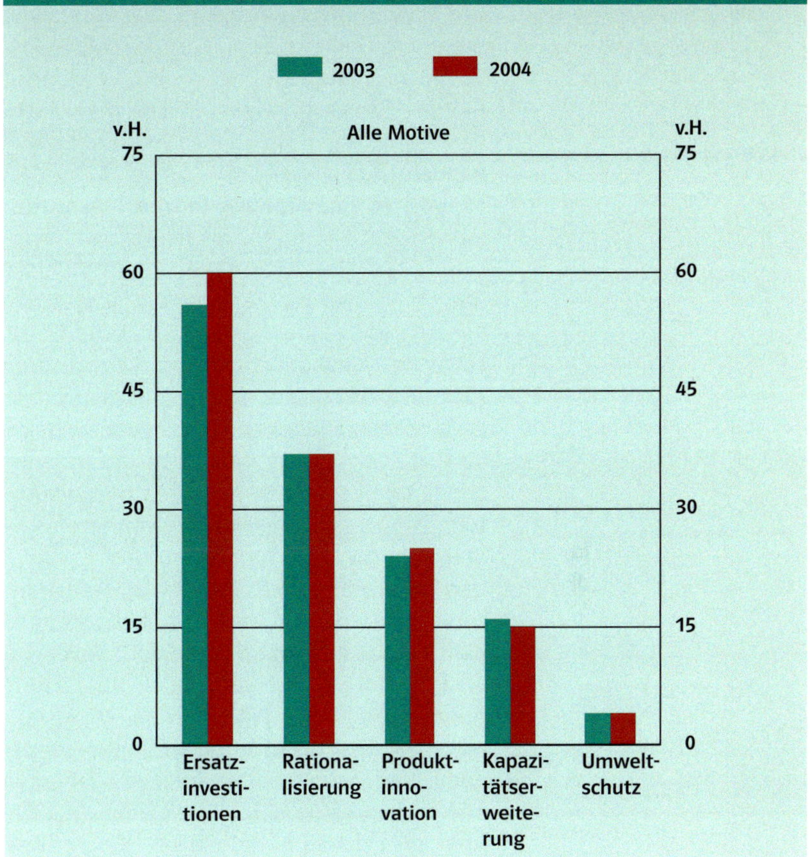

SVR 2003/04, S. 112

Daneben gibt es Investitionen, die nicht von der Höhe der Nachfrage bzw. von Gewinnerwartungen bestimmt werden. Hierzu zählen die Investitionen des Staates. Im Unternehmenssektor können dazu solche Investitionen gerechnet werden, die durch Naturkatastrophen, Kriege und ihre Folgen (Zerstörung und Demontage) und gesetzliche Bestimmungen (Umweltschutz- und Unfallschutzgesetzgebung) veranlasst werden.

Uwe Taenzer

M 28

Gesamtwirtschaftliche Effekte von Investitionen

Traditionellerweise werden zwei Effekte von Investitionen unterschieden: der Einkommens- und der **Kapazitätseffekt**. Darüber hi-

1 kumulativ – anhäufend

2 volatil – schwankend

naus haben Investitionen Beschäftigungseffekte und ökologische Auswirkungen.

Der **Einkommenseffekt** zeigt sich darin, dass bei der Erstellung der Investitionsgüter Einkommen entstehen. Steigende Investitionen führen zu steigendem Einkommen, steigendem Konsum, steigender Produktion, steigendem Einkommen usw. Es wird also ein **expansiver kumulativer Prozess**[1] ausgelöst (vgl. Kapitel 5). Umgekehrt bewirkt ein Nachlassen der Investitionstätigkeit über Entlastungen, sinkende Einkommen, sinkenden Konsum, sinkende Konsumgüterproduktion, sinkende Einkommen einen **kontraktiven kumulativen Prozess**. Der Einkommenseffekt ergibt sich bei jeder Art von Investition, egal ob es sich um Ersatz- oder Nettoinvestitionen handelt. Er lässt die kurzfristigen, die konjunkturellen Auswirkungen der Investitionsausgaben erkennen.

Der **Kapazitätseffekt** besteht darin, dass positive Nettoinvestitionen bei Ausrüstungen die Produktionskapazität einer Volkswirtschaft erhöhen. Sie sind die Voraussetzung für wirtschaftliches Wachstum. Sind die Ausrüstungsinvestitionen rückläufig oder gar negativ, wird der Wachstumsprozess gebremst oder sogar gestoppt. Zur Erreichung eines angemessen hohen mittelfristigen Wachstumspfades wurde beispielsweise für die Bundesrepublik in den 1980er-Jahren angenommen, dass die private Investitionstätigkeit jährlich real um 5% bis 6% zunehmen müsse, um ein mittelfristiges Wirtschaftswachstum von rund 3% bis 4% zu erzielen.

Im Kapazitätseffekt der Nettoinvestitionen kommt deren Bedeutung für das Wachstum des Produktionspotentials zum Ausdruck und damit für den mittel- und langfristigen Wachstumstrend einer Volkswirtschaft.

Insofern haben die Investitionen eine Doppelbedeutung: Als Komponente der gesamtwirtschaftlichen Nachfrage, die im Vergleich zu den privaten Konsumausgaben wesentlich **volatiler**[2] ist, beeinflussen sie die Konjunkturentwicklung und als Komponente des Produktionspotentials den Wachstumsprozess.

Bis zur Produktionsreife von Anlageinvestitionen vergehen häufig mehrere Jahre, bei der Errichtung eines neuen Kraftwerkes etwa fünf Jahre. Während der Erstellung der Investitionen entstehen Einkommen, aber noch kein zusätzliches Güterangebot; der Einkommens- und Kapazitätseffekt können also zeitlich auseinanderfallen.

Geht man davon aus, dass die im Aufschwung und Boom begonnenen Investitionen zum großen Teil erst in der Phase des Konjunkturabschwungs produktionsreif werden, so erhöhen sie das Produktionspotential in einer Zeit, in der die vorhandenen Kapazitäten aufgrund der sinkenden gesamtwirtschaftlichen Nachfrage ohnehin nicht ausgelastet sind. Die Kapazitätsauslastung verringert sich dadurch noch stärker. Die sinkende Kapazitätsauslastung der Unternehmen wird deren Anreiz zum Investieren negativ beeinflussen, so dass die Nachfrage nach Investitionen fällt. Der Konjunkturabschwung wird dadurch verstärkt.

Uwe Taenzer

1. Angenommen, der Kapitalstock einer Volkswirtschaft habe 2007 zum Jahresende 2000 Mio Einheiten betragen. Bis zum Jahresende 2008 ergab sich eine Abnutzung von 15%. Wie hoch sind die Brutto-, Ersatz- und Nettoinvestitionen, wenn zum 31.12.2008 der Kapitalstock eine Größe von 2500 Mio bzw. 2000 Mio Einheiten hätte (M 26)?

2. Begründen Sie, wie sich die Investitionsmotive (M 27) im Aufschwung verändern könnten.

3. Schreiben Sie einen höchstens 20-zeiligen Beitrag zu dem Thema „Investitionen – ein Bindeglied zwischen Konjunktur und Wachstum" (M 28 und Abschnitte 4.1.2 sowie 4.2).

Lernkontrolle

Stichwortsammlung

Konjunkturzyklus
- Rezession
- Krise
- Boom
- Abschwung
- Depression
- Rezession
- gesamtwirtschaftliche Nachfrage

Abgrenzungsproblem von Konjunkturphasen
- Produktionspotential
- Auslastungsgrad des Produktionspotentials
- Output-Lücke
- Nachfrageschwankungen
- Deflation
- Inflation

Determinanten von Konjunktur und Wachstum
- Zyklusdämpfer
- Zyklusverstärker
- prozyklisch
- privater Verbrauch
- Akzeleratorhypothese
- Investitionsgüternachfrage
- Nachfrage des Staates
- Auslandsnachfrage
- Außenbeitrag
- gesamtwirtschaftliche Nachfrage
- Humankapital
- Rechtssicherheit
- soziales System
- Infrastruktur
- Religion
- Innovation
- Familienstruktur

Wachstumszyklen
- Innovation
- Basisinnovation
- Diffusion
- Kondratieff-Zyklus
- Juglar-Zyklus
- Kitchin-Zyklus
- Schumpeter

Investitionen
- Brutto-, Ersatz- und Nettoinvestitionen
- Einkommenseffekt
- Kapazitätseffekt
- Erweiterungsinvestitionen
- Rationalisierungsinvestitionen
- Investitionsmotive
- Kapitalstock

5 Theoretische Grundlagen der Konjunkturpolitik

In den Kapiteln 2 und 4 wurde deutlich, dass die Wirtschaftsentwicklung nicht stetig verläuft. Vielmehr sind Konjunkturschwankungen und hartnäckige Stagnationsphasen im Wirtschaftswachstum in einer Marktwirtschaft nicht ungewöhnlich. Der Mainstream der Wirtschaftswissenschaftler ging bis zur Weltwirtschaftskrise von 1929 davon aus, dass die Selbstheilungskräfte des Marktes lang anhaltende Krisen vermeiden würden und Krisen allenfalls durch exogene Schocks verursacht würden (vgl. 6.2.1).
John Maynard Keynes (1883 – 1946) forderte angesichts der Massenarbeitslosigkeit als Folge der Weltwirtschaftskrise staatliche Eingriffe, da sich offensichtlich die Selbstheilungskräfte des Marktes als unzureichend erwiesen. Bevor in Kapitel 6 seine wirtschaftspolitische Konzeption ausgeführt wird, sind in diesem Kapitel Grundlage seiner makroökonomischen Theorie Gegenstand der Darstellung. Er hat sie in seinem Hauptwerk „General Theory“ entwickelt. Diese Theorie ist zum selbstverständlichen Bestandteil des Denkens in gesamtwirtschaftlichen Zusammenhängen geworden, unabhängig davon, welcher wirtschaftspolitischen Konzeption der Vorzug gegeben wird.

In diesem Kapitel wird untersucht, von welchen Bestimmungsgründen der Konsum der privaten Haushalte (5.1) und die Investitionen (5.2) der Unternehmen abhängen. Anschließend wird in Abschnitt 5.3 ein Modell in einfacher Form entfaltet, in dem die gesamtwirtschaftliche Nachfrage nur vom privaten Konsum und den Investitionen bestimmt wird, die Nachfrage des Staates und des Auslands bleiben also unberücksichtigt.

Mit diesem Kapitel können Sie folgende Ziele erreichen:
- Bestimmungsgründe für den makroökonomischen Konsum kennen und die Konsumfunktion diskutieren,
- Bestimmungsgründe für Investitionen erläutern,
- das Investitionskalkül an einem Beispiel verdeutlichen,
- die Grenzleistungsfähigkeit des Kapitals definieren,
- die Investitionsfunktion ableiten und diskutieren,
- den Zusammenhang zwischen der Entwicklung der Grenzleistungsfähigkeit des Kapitals und dem Konjunkturverlauf erklären,
- die Gleichgewichtsbedingung in einem einfachen Modell ableiten,
- den einfachen Multiplikatorausdruck aus der Gleichgewichtsbedingung ableiten und den Multiplikatoreffekt an einem Beispiel erklären,
- die Voraussetzungen für den Multiplikatoreffekt kennen und mit den Gegebenheiten der Realität vergleichen.

5.1 Bestimmungsgründe des Konsums – die Konsumfunktion

In diesem Abschnitt wird mit der Konsum- und Sparfunktion in elementarer Weise in die makroökonomische Theoriebildung eingeführt.

Wo klemmt's denn?

M 1

Das Einkommen als Bestimmungsgröße des Konsums

Die Höhe des aggregierten[1] Konsums (C), d. h. des Konsums aller privaten Haushalte, ist von verschiedenen Größen abhängig. Unter anderem wird der makroökonomische Konsum beeinflusst von
- der Höhe des den privaten Haushalten zur Verfügung stehenden Einkommens (Yv),
- der Bevölkerungsgröße (B),
- dem angesparten Geldvermögen (V),
- der Einkommensverteilung (Y_V),
- der erwarteten Einkommensentwicklung und Konjunkturentwicklung (Y_e)
- dem Preisniveau (P).

Die Abhängigkeit des Konsums von diesen Faktoren lässt sich in der **Verhaltensgleichung** $C = C(Y_V, B, V, Y_V, P, Y_e, \ldots)$ darstellen.

Diese Verhaltensgleichung hat den Nachteil, dass die Änderungen des Konsums nicht eindeutig auf die Änderung einer der unabhängigen Variablen zurückgeführt werden können. Um den Einfluss *einer* unabhängigen Variablen auf die abhängige Variable analysieren zu können, ist es in den Wirtschaftswissenschaften üblich, mit der **Ceteris-paribus-Klausel** zu arbeiten, d. h., bis auf eine werden alle unabhängigen Variablen als gleich bleibend unterstellt. Auf die obige Verhaltensgleichung für den Konsum angewandt bedeutet dies, dass alle Einflussfaktoren des Konsums bis auf das verfügbare Einkommen als konstant angenommen und unter dem Begriff **Konsumneigung** zusammengefasst werden. Die Abhängigkeit des Konsums vom verfügbaren Einkommen lässt sich dann durch die allgemeine Verhaltensgleichung $\mathbf{C = C(Y_V)}$ ausdrücken. Sie wird als **Konsumfunktion** bezeichnet.

In den folgenden Ausführungen wird zur Vereinfachung von einer fiktiven Volkswirtschaft ohne staatliche Aktivität und Außenhandel ausgegangen, der Staat greift also weder durch indirekte[2] und direkte Steuern[3] noch durch Subventionen[4] in das wirtschaftliche Geschehen ein. Das verfügbare Einkommen ist daher mit dem Volkseinkommen identisch.

Uwe Taenzer: Grundlagen der Wirtschaftswissenschaften. Teil 3 Makroökonomie. 2. Aufl., Stuttgart, 1994, S. 80 f.

M 2

Keynes fundamental psychologisches Gesetz zum Konsumverhalten

Das grundlegende [...] Gesetz, auf das wir uns von vornherein sowohl aufgrund unserer Kenntnis der menschlichen Natur als auch der einzelnen Erfahrungstatsachen mit großer Zuversicht stützen dürfen, ist, dass die Menschen in der Regel und im Durchschnitt geneigt sind, ihren Verbrauch mit der Zunahme in ihrem Einkommen zu vermehren, aber nicht im vollen Maße dieser Zunahme. Das heißt, wenn C der Betrag des Verbrauchs ist und Y das Einkommen [...], hat dC das gleiche Vorzeichen wie dY, ist aber kleiner als dY, d. h. $\frac{dC}{dy}$ ist positiv und weniger als die Einheit.

John M. Keynes: Allgemeine Theorie der Beschäftigung, des Zinses und des Geldes. Berlin 1974, S. 83

1 aggregieren – zusammenfassen, hier: der gesamte Konsum aller Haushalte

2 indirekte Steuern – Solche Steuern werden nicht bei den Wirtschaftssubjekten erhoben, die sie eigentlich tragen. Beispielsweise wird die Mehrwertsteuer für die gekauften Konsumgüter und Dienstleistungen bei den Unternehmen erhoben, werden aber im Preis von den Haushalten gezahlt.

3 direkte Steuern – Diese werden von denen gezahlt, bei denen sie erhoben werden, z. B. die Einkommen- oder Erbschaftssteuer.

4 Subventionen – Zuschüsse des Staates an Unternehmen, z. B. Kohlesubventionen, Zahlungen an die Landwirtschaft und Steuervergünstigungen für Unternehmen

M 3

Die Konsumfunktion

Es liegt nahe, dass das laufende Einkommen (Y) der Haushalte eine entscheidende Determinante ihres Konsums darstellt. Aus der VGR wissen wir auch, dass die in einer Volkswirtschaft erzielten Einkommen im Prinzip identisch sind mit dem gesamtwirtschaftlichen Angebot (Y^a). Es besteht also ein funktionaler Zusammenhang zwischen dem laufenden Einkommen und dem Konsum in einer Periode.

$$(1)\ C_t = f(Y_t)$$

Konsumfunktion

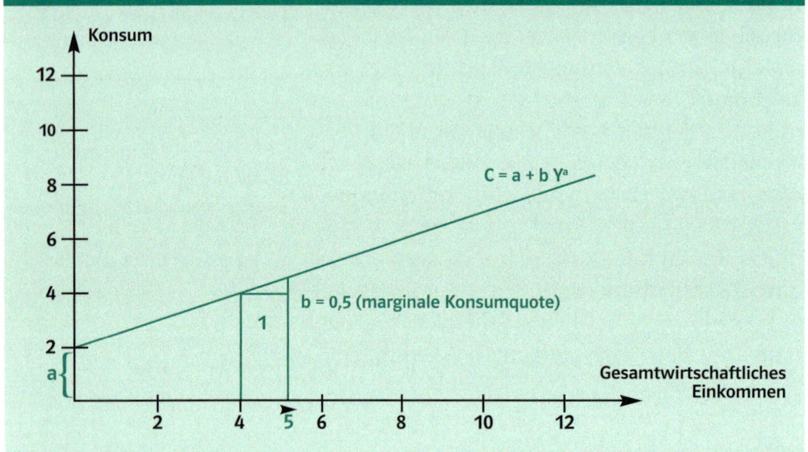

Abbildung 1: Die Konsumfunktion

empirische Konsumforschung

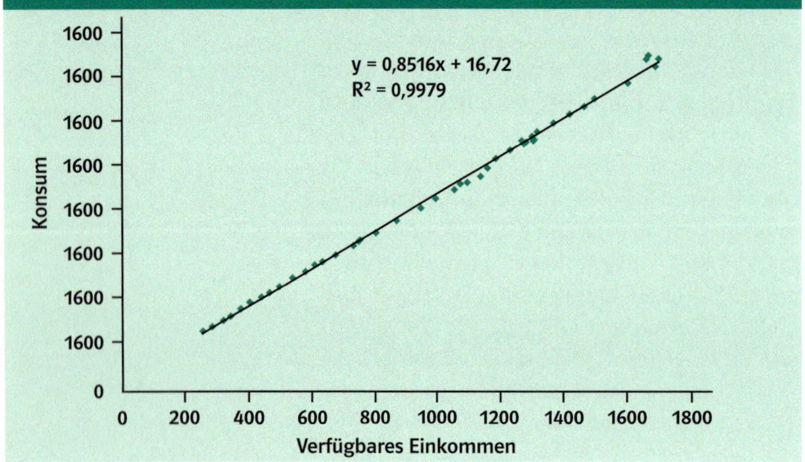

Abbildung 2: Die empirische Konsumfunktion

Konkret kann man diesen Zusammenhang in der Form einer Konsumfunktion wie folgt abbilden:

$$(2)\ C_t = a + bY_t$$

Die Größe b bezeichnet man als **marginale Konsumquote**. Sie liegt in der Regel unter 1. Außerdem kann man davon ausgehen, dass es auch eine vom laufenden Einkommen **unabhängige („autonome")** Komponente des Konsums gibt. Diese bezeichnen wir als a. In Abbildung 1 können wir damit die Konsumausgaben in Abhängigkeit vom gesamtwirtschaftlichen Einkommen abbilden. Wir nehmen dazu für a einen Wert von 2 an und für b einen Wert von 0,5.

Diese einfache Darstellung hat den Vorteil, dass sie der Realität einigermaßen entspricht. Man kann solche Zusammenhänge mit ökonometrischen[1] Schätzverfahren überprüfen. Bezogen auf das verfügbare Einkommen der privaten Haushalte lautet die Konsumfunktion wie folgt:

Die Abbildung 2 zeigt diese aus den volkswirtschaftlichen Daten zu Einkommen und Konsum gewonnene Schätzung der Konsumfunktion.

$$(3)\ C = 17{,}52 + 0{,}85\ Y$$

Ein Spiegelbild der privaten Konsumpläne ist das Sparverhalten der Haushalte. Dieses ergibt sich aus dem einfachen Zusammenhang [...], dass die Ersparnis von Herrn Maier die Differenz zwischen seinem Einkommen und seinem Konsum darstellt:

$$(4)\ S = Y - C$$

Setzt man die hier hergeleitete Konsumfunktion in diese Gleichung ein, erhält man die spiegelbildliche Sparfunktion:

$$(5)\ S = -a + (1-b)Y$$

Peter Bofinger: Grundzüge der Volkswirtschaftslehre. a.a.O., S. 352 ff.

1 vgl. S. 149

Anmerkung: Von der marginalen Konsumquote ist scharf die durchschnittliche Konsumquote zu unterscheiden. Während die marginale Konsumquote den Betrag misst, den die Haushalte bei einer Einkommensänderung für ein Veränderung des Konsums verwenden, gibt die durchschnittliche Konsumquote den Anteil des Konsums am Volkseinkommen an: C/Y. Während die marginale Konsumquote - im Beispiel 0,5 - konstant ist, nimmt die durchschnittliche Konsumquote mit steigendem Einkommen ab. Bezogen auf das Beispiel ist bei einem gesamtwirtschaftlichen Einkommen unter 4 die durchschnittliche Konsumquote größer als 1, es wird entspart; bei 4 ist die durchschnittliche Konsumquote gleich 1, das Einkommen reicht gerade aus, den geplanten Konsum zu befriedigen; bei einem gesamtwirtschaftlichen Einkommen über 4 ist die durchschnittliche Konsumquote kleiner als 1, ein Teil des Einkommens kann gespart werden. Für die **durchschnittliche Sparquote**, der Anteil des Sparens am Volkseinkommen, bzw. verfügbaren Einkommen, ist die durchschnittliche Sparquote zunächst negativ, im Beispiel bis 4, bei 4 gleich 0 und über 4 positiv. Genau wie **marginale Konsum- und Sparquote** sich immer zu eins addieren, weil Haushalte ihr Einkommen nur für Konsum und Sparen verwenden können (es gibt im Modell keinen Staat, der Steuern eintreibt), müssen durchschnittliche Konsum- und Sparquote zusammen eins ergeben.

M 4

Andere Bestimmungsgründe des Konsums

Die Steigung der Konsumkurve (b) wird durch die Konsumneigung, d.h. durch die als konstant angenommenen Bestimmungsgründe der Konsumgüternachfrage, determiniert. Die Konsumneigung bestimmt sowohl den autonomen Konsum als auch die marginale Konsumquote. Autonomer Konsum und marginale Konsumquote wiederum bestimmen die Lage der Konsumkurve im Koordinatensystem. Wenn sich die Konsumneigung ändert, muss sich daher auch die Lage der Konsumkurve im Koordinatensystem verschieben. Steigt die Konsumneigung, verschiebt sich die Konsumkurve nach oben, fällt die Konsumneigung, verlagert sie sich nach unten. Grundsätzlich lassen sich drei mögliche Ursachen für Verschiebungen der Konsumkurve unterscheiden:

1) Die marginale Konsumquote ändert sich, z. B. weil die Arbeitslosigkeit steigt, a bleibt konstant. In der graphischen Darstellung dreht sich der Graph der Konsumfunktion um seinen Anfangspunkt auf der C-Achse: C_1 (Y).

2) Der autonome Konsum ändert sich, weil beispielsweise die Bevölkerungszahl sinkt, b bleibt jedoch konstant. In diesem Fall kommt es zu einer Parallelverschiebung der Konsumkurve, bei sinkender Bevölkerungszahl also zu einer Parallelverschiebung nach unten: C_2 (Y).

3) a und b ändern sich gemeinsam. Die Konsumkurve hätte einen anderen Ursprungspunkt auf der C-Achse und eine andere Steigung: C_3 (Y).

Bei der Analyse des Konsums müssen streng unterschieden werden die Wirkungen eines veränderten Volkseinkommens und die einer veränderten Konsumneigung. Veränderungen des Volkseinkommens bewirken eine Bewe-

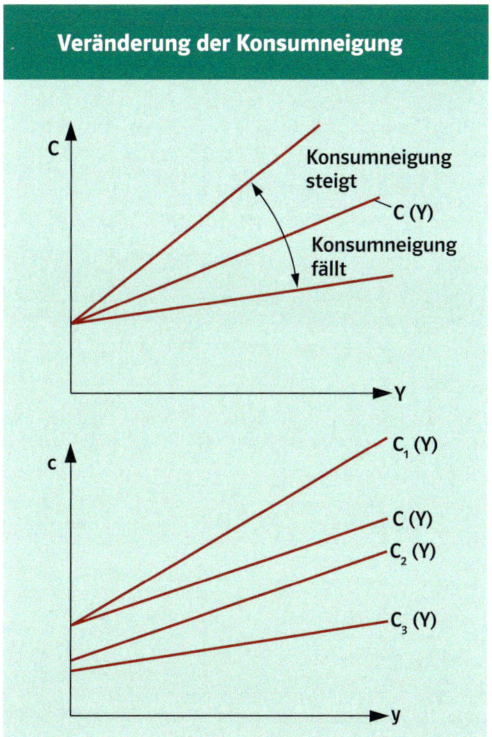

Abbildung 3: Die Veränderung der Konsumneigung

1 Ökonometrie – Teilgebiet der Wirtschaftswissenschaften, in dem einerseits mit Hilfe mathematisch-statistischer Verfahren die mathematisierten Modelle der volkswirtschaftlichen Theorie und deren Hypothesen auf ihren Realitätsgehalt untersucht werden, andererseits möglichst realitätsnahe und daher komplexe Modellierungen für Prognosen durchgeführt werden. Die Ökonometrie stellt eine entscheidende Testmöglichkeit für Modelle dar, die zu einer Widerlegung (Falsifikation) von Hypothesen führen kann.

gung entlang einer gegebenen Konsumkurve, Veränderungen der Konsumneigung verschieben die Lage der Konsumkurve im Koordinatensystem und können bei konstantem Volkseinkommen zu einer veränderten Höhe des Konsums führen.

Uwe Taenzer: Grundlagen der Wirtschaftswissenschaften. Teil 3 Makroökonomie, 2. Aufl. Stuttgart 1994, S. 83f.

1. Erläutern Sie die Begriffe marginale Konsumquote und autonomer Konsum (M 2 bis M 4). Diskutieren Sie den Einfluss folgender Faktoren auf die Konsumfunktion:
- die Werbung wird intensiviert,
- die Einkommen steigen,
- die Arbeitslosigkeit steigt,
- die Geldentwertung beschleunigt sich,
- die Bevölkerung wächst durch Zuwanderung.

2. Begründen Sie, warum die marginale Konsumquote und die marginale Sparquote summiert immer den Wert 1 ergeben müssen (M 3). In der Darstellung wird von einer konstanten marginalen Konsumquote ausgegangen. Wie würde die Konsumkurve verlaufen, wenn die marginale Konsumquote mit steigen Einkommen sinken würde? Von der marginalen Konsum- bzw. Sparquote muss die durchschnittliche Konsum- und Sparquote unterschieden werden. Sie gibt den Anteil des Konsums bzw. Sparens am Einkommen an. Wie kann die durchschnittliche Konsumquote graphisch dargestellt werden?

3. Nehmen Sie an, das Konsumverhalten in einer Volkswirtschaft könne durch die Gleichung $C = 20 + 0{,}9\ Y$ ausgedrückt werden.
a) Stellen Sie die Konsum- und Sparfunktion graphisch dar.
b) Zeigen sie je einen Punkt auf der Konsumkurve, in dem die durchschnittliche Konsumquote kleiner als Eins, gleich Eins und größer als Eins ist (M 3).

4. Das Sparverhalten der privaten Haushalte in einer Volkswirtschaft soll durch die Gleichung $S = -20 + 0{,}1\ Y$ ausgedrückt werden können.
a) Stellen Sie die Konsum- und Sparfunktion grafisch dar (M 3).
b) Erläutern Sie an diesem Beispiel die Verhaltenshypothesen der gesamtwirtschaftlichen Konsum- und Sparfunktion (M 1–M 4).

5. Diskutieren Sie den Erklärungswert von Theorien, die mit der Ceteris-paribus-Klausel arbeiten.

5.2 Investitionskalkül, Investitionsfunktion, Bestimmungsgründe für Investitionen

Aus Kapitel 4 wissen Sie, dass die Investitionen sehr volatil sind und zu den Konjunkturverstärkern zählen. Das spiegelt sich auch in der Beurteilung der Geschäftslage und den Geschäftserwartungen der Unternehmen wieder (vgl. M 5). Aber warum schwanken die Investitionen so, wovon sind sie abhängig? Dazu erhalten Sie in diesem Abschnitt grundlegende Informationen sowohl aus mikro- als auch aus makroökonomischer Perspektive.

5.2.1 Wann ist eine Investition profitabel? – Das Investitionskalkül

Zunächst wird vereinfachend ein Verfahren vorgestellt, mit dem Unternehmen feststellen können, ob ein geplantes Investitionsprojekt rentabel ist oder nicht (M 6). Die Rolle der Erwartungen, die bei Investitionsentscheidungen von entscheidender Bedeutung sind, hat Keynes in besonderer Weise betont (M 7).

M 5

Beurteilung der Geschäftserwartungen und des Geschäftsklimas[1]

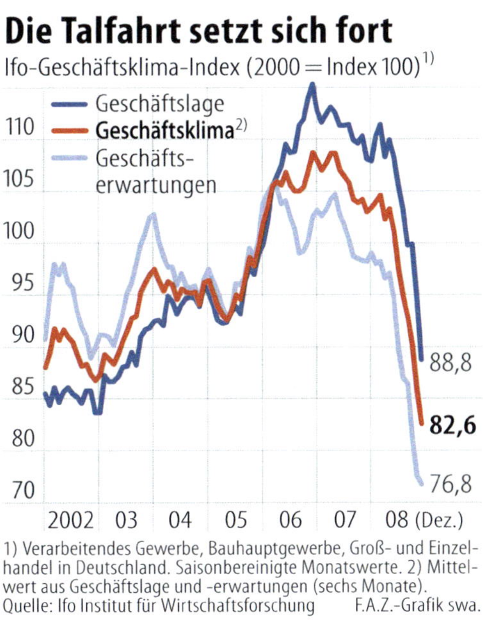

M 6

Das Investitionskalkül

Unternehmen werden investieren, wenn die Investitionen profitabel sind. Der Erlös der Investitionen muss mit ihren Kosten verglichen werden. Ergibt sich eine positive Differenz zwischen Kosten und Erlös, ist die Investition gewinnbringend.

Der Erlös von Investitionen fällt jedoch stets in der Zukunft an, häufig in einer Reihe von Teilbeträgen.

Dagegen müssen die Kosten der Investition zum Zeitpunkt der Investition aufgebracht werden. Bei Investitionsentscheidungen müssen also gegenwärtige Kosten und zukünftige erwartete Erlöse miteinander verglichen werden. Aus dieser Tatsache resultiert die Unsicherheit und das unvermeidliche Risiko von Investitionsentscheidungen.

Die zukünftigen, erwarteten Erlöse und damit auch die Investitionsentscheidung sind von zahlreichen Faktoren abhängig. Es müssen z. B. geprüft werden:

- Produktqualität und -entwicklung des eigenen Unternehmens und der Mitbewerber,
- Marktstellung und Marktstrategie der Mitbewerber,
- Absatzerwartungen,
- technischer Fortschritt,
- Konjunkturentwicklung im In- und Ausland,
- Höhe der Löhne und Lohnnebenkosten,

1 Ifo-Geschäftsklima-Index – Er ist ein wichtiger Frühindikator für die Wirtschaftsentwicklung in Deutschland, der monatlich vom Ifo-Institut in München bei einer repräsentativen Auswahl von Unternehmen erhoben wird.

Das Marketinggenie

1 Kapitalmarkt – Sammelbegriff für alle Märkte, auf denen langfristige Kredite und Beteiligungskapital gehandelt werden

– bürokratische Hemmnisse,
– Belastungen durch Steuern auf Gewinne.

Die Höhe der erwarteten Erlöse wird außer von diesen ökonomischen Faktoren auch wesentlich von psychologischen Komponenten beeinflusst, die teils in der Person des Unternehmers selbst liegen, wie Risikofreudigkeit, Optimismus, Pessimismus usw., teils auch durch das allgemeine „Wirtschaftsklima" – wie unternehmerfeindliche Haltung der Gesellschaft, Vertrauensverlust gegenüber der Regierung, Verunsicherung durch pessimistische Beurteilung der wirtschaftlichen Entwicklung durch führende Politiker und Wissenschaftler, Furcht vor oder Hoffnung auf einen Regierungswechsel – hervorgerufen werden.

Da sich Kosten und erwartete Erlöse der Investitionen auf verschiedene Zeiten beziehen, sind beide Größen nicht direkt vergleichbar. Sie müssen auf den gleichen Zeitpunkt, nämlich den Zeitpunkt der Anschaffung, bezogen werden. Es wird als Abzinsungsfaktor jener Zinssatz r ermittelt, der die Summe der mit ihm diskontierten erwarteten Nettoerlöse den Anschaffungskosten gleich macht, so dass gilt:

$$K = \frac{El_1}{1+r} + \frac{El_2}{(1+r)^2} + \ldots + \frac{El_n}{(1+r)^n}.$$

Der Diskontfaktor r wird nach Keynes als **Grenzleistungsfähigkeit des Kapitals** bezeichnet. Der Vergleich von r und i (Marktzinssatz für langfristiges Kapital) zeigt, ob die Investition lohnend ist. Immer dann, wenn r > i, ist die Investition lohnend.

Beispiel:
Anschaffungskosten K = 2000; El = 2200;
n = 1 Jahr

$$K = \frac{El_1}{1+r};\ r = \frac{El_1}{K} - 1;\ r = \frac{2200}{2000} - 1 = 0{,}1 = 10\,\%.$$

Beträgt der Kapitalmarktzins 5%, lohnt sich die Investition, da r > i.
Die Grenzleistungsfähigkeit des Kapitals ist offensichtlich abhängig von den Anschaffungskosten und den erwarteten Erlösen, die von subjektiven und objektiven Faktoren beeinflusst werden. Eine pessimistische Beurteilung des allgemeinen wirtschaftlichen Klimas kann z. B. dazu führen, dass die erwarteten Nettoerlöse statt mit 2200 € nur noch mit 2100 € veranschlagt werden. Die Grenzleistungsfähigkeit des Kapitals würde in diesem Fall von r = 10% auf r = 5% sinken. Folglich würden die Investitionen nicht durchgeführt werden. Wenn die Anschaffungskosten (K) steigen, würde sich der gleiche Effekt ergeben. Von Keynes wird angenommen, dass bei steigenden Investitionen die Grenzleistungsfähigkeit des Kapitals fällt, weil zusätzliche Investitionen zu einem höheren Warenangebot auf dem Markt führen, wodurch die Preise sinken und dadurch die Nettoerlöse fallen und weil steigende Investitionen ihre Beschaffungskosten erhöhen werden.

U. Taenzer: Grundlagen der Wirtschaftswissenschaften. Teil 3 Makroökonomie. 2. Aufl., Stuttgart 1994, S. 107 ff.

M 7

Die Rolle der Erwartungen bei Investitionsentscheidungen

Genauer: Ich definiere die **Grenzleistungsfähigkeit des Kapitals** als jenem Diskontsatz gleich, der den gegenwärtigen Wert der Reihe von Jahresrenten, die aus dem Kapitalwert während seines Bestandes erwartet werden, genau gleich seinem Angebotspreis machen würde. [...]

Wir haben im vorhergehenden Kapitel gesehen, dass die [...] Investition von dem Verhältnis zwischen dem Zinsfuß und [...] der Grenzleistungsfähigkeit des Kapitals abhängt, [...] während die Grenzleistungsfähigkeit des Kapitals von dem Verhältnis zwischen dem Angebotspreis eines Kapitalwertes und dessen voraussichtlichem Erträgnis abhängt. [...]
Die Erwägungen, auf die sich die Erwartungen des voraussichtlichen Erträgnisses stützen, umfassen teilweise bestehende Tatsachen, die wir mehr oder wenigen als sicher bekannt voraussetzen können, und teilweise zukünftige Ereignisse, die nur, mit mehr oder weniger Zuversicht, vermutet werden können. [...]
Die hervorstechende Tatsache ist die äußerste Fragwürdigkeit der Wissensgrundlage, auf der unsere Schätzungen des voraussichtlichen Erträgnisses gemacht werden müssen. Unsere Kenntnis der Faktoren, die das Erträgnis einer Investition nach einigen Jahren bestimmen werden, ist gewöhnlich sehr gering und oft bedeutungslos. Wenn wir ehrlich sein wollen, müssen wir zugeben, dass unsere Grundlage der Kenntnis für die Schätzung des Erträgnisses nach zehn oder sogar fünf Jahren einer Eisenbahn, eines Kupferbergwerks, einer Weberei, des Markenwertes einer Patentmedizin, eines atlantischen Dampfers, eines Gebäudes in der City von London sehr gering und manchmal null ist.

John M. Keynes, Fritz Waegner (Übers.): a.a.O., S. 114, 124, 126

1. Erläutern Sie folgende Begriffe im Zusammenhang mit Investitionsentscheidungen:
- erwartete Erlöse
- Anschaffungskosten
- Grenzleistungsfähigkeit des Kapitals (M 6, M 7)

2. Eine Maschine, deren Anschaffungskosten 75 000 € betragen, hat eine voraussichtliche Nutzungsdauer von einem Jahr. Es werden Nettoerlöse in Höhe von 80 000 € erwartet. Der Kapitalmarktzins beträgt 5 %, der Risikoaufschlag 2 % (M 6).
a) Ist die Investition unter diesen Voraussetzungen rentabel?
b) Wie wäre zu entscheiden, wenn der Kapitalmarktzinssatz auf 8 % steigt?
c) Erörtern Sie, welche Faktoren bei den erwarteten Nettoerlösen eine Rolle gespielt haben könnten.

3. Schreiben Sie einen Beitrag für Ihre örtliche Zeitung, in dem Sie unter Verwendung von M 5 und des Textes M 7 von John M. Keynes die Rolle der Erwartungen für Investitionsentscheidungen erläutern.

5.2.2 Die Investitionsfunktion, Bestimmungsgründe für Investitionen

Wie aus den vorausgehenden Überlegungen die Investitionsfunktion abgeleitet werden kann, wird in M 8 und M 9 dargestellt. In M 10 referiert der Sachverständigenrat Ergebnisse empirischer Untersuchungen zu den Bestimmungsgründen für Investitionen im Allgemeinen und bezogen auf die wirtschaftliche Situation von 2001 bis 2003 in Deutschland. Dabei greift er auf das Investitionskalkül zurück und erweitert diese mikroökonomische zur makroökonomischen Perspektive. Abschließend wird nochmals Keynes zitiert, der die Bedeutung der Investitionen für die unstetige wirtschaftliche Entwicklung, wie sie sich im Konjunkturzyklus manifestiert, erörtert (M 11).

M 8

Die Investitionsfunktion

Es gibt natürlich in einer Volkswirtschaft stets viele Unternehmen, die vor einer Investitionsentscheidung stehen. [...]

Man könnte nun für alle diese Vorhaben den Zinssatz ermitteln, bei dem der Barwert gerade noch der Anfangsauszahlung (Anschaffungskosten) entspricht. Den so ermittelten Wert bezeichnet man in der Betriebswirtschaftslehre als „internen Zinsfuß", in der Volkswirtschaft spricht man von der „Grenzleistungsfähigkeit des Kapitals". [...] In einem zweiten Schritt konnte man dann alle Investitionsprojekte nach ihrem internen Zinsfuß sortieren und sie dann wie in Abbildung 4 darstellen.

Es wird bei dieser Abbildung unterstellt, dass es in der Volkswirtschaft bei einem Zinssatz von 20 % rentable Projekte in Höhe von 2 Millionen Euro gibt, bei 19 % sind es 3 Millionen Euro, bei 15 % kommt man auf 7 Millionen Euro: Projekte mit einem Volumen von 8 Millionen Euro lohnen sich bei 10 %, bei 8 % sind es 13 Millionen Euro und bei 6 % kommt man auf 19 Millionen Euro. Wenn man davon ausgeht, dass alle Projekte kreditfinanziert werden, hängt die tatsächliche Investitionsaktivität allein vom Kreditzins ab.

Das in einer Volkswirtschaft vorherrschende Zinsniveau hat also einen wichtigen Einfluss auf die Investitionstätigkeit. Die Volkswirtschaftslehre bildet den hier beispielhaft beschriebenen Zusammenhang mit der **Investitionsfunktion** ab, bei der die Investitionstätigkeit einen negativen Zusammenhang zum Kreditzinssatz aufweist.

Peter Bofinger: a. a. O., S. 405 ff.

M 9

Investitionsfunktion und Investitionsneigung

Die Unternehmer werden so lange investieren, bis die Grenzleistungsfähigkeit des Kapitals dem Marktzinssatz entspricht. Ein steigender Zinssatz führt zur Einschränkung der Investitionen, ein fallender Zinssatz zu deren Steigen [...] Wird von dieser Überlegung ausgegangen, hat die Investitionsfunktion die Form I = I (i) [...]. Die **Investitionsfunktion** zeigt die Höhe der beabsichtigten Investitionen der Unternehmen bei alternativen Zinssätzen. Die Lage der Kurve drückt die **Investitionsneigung** aus. Unter diesem Begriff werden alle Faktoren zusammengefasst, die die Höhe der erwarteten Nettoerlöse und damit r beeinflussen (vgl. M 6). Steigende Investitionsneigung der Unternehmen führt zu einer Verschiebung der Kurve nach rechts, fallende Investitionsneigung zu einer Verlagerung der Kurve nach links. Es ist also wiederum streng zwischen einer Bewegung auf der Kurve (konstante Investitionsneigung, alternative Zinssätze) und einer Verschiebung der Kurve im Koordinatensystem (veränderte Investitionsneigung) zu unterscheiden.

Uwe Taenzer

Investitionsprojekte in Abhängigkeit vom internen Zinsfuß

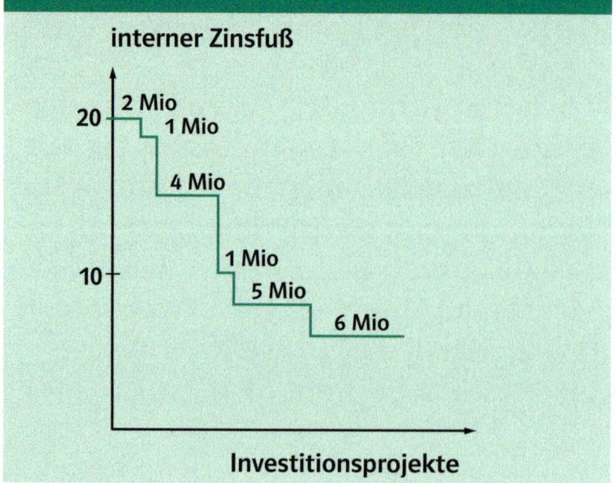

Abbildung 4: Investitionsprojekte in Abhängigkeit vom internen Zinsfuß

Investitionsfunktion bei unterschiedlicher Investitionsneigung

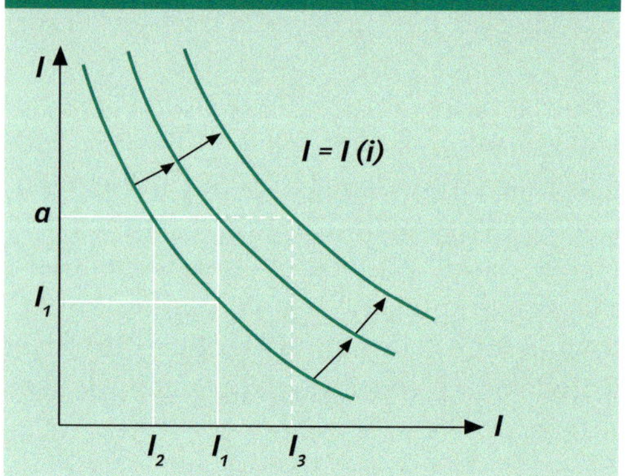

Abbildung 5: Investitionsfunktion bei unterschiedlicher Investitionsneigung

M 10

Bestimmungsgründe für Investitionsentscheidungen

Ökonometrisch geschätzte Investitionsfunktionen ermöglichen es anzugeben, in welchem Umfang einzelne Einflussfaktoren das Investitionsverhalten der Unternehmen bestimmen. Hierbei lässt eine Reihe empirischer Studien erkennen, dass die Investitionstätigkeit der Unternehmen maßgeblich durch die **Zuwachsrate der Umsätze**, die Veränderungsrate der **Kapitalnutzungskosten**[1] sowie weitere Variablen, welche die Finanzierungsstruktur der Unternehmen abbilden, beeinflusst werden [...].

Die Investitionsfunktion eines Unternehmens lässt sich aus dem **Gewinnmaximierungskalkül** des Unternehmens ableiten: Danach hängt der gewünschte (optimale) Kapitalbestand von der (erwarteten) Güternachfrage und den Kapitalnutzungskosten – den Opportunitätskosten[2] einer Sachkapitalinvestition – ab. Dabei ist der optimale **Kapitalstock** umso höher, je größer die (erwartete) Güternachfrage und desto niedriger die Kosten der Kapitalnutzung sind. Weicht die tatsächliche Produktionskapazität vom optimalen Kapitalbestand ab, passt das Unternehmen seinen Kapitalbestand mittels Investitionen an. [...]

Empirische Studien zum Investitionsverhalten der Unternehmen [...] untermauern regelmäßig die Bedeutung der genannten Variablen: Die Investitionen hängen positiv von der Umsatzentwicklung (oder analog: von der Veränderung der Güternachfrage) und negativ von der Veränderung der Kapitalnutzungskosten ab, Unternehmen mit „solider" Bilanzstruktur sind eher in der Lage, ihre Sachinvestitionen zu finanzieren.

Jahresgutachten 2004/05 des Sachverständigenrates zur Begutachtung der gesamtwirtschaftlichen Entwicklung. Bundestagsdrucksache 15/4300, 18. 11. 2004, S. 139f.

M 11

Grenzleistungsfähigkeit des Kapitals und der Konjunkturzyklus

Wenn wir die Einzelheiten irgendeines tatsächlichen Falles des **Konjunkturzyklus** untersuchen, werden wir finden, dass er höchst verwickelt ist, und dass jedes Element in unserer Analyse für seine völlige Erklärung benötigt wird [...] Ich behaupte aber, dass der wesentliche Charakter des Konjunkturzyklus und insbesondere die **Regelmäßigkeit der Zeitfolge und Dauer**, die uns erlaubt, ihn einen Zyklus zu nennen, hauptsächlich auf die Art zurückzuführen ist, in der die **Grenzleistungsfähigkeit** des Kapitals schwankt. Der Konjunkturzyklus kann nach meiner Ansicht am besten als die Folge einer zyklischen Veränderung in der Grenzleistungsfähigkeit des Kapitals betrachtet werden, obschon verwickelt, und oft verschärft durch zusammenhängende Änderungen in den anderen kennzeichnenden kurzfristigen veränderlichen Größen der wirtschaftlichen Ordnung. [...]

Die späteren Phasen des Aufschwunges sind durch optimistische Erwartungen über das zukünftige Erträgnis von Kapitalgütern[3] gekennzeichnet, die stark genug sind, um ihre zunehmende Fülle und ihre steigenden Erzeugungskosten und wahrscheinlich auch eine Erhöhung im Zinsfuß aufzuheben. Es liegt in der Natur organisierter Investitionsmärkte, die unter dem Einfluss von Käufern stehen, die großenteils nicht wissen, was sie kaufen, und von Spekulanten, denen es mehr darauf ankommt, den nächsten Wandel der Marktstimmung vorauszusehen, als eine wohlerwogene Schätzung des zukünftigen Erträgnisses von Kapitalwerten zu machen, dass, wenn Enttäuschung einen über-optimistischen und überkauften Markt befällt, sie ihn mit plötzlicher und sogar verheerender Kraft treffen muss. Die Bestürzung und Ungewissheit über die Zukunft, die einen Zusammenbruch der Grenzleistungsfähigkeit des Kapitals begleitet, beschleunigt natürlich überdies eine starke Zunahme in der Vorliebe für Liquidität[4] – und folglich eine Erhöhung des Zinsfußes. Die Tatsache, dass ein Zusammenbruch der Grenzleistungsfähigkeit des Kapitals die Neigung hat, mit einer Erhöhung des Zinsfußes verbunden zu sein, kann somit die Abnahme in der Investition ernstlich verschärfen.

John M. Keynes, Fritz Waegner (Übers.): a. a. O., S. 265 ff.

1 Kapitalnutzungskosten – Kosten eines Unternehmens, das in Sachkapital investiert. Dazu zählen z. B. die Kreditzinsen für den Kaufpreis der Anlage, der verschleißbedingte Wertverlust, Gewinnsteuern.

2 Opportunitätskosten – Entgangener Nutzen, der dadurch entsteht, dass ein Wirtschaftssubjekt sich bei seinen Wahlmöglichkeiten für den Einsatz seiner grundsätzlich knappen Mittel für eine bestimmte Verwendungsweise und gegen eine andere Verwendungsweise entscheidet; hier der Zinsentgang, da in Sachkapital und nicht alternativ in Finanzanlagen investiert wird.

3 Kapitalgüter – Darunter versteht Keynes die Investition in Sachkapital, also nicht in Finanzanlagen.

4 Vorliebe für Liquidität – Darunter versteht Keynes das Halten von Vermögen in Form von Bargeld, das er als Gut höchster Liquidität und damit höchste Entscheidungsfreiheit betrachtet. Der Zinssatz ist für ihn die Belohnung für die Aufgabe von Liquidität, den Verlust von Entscheidungsfreiheit.

1. Erklären Sie die Investitionsfunktion anhand der Abbildungen in M 8 und M 9.

2. Angenommen, alle Unternehmenssteuern würden wegfallen. Erläutern Sie die Wirkungen auf die Investitionen. Wie würden sich die Wirkungen in der grafischen Darstellung der Investitionsfunktion niederschlagen?

3. Erläutern Sie die Annahmen, die der mikroökonomischen Investitionsfunktion in M 10 zugrunde liegen. Erörtern Sie, inwieweit dieser Ansatz zum Investitionsverhalten eines Unternehmens mit dem in M 6 dargestellten Investitionskalkül vereinbar ist.

4. Wodurch unterscheiden sich die Annahmen zwischen der ökonometrisch gemessenen und der theoretischen Investitionsfunktion (M 8– M 10)?

5. Erarbeiten Sie, welche Bedeutung John M. Keynes der Grenzleistungsfähigkeit des Kapitals für die zyklischen Schwankungen zumisst. Erörtern Sie, inwieweit die Finanzmarktkrise von 2007/2009 mit der Erklärung von Keynes vereinbar ist (M 11).

5.3 Das gesamtwirtschaftliche Gleichgewicht – ein einfaches Modell

Das gesamtwirtschaftliche Gleichgewicht ist ein Begriff, der nicht nur in der grauen Theorie eine Rolle spielt, sondern auch in der Wirtschaftspolitik verwendet wird und in § 1 des StWG Eingang gefunden hat (vgl. Kapitel 2.1). Darunter wird ein Zustand verstanden, bei dem die gesamtwirtschaftliche Nachfrage mit dem gesamtwirtschaftlichen Angebot übereinstimmt. Es gibt also kein Überschussangebot und keine Überschussnachfrage, weil die Pläne der Anbieter und Nachfrager übereinstimmen. Um die Darstellung des gesamtwirtschaftlichen Gleichgewichts zu vereinfachen, wird von einem Modell ohne Staat und Ausland ausgegangen. Die gesamtwirtschaftliche Nachfrage setzt sich also nur aus den privaten Konsumausgaben und den Investitionen zusammen. Für die Investitionen wird als weitere Vereinfachung angenommen, dass sie einen konstanten Wert aufweisen.

M 12

Die gesamtwirtschaftliche Nachfrage im einfachen Modell

Für einen ersten Einblick in das Wechselspiel von gesamtwirtschaftlichem Angebot und gesamtwirtschaftlicher Nachfrage reicht es aus, wenn wir hier unterstellen, dass die Investitionen einen konstanten Wert aufweisen:

$$(6)\ I = I$$

Zusammen mit der Konsumfunktion verfügen wir jetzt über eine gesamtwirtschaftliche Nachfragefunktion. Wenn wir auch die Zeitdimension weglassen, erhalten wir:

$$(7)\ Y^n = a + bY + I$$

Für konkrete Werte von a = 2, b = 0,5 und I = 1 lässt sich diese Funktion in Abbildung 6 grafisch wie folgt abbilden:

Peter Bofinger: a. a. O., S. 354 f.

M 13

Das makroökonomische Gleichgewicht im einfachen Modell

Um die Auswirkungen von Konsum und Investitionen auf das Volkseinkommen und die Bedingungen für ein gesamtwirtschaftliches Gleichgewicht zu untersuchen, soll zunächst von einem extrem vereinfachenden Modell ausgegangen werden:

Es wird vorausgesetzt, dass sich die gesamtwirtschaftliche Nachfrage nur aus dem Konsum der privaten Haushalte und aus autonomen Nettoinvestitionen der Unternehmen zusammensetzt. Es gibt also keine nachfrageinduzierten Investitionen, keinen Staat und keinen Außenhandel. Das Volkseinkommen entsteht in diesem Fall in Höhe der Konsum- und Investitionsgüterproduktion. Es wird nun das Volkseinkommen (Y) gesucht, bei dem die geplante Nachfrage der Haushalte und Unternehmen in einer Volkswirtschaft mit dem in der Produktion entstandenen Volkseinkommen übereinstimmt, oder, anders ausgedrückt, es wird das Volkseinkommen gesucht, bei dem die Haushalte und Unternehmen ihre Pläne auch realisieren können.

In einer solchen Volkswirtschaft würden sich aus der Volkswirtschaftlichen Gesamtrechnung folgende Definitionsgleichungen ergeben:

(8) $Y = C + I$	**Einkommensentstehungsgleichung,**
(9) $Y = C + S$	**Einkommensverwendungsgleichung.**

In der ersten Gleichung wird definiert, dass das Volkseinkommen in Höhe der Konsum- und Investitionsgüterproduktion entstanden ist. Die zweite Gleichung bringt zum Ausdruck, dass das Volkseinkommen für Konsum und Sparen verwendet worden ist.

Beide Gleichungen sind Definitionsgleichungen, in denen das Volkseinkommen einmal unter dem Gesichtspunkt definiert wird, welche Ausgaben für die Güterproduktion zur Entstehung des Volkseinkommens beigetragen haben, und zum anderen unter dem Aspekt, wie das Volkseinkommen verwendet wurde.

Aus beiden Definitionsgleichungen zusammengenommen lässt sich ableiten, dass in jedem abgeschlossenen Wirtschaftsjahr die Einkommensentstehung der Einkommensverwendung entsprechen muss. Da in beiden Gleichungen das gleiche Volkseinkommen nur unter verschiedenen Aspekten definiert wird, ergibt sich aus der Gleichsetzung beider Gleichungen die rechnerische **Identität** zwischen Sparen und Investieren, d. h., in einer Volkswirtschaft ohne staatliche Aktivität und Außenhandel ist zwangsläufig am Ende einer Periode (ex-post) das Sparen immer so groß wie das Investieren:

$I = S$ (Ex-post-Identität).

Die Gleichheit von I und S, die in einer Ex-post-Analyse immer gegeben ist, enthält keine Hypothese über das Verhältnis von I und S zueinander, sondern ist das Resultat der verwendeten Definitionsgleichungen. […]

Im **Gleichgewicht** muss das Volkseinkommen so groß sein, wie der von ihm abhängige geplante Konsum und die autonomen Investitionen. Diese recht umständliche Formulierung lässt sich eleganter mit Hilfe der bereits bekannten Definitions- und Verhaltensgleichungen darstellen:

(8) $Y = C + I$,
(1) $C = C(Y)$,
(6) $I = \bar{I}$

Die gesamtwirtschaftliche Nachfrage in Abhängigkeit vom Einkommen

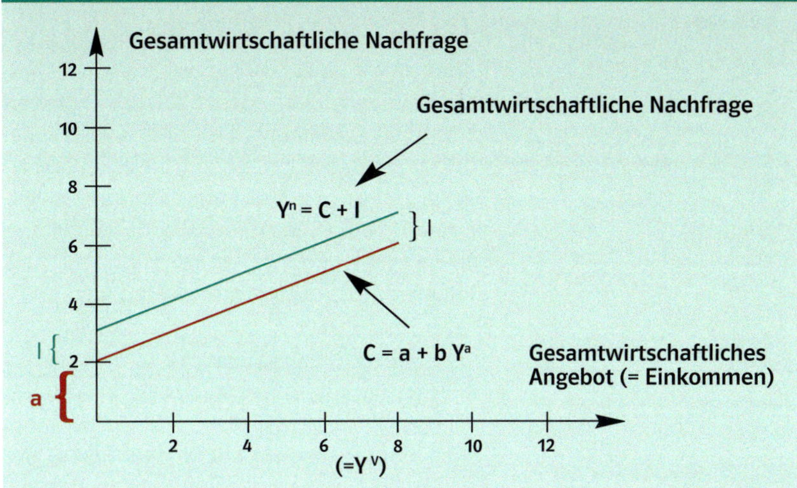

Abbildung 6: Die gesamtwirtschaftliche Nachfrage in Abhängigkeit vom Einkommen

Nach Gleichung (8) ist das Volkseinkommen einer Periode durch die Nachfrage nach Konsum- und Investitionsgütern bestimmt. Die Konsumgüternachfrage ist als abhängige Variable durch die Konsumfunktion (Verhaltensgleichung) mit dem Volkseinkommen verbunden (Gleichung [1]). Die Investitionsgüternachfrage ist dagegen eine konstante Größe, da sie als autonom bestimmt angenommen wird (Gleichung [6]). Durch das Einsetzen von [1] und [6] in [8] ergibt sich als **allgemeine Gleichgewichtsbedingung**:

$$(10)\ Y = C(Y) + \bar{I}$$

Dabei stellt Y das gesamtwirtschaftliche Angebot (A) dar, weil in Höhe der Güterproduktion Volkseinkommen entstanden ist, und $C(Y) + \bar{I}$, die gesamtwirtschaftliche Nachfrage (N) ausdrückt, also ist A = N.
Wird die spezifizierte Konsumfunktion
C = a + bY angenommen, so lässt sich die Gleichgewichtsbedingung (10) auch ausdrücken durch:

$$(10a)\ Y = a + bY + \bar{I}$$

Durch Umformung von (10a) ergibt sich:

$$Y - bY = a + \bar{I};\ Y(1-b) = a + \bar{I};\ (10b)\ Y = \frac{1}{1-b}(a + \bar{I})$$

Die Gleichgewichtsbedingung (10a) lässt sich grafisch folgendermaßen darstellen:

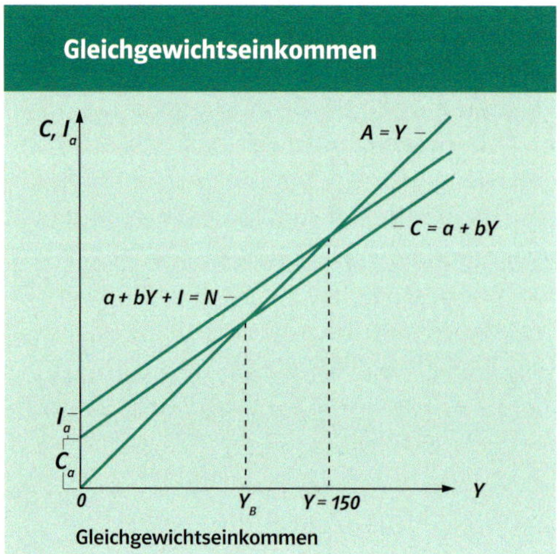

Abbildung 7: Das Gleichgewichtseinkommen

Jeder Punkt der 45°-Linie stellt ein bestimmtes Angebot und gleichzeitig ein bestimmtes Volkseinkommen dar. Für die Konsumfunktion wurde folgender Term C = 30 + 0,7Y zugrunde gelegt. Die gesamte Nachfrage N ergibt sich durch Addition der I in Höhe von 15 zum jeweiligen Konsum bei alternativem Y. Da die I unabhängig von Y und konstant sind, findet eine Parallelverschiebung im Abstand von 15 statt. Die Parallele drückt die gesamte Nachfrage bei alternativen Volkseinkommen aus. Beim Volkseinkommen Y = 150 schneiden sich N und A. Folglich sind beide Größen im Schnittpunkt gleich. Hier ist die Gleichgewichtsbedingung erfüllt. Aus der Darstellung wird ersichtlich, dass bei jedem niedrigeren Volkseinkommen die Nachfrage größer als das Angebot ist: N liegt über A.
Durch Einsetzen der angenommenen Zahlenwerte in (10b) lässt sich sehr einfach das Gleichgewichtseinkommen errechnen:

$$Y = \frac{1}{1-0{,}7} \times 45;\ Y = 150$$

Uwe Taenzer: a. a. O., S. 118 f., 121 f.

M 14

Vollbeschäftigungsniveau, deflationäre und inflationäre Lücke

Da wir die Werte für a, b und $\bar{I}$ völlig willkürlich gewählt haben, können wir uns zunächst einmal fragen, unter welchen Bedingungen das **Vollbeschäftigungsniveau** von $Y^V = 8$ erreicht wird. Dazu setzen wir $Y^0 = 8$ und erhalten dann:

$$(11)\ 8 = \left(\frac{1}{1-b}\right)(a + \bar{I})$$

Bei der hier beschriebenen Konsumfunktion mit a = 2 und b = 0,5, wäre zum Erreichen der Vollbeschäftigung ein Investitionsniveau von 2 erforderlich […].
Schließlich können wir die Parameter auf der Nachfrageseite auch so bestimmen, dass wir eine Überhitzung der Wirtschaft erhalten. Dazu müssen wir nur die Investitionen um eine weitere Einheit, d. h. von 2 auf 3 Millionen Euro erhöhen. Wie Abbildung 8 verdeut-

Drei Konstellationen für ein Gleichgewicht

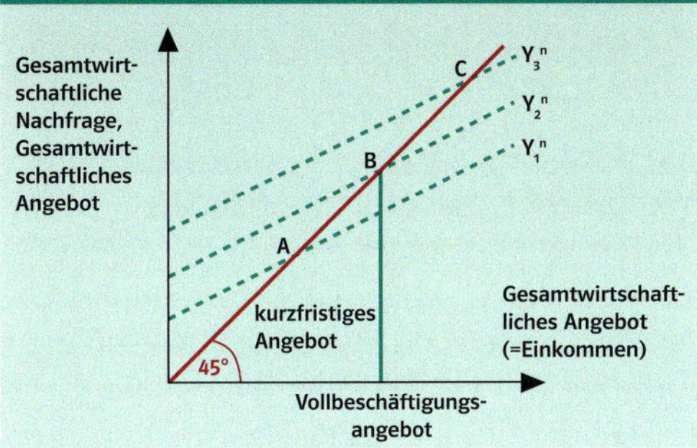

Abbildung 8: Drei Konstellationen für ein Gleichgewicht

licht, liegt Y^0 dann mit 10 Millionen Euro über dem Vollbeschäftigungsniveau von 8 Millionen.

Diese Zahlenbeispiele [...] verdeutlichen ein wichtiges Grundprinzip der **makroökonomischen Gleichgewichtsanalyse**. Da die Determinanten des Vollbeschäftigungsoutputs [...] vollständig unabhängig von den Bestimmungsgründen der gesamtwirtschaftlichen Nachfrage sind, hängt es weitgehend vom Konsum und den Investitionen (und in komplexeren Modellen auch vom Export [...]) ab, in welcher der drei denkbaren Situationen sich eine Volkswirtschaft befindet:

- In einem Unterbeschäftigungsgleichgewicht (man spricht dabei auch von einer „deflationären Lücke") ist die Nachfrage zu gering, um die vorhandenen Kapazitäten und insbesondere das vorhandene Arbeitsangebot voll auszulasten.
- In einem Überhitzungsgleichgewicht („inflationäre Lücke)" ist genau das Gegenteil der Fall. Es werden von den Konsumenten, Investoren oder dem Ausland mehr Güter nachgefragt als von den inländischen Produzenten ohne inflationäre Spannungen angeboten werden können.
- Nur im **Vollbeschäftigungsgleichgewicht** passt alles zusammen, aber dies erfordert eine ganz spezielle Parameterkonstellation auf der Nachfrageseite.

Peter Bofinger: a. a. O., 2007, S. 357 f.

1. Das Konsumverhalten der Haushalte lässt sich durch die Konsumfunktion $C = 30 + 0{,}85\,Y$ ausdrücken. Die autonomen Investitionen betragen 25.
   a) Ermitteln Sie grafisch und rechnerisch das Gleichgewichtseinkommen.
   b) Erläutern Sie den Begriff des Gleichgewichtseinkommens und die Bedingungen, die es erfüllen muss (M 13).

2. Erläutern Sie am Beispiel der Einkommensentstehungs- und -verwendungsgleichung sowie der Konsumfunktion den Unterschied zwischen einer Definitions- und einer Verhaltensgleichung (M 13).

3. Erklären Sie anhand der Abbildung 8 die Begriffe deflatorische und inflatorische Lücke (M 14).

4. Angenommen, das Konsumverhalten in einer Volkswirtschaft ließe sich durch die Gleichung $C = 30 + 0{,}9Y$ darstellen. Die autonomen Investitionen betragen 40, das kurzfristige Vollbeschäftigungsangebot liegt bei 800.
   a) Berechnen Sie das Gleichgewichtseinkommen und stellen Sie es graphisch dar.
   b) Die Konsumquote fällt auf 0,8. Ermitteln Sie rechnerisch und graphisch das neue Gleichgewichtseinkommen und charakterisieren Sie die Situation.
   c) Welche konjunkturpolitischen Maßnahmen könnten ergriffen werden, um den Folgen einer sinkenden Konsumneigung zu begegnen?

5.4 Wie wirken sich Veränderungen der Investitionen auf das Volkseinkommen aus? – Der einfache Multiplikatorprozess

Wie sich Veränderungen der Investitionen auf die Volkswirtschaft, insbesondere auf das Gleichgewichtseinkommen auswirken, wird im folgenden Abschnitt dargestellt.

M 15

Der Multiplikatoreffekt, der Keynes'sche Multiplikator

Der starke Einfluss der gesamtwirtschaftlichen Nachfrage auf den Zustand einer Volkswirtschaft bietet damit auch eine erste Erklärung dafür, dass wir über längere Zeiten hinweg bestimmte Schwankungsmuster des Wirtschaftsprozesses erkennen können. Leider ist unser Modell hierfür zu einfach, so dass wir nur eine recht grobe Schilderung des konjunkturellen Auf und Ab geben können. Eine zentrale Rolle kann man dabei den Investitionen zurechnen. Wir haben schon gesehen, dass Veränderungen des Investitionsvolumens einen überproportionalen Einfluss auf das Gleichgewichtseinkommen ausüben. Dieser **Multiplikator-Effekt** wird aus den Gleichungen 10b und 11 deutlich. Leitet man sie nach den Investitionen ab, erhält man:

$$(12)\ \frac{dY}{dI} = \frac{1}{1-b}$$

Für b = 0,5 gilt also, dass eine Erhöhung der Investitionen um eine Einheit zu einer Zunahme des Einkommens um zwei Einheiten führt. Dieser Multiplikator-Effekt lässt sich damit erklären, dass die Unternehmen bei der Produktion von zusätzlichen Investitionen auch zusätzliche Einkommen schaffen, die wiederum teilweise zu zusätzlichem Konsum verwendet werden. Bei der Herstellung dieser Güter entstehen wiederum Einkommen, die zum Konsum verwendet werden usw. Diese Effekte werden in Abbildung 9 dargestellt.

Wie kommt es nun zu zyklischen Schwankungen der Investitionen? In einer Situation mit einer guten wirtschaftlichen Entwicklung werden die Unternehmen auch die Zukunft positiv einschätzen und hohe Investitionen vornehmen. Dies erhöht das Einkommen und bestätigt die vorgenommene Investitionsentscheidung. Die Investitionen erhöhen aber nun gleichzeitig den Kapitalstock und damit den Vollbeschäftigungsoutput. Dabei besteht die Gefahr, dass ein Investitionsboom allmählich zu Überkapazitäten führt und sich so eine deflationäre Lücke aufbaut. Als Folge nimmt die Investitionsneigung drastisch ab und es ergeben sich daraus negative Effekte auf die Nachfrage. Auch hier kommt es irgendwann wieder zu einer Korrektur, da bei zu geringen Investitionen der Kapitalstock schrumpft und somit auch der Vollbeschäftigungsoutput. Die ausgeprägte Volatilität der Investitionen wird durch Abbildung 10 verdeutlicht.

Peter Bofinger: a. a. O., 2007, S. 359 f.

Multiplikator-Effekt einer Investitionsausweisung

	zusätzlicher Konsum	zusätzliches Einkommen
Primär-Impuls		1
1. Runde	0,5	0,5
2. Runde	0,25	0,25
3. Runde	0,125	0,125
4. Runde	0,0625	0,0625
5. Runde	0,03125	0,03125
...	...	...
Summe für n —> ∞	1	2

Abbildung 9: Multiplikator-Effekt einer Ausweitung der Investitionen um eine Million €

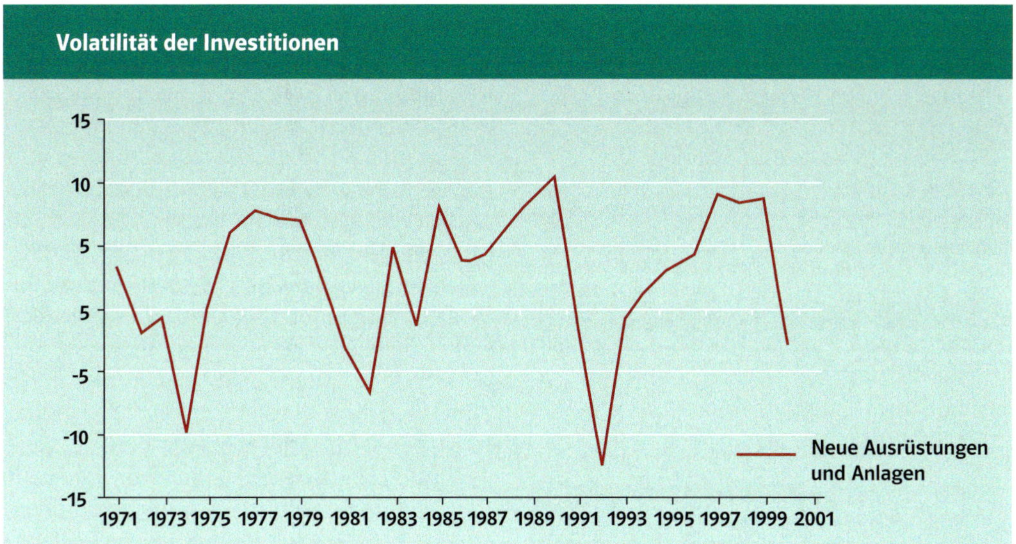

Abbildung 10: Volatilität der Investitionen

*** Ebenso einfach kann der Multiplikatorausdruck aus der Gleichgewichtsbedingung (10a) in M 14 Abschnitt 5.3 entwickelt werden:**

(10a) $Y = a + bY + \bar{I}$ („altes" Gleichgewichtseinkommen),

$Y + \Delta Y = a + bY + \bar{I} + \Delta Y + \Delta\bar{I}$ („neues" Gleichgewichtseinkommen).

Durch die zusätzlichen Nettoinvestitionen erhöht sich das Volkseinkommen um Δ Y und dadurch der vom Volkseinkommen abhängige Konsum um b ΔY. Da nur die Größe ΔY interessiert, ergibt sich durch Subtraktion beider Gleichungen:

$\Delta Y = b\Delta Y + \Delta\bar{I}$ $\Delta Y - b\Delta Y = \Delta\bar{I}$ $\Delta Y\,(1-b) = \Delta\bar{I}$

$\Delta Y = \frac{1}{1-b}\Delta\bar{I}$, **(13)** $\frac{1}{1-b}$ **ist der Multiplikator, er entspricht also dem reziproken Wert der marginalen Sparquote.**

Uwe Taenzer

M 16

Ein Beispiel für die Multiplikatorwirkung

Eine andere Antwort kann gegeben werden, wenn man darüber nachdenkt, was in der Realität passiert. Ein Beispiel für einen Anstieg der geplanten Investitionen ist die Entscheidung der Fluglinie United Airlines Ende 1985, um $ 3 Milliarden Boeing 737- und 747-Flugzeuge zu kaufen. Anfänglich würden die $ 3 Milliarden neuer Investitionsausgaben die Einkommen, die von den Boeing-Arbeitern in Seattle, wo die Flugzeugfabrik liegt, verdient werden, um $ 3 Milliarden, erhöhen. Aber wenn wir unser Beispiel einer Grenzneigung zum Konsum (b) von 0,75 verwenden, würden die Boeing-Arbeiter bald 0,75 der $ 3 Milliarden ausgeben, was $ 2,25 Milliarden ausmacht, und zwar für Güter und Dienstleistungen in den Geschäften von Seattle. Die Geschäfte würden um $ 2,25 Milliarden zusätzliche Güter neu ordern müssen, was eine Erhöhung der Produktion in den Fabriken des gesamten Landes bedeutet, die Güter an die Geschäfte in Seattle liefern. Die Arbeiter in diesen Lieferbetrieben haben auch eine Grenzneigung zum Konsum von 0,75, was zusätzliche $ 1,6875 Milliarden Einkommen hinzufügt. Insoweit die ersten zwei Ausgabenrunden betrachtet werden, ist das Einkommen um $ 3,0 Milliarden plus $ 2,25 Milliarden plus $ 1,6875 Mrd. gestiegen oder insgesamt um $ 6,9375 Mrd. Aber der Prozess setzt sich fort, da der induzierte Konsum sich in jeder aufeinander folgenden

Ausgabenrunde erhöht. Schließlich wird der Gesamtanstieg des Einkommens viermal den anfänglichen Anstieg der geplanten Investitionen ausmachen oder gleich $ 12 Milliarden (= $3 Milliarden mal 1/0,25) sein […].[1]

Robert J. Gordon, Ulrich K. Schittko u. Bernhard Eckwert (Übers.): Makroökonomik. 4. Aufl., München, Wien 1996, S. 86

1 Der Multiplikatorprozess läuft analog auch in kontraktiver Wirkung ab.

M 17

Bedingungen für Multiplikatorwirkung

Die Multiplikatorwirkung tritt nur unter folgenden Bedingungen ein:

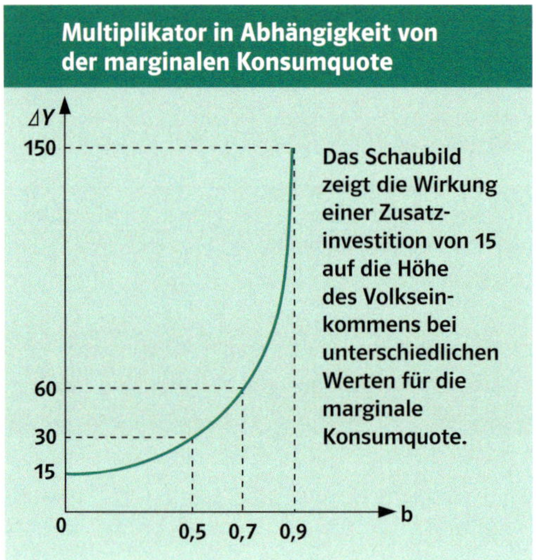

Abbildung 11: Multiplikator in Abhängigkeit von der marginalen Konsumquote

– Es muss eine dauerhafte Investitionserhöhung (oder -senkung) vorliegen. Würden die Investitionen nur in einer Periode erhöht oder gesenkt und sich danach wieder auf ihre alte Höhe einpendeln, würde sich nach einer vorübergehenden Steigerung des Volkseinkommens das Ausgangsgleichgewicht einstellen.

– Die marginale Konsum- bzw. Sparquote muss konstant bleiben. Es ist jedoch denkbar, dass sie sich im Zeitablauf ändert und dass dadurch nicht die gewünschte Wirkung erzielt wird.

– Ferner ist zu beachten, dass nur autonome Investitionen unterstellt wurden. Es ist jedoch wahrscheinlich, dass eine erhöhte Konsumgüternachfrage neue Investitionen induziert, nämlich spätestens dann, wenn die Kapazitäten in der Konsumgüterindustrie voll ausgelastet sind. Ein steigender Konsum kann auf Dauer nur mit einem steigenden Produktionsapparat befriedigt werden. Wenn die Konsumgüternachfrage gegen die Kapazitätsgrenze der Unternehmen drückt, werden Unternehmen in der Regel Erweiterungsinvestitionen planen und durchführen, um der steigenden Nachfrage gerecht zu werden und dadurch ihre Gewinne zu erhöhen. Umgekehrt werden Unternehmen bei rückläufiger Nachfrage ihre Investitionen reduzieren, bei starkem oder dauerhaftem Nachfragerückgang sogar ihre Kapazitäten abbauen. Die Beziehungen zwischen Konsumänderung und dadurch induzierten Nettoinvestitionen wird als **Akzelerationsprinzip** bezeichnet (vgl. Kapitel 4.2.1, M 16)

– Schließlich kann die Multiplikatorwirkung in expansiver Richtung nur dann eintreten, wenn nicht bereits im Ausgangsgleichgewicht Vollbeschäftigung herrscht. Andernfalls kommt es lediglich zu einer inflatorischen Lücke.

Uwe Taenzer: a. a. O., S. 127 und 130 f.

1. Erläutern Sie anhand der Abbildung 9 in M 15 den Multiplikatoreffekt.
2. In M 15 wird der Multiplikator $\frac{1}{1-b}$ geschrieben. Wenn s das Symbol für die marginale Sparquote ist, können Sie ihn auch anders schreiben.
3. Wie groß wäre der Multiplikator, wenn die marginale Konsumquote 0,8 beträgt? Stellen Sie den Prozess in einer zu Abbildung 9 analogen Tabelle (M 15) dar. Anschließend sollten Sie eine Regel über die Wirkung der marginalen Konsumquote auf die Höhe des Multiplikatoreffekts aufstellen und das Ergebnis erklären und die Voraussetzungen für den Eintritt der Multiplikatorwirkung reflektieren.
4. Ausgehend von einer marginalen Konsumquote von 0,7 sinken die Investitionen um 15 Einheiten. Ermitteln Sie die Auswirkungen auf die Veränderungen des Volkseinkommens.

Lernkontrolle

Stichwortsammlung

Konsumfunktion
- Konsumneigung
- marginale Konsumquote
- durchschnittliche Konsumquote
- autonomer Konsum
- absolute Einkommenshypothese
- permanente Einkommenshypothese
- Sparfunktion
- marginale Sparquote

Investitionen
- Investitionskalkül
- zukünftige erwartete Erlöse
- interner Zinsfuß
- Grenzleistungsfähigkeit des Kapitals
- Kapitalmarktzins
- Investitionsneigung
- Erwartungen und Unsicherheit
- Investitionsfunktion
- Zinselastizität
- Kapitalnutzungskosten
- Zuwachsrate des BIP
- Vorliebe für Liquidität
- Grenzleistungsfähigkeit des Kapitals und Konjunkturzyklus
- Geschäftsklimaindex

Gesamtwirtschaftliches Gleichgewicht
- gesamtwirtschaftliche Nachfragefunktion
- Einkommensentstehungsgleichung
- Einkommensverwendungsgleichung
- Ex-post-Identität
- Gleichgewichtsbedingung
- Vollbeschäftigungsgleichgewicht
- deflationäre Lücke
- inflationäre Lücke
- Multiplikatorprozess
- Bedingungen für Multiplikatorwirkung

6 Wirtschaftspolitische Konzeptionen in der Diskussion

Steht die deutsche Volkswirtschaft vor einem sanften Abschwung oder jähen Absturz? Getrübte Konjunkturaussichten führen wie immer, wenn das Wachstum der Wirtschaft gefährdet ist, Wirtschaftswissenschaftler und Politik dazu, Ratschläge und Konzepte zu entwickeln, um einer Rezession oder sogar einer Krise zu entgehen. Dabei lassen sich grob zwei Richtungen im Meinungsstreit unterscheiden. Die eine Seite glaubt in der Stärkung der gesamtwirtschaftlichen Nachfrage das Heilmittel zu sehen.
Die andere Seite sieht in der Verbesserung der Angebotsbedingungen die geeignete Medizin zur Gesundung der Wirtschaft.
Das Kapitel liefert eine Einführung in alternative Konzeptionen, wie eine Volkswirtschaft ordnungspolitisch zu gestalten und durch wirtschaftspolitische Maßnahmen beeinflusst werden kann. An zentraler Stelle steht dabei die Frage, ob und wie der Staat Verantwortung für die wirtschaftliche Entwicklung übernehmen kann.
Einleitend stellt das Kapitel Beiträge und Positionen beispielhaft zur Konjunkturdebatte im Herbst 2008 vor. Anschließend werden Grundpositionen des klassischen Liberalismus erläutert. Die Gegenthese zur Rolle des Staates lieferte in den 30er Jahren der britische Ökonom John Maynard Keynes, dessen Konzeption zur Konjunktursteuerung aufbauend auf den in Kapitel 5 dargestellten Grundelementen seiner makroökonomischen Theorie anschließend vorgestellt wird. Die Kritik an der keynesianischen Konjunktursteuerung führt dann zur Vorstellung wirtschaftspolitischer Konzeptionen, die als Neoliberalismus, Monetarismus und Angebotssteuerung bezeichnet werden und zu deren kritischer Würdigung.

Mit diesem Kapitel können Sie folgende Ziele erreichen:
- Argumente, die für oder gegen eine konjunkturpolitische Verantwortung des Staates sprechen, kennen und reflektieren,
- das Neutralitätsgebot des klassischen Liberalismus begründen und dessen historische Hintergründe kennen,
- die Keynes'sche Kritik des Neutralitätsgebots erläutern und aus dieser Kritik die wirtschafts- bzw. beschäftigungspolitische Verantwortung des Staates ableiten,
- Zielsetzungen, Träger und Instrumente einer Stabilisierungspolitik nach Keynes kennen und erläutern,
- die Kritik von Monetarismus und Angebotssteuerung an der Keynes'schen Stabilisierungspolitik kennen und die theoretischen Hintergründe erkennen,
- Zielsetzungen, Träger und Merkmale der neoklassischen, stabilisierungspolitischen Konzeption kennen und begründen,
- wesentliche Argumente gegen neoliberale, angebotspolitische Stabilisierungspolitik und ihre Folgen kennen und kritisch reflektieren,
- Positionen zur wirtschaftspolitischen Debatte um Rolle und Verantwortung des Staates analysieren und begründet zu eigenen Einschätzungen gelangen.

6.1 Staatliche Konjunkturprogramme gegen drohende Rezession?

Die weltweite Rezession infolge der Finanzmarktkrise ab 2007 hat die Regierungen der Industriestaaten und Schwellenländer veranlasst, umfangreiche Programme zur Ankurbelung der Konjunktur aufzulegen. Diese Programme stützen sich im Kern auf die Lehre von Keynes, die in den letzten 3 Jahrzehnten vom Mainstream der Wirtschaftswissenschaftler als überholt dargestellt wurde. Folgende Materialien gehen beispielhaft auf solche Konjunkturprogramme ein.

M 1a

Von der Regierung Bush wurde im Februar 2008 ein Konjunkturprogramm von 150 Milliarden $ beschlossen, um der Rezession in den USA zu begegnen. Die neue Regierung unter Präsident Barack Obama hat 2009 ein weit umfangreicheres Konjunkturpaket geschnürt.

Konjunkturprogramme in den USA

[...] Der neue Kongress, der am Dienstag erstmals zusammentrat, bekam vom künftigen Präsidenten eine stramme Aufgabenstellung: das dringend benötigte Konjunkturpaket, so schnell es geht, zu verabschieden. Am 1. Februar will Obama das Gesetz unterzeichnen können.

Die Lage wird schlimmer, und wir müssen mutig und schnell handeln", hielt er den Abgeordneten vor. Wenn jetzt nicht richtig auf die Krise reagiert werde, würden die kommenden Jahre „dramatisch schlechter". Entsprechend gewaltig ist sein Konjunkturpaket. Dem Vernehmen nach soll es zwischen 775 Milliarden und 1 Billion US-Dollar umfassen[1] - deutlich mehr als bislang angedeutet.

Den Republikanern soll das Konjunkturprogramm mit Steuersenkungen versüßt werden. Bis zu 300 Milliarden Dollar, rund 221 Milliarden Euro, will Obama den US-Bürgern in den nächsten beiden Jahren erlassen. Angestellte würden rund 500, Ehepaare 1.000 Dollar sparen. Eingeplant seien mehr als 100 Milliarden Dollar für Unternehmen, hieß es aus Obamas Umfeld. Die Steuererleichterungen sollen etwa 40 Prozent des geplanten Stimulationspaketes ausmachen.

Der künftige Präsident und sein Team wollen innerhalb von zwei Jahren 3 Millionen neuer Arbeitsplätze schaffen oder bestehende Jobs sichern. Der Löwenanteil des Pakets sei für dringend benötigte Infrastrukturmaßnahmen wie den Bau von Straßen und Brücken vorgesehen. Die Bewältigung der Wirtschaftskrise, daran ließ Obama keinen Zweifel, habe für die neue Regierung oberste Priorität.

Er ließ zudem durchblicken, dass er angesichts der Wirtschaftsflaute von noch mehr Jobverlusten ausgeht. „Wir rechnen mit ernüchternden Zahlen vom Arbeitsmarkt", sagte Obama. Auch von der Nachrichtenagentur Reuters befragte Analysten gehen davon aus, dass das US-Arbeitsministerium am Freitag den Verlust von weiteren 500 000 Stellen im Dezember melden wird. Im Gesamtjahr 2008 ergäbe sich so ein Schwund von 2,5 Millionen US-Jobs. Einem Mitarbeiter zufolge will Obama am Donnerstag eine Rede zur Wirtschaftskrise halten und Lösungsvorschläge skizzieren. [...]

A. WOLTERSDORF: Obama schmiedet Anti-Krisen-Koalition. In: taz 6.1.09

US-Präsident Barack Obama will die Wirtschaft ankurbeln

M 1b

Japan zieht mit Konjunkturprogramm im Kampf gegen Rezession

Die japanische Regierung will mit einem Milliardenprogramm die Wirtschaft ankurbeln.

1 Am 13.02.2009 wurde das Konjunkturprogramm nach langem Streit in Höhe von 790 Mrd. US-Dollar durch Senat und Repräsentantenhaus verabschiedet.

1 Am 13.02.2009 verabschiedete der Bundestag ein 2. Konjunkturprogramm in Höhe von 50 Mrd. Euro.

Insgesamt umfasst das Konjunkturpaket rund 11,7 Billionen Yen (72,8 Mrd. Euro). Angesichts steigender Energie- und Materialpreise soll es ein Gegenmittel gegen Nullwachstum und drohende Rezession sein, teilte das Kabinettsbüro mit.

So soll es Programme für eine Senkung der Mautgebühren auf Schnellstraßen, Hilfen für Bauern und Unterstützung für Teilzeitbeschäftigte geben, besser bezahlte Arbeit zu finden. Zudem solle Geld in die Verbesserung des Gesundheitssystems, Umwelttechnologie, Immobilienkredite und Bildung gepumpt werden. Nicht enthalten in dem Konjunkturpaket sind Steuersenkungen.

Die Welt, 30. August 2008. (http://www.welt.de/welt_print/article2372556/Japan-zieht-mit-Konjunkturprogramm-in-Kampf-gegen-Rezession.html

M 1c

Kabinett beschließt Konjunkturpaket

5. November 2008

Das Bundeskabinett hat am Mittwoch das milliardenschwere Hilfspaket für die Konjunktur beschlossen. Das berichteten mehrere Nachrichtenagenturen unter Berufung auf Regierungskreise. Das Programm soll in den nächsten zwei Jahren bis zu 50 Milliarden Euro an Investitionen auslösen und eine Million Arbeitsplätze sichern. [...]

Das Maßnahmenpaket umfasst 15 Punkte. Der Gesetzentwurf trägt den Namen „Beschäftigungssicherung durch Wachstumsstärkung" und enthält unter anderem drei Milliarden Euro zusätzlich für das CO_2-Gebäudesanierungsprogramm, einen höheren Steuerbonus für Handwerkerrechnungen und einen befristeten Erlass der Kfz-Steuer für Neuwagen bis längstens Ende 2010.

Die KfW-Bankengruppe soll darüber hinaus mit einem Kreditprogramm von 15 Milliarden Euro dem Mittelstand aus der Kreditklemme helfen. Unternehmen sollen befristet auf zwei Jahre mit günstigeren Abschreibungsmodalitäten zu Investitionen motiviert werden. Weiter beschloss die Ministerriege, dringende Verkehrsprojekte beschleunigt anzugehen; unterlegt wird dies mit je einer Milliarde Euro zusätzlich in den Jahren 2009 und 2010. Um ein „zusätzliches Sicherheitsnetz für Beschäftigte" zu knüpfen, wird unter anderem das Kurzarbeitergeld von zwölf auf 18 Monate verlängert.

In dem Kabinettsbeschluss heißt es, die Maßnahmen seien langfristig sinnvoll, kurzfristig umsetzbar und rasch wirksam. „Sie geben kräftige Impulse für öffentliche und private Investitionen. Bürger und Unternehmen werden entlastet, der Konsum wird belebt, und die Beschäftigungserfolge werden gesichert."

Das zentrale Sparziel der Regierung, 2011 einen ausgeglichenen Bundeshaushalt ohne neue Schulden aufzustellen, wurde verschoben. In dem Kabinettbeschluss heißt es dazu, wegen der schwierigen wirtschaftlichen Rahmenbedingungen werde dies „aus heutiger Sicht nicht zu realisieren sein".[1]

http://www.faz.net/s/Rub0E9EEF84AC1E4A389A8DC6C23161FE44/Doc~E4C1930DF64364C859783F8954C51DBCD~ATpl~Ecommon~Scontent.html
FAZ.NET Frankfurt, 05.11.2008

M 2

Wirtschaftsweiser Peter Bofinger über Populismus, Konjunkturprogramme und höhere Steuern

Herr Professor Bofinger, die deutsche Konjunktur stürzt ab. Nun ertönt die Forderung, der Staat müsse etwas gegen die Misere tun. Muss er?

Man sollte auf jeden Fall vorbereitet sein, falls sich die Zahlen noch verschlechtern. Und das ist durchaus möglich, da braut sich in Europa etwas zusammen.

Wirtschaftsminister Michael Glos wirbt für eine Senkung der Einkommensteuer von rund zehn Milliarden Euro. Eine gute Idee?
Das Volumen von zehn Milliarden Euro ist in Ordnung. Nur würde ich die Konjunktur nicht über eine dauerhafte Senkung der Einkommensteuer stärken.

Wo liegt das Problem?
Weil man dabei riesige Streuverluste hat. Es profitieren auch Menschen mit hohem Einkommen, und für die ist die Steuerbelastung im historischen Vergleich ohnehin schon sehr gering, die müssen nicht weiter entlastet werden. Bei Gutverdienern führt eine Steuersenkung außerdem eher zu vermehrtem Sparen als zu mehr Konsum, und das hilft der Konjunktur nicht. Besser wären Steuerschecks, mit denen der Staat einmalig Geld an die Bürger zurückgibt.

Was wäre der Vorteil?
Gibt man den Menschen Geld über Steuerschecks, so wirkt dies sehr schnell und stimuliert die Nachfrage auch bei den Geringverdienern. Diese gehen bei einer Steuersenkung leer aus. Außerdem kommt es bei der Finanzierung über Steuerschecks nur zu einem einmaligen Einnahmeverlust des Staates. Bei einer dauerhaften Senkung der Einkommensteuer fehlen dem Finanzminister jedes Jahr zehn Milliarden.

Eine kurzfristige Stimulierung der privaten Nachfrage über Steuerschecks könnte sich aber als Strohfeuer erweisen, das schnell wieder erlischt.
Nun, auch ein Strohfeuer brennt, und wenn es zur richtigen Zeit entzündet wird, kann es ein größeres Feuer entfachen. Das Frühjahr 2009 wäre der richtige Zeitpunkt für Steuerschecks, denn dann werden viele Menschen mit hohen Nachzahlungen für die Energierechnung konfrontiert. Wenn bis dahin noch der Ölpreis sinkt und dadurch die Kaufkraft steigt, so könnte eine deutlichere Wachstumsschwäche vielleicht vermieden werden. Wenn man die Menschen aber dauerhaft entlasten will, dann sollte man nicht bei den Steuern ansetzen, sondern bei den hohen Sozialabgaben. Die sollten sinken.

Aber dann fehlt den Sozialkassen Geld, und sie müssen ihre Leistungen kürzen.
Nicht unbedingt. Bei der Rentenversicherung könnte man zum Beispiel die Arbeitgeberbeiträge konstant halten, nur die Arbeitnehmerbeiträge senken und dies durch einen Bundeszuschuss ausgleichen. So hätten Lohn- und Gehaltsempfänger mehr netto. Bei einer Steuersenkung hingegen werden auch Leute entlastet wie ich, die keine Sozialabgaben bezahlen.

Zur Stärkung des Wachstums hat der Bundesverband der deutschen Industrie eine andere Idee: Der Verband fordert eine Strategie, in deren Zentrum „Bildung, Forschung, Innovation und Infrastruktur" stehen sollen.
Das sehe ich auch so. Grundsätzlich müssen wir in Deutschland uns Gedanken darüber machen, dass wir die zweitniedrigsten Infrastruktur-Investitionen unter den 27 EU-Mitgliedstaaten haben. Auch bei der Bildung hapert es: Pro Schüler und Student wird weit weniger Geld ausgegeben als im Durchschnitt aller Industrieländer. Die Folgen spüren wir schon jetzt am Facharbeiter- und Ingenieursmangel, langfristig gefährdet das die Wettbewerbsfähigkeit des Standortes. Und wenn der Rückstand erst einmal ins allgemeine Bewusstsein gedrungen ist, dann kann es schon zu spät sein und der Rückstand kann nicht mehr aufgeholt werden. [...]

Ist das ein Plädoyer für Steuererhöhungen?
Sagen wir so: Wenn man Defizite im Bildungsbereich beklagt, dann muss man ehrlich sein und sich klarmachen: Die behebt man nur mit mehr Geld und nicht mit Abgabensenkungen. Und wer große Infrastrukturprojekte will, der kann nicht gleichzeitig Steuersenkung fordern. Beides gleichzeitig geht eben nicht. Da muss man sich überlegen, was wichtiger ist und schauen, welche Steuern vielleicht erhöht werden können. Bei Steuern, die auf Vermögen erhoben werden – Erbschaftssteuer, Vermögenssteuer, Grundsteuer – nimmt Deutschland im internationalen Vergleich zum Beispiel sehr wenig Geld ein.

Interview: Stephan Kaufmann. In: Berliner Zeitung, 15.8.2008. (http://www.berlinonline.de/berliner-zeitung/archiv/.bin/dump.fcgi/2008/0825/wirtschaft/0007/index.html

1 antizyklische Fiskalpolitik – Mit Hilfe der antizyklischen Fiskalpolitik soll vor allem nach der wirtschaftspolitischen Konzeption von Keynes versucht werden, die Konjunkturausschläge zu glätten, indem der Staat seine Ausgaben und Einnahmen entgegengesetzt zur Konjunkturphase variiert.

2 staatliche Industriepolitik – staatliche bzw. auf EU-Ebene betriebene Politik, die den Unternehmen helfen soll, eine Anpassung an strukturelle Veränderungen vorzunehmen, z. B. in Form von Subventionen oder Steuervergünstigungen.

3 Als (Spekulations-)Blase bezeichnet man einen von starker Nachfrage bestimmten Markt, z. B. im Börsen-, Rohstoff- oder Immobilienbereich, der sich von der realen Wirtschaftsentwicklung abgekoppelt hat. So bildete sich z. B. 2001 die New-Economy-Blase aufgrund der überzogenen Erwartungen an Unternehmen im Dot.com-Bereich.

M 3

Kehrt Keynes zurück?

Langsam kriecht der Geist des Keynesianismus aus der Flasche. Der Absturz der Börsenkurse und die Rezessionsängste in den USA lassen weltweit den Ruf nach konjunkturpolitischen Gegenmaßnahmen erschallen. Die Botschaft stößt auf offene Ohren. Im amerikanischen Wahlkampf überbieten sich Republikaner und Demokraten gleichermaßen mit Ideen, wie mit staatlichen Nothilfen die Wirtschaft vor dem Kollaps zu retten sei. Aber nicht nur in den USA – auch in Europa feiert der Keynesianismus eine Wiedergeburt. In Frankreich plädiert Präsident Sarkozy ungeniert für eine durch die Politik gelenkte Geldpolitik, für eine anti-zyklische Fiskalpolitik[1] und eine staatliche Industriepolitik[2]. In Deutschland sind die Stimmen noch in der Minderzahl, die nach mehr Keynesianismus in der Wirtschaftspolitik rufen. Aber je näher die schlechten Konjunkturnachrichten einschlagen, umso lauter werden die Forderungen, die Geldschleusen zu öffnen und mit einer aktiven Finanzpolitik das wirtschaftliche Wachstum zu stützen. [...]

In der Tat haben die US-Regierung und die US-Notenbank gemeinsam ein beeindruckendes Nachfragefeuerwerk gezündet. Auf fast 170 Milliarden Dollar beläuft sich das vom amerikanischen Parlament in Rekordzeit beschlossene Konjunkturprogramm. [...] Mit dem Konjunkturpaket sollen der private Konsum und Investitionen angekurbelt und ein Abgleiten der US-Wirtschaft in eine Rezession verhindert werden.

Die fiskalpolitische Konjunkturspritze der US-Regierung wird flankiert mit einem beispiellosen Expansionskurs der Geldpolitik. In zwei überstürzten Schritten hat die amerikanische Notenbank den Leitzins im Januar von 4,25 auf 3 Prozent gesenkt. Ohne Rücksicht auf Inflationsrisiken soll die kränkelnde Wirtschaft mit einer Liquiditätsspritze reaktiviert werden. [...]

Die expansive Geldpolitik der US-Notenbank und das mit Schulden finanzierte Konjunkturprogramm der amerikanischen Regierung werden bestenfalls kurzfristig helfen, ein Abgleiten in die Rezession zu verhindern. Das ist die gute Nachricht. Die schlechte Nachricht ist, dass mit dem vielen Geld, das in den Wirtschaftskreislauf gepumpt wird, die Saat für die nächste Blase[3] ausgesät wird. Das zumindest ist die Lektion, die sich aus der bisherigen Anwendung neokeynesianischer Rezepte ziehen lässt.

Als 2001 die New-Economy-Blase platzte und der Terroranschlag des 11. September die Welt erschütterte, wurde die amerikanische Wirtschaft schon einmal durch ein Nachfrageimpulsprogramm mit billigem Geld und einer expansiven Fiskalpolitik überflutet. Als Folge stiegen die Hauspreise. Das machte Immobilien für immer mehr Menschen zu attraktiven Anlagen. Die Wertsteigerungen erhielten eine sich selbst verstärkende Eigendynamik. Die größere Nachfrage trieb die Preise immer weiter nach oben. Mit immer weniger Eigenkapital wurde immer mehr Fremdkapital zur Finanzierung von Hauskäufen mobilisiert. Die tiefen Zinsen machten all das zu einem scheinbar attraktiven Selbstläufer. Ein Weiteres kam dazu: die hohen Immobilienpreise verführten die stolzen Hausbesitzer zu einer Vermögensillusion. Sie rechneten sich reich. Wer sich vermögend wähnt, glaubt weniger sparen zu müssen. Mehr noch: Mit den vermeintlich teueren Häusern als Bürgschaft wurden zusätzliche Kredite aufgenommen, um damit Konsumausgaben zu finanzieren. Das wiederum trieb den privaten Konsum und damit die Nachfrage und damit Beschäftigung und Wachstum in den USA. Alles wunderbar und offensichtlich ein Wunderwerk neokeynesianischer Konjunkturpolitik.

Bis die US-Notenbank die Zinsen anhob, um Inflationserwartungen zu dämpfen. Aber da war es zu spät. Da wollte der Geist nicht wieder in die Flasche zurück. Stattdessen riss die immer drückender werdende Hypothekenlast immer mehr hoch verschuldete Hausbesitzer in den Ruin. Immer mehr Familien mussten ihr Eigenheim immer billiger veräußern. Die Verkaufslawine riss die Immobilienpreise in kurzer Zeit in die Tiefe. Aus vermeintlich guten wurden schlechte Risiken. Wie feuerheiße Kartoffeln wurden die faulen Kredite panikartig weitergereicht. Bis der Letzte damit hängen blieb. Die Blase war geplatzt. Die Subprime-Krise verursachte Verluste von mehreren hundert Milliarden US-Dollar. Die Schockwellen schwappten über den US-Immobilienmarkt in die Finanzmärkte. So erreichte die Krise auch europäische und auch deutsche Banken.

Aber als hätte man aus den Fehlern neokeynesianischer Politik nichts gelernt, holt man wieder die alten Geister aus der Flasche. Man wendet genau jene Rezepte als Therapie erneut an, die ursprünglich der Auslöser der Krise waren. Damit ist der Katalysator[1] der nächsten Blase gegeben. Das Leben auf Pump geht weiter. Der Kaufrausch findet neues, billiges Geld. Die Inflationserwartungen steigen. Die Anleger suchen Schutz in Sachwerten. Kein Wunder, dass Gold und Rohstoffe seit Wochen teurer werden. Eine neue Blase entsteht. Kann das eine nachahmenswerte Politik für Europa oder für Deutschland sein? Nein! Denn auch die Neokeynesianer wissen, anders und besser als die Keynesianier, dass strukturelle Probleme weder durch Geld- noch durch Fiskalpolitik zu lösen sind.

Wer ökonomische Probleme nachhaltig lösen will, muss die Angebotsfaktoren stärken, nicht die Nachfrage. Dazu gehören attraktive Rahmenbedingungen, funktionierende Märkte, griffige Wettbewerbsregeln und ein starker Staat, der sich auf unverzichtbare Kernfunktionen konzentriert. Dazu gehört eine Geldpolitik, die sich ausschließlich auf das an sich schon schwierige Ziel der Geldwertstabilität beschränkt. Und dazu gehört eine Fiskalpolitik, die durchaus antizyklisch in guten Zeiten spart und in schlechteren Zeiten die Steuer- und Abgabenlast der Bürger verringert.

Thomas Straubhaar: Kehrt Keynes zurück? HWWI Standpunkt, Februar 2008. (http://www.hwwi.org/HWWI_Standpunkt.51.0.htm)

1 Katalysator – Beschleuniger

1. Analysieren Sie die vorgestellten Maßnahmen zur Belebung der Konjunktur, indem Sie Zielrichtung und Wirkungsketten der Konjunkturprogramme erläutern (M 1).
2. Analysieren Sie Bofingers Position zu staatlichen Konjunkturprogrammen. Erläutern Sie dabei seine Kritik an den Vorschlägen des Bundesministers für Wirtschaft, Michael Glos (M 2).
3. Analysieren Sie Straubhaars Position zu staatlichen Konjunkturprogrammen, indem Sie seine kritischen Einwände erklären (M 3).
4. Diskutieren Sie das Für und Wider staatlicher Konjunkturprogramme zur Stützung der Konjunktur.

6.2 Von Smith zu Keynes: Welche Rolle soll der Staat in der Wirtschaftspolitik spielen?

6.2.1 Die Position des klassischen Liberalismus

1 Camera (lat.) – Schatzkammer eines Fürsten

2 Physiokratie (griechisch) – Naturherrschaft

Die Ideen des wirtschaftlichen Liberalismus wurden in der 2. Hälfte des 18. Jahrhunderts in der Auseinandersetzung mit den wirtschaftspolitischen Zielen und Maßnahmen der absolutistischen Staaten in Europa entwickelt. Die Wirtschaftspolitik dieser Staaten sah in der Entfaltung der Macht des absolutistischen Staates und in der Vermehrung seines Reichtums die zentrale Aufgabe. Die Kennzeichnungen für diese Politik, Merkantilismus oder Kameralismus[1] als die deutsche Ausprägung, verdeutlichen schon die Konzeption: Es galt, den Handel, mercantium (lat. Handel), insbesondere den Außenhandel, durch z. B. Schutzzölle zu stärken und das eigene Gewerbe zu fördern, zudem Haushalts- und Steuerpolitik auf die Bedürfnisse des Staates auszurichten. Der Merkantilismus forderte damit die lenkende Hand des Staates, um die Wirtschaft zu stärken. Gegen diese Vorstellungen richtete sich gleichzeitig in Frankreich die Physiokraten[2], die im Boden bzw. der Natur die Quelle wirtschaftlichen Reichtums sahen. Ziel der Physiokraten war die Herstellung einer „natürlichen Ordnung", der Staat habe sich jeder Bevormundung des Individuums zu enthalten. Gegen die staatliche Reglementierung und den Protektionismus des Merkantilismus richteten sich im engen Zusammenhang mit der individualistischen, liberalen Philosophie der Aufklärung die Ideen des wirtschaftlichen Liberalismus. Ihre Begründer bezeichnet man auch als Klassiker. Zu ihnen gehören Adam Smith, Jean-Baptiste Say, David Ricardo, John Stuart Mill und Thomas Robert Malthus. Adam Smith wichtigstes Buch „Der Wohlstand der Nationen" wurde 1776 veröffentlicht und gilt als grundlegendes Werk des klassischen Liberalismus.

„Dann wollen wir mal wieder messen, wie viel inzwischen nachgewachsen ist!"

M 4

Adam Smith: Das einfache System der natürlichen Freiheit

Nicht von dem Wohlwollen des Fleischers, Brauers oder Bäckers erwarten wir das, was wir zum Essen brauchen, sondern von der Rücksichtnahme auf ihr eigenes Interesse. Wir wenden uns nicht an ihre Menschenliebe, sondern an ihr Selbstinteresse und sprechen zu ihnen nie von unserem Bedarf, sondern von ihren Vorteilen.

Der Einzelne ist stets darauf bedacht herauszufinden, wo er sein Kapital, über das er verfügen kann, so vorteilhaft wie nur irgend möglich einsetzen kann. Und tatsächlich hat er dabei den eigenen Vorteil im Auge und nicht etwa den der Volkswirtschaft. Aber gerade das Streben nach seinem eigenen Vorteil ist es, das ihn ganz von selbst oder vielmehr notwendigerweise dazu führt, sein Kapital dort einzusetzen, wo es auch dem ganzen Land den größten Nutzen bringt. Verfolgt er nämlich sein eigenes Interesse, so fördert er damit indirekt das Gesamtwohl viel nachhaltiger, als wenn die Verfolgung des Gesamtinteresses unmittelbar sein Ziel gewesen wäre. […]

Wenn jeder Einzelne so viel wie nur möglich danach trachtet, sein Kapital zur Unterstützung der einheimischen Erwerbstätigkeit einzusetzen, und dadurch diese so lenkt, dass ihr Ertrag den höchsten Wertzuwachs erwarten lässt, dann bemüht sich auch jeder Einzelne ganz zwangsläufig, dass das Volkseinkommen im Jahr so groß wie möglich werden wird. Tatsächlich fördert er in der Regel nicht bewusst das Allgemeinwohl, noch weiß er, wie hoch der eigene Beitrag ist. Wenn er es vorzieht, die nationale Wirtschaft anstatt die ausländische zu unterstützen, denkt er eigentlich nur an die eigene Sicherheit, und wenn er dadurch die Erwerbstätigkeit so fördert, dass ihr Ertrag den höchsten Wert erzielen kann, strebt er lediglich nach eigenem Gewinn.

Und er wird in diesem wie auch in vielen anderen Fällen von einer **unsichtbaren Hand** geleitet, um einen Zweck zu fördern, den zu erfüllen er in keiner Weise beabsichtigt hat. Auch für das Land selbst ist es keineswegs immer das schlechteste, dass der Einzelne ein solches Ziel so nicht bewusst anstrebt, ja, gerade dadurch, dass er das eigene Interesse verfolgt, fördert er häufig das der Gesellschaft nachhaltiger, als wenn er wirklich beabsichtigt, es zu tun. Alle, die jemals vorgaben, ihre Geschäfte dienten dem Wohl der Allgemeinheit, haben meines Wissens niemals etwas Gutes getan. […]

Der Moralist

Der schottische Nationalökonom und Philosoph **Adam Smith** wurde am 5.6.1723 in Kirkcaldy geboren und starb am 17.7.1790 in Edinburgh. Auch heute sind viele Erkenntnisse dieses Begründers der klassischen Nationalökonomie noch aktuell. Smith begann seine wissenschaftliche Laufbahn als Moralphilosoph und schrieb 1759 sein erstes Hauptwerk „Theorie der ethischen Gefühle". Zur Nationalökonomie kam er wohl u.a. durch eine Reise nach Frankreich im Jahr 1765, die ihm Kontakte mit Quesnay[1] und der Physiokratie ermöglichten. Sein zentrales ökonomisches Werk ist der „Wohlstand der Nationen", das 1776 publiziert wurde und einen überwältigenden Erfolg hatte. Smith entwickelte darin ein umfassendes System der liberalen Wirtschaftslehre, das die theoretische Grundlage für den beginnenden Prozess der Industrialisierung bildete. Für Smith ist die Quelle des nationalen Reichtums nicht der Geldvorrat (Merkantilismus) oder die landwirtschaftliche Produktion (Physiokratie), sondern die geleistete Arbeit des Volkes. Deren Produktivität werde durch Arbeitsteilung gesteigert, die wiederum von der Größe des Marktes abhänge. Smith war deshalb ein Anhänger des Freihandels. Eine Voraussetzung der Arbeitsteilung seien funktionsfähige Märkte, die möglichst wenig durch Staatseingriffe gestört werden sollten.

Peter Bofinger: Grundzüge der Volkswirtschaftslehre. München 2003, S. 452

1 Francois Quesnay (1694 bis 1774) – Leibarzt von Ludwig XV. – stellte den Wirtschaftsprozess einer Volkswirtschaft in Analogie zum menschlichen Blutkreislauf als Kreislauf dar. In seinem Hauptwerk „Tableau economiqe" entwarf er das erste Modell eines geschlossenen ökonomischen Kreislaufs, durch den der Zusammenhang von Produktion, Einkommensentstehung und Einkommensverwendung in einer Volkswirtschaft erklärt wurde.

Gibt man daher alle Systeme der Begünstigung und Beschränkung auf, so stellt sich ganz von selbst das einsichtige und einfache **System der natürlichen Freiheit** her. Solange der Einzelne nicht die Gesetze verletzt, lässt man ihm völlige Freiheit, damit er das eigene Interesse auf seine Weise verfolgen kann und seinen Erwerbsfleiß und sein Kapital im Wettbewerb mit jedem anderen oder einem anderen Stand entwickeln oder einsetzen kann. Der Herrscher wird dadurch vollständig von einer Pflicht entbunden, bei deren Ausübung er stets unzähligen Täuschungen ausgesetzt sein muss und zu deren Erfüllung keine menschliche Weisheit oder Kenntnis jemals ausreichen könnte, nämlich der Pflicht oder Aufgabe, den Erwerb privater Leute zu überwachen und ihn in Wirtschaftszweige zu lenken, die für das Land am nützlichsten sind. Im System der natürlichen Freiheit hat der Souverän lediglich drei Aufgaben zu erfüllen, die sicherlich von höchster Wichtigkeit sind, aber einfach und dem normalen Verstand zugänglich: Erstens die Pflicht, das Land gegen Gewalttätigkeit und Angriff anderer unabhängiger Staaten zu schützen, zweitens die Aufgabe, jedes Mitglied der Gesellschaft so weit wie möglich vor Ungerechtigkeit oder Unterdrückung durch einen Mitbürger in Schutz zu nehmen oder ein zuverlässiges Justizwesen einzurichten, und drittens die Pflicht, bestimmte öffentliche Anstalten und Einrichtungen zu gründen und zu unterhalten, die ein Einzelner oder eine kleine Gruppe aus eigenem Interesse nicht betreiben kann, weil der Gewinn ihre Kosten niemals decken könnte, obwohl er häufig höher sein mag als die Kosten für das ganze Gemeinwesen.

Adam Smith: Der Wohlstand der Nationen. Eine Untersuchung seiner Natur und seiner Ursachen. München 1978, S. 370 f., 582

1. Erarbeiten Sie, wie Adam Smith die Interessen der Gesellschaft und damit den Wohlstand der Nationen nachhaltig fördern will. Klären Sie in diesem Zusammenhang, was Smith mit dem „System der natürlichen Freiheit" und mit seinem berühmten Wort von der „unsichtbaren Hand" (invisible hand) meint.

2. Veranschaulichen Sie am Beispiel eines handwerklichen Unternehmens Smiths These, dass Eigennutz dem Allgemeinwohl dient. Erläutern Sie dabei auch mögliche Einwände gegen Smiths Position.

3. Erarbeiten Sie, welche Aufgaben Smith dem Staat zuweist.

M 5

Im folgenden Text von Bernhard Gahlen werden sozialhistorische Hintergründe des klassischen Liberalismus vorgestellt, die Lenkung der Volkswirtschaft durch den Markt erläutert und erklärt.

Die marktwirtschaftliche Koordination in der Vorstellung des klassischen Liberalismus

Das **Modell der reinen Marktwirtschaft** war ein Produkt des klassischen Liberalismus, dessen beherrschende Idee das Postulat individueller Selbstständigkeit und Freiheit war. Der Anspruch auf individuelle Autonomie ist zugleich durch geistige, gesellschaftspolitische und ökonomische Entwicklungen der damaligen Zeit bedingt. Er ist einmal zu verstehen als Reaktion des Bürgertums auf die Diskriminierung durch die mittelalterlichen Feudalherren und die Bevormundung durch die Bürokratie des Absolutismus. Das Postulat erfuhr zudem eine höhere Begründung aus dem Naturrechtsgedanken der Aufklärung, nachdem das Individuum als vernünftiges Wesen begriffen wird, das rational zu handeln vermag und somit ein natürliches Recht auf Freiheit besitzt. Schließlich wird die Entwicklung des Liberalismus durch den Aufschwung von Handel und Gewerbe z. Z. des Merkantilismus begünstigt und durch die politische Emanzipation des Bürgertums vorangetrieben. [...]

Im Sinne der ökonomischen Theorie wird der **Markt als Koordinationsmechanismus von**

Angebot und Nachfrage verstanden, er lässt sich am besten von seiner Funktionsweise her erklären: Die Anbieter beabsichtigen, eine bestimmte Gütermenge zu einem bestimmten Preis zu verkaufen. In ähnlicher Weise beschreiben die Nachfrager ihre Wünsche. Dabei werden sich die Preisvorstellungen der Anbieter und der Nachfrager sowie die angebotenen und nachgefragten Mengen in der Regel voneinander unterscheiden. Stellen die Anbieter und Nachfrager fest, dass sich ihre Verkaufs- bzw. Kaufabsichten nicht verwirklichen lassen, werden Korrekturen an den Preis- und Mengenwünschen vorgenommen.

Gibt es nun eine Tendenz, dass die Angebots-, Nachfrage- und Preisvorstellungen sich annähern und schließlich miteinander vereinbar werden? Eine solche Tendenz, wie sie für einen funktionsfähigen Markt erwartet wird, hängt offenbar von der Reaktionsweise der Marktteilnehmer ab. Als Normalfall gilt, dass ein Anbieter umso mehr anbietet, je höher der erzielbare Preis ist und umso weniger, je niedriger der Preis ist. Für den Nachfrager wird angenommen, dass er seine Nachfrage erhöht, wenn der geforderte Preis sinkt und weniger nachfragt, wenn der Preis steigt. Beide Verhaltensweisen gelten als „normale" Reaktionen. […]

Die Mengenreaktionen der Anbieter und Nachfrager sind also gegenläufig: Bei steigendem Preis steigt das Angebot, während die Nachfrage sinkt. Dadurch ist es möglich, dass bei einem bestimmten Preis die angebotene Menge gleich der nachgefragten ist. Diesen Preis nennt man den **Gleichgewichtspreis**, die entsprechende Menge die **Gleichgewichtsmenge**. […]

Nach der klassischen Wirtschaftslehre übt der Marktmechanismus seine Funktion nicht nur auf dem **Güter-**, sondern auch auf dem **Arbeits- und Kreditmarkt** aus. […]

Entsprechend dem aus dem Gütermodell bekannten Verlauf der Angebotskurve nimmt mit steigendem Lohnsatz das Arbeitsangebot zu. Umgekehrt fragen die Unternehmer mit sinkendem Lohn mehr Arbeit nach, da die Lohnkosten entsprechend niedriger sind.[…]

Allerdings gilt dieses Prinzip nur in längerfristiger Betrachtungsweise. Kurzfristig kennt auch die Klassik Arbeitslosigkeit, die z. B. auf Veränderungen der Nachfragestruktur mit der entsprechenden Veränderung der Wirtschaftsstruktur basiert. Geht die Nachfrage nach einem bestimmten Produkt zurück, so sinkt entsprechend der geringeren Produktion auch die Arbeitsnachfrage. […]

Da nach Auffassung der Klassiker die gesamtwirtschaftliche Nachfrage durch Veränderungen der Nachfragestruktur nicht beeinflusst wird, verlagert sich die freigesetzte Nachfrage auf ein anderes Produkt mit den entsprechenden Konsequenzen für diesen Teilarbeitsmarkt. Die freigesetzten Arbeitskräfte finden in diesem Bereich wieder eine Beschäftigungsmöglichkeit. Gesamtwirtschaftlich herrscht also wieder Vollbeschäftigung.

Als Fazit dieser skizzenhaften Überlegungen können wir festhalten, dass durch das Konkurrenzprinzip und den für alle Teilmärkte wirksamen Marktmechanismus nach klassischer Auffassung eine ständige Tendenz zur Vollbeschäftigung besteht. […]

Sollte trotzdem in der wirtschaftlichen Wirklichkeit unfreiwillige Arbeitslosigkeit auftreten, so führen das die Klassiker u. a. auf störende **exogene Faktoren** zurück. Solche störenden Einflüsse ergeben sich nach klassischer Auffassung durch staatliche Beeinflussung des Wirtschaftsablaufes sowie durch das Auftreten der Gewerkschaften, da dadurch der Marktautomatismus gestört wird. So widersprechen sowohl die Festlegung gesetzlicher Mindestlöhne als auch die durch die Marktmacht der Gewerkschaft sich ergebende Starrheit der Löhne nach unten dem genannten Prinzip.

Bernhard Gahlen u. a.: Volkswirtschaftslehre. Eine problemorientierte Einführung. München 1971, S. 15 ff., 76 ff.

M 6

Das abschließende Material fasst die Grundaussagen des klassischen Liberalismus zusammen und geht insbesondere auf die Rolle des Staates ein.

Das Neutralitätsgebot der klassischen Nationalökonomie

Die nationalökonomischen Klassiker (Adam Smith, David Ricardo, John Stuart Mill u.a.) gingen davon aus, dass eine dem freien Spiel der Marktkräfte überlassene Volkswirtschaft zu einem Optimum tendiert, d. h. zu einem

Gleichgewicht von Angebot und Nachfrage bei Vollbeschäftigung. Dabei ist die entscheidende Triebfeder der Eigennutz, der ganz von selbst dem Gemeinnutz dient.

Entsprechend ihrer **Geldauffassung** – Geld fungiert nur als Tauschmittel und Recheneinheit – und dem **Say'schen Theorem** – jedes zusätzliche Angebot schafft sich seine eigene Nachfrage – ist ein dauerhaftes gesamtwirtschaftliches Überschussangebot nicht möglich. Deshalb soll der **Staat** in das wirtschaftliche Geschehen nicht eingreifen. Vielmehr soll er sich beispielsweise nach Adam Smith darauf beschränken, das Volk gegen Gewalttätigkeit von innen und außen zu schützen, eine unparteiische Rechtspflege aufrechtzuerhalten und die Errichtung und Erhaltung solcher Anstalten zu betreiben, die für die Gesellschaft notwendig und vorteilhaft sind (Unterrichtswesen, Straßen, Kanäle usw.), die aber, weil sie unrentabel sind, von privater Seite nicht unterhalten werden. Um diese Aufgaben wahrnehmen zu können, benötigt der Staat finanzielle Mittel. Durch seine Einnahme und Ausgabentätigkeit soll der Staat das freie Spiel der privaten ökonomischen Betätigung nicht stören. Da eine sich selbst überlassene Volkswirtschaft optimal funktioniert, können außerwirtschaftliche Einflüsse, wie sie vom Staat ausgehen, grundsätzlich nur als Störungen aufgefasst werden. Um diese Störungen auf ein Minimum zu beschränken, soll der Staat sich hinsichtlich seiner Finanzwirtschaft neutral verhalten, d.h. so, dass die privaten ökonomischen Kräfte ihren durch ihre Eigengesetzlichkeiten bestimmten Verlauf nehmen können, dass er also das Wirtschaftsergebnis nicht beeinflusst **(Neutralitätspostulat)**.

Um dieses Ziel zu realisieren, wurden von den Klassikern bestimmte finanzpolitische Regeln aufgestellt. Als oberster Grundsatz galt die Say zugesprochene Forderung: „Der beste Haushaltsplan ist der kleinste."[1] Dadurch sollte schon vom Umfang der Einnahmen und Ausgaben her der Einfluss der Staatsfinanzen so gering wie möglich gehalten werden. Bei der Aufbringung der Finanzmittel sollte alles Störende vermieden werden. [...]

Ferner sollte der Staatshaushalt stets ausgeglichen sein und die Schuldenaufnahme auf ein Minimum reduziert werden, um der privaten Wirtschaft nicht finanzielle Mittel zu entziehen und damit den Zinssatz für Kredite nicht in die Höhe zu treiben.

Aus den angeführten Gründen lehnen die Vertreterdes Neutralitätspostulats einen bewussten Einsatz staatlicher Einnahmen und Ausgaben zur Konjunktursteuerungentschieden ab. Diese Auffassung des klassischen Liberalis-

1 Heinz Kolms: Finanzwissenschaft. Band 1. 3. Aufl., Berlin 1966, S.28

Der Optimist

Der französische Nationalökonom **Jean-Baptiste Say** wurde in Lyon am 15. November 1767 geboren und ist am 15. November 1832 in Paris gestorben. Say war zunächst Journalist und von 1794 bis 1799 Chefredakteur einer Zeitschrift für Philosophie, Literatur und Politik. Unter Napoleon I. war er für kurze Zeit im Staatsdienst tätig. 1806–1813 war er Inhaber einer Baumwollspinnerei und wurde enorm reich damit. 1812 verkaufte er das Unternehmen und lebte von da an als Spekulant. Say gilt als Begründer der klassischen Nationalökonomie in Frankreich und machte besonders die Lehren von A. Smith, die er verfeinerte und weiter entwickelte, allgemein bekannt. Say ist heute vor allem als „Vater der Angebotstheorie" bekannt. So hat er sich in seiner „Traite d'Economie Politique" (1807) mit den Folgen einer falschen Steuerpolitik befasst. Wer zu hoch belastet werde, könne weniger Geld ausgeben. Sinke die Nachfrage, sinke auch die Produktion – und das lasse die Steuereinnahmen der Regierung schrumpfen. Umgekehrt heißt das: Senkt der Staat den Steuersatz, steigen Produktionsvolumen und Steuereinnahmen.

Peter Bofinger: Grundzüge der Volkswirtschaftslehre, München 2003, S. 310 mus ist vor dem Hintergrund des Kampfes des Bürgertums gegen den merkantilistischen, absolutistischen Staat zu sehen. Der Merkantilismus bestand aus einem System wirtschaftlicher Maßnahmen des Staates, wie beispielsweise Förderung des Exports, Verhinderung des Imports von Fertigfabrikaten, Errichtung staatlicher Manufakturen, staatliche Förderung bestimmter Gewerbezweige, eine aktive Bevölkerungspolitik, die den Reichtum und damit die Macht des absolutistisch herrschenden Monarchen fördern sollten. Das aufstrebende Bürgertum wurde durch diese Maßnahmen und andere Reglementierungen in seinen wirtschaftlichen und politischen Entfaltungsmöglichkeiten gehemmt. Insofern richtet sich das Neutralitätspostulat gegen den absolutistischen Staat, es drückt das Misstrauen des Bürgertums gegenüber diesem Staat aus und bringt die Interessen des Bürgertums zum Ausdruck.

Uwe Taenzer: Ökonomie 2 – Wirtschaftspolitik. Stuttgart 1985, S. 188 f.

1. Erläutern Sie die historischen Hintergründe zur Entwicklung des klassischen Liberalismus. Versuchen Sie das Neutralitätspostulat aus der wirtschaftlichen und politischen Situation seiner Entstehungszeit heraus zu erklären (M 5, M 6).

2. Erläutern Sie, wie eine Volkswirtschaft im marktwirtschaftlichen Modell funktioniert. Stellen Sie dabei die Funktionsweise des Marktsystems mit Hilfe von Angebots- und Nachfragekurven grafisch vor (M 4, M 5 und ferner M 7 in Abschnitt 1.2).

3. Begründen Sie, warum Gleichgewichtsstörungen wie gesamtwirtschaftliches Überangebot oder dauerhafte Unterbeschäftigung in der Theorie des Wirtschaftsliberalismus ausgeschlossen werden (M 5, M 6).

4. Erläutern Sie, wie der Marktmechanismus auch auf dem Kapitalmarkt einen Ausgleich zwischen Sparen und Kreditnachfrage herstellt und somit ein gesamtwirtschaftliches Gleichgewicht herbeiführt (M 5).

5. Stellen Sie anhand der vorliegenden Darstellung die zentralen Thesen des klassischen Liberalismus heraus (M 4, M 6).

6. Klären Sie detailliert, inwiefern die Klassiker entsprechend dem Say'schen Theorem (Says Law) längerfristige wirtschaftliche Krisen bzw. eine nachfragebedingte Arbeitslosigkeit als unmöglich betrachten (M 5, M 6).

7. Begründen Sie, warum die Lehren von Adam Smith als „revolutionäre Ideologie des Bürgertums" bezeichnet worden ist (M 4 – M 6). Berücksichtigen Sie dabei auch die Methode Ideologiekritik in Kapitel 2.

8. Erörtern Sie, ob und inwieweit ökonomische Theorien/Lehren Allgemeingültigkeit besitzen oder nur zeitbedingt sind, also ihr Gültigkeitsanspruch begrenzt ist.

9. Interpretieren Sie die Karikatur auf S. 170 vor dem Hintergrund der Ausführungen in diesem Abschnitt.

6.2.2 Die Weltwirtschaftskrise und die Grenzen klassischer Wirtschaftstheorie

Die große Depression, die Weltwirtschaftskrise, die 1929 in den USA ausbrach, alle Industrieländer ergriff und von langer Dauer war, führte zur Infragestellung der klassischen Erklärungsmuster. Offenbar wurden die Selbstheilungskräfte einer sich selbst überlassenen Volkswirtschaft überschätzt, das Say'sche Theorem schien seine Gültigkeit verloren zu haben.
Die folgenden Materialien zeigen das Ausmaß der Krise und die Zweifel an der klassischen Lehre.

1 Hausse – Ein meist längere Zeit anhaltender Anstieg der Aktienkurse auf breiter Front. Baisse bedeutet das Gegenteil.

2 Tycoon – einflussreicher vermögender Geschäftsmann

3 gemeint ist Herbert C. Hoover, 31. Präsident der USA von 1929 bis 1933

M 7

Der britische Wirtschaftsjournalist Paul Strathern beschreibt anschaulich den Ausbruch und die Auswirkungen der Weltwirtschaftskrise.

Die Weltwirtschaftskrise

Im September erreichten die Aktienkurse ihren Höchststand und begannen anschließend leicht zu sinken. Die Abwärtsbewegung begann. Das Vertrauen in die weitere Entwicklung begann zu bröckeln, und das führte zu weiterem Vertrauensschwund. Der leichte Abwärtstrend verstärkte sich. Panik brach aus. Plötzlich wollten alle ihre Aktien loswerden. Am Donnerstag, dem 24. Oktober, wurden 13 Millionen Aktien an der Börse gehandelt. [...] Es verbreitete sich das Gerücht, dass die Banker mit ihren Verlautbarungen (d.h. Beschwichtigungen) nur den Markt beruhigen wollten, um die eigenen Aktienbestände zu verkaufen, bevor die Kurse weiter einbrachen. Nach einem Wochenende wilder Gerüchte und Spekulationen wurde aus der Hausse eine Baisse[1]. Am Dienstag, dem 29. Oktober, wurde die Rekordzahl von 16 Millionen Aktien gehandelt. Es war der schwärzeste Tag in der Börsengeschichte. 300 Millionen Aktien waren auf Kredit gekauft worden, und plötzlich wurde die Rückzahlung eines enormen Berges von Schulden eingefordert.
Tausende privater Investoren waren am Ende; aus ihren Ersparnissen war über Nacht ein bodenloses Schuldenloch geworden. Geldgeber waren ruiniert, Wertpapierhändler begingen Selbstmord. In US-amerikanischen Cartoons tauchte jetzt das neuartige Bild des Wirtschaftstycoons[2] auf, der im Begriff ist, sich aus dem Fenster seines Büros im oberen Stock eines Wolkenkratzers zu stürzen. Jetzt stellte man fest, dass die enormen Aktienspekulationen und die daraus resultierenden Gewinne auf ungesicherten Krediten beruhten. Angesehene Banker landeten im Gefängnis. 1929 war ein schlechtes Jahr. Dann begann sich der Markt allmählich zu erholen. Das Schlimmste schien vorbei. Doch dann brach der Markt erneut zusammen. Bis 1932 sanken die Kurse an der New Yorker Börse auf 20 Prozent ihres früheren Niveaus. 40 Milliarden Dollar lösten sich in nichts auf. Fast 90 000 Unternehmen waren am Ende. Von den 25 000 US-amerikanischen Banken gingen 11 000 bankrott und rissen die Ersparnisse zahlloser Kleinanleger mit in den Abgrund. Die Industrieproduktion ging um 50 Prozent zurück, die Einkommen halbierten sich, und ein Drittel der Arbeiter verloren ihre Beschäftigung.
Die dürren Zahlen vermitteln jedoch nur ein schwaches Bild von der Not und Verzweiflung von Millionen Menschen, deren Existenzgrundlage mit einem Schlag vernichtet war. Die fahlen, verzweifelten Gesichter der Bettler am Straßenrand und die abgezehrten, von Demütigung gezeichneten Menschen in den Schlangen vor den Suppenküchen kündeten von den enttäuschten Hoffnungen im Land der unbegrenzten Möglichkeiten.
Der Präsident[3], der versprochen hatte, die Armut aus Amerika zu verbannen, stand nun für die Slums Pate, die überall am Rand der Städte entstanden: Sie hießen Hoovervilles. Viele Familien verloren das Dach über dem Kopf und landeten auf der Straße. Wie John Steinbeck in seinem Roman „Früchte des Zorns" beschreibt, machten sich nicht wenige ins gelobte Land Kalifornien auf, nur um dort

Schlange vor dem Arbeitsamt in Hannover, 1930

erneut enttäuscht zu werden. Kein Landstrich blieb von der Großen Depression verschont.
Die Ereignisse in den USA hatten weltweite Auswirkungen. Nach dem Ersten Weltkrieg hatten sich die Vereinigten Staaten als die führende Industrienation der Welt etabliert – im positiven wie im negativen Sinn. Der wirtschaftliche Wiederaufschwung in Europa war zum größten Teil mit Hilfe US-amerikanischer Investitionen zustande gekommen. Und so blieb die dortige Finanzkrise nicht ohne Folgen für Europa.
Im Jahr 1931 brach die Credit-Anstalt, die größte Bank Österreichs, zusammen.[1]
Deutschland, das noch unter der Hyperinflation der zwanziger Jahre litt, stürzte erneut in eine schwere Krise. Die Arbeitslosigkeit stieg auf 25 Prozent. Großbritannien verlor seine einstige Kontrolle über die Weltbörsen. Amerika war nicht bereit, in die Bresche zu springen, und in der Folge gerieten die Wechselkurse aus dem Lot.
In einem verzweifelten Versuch, sich vor der weltweiten Finanzkrise zu schützen, erlegten sich viele Länder eine wirtschaftliche Quarantäne auf und erließen Schutzzölle. Bis zum Jahr 1933 ging der Welthandel um fast 70 Prozent zurück. Der Freihandel und die liberale Demokratie schienen gescheitert. Eine starke Medizin wurde benötigt.

Paul Strathern, Sonja Schuhmacher, Rita Senss (Übers.): Schumpeters Reithosen. Die genialsten Wirtschaftstheorien und ihre verrückten Erfinder. Frankfurt/Main 2003, S. 264 ff.

M 8

In Deutschland reagierte Reichskanzler Heinrich Brüning auf die sinkenden Steuereinnahmen während der Weltwirtschaftskrise mit Ausgabenkürzungen der öffentlichen Haushalte, weil er eine Inflation wie nach dem Ersten Weltkrieg, die noch frisch in der Erinnerung der Bevölkerung war, vermeiden wollte. Die Ausgabenkürzungen wurden u. a. durch so genannte Notverordnungen erreicht.

Sparen in der Depression

Eine Senkung der Löhne und Gehälter im öffentlichen Dienst war vor der Notverordnung vom 8. Dezember 1931 schon zweimal erfolgt. Die Erste Verordnung des Reichspräsidenten zur Sicherung von Wirtschaft und Finanzen

1 Im Mai 1931 brach die Österreichische Creditanstalt, die größte Wiener Bank, zusammen, weil sie die von Gläubigern aus den USA gewährten Kredite mit kurzfristiger Laufzeit, die im Inland für langfristige Kredite von der Creditanstalt vergeben worden waren, nicht mehr zurückzahlen konnten. Dies alarmierte die Auslandsgläubiger und führte auch in Deutschland zu einer verstärkten Kapitalflucht, die im Juli 1931 dazu führte, dass die Darmstädter und Nationalbank, einer der deutschen Großbanken, ihre Schalter schließen musste. Der darauf auf die Banken einsetzende Ansturm der Anleger, die ihre Einlagen abheben wollten, führte auf Anordnung der Regierung zur vorübergehenden Einstellung des bankmäßigen Zahlungsverkehrs – so genannte Bankfeiertage – und schließlich zur Devisenzwangswirtschaft.

1 unter den Auspizien – unter der Leitung

vom 1. Dezember 1930 hat die Beamtenbezüge um 6 v. H. vom 1. April 1931 ab auf die Dauer von drei Jahren gesenkt. [...]
Die Zweite Verordnung des Reichspräsidenten vom 5. Juni 1931 hatte eine neue Gehaltskürzung um 4 bis 8 v. H. gebracht. Dieses Kürzungsmaß war im Gegensatz zur ersten Gehaltskürzung gestaffelt, und zwar einerseits nach der Höhe des Diensteinkommens, andererseits nach Ortsklassen. [...]
Die Vierte Verordnung vom 8. Dezember 1931 brachte sodann eine weitere Gehaltssenkung bei den Beamten, Angestellten und Arbeitern im öffentlichen Dienst um 10 v. H.

Wilhelm Treue: Deutschland in der Weltwirtschaftskrise. Düsseldorf 1967, S. 192

M 9

Entwicklung des Volkseinkommens und der Staatsausgaben in Deutschland

Volkseinkommen und öffentliche Ausgaben (in Milliarden Reichsmark)

	1928	1929	1930	1931	1932
Volkseinkommen	75,4	75,9	70,2	57,5	45,2
Öffentliche Ausgaben	20,8	20,9	20,4	17,0	14,5

Volkseinkommen und Öffentliche Ausgaben insgesamt: Statistisches Jahrbuch für das Reich 1935, S. 437 und 1937, S. 534; nach: Heinz Kolms: Finanzwissenschaft I. Berlin 1966, S. 112

M 10

John M. Keynes geißelt 1931 mit Deutschland vergleichbare Sparprogramme in Großbritannien mit folgender Argumentation:

Sparprogramme der englischen Regierung

Es ist zu befürchten, dass die moralischen Kräfte der britischen Nation in falsche Bahnen gelenkt werden und dass uns ernste Schwierigkeiten bevorstehen mögen, wenn wir uns nicht mit größerem Erfolg als bisher um eine Analyse der wirklichen Natur unserer Probleme bemühen.

Unter den Auspizien[1] der Nationalen Regierung und unterstützt von nahezu der ganzen Presse wird eine Sparpropaganda betrieben, die sich ausschließlich auf den Gedanken der „Einsparung" im nationalen, kommunalen und persönlichen Haushalt konzentriert, und zwar wird darunter der negative Akt der Einschränkung von Ausgaben, die heute noch die produktiven Kräfte zur Betätigung anreizen, verstanden. Wenn aber diese Einschränkungsaktion großen Erfolg hat, weil der Bürger glaubt, ein solches Verhalten dem Lande schuldig zu sein, so kann das meiner Ansicht nach so schwer wiegende soziale Folgen zeitigen, dass das ganze System unseres nationalen Lebens erschüttert wird. Es gibt in dem offiziellen Sparprogramm – mag es nun aus allgemeinen Gründen zu empfehlen sein oder nicht – kaum einen Posten, der nicht mit Sicherheit die Arbeitslosigkeit erhöhen, die Geschäftsgewinne herabdrücken und den Steuerertrag vermindern wird, und zwar so sehr, dass nach meiner Berechnung das Budgetdefizit durch Einsparungen in Höhe von 100 Mill. £ per Saldo möglicherweise um nicht mehr als 50 Mill. £ reduziert wird. Denn wir würden uns gegenseitig Sand in die Augen streuen, wenn wir annehmen wollten, dass die fraglichen Ersparnisse ohne jede Rückwirkung auf die Zahl der unterstützungsberechtigten Arbeitslosen oder auf den Ertrag der bestehenden Steuern durchgeführt werden können. Inzwischen liest man Tag für Tag in der Zeitung, dass die Lokalbehörden den Wink aufnehmen, dass hier der Plan einer neuen Brücke, dort der Plan eines Hospitals oder eines Schulhauses aufgegeben worden ist. Wenn wir jedoch die „Sparsamkeit" auf allen Gebieten logisch zu Ende führen, so werden wir finden, dass wir das Budget mit einer Einnahme und einer Ausgabe von Null ins Gleichgewicht gebracht haben, während wir alle verhungernd auf dem Rücken liegen, weil wir es aus Ersparnisgründen ablehnen, die Dienste unserer Nächsten in Anspruch zu nehmen.

Auszug aus J. M. Keynes: „Sparprogramm gegen Zolltarif in Großbritannien." Wirtschaftsdienst, 16. Jg., Heft 38, 1931, S. 1593 f. In: G. Bombach u. a. (Hrsg.): Der Keynesianismus. Bd. III. Berlin 1981, S. 249

M 11

Die Grenzen der klassischen Theorie

Mit dem Kurssturz an der Wall Street vom Oktober 1929 waren Volkswirtschaften weltweit in eine Depression gefallen. Nicht nur Reiche, auch die Mittelschicht hatte ihr Geld an den Börsen verloren, ihre Kaufkraft war verdunstet. Die Unternehmer blieben auf ihren Waren sitzen, massenhaft entließen die Fabriken ihre Arbeiter. Anfang der dreißiger Jahre waren in Deutschland über sechs Millionen, in den Vereinigten Staaten mehr als zwölf Millionen Menschen ohne Arbeit.

Abschwünge der Weltwirtschaft waren nicht neu. Doch für eine Krise solchen Ausmaßes fehlten die Vergleichsmaßstäbe. Hinzu kam ihre Dauer: Auch nach mehreren Jahren zeigte sich kein Anzeichen für einen Aufschwung. Die Weltwirtschaft steckte in der Sackgasse.

Keynes war klar, dass die Krise mit den alten Modellen nicht zu erklären war. Denn die klassische Ökonomie glaubte, nur die „unsichtbare Hand" des Marktes werde die Wirtschaft dauerhaft ins Gleichgewicht führen. Adam Smith und David Ricardo gingen davon aus, dass das Gesetz von Angebot und Nachfrage den Preis der Güter und der Arbeit regelt. Arbeitskräfte werden also nur dann entlassen, wenn ihr Lohn zu hoch ist. Akzeptieren sie niedrigere Löhne, stellen die Unternehmer wieder ein. So fand das Modell der klassischen Ökonomie nach einer Krise stets zum Gleichgewicht zurück: Wer arbeitslos war, der war es freiwillig. Die Weltwirtschaftskrise zu Beginn der dreißiger Jahre lehrte etwas anderes. Millionen Menschen standen auf der Straße, obwohl die Löhne weiter sanken. „Das Paradox der Armut, mitten im Überfluss", wie Keynes es nannte, brauchte einen völlig neuen Erklärungsansatz.

Die Klassiker hatten gelehrt, dass ein Unternehmer stets dann produziert, wenn die Kosten für Arbeit und Kapital niedrig genug sind. Der Absatz der so erzeugten Waren sei stets gewährleistet, denn nach dem bis dahin als gültig erachteten Say'schen Theorem findet jedes Gut zu jeder Zeit seinen Abnehmer.

Für Keynes griff diese Überlegung jedoch zu kurz. Ein Unternehmer, postulierte er, produziert nur dann, wenn er glaubt, seine Güter in der Zukunft auch absetzen zu können. Damit war die klassische Wirtschaftslehre auf den Kopf gestellt: Nicht das Angebot, sondern die Nachfrage entscheidet über den wirtschaftlichen Erfolg. Sie liefert damit auch den Schlüssel zur Überwindung einer Krise.

Sven Afhüppe, Markus Fasse, John Maquard Keynes: Die allgemeine Theorie der Beschäftigung, des Zinses und des Geldes. In: DIE ZEIT, Nr. 39, 1999 http://www.zeit.de/archiv/1999/39/199939.biblio.serie_19_.xml (20.9.2005)

1. Erörtern Sie, inwiefern die Weltwirtschaftskrise den Annahmen der Lehre des klassischen Liberalismus widersprach (M 7, M 8, M 11).
2. Die in Deutschland und England verfolgte Finanzpolitik wird als „Parallelpolitik" oder abschätzig als „fiscal perversity" bezeichnet. Verdeutlichen Sie diese Politik unter Rückgriff auf M 8 – M 10.
3. Analysieren Sie die Entwicklung der Staatsausgaben und des Volkseinkommens im Zeitraum von 1928 – 1932 (M 9).
4. Begründen Sie mit Hilfe der Multiplikatortheorie (Kapitel 5.4 M 15, M 16), warum die Politik Heinrich Brünings (M 8), auch Deflationspolitik genannt, die in M 9 deutlich werdende Entwicklung des Volkseinkommens mit verursacht hat.
5. Vergleichen Sie Ursachen und Verlauf und Folgen der Wirtschaftskrise ab 2007 mit der Weltwirtschaftskrise von 1929 (vgl. Annäherung S. 6 – 17 und Kap. 6.1).

6.3 Die keynesianische Revolution

Keynes kritisierte nicht nur, wie in M 10 dargestellt, die auf der klassischen Lehre aufbauende Sparpolitik der europäischen Regierungen. Er entwickelte in verschiedenen Aufsätzen bereits zu Beginn der 30er Jahre Alternativen zur bis dahin üblichen Deflationspolitik, also noch bevor er in seinem Hauptwerk „General Theory of Employment, Interest and Money“ von 1936 die Erfahrungen der Weltwirtschaftskrise umfassend reflektierte. Aber nicht nur Keynes, sondern auch Ökonomen in Deutschland und anderen Ländern entwickelten Alternativen zur Deflationspolitik. Als Beispiel wird Schweden angeführt, das als erstes Land eine konsequente antizyklische Finanzpolitik betrieben hat.

6.3.1 J. M. Keynes' Analyse der Krise

M 12

Keynes: Über die Ursachen der Weltwirtschaftskrise

Das ganze Unheil begann mit etwas, das man am besten als „einen Zustand finanzieller Bedrängnis“ beschreibt. [...] Ein „Zustand finanzieller Bedrängnis“ bedeutet, dass Einzelpersonen und Gemeinwesen sich plötzlich vor außerordentlich verstärkte Schwierigkeiten gestellt sehen, wenn sie bemüht sind, sich das erforderliche Geld für die Abdeckung ihrer Verpflichtungen zu beschaffen. Das bedeutet, dass sie eine Reihe von Maßnahmen ergreifen, um ihre Aufgaben herabzusetzen. Andere Stellen, die nicht in akuten Schwierigkeiten sind, befürchten, später von der gleichen Verlegenheit heimgesucht zu werden und schränken aus Vorsicht gleichfalls ihre Ausgaben ein. Die verringerte Nachfrage, die nur ein anderer Ausdruck für verringerte Ausgaben ist, bewirkt, dass die Preise fallen; der Preisfall vermindert die Unternehmungsgewinne, so dass für die gesamten Unternehmer aller Länder, ob sie sich nun selbst in Schwierigkeiten befinden oder nicht, ein verminderter Anreiz besteht, Waren herzustellen oder Einkäufe zu tätigen und dadurch jene Einkommen zu schaffen, die im Gefolge dieser Unternehmertätigkeit entstanden wären. Die Rückgänge in der Warennachfrage, der Preise, der Gewinne, der Erzeugung und der Einkommen zehren also aus sich selbst und zugleich voneinander.

Wenn nämlich eine finanzielle Bedrängnis zu einer Verminderung der Nachfrage führt, so wird die Schrumpfung sich aus sich selbst ernähren, da jeder Schritt, den ein Individuum (oder ein Gemeinwesen) ergreift, um sich selbst zu schützen oder um die eigene Bedrängnis zu lindern, lediglich bewirkt, dass jetzt der Nachbar von der Bedrängnis betroffen wird, so dass sich die Nöte des Nachbarn verschlimmern. Der Tausch der Güter vollzieht sich, wie wir alle wissen, innerhalb eines geschlossenen Kreises. Wenn wir die Bedrängnis, die zu groß für unsere Erduldungskraft geworden ist, auf unseren Nachbarn übertragen, so vergeht nur eine kleine Zeitspanne, bevor sie uns, auf ihrer Rundreise durch den Kreis, selbst wieder erreicht.

Zwei verfälschte Hilfsmittel werden uns angeboten. Das eine besteht in dem Bemühen, durch eine Verminderung des Angebots mit dem Rückgang der Nachfrage Schritt zu halten, das heißt in Plänen organisierter Produktionsbeschränkung. Das andere besteht darin, sich dem Rückgang der Preise durch eine entsprechende Senkung der Löhne anzupassen. Jedes dieser Hilfsmittel mag einem einzelnen Unternehmer nützen, falls sich sein Nachbar seiner enthält. Aber jedes der beiden Mittel zerstört oder verringert das Einkommen irgendeiner Person (und damit auch deren Fähigkeit zur Nachfrage nach Waren), so dass sie bei allseitiger Anwendung das Übel verschlimmern.

Jedoch gibt es ein wirksames Hilfsmittel, und zwar nur dieses eine: die Nachfrage vergrößern – oder mit anderen Worten: die Ausgaben steigern. Je mehr die Krise vorschreitet, desto schwieriger wird es, dies zu tun. Im ersten Stadium der Krise würde eine Linderung der finanziellen Bedrängnis an sich allein genügt haben. Wenn jedoch der Preisfall und der Gewinnschwund über einen bestimmten Punkt hinausgelangt sind, so ist das Interesse an der Erzeugung selbst, und nicht nur die Fähigkeit, die Erzeugung zu finanzieren, verloren gegangen. Ist dieser Punkt einmal erreicht, so muss, meiner Meinung nach, der Staat selbst die Kugel dadurch wieder ins Rollen bringen, dass er planmäßig Mehraufwand organisiert. In jedem Falle jedoch ist die Linderung der finanziellen Bedrängnis die erste Vorbedingung für den Erfolg aller anderen Maßnahmen. Die paar finanziell starken Länder können durch ihre heimische Finanzpolitik helfend vorangehen. In den letzten Monaten haben die Vereinigten Staaten und Großbritannien immerhin einiges in dieser Hinsicht getan.

J. M. Keynes: „Die Weltwirtschafts Konferenz 1933." Wirtschaftsdienst, 17. Jg. (1932). In: G. Bombach u. a. (Hrsg.): Der Keynesianismus. Bd. III. Berlin 1981, S. 251 f.

M 13

Die schwedische Finanzpolitik zur Zeit der Weltwirtschaftskrise

Das erste bekannt gewordene Beispiel für eine konsequente antizyklische Fiskalpolitik ist die Finanzpolitik des schwedischen Staates in der Weltwirtschaftskrise. Entgegen der damals vorherrschenden Ansicht empfahlen die Nationalökonomen Gunnar Myrdal, Bert Ohlin, Dag Hammarskjöld[1] u. a. in einem Gutachten der schwedischen Regierung, auf einen jährlichen Ausgleich des ordentlichen Haushalts zu verzichten und einen Haushaltsausgleich über einen Konjunkturzyklus hinweg anzustreben, um die Auswirkungen der Weltwirtschaftskrise in Schweden zu bekämpfen. Die schwedische Regierung nahm diesen Vorschlag auf und führte eine antizyklische Fiskalpolitik durch. Die folgende Tabelle lässt deutlich erkennen, dass die Staatsausgaben der Zentralregierung seit 1929 zunahmen, während das Volkseinkommen sank. [...]

Das schwedische Beispiel macht deutlich, dass die Abkehr vom klassischen Neutralitätspostulat nicht nur von Keynes vollzogen wurde. Die durch die **Weltwirtschaftskrise** ausgelösten Probleme waren offensichtlich so groß, dass man nach neuen Wegen suchen musste. Das Beispiel zeigt aber auch die Probleme dieser Konzeption. Die Staatsausgaben gehen absolut und prozentual zum Volkseinkommen nicht wieder auf ihr Ausgangsniveau zurück. Das bedeutet, dass der Anteil des Staates am Sozialprodukt steigt. Es hängt von den gesellschaftspolitischen Vorstellungen des Einzelnen ab, ob er diese Entwicklung begrüßt oder ablehnt. Die einen befürchten, eine Ausdehnung des Staatsanteils würde zum Verlust individueller Freiheit führen, die anderen sehen darin eine Möglichkeit, mehr soziale Gleichheit zu verwirklichen.

Uwe Taenzer: Ökonomie 2. Wirtschaftspolitik. Stuttgart 1989, S. 196

1 Karl Gunnar Myrdal (1898 bis 1987) – 1974 Nobelpreisträger für Wirtschaftswissenschaften

Bert Ohlin (1899 – 1979) – 1977 Nobelpreisträger für Wirtschaftswissenschaften

Dag Hammarskjöld (1905 bis 1961) – schwedischer Politiker und von 1953 bis 1961 UN-Generalsekretär

Volkseinkommen und Ausgaben der schwedischen Reichsregierung 1929 – 1936 in Mio. skr

	1929	1930	1931	1932	1933	1934	1935	1936
Volkseinkommen (Kalenderjahr)	**8220**	**8137**	**7387**	**6841**	**6840**	**7784**	**8259**	**9107**
Ausgaben der Reichsregierung (Finanzjahr)	757	783	858	912	1047	1310	1134	1120

Nach: Heinz Kolms: Finanzwissenschaft I. Sammlung Göschen. Berlin 1966, S. 114 f.

Perspektivische Darstellung eines Treppenturms mit doppelläufiger Wendeltreppe. Federzeichnung, laviert, anonym, 16. Jh.

1. Erarbeiten Sie die Erklärungen von John M. Keynes zu den Ursachen der Weltwirtschaftskrise (M12). Verdeutlichen Sie dabei detailliert unter Rückgriff auf die Darstellung des Multiplikatorprozesses in Kapitel 5. 4, warum die von den Klassikern beschworenen Selbstheilungskräfte versagten.
2. Erläutern Sie Keynes' Vorschläge zur Bekämpfung wirtschaftlicher Krisen und klären Sie, inwiefern in einer umfassenden Depression nur der Staat „die Kugel … wieder ins Rollen bringen" kann. Veranschaulichen Sie dabei auch staatliche Möglichkeiten, „planmäßig Mehraufwand" zu organisieren.
3. Analysieren Sie die Entwicklung des Volkseinkommens in Schweden (M 13) mit Hilfe der Multiplikatortheorie (5. 4). Begründen Sie, warum eine solche Politik als antizyklische Finanzpolitik bezeichnet wird. Veranschaulichen Sie den expansiven Multiplikatorprozess, indem Sie auf der Wendeltreppe modellhaft den Zusammenhang zwischen steigenden Staatsausgaben, privaten Investitionen, Volkseinkommen, Konsumgüternachfrage und Beschäftigung darstellen.
Entwickeln Sie analog zum expansiven Multiplikatorprozess mit Hilfe der Wendeltreppe einen entsprechenden kontraktiven Prozess aufgrund sinkender Staatsausgaben, z. B. in Deutschland oder England.

6.3.2 Keynes: Konjunktursteuerung – neue Aufgabe für den Staat

Die folgenden Materialien fassen zusammen, worin die keynesianische Revolution gesehen wird. Wenn Sie die Kapitel 2–5 durchgearbeitet haben, werden Ihnen die Überlegungen Keynes' als wenig revolutionär erscheinen, weil sie unser ökonomisches Denken stark beeinflusst haben. Nur aus der Zeit heraus und vor dem Hintergrund der vorherrschenden Lehre der klassischen Nationalökonomie wird der „revolutionäre" Charakter seiner Theorie und der wirtschaftspolitischen Konzeption verständlich. Darauf verweisen die Texte M 14 und M 15. Dass die Analysen und Empfehlungen von Keynes ebenfalls zeitbedingt und bei veränderten ökonomischen Bedingungen durchaus mit Vorsicht anzuwenden sind, verdeutlicht M 16. Für eine tiefere Auseinandersetzung mit der keynesianischen Theorie wird auf Kapitel 5 verwiesen. In Abschnitt 6.4 wird die wirtschaftspolitische Konzeption, die auf Keynes gründet, näher ausgeführt.

M 14

Keynes' New Economics

Der Engländer John Maynard Keynes (1883 bis 1946) war einer der bedeutendsten Ökonomen des 20. Jahrhunderts. Unter dem Eindruck der verheerenden Weltwirtschaftskrise der Dreißigerjahre schrieb er sein epochales Werk: The General Theory (1936; deutsch: Allgemeine Theorie der Beschäftigung, des Zinses und des Geldes). Kein anderes Buch hat ähnlich tief greifende Auswirkungen auf Wirtschaftstheorie und Wirtschaftspolitik gehabt. Keynes wandte sich gegen die damals vorherrschende (so genannte klassische) Wirtschaftstheorie, die einfach unterstellte, dass der Markt „automatisch" zu Vollbeschäftigung führt: Die Beschäftigung – sagt die Klassik – hängt allein von den Löhnen ab, und wenn es einmal Arbeitslosigkeit geben sollte, dann müssen die Löhne eben sinken; dadurch wird das Überangebot an Arbeitskräften rasch beseitigt. Der **„klassischen" Theorie** zufolge kann es also gar keine anhaltende Arbeitslosigkeit geben, sofern die Löhne flexibel sind. In der Weltwirtschaftskrise zeigte sich auf dramatische Weise, wie hohl diese Theorie war. Zwar sanken die Löhne bei zunehmender Arbeitslosigkeit, doch auch die Preise fielen und das wirtschaftliche „Klima" verdüsterte sich. In dieser defla-

tionären Situation verschwand die Arbeitslosigkeit keineswegs, sondern erhöhte sich weiter und nahm schließlich katastrophale Ausmaße an.
Die alte Theorie der **Vollbeschäftigungsillusion** war gescheitert und eine neue, realistische der Unterbeschäftigung und der Beschäftigungsschwankungen wurde dringend benötigt. Keynes begründete seine „new economics" auf der Analyse des gesamtwirtschaftlichen **Kreislaufzusammenhangs von Nachfrage, Produktion und Geldmenge**. Daraus ergab sich für ihn die **Arbeitslosigkeit** als Folge einer unzureichenden gesamtwirtschaftlichen Nachfrage. Das Patentrezept der Klassik gegen Arbeitslosigkeit bestand in Lohnsenkungen. Keynes konnte zeigen, dass sinkende Löhne im gesamtwirtschaftlichen Kreislauf zu sinkenden Einkommen, zu rückläufiger Nachfrage und folglich zu weiteren Beschäftigungsrückgängen führen mussten. Die klassische „Medizin" verschlimmerte also die Krankheit.
Wenn Arbeitslosigkeit die Folge einer unzureichenden gesamtwirtschaftlichen Nachfrage ist – wie lässt sich dann die Gesamtnachfrage wieder auf ein Niveau bringen, das einen hohen Beschäftigungsstand sichert? Keynes untersuchte die einzelnen Komponenten, aus denen sich die Nachfrage zusammensetzt:
– **private Konsumnachfrage:** Verbreitete Arbeitslosigkeit, gesunkene Einkommen und die Verunsicherung der Verbraucher schwächen die Konsumneigung. Es ist offensichtlich, dass die Konsumnachfrage sich erst wieder mit steigender Beschäftigung erholen kann.
– **Investitionsnachfrage:** Ein niedriger und weiter sinkender Auslastungsgrad der vorhandenen Kapazitäten lässt die Investitionsneigung in sich zusammenfallen. Solange die Krise anhält, sind von den Investitionen keine positiven Impulse zu erwarten.
– **Auslandsnachfrage:** Wenn auch im Ausland Depression herrscht, ist von dort keine zusätzliche (Export-)Nachfrage zu erwarten.
– **Staatsnachfrage:** Es bleibt also nur der Staat mit der politisch bestimmten Staatsnachfrage übrig. Mehr Staatsnachfrage bedeutet: mehr Staatsausgaben. Wie aber kann der Staat seine Ausgaben erhöhen, wenn die Steuereinnahmen in der Depression sinken? Bislang hatte der Grundsatz gegolten, dass der Staatshaushalt in Einnahmen und Ausgaben prinzipiell ausgeglichen sein müsse. Haushaltsdefizite hinnehmen und verschulden durfte sich der Staat allenfalls für Kriegszwecke – aber zur Bekämpfung der Arbeitslosigkeit? Das hatte es noch nicht gegeben.
Aber genau dies forderte Keynes, und darin bestand sein „revolutionärer" wirtschaftspolitischer Gedanke: Der Staat muss für zusätzliche Nachfrage sorgen, weil nur er es autonom – d. h. durch bewusste, politische Entscheidungen – kann. Wenn dem Staat die Mittel wegen sinkender Steuereinnahmen fehlen, dann muss er sich eben bei der Notenbank verschulden, also **„deficit spending"**[1] betreiben.

Gerhard Willke: Wirtschaftspolitik. Berlin 2003, S. 71/72

1 deficit spending – Schuldenfinanzierung von Staatsausgaben

M 15

J. M. Keynes – ein Revoluzzer?

War John Maynard Keynes ein Revoluzzer? Die Antwort muss lauten: politisch nein, in der Wirtschaftstheorie sehr wohl. Sein Anliegen war es, wirtschaftspolitische Instrumente zu entwickeln, mit denen das kapitalistische System stabilisiert und vor selbstzerstörerischen Tendenzen bewahrt werden konnte. Keynes hat zwar keine Regierungen gestürzt, wohl aber am Thron der nationalökonomischen Klassiker gerüttelt wie kein anderer. Er stellte den Glauben an die „unsichtbare Hand" des Marktes, jene von Adam Smith beschworene Kraft, die Angebot und Nachfrage ins Gleichgewicht bringen sollte, grundlegend in Frage. Angesichts der Weltwirtschaftskrise der 30er Jahre konnte er kein Gleichgewicht mit Vollbeschäftigung erkennen. Gab es am Ende gar keines? In seinem Hauptwerk, der „Allgemeinen Theorie", führte er dann den entscheidenden Angriff gegen die klassischen Ökonomen: Der Markt versagt, es gibt ein **Unterbeschäftigungsgleichgewicht**, und nicht die Löhne, sondern die Investitionen, nicht das Angebot, sondern die Nachfrage sind die Bestimmungsfaktoren der Wirtschaft. Keynes' Idee des „deficit spending", der Nachfrageunterstützung durch den Staat unter Inkaufnahme von Verschuldung, läutete eine neue Ära der Wirtschaftspolitik ein. Auch wenn sich gegen Keynes' Theorie später die Neoliberalen und

Der Revolutionär

Der britische Nationalökonom **John Maynard Keynes** wurde am 5.6.1883 in Cambridge geboren, er starb am 21.4.1946 in Tilton Firle, Sussex. Keynes, der schon zu Lebzeiten weltberühmt wurde, zeichnete sich durch einen bunten, non-konformistischen Lebenswandel aus. Kennzeichnend für seinen Forschungsstil ist eine enge Verzahnung von Theorie und Praxis. So arbeitete er für das britische Finanzministerium als Chefunterhändler für die Friedensverhandlungen in Versailles (1919), war als Versicherungs- und Investmentmanager erfolgreich und lehrte an der Universität von Cambridge. In den vierziger Jahren nahm er für Großbritannien an den Verhandlungen über die Schaffung des Systems von Bretton Woods teil. Vor dem Hintergrund der Arbeitslosigkeit in den zwanziger und dreißiger Jahren forderte Keynes staatliche Eingriffe, da sich die Selbstheilungskräfte des Marktes als unzureichend erwiesen. Für Keynes liegt der Hauptgrund der Arbeitslosigkeit in kumulativen Prozessen, die nur durch eine staatliche Nachfragepolitik gestoppt werden können.

Mit seinem Hauptwerk, die „Allgemeine Theorie der Beschäftigung, des Zinses und des Geldes" (1936) – einem leider schwer verständlichen Buch – begründete Keynes die makroökonomische Theorie, indem er das Denken in gesamtwirtschaftlichen Kategorien einführte, die den Umgang mit aggregierten Größen (Investitionen, Konsum, Einkommen und Produktion) ermöglichten. Die „keynesianische Revolution" stellte den größten Paradigmenwechsel[1] in der Geschichte der Volkswirtschaftslehre dar. Die [...] Makroökonomie basiert im Wesentlichen auf der Theorie von Keynes.

Bis heute werden seine Thesen, die u.a. Eingang in die Wirtschaftspolitik von US-Präsident Franklin D. Roosevelt fanden, diskutiert und weiterentwickelt. Während die Vorstellungen von Keynes bei manchen Ökonomen als überholt gelten, spielen sie in der amerikanischen Wirtschaftspolitik der letzten Jahre eine zentrale Rolle.

Peter Bofinger: Grundzüge der Volkswirtschaftslehre. München 2003, S.41 f.

1 Paradigmenwechsel – Paradigma ist ein von T.S. Kuhn in die Wissenschaftstheorie eingeführter Begriff. Darunter versteht Kuhn eine wissenschaftliche Leistung, z.B. die Lehre der klassischen Nationalökonomie, die von den Mitgliedern einer wissenschaftlichen Disziplin als vorbildlich akzeptiert wurde und durch die eine wissenschaftliche Tradition, eine wissenschaftliche Schule, begründet wurde. Von einem Paradigmenwechsel spricht man, wenn eine bisher als gültig angesehene wissenschaftliche Tradition durch eine bahnbrechend neue abgelöst wird, z.B. der Wechsel von der Theorie der nationalökonomischen Klassiker zur Theorie von Keynes.

Monetaristen erhoben: Seine Bedeutung ist auch heute noch überragend.

Die Klassiker kompakt, Heft 6, J.M. Keynes: Allgemeine Theorie der Beschäftigung, des Zinses und des Geldes. In: Beilage zur Financial Times Deutschland vom 22.12.2004, S.8

M 16

Antizyklische Politik – ein Patentrezept gegen Arbeitslosigkeit?

Keynes schlug vor, [...] die Staatsausgaben zu erhöhen. Irgendjemand musste schließlich für zusätzliche Nachfrage sorgen, und dieser jemand konnte nach Lage der Dinge nur der Staat sein. Dabei war es nach Keynes zunächst völlig egal, welche Art von Nachfrage der Staat entfaltete; seinetwegen könne er einfach Arbeiter einstellen und sie Löcher graben lassen, die dann von anderen Arbeitern wieder zugeschüttet würden. Hauptsache, es würden neue Einkommen entstehen, die dann auch in der privaten Wirtschaft wieder für neue Nachfrage und Beschäftigungsmöglichkeiten sorgen würden.

Zur Finanzierung der zusätzlichen Staatsausgaben kann nach Keynes auch ohne Bedenken auf die Staatsverschuldung zurückgegriffen werden. Schließlich sind die Zinsen in einer Depression niedrig, und das steigende Volkseinkommen wird dem Staat später zusätzliche Steuereinnahmen bescheren, mit denen die Staatsschulden wieder getilgt werden können. Die Staatsverschuldung geht also im Falle einer Depression keineswegs zulasten der Investitionen, wie die Klassiker immer befürchtet hatten. Sie führt vielmehr im Wege der Erhöhung von Volkseinkommen

und gesamtwirtschaftlicher Nachfrage sogar zu einer Anregung der privaten Investitionstätigkeit.
Diese Idee der **antizyklischen Fiskalpolitik** war nun wahrhaft revolutionär: Wie konnte man auf sinkende Staatseinnahmen auch noch mit steigenden Ausgaben reagieren? Mikroökonomisch, d. h. aus Sicht des sparsamen Hausvaters, schien es viel logischer zu sein, die Steuern zu erhöhen und die Staatsausgaben zu verringern. Aber makroökonomisch [...] hatte eine solche Deflationspolitik geradezu verheerende Folgen, wie Keynes überzeugend nachwies. [...]
Gleichwohl ist große Vorsicht bei der Anwendung der **Keynes'schen Rezepte** am Platze, wie die weitere Wirtschaftsgeschichte gezeigt hat. [...] Keinesfalls darf man den Fehler machen, jedwede Arbeitslosigkeit mit Keynes'schen Mitteln bekämpfen zu wollen. Denn Arbeitslosigkeit kann ganz unterschiedliche Gründe haben, und nur wenn die Ursachen tatsächlich in einem allgemeinen Nachfrageausfall liegen, können die Keynes'schen Rezepte helfen. Liegen die Ursachen dagegen eher auf der **Angebotsseite**, indem beispielsweise zu hohe Löhne und Steuern die privaten Investitionen hemmen, so würde eine Ausdehnung der Staatsnachfrage nach Keynes'schem Muster das Übel eher noch vergrößern.
Die simple Regel, dass vor der Therapie erst eine genaue Ursachendiagnose zu stehen hat, ist in der Nachkriegszeit im Zuge der allgemeinen Begeisterung über die Keynes'sche Botschaft nur allzu oft vergessen worden. Die Folge waren Inflation, ausufernde Staatsdefizite und ein immer höherer Staatsanteil am Sozialprodukt in vielen Industrieländern, während die Arbeitslosigkeit seit Beginn der 70er Jahre unaufhaltsam weiter stieg.

Ulrich van Suntum: Die unsichtbare Hand. Ökonomisches Denken gestern und heute. Berlin, Heidelberg 2001, S. 103 f.

1. Erarbeiten Sie Kernaussagen von John M. Keynes (M 14, M 15). Klären Sie dabei folgende Aspekte:
   - Wie begründet Keynes seine Zweifel an der „unsichtbaren Hand" des Marktes?
   - Wodurch werden Investitionsentscheidungen der Unternehmungen bestimmt (vgl. auch M 6, M 7 in 5.2.1)? Warum führen niedrige Zinsen nicht immer zu steigender Investitionstätigkeit, so dass auch die Selbstheilungskräfte versagen können (vgl. auch 5.2.2)?
   - Warum muss der Staat in einer andauernden Periode von Arbeitslosigkeit die Investitionen stimulieren bzw. selbst investieren?
2. Stellen Sie in einer vergleichenden Übersicht die zentralen Aussagen von klassischer und Keynes'scher Theorie zur Krisenerklärung und -bewältigung gegenüber und verdeutlichen Sie die Sicht zur Rolle des Staates (M 4 – M 6 und M 13 – M 16).
3. Erläutern Sie die Aussage, die „keynesianische Revolution" habe den größten Paradigmenwechsel in der Geschichte der Volkswirtschaftslehre dargestellt.
4. Analysieren Sie wirtschaftspolitische Aussagen von Politikern aus der aktuellen Tagespresse daraufhin, inwiefern keynesianische Ansätze in ihren Argumenten wiederzufinden sind.
5. Erläutern Sie, warum bei der Bekämpfung von Arbeitslosigkeit „große Vorsicht bei der Anwendung der Keynes'schen Rezepte am Platze" ist (M 16).

6.4 Ausprägungen der Wirtschaftspolitik in der Nachfolge von Keynes

Antizyklische Fiskalpolitik nach Keynes galt lange Zeit als Allheilmittel, um die Ziele des Magischen Vierecks, insbesondere ein stetiges und angemessenes Wirtschaftswachstum und Vollbeschäftigung, zu erreichen. Seit den 70er Jahren ließ der Erfolg dieser Konzeption zu wünschen übrig. Gegenkonzeptionen einer neoklassischen, angebotsorientierten Politik überwogen lange die Diskussion. Mittlerweile erlebt Keynes aber wieder eine Renaissance.
Welche Instrumente dem Staat für eine antizyklische Fiskalpolitik zur Verfügung stehen und wie seine Aktivitäten gesamtwirtschaftlich wirken, wird in diesem Abschnitt gezeigt. Dabei wird zunächst grundsätzlich am Modell des Wirtschaftskreislaufs dargestellt, wie der Staat mit den übrigen Sektoren durch Einnahmen und Ausgaben verknüpft ist. Anschließend werden die Wirkungen veränderter Staatsausgaben und Staatseinnahmen erläutert (6.4.1). Als Beispiel für eine Nachfragesteuerung durch den Staat wird die Globalsteuerung in Deutschland in den 60er und 70er Jahren dargestellt (6.4.2).

6.4.1 Der Staat im Wirtschaftskreislauf

In diesem Abschnitt werden die Möglichkeiten des Staates, über seine Ausgaben und Einnahmen auf den Konjunkturverlauf Einfluss zu nehmen, dargestellt. Dabei wird zunächst auf das Kreislaufmodell zurückgegriffen (M 17, vgl. ferner 3.1). Über das Volumen staatlicher Einnahmen und Ausgaben in Deutschland informiert M 18. Die Wirkungen veränderter Staatsausgaben und -einnahmen analysieren M 19 und M 20.

M 17

Kreislaufmodell einer geschlossenen Volkswirtschaft mit staatlicher Aktivität

In diesem Kreislaufmodell wird von einer geschlossenen Volkswirtschaft ausgegangen, also ohne die Einbeziehung außenwirtschaftlicher Aktivitäten, wie sie sich in der VGR im Außenbeitrag niederschlagen.

Die laufenden Einnahmen des Staates resultieren aus direkten und indirekten Steuern sowie aus Sozialversicherungsbeiträgen, die von den Haushalten und Unternehmen gezahlt werden (von Zöllen, Gebühren und anderen Beiträgen wird hier abgesehen).

Von den Haushalten erhält der Staat direkte Steuern (z.B. Einkommensteuer, Erbschaft- und Schenkungssteuer) und Sozialversicherungsbeiträge; von den Unternehmen erhebt der Staat direkte (Gewinnsteuern) und indirekte Steuern (Umsatz- und Verbrauchsteuern) sowie den Arbeitgeberanteil zur Sozialversicherung. Im Gegenzug zahlt der Staat Einkommen an die privaten Haushalte für die Dienste, welche die bei ihm Beschäftigten leisten. Ferner kauft der Staat Güter und Dienstleistungen von den Unternehmen und verwendet sie als Staatsverbrauch oder für öffentliche Investitionen. Darüber hinaus leistet der Staat im Rahmen der Einkommenumverteilung Transferzahlungen an Haushalte (z. B. Kindergeld, Wohngeld, Bafög, Sozialhilfe) und Subventionen an private Unternehmen.

Werden die Staatsausgaben nach dem Gesichtspunkt ihrer Wirkung auf die Höhe des Volkseinkommens gegliedert, so lassen sich Transformations- und Transferausgaben unterscheiden.

Zu den **Transformationsausgaben** zählen der Staatsverbrauch und die Investitionen des Staates. Sie sind dadurch gekennzeichnet, dass sie Bestandteil des BIP sind, da der Staat eine direkte Gegenleistung in Form von Gütern und Diensten erhält. Zusätzliche Tranformationsausgaben vermehren in der

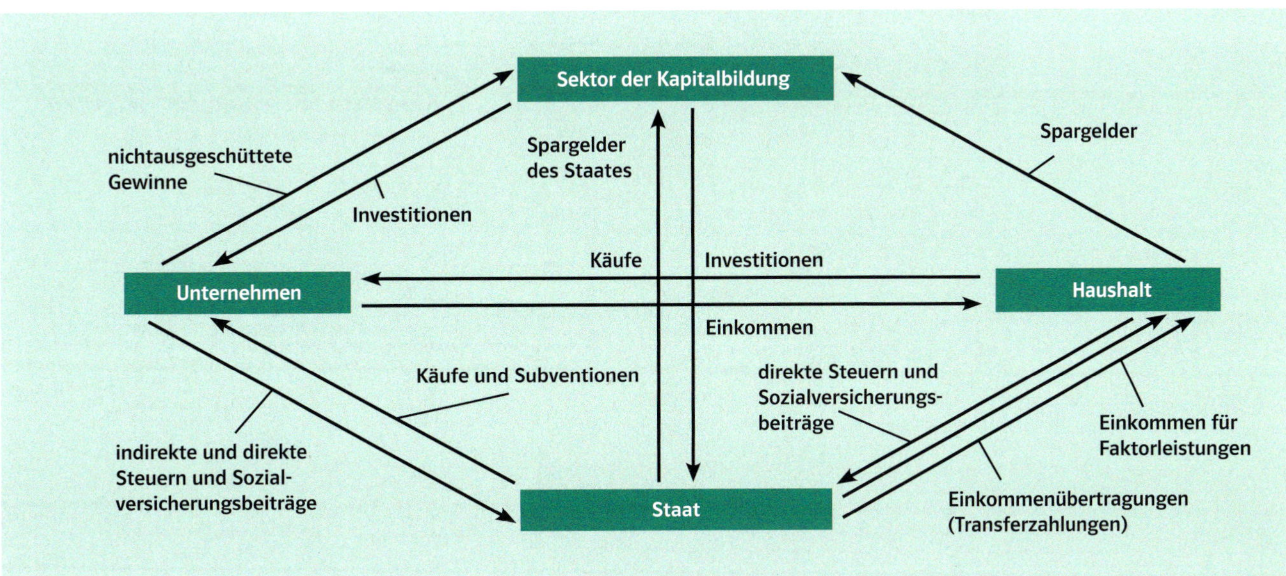

Periode, in der sie gezahlt werden, die aus der Produktion erwachsenen Einkommen, d.h. sie schlagen sich in Gehältern, Löhnen, Gewinnen, Zinsen usw. nieder. Die **Transformationsausgaben** bewirken eine Verschiebung der Produktionsfaktoren zwischen privatem und öffentlichem Sektor. Je höher die Staatsausgaben dieser Art im Verhältnis zu den Ausgaben des privaten Sektors werden, umso mehr Ressourcen werden von dem privaten auf den öffentlichen Sektor verlagert, dem privaten Sektor entzogen.
Die Transferausgaben sind die laufenden Übertragungen des Staates an private Haushalte, z.B. Kindergeld, Wohngeld. Sie erhöhen im Gegensatz zu den Transformationsausgaben nicht das Bruttosozialprodukt der betreffenden Periode und sind definitionsgemäß nicht Bestandteil des Volkseinkommens. Der Staat gibt Geldmittel aus, ohne eine Gegenleistung zu empfangen, so dass das BIP nicht berührt wird. Durch Transferzahlungen wird kein zusätzliches Volkseinkommen geschaffen, sondern lediglich entstandenes Einkommen von den Steuerzahlern auf die Empfänger der Transferzahlungen umverteilt. Anders als bei Transformationsausgaben erfolgt durch Transferzahlungen keine Verschiebung der Ressourcen zwischen privatem und öffentlichem Sektor, da private Wirtschaftssubjekte individuell über diese Zahlungen verfügen.

Uwe Taenzer

M 18

Einnahmen und Ausgaben des Staates

Aktuellere Daten finden Sie im Internet unter www.destatis.de

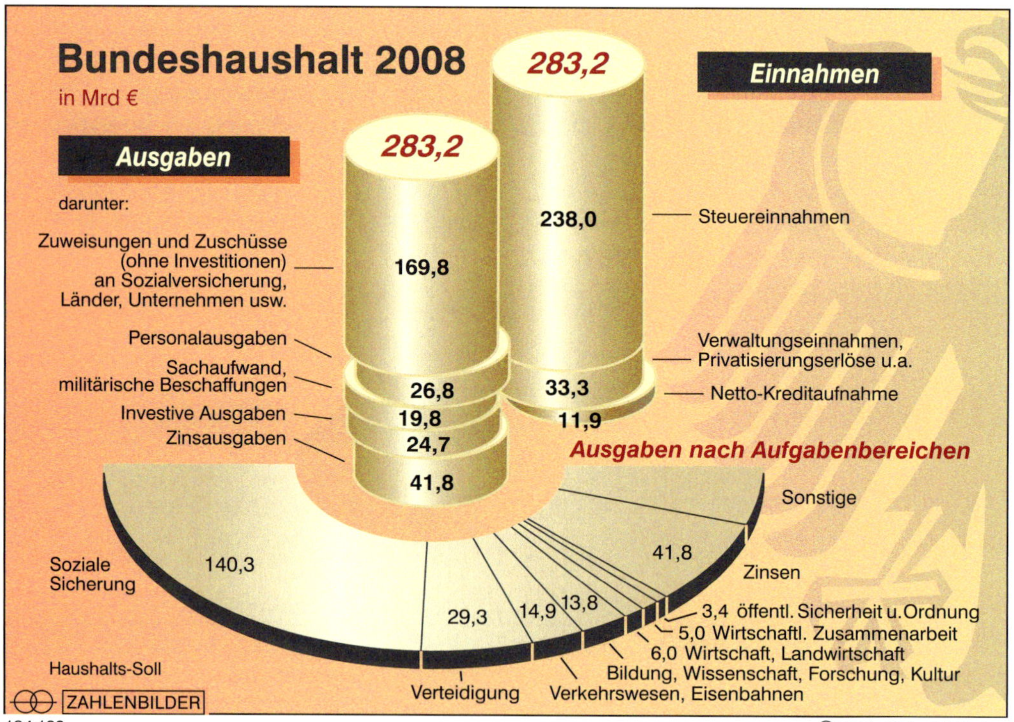

194 133

M 19

Wie wirken erhöhte Transformationsausgaben?

Die **Finanzpolitik des Staates**, seine Ausgaben- und Einnahmenpolitik, dient verschiedenen Zielsetzungen. Wir beschränken uns hier auf die **Fiskalpolitik** als den Bereich der Finanzpolitik, der die Steuerung der gesamtwirtschaftlichen Nachfrage zur Erreichung der vier Makroziele, vor allem der Vollbeschäftigung und der Preisniveaustabilität, zum Gegenstand hat.

Die Fiskalpolitik erfolgt entweder über die Einnahmen- oder die Ausgabenseite der öffentlichen Haushalte (Bund, Länder, Gemeinden). Den Ausgangspunkt bilden die Nachfragekomponenten der bereits bekannten Definitionsgleichung: privater Konsum, private Investitionen, Staatsausgaben, Differenz zwischen Exporten und Importen. Die gesamtwirtschaftliche Nachfrage nimmt zu (ab), wenn durch entsprechende staatliche Maßnahmen eine oder mehrere oder alle Nachfragekomponenten steigen (sinken). Ein direkter Einfluss geht von einer Ausdehnung der Staatsausgaben aus, da dann die Güternachfrage unmittelbar zunimmt. Der Staat kann entweder seine Investitionen (z. B. Müllverbrennungsanlagen) oder seinen Verbrauch (z. B. Panzer) oder beide zusammen erhöhen. Die zusätzliche Nachfrage bewirkt eine zusätzliche Produktion und höhere Beschäftigung. Das ist aber nur die erste Runde. Wir wollen die Wirkungskette am Beispiel zusätzlicher staatlicher Investitionen erläutern:

Erhöht der Staat in einer Situation der Arbeitslosigkeit seine **Investitionsausgaben**, dann steigt die Nachfrage im Unternehmenssektor (NU). Dies führt zur Steigerung der Produktion (Q) und zu einer Erhöhung der Beschäftigung (B). Das wiederum bewirkt eine Steigerung des gesamten Arbeitseinkommens (L). Mit Zunahme des Arbeitseinkommens kann sich die Ersparnis (S) erhöhen; sie wirkt insoweit nicht nachfragesteigernd. Je nach **marginaler Konsumquote** hat sie auch erhöhte Konsumausgaben (C) zur Folge. Diese führen wieder zu einer zunehmenden Nachfrage mit zusätzlicher Produktion und Beschäftigung in den einzelnen Branchen. Der Prozess pflanzt sich in der eben beschriebenen Form weiter fort. Es kommt ein **kumulativer Aufschauklungsprozess** in Gang, der zu erhöhter Beschäftigung und abnehmender Arbeitslosigkeit führt (Multiplikatorprozess)[1]. Diese Wirkungskette verdeutlicht das folgende Flussdiagramm:

Eine Nachfrageerhöhung durch den staatlichen Sektor bewirkt also eine zusätzliche Nachfrage im privaten Bereich. Allerdings werden die zusätzlichen Effekte immer kleiner, da ein Teil des zusätzlichen Einkommens gespart wird.

Diese Nachfragewirkungen treten aber nur dann auf, wenn nicht gleichzeitig die Staatseinnahmen entsprechend erhöht werden. In einem solchen Fall spricht man von einer **Parallelpolitik**. Sie war kennzeichnend für die

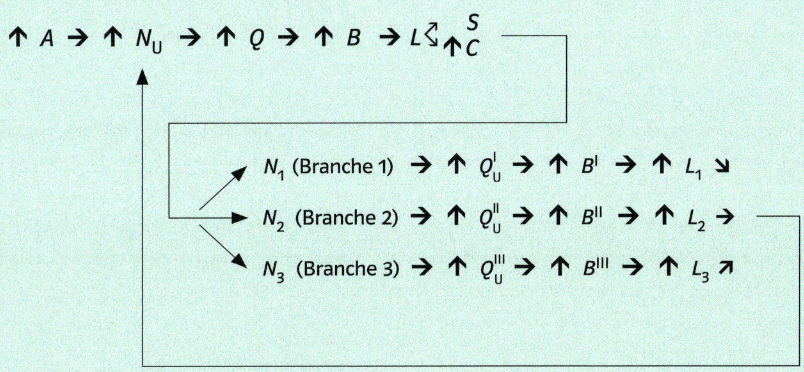

Beispiel: Erhöhung staatlicher Investitionenquoten

1 Der Staatsausgabenmultiplikator für Transformationsausgaben ist mit dem Multiplikator für autonome Investitionen identisch (vgl. Kapitel 5.4 M 15, M 17). Die Veränderungen des Volkseinkommens lassen sich entsprechend berechnen, wenn statt der Veränderung der autonomen Investitionen die Veränderung der Transformationsausgaben (G= Government) in die Gleichung eingesetzt wird, also $\Delta Y = \frac{1}{1-b} \Delta G$.

Weltwirtschaftskrise der dreißiger Jahre. Nach dem bis (Anfang der sechziger Jahre) gültigen Prinzip des Haushaltsausgleichs wurden damals die Ausgaben des Staates gesenkt, da wegen der Krisenentwicklung das Steueraufkommen zurückgegangen war. Die verringerten Staatsausgaben führten zum weiteren Rückgang der Nachfrage, der Produktion sowie der Steuereinnahmen und mussten erneut gesenkt werden. Der Staat betrieb also in der Weltwirtschaftskrise eine **prozyklische Fiskalpolitik**. Die Folgen dieser Parallelpolitik sind bekannt.

Damit die beschriebenen Expansionseffekte auftreten, muss sich der Staat (zusätzlich) verschulden, ein sog. **„deficit-spending“** betreiben. Die ursprüngliche „Philosophie“ dieser antizyklischen Fiskalpolitik bestand darin, dass in Rezessionsphasen der Staat eine expansive Nachfragepolitik mit zunehmender Verschuldung und im Boom eine kontraktive Nachfragepolitik mit einem Abbau der Schulden betreiben sollte. Diese konjunkturell bedingte Verschuldung würde sich im Laufe eines Konjunkturzyklus ausgleichen. Dabei sollte sich der Staat bei der Notenbank verschulden, um nicht mit den Privaten um die Ersparnisse zu konkurrieren und dadurch eventuell zinssteigernd zu wirken.

Gerd-Jan Krol, Alfons Schmid: Volkswirtschaftslehre. 21. Aufl., Tübingen 2002, S. 278 f.

M 20

Wie wirken Veränderungen der Steuern und Transferleistungen?

Weitere Ansatzpunkte der globalen Nachfragesteuerung sind der private Konsum und die privaten Investitionen. Hierfür kommen ausgaben- und einnahmenpolitische Maßnahmen in Betracht. Über die Ausgabenseite können durch eine Variation der Transferzahlungen (= Leistungen ohne Gegenleistung, z.B. Wohngeld) die Konsumausgaben und durch Investitionsprämien und -zuschüsse sowie Investitionssteuern die Investitionsausgaben gesteuert werden. Auf der Einnahmenseite kommt vor allem eine Veränderung der Steuern (Einkommensteuer, Lohn- und Mehrwertsteuer etc.) in Betracht. Außerdem gibt es für die privaten Investitionen die Möglichkeit einer Variation der Abschreibungen und von Steuererleichterungen.

Im folgenden Flussdiagramm wird beispielhaft die Wirkung einer Steuersenkung dargestellt:

Eine Verringerung der Steuern (T) erhöht das verfügbare Einkommen (Y_f) der privaten Haushalte. Von diesem erhöhten Einkommen wird nur der nichtgesparte Teil in der Konsumgüterindustrie nachfragewirksam. Die dadurch indizierten Expansionseffekte haben wir bereits im Zusammenhang mit der expansiven Staatsausgabenpolitik beschrieben.

Die Wirkung einer Veränderung der Transferausgaben[1] ist die gleiche wie die einer Veränderung der Steuern. Gegenüber den Staatsausgaben wirken die einnahmenpolitischen Instrumente indirekt, d.h. es hängt von den Reaktionen der betroffenen Wirtschaftssubjekte ab. Würde z. B. die Lohnsteuer zwecks einer Konsumförderung gesenkt, haben die Konsumenten aber pessimistische Erwartungen, dann wird die Lohnsteuersenkung teilweise nachfrageunwirksam in die Ersparnis fließen, nicht aber zu mehr Konsum führen.

Gerd-Jan Krol, Alfons Schmid: Volkswirtschaftslehre. 21. Aufl., Tübingen 2002, S. 280–282

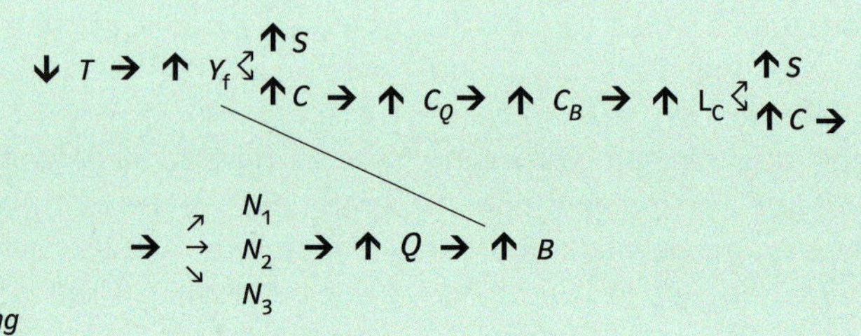

Beispiel: Steuersenkung

1 Die Wirkung einer Veränderung der Transferausgaben oder einer Veränderung der Besteuerung ist geringer als die einer Veränderung der Transformationsausgaben, wenn von einer gleichen marginalen Konsumquote (vgl. M 3 in Kapitel 5.1) für die Empfänger der Transferzahlungen ausgegangen wird. Der Multiplikator für Transferzahlungen lautet $\Delta Y = \frac{b}{1-b} \Delta Z$, der Steuermultiplikator $\Delta Y = -\frac{b}{1-b} \Delta T$, wobei Z für Transferzahlungen und T für Steuern (taxe) steht. In der Regel werden jedoch Empfänger von Transferzahlungen eine höhere marginale Konsumquote haben, weil ihr verfügbares Einkommen niedrig ist. Deshalb trifft sie beispielsweise eine Erhöhung der Mehrwertsteuer relativ härter als diejenigen, die hohe Einkommen beziehen.

1. Legen sie begründet dar, welche Ausgaben in M 18 Transformations- und Transferausgaben sind. Recherchieren Sie die aktuellen Daten (http://www.destatis.de).

2. Erläutern Sie am Modell des Wirtschaftskreislaufs, wie der Staat durch seine Einnahmen- und Ausgabenpolitik Einfluss auf den Wirtschaftsprozess nehmen kann.

3. Stellen Sie analog zu der Wirkungskette in M 19 dar, wie eine Senkung der Transformationsausgaben auf die Beschäftigung und das BIP wirkt.

4. Stellen Sie analog zu der Wirkungskette in M 20 dar, wie eine Erhöhung der Einkommensteuer oder eine Senkung des Kindergeldes auf die Beschäftigung und das BIP wirken kann.

5. Stellen Sie sich vor, Sie sind überzeugter Keynesianer und sollen der Bundesregierung einen Vorschlag zur Belebung der Konjunktur unterbreiten. Sie wollen einen Betrag von 100 Mrd € zur Belebung der Konjunktur einsetzen. Empirische Untersuchungen haben ergeben, dass die marginale Konsumquote 0,8 beträgt. Begründen Sie Ihren Vorschlag ausführlich unter Rückgriff auf M 19 und M 20.

6.4.2 Nachfragesteuerung in Deutschland

In diesem Abschnitt wird als Beispiel für eine Konjunkturpolitik, die auf der keynesianischen Lehre basiert, die Globalsteuerung in Deutschland, wie sie während der 60er und 70er Jahre praktiziert wurde, vorgestellt.

Zur Aufmunterung

M 21

Globalsteuerung in der Bundesrepublik Deutschland

Im Gegensatz zur Klassik lieferte die Theorie von J. M. Keynes der Wirtschaftspolitik praktische Rezepte zur Krisenbewältigung. Sie gelangten nicht nur während der Weltwirtschaftskrise zur Anwendung, sondern auch in der Zeit nach dem Zweiten Weltkrieg. So kann die Wirtschaftspolitik in der Bundesrepublik Deutschland in den sechziger Jahren als keynesianisch eingestuft werden. [...]

Da die gesamtwirtschaftliche Nachfrage zyklischen Schwankungen unterliegt, wird für eine **„antizyklische“ Konjunkturpolitik** plädiert. Zentraler Ansatzpunkt sind hierbei die Nachfrageaggregate. Befindet sich die Wirtschaft in der Rezession, so sind Ankurbelungsmaßnahmen, also expansiv wirkende Instrumenteneinsätze erforderlich. Umgekehrt sollte die Wirtschaftspolitik einem Boom durch kontraktive Maßnahmen entgegentreten. [...]

Aufgabe der Wirtschaftspolitik ist die Glättung der Schwankungen der gesamtwirtschaftlichen Nachfrage. Da es darum geht, gesamtwirtschaftliche Nachfrageaggregate expansiv oder kontraktiv zu beeinflussen, nicht aber das Verhalten einzelner Wirtschaftssubjekte zu steuern, spricht man auch von **Globalsteuerung** [...] Die Wahl der Instrumente und der Zeitpunkt des Einsatzes dieser Instrumente liegt im freien Ermessen der wirtschaftspolitischen Akteure. Eine derartige Politik, bei welcher die Träger frei über die Art des Instruments, den zeitlichen Einsatz, die Dosierung usw. entscheiden können, bezeichnet man auch als **„diskretionäre[1] Konjunkturpolitik“**. [...]

Zur Bekämpfung konjunktureller Arbeitslosigkeit empfehlen Keynesianer eine **expansive Konjunkturpolitik**. Im Stabilitäts- und Wachstumsgesetz wurde diese Konzeption in der Bundesrepublik Deutschland rechtlich verankert. Danach ist es Aufgabe von Bund und Ländern, in der Rezession einem konjunkturellen Nachfrageeinbruch durch staatliche (fiskalpolitische) Maßnahmen entgegenzusteuern. [...]

Das Schwergewicht der Konjunkturpolitik liegt auf der Fiskalpolitik; deshalb bezeichnet man Keynesianer, wie erwähnt, auch als „Fiskalisten“. [...] Das Ziel besteht allerdings nicht darin, die Wirtschaft wieder an die Vollbeschäftigungsgrenze im Sinne einer hundertprozentigen Auslastung des Produktionspotenzials heranzuführen, sondern eine optimale bzw. normale Auslastung der volkswirtschaftlichen Produktionskapazitäten zu erreichen (Produktionspotenzial bei Normalauslastung). Dadurch soll verhindert werden, dass bei einer „zu hohen“ Auslastung inflatorische Tendenzen auftreten. [...]

Um die Nachfrage anzukurbeln und damit einen Konjunkturaufschwung auszulösen, kommen für die Fiskalpolitik prinzipiell folgende Maßnahmen in Betracht:

– **Steigerung der öffentlichen Ausgaben**; hier steigt die gesamtwirtschaftliche Nachfrage unmittelbar, wenn der Staat Güter kauft (Komponente G). Zudem gehen von dieser Nachfragesteigerung, so die Keynesianer, erheb-

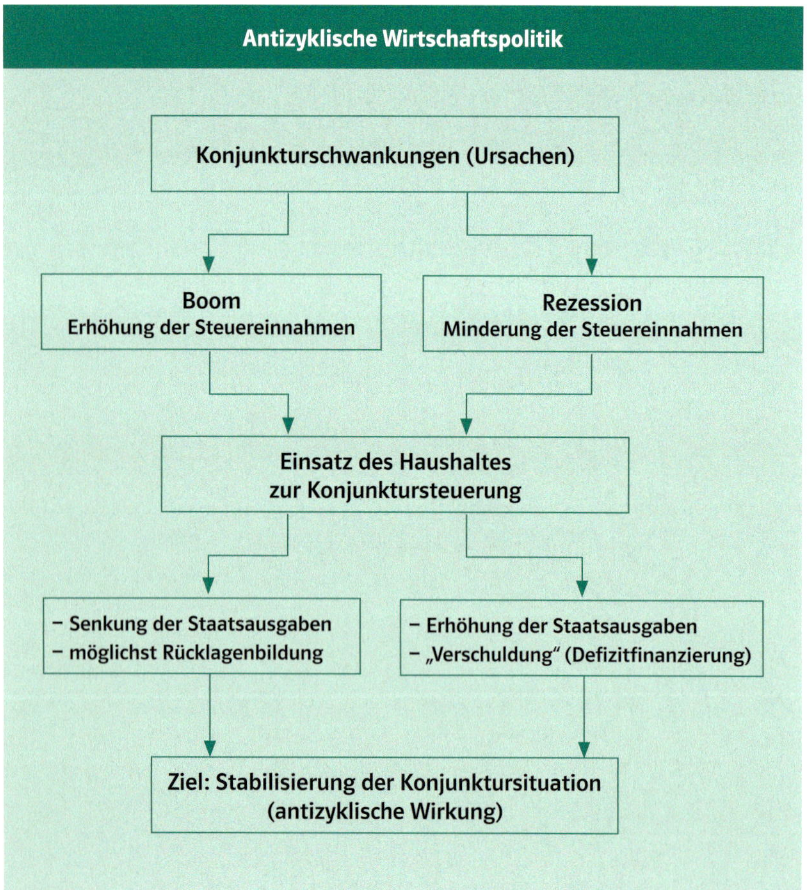

Bundeszentrale für politische Bildung: Das Lexikon der Wirtschaft. Grundlegendes Wissen von A – Z. Bonn 2004, S. 125

1 diskretionär – dem Ermessen anheimstellend, von Fall zu Fall entscheidend

liche Multiplikator- und Akzeleratoreffekte (Verstärkereffekte, vgl. auch Abschnitt 5.4) auf die private Konsum- und Investitionstätigkeit aus. Dadurch ist bereits ein verhältnismäßig gering dosiertes staatliches Konjunkturprogramm in der Lage, die konjunkturelle Unterbeschäftigung abzubauen. Zur Konjunkturbelebung können auch Subventionen, z. B. in Form von Investitionszulagen, eingesetzt werden. Als konjunkturpolitisch wenig geeignet sind Transferzahlungen, also Unterstützungszahlungen an private Haushalte, anzusehen; sie dienen der sozialen Sicherung und sollten nicht zum „Spielball der Konjunkturpolitik" gemacht werden. Transfers sind auch aus politischen Gründen nur schwer umkehrbar und besitzen eine lediglich abgeschwächte Multiplikatorwirkung.

– **Senkung der Steuerbelastung** durch Senkung der Steuersätze (insbesondere Konjunkturabschläge zur Einkommen und Körperschaftsteuer) sowie durch Verbesserung der Abschreibungsmöglichkeiten. Hierdurch steigen die verfügbaren Einkommen und Gewinne der Privaten. Die erhoffte Folge sind positive Effekte auf die private Konsum- und Investitionstätigkeit. Mittels steuerpolitischer Maßnahmen kann die gesamtwirtschaftliche Nachfrage allerdings lediglich indirekt beeinflusst werden, ihre Wirkungen sind daher unsicherer als die Effekte einer Erhöhung der Staatsausgaben. Werden die Ausgaben erhöht und/oder die Steuern gesenkt, so sind konjunkturelle Haushaltsdefizite die Folge. Diese Defizite gelten geradezu als Beleg für eine expansive Konjunkturpolitik des Staates.

– **Die Finanzierung** der Maßnahmen soll entweder aus der sog. **Konjunkturausgleichsrücklage**[1] oder durch Kreditaufnahme erfolgen. Bei der Konjunkturausgleichsrücklage handelt es sich um Budgetüberschüsse, die der Staat in „guten" konjunkturellen Zeiten bei der Zentralbank ansammelt. Sind solche Mittel nicht vorhanden, so kann und soll der Staat nach keynesianischer Auffassung Kredite aufnehmen. Den Einsatz kreditfinanzierter Staatsausgaben nennt man auch **„deficit spending"**. Prinzipiell besteht für den Staat die Möglichkeit, die finanziellen Mittel vom privaten Geld- und Kapitalmarkt zu erhalten. Keynesianer favorisieren hierbei eine Kreditaufnahme bei der Zentralbank. Diese Finanzierung über die „Notenpresse" ist allerdings in der Bundesrepublik Deutschland sowie in den anderen Euroländern aufgrund der gesetzlichen Regelungen ausgeschlossen. Die öffentliche Hand muss sich daher die erforderlichen Gelder am „freien" Geld und Kapitalmarkt beschaffen. [...]

Die Kreditfinanzierung gilt nach keynesianischer Auffassung als relativ unproblematisch, weil es sich hierbei ja lediglich um vorübergehend auftretende Haushaltsdefizite handelt. Diese nur in der Rezession auftretende Staatsverschuldung bezeichnet man daher auch als **„konjunkturelles Defizit"**. [...]

Die Rechtsgrundlage für eine derartige antizyklische Fiskalpolitik bietet in Deutschland das **Stabilitäts- und Wachstumsgesetz** (StWG) (vgl. Kapitel 2). Danach kann die Regierung in der Rezession über die im Staatshaushaltsplan ohnehin vorgesehenen Ausgaben hinaus zusätzliche Ausgaben tätigen. [...] Außerdem ist vorgesehen, dass im Falle einer Abschwächung der konjunkturellen Entwicklung die Einkommen- und Körperschaftssteuersätze um maximal 10 Prozent für höchstens ein Jahr gesenkt werden können (§ 26 u. 27 StWG), um so die Konsum- und Investitionstätigkeit der Privaten zu beleben. Der Vorteil dieser gesetzlichen Regelungen besteht darin, dass im Falle einer Rezession rasch gehandelt werden kann. Da die Maßnahmen bereits 1967 rechtskräftig beschlossen worden sind, bedarf es keines langwierigen Gesetzgebungsverfahrens mehr. Die vielfach beklagte parlamentarische „Zähflüssigkeit" ist in diesem Fall weitgehend ausgeschaltet.

Gerhard Mussel, Jürgen Pätzold: Grundfragen der Wirtschaftspolitik. München 2001, S. 15 ff. und S. 41 ff.

1 Konjunkturausgleichsrücklage – Nach § 5 StWG sollte der Staat in einer Hochkonjunktur die steigenden Steuereinnahmen zurücklegen für die Finanzierung von zusätzlichen Aufgaben in einer Rezession.

M 22

Keynesianismus in Deutschland

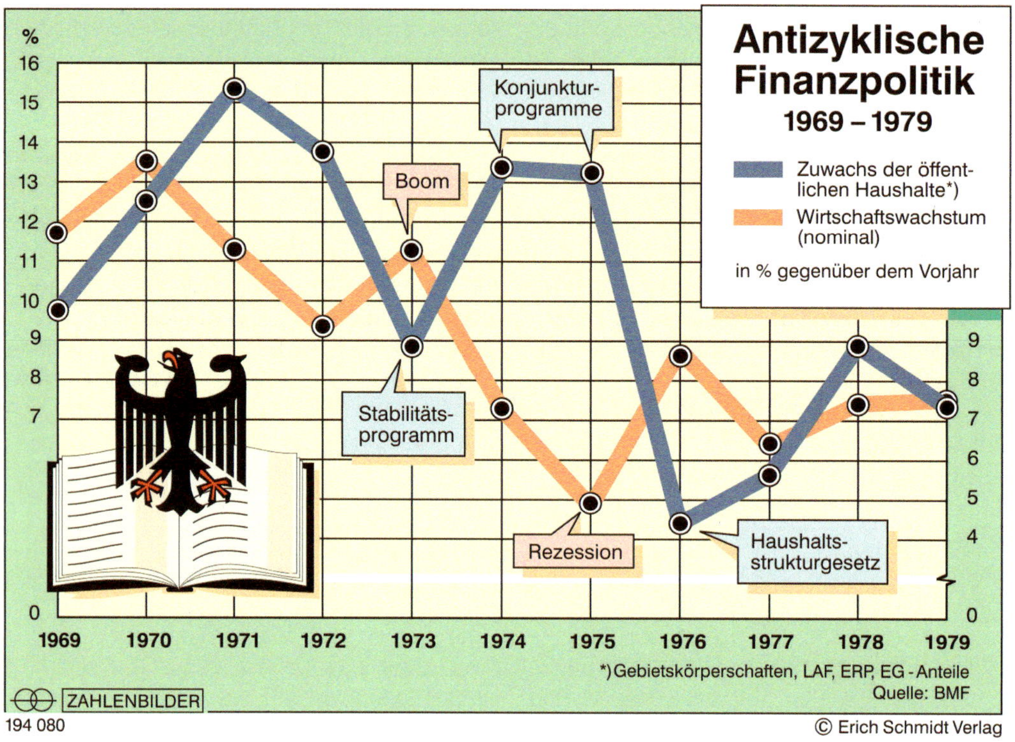

1. Entwerfen Sie anhand der Darstellungen zu Strategien der antizyklischen Konjunkturpolitik und des Stabilitätsgesetzes ein mögliches fiskalpolitisches Szenario zur Bekämpfung einer Rezession (M 21, M 22). Interpretieren Sie in diesem Zusammenhang die Karikatur auf S. 191.

2. Erklären Sie, warum es für eine antizyklische Politik grundsätzlich besser wäre, konjunkturpolitische Maßnahmen aus einer Konjunkturausgleichsrücklage statt durch Kreditaufnahme zu finanzieren. Überlegen Sie mögliche Ursachen dafür, dass dies in Deutschland nicht gelungen ist (M 21).

3. Analysieren Sie, ob es sich bei den in Abschnitt 6.1 vorgestellten Maßnahmen und Vorschlägen (M 1a–c) der Regierungen Amerikas, Japans und Deutschlands um eine keynesianische Politik handelt.

6.5 Kritik an Keynes' wirtschaftspolitischer Konzeption

Das Stabilitäts- und Wachstumsgesetz von 1967 (vgl. Kapitel 2.1 und 2.2) gilt als Erweiterung des Konzeptes der Sozialen Marktwirtschaft. Globalsteuerung und eine an Keynes orientierte antizyklische Nachfragepolitik sollten in Zukunft Konjunktur- und Beschäftigungskrisen verhindern. Doch dieses Konzept einer konjunkturpolitischen Feinsteuerung konnte die hohen Erwartungen nicht erfüllen. Zunehmende weltwirtschaftliche Instabilitäten und Strukturveränderungen, begleitet von Rezessionen, zunehmender Arbeitslosigkeit und einer sich beschleunigenden Inflation, zeigten schnell die Grenzen einer antizyklischen Wirtschaftspolitik auf.
Die folgenden Materialien verdeutlichen einige Probleme einer keynesianisch orientierten Nachfragepolitik. Zunächst wird die grundsätzliche Kritik von Milton Friedman, eines Hauptvertreters des Neoliberalismus, an der Keynes'schen konjunkturpolitischen Konzeption angeführt (M 23–M 24), bevor die Kritik von N. Gregory Mankiv und dem Sachverständigenrat an der Globalsteuerung aufgenommen wird (M 25–27).

Hänsel und Gretel 2005

6.5.1 Die Kritik des Antipoden Milton Friedman

Der Amerikaner Milton Friedman, Nobelpreisträger für Wirtschaft 1976, gilt international als Hauptvertreter einer neoklassischen Wirtschaftspolitik und einer Abkehr vom Keynesianismus. Auch wenn sich die Ausführungen auf die Verhältnisse in den USA in den frühen 60er Jahren beziehen (das zitierte Werk ist 1962 in den USA erschienen), enthalten sie verallgemeinerungsfähige Elemente einer generellen Kritik an einer antizyklischen Konjunkturpolitik. Unter dem Einfluss von Friedman wurde später die Wirtschaftspolitik in den USA und in vielen anderen Industrieländern unter neoliberalen Aspekten umgesteuert.

Seine wirtschaftspolitische Konzeption wird als Monetarismus bezeichnet, weil Friedman ein besonderes Gewicht auf die regelgebundene Steuerung der Geldmenge legt; damit betont er die Bedeutung der Geldpolitik der Zentralbanken gegenüber der Fiskalpolitik der Regierungen.
Viele Zentralbanken haben sich von den Lehren Friedmans zur Geldpolitik beeinflussen lassen und sind von einer antizyklischen Geldpolitik zu einer am Wachstum des BIP orientierten Geldmengensteuerung übergegangen.

M 23

Milton Friedman: Ein scharfer Kritiker von J. M. Keynes

Seit dem **New Deal** ist das Hauptargument für die Ausweitung von Regierungseingriffen auf Bundesebene immer wieder die so genannte Notwendigkeit von Staatsausgaben zur Beseitigung von Arbeitslosigkeit gewesen. Das Argument hat verschiedene Stufen durchlaufen. Zuerst musste man mit den Regierungsgeldern „die Pumpe anwerfen". Vorübergehende Ausgaben sollten die Wirtschaft in Gang bringen. Dann könnte sich die Regierung wieder zurückziehen. [...]

In letzter Zeit spricht man von Staatsausgaben weniger als von einem Mittel zur Ankurbelung oder gegen das Gespenst der weltweiten Stagnation. Heute spricht man vom Steuerrad: Wenn die Privatausgaben aus irgendeinem Grund sinken, so sagt man, müssten die Staatsausgaben steigen, um die Gesamtausgaben stabil zu halten; umgekehrt: Wenn die Privatausgaben steigen, sollten die Staatsausgaben sinken. Unglücklicherweise ist das Steuerrad nicht ausgewuchtet. Jede Rezession, so gering sie auch sein mag, lässt die politisch schreckhaften Gesetzgeber und Regierungsbeamten in ihrer ewigen Angst erschauern, sie könnte vielleicht ein Vorbote eines neuen 1929/33 sein. So beeilt man sich, staatliche Ausgaben-Programme in der einen oder anderen Art auszuarbeiten. Viele dieser Programme treten dann tatsächlich erst in Kraft, nachdem die Rezession vorüber ist. Da sie die Gesamtausgaben sowieso nicht beeinflussen [...], führen sie nur dazu, die folgende Expansion zu verstärken, anstatt die Rezession zu mildern. So schnell, wie zusätzliche Ausgaben gebilligt werden, werden sie natürlich niemals widerrufen oder gestrichen, wenn die Rezession vorüber ist und die Expansion schon wieder läuft. Im Gegenteil. Das Argument lautet dann: Eine „gesunde" Expansion darf nicht durch eine Beschneidung der Staatsausgaben „gefährdet" werden. Der Hauptschaden, der durch die **Steuerrad-Theorie** angerichtet worden ist, liegt also nicht darin, dass sie die Rezessionen nicht ausgleichen kann, und auch nicht darin, dass sie in die Regierungspolitik einen **inflationären Neigungswinkel** getragen hat, sondern darin, dass sie andauernd eine Ausweitung der Regierungseingriffe auf Bundesebene nährt und eine Verminderung der Belastung durch Bundessteuern verhindert. [...]

Selbst wenn man sich der Ansicht anschlösse, der Bundeshaushalt sollte und könnte als Steuerrad dienen [...], so ist es nicht notwendig, die Ausgabenseite des Budgets dazu zu benutzen. Die Einnahmenseite steht ja ebenso zur Verfügung. [...]

Wenn die Steuerrad-Theorie in der Praxis bisher nur auf der Ausgabenseite angewendet worden ist, so darum, weil es Kräfte gibt, die

Der Monetarist

Milton Friedman wurde am 31. 7. 1912 in New York geboren. Er ist einer der einflussreichsten Ökonomen des letzten Jahrhunderts.

Seine wissenschaftlichen Arbeiten setzen sich vor allem mit Fragen der Geld- und Währungstheorie auseinander. Seine Studien zur Geldpolitik führten ihn zu dem Ergebnis, dass eine aktivistische Zinssteuerung [...] destabilisierend wirke. Stattdessen solle sich die Geldpolitik darauf beschränken, die Geldmenge mittelfristig auf einem stabilen – aus der Quantitätstheorie abgeleiteten – Pfad zu halten. Die Erfahrungen mit einer solchen „monetaristischen" Politik waren jedoch enttäuschend. Viele Notenbanken, die in den siebziger Jahren damit experimentiert hatten, gingen bald wieder zur Zinssteuerung über. In der Strategie der Europäischen Zentralbank findet sich mit einem „Referenzwert" für die Geldmenge noch ein Rest des Monetarismus, [...].

Darüber hinaus ist Friedman ein wortgewaltiger Kritiker des modernen Wohlfahrtsstaats, der auf die Selbstheilungskräfte des Marktes baut. Seine Ideen fanden in der Wirtschaftspolitik des amerikanischen Präsidenten Ronald Reagan und der britischen Premierministerin Margaret Thatcher ihren Niederschlag. 1976 erhielt Friedman den Nobelpreis für Wirtschaftswissenschaften.

Peter Bofinger: Grundzüge der Volkswirtschaftslehre. Eine Einführung in die Wissenschaft von Märkten. München 2003, S. 367

für vermehrte Staatsausgaben plädieren; hierher gehört besonders der bei Intellektuellen weitverbreitete Glaube, die Regierung müsse in wirtschaftlichen und privaten Angelegenheiten eine immer größere Rolle spielen. Das ist der Triumph der Theorie vom Wohlfahrtsstaat. Diese Philosophie hat ihren nützlichsten Verbündeten in der Steuerrad-Theorie gefunden: Die Einmischung der Regierung konnte jetzt in schnellerem Tempo fortschreiten, als es sonst möglich gewesen wäre.

Wie anders könnten die Dinge heute stehen, hätte man die Steuerrad-Theorie auf der Einnahmen- anstatt auf der Ausgabenseite angewendet. Angenommen, jede Rezession hätte Steuersenkungen mit sich gebracht und angenommen, die politische Aversion gegen Steuererhöhungen in der folgenden Expansion hätte zum Widerstand gegen neue Ausgaben-Programme der Regierung geführt und zur Beschneidung der bestehenden. Wir könnten heute in einer Lage sein, in der die Ausgaben des Bundes ein gut Teil weniger vom Volkseinkommen verschlingen würden, das zudem größer wäre, weil die entmutigenden und hinderlichen Steuern verringert worden wären.

Ich möchte gleich hinzufügen, dass dieser Traum nicht dazu dienen soll, die Steuerrad-Theorie zu stützen. Selbst wenn diese Theorie in der erwarteten Richtung verliefe, würden ihre Wirkungen langsam und kaum ausgedehnt sein. Um die Kräfte, die die Schwankungen verursachen, wirksam auszugleichen, müssten wir die Schwankungen lange Zeit vorher voraussagen können. In der Finanz- wie in der Geldpolitik – alle politischen Erwägungen einmal zur Seite gestellt – wissen wir einfach nicht genug, um gewollte, absichtliche, wohlüberlegte Veränderungen in der Besteuerung oder den Ausgaben als wirksame Stabilisierungsmechanismen benutzen zu können. Wenn wir es dennoch versuchen, können wir fast sicher sein, die Dinge noch schlimmer zu machen. Wir würden sie nicht schlimmer machen, weil wir ständig das Falsche täten – das ließe sich leicht wieder gutmachen, indem wir einfach das Gegenteil von dem täten, was wir zuerst als richtig erkannt hatten. Wir machen alles schlimmer dadurch, dass wir aufs Gera-

1 Friedman fordert gesetzliche Regelungen, die die Zentralbanken verpflichten, die Geldmenge – unabhängig von konjunkturellen Entwicklungen – um einen gleich bleibenden, festen Prozentsatz steigen zu lassen.

2 erratisch – hier im Sinne von „extrem"

3 MIT – Massachusetts Institute of Technology, bedeutende amerikanische Hochschule

tewohl eine zusätzliche Störung einführen, die zu bereits vorhandenen Störungen noch dazukommt. [...] Was wir brauchen, ist nicht ein geschickter Fahrer des ökonomischen Fahrzeugs, der dauernd am Lenkrad dreht, um sich unvorhergesehenen Unebenheiten des Weges anzupassen. Wir brauchen ein Mittel, das den Passagier, der als Ballast auf dem Rücksitz hockt, daran hindert, sich gelegentlich nach vorne zu beugen und dem Lenkrad einen Schubs zu geben, der den Wagen dann fast von der Straße abbringt.

Für die Finanzpolitik wäre das angemessene Gegenstück zur oben aufgestellten Regel für die Geldpolitik[1] eine Planung von Ausgabenprogrammen, die sich ganz und gar nach dem ausrichtet, was die Allgemeinheit lieber mit Hilfe des Staates tun will als privat. Dabei dürfte keine Rücksicht auf die Probleme der von Jahr zu Jahr verschiedenen wirtschaftlichen Stabilität genommen werden. Die Steuerquoten müssten danach ausgerichtet werden, genügende Einnahmen für die geplanten Ausgaben zu haben, und zwar im Mehr-Jahresdurchschnitt, wiederum ohne Rücksicht auf die jährlichen Schwankungen in der wirtschaftlichen Stabilität. Vor allem müssten erratische[2] Schwankungen bei Staatsausgaben oder den Steuern vermieden werden.

Milton Friedman, Paul C. Martin (Übers.): Kapitalismus und Freiheit. München 1976, S. 104 ff.

M 24

Empirische Ergebnisse zu Multiplikatorwirkungen

Eine keynesianische Politik kann die Konjunktur beleben. Staatsausgaben und Steuereinnahmen verursachen nicht nur einen direkten Impuls, sondern lösen auch eine Multiplikatorwirkung aus. Die Erhöhung des Einkommens führt zu einer Ausweitung des privaten Konsums, somit zu einer weiteren Nachfrageerhöhung und einer abermaligen Produktionserhöhung usw. Aus diesem Grund übersteigt die Wirkung der Fiskalpolitik den Wert eins.

Das Modell ist in sich schlüssig, aber wie groß ist dieser Multiplikator? Lehrbuchmodelle sehen ihn bei einer Größe von ca. 4 bis 5, je nachdem, ob Steuern gesenkt oder Staatsausgaben erhöht werden. Übersehen wird hierbei aber, dass Sekundäreffekte die Größe des Multiplikators wieder verringern. Verdrängungsmechanismen unterschiedlichster Art werden ausgelöst: Steigende Zinsen verdrängen private Investitionen, staatlicher Konsum verdrängt privaten Konsum, und Erwartungen über Steuererhöhungen in der Zukunft verdrängen die Konsumbereitschaft in der Gegenwart zu Gunsten privater Ersparnis.

Keiner dieser Sekundäreffekte kann so groß sein, dass der ursprüngliche positive Effekt der keynesianischen Politik sogar ins Negative gekehrt wird. Der keynesianische Effekt ist in jedem Fall positiv, aber empirisch erheblich kleiner, als häufig suggeriert wird.

Empirische Schätzungen zur Größe der Multiplikatorwirkung wurden erstmals von Oliver Blanchard und Roberto Perotti am MIT[3] vorgenommen. Die Ergebnisse zeigen, dass der Multiplikator lediglich zwischen einer Größe von 1 und 2 liegt. Für Deutschland lassen sich diese Ergebnisse anhand von Daten der letzten 40 Jahre zu Staatsausgaben und Steuereinnahmen bestätigen. Eine Erhöhung der Ausgaben von einem Euro führt zu einem positiven Effekt für das Bruttosozialprodukt von 1,37 €. Eine Senkung der Steuereinnahmen um einen Euro wirkt mit einer Verzögerung von etwa einem Jahr und hat einen positiven Effekt von 1,62 €.

Diese Effekte sind zwar statistisch signifikant, aber klein, legt man das Wirtschaftswachstum, das mit den zurzeit diskutierten Politikmaßnahmen erreicht werden soll, zugrunde. Das im Dezember letzen Jahres beschlossene Vorziehen der Steuerreform, mit einem Entlastungsvolumen von rund 9 Mrd. €, hat zum Beispiel einen positiven Effekt für das Wirtschaftswachstum von lediglich 0,22 % im Jahr 2004. Dieser Effekt vergrößert sich zwar noch leicht in 2005, wird aber aufgrund der gleichzeitig beschlossenen Gegenfinanzierungsmaßnahmen ab 2006 sogar negativ.

Die derzeitig diskutierten Ausgabenprogramme werden nur ähnlich geringe Wirkungen erzielen. Eine zum Beispiel diskutierte Erhöhung der Staatsausgaben um 8 Mrd. € würde, wenn sie über Schulden finanziert wird, lediglich zu einer Erhöhung des Wachstums um 0,58% im ersten und 0,23% im darauf folgenden Jahr führen und dies – in guter Tradition deutscher keynesianischer Politik – voraussichtlich nicht zum Zeitpunkt der gegenwärtigen Wachstumsschwäche, sondern bereits im nächsten Aufschwung. Staatliche Ausgabenpolitik war nämlich in den letzten 40 Jahren systematisch prozyklisch.

Insgesamt sind die konjunkturellen Auswirkungen der Fiskalpolitik also gering. Die Wirkungen auf die Wohlfahrt und Allokation können aber sowohl bei Staatsausgaben als auch bei Steuereinnahmen erheblich sein. Da die wichtigeren Auswirkungen staatlicher Aktivität allokativer Art sind, sollten auch die Gründe für die staatliche Politik allokativer und nicht konjunktureller Art sein. Was die Politik in dieser Hinsicht erreichen kann, sollte Gegenstand der Diskussion sein.

Westermann. In: ifo Schnelldienst 11/2004, S. 54

1. Stellen Sie Milton Friedmans Einwände gegen eine keynesianische Wirtschaftspolitik zusammen und geben Sie Erläuterungen bzw. Veranschaulichungen. Klären Sie dabei auch die bildhafte Darstellung des Fahrers eines ökonomischen Fahrzeugs in M 23.

2. Welche Vorschläge gibt er für die Wirtschaftspolitik? Analysieren Sie den Text (M 23) ideologiekritisch und erörtern Sie unter Bezugnahme auf M 4 und M 6, warum Friedmans Position als „neoklassisch" bezeichnet wird?

3. Verdeutlichen Sie die Gründe für Westermanns kritische Sicht der keynesschen Multiplikatortheorie (M 24).

4. Erläutern Sie Westermanns Fazit, die Gründe für die staatliche Politik sollten „allokativer und nicht konjunktureller Art sein".

5. Nehmen Sie kritisch Stellung zu Friedmans Ansichten und erörtern Sie, ob staatliche Konjunkturprogramme tatsächlich wirkungslos bleiben müssen.

6.5.2 Die Kritik an der Nachfragesteuerung in Deutschland

M 25

Der amerikanische Wirtschaftswissenschaftler N. Gregory Mankiw, der längere Zeit wirtschaftspolitischer Berater des amerikanischen Präsidenten George W. Bush war, nimmt Stellung zur Praktikabilität einer nachfrageorientierten Stabilitätspolitik.

Prozyklische Wirkungen antizyklischer Nachfragesteuerung

Obwohl die Geldpolitik und die Fiskalpolitik nach der makroökonomischen Theorie ohne Zweifel sehr gut für eine Stabilisierung der Wirtschaftsentwicklung geeignet sind, begegnen einer praktischen Umsetzung in konkrete konjunkturpolitische Maßnahmen gewisse Schwierigkeiten.

Eine der Schwierigkeiten besteht darin, dass die geld- und konjunkturpolitischen Maßnahmen nicht sofort wirken, sondern erst mit erheblicher **zeitlicher Verzögerung**. Die Geldpolitik verändert die aggregierte Güternachfrage dabei durch Änderungen des Zinssatzes, die zu Ausgabenänderungen der Investoren führen. Doch zahlreiche Haushalte und Unternehmungen legen ihre Ausgabenpläne lange im Voraus fest. Deshalb dauert es einige Zeit, bis die Zinssatzänderungen zu Änderungen der aggregierten Nachfrage führen. Empirische Untersuchungen belegen, dass Änderungen der Geldpolitik erst nach ungefähr sechs Monaten zu wirken beginnen.

Die **fiskalpolitischen Wirkungsverzögerungen** ergeben sich aus dem langwierigen politischen Entscheidungsprozess über allfällige Änderungen von Staatsausgaben und Steuern. Haushaltsgesetze müssen in Ausschüssen vorberaten werden, den Bundestag und oftmals auch den Bundesrat passieren, unterzeichnet und danach umgesetzt werden. In Einzelfällen kann die gesamte Verzögerung – angefangen von der Problemwahrnehmung bis hin zur kassenmäßigen Durchführung beschlossener Änderungen – Jahre dauern (vgl. M 27).

Aufgrund dieser unvermeidlich langen Verzögerungen müssen stabilisierungswillige Politiker die Wirtschaftsentwicklung genügend lange im Voraus prognostizieren können, um die konjunkturelle Phase richtig einzuschätzen, in der die beschlossenen Maßnahmen effektiv werden. Unglücklicherweise sind einerseits die ökonometrischen Prognoseverfahren nur begrenzt leistungsfähig und andererseits die Wirtschaftsschwankungen jeweils zu einem mehr oder weniger großen Teil von Zufallskomponenten verzerrt. Die politischen Entscheidungsträger der geld- und fiskalpolitischen Maßnahmen müssen sich insofern stets auf den Rat von Experten stützen, der immer irrtumsbehaftet ist.

Allzu oft bewirken jene Wirtschaftspolitiker, die Stabilisierungspolitik betreiben, ungewollt gerade das Gegenteil von Stabilisierung. Die gesamtwirtschaftliche Lage kann sich leicht verändern zwischen dem Beginn einer Aktivität und dem Zeitpunkt, zu dem eine Maßnahme greift. Deshalb werden politische Maßnahmen immer wieder zu einer unbeabsichtigten Verschlimmerung statt zu einer gewollten Verringerung der konjunkturellen Schwankungen beitragen.

N. Gregory Mankiw, Adolf Wagner (Übers.): Grundzüge der Volkswirtschaftslehre. 2. Aufl., Stuttgart 1999, S. 829 f.

M 26

Kritik der Nachfrageorientierung – die Position des Sachverständigenrates

Abgesehen vom begrenzten Anwendungsbereich nachfrageorientierter Politik werden deren Erfolgsaussichten stark eingeschränkt, wenn es intensive Handelsbeziehungen zu anderen Ländern gibt.

– Nachfragestimulierende Maßnahmen in einem Land verfehlen insoweit ihren Zweck, als die zusätzliche Nachfrage nicht durch inländische Produktion, sondern durch **Importe** gedeckt wird. Je ausgeprägter die Schwächen auf der Angebotsseite sind, je attraktiver hingegen die Produkte ausländischer Anbieter, desto weniger wird ein Nachfrageimpuls bei Investitionen und Beschäftigung im Inland bewirken können. Von manchen wird ein Ausweg in einer international koordinierten Nachfragepolitik gesehen. Es erscheint jedoch höchst zweifelhaft, dass eine solche Koordination in Form konkreter Konjunkturprogramme auch nur in einem kleineren Kreis von Ländern, etwa denen der Europäischen Union, politisch realisiert werden könnte. Dafür sind die Interessen zu unterschiedlich, und es ist zu ungewiss, in welchem Land die Nachfrageimpulse der gemeinsam verabschiedeten Politik wirksam würden. Sinnvoll wäre eine international koordinierte Nachfragepolitik ohnehin nur, wenn in allen beteiligten Ländern eindeutig nachfragebedingte Störungen diagnostiziert werden könnten.

– Nachfrageorientierte Politik, auch wenn sie in Form der Stabilisierungspolitik theoretisch gut fundiert ist, führt in der politischen Umsetzung leicht zu Fehlentwicklungen, wenn ihr Instrumentarium in der falschen Situation und in der falschen Weise eingesetzt wird; schlechte Erfahrungen begründen die heute weltweit verbreitete Skepsis gegenüber nachfrageorientierter Wirtschaftspolitik.

– Die Instrumente, die nach der Konzeption der Stabilisierungspolitik zur Kompensation nachfragebedingter Störungen im Wachstumsprozess eingesetzt werden sollen, müssen sich als ungeeignet erweisen in einer Situation, in der der Wachstumsprozess dadurch gehemmt wird, dass es an **Investitions- und Innovationsbereitschaft** fehlt und notwendige Strukturanpassungen unterbleiben. So musste die Nachfragepolitik in der Krise der siebziger Jahre versagen, die dadurch bedingt war, dass der durch den Ölpreisschock notwendig gewordene Strukturwandel nicht schnell genug in Gang kam. Die Folgen einer auf f**alscher Diagnose** beruhenden Politik werden verschärft, wenn die zunächst vermittelten Nachfrageimpulse erfolglos bleiben und darauf mit neuen und immer umfangreicheren Nachfrageprogrammen reagiert wird.

– Aber auch bei richtiger Diagnose stößt die praktische Umsetzung der Stabilisierungspolitik auf erhebliche Schwierigkeiten. Sollen durch diskretionäre Eingriffe in den Wirtschaftsablauf Nachfrageimpulse vermittelt werden, so steht man vor dem Problem, sie nach Zeit und Umfang richtig zu bemessen. Man kennt bei einzelnen Maßnahmen die **Wirkungsverzögerungen** nicht genau, und man weiß nicht, wie stark ein Impuls sein muss, um die erwünschten, sich selbst tragenden und verstärkenden Nachfrageeffekte hervorzurufen. Da Nachfrageprogramme zeitlich begrenzt sein müssen, besteht die Gefahr, dass sie in erheblichem Maße **Vorzieheffekte** erzeugen und dass nach ihrem Auslaufen erneut Nachfrageschwäche entsteht. Wenn der Wirkungsmechanismus nachfragepolitischer Impulse im Zeitablauf nicht beherrscht wird, kann die Folge sein, dass statt der beabsichtigten Stabilisierung sogar eine Destabilisierung bewirkt wird.

– In der politischen Praxis fällt es nach aller Erfahrung überaus schwer, die Konzeption der Stabilisierungspolitik in dem Sinne konsequent umzusetzen, dass nicht nur bei Nachfrageschwäche positive Nachfrageimpulse erzeugt werden, vielmehr auch in der Hochkonjunktur dämpfend auf die Nachfrage eingewirkt wird. Diese **Umsetzungsschwierigkeiten** treten vor allem bei der Budgetpolitik zutage. Während das Gebot, bei schwacher Konjunktur Defizite hinzunehmen, gern befolgt wird, halten Politiker sich meist nicht an die Regel, bei Hochkonjunktur Überschüsse zur Rückzahlung von Schulden zu verwenden. Mit reichlich zufließenden Einnahmen steigt vielmehr auch die Ausgabenfreudigkeit. **Antizyklische** Fiskalpolitik wird so in der politischen Praxis meist **asymmetrisch** verzerrt; ihre Regeln werden nur bei schwacher Konjunktur befolgt. Im Ergebnis führt dies zu einer auf Dauer nicht tragbaren Politik ständig zunehmender Staatsverschuldung.

– Soweit es darum geht, **nachfragebedingte Störungen** zu kompensieren und damit den Wachstumsprozess zu verstetigen, steht die Nutzung nachfragepolitischer Instrumente grundsätzlich nicht im Gegensatz zu angebotsorientierter Politik; es muss allerdings darauf geachtet werden, dass nachfragepolitisches Handeln nicht zugleich die Angebotsbedingungen verschlechtert. Vor allem ist der Tatsache Rechnung zu tragen, dass Angebotsverhalten, insbesondere unternehmerisches Investitionsverhalten, in starkem Maße durch **Erwartungen über die Zukunft** geprägt wird, dass aber Nachfragepolitik gerade diese Zukunftserwartungen in nachteiligem Sinne beeinflussen kann.

– Eine Finanzpolitik, die zur Vermittlung von Nachfrageimpulsen **Haushaltsdefizite** in Kauf nimmt, verfehlt dann ihr Ziel, wenn sie zu der Befürchtung Anlass gibt, dass die Defizite außer Kontrolle geraten und, sofern der Weg der Entschuldung durch Inflation versperrt ist, letztlich zu **unübersehbaren Steuerlasten** in der Zukunft führen. Das hat Verunsicherung und Investitionszurückhaltung zur Folge.

– Eine Geldpolitik, die Nachfrageimpulse durch niedrige Zinsen und übermäßige Liquiditätsversorgung vermitteln will, verfehlt dann ihr Ziel, wenn sie **Inflationserwartungen** nährt, damit die Kalkulationsgrundlagen der Investoren in Frage stellt und Befürchtungen harter Verteilungskämpfe aufkommen lässt oder wenn die Investoren mit einer in absehbarer Zeit durch Gegensteuern verursachten Stabilisierungsrezession rechnen müssen.

Nachhaltig auf die Erwartungsbildung der Investoren wirkt zudem eine **Lohnpolitik**, die die Stärkung der Kaufkraft der Arbeitnehmer und damit des Privaten Verbrauchs in den Vordergrund stellt, auf die Entwicklung der Arbeitsproduktivität und die Wettbewerbsfähigkeit der Unternehmen hingegen keine Rücksicht nimmt. Über den damit verbundenen Kosteneffekt beeinträchtigt sie unmittelbar die Bereitschaft, zu investieren und Arbeitsplätze zu schaffen; darüber hinaus werden damit Erwartungen über die zukünftige Tarifpolitik begründet, die den hemmenden Effekt auf das Angebotsverhalten noch verstärken. [...]

Jahresgutachten des SVR zur Begutachtung der gesamtwirtschaftlichen Entwicklung 1997/98. Bundestagsdrucksache 13/9090, 18.11.1997, S. 174–176

M 27

Wirkungsverzögerungen (time lags)

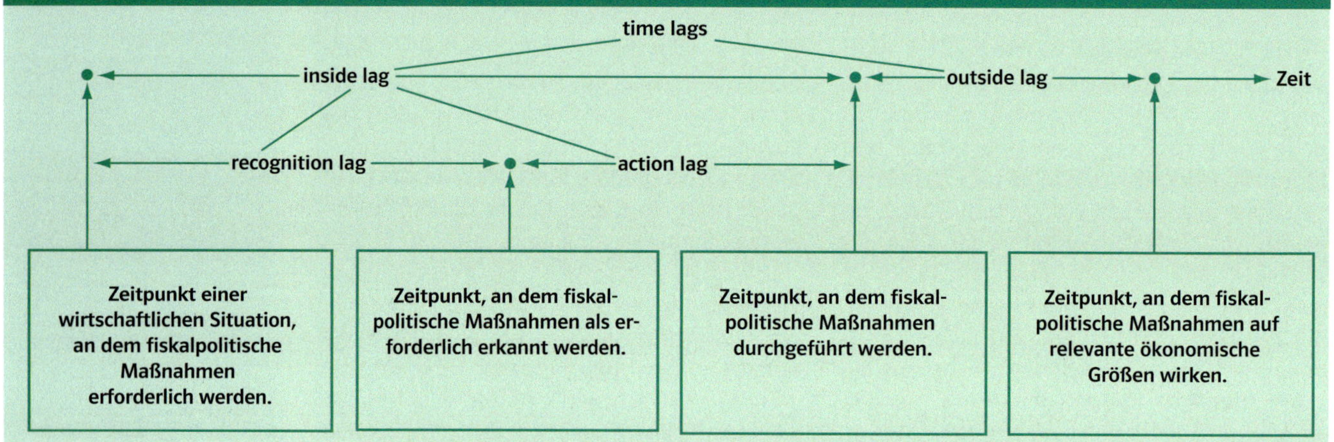

1. Erläutern Sie, wie es zu Wirkungsverzögerungen der Nachfragepolitik kommen kann. Erklären Sie dabei die auftretenden Timing- und Dosierungsprobleme (M 25, M 27).

2. Erarbeiten Sie in einer Übersicht die Einwände des SVR gegenüber nachfrageorientierter Politik und erläutern Sie, in welchen wirtschaftlichen Problemlagen nachfrageorientierte Politik nach seiner Ansicht scheitern muss (M 26).

3. Erklären Sie, wann eine „von der Nachfrageseite zielende Stabilisierungspolitik" für den SVR sinnvoll ist und wie diese gestaltet werden muss (M 26).

4. Informieren Sie sich über die Entwicklung der Staatsverschuldung und erläutern Sie, inwiefern die Asymmetrie der antizyklischen Fiskalpolitik zu einem Anwachsen der Staatsverschuldung geführt hat (M 22, M 26, M 34a).

5. Diskutieren Sie, inwiefern die Konjunkturprogramme 2008/09 (vgl. 6.1) den Überlegungen des SVR entsprechen.

6.6 Die Gegenrevolution: Angebotspolitik

Der Paradigmenwechsel zu neoliberalen wirtschaftspolitischen Konzeptionen vollzog sich seit den 70er Jahren rasant und in vielfältigen Variationen. Stichworte wie Monetarismus, Angebotspolitik, Reagonomics, Thatcherismus beherrschten die wirtschaftspolitische Diskussion. Die wenigen verbliebenen Keynesianer wurden zunehmend als Ewiggestrige diffamiert. Auch der Sachverständigenrat vollzog in Deutschland diese Wende in seinem Jahresgutachten von 1976 explizit, nachdem er die vielfältigen Probleme der Nachfragepolitik in Form der Globalsteuerung bereits in früheren Gutachten analysiert hatte. Die wirtschaftspolitische Wende wurde nach dem Regierungsantritt Helmut Kohls 1982 in Deutschland eingeleitet.

6.6.1 Angebotspolitische Konzeption des SVR

Die folgenden Materialien beschränken sich auf die Darstellung der angebotspolitischen Konzeption, wie sie vom Sachverständigenrat entwickelt wurde und im Ansatz zur Grundlage der praktischen Wirtschaftspolitik in Deutschland geworden ist.

1 Friedrich August von Hayek, österreichischer Nationalökonom (1899–1992). Er gründete 1927 das Österreichische Institut für Konjunkturforschung (heute Österreichisches Institut für Wirtschaftsforschung). 1931–1950 lehrte er als Professor an der London School of Economics, wo er während der 30er und 40er Jahre als bedeutendster Vertreter der Österreichischen Schule und Widersacher von John Maynard Keynes galt. 1974 erhielt er den Nobelpreis für Wirtschaftswissenschaften.

M 28

Ökonomen pokern um Erleuchtung

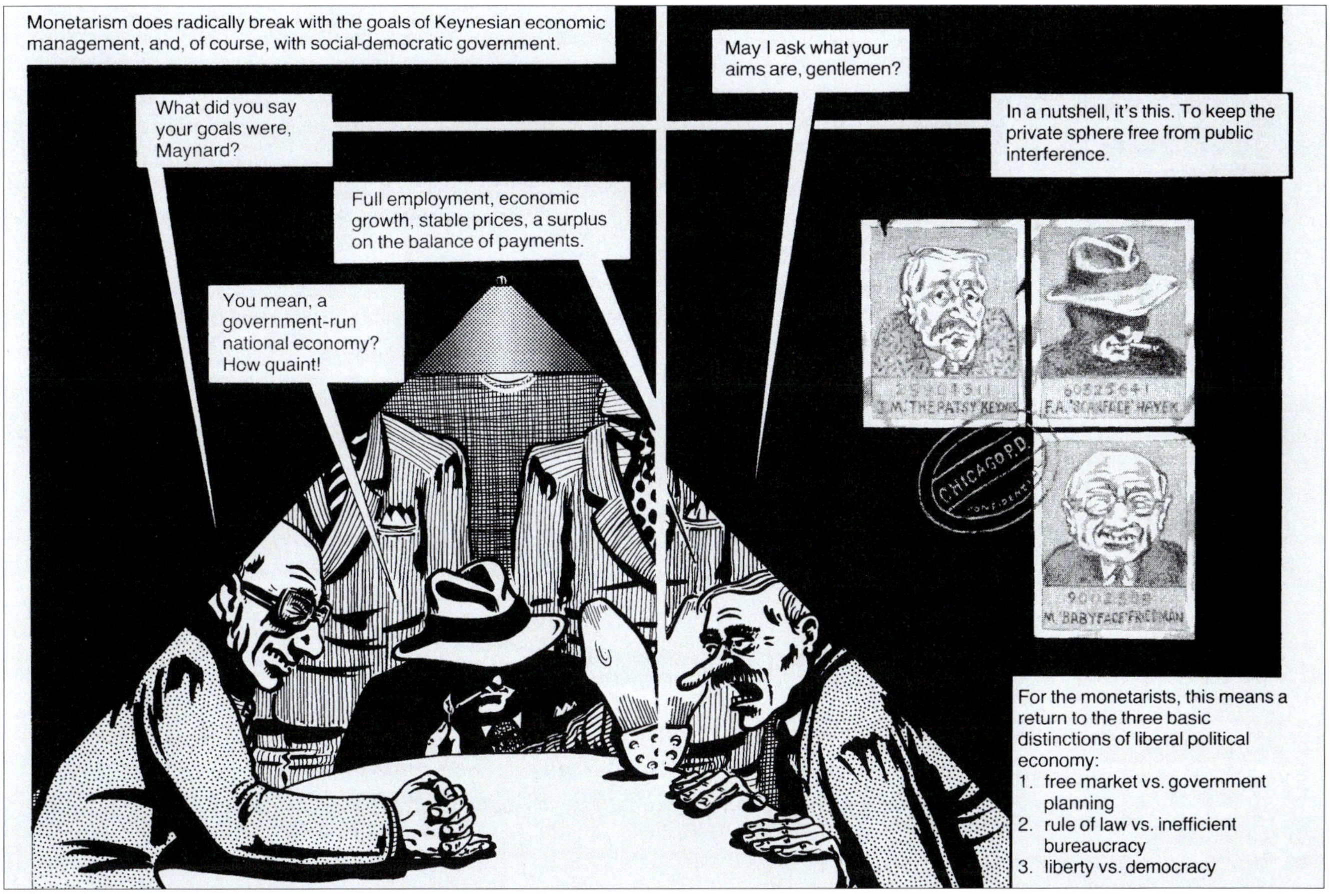

Ökonomen pokern um Erleuchtung. Während Milton Friedman (links) nach Freiraum für den Einzelnen ruft, wirbt John Maynard Keynes (rechts) für sein magisches Viereck – wobei es Friedrich A. von Hayek[1] (Mitte) graust.

M 29

Grundlinien neoklassischer Politik

Mit dem Aufkommen Keynes'scher Gedanken zur Zeit der Weltwirtschaftskrise geriet der klassische Ansatz jedoch lange Zeit in Vergessenheit. Erst in den sechziger Jahren führten vor allem die Arbeiten von M. Friedman zu einer Renaissance des klassischen Denkens. Diese Strömung trägt vielfach die Bezeichnung **„Monetarismus"**. Friedman untersuchte vor allem das Inflationsproblem und stellte die Bedeutung der Geldpolitik für die Preisniveaustabilität heraus. Der Monetarismus wurde in den siebziger Jahren um weitere Fragestellungen ergänzt, woraus dann die **„Angebotstheorie"** („supply side economics") entstand. In der Bundesrepublik Deutschland werden angebotstheoretische Positionen vor allem vom Sachverständigenrat zur Begutachtung der gesamtwirtschaftlichen Entwicklung (sog. „Fünf Weise") vertreten. Alle diese Stufen der Weiterentwicklung der Klassik werden im Folgenden unter dem Begriff **„Neoklassik"** subsumiert.

Die stabilisierungspolitische Konzeption der Neoklassiker basiert auf drei zentralen Hypothesen:

- der Hypothese der inhärenten Stabilität des privaten Sektors,
- der angebotstheoretischen Fundierung,
- der Dominanz der Geldpolitik.

Grundlegend für die neoklassische Sichtweise des Wirtschaftsprozesses ist der Glaube an die **inhärente** (d.h. innewohnende) **Stabilität des privaten Sektors**. Danach schafft es ein privatwirtschaftlich kapitalistisches Wirtschaftssystem aus eigener Kraft heraus, mit seinen Problemen fertig zu werden.

Gerhard Mussel, Jürgen Pätzold: Grundfragen der Wirtschaftspolitik. München 2001, S. 11 f.

M 30

In seinem Jahresgutachten 1980/81 untersuchte der SVR das Verhältnis von Angebot zur Nachfrage und leitete daraus die Grundkonzeption angebotsorientierter Politik ab.

Zur Konzeption angebotsorientierter Wirtschaftspolitik

Wegen der Grenzen der Nachfragesteuerung hat der Sachverständigenrat schon seit seiner Gründung für eine mittelfristig orientierte Wirtschaftspolitik geworben, im besonderen seit 1974. Er hat 1975 die Krise der Globalsteuerung dargestellt und die Frage einer Revision der Staatsfinanzen sowie die weitreichenden Aufgaben der Lohn- und Einkommenspolitik in den Vordergrund gerückt. Im Jahresgutachten 1976 hat er das **Konzept für eine „angebotsorientierte Wirtschaftspolitik"** vorgelegt. [...]

Neben einer auf Geldwertstabilität festgelegten Geldpolitik und einer auf marktgerechte Löhne verpflichteten Lohnpolitik soll der Staat

- unnötige Hemmnisse wirtschaftlicher Aktivität wegräumen,
- durch mehr Konstanz der Wirtschaftspolitik und Zurückhaltung bei Eingriffen in den Markt Risiken senken,
- Reserven an privater Risikobereitschaft mobilisieren helfen, insbesondere die Neigung zur Eigenkapitalanlage sowie die Gewinnbeteiligung von Arbeitnehmern fördern,
- sich im Steuersystem verstärkt an Unternehmensrisiken beteiligen,
- seine eigenen Ausgaben in engeren Grenzen halten, die kreditfinanzierten Ausgaben senken, aber auch die Abgabenquote nicht weiter erhöhen,
- die Mobilität der Arbeitskräfte und deren Bereitschaft, sich fortzubilden, unterstützen,
- Produkt- und Verfahrensinnovationen global fördern,
- die wirtschaftliche Dynamik von unten stärken, insbesondere die Chance zur Gründung einer selbständigen Existenz sowie die Entwicklungsmöglichkeiten kleiner und mittelgroßer Unternehmen verbessern,
- den Wettbewerb, namentlich den Wettbewerb mit dem Ausland, scharf halten, Subventionen und Schutzmaßnahmen, die den Strukturwandel hemmen, abbauen.

Angebotsorientierte Politik zielt auf die Ursachen von Störungen, die meist seit langem wirksam sind. Insoweit ist auch sie selbst auf längerfristige Wirkungen angelegt, braucht einen langen Atem. Soweit sie rasch Vertrauen in künftig bessere Bedingungen schafft, können aber auch die Sekundärwirkungen, also etwa eine verbesserte Investitionsneigung, rasch eintreten.

Am meisten Skepsis begegnet die Angebotspolitik in Zeiten sehr schwacher Gesamtnachfrage. Warum sollten aufgrund verbesserter Angebotsbedingungen Produktion und Investition zunehmen, wenn es allgemein an Nachfrage mangelt? Die Nachfrage ist freilich keine Größe, die gegeben ist oder unabhängig vom Angebot entsteht. Es wird leicht aus den Augen verloren, dass in entwickelten Marktwirtschaften die **Nachfrage keineswegs** auch nur normalerweise einen **Vorlauf gegenüber dem Angebot** hat. Im Gegenteil, zu großen Teilen entwickeln sich **Angebot und Nachfrage im Gleichschritt,** und in wichtigen Teilen des Marktgeschehens hat das **Angebotshandeln einen Vorlauf**. Das Angebot, das Produzieren, schafft über das Einkommen, das dabei erzielt wird, kaufkräftige Nachfrage. Im Vorlauf ist Angebotshandeln überall dort, wo investiert, also künftige Produktion vorbereitet wird oder wo für künftigen Bedarf Läger gehalten werden. Hier ist erwartete Nachfrage, nicht die aktuelle in der Führungsrolle. Und es ist nicht die erwartete Nachfrageexpansion als Teil künftiger allgemeiner Nachfrageexpansion, die zählt. Es genügt, dass das einzelne Unternehmen darauf setzt, sich im Produkt- und Preiswettbewerb zusätzliche Nachfrage sichern zu können. Und dies ist kein Nullsummenspiel, in dem der eine nur gewinnen kann, was ein anderer verliert. Der Einkommenseffekt expansiver Angebotshandlungen sorgt dafür, dass die Gruppe im Ganzen gewinnt. Selbstverständlich gibt es viele Unternehmen, die nur investieren, wenn die Auftragsbücher voll sind. Aber es sind nicht sie, welche die Dynamik der Marktwirtschaft schaffen, sondern die vielen anderen, die trotz oder gerade wegen einer akut schlechten Absatzlage etwas Neues wagen. [...]

Das Theorem, nach dem das **Angebot sich seine Nachfrage schafft**, ist nicht deshalb so wertvoll, weil es eine Gleichgewichtsverheißung enthält, sondern weil es aufzeigt, warum es Sinn hat, auf der Angebotsseite fördernd einzugreifen. Weil „das **Angebot in der Führungsrolle**" für die wirtschaftliche Dynamik so bedeutsam ist, namentlich das Investieren derjenigen, die trotz oder gerade wegen einer akut schlechten Absatzlage etwas Neues wagen, und weil es derzeit nicht genug davon gibt, sollte man hier fördern. Und weil solches Investieren ein im Prinzip völlig normaler Vorgang ist, kann man es mit Aussicht auf einen gesamtwirtschaftlich ins Gewicht fallenden Effekt fördern. Der Nachfragepessimismus und das Kreislaufdenken hatten das **autonome Angebotshandeln** – etwas, das täglich und massenhaft geschieht – für lange Zeit an den Rand des wirtschaftlichen Bewusstseins gedrängt. Das entsprach nicht seiner Bedeutung.

Jahresgutachten des Sachverständigenrats zur Beurteilung der gesamtwirtschaftlichen Lage 1981/82, S. 143 ff.

M 31

Im Jahre 1997 mahnte der SVR noch einmal die Einhaltung der Grundprinzipien angebotsorientierter Politik an.

Die Grundprinzipien der Angebotspolitik

Angebotsorientierte Wirtschaftspolitik beruht im Wesentlichen auf dem Gedanken, dass die effiziente Nutzung der Ressourcen einer Volkswirtschaft am besten dadurch erreicht werden kann, dass private Anbieter die Felder erschließen, auf denen sie jetzt und vor allem in Zukunft mit Nachfrage rechnen können; damit werden zugleich die Voraussetzungen dafür geschaffen, dass Menschen Beschäftigung finden, Einkommen erzielen und Wohlstand gewinnen können. Hierzu bedarf es einer langfristig orientierten Wirtschaftspolitik, die **verlässliche Rahmenbedingungen** schafft. Der Blick richtet sich damit vor allem auf die **Verbesserung der mikroökonomischen Investitionsbedingungen**; es soll erreicht werden, dass unvermeidlicher Strukturwandel nicht zu Beschäftigungseinbußen führt, vielmehr neue und zusätzliche Erwerbstätigkeit ermöglicht wird. Dies soll nicht an Hemmnissen scheitern, die dem Erschließen neuer Wachstumsbereiche entgegenstehen. **Angebotsseitige Störungen**, die solche Hemmnisse schaffen, sind einerseits solche, die den individuellen Ertrag des Wirtschaftens schmälern, vor allem die Aussicht auf künftige Erträge dämpfen, und andererseits solche, die die Fähigkeit beeinträchtigen, auf veränderte Bedingungen angemessen zu reagieren; im Ergebnis wird in jedem Fall die Neigung gemindert, innovativ tätig zu werden, zu investieren und Risiken zu tragen.

Nicht im Sinne dieser Konzeption liegen diskretionäre wirtschaftspolitische Eingriffe wie Subventionen, protektionistische Abschottung nach außen, Marktzugangsbeschränkungen, staatliche Lenkung unternehmerischer Entscheidungen, kurz das ganze Instrumentarium einer interventionistischen Industriepolitik[1], die zwar auf Stärkung der Angebotskräfte abzielt, dabei aber unternehmerische Eigenverantwortung in den Hintergrund drängt, womit in aller Regel **strukturelle Fehlentwicklungen** bereits vorprogrammiert sind. Dieser Weg einer Intervention auf der Angebotsseite wäre verfehlt; unerlässliche Erfolgsvoraussetzungen einer angebotsorientierten Wirtschaftspolitik sind Selbstverantwortung der Unternehmen und Wettbewerb.

Man schafft gute Angebotsbedingungen, indem man **Anreize** wirksam werden lässt und sie möglichst wenig durch Steuern und Abgaben beeinträchtigt, indem man **bürokratische Regulierungen**, die unternehmerische Tätigkeit hemmen, ständig kritischer Überprüfung unterwirft, indem man durch **Privatisierung und Öffnung von Märkten** möglichst weite Bereiche dem unternehmerischen Wettbewerb zugänglich macht. Vor allem aber: Private Investitionen sind zukunftsgerichtet; die Investoren müssen auf die **Verlässlichkeit** der durch die Wirtschaftspolitik gesetzten **Rahmenbedingungen** vertrauen können, auf das Stabilitätsversprechen der Geldpolitik, auf die Solidität der Finanzpolitik und die Berechenbarkeit der künftigen Belastung mit Steuern und Abgaben, ebenso auf eine Lohnpolitik, die dem Ziel eines hohen Beschäftigungsstandes verpflichtet ist und bleibt. Der **Stabilisierung der Erwartungen** kommt in der angebotsorientierten Politik ganz besondere Bedeutung zu.

Nach der Konzeption angebotsorientierter Politik stehen drei Träger wirtschaftspolitisch relevanter Entscheidungen in der Pflicht, durch ihr Verhalten günstige Voraussetzungen für das Wirksamwerden der Angebotskräfte zu schaffen, der Staat mit der Finanzpolitik, die Notenbank mit der Geldpolitik, die Tarifvertragsparteien in ihrer autonomen Verantwortung für die Lohnpolitik.

– Die **staatliche Finanzpolitik** hat die Aufgabe, ein angemessenes Angebot an öffentlichen Gütern sicherzustellen, dabei die Belastung der Bürger mit Steuern und Abgaben in Grenzen zu halten, vor allem Anreize für Leistung und Investition möglichst wenig zu beeinträchtigen, dabei zugleich die Staatsverschuldung in einem dauerhaft tragbaren Rahmen zu halten.

– Die **Zentralbank** soll eine stetige Geldversorgung bei stabilem Preisniveau gewährleisten, damit zugleich verlässliche Rechnungsgrundlagen für zukunftsgerichtete Aktivitäten und günstige Funktionsbedingungen für Finanzmärkte schaffen.

– Die **Tarifvertragsparteien** haben Höhe und Struktur der Löhne derart festzulegen, dass sie mit dem Erreichen eines hohen Beschäftigungsstandes vereinbar sind.

SVR 1997/98, S. 172f.

1 interventionistische Industriepolitik – Als Industriepolitik wird eine staatliche oder auf EU-Ebene betriebene Politik bezeichnet, die Unternehmen helfen soll, eine Anpassung an strukturelle Veränderungen zu erleichtern sowie ein günstiges Umfeld für die Weiterentwicklung und Zusammenarbeit von Unternehmen zu fördern. Interventionistisch ist diese Industriepolitik dann, wenn durch gezielte Einzelmaßnahmen, z. B. in Form von Subventionen oder Steuervergünstigungen, Untenehmen der Hochtechnologieindustrie besonders unterstützt werden, um international wettbewerbsfähig zu bleiben oder zu werden. Eine solche Industriepolitik kann in Konflikt mit wettbewerbspolitischen Zielsetzungen kommen, wenn nicht dem Wettbewerb als Entdeckungsverfahren Vorrang im Innovationsprozess eingeräumt, sondern der Weisheit staatlicher Behörden vertraut wird.

1. Erläutern und veranschaulichen Sie, warum die Volkswirtschaft nach neoklassischer Ansicht kurzfristige Störungen und vorübergehende Arbeitslosigkeit erfolgreicher ohne diskretionäre staatliche Maßnahmen bewältigen kann (M 29 und in Kap. 1 M 7 – M 8).
2. Stellen Sie in einer Übersicht die Schwerpunkte der Angebotspolitik vor (M 30, M 31, M 6) und begründen Sie, warum die angebotspolitische Konzeption des Sachverständigenrates als „neoklassisch“ klassifiziert wird.
3. Recherchieren Sie, ausgehend von Ihren Ergebnissen, konkrete Umsetzungen dieser neoklassischen Politik in Hinblick auf Fiskal-, Ordnungs- und Lohnpolitik.
4. Analysieren Sie die angebotspolitische Konzeption unter ideologiekritischen Aspekten (vgl. Methode Ideologiekritik in Kapitel 2).

6.6.2 Beispiele für angebotspolitische Maßnahmen

Die Grundsätze einer Angebotspolitik lassen sich in Anlehnung an Aussagen des Sachverständigenrates mit folgenden Strategien umreißen: Gefordert wird eine ordnungspolitische Neubesinnung auf die Grundsätze der Sozialen Marktwirtschaft, verlässlich und widerspruchsfrei sollen wirtschaftspolitische Rahmenbedingungen geschaffen werden, so z. B. die Stärkung der Leistungs- und Risikobereitschaft, die Sicherung des Wettbewerbs und eine Verringerung bürokratischer Hemmnisse. Privatisierungen öffentlicher Dienstleistungen und Unternehmen sowie Deregulierung sind zentrale Forderungen des SVR, um staatliche Monopole als systemfremde Elemente einer Marktwirtschaft und die Einschränkungen unternehmerischer Initiative durch staatliche Reglementierungen abzubauen. Ebenso wird eine Wiederherstellung der finanzpolitischen Handlungsfähigkeit des Staates durch die Konsolidierung der öffentlichen Finanzen, die Rückführung des Staatsanteils sowie die qualitative Verbesserung der Ausgabenstruktur und eine leistungsfreundlichere Besteuerung angemahnt. Steuersenkungen sollen „Leistungsanreize schaffen" und die Wettbewerbsfähigkeit gegenüber dem Ausland stärken. Zudem fordert Angebotspolitik eine Sozialpolitik, die sich von den Grundsätzen sozialer Gerechtigkeit, Solidarität und Subsidiarität bestimmen lässt und die Finanzierbarkeit der sozialen Sicherungssysteme sicher gewährleistet.
Dadurch soll die deutsche Wirtschaft auf einen höheren Wachstumspfad einschwenken und Arbeitsplätze schaffen, so die Vorstellung des Sachverständigenrates. Einige Beispiele sollen kursorisch auf solche Reformen verweisen. Zu einer tiefer gehenden Auseinandersetzung wird auf eigene Recherchen verwiesen. Abschluss des Kapitels bildet eine kritische Bewertung der sozialpolitischen Reformmaßnahmen.

M 32

Ordnungspolitische Neubesinnung: Privatisierung

Privatisierung bedeutet die Umwandlung von öffentlichem Vermögen, z. B. von staatlichen Beteiligungen an Industrieunternehmen, in Privatbesitz. Auch die Umwandlung von öffentlichen Unternehmen in private Rechtsformen (AG, GmbH) gilt als erster Schritt zur Privatisierung.
Die staatliche Beteiligung an Unternehmen hat verschiedene Gründe, z. B. die Versorgung der Bevölkerung mit bestimmten Gütern oder Dienstleistungen zu angemessenen Bedingungen sicherzustellen oder die Sicherung und Mitgestaltung des Wettbewerbs. Grundsätzlich ist jedoch bei der staatlichen Wirtschaftstätigkeit zu prüfen, ob sie nicht besser ganz Privaten überlassen werden sollte.
Privatisierung wird vor allem damit begründet, dass private Unternehmen wirtschaftlicher arbeiten und gleiche Güter und Leistungen kostengünstiger bereitstellen. Andererseits sollen mit den aus der Privatisierung erzielten Erlösen auch Defizite in öffentlichen Haushalten verringert werden.

In Deutschland wurde vor allem in den 80er-Jahren ein großer Teil der Bundesbeteiligungen an Industrieunternehmen wie VW, VEBA, Salzgitter oder Lufthansa ganz oder teilweise aufgegeben und privatisiert. Aber auch in den Bundesländern und auf kommunaler Ebene wurden viele öffentliche Betriebe privatisiert. Privatisierungsmaßnahmen in erheblich größeren Umfang wurden in den 90er-Jahren im Rahmen der Umstellung der Planwirtschaft der ehemaligen DDR ergriffen. Mit dieser Aufgabe war die Treuhandanstalt betraut. Auch die teilweise Privatisierung durch die Börsengänge von Deutscher Telekom AG und Deutscher Post AG ist zu nennen.

Achim Pollert, Bernd Kirchner, Javier Morato Polzin, In: http://www.bpd.de/popup/popup_lemmata.html?guid=GFZM7, Lexikon: Privatisierung, aus Quelle: Duden Wirtschaft von A bis Z. Grundlagenwissen für Schule und Studium, Beruf und Alltag. 2. Aufl. Mannheim 2004. Lizenzpause Bonn: Bundeszentrale für politische Bildung 2004.

M 33

Ordnungspolitische Neubesinnung: Regulierung und Deregulierung

Regulierung bezeichnet alle Eingriffe des Staates in den Markt, bei denen er sich nicht darauf beschränkt Rahmenbedingungen festzusetzen, sondern unmittelbar in die Gewerbe- und Vertragsfreiheit eingreift. Dies gilt beispielsweise, wenn in einer Branche die Preise zwischen Käufer und Verkäufer nicht frei ausgehandelt werden können, sondern durch den Staat genehmigt werden müssen (z. B. Krankenversicherungsbeiträge oder Bahntarife) oder die Aufnahme einer Gewerbetätigkeit einer staatlichen Genehmigung bedarf. Nicht zu den Regulierungen zählen dagegen alle staatlichen Maßnahmen, die für alle Bürger und Unternehmen in gleicher Weise gelten, z. B. Erheben von Steuern und Abgaben, Setzen technischer Normen oder allgemeiner Sicherheits- und Umweltbestimmungen.

Deregulierung bedeutet den Abbau von staatlichen Regelungen (Gesetzen, Verordnungen, Richtlinien) mit dem Ziel, den Bürgern oder Unternehmen mehr Entscheidungs- und Wahlfreiheiten zu eröffnen. Mit dem Abbau von staatlichen Vorschriften sollen technische, wirtschaftliche und soziale Innovationen angeregt und wirtschaftliche Entscheidungen schneller realisiert werden. Maßnahmen der Deregulierung wurden in den letzten Jahren insbesondere im Wettbewerbsrecht (z. B. auf dem Strommarkt oder im Einzelhandel, wo

durch die Aufhebung des Rabattgesetzes und die Verlängerung der Ladenöffnungszeiten bisherige Regulierungen entfielen oder aufgehoben wurden), im Baurecht, Umweltrecht und im Arbeitsrecht getroffen.
Dabei gibt es Überschneidungen mit anderen Maßnahmen, die staatlichen Einfluss auf das Wirtschaftsleben begrenzen. Eine Privatisierung öffentlicher Betriebe bedeutet immer auch eine sinkende Regulierung dieses Unternehmens durch den Staat, auch wenn – auf Grund der meist anfänglich noch ausgeprägten Monopolstellung – zumeist vorübergehend eine Regulierungsbehörde eingesetzt wird, die Aufgaben des vorher zuständigen Ministeriums übernimmt, wie es am Beispiel der Deutschen Telekom deutlich wurde. Andererseits führte die Marktöffnung und Deregulierung am Energiemarkt dazu, dass ehemals staatliche Energieunternehmen privatisiert wurden – wie z. B. VEBA und VIAG – bzw. weiterhin im öffentlichen Besitz befindliche Unternehmen eine privatrechtliche Rechtsform erhielten (wie z. B. viele Stadtwerke, die heute in der Rechtsform einer GmbH geführt werden).

Irmgard Schenk-Kurz: Regulierung und Deregulierung. In: Baustein 4.2 Angebotspolitik in Deutschland, in Modul Konjunktur und Wachstum, Stuttgart 2005

M 34a

Ordnungspolitische Neubesinnung: Konsolidierung der öffentlichen Finanzen

Der Staat erfüllt vielfältige und wichtige Aufgaben für die Gesellschaft. In der Praxis heißt dies, dass Bund, Länder und Gemeinden über ihre Haushalte „öffentliche Güter" bereitstellen: innere und äußere Sicherheit, Infrastrukturen, Krankenhäuser, Verwaltung und Gerichtsbarkeit, Schulen und Hochschulen usw. Um diese Aufgaben erfüllen zu können, benötigt der Staat Geld – viel Geld. [...] Die erforderlichen Mittel beschaffen sich die Gebietskörperschaften durch Steuern und Abgaben, über deren Art und Höhe die Parlamente beschließen. Beim Bund entfallen ca. 85 % der Einnahmen auf Steuern, bei den Ländern ca. 70 %; der Rest setzt sich zusammen aus Abgaben, Gebühren – und Krediten.
Reichen die regulären Einnahmen nicht aus, um die geplanten Ausgaben abzudecken, liegt ein **Haushaltsdefizit** vor, das eine Kreditaufnahme nötig macht. Die Gebietskörperschaften müssen sich also verschulden, wenn sie mehr ausgeben als einnehmen. Kredit bekommt der Staat bei Banken, (Lebens-)Versicherungen und privaten Bürgern, die ihre Ersparnisse z. B. in verzinslichen Staatsanleihen anlegen. Für die aufgenommenen Kredite fallen Zins- und Tilgungszahlungen an; dies bedeutet, dass verschuldete Gebietskörperschaften einen Teil ihrer Steuereinnahmen zur „Bedienung" ihrer Schulden abzweigen müssen. Dies hat ausgesprochen negative Folgewirkungen. [...]
Nach der Annullierung der im Kriege aufgetürmten Staatsschulden durch die Währungsreform 1948 begann die **Schuldenentwicklung** im Nachkriegsdeutschland zunächst sehr verhalten. Einen ersten spürbaren Anstieg der Staatsverschuldung brachten die 70er Jahre, als Konjunkturprogramme („deficit spending") und umfangreiche Infrastrukturmaßnahmen („Zukunftsinvestitionen") sozialdemokratisch geführter Bundesregierungen den Schuldenstand des Bundes von knapp 25 Mrd. € auf über 157 Mrd. € mehr als versechsfachten. Ein zweiter Schub setzte mit der deutschen Einheit ein. Massive West-Ost-Transfers verdreifachten nahezu die Verschuldung des **Bundes** von 277 Mrd. € (1990) auf 820 Mrd. € (2003);

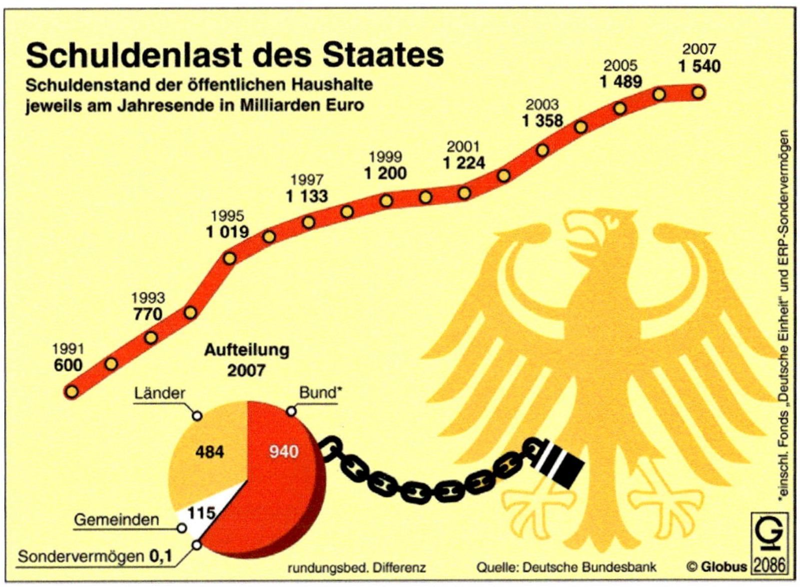

1 Konsolidierung – Begrenzung und Rückführung von öffentlichen Defiziten in den Haushalten der Gebietskörperschaften.

die Gesamtverschuldung **aller** öffentlichen Hände stieg auf 1.35 Mrd. € an. Tendenz: weiter steigend. [...]

Die **Staatsverschuldung** sollte nicht nur in ihrer absoluten Höhe gesehen werden, sondern vielmehr in Relation zur gesamtwirtschaftlichen Wertschöpfung. Diese **„Schuldenquote"** als Verhältnis von Staatsverschuldung zum Bruttoinlandsprodukt (BIP) hat sich von rund 17% im Jahr 1960 auf inzwischen fast 61% erhöht. (Laut EU-Stabilitätspakt sollte die Staatsschuldenquote 60% des BIP nicht übersteigen.)

Die hohe Staatsverschuldung bringt gewaltige Zinsverpflichtungen der öffentlichen Haushalte mit sich. (Eine Tilgung findet faktisch nicht statt, weil fällige Titel durch neue Kreditaufnahme abgelöst werden.) Die laufenden Zinsverpflichtungen belasten die Haushalte in steigendem Maße und engen den finanzpolitischen Spielraum immer stärker ein. [...] Ein weiterer, überaus negativer Aspekt der öffentlichen Zinszahlungen ist die dadurch bedingte Einkommensumverteilung „von unten nach oben": An der Finanzierung der Zinszahlungen sind zwangsweise alle Steuerpflichtigen beteiligt, während die Zinserträge überwiegend den Vermögenden zufließen, die es sich leisten können, ihre Mittel in Staatsanleihen zu investieren.

Zu erwähnen ist noch ein dritter negativer Aspekt, nämlich dass der Staat mit seiner hohen Kreditnachfrage als Konkurrent der privaten Unternehmen auf dem Kapitalmarkt auftritt – und dadurch deren Kreditaufnahme tendenziell verteuert („crowding out").

Staatliches Schuldenmachen ist dann akzeptabel, wenn damit öffentliche Investitionen finanziert werden; manche Investitionen (z. B. in Bildung) bringen hohen gesellschaftlichen Nutzen. Auch kann es in Phasen der Rezession sinnvoll sein, vorübergehend Haushaltsdefizite in Kauf zu nehmen, um die Konjunktur anzukurbeln. Dem muss jedoch ein Abbau von Haushaltsdefiziten, ja sogar eine effektive Tilgung in Phasen guter Konjunktur gegenüberstehen. [...] Kurzfristig gesehen besteht ein Konflikt zwischen dem konjunkturell Nötigen und dem haushaltspolitisch Erwünschten.

Gerhard Willke: Staatsverschuldung -Ausmaß und Folgen, Bonn 2004, S. 1 ff. (Bundeszentrale für politische Bildung, Themenblätter im Unterricht, Nr. 35)

M 34b

Ordnungspolitische Neubesinnung: Finanz- und Steuerpolitik stabilitäts- und wachstumsgerecht gestalten

Die Bundesregierung verfolgt einen mittelfristig angelegten **Konsolidierungskurs**[1]. Eine nachhaltige Sanierung der öffentlichen Finanzen ist zentral für die Zukunftsfähigkeit Deutschlands. Der Abbau der Neuverschuldung und der sich daran anschließende Schuldenabbau eröffnen dem Staat neue Handlungsspielräume, um Wachstum und Beschäftigung in Deutschland zu unterstützen. Gleichzeitig hilft dies, die Herausforderungen aus dem demografischen Wandel zu meistern und so für mehr Generationengerechtigkeit zu sorgen. Lasten für die Zukunft ergeben sich aber nicht nur aus dem Schuldenstand, sondern auch aus künftigen Leistungsansprüchen an die sozialen Sicherungssysteme.

Aus wachstums- und gesellschaftspolitischen Gründen ebenso wichtig wie die quantitative Rückführung der öffentlichen Verschuldung ist die Verbesserung der Qualität der Staatsausgaben. Die Struktur des Bundeshaushalts ist in den vergangenen Jahren immer stärker durch konsumtive Ausgaben geprägt worden. So beanspruchten die Ausgaben für die soziale Sicherung, insbesondere für die Rentenversicherung und den Arbeitsmarkt im Jahr 2002 weit über 40% der gesamten Bundesausgaben. Zinszahlungen machen rd. 15% aus. Um die Qualität des Budgets zu verbessern, hat die Bundesregierung den Zuwachs konsumtiver Ausgaben begrenzt und Subventionen (Finanzhilfen, Steuervergünstigungen) abgebaut. Zugleich erhöht sie den Anteil von Zukunftsausgaben im Bundeshaushalt. Bildung, Forschung und Innovationen, Wissenschaft, Umweltschutz sowie Vereinbarkeit von Familie und Beruf stehen dabei – neben mehr Investitionsausgaben – im Zentrum. Auf der Einnahmenseite wird schließlich die entschlossene Bekämpfung von Steuermissbrauch und Schwarzarbeit das Steueraufkommen stabilisieren.

http://www.bundesfinanzministerium.de/nn_53848/DE/Wirtschaft__und__Verwaltung/Finanz__und__Wirtschaftspolitik/Finanzpolitik/Grundlagen__der__Finanzpolitik/2192.html?__nnn=true (06.11.08)

M 34c

Ordnungspolitische Neubesinnung: Unternehmensteuerreform 2008

Deutschland braucht ein wettbewerbsfähiges, wachstumsorientiertes und Investitionen förderndes Unternehmensteuerrecht. Deshalb hat die Bundesregierung eine strukturelle und wachstumsorientierte Unternehmensteuerreform umgesetzt, um die steuerlichen Rahmenbedingungen für Kapital- und Personengesellschaften signifikant zu verbessern. Auf der Basis der grundsätzlichen politischen Einigung wurde am 25. Mai 2007 im Deutschen Bundestag in 2./3. Lesung das Unternehmensteuerreformgesetz 2008 beschlossen; mit der Zustimmung des Bundesrates am 6. Juli 2007 wird die Reform wie geplant ab dem 1. Januar 2008 in Kraft treten. Von dieser Reform werden alle Unternehmen profitieren, also auch die mittelständischen Betriebe. Folgende Reformelemente sind von Bedeutung:

- Die Steuerbelastung für Körperschaften wird um rund 9 Prozentpunkte auf unter 30% und damit insgesamt um fast ein Viertel gesenkt. Der Unternehmensstandort Deutschland wird damit steuerlich international wieder wettbewerbsfähig. Die enorme Steuersenkung kommt auch mittelständisch geprägten Kapitalgesellschaften zugute.
- Kleine Unternehmen dürfen künftig höhere Investitionsabzugsbeträge (bisher: Ansparabschreibungen) bilden. Der Rücklagen-Höchstbetrag soll von heute 154 000 € auf 200 000 € erhöht werden. [...]
- Insbesondere kleinere mittelständische Unternehmen profitieren außerdem davon, dass es bei der Abzugsbeschränkung von Zinskosten im Rahmen der Gewerbesteuer künftig einen Freibetrag von 100 000 € gibt. Dies wird in einer Vielzahl von Fällen dazu führen, dass keine Gewerbesteuer mehr zu zahlen ist. [...]
- Die Grenze für die Sofortabschreibung von Anschaffungs- oder Herstellungskosten bei geringwertigen Wirtschaftsgütern (GWG) soll auf 150 € gesenkt werden. Für Wirtschaftsgüter mit Anschaffungskosten i.H. v. 151 bis 1000 € soll ein Sammelposten gebildet werden (Abschreibung über fünf Jahre). [...]
- Die angesichts der massiven Steuerentlastung notwendigen Maßnahmen zur Verbreiterung der Bemessungsgrundlage und zur Verhinderung von Steuergestaltungen betreffen – abgesehen von der Streichung der degressiven Abschreibung – überwiegend international operierende, große und ertragskräftige Kapitalgesellschaften.

Aktuelle Berechnungen auch von unabhängigen Institutionen wie dem Zentrum für Europäische Wirtschaftsforschung (ZEW) zeigen: Die geplante Unternehmensteuerreform wird die deutsche Wirtschaft spürbar entlasten. Durch die Verbesserung des steuerlichen Standorts macht Deutschland im internationalen Vergleich einen kräftigen Sprung nach vorn. Auch nach Ansicht des ZEW ist vor allem der Mittelstand der große Gewinner der Reform, denn bei den Unternehmen dieser Größe schlagen die Tarifsenkungen voll durch, während wesentliche Elemente der Gegenfinanzierung nicht wirksam werden, da sie auf Grund von Freibeträgen bzw. Freigrenzen nicht greifen. [...]

Die von der Bundesregierung mit großer Beharrlichkeit verfolgte Steuerpolitik gemäß dem Grundsatz „Steuersätze senken – Bemessungsgrundlage verbreitern" entlastet Bürger und Unternehmen gleichermaßen, verbessert die wirtschaftlichen Rahmenbedingungen Deutschlands im internationalen Wettbewerb und verschafft gleichzeitig den öffentlichen Haushalten eine für die Bewältigung der Zukunftsaufgaben adäquate, dauerhaft stabile Finanzbasis.

http://www.bundesfinanzministerium.de/nn_53848/sid_73297FA343749102D7F15248904A3138/DE/BMF__Startseite/Service/Downloads/Abt__IV/048,property=publicationFile.pdf (06.11.08)

1. Erarbeiten Sie die aufgezeigten ordnungspolitischen Reformmaßnahmen und erklären Sie die angestrebten Wirkungen für Wachstum und Beschäftigung (M 32–M 34).

2. Informieren Sie sich über den derzeitigen Stand der Reformdiskussion.

3. Kritiker der Angebotspolitik befürchten eine Verschiebung der ordnungspolitischen Vorstellungen von der Sozialen Marktwirtschaft zu einer reinen Marktwirtschaft. Analysieren Sie die Auswirkungen dieser Reformen unter ordnungspolitischen Gesichtspunkten. Beziehen Sie dabei die Ausführungen zu Kapitel 1.2 in Ihre Überlegungen ein.

6.7 Zur Bewertung der Angebotspolitik

Die angebotspolitische Konzeption ist unter vielfältigen Aspekten angegriffen worden. Sie führe zu Sozialabbau, steigender Ungleichheit und Verarmung, vernachlässige die Nachfrageseite und sei wirkungslos geblieben. Die vorliegenden Materialien stellen in Beispielen die Debatte vor. Der Würdigung der angebotspolitischen Reformmaßnahmen aus der Sicht des Sachverständigenrates folgt eine Stellungnahme der Arbeitsgruppe alternative Wirtschaftspolitik, welche die Verteilungswirkungen der Angebotspolitik und die Auswirkungen auf die gesamtwirtschaftliche Nachfrage untersucht.

M 35

Die Position des Sachverständigenrates: „Es gibt eine Reformdividende"

In den vergangenen Jahren und sogar noch zu Beginn der laufenden Legislaturperiode agierte die Politik in einem schwierigen wirtschaftlichen Umfeld: Das Potenzialwachstum war niedrig, und die schwache Entwicklung des Bruttoinlandsprodukts wurde ganz überwiegend vom Außenhandel gestützt. Der Arbeitsmarkt war durch eine steigende oder zumindest anhaltend hohe Arbeitslosigkeit und eine Erosion der sozialversicherungspflichtigen Beschäftigung gekennzeichnet. Dies wiederum zog eine Einnahmeschwäche in den Systemen der Sozialen Sicherung nach sich. So hatten die Gesetzliche Rentenversicherung trotz Nullrunden bei den Rentenanpassungen ebenso wie die Gesetzliche Krankenversicherung mit einem stetigen Erhöhungsdruck auf die Beitragssätze und die Soziale Pflegeversicherung trotz fortschreitender realer Entwertung der Leistungen mit einer die Rücklagen rapide aufzehrenden Unterfinanzierung zu kämpfen. Die wirtschafts- und sozialpolitischen Spielräume waren zudem durch hohe Primärdefizite[1] in den öffentlichen Haushalten und wiederholte Verstöße gegen nationale wie europäische Regeln[2] zur Verschuldungsbegrenzung stark beschnitten. Von dieser prekären Lage ging ein unabweisbarer Handlungsdruck aus, der ein teilweise weitreichendes Umsteuern erzwang: so den seit dem Jahr 2002 flachen Pfad der Staatsausgaben mit der Folge eines deutlichen Rückgangs der Staatsausgabenquote[3], die Gesundheitsreform im Jahr 2003, die vier Gesetze für moderne Dienstleistungen am Arbeitsmarkt (Hartz I bis IV) in den Jahren 2002 bis 2004 und das Rentenversicherungsnachhaltigkeitsgesetz[4] im Jahr 2004.

Stellt man der gesamtwirtschaftlichen Situation der Jahre 2002 bis 2005 das gegenwärtige wirtschaftliche Umfeld gegenüber, wird deutlich, dass bei vielen Problemen eine spürbare Entspannung eingetreten ist. Die Zahl der Arbeitslosen hat sich erheblich verringert, und der Rückgang betraf nicht nur Arbeitslosengeldbezieher und damit die Arbeitslosenversicherung, sondern erfasste zudem die arbeitslosen Empfänger des Arbeitslosengeld II, die durchweg schlechtere Arbeitsmarktchancen hatten und haben. Der schon seit Längerem zu beobachtende Anstieg der Erwerbstätigkeit beschleunigte sich und erfasste insbesondere die sozialversicherungspflichtige Beschäftigung, die im Jahr 2007 um kräftige 2,2 v.H. zunahm. Dies wiederum verbesserte die Einnahmesituation des Systems der Sozialversicherungen: In der Gesetzlichen Krankenversicherung konnten die Kassen bis zum Jahresende ihre Schulden weitgehend abbauen, selbst die finanzielle Situation der chronisch defizitären Sozialen Pflegeversicherung entspannte sich etwas, und die Arbeitslosenversicherung, die auch und vor allem ausgabeseitig von der Erholung auf dem Arbeitsmarkt profitierte, erzielte trotz einer deutlichen und nur unvollständig über den neuen steuerfinanzierten Bundeszuschuss gegenfinanzierten Beitragssatzsenkung hohe Überschüsse. [...]

In den Systemen der Sozialen Sicherung greift die mit den Reformen der letzten Jahre eingeleitete Dämpfung der Ausgabenentwicklung und damit der Beitragssätze. Die verringerte Ausgabendynamik geht zurück auf Einschnitte auf der Leistungsseite der Sozialversicherungen, etwa die Reduzierung der Bezugsdauer des Arbeitslosengelds, ein Umsteuern in Art und Umfang der aktiven Arbeitsmarktpolitik, die neue Rentenanpassungsformel[5]

1 Primärdefizit – Die Staatseinnahmen sind niedriger als die eigentlichen Staatsausgaben.

2 Um eine dauerhafte Konsolidierung der öffentlichen Haushalte zu erreichen, haben die Mitgliedstaaten der EU einen Stabilitäts- und Wachstumspakt beschlossen, der die Teilnehmerländer verpflichtet, mittelfristig einen ausgeglichenen oder überschüssigen Haushalt zu erreichen. Die Obergrenze für die jährlichen Haushaltsdefizite liegt bei drei Prozent des Bruttoinlandsprodukts (BIP). Nur zeitweise begrenzt und in begründeten Ausnahmefällen, z.B. in Zeiten schwerer Rezessionen oder Naturkatastrophen, werden höhere Defizite akzeptiert. Sonst wird ein spezieller Sanktionsmechanismus in Gang gesetzt, der zunächst eine unverzinsliche Einlage des betroffenen Landes in Höhe von höchstens 0,5 Prozent des BIP vorsieht. Wird das übermäßige Defizit auch nach Ablauf einer bestimmten Frist nicht abgebaut, kann die Einlageverpflichtung in eine Geldbuße umgewandelt und später noch erhöht werden. Als nationale Regel für die Verschuldungsgrenze des Bundes gilt Artikel 115 des Grundgesetzes. Danach dürfen die Kreditaufnahmen die Summe der im Haushaltsplan veranschlagten Ausgaben für Investitionen nicht überschreiten.

3 Zur Messung des Umfangs der staatlichen Aktivität im Rahmen der Gesamtwirtschaft (Staatsanteil), werden Indikatoren berechnet. So gibt etwa die Staatsausgabenquote

in der Gesetzlichen Rentenversicherung oder eine Reduzierung des Leistungskatalogs der Gesetzlichen Krankenversicherung. All diese Maßnahmen sind dauerhaft wirksam. Über den gegenwärtigen Aufschwung hinaus reicht auch der Rückgang des strukturellen Defizits[6] im Staatshaushalt, der aber weniger durch eine moderate Ausgabenentwicklung, sondern in erster Linie einnahmeseitig über die Anhebung der Umsatzsteuer erreicht wurde. Hinzu kommt schließlich, dass mit dem Auslaufen der Strukturkrise am Bau und der Bilanzbereinigung[7] im Unternehmensbereich belastende Faktoren weggefallen sind, die in den vergangenen Jahren die Entwicklung des Bruttoinlandsprodukts gedämpft haben.

Und nicht zuletzt hat die mehrjährige und zum Teil deutliche Lohnzurückhaltung die internationale Wettbewerbsfähigkeit deutscher Unternehmen nachhaltig verbessert. Dies dokumentiert sich nicht nur in Erfolgen im Außenhandel oder einer von vielen kaum für möglich gehaltenen Reindustrialisierung, einem Erstarken der industriellen Basis der deutschen Wirtschaft, sondern auch in einem hohen und gestiegenen Interesse ausländischer Investoren an in Deutschland tätigen Unternehmen.

Viele dieser Entwicklungen gehen zumindest mittelbar auf noch in der vorangehenden Legislaturperiode ergriffene Politikmaßnahmen zurück. Daher wird im Kontext der Diskussion über die Natur der jüngsten wirtschaftlichen Belebung mit dem Begriff der Reformdividende operiert als dem Ertrag bisheriger Strukturreformen, die man als Investition in die Wachstumsperspektiven der deutschen Volkswirtschaft verstehen kann. Eine solche Dividende – verstanden als ein höheres Potenzialwachstum, eine niedrigere Beschäftigungsschwelle, ein Abbau der persistenten[8] Arbeitslosigkeit, solider finanzierte Sozialversicherungen und strukturell ausgeglichene öffentliche Haushalte – schlägt sich nicht zuletzt in größeren Handlungsspielräumen bei der Verfolgung wirtschafts- und sozialpolitischer Ziele nieder. [...] Die aufgeführten Verbesserungen auf dem Arbeitsmarkt, in den Systemen der Sozialen Sicherung und bei der Lage der öffentlichen Haushalte sowie die deutlich gestiegene Attraktivität des Wirtschaftsstandorts sind aber Befunde, die nicht allein durch zyklische Faktoren erklärt werden können, sondern deutliche Hinweise darauf sind, dass es eine Reformdividende gibt. Für die Bürger besteht diese Reformdividende in einem steigenden Beschäftigungsgrad, sichereren Arbeitsplätzen und verbesserten Einkommensperspektiven und für die Unternehmen in nachhaltig verbesserten Standortbindungen. Der Politik erwächst daraus eine wiedergewonnene finanzpolitische Handlungsfähigkeit, die es erlaubt, in einer künftigen konjunkturellen Schwächephase – anders als in den Jahren 2002 bis 2005 – antizyklisch zu reagieren und die Wirkung der automati-

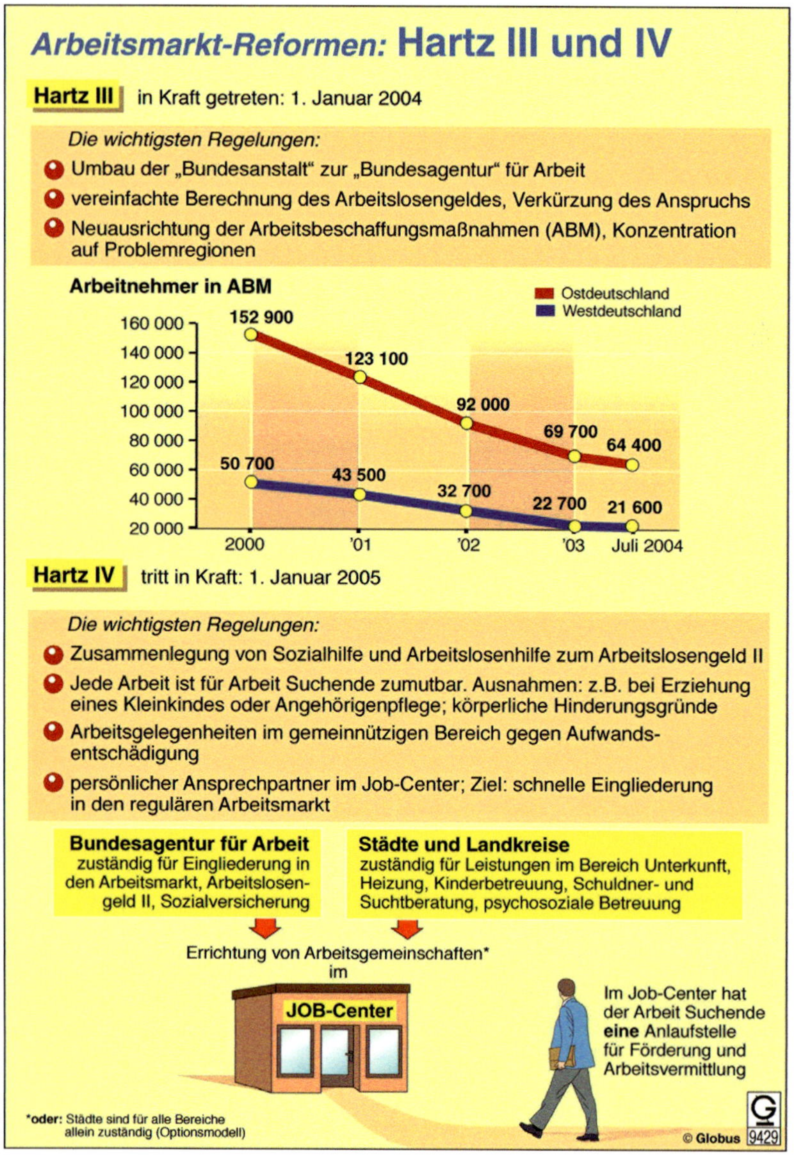

(Staatsquote) das Verhältnis der gesamten öffentlichen Ausgaben (Gebietskörperschaften und Sozialversicherung) zu einer Sozialproduktgröße (meist das Bruttoinlandsprodukt) an.

4 Das Rentenversicherungsnachhaltigkeitsgesetz von 2004 stellt eine der Reformen zur Begrenzung der Ausgaben in der Alterssicherung in Deutschland dar. Das Verhältnis zwischen Beitragszahlern und

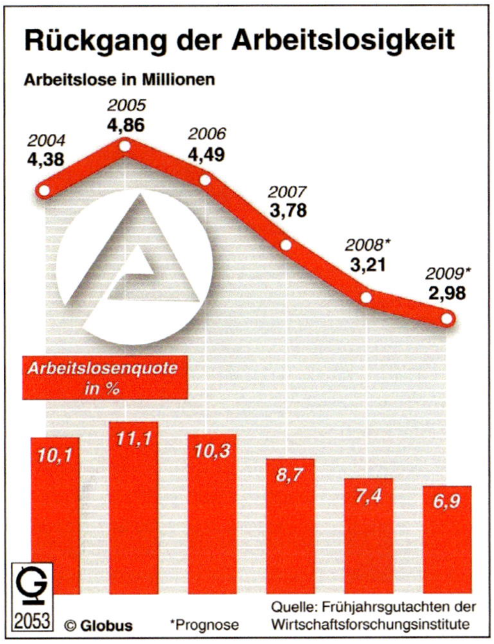

schen Stabilisatoren nicht durch Abgabenerhöhungen oder Leistungskürzungen beschneiden zu müssen.

Jahresgutachten des Sachverständigenrates zur Begutachtung der gesamtwirtschaftlichen Lage, 2007/08, „Das Erreichte nicht verspielen", veröffentlicht am 07.11.2007. http://www.sachverstaendigenrat-wirtschaft.de/download/gutachten/jg07_i.pdf

M 36

Ungleichheiten sind notwendig

Widerstände gegen angebotsorientierte Wirtschaftspolitik ergeben sich auch aus ihren als unerwünscht angesehenen Folgen für die Verteilung von Einkommen und Vermögen. Kritisches Interesse richtet sich dabei auf die Unternehmensgewinne. So ist es nicht einfach, Verständnis dafür zu finden, dass aus angebotspolitischer Sicht auch bei steigenden Unternehmensgewinnen eine moderate Lohnpolitik geboten sein kann. Demgegenüber gilt es die Einsicht zu vermitteln, dass die Aussicht auf Gewinne, im günstigen Fall sogar sehr hohe Gewinne, unverzichtbar ist als Anreiz für unternehmerische Betätigung, für Investitionen und für die Bereitschaft, Risiken einzugehen. Dies aber sind die Voraussetzungen für Wachstum und für das Entstehen von Beschäftigungsmöglichkeiten. Deswegen ist es gerade aus der Sicht von Arbeitnehmern, deren Arbeitsplätze bedroht sind, wünschenswert, dass die Gewinnaussichten für unternehmerische Investitionen günstig sind. Dass die Gewinne nicht übermäßig steigen werden, dafür sorgt ein funktionierender Wettbewerb, den zu sichern Aufgabe der staatlichen Wirtschaftspolitik ist.

Verfehlt ist hingegen eine Lohnpolitik, die auf Umverteilung zielt, statt sich an der Produktivität zu orientieren. Verfehlt ist es auch, Unternehmensgewinne exzessiv zu besteuern.

Nach der Konzeption angebotsorientierter Wirtschaftspolitik sollte Einkommensungleichheit, die aus hohen Unternehmensgewinnen resultiert, akzeptiert werden, wenn damit auf die Dauer in der Breite mehr Beschäftigung entsteht und höhere Einkommen erzielt werden. Aus der Sicht verteilungspolitischer Zielsetzungen mag die damit entstehende Ungleichheit als unerwünscht erscheinen. Gleichwohl wäre es nicht sinnvoll, nur um der Gleichheit willen Unterbeschäftigung und Wohlstandseinbußen hinzunehmen.

Jahresgutachten des Sachverständigenrates zur Begutachtung der gesamtwirtschaftlichen Lage 1997/98. Bundestagsdrucksache 13/9090, S. 177

Rentnern soll in der Rentenanpassungsklausel stärker berücksichtigt werden. Der so genannte Nachhaltigkeitsfaktor dient dazu, den langfristigen Schwund von Beitragszahlern aufgrund der demografischen Entwicklung auszugleichen. Gibt es weniger Arbeitnehmer und mehr Rentner, steigen die Renten langsamer. Die rentenrechtliche Anrechnung der allgemeinen Schulzeiten und allgemeinen Hochschulzeiten entfällt.

5 Die Rentenanpassungsformel, manchmal auch Rentenformel genannt, gibt an, mit welcher Rate der aktuelle Rentenwert jährlich zum 1. Juli der Einkommensentwicklung angepasst wird. Als Ergebnis der Rentenreformen wurde die Rentenanpassungsformel mehrmals geändert. Die Formel bemisst die Anpassung des Rentenwerts an der Entwicklung der beitragspflichtigen Bruttolöhne der rentenversicherungspflichtigen Arbeitnehmer.

6 Ein strukturelles Defizit ist Resultat einer dauerhaften Überlastung des Haushalts mit kreditfinanzierten Ausgaben und wird selbst bei guter Konjunktur nicht abgebaut.

7 Bilanzbereinigung – Maßnahme zur Sanierung eines Unternehmens, um einen in der Bilanz ausgewiesenen Kapitalverlust oder eine Überschuldung zu beseitigen.

8 persistent – unnachgiebig, starr, hart

M 37

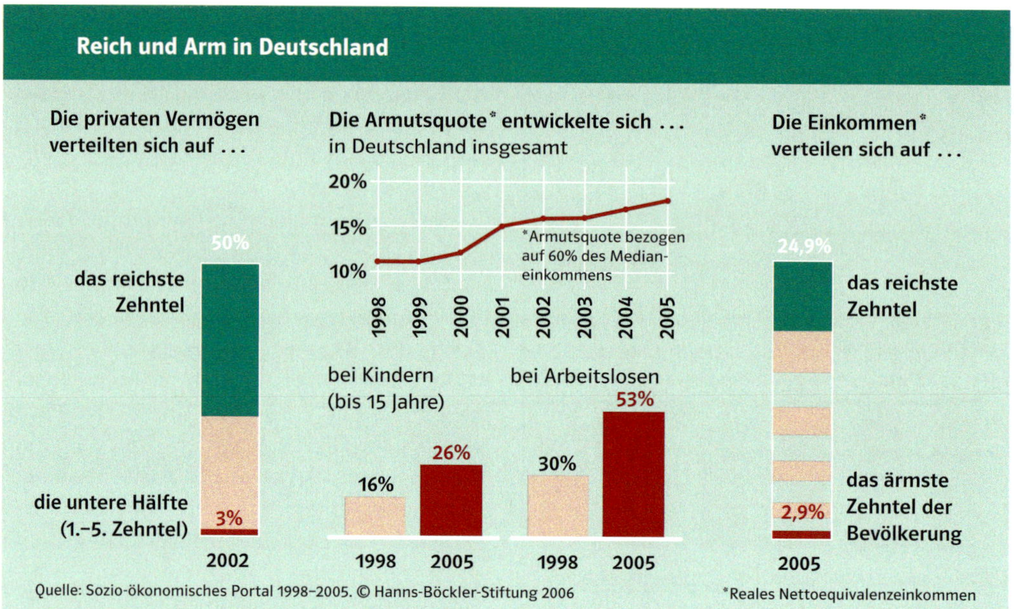

M 38

Die Position der Arbeitsgruppe alternative Wirtschaftspolitik[1]: Scheinerfolge und Kleinerfolge auf dem Arbeitsmarkt

Die Bundesregierung verweist mit besonderem Stolz darauf, dass die Zahl – minus 1,1 Millionen Personen – und die Quote – minus 2,9 Prozentpunkte – der registrierten Arbeitslosigkeit mittlerweile deutlich gegenüber dem Höchststand im Jahr 2005 zurückgegangen sind. Sie führt dies auf die Arbeitsmarktreformen der letzten Jahre, insbesondere auf die Hartz IV-Regelungen, zurück und zeigt sich entschlossen, die Grundlinie dieser Reformen – mehr Druck auf die Arbeitslosen – beizubehalten. Ungeachtet der jüngsten Korrektur, mit der die maximale Bezugsdauer von regulärem Arbeitslosengeld für ältere Arbeitslose geringfügig verlängert worden ist, bedarf diese schönfärberische Darstellung dringend der Richtigstellung, und die politische Orientierung auf ein „Weiter so" der Kritik und des Widerstandes. Dabei ist insbesondere auf folgende Tatsachen hinzuweisen:

– Da einer offenen Stelle für eine reguläre sozialversicherungspflichtige Beschäftigung immer noch 10 registrierte Arbeitslose gegenüberstehen, haben nach wie vor – trotz allen Drucks – neun Zehntel der Arbeitslosen keine Chance auf einen regulären Arbeitsplatz. Viele sind gezwungen, ungeschützte und unversicherte Arbeitsverhältnisse einzugehen.

– Auch wenn die Zahl der registrierten Arbeitslosen im Jahr 2007 gegenüber 2006 um 700 000 auf 3,8 Millionen gesunken ist, lag sie immer noch um ein Drittel höher als 1991, dreimal höher als (in Westdeutschland) im Jahr 1981 (1,3 Millionen) und 26mal höher als im Jahr 1971 (145 000! = Quote 0,7 Prozent). Der Hinweis auf diese historisch tatsächlich realisierten Werte soll nicht Nostalgie wecken, sondern an die Aufgabe einer an Vollbeschäftigung orientierten Beschäftigungspolitik erinnern und einer Position kritisch gegenübergestellt werden, die eine Verminderung der Arbeitslosenquote von 13 auf 10 Prozent schon als durchgreifenden Erfolg feiert.

– Die Zahl der sozialversicherungspflichtig Beschäftigten lag 2007 mit 26,9 Millionen Personen immer noch um über eine Million unter der des letzen konjunkturellen Höhepunktes (2000: 28,2 Millionen). Die Beschäftigungslücke in Deutschland liegt nach dem Aufschwung immer noch bei 5,6 Millionen Personen. Dabei sind alle diejenigen nicht mitgerechnet, die unfreiwillig in Teilzeitarbeit beschäftigt sind: über 70 Prozent aller teilzeitbeschäftigten Männer und rund 30 (West-

1 Die „Arbeitsgruppe Alternative Wirtschaftspolitik" ist ein Zusammenschluss von Wirtschafts- und Sozialwissenschaftlern, die sich als kritische Alternative des Sachverständigenrates zur Begutachtung der gesamtwirtschaftlichen Entwicklung sehen und jährlich ein Gegengutachten (Memorandum) zum SVR-Gutachten erstellen.

deutschland) bzw. 40 Prozent (Ostdeutschland) aller teilzeitbeschäftigten Frauen.

– Der Anteil der Langzeitarbeitslosen an den registrierten Arbeitslosen, der 1991 bei 17,4 Prozent gelegen hatte, und sich bis 2002 auf 34 Prozent verdoppelt hatte, lag im Jahr 2007 bei rund 40 Prozent.

– Auch die Struktur der Beschäftigung hat sich verschlechtert: Die Zahl der Leiharbeiterinnen und Leiharbeiter hat allein im letzten Jahr um mehr als ein Fünftel auf 731 000 Personen zugenommen. Der Anteil der Teilzeitarbeiterinnen und Teilzeitarbeiter an allen Beschäftigten, der 1996 bei 21,6 und 2000 bei 27,2 Prozent gelegen hatte, ist auf 33,5 Prozent gestiegen. Die Zahl der prekär – unterbezahlt, ungeschützt und/oder ohne soziale Sicherung – beschäftigten Personen ist mittlerweile von 5,1 Millionen im Jahr 2003 auf 5,9 Millionen im Jahr 2007 gestiegen. Das entspricht mehr als einem Fünftel der sozialversicherungspflichtig Beschäftigten.

– Niedriglöhne sind mittlerweile zu einer Massenerscheinung in Deutschland geworden. 6,5 Millionen Personen erhielten 2006 einen Lohn, der in Westdeutschland geringer als 9,61 Euro und in Ostdeutschland geringer als 6,81 Euro pro Stunde war. Von Niedriglöhnen betroffen sind mittlerweile 22,2 Prozent, also mehr als ein Fünftel aller Beschäftigten. Gegenüber 1995 (15 Prozent) ist dieser Anteil um fast die Hälfte angestiegen. In keinem kontinentaleuropäischen Land war die Zunahme so stark wie in Deutschland, das mittlerweile bei der Niedriglohnbeschäftigung an erster Stelle unter den kontinentaleuropäischen Staaten steht. 14 Prozent aller Vollzeitbeschäftigten, 23,4 Prozent aller Teilzeitbeschäftigten und mehr als neun Zehntel aller Minijobberinnen und Minijobber erhalten Löhne im Niedriglohnbereich. Auch Berufsausbildung und Qualifikation schützen nicht vor niedrigen Löhnen oder Gehältern: 2006 hatten drei Viertel der Betroffenen eine abgeschlossene Berufs- oder Hochschulausbildung. Massenhafte Niedriglöhne haben natürlich auch Folgen für das ganze Lohngefüge, das in zunehmendem Maße unter Druck gerät und nach unten ausfranst.

Arbeitsgruppe alternative Wirtschaftspolitik, Memorandum 2008 – Neuverteilung von Einkommen, Arbeit und Macht (Kurzfassung), S. 2 f., http://www.memo.uni-bremen.de/aktuellindex.html

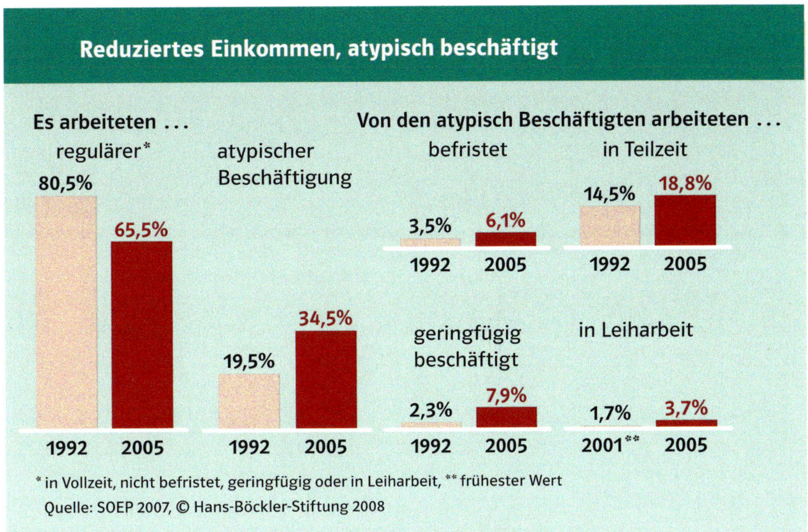

M 39

Die Position der Arbeitsgruppe alternative Wirtschaftspolitik: Gefahren für Konjunktur und Wachstum

Dass der weltweite Konjunkturaufschwung zumindest in den entwickelten Industrieländern an sein Ende gekommen ist und in einen Abschwung überzugehen droht, steht mittlerweile außer Frage. Während der letzten Monate haben alle internationalen Institutionen, alle Regierungen und Forschungsinstitute ihre Prognosen nach unten korrigiert. [...] Auch die EU geht wie die deutsche Regierung

Schwäche der Konsumnachfrage
Reale Veränderung des BIP und der Nachfragekomponenten

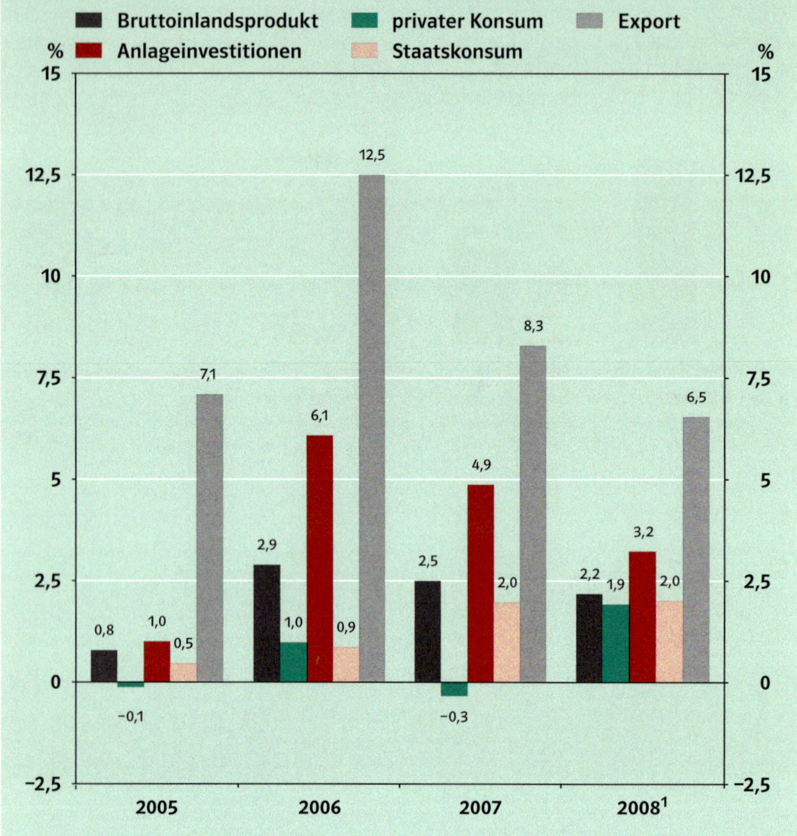

¹ Prognose Gemeinschaftsdiagnose

Statistisches Bundesamt, Oktober 2007

Die Entwicklung der Lohnquote in Deutschland
Anteil der Arbeitnehmerentgelte am Volkseinkommen seit 1982

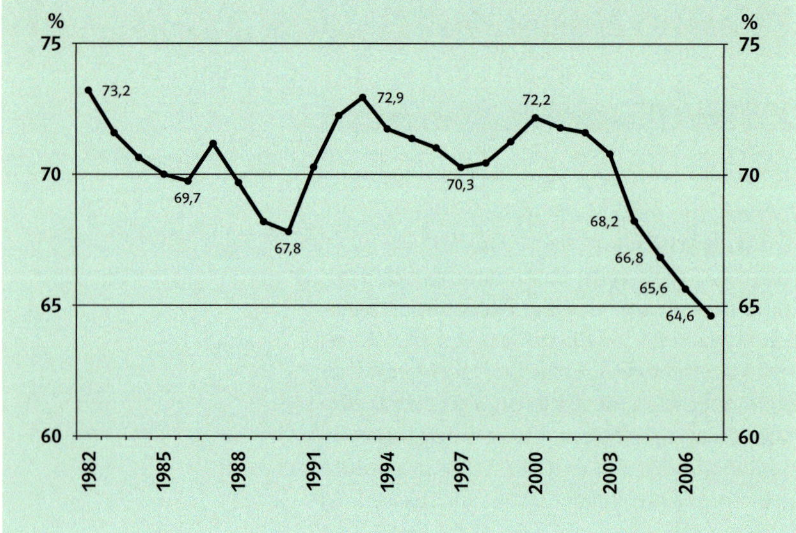

davon aus, dass die Hauptursachen für diesen Umschwung in den Turbulenzen der Finanzmärkte liegen.

Diese Erklärung halten wir für die EU insgesamt und insbesondere für Deutschland für falsch. Die Ursachen für den konjunkturellen Abschwung in Deutschland liegen nicht in der Finanzkrise, sondern darin, dass der vorangegangene Aufschwung schwach geblieben war und im Wesentlichen nur auf den Exporten und den Investitionen beruht hatte. Die Wirkung dieser beiden Pfeiler der Konjunktur lässt jedoch in diesem Jahr nach. Falls an ihre Stelle nicht eine kräftige Belebung des privaten Verbrauchs und/oder der Staatsausgaben tritt, wird sich die konjunkturelle Abwärtsbewegung beschleunigen, und es entsteht die akute Gefahr einer Rezession. […]

Auf den privaten Verbrauch entfällt der mit Abstand größte Teil der gesamtwirtschaftlichen Nachfrage (2007 rund 55 Prozent). Er ist im Jahr 2007 real nicht nur nicht gewachsen, sondern sogar das dritte Mal seit 2001 gesunken. Die Gründe hierfür liegen auf der Hand. Der wichtigste ist die unzureichende Entwicklung der Löhne und Gehälter, aus deren Verausgabung sich der größere Teil des privaten Verbrauchs speist. Der Rückgang der Lohnquote, die sich im langfristigen Trend seit Ende der 1970er Jahre beobachten lässt, hat sich seit Beginn dieses Jahrzehnts beschleunigt und im letzten Jahr fortgesetzt. Die Politik hat die hierdurch verursachte Schwäche der Masseneinkommen nicht gemildert, sondern durch die massive Erhöhung der Mehrwertsteuer um drei Prozentpunkte oder rund 24 Milliarden Euro weiter verstärkt. Im laufenden Jahr wird der private Verbrauch zwar vermutlich nicht weiter abnehmen, aber keinesfalls ausreichen, um den Abschwung zu verhindern.

Es kann nicht überraschen, dass der viel gepriesene Aufschwung nur bei einer Minderheit der Menschen in Deutschland angekommen, an der großen Mehrheit – eine Umfrage bezifferte sie mit 81 Prozent – jedoch vorbeigegangen ist. Die Wirkungen einer neuen Wachstumsschwäche oder aber eines Abschwungs werden allerdings umgekehrt sein. Er wird die kleine Minderheit der oberen Einkommensklassen relativ unberührt lassen, für die große Mehrheit der Menschen aber weitere – und massivere – Einbußen bringen.

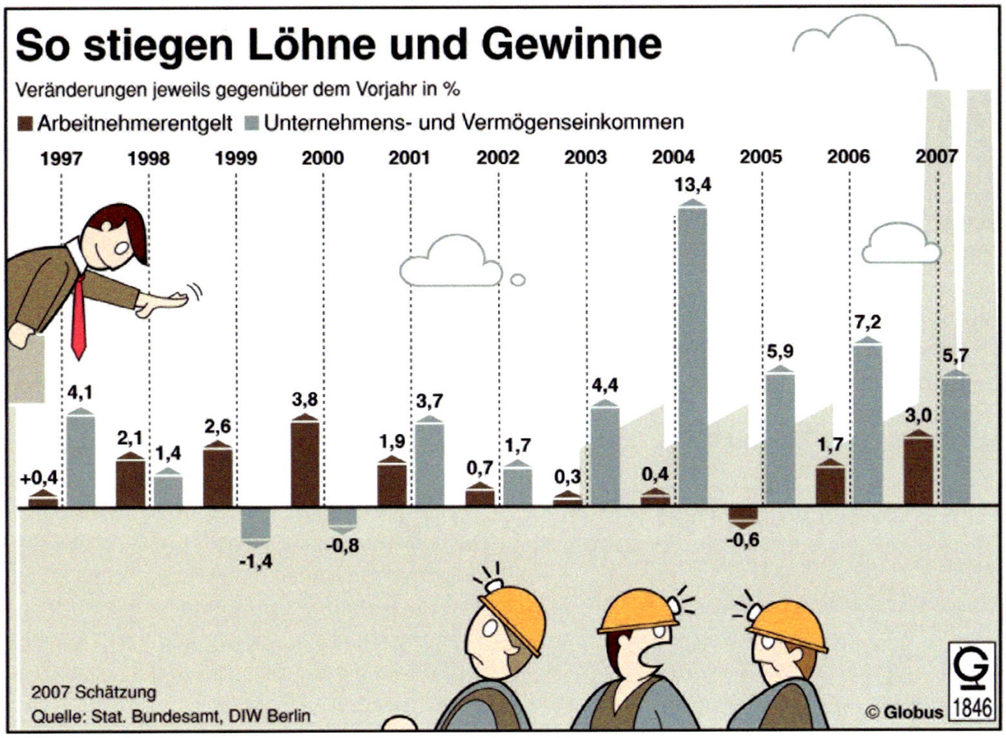

Die Politik hat die durch die Steuererhöhung erzielten zusätzlichen Einnahmen nicht dazu genutzt, die staatlichen Ausgaben für öffentliche Güter kräftig zu steigern, um dadurch die – aller Erfolgspropaganda zum Trotz – offensichtlichen Fehlentwicklungen und massiven Ungerechtigkeiten in der Arbeitsmarkt- und Sozialpolitik zumindest ansatzweise zu korrigieren sowie zunehmende Lücken in der Infrastruktur zu schließen und so auch der gesamtwirtschaftlichen Schwäche entgegenzuwirken. Im Gegenteil: Im Zentrum staatlicher Wirtschaftspolitik stand die weitere Entlastung der Unternehmen durch die Unternehmenssteuerreform sowie die Haushaltskonsolidierung durch die drastische Verringerung der staatlichen Neuverschuldung. Dieser Kurs soll nach dem Willen der Bundesregierung auch in diesem Jahr beibehalten werden. Er hat den vergangenen Aufschwung gebremst und wird die Abschwungkräfte verstärken.

Arbeitsgruppe alternative Wirtschaftspolitik, Memorandum 2008 – Neuverteilung von Einkommen, Arbeit und Macht (Kurzfassung), S. 5 ff. (http://www.memo.uni-bremen.de/aktuellindex.html)

M 40

„Die Neoliberalen sind widerlegt"

Herr Hickel[1], sind Sie ein linker Professor?
Wenn links dafür steht, dass man auch als Ökonom die Lage der abhängig Beschäftigten und sozial Schwachen ins Visier nimmt, dann ja.

Dann können Sie mir sicher erklären, warum wir in der Krise einen neoliberalen und nun im Aufschwung einen sozialen Zeitgeist haben?
Die Stagnation nach dem Einbruch der New Economy 2000 und die hohe Arbeitslosigkeit waren der Nährboden für Neoliberalismus. Der Ende 2005 überraschend einsetzende Aufschwung hat sie widerlegt, denn noch kurz davor sprachen die Neoliberalen von der Ökonomie am Abgrund. Die Absicht war, Löhne zu drücken und den Sozialstaat zu reduzieren. Tatsächlich haben wir eine international wettbewerbsstarke Wirtschaft, die wegen ihrer wachsenden Produktivität auch ein hohes Lohnniveau verträgt.

1 Rudolf Hickel (65) ist Volkswirt und Professor für Finanzwissenschaften an der Uni Bremen. Er war Mitgründer der Arbeitsgruppe „Alternative Wirtschaftspolitik" und berät die Globalisierungskritiker von Attac.

Aber der Boom wurde der als neoliberal empfundenen Agenda 2010 zugeschrieben.

Der Aufschwung wurde vor allem vom Export getragen. Die Agenda 2010 hat ihn eher belastet. Sie hat den Druck erhöht, zu Niedriglöhnen zu arbeiten. Dazu kam eine moderate Lohnpolitik. Zusammen belastet dies den Konsum. Selbst im Boomjahr 2007 ist der private Konsum real um 0,3 Prozent zurückgegangen. Daran zeigt sich, dass der Aufschwung kaum bei von Arbeits- und Sozialeinkommen Abhängigen angekommen ist. Diese Frage der sozialen Gerechtigkeit ist es, die den Neoliberalismus derzeit wieder zurückdrängt.

Sie vertreten eine Nachfragepolitik à la Keynes. Das tun doch nicht mal mehr die Sozialdemokraten.

Ich sehe schon eine Änderung in der Politik. Sie hat erkannt, dass generelles Einsparen die Konjunktur belastet. Derzeit hielte ich ein kurzfristiges Konjunkturprogramm für nicht erforderlich. Ich plädiere für „Keynes Plus". Man muss die Nachfrage stärken, aber der Staat sollte auch in Zukunftsprojekte investieren.

Zu Keynes gehört aber auch, die aufgenommenen Schulden zurückzuzahlen.

Ich bin ja dafür, Kredite zur Konjunkturbelebung im Aufschwung wieder abzubauen. Keynes hat sich zur konjunkturellen Entschuldung explizit nie geäußert. Übrigens war er der erste Ökonom, der vor der fatalen Wirkung von Spekulationsgeschäften auf die Volkswirtschaft gewarnt hat, vor dem Kasino-Kapitalismus. Wir erleben zurzeit, wie der Finanzmarkt die Produktionswirtschaft terrorisiert. [...]

Wir haben in Deutschland 40 Millionen Beschäftigte. So viele wie noch nie. Was stört Sie eigentlich daran?

Auf den ersten Blick ist das ein Riesenerfolg. Es gibt ja auch mehr Vollzeitstellen, etwa in der Metallindustrie. Auf den zweiten Blick ist die Zahl derer, die einer harten Arbeit nachgehen, aber nicht existenzsichernd entlohnt werden, gestiegen. Wir schätzen sie auf sechs Millionen. Hinzu kommt die wachsende Zahl an Leih- und Zeitarbeitern.

Das war doch gewollt. Rot-Grün hat den Niedriglohnsektor ausgebaut. Nun wundern wir uns, dass dort niedrige Löhne gezahlt werden.

Diesen Widerspruch sehe ich auch. Genau deshalb habe ich Hartz IV von Anfang an kritisiert. Bei der SPD stieß man damals auf eine Mauer des Schweigens, jetzt reibt sie sich die Augen. [...]

Wäre es denn besser, die Billigjobs wären gar nicht erst entstanden?

Das ist die Grundfrage, die derzeit die Republik spaltet. Ich meine, Erwerbsarbeit, die nicht mehr die Existenz sichert, ist nicht akzeptabel. Da darf auch nicht auf den Staat spekuliert werden, der etwas zum Hungerlohn dazugibt. Deshalb wäre ein Mindestlohn als bewusster Eingriff in die Lohnsetzung richtig. Er ist nötig, weil unser Tarifsystem in dieser Niedriglohnökonomie nicht mehr funktioniert. Es gibt Tariflöhne, die deutlich unter der Existenzsicherung liegen.

Diese Jobs wären dann gefährdet.

Nein. Wer behauptet, dass durch Mindestlöhne massenhaft Jobs wegfallen, liegt falsch. In den Modellen der neoklassischen Wirtschaftsforscher geht es nur um die unmittelbaren Arbeitskosten. Nicht berücksichtigt wird die Stärkung der Konsumnachfrage und die steigende Arbeitsmotivation. Schließlich hat sich in Großbritannien gezeigt, dass mit dem Mindestlohn die Arbeitsbereitschaft gestiegen ist. Dort sind sogar neue Jobs besetzt worden.

Weil die Wirtschaft boomt.

Ja, Großbritannien hat den Mindestlohn im Aufschwung eingeführt und es ist schwer, die konjunkturellen Einflüsse herauszurechnen. Aber dort sind auch Jobs in Pflegeberufen entstanden, die nicht konjunkturabhängig sind. Was ich betonen will: Wir haben noch keine Erfahrungen mit einem flächendeckenden Mindestlohn. Deshalb sind exakte Vorhersagen für Deutschland nicht möglich.

In England legt nicht die Politik den Mindestlohn fest.

Nein, das macht eine Kommission aus Arbeitgebern, Arbeitnehmern und Wissenschaftlern.

Der Staat ist nicht dabei. Das schlage ich auch für Deutschland vor. Die Höhe der Mindestlöhne ist nichts für Wahlkämpfe.

Die Deutschen wollen gerechte Löhne. Sie wollen aber auch billig einkaufen. Wie sollen die Unternehmen das denn machen?

Hickel: Ich kann nur an die Konsumenten appellieren, sich nicht selber zu Tätern zu machen. Wer etwa mit Ryanair billig fliegt oder bei Kik einkauft, der muss wissen, dass die günstigen Preise durch Lohndumping auf dem Rücken der Beschäftigten ausgetragen werden.

Was glauben Sie, wann wird die Politik wieder Verzicht predigen statt Gerechtigkeit?

Hickel: Ich traue der Mehrheit der Politiker vor allem in Wahlkampfzeiten nicht über den Weg. Einen dauerhaften Umbau auf mehr soziale Gerechtigkeit sehe ich leider nicht. Im nächsten Abschwung geht die Verzichtsorgie wieder los.

Rudolf Hickel im Gespräch mit Stefan Schulte. In: WAZ, 17.01.2008

1. Analysieren Sie die Positionen des Sachverständigenrates und der Arbeitsgruppe alternative Wirtschaftspolitik zu den Wirkungen der Reformpolitik in Deutschland und ordnen Sie die Positionen begründet einem wirtschaftspolitischen Konzept zu (M 35, M 36, M 38, M 39).
2. Informieren Sie sich genauer über die in M35 aufgezeigten Reformmaßnahmen in den Systemen der Sozialen Sicherung und erläutern Sie die These des SVR, es gebe eine Reformdividende.
3. Erläutern Sie die Rechtfertigung des SVR (M 36) von Ungleichheiten in der Einkommens- und Vermögensverteilung und nehmen Sie Stellung. Werten Sie dabei auch die Darstellung zur Einkommens- und Vermögensverteilung sowie zur Armutsentwicklung in Deutschland aus (M 37).
4. Ermitteln Sie die kritischen Einwände der Arbeitsgruppe alternative Wirtschaftspolitik (M 38, M 39) und Rudolf Hickels (M 40) zu den Reformmaßnahmen in den Systemen der Sozialen Sicherung.
5. Beurteilen Sie Hickels Plädoyer für die Einführung von Mindestlöhnen in Deutschland. Recherchieren Sie den derzeitigen Stand der Reformdiskussion.
6. Entwickeln Sie Thesen für eine Debatte zur Bewertung der Reformmaßnahmen in den Systemen der Sozialen Sicherung.
7. Diskutieren Sie Hickels These, die Neoliberalen seien widerlegt und eine Neuorientierung in Wachstums-, Beschäftigungs- und Sozialpolitik sei anzustreben.

Lernkontrolle

Stichwortsammlung

Die Position des klassischen Liberalismus
- das System der natürlichen Freiheit, der Regelmechanismus des Marktpreises als „unsichtbare Hand"
- Markt als Koordinationsmechanismus von Angebot und Nachfrage auf Güter-, Arbeits- und Kreditmarkt, Selbstheilungskräfte der Wirtschaft, Say'sches Theorem
- Neutralitätsgebot der klassischen Nationalökonomie

Die Weltwirtschaftskrise und die Grenzen klassischer Wirtschaftstheorie
- Ursachen und Folgen der Weltwirtschaftskrise, Versagen der Selbstheilungskräfte
- Sparen in der Depression - Deflationspolitik in Deutschland und England in der Weltwirtschaftskrise und die Folgen

Die keynesianische Revolution
- Kreislaufzusammenhang von Nachfrage, Produktion und Geldmenge, Bestimmungsfaktoren der Konjunkturentwicklung nach Keynes
- Nachfragestimulierung durch den Staat: antizyklische Fiskalpolitik und „deficit-spending", Grenzen einer antizyklischen Fiskalpolitik

Ausprägungen der Wirtschaftspolitik in der Nachfolge von Keynes
- antizyklische Konjunkturpolitik, diskretionäre Politik, Globalsteuerung, Fiskalpolitik
- Stabilitäts- und Wachstumsgesetz

Kritik an Keynes' wirtschaftspolitischer Konzeption
- Kritik der Steuerradtheorie, Kritik der Keynes'schen Multiplikatorenanalyse
- inflationärer Neigungswinkel einer keynesianisch orientierten Politik
- Wirkungsverzögerungen konjunkturpolitischer Maßnahmen: Time-lags
- Asymmetrie staatlicher Konjunkturpolitik, Verschuldungsproblematik, Anwachsen des Staatseinflusses

Die Gegenrevolution: Angebotspolitik
- inhärente Stabilität des privaten Sektors
- Konzeption einer angebotsorientierten Wirtschaftspolitik, autonomes Angebotshandeln, Verbesserung der mikroökonomischen Investitionsbedingungen, Stabilisierung der Erwartungen
- Privatisierung, Deregulierung
- Staatsverschuldung, Schuldenquote, Haushaltsdefizit, Konsolidierungskurs
- Unternehmenssteuerreform, Personalzusatzkosten

Zur Kritik der Angebotspolitik
- Reformdividende: höheres Potenzialwachstum, niedrigere Beschäftigungsschwelle, Abbau der persistenten Arbeitslosigkeit, solide finanzierte Sozialversicherungen, ausgeglichene öffentliche Haushalte
- Aussicht auf Gewinne als Anreiz für unternehmerische Betätigung, als Voraussetzung für Wachstum und Beschäftigungsmöglichkeiten, Einkommensungleichheit
- ungeschützte und unversicherte Arbeitsverhältnisse, prekär beschäftigte Personen, Niedriglohnbeschäftigung, Langzeitarbeitslosigkeit
- Rückgang der Lohnquote, Schwäche der Masseneinkommen

7 Die Geldpolitik der Europäischen Zentralbank – Möglichkeiten und Grenzen

In der Annäherung wurden Verwerfungen an den amerikanischen Kredit- und Hypothekenmärkten sowie daraus folgende Probleme für den gesamten Bankensektor vorgestellt, ebenso die Risiken für die wirtschaftliche Entwicklung der Weltwirtschaft. Nicht zuletzt ergaben sich Schwierigkeiten für die Geldversorgung der Wirtschaft. Das Misstrauen der Banken untereinander hielt sie von der gegenseitigen Kreditvergabe ab, so dass die Zentralbanken wichtiger Industriestaaten mit Milliardenbeträgen einspringen mussten. Manche sehen schon die Vorzeichen einer Weltwirtschaftskrise, auch die Weltwirtschaftskrise des vergangenen Jahrhunderts begann mit einem „Zustand finanzieller Bedrängnis", gefolgt von Bankenzusammenbrüchen.
Das folgende Kapitel thematisiert die Geldversorgung der Wirtschaft durch die Zentralbank und die Geschäftsbanken sowie die damit verbundenen Probleme bei der Sicherung der Geldwertstabilität.

Mit diesem Kapitel können Sie folgende Ziele erreichen:
- Ursachen der Inflation und Strategien zur Bekämpfung der Inflation erläutern und kritisch hinterfragen,
- die Geschichte des Geldes in Hinblick auf die Aufgaben des Geldes erläutern,
- Geldschöpfung und Geldvernichtung des Europäischen Systems der Zentralbanken und der Kreditinstitute erklären und verschiedene Geldmengenbegriffe unterscheiden,
- Stellung, Organisation, Aufgaben, Zielsetzungen und Instrumente der Europäischen Zentralbank kennen,
- Strategien zur Geldmengenpolitik bzw. zur Sicherung der Preisstabilität kennen und bewerten,
- Gefahren für die Geldwertstabilität beurteilen und kritisch geldpolitische Zielsetzungen und Entscheidungen hinterfragen.

7.1 Turbulenzen an den internationalen Finanzmärkten: Neue Gefahren für Geld- und Preisniveaustabilität?

M 1

„Können Sie unser Geld vor der Krise retten, Herr Weber?"

Herr Weber, täglich kommen neue Schreckensmeldungen aus der Finanzbranche. Erleben wir nur eine Finanzkrise oder den Anfang einer großen Wirtschaftskrise?

Weber: Die Turbulenzen an den Finanzmärkten stellen eine ernste Belastungsprobe für das nationale und internationale Finanzsystem dar. Das globale Finanzsystem hat sich jedoch im Kern als widerstandsfähig gezeigt. [...]

Der Wirtschaftsweise[1] Peter Bofinger hat gesagt: „Die kranken Banken werden rund um die Uhr von den staatlichen Notenbanken betreut, ähnlich wie die Patienten auf der Intensivstation. Die Eingriffe erfolgen so professionell, dass Anleger keine Angst um ihre Ersparnisse haben müssen." Können Sie unser Geld wirklich retten?

Weber: Die Guthaben bei Banken in Deutschland sind sicher. Wir haben sehr weitreichende Einlagensicherungssysteme. Für die Sparkassen und Genossenschaftsbanken greift das System der Institutssicherung, damit schützen sich diese Institute gegenseitig. Bei den Privatbanken besteht eine gesetzliche Mindestsicherung von bis zu 20 000 Euro je Anleger. Darüber hinaus sieht der Einlagensicherungsfonds der privaten Banken einen Schutz bis zur Höhe von 30 Prozent des maßgeblichen haftenden Eigenkapitals der jeweiligen Bank vor.

Und im Zweifelsfall gibt es noch die Zentralbank, die wie im Fall IKB und SachsenLB mit eingreift.

Weber: Die Bundesbank hat weder die IKB noch die SachsenLB[2] finanziell unterstützt. Zu unseren Aufgaben als Zentralbank gehört es, die Banken durch kurzfristige Kredite gegen Sicherheiten mit der benötigten Liquidität zu versorgen. Der Zugang zu dieser Liquidität ist für die Banken in den letzten Monaten besonders wichtig gewesen, weil sie sich aus Mangel an gegenseitigem Vertrauen untereinander weniger Geld geliehen haben.

Viele Beobachter sagen, die Finanzmarktkrise hat damit zu tun, dass es zu viel Geld gab!

Weber: Es gab nicht zu viel Geld, sondern zu wenig Risikobewusstsein bei Banken und anderen Marktteilnehmern. [...] Dies führte dazu, dass Kredite nicht immer mit hinreichender Risikoverantwortung ausgereicht wurden. Blindes Vertrauen in das Rating[3] dieser Finanzprodukte sowie eine global zu beobachtende Jagd nach Rendite haben dieses Geschäftsgebaren zusätzlich verstärkt. [...]

Uns verunsichern die Preise: Im März hatten wir 3,5 Prozent Inflation in der Eurozone und in Deutschland ist die Teuerung mit voraussichtlich 3,1 Prozent so hoch wie seit Jahren nicht mehr.

Weber: Die aktuellen Inflationsraten in Deutschland und im Euroraum sind besorgniserregend. Sie sind allerdings maßgeblich

Axel Weber wurde am 8. März 1957 im pfälzischen Kusel geboren. Er studierte Volkswirtschaft in Konstanz, promovierte und habilitierte sich an der Uni Siegen. Zwischen 1994 und 2004 lehrte er als Professor in Bonn, Frankfurt am Main und Köln. Im Jahr 2002 wurde er in den Sachverständigenrat der Bundesregierung berufen. Seit 2004 ist Axel Weber Präsident der Deutschen Bundesbank. Damit ist er der deutsche Vertreter im Rat der Europäischen Zentralbank (EZB), der über das Zinsniveau in der Eurozone entscheidet.

http://www.finanzen.net/finanzen/archiv/grafik/interview2_0508.jpg

1 Als Wirtschaftsweise bezeichnet man die 5 Mitglieder des Sachverständigenrates zur Begutachtung der gesamtwirtschaftlichen Entwicklung, ein Gremium der wissenschaftlichen Politikberatung. Der Sachverständigenrat wurde durch Gesetz im Jahre 1963 eingerichtet, um in regelmäßigen Abständen die gesamtwirtschaftliche Entwicklung in der Bundesrepublik Deutschland zu begutachten.

2 Die halbstaatliche IKB Deutsche Industriebank und die staatliche Sachsen Landes-Bank zählen zu den deutschen Banken, die aufgrund der Krise auf dem amerikanischen Hypothekenmarkt deftige Verluste hinnehmen mussten und in Schieflage geraten sind.

3 Als Rating kennzeichnet man im Bankwesen die Einschätzung der Zahlungsfähigkeit eines Schuldners. Die Einschätzungen erfolgen nach bankeigenen Kriterien oder werden von international tätigen Ratingagenturen wie Moody's, Standard & Poor's, Fitch oder DBRS vorgenommen. Neben diesen großen internationalen Agenturen, die etwa 85 % des weltweiten Ratingmarktes bedienen, gibt es inzwischen in fast allen Ländern national operierende Ratingagenturen.

durch Energie- und Nahrungsmittelpreise getrieben. Für das Gesamtjahr 2008 ist abzusehen, dass die Inflation im Euroraum bei rund drei Prozent oder sogar darüber liegen wird. Dies ist deutlich über unserer Obergrenze für Preisstabilität von unter zwei Prozent. Das ist für eine stabilitätsorientierte Zentralbank ein sehr beunruhigendes Umfeld.

Was ist zu tun?
Weber: Wir glauben, dass unsere gegenwärtige geldpolitische Ausrichtung mit einem Leitzins von vier Prozent dazu beitragen wird, dass die mittel- bis langfristigen Inflationserwartungen stabilitätskonform verankert bleiben. Sollte es allerdings zu zusätzlichen Preisrisiken oder Zweitrundeneffekten kommen, müssen wir entschlossen gegensteuern.

Wollen Sie mit hohen Zinsen das Wirtschaftswachstum abwürgen?
Weber: Es ist unsere Aufgabe als Zentralbank, Preisstabilität zu gewährleisten, denn stabile Preise sind die beste Grundlage für ein nachhaltiges Wirtschaftswachstum. Danach richten wir unsere Zinsentscheidungen.

Euro, München, 23. April 2008. Das Gespräch führte Euro-Redakteur Daniel Zwick.

M 2

Eine Welt mit höherer Inflation

Über zwei Jahrzehnte hat die Globalisierung für sinkende Preise gesorgt. Billige Importe aus den Schwellenländern haben die Lebenshaltungskosten in den westlichen Industrienationen verringert. Diese inflationsdämpfende Phase ist vorbei. Die Globalisierung wird Opfer ihres eigenen Erfolgs, je mehr Menschen in den Schwellenländern wohlhabend werden und sich mehr und besseres Essen, mehr Konsumgüter und auch mehr Energieverbrauch leisten können.
Die globale Nachfrage nach Nahrungsmitteln, Rohstoffen und vor allem Erdöl steigt damit in bislang ungekanntem Ausmaß. Der Preis für ein Barrel (159 Liter) Erdöl der Sorte WTI hat sich innerhalb eines Jahres auf gut 145 Dollar mehr als verdoppelt. In den vergangenen fünf Jahren hat er sich verfünffacht[1].
Dieser Ölpreisschock hat auch in Deutschland einen Schub der Verbraucherpreise gebracht. Energieprodukte verteuerten sich im Mai mit der Rekordrate von 12,8 Prozent gegenüber dem Vorjahr. Für Nahrungsmittel mussten die Konsumenten durchschnittlich fast 8 Prozent mehr ausgeben. Diese Güter des täglichen Bedarfs fallen für die Inflationswahrnehmung besonders ins Gewicht. Dass demgegenüber die Wohnungsmieten, die für viele Haushalte etwa ein Viertel bis ein Drittel des Budgets ausmachen, weiterhin mit 1,4 Prozent nur minimal steigen, nehmen die Bürger weniger wahr. […]
Betrachtet man nur die Kernrate der Inflation, so liegt diese mit derzeit etwa 2,5 Prozent noch relativ nahe an dem Bereich, den die Europäische Zentralbank (EZB) als ihr mittelfristiges Ziel von Preisstabilität – knapp unter 2 Prozent – definiert. Die Kernrate bezieht sich auf einen Warenkorb ohne Agrar- und Energieprodukte, deren Preise besonders schwankungsanfällig sind. Allerdings führt das Konzept der Kerninflation, das in den Zentralbanken stark beachtet wird, in die Irre, wenn es den tatsächlichen Preisdruck unterzeichnet.
Angesichts der strukturellen Nachfrageverschiebungen auf der Welt spricht vieles dafür, dass der Anstieg der Preise für Nahrungsmittel und Rohöl dauerhaft sein wird. Alle Prognosen noch von der Jahreswende, als der Ölpreis gerade die Marke von 100 Dollar übersprang, dass sich der Ölmarkt wegen der nachlassenden Weltkonjunktur bald wieder

1 Die Auswirkungen der Finanzmarktkrise auf die weltweite Konjunkturentwicklung haben bis zum November 2008 zu einer Halbierung des Ölpreises gegenüber dem Berichtszeitpunkt geführt.

entspannen dürfte, haben sich als falsch herausgestellt.

Erstaunlich bleibt, wie robust sich die Wirtschaft trotz der dramatischen Verteuerung ihres wichtigsten Rohstoffes entwickelt. Anders als in den siebziger Jahren hat der jüngste Ölpreisschock die Konjunktur nicht abgewürgt. Bislang sind auch Zweitrundeneffekte, also höhere Lohnabschlüsse wegen höherer Inflationsraten, ausgeblieben: Anders als vor dreißig Jahren gibt es daher in Deutschland noch keine Preis-Lohn-Spirale. Ansätze dafür zeigen sich aber in Spanien und Belgien, wo die Löhne größtenteils inflationsindexiert sind. Die Sorge über mögliche Zweitrundeneffekte und einen Anstieg der Inflationserwartungen treibt die EZB um, die jüngst ihren Leitzins von 4 auf 4,25 Prozent moderat erhöht hat.

Das schnelle Wachstum der Geldmenge M 3[1], die seit vielen Monaten mit zweistelligen Raten zunimmt, zuletzt immerhin mit 10,6 Prozent, widerlegt ohnehin die bisweilen geäußerte Furcht vor einer Kreditklemme, welche die Konjunktur schwächen könnte. Im Gegenteil erleben wir eine fortgesetzte Kreditschwemme. Auch in Amerika und in Asien wächst die Geldmenge mit zweistelligen Raten. Dies hat die Bank für Internationalen Zahlungsausgleich, eine Art Zentralbank der Zentralbanken, jüngst zu der deutlichen Mahnung veranlasst, die Geldpolitiken zu straffen.

In den Vereinigten Staaten hat die dortige Notenbank Fed nach Ausbruch der Kreditkrise

1 Die Geldmenge bezeichnet den Bestand an Geld in Händen inländischer Nichtbanken. Wegen der Unschärfe des Geldbegriffs gibt es verschiedene statistische Abgrenzungen der Geldmenge. Das Eurosystem unterscheidet die Geldmengenbegriffe M 1 = Bargeldumlauf plus täglich fällige Einlagen der im Währungsgebiet ansässigen Nichtbanken, M 2 = M 1 plus Einlagen mit vereinbarter Laufzeit bis zu zwei Jahren und Einlagen mit vereinbarter Kündigungsfrist bis zu drei Monaten sowie M 3 = M 2 plus Anteile an Geldmarktfonds, Geldmarktpapieren und Bankschuldverschreibungen mit einer Laufzeit bis zu zwei Jahren. Dieses Aggregat steht bei der Geldpolitik des Eurosystems im Vordergrund.
Zur weiteren Definition vgl. Sie Kap. 7.3.

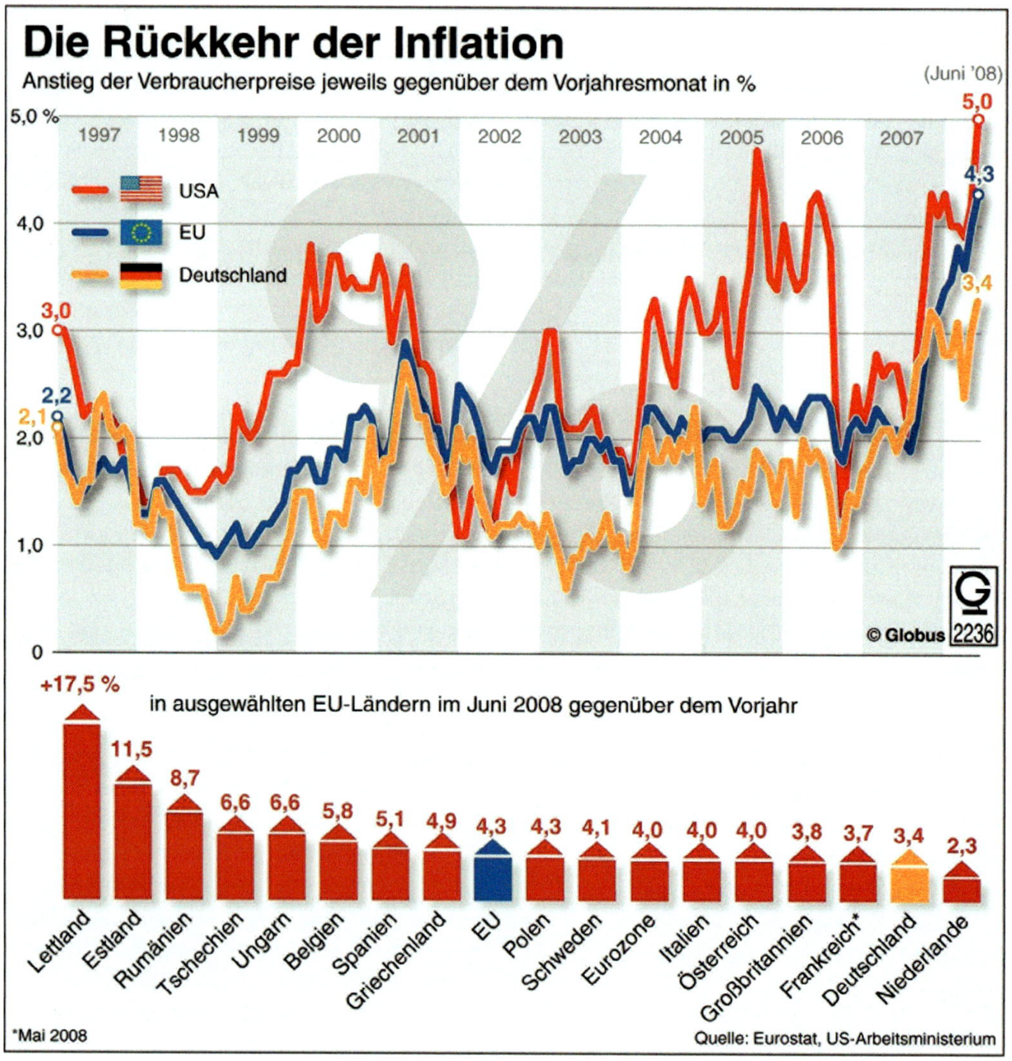

den Leitzins in mehreren hektischen Schritten von 5,25 auf 2 Prozent gesenkt[1]. Kritiker wie der vor kurzem ausgeschiedene Fed-Gouverneur von St. Louis, William Poole, monieren, dass die Fed versucht, den angeschlagenen Banken mit einer Geldschwemme zu Hilfe zu kommen und damit mehr Inflation in Kauf nimmt, um die Last der faulen Kredite zu verringern. Mittlerweile sind die nominalen Kreditzinsen in Amerika und auch in Asien vielerorts unter die Inflationsrate gesunken. Das heißt, dass die Zinsen real sogar negativ sind, was einen hohen Anreiz zur Verschuldung bringt und die Geldmengenausweitung vorantreibt.

Zwar ist der ökonomische Zusammenhang zwischen Geldmengenwachstum und Inflationsentwicklung heute nicht mehr so eng wie vor dreißig Jahren. Dennoch bleibt unleugbar, dass Inflation ein monetäres Phänomen ist. Erst eine Zunahme der Geldmenge kann nach einer Verteuerung einzelner relativer Preise, etwa des Ölpreises, eine Aufblähung (lateinisch: „inflatio") des Preisniveaus insgesamt bewirken.

Wenn die EZB ihren Auftrag der Preisniveaustabilisierung ernst nimmt, dürfte der jüngste Zinsschritt um 0,25 Prozentpunkte nicht der letzte gewesen sein, um der Gefahr verfestigter Inflationserwartungen entgegenzuwirken. Die Erfahrung der siebziger Jahre hat gezeigt, dass eine Tolerierung immer höherer Inflationsraten der Konjunktur nicht hilft, sondern später umso schmerzhafter bekämpft werden muss.

Philip Plickert: Eine Welt mit höherer Inflation. In: Frankfurter Allgemeine Zeitung, Frankfurt am Main, Nr. 159, 10.07.2008, S. 12

1 Bis Ende 2008 hat die FED den Leitzins sogar auf 0,25 % bis 0,00 % gesenkt. Die EZB senkte den Leitzins Ende 2008 auf 2,5 %. Die Inflationsrate im Monat Dezember 2008 betrug in Deutschland 1,1 %.

1. Erarbeiten und erläutern Sie die angesprochenen Risiken für die Stabilität des Preisniveaus in Deutschland und Europa (M 1, M 2) und versuchen Sie, die Entwicklung zu erklären.
2. Recherchieren Sie aktuelle Daten zur Preisentwicklung und zu Inflationsrisiken in Deutschland bzw. im Euro-Raum.
3. Klären Sie detailliert, wie die Entwicklung der Preisniveaustabilität gemessen wird. Greifen Sie dazu auf Kap. 2.1.4 zurück. Definieren Sie die Indikatoren Inflationsrate, VPI und HVPI.
4. Wie begründet der Präsident der Deutschen Bundesbank, Axel Weber, die Aussage, unsere Guthaben bei Banken seien sicher. Recherchieren Sie, wie Guthaben bei Banken in Deutschland gesichert sind (M 1).
5. Erstellen Sie anhand der Aussagen Webers eine erste Übersicht zu den Aufgaben staatlicher Notenbanken in einer Volkswirtschaft und zu ihren Möglichkeiten, den Wert des Geldes zu sichern (M 1).

7.2 Ausmaß und Folgen der Inflation – Inflationstheorien

Nicht zuletzt aufgrund der historischen Erfahrungen in Deutschland mit Inflation und ihren destruktiven Folgen für Wirtschaft und Gesellschaft ist die Sicherung der Preisniveaustabilität ein zentrales Ziel der Wirtschaftspolitik (Magisches Viereck), darüber hinaus gilt die Sicherung des Geldwertes auch im Rahmen der europäischen Integration als politisches Anliegen von hoher Bedeutung. Dieser Abschnitt untersucht Arten, Ausmaß und einige Folgen der Inflation und stellt wichtige Inflationstheorien vor.

Entwicklung der Inflation im Deutschen Reich 1871 bis 1914

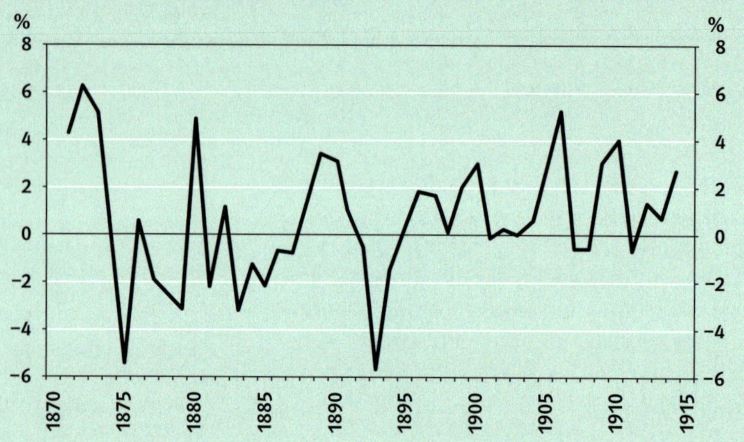

Deutsches Geld und Bankwesen in Zahlen 1876–1975

Abb. 15.6

Entwicklung der Inflation in Deutschland 1949 bis 2005

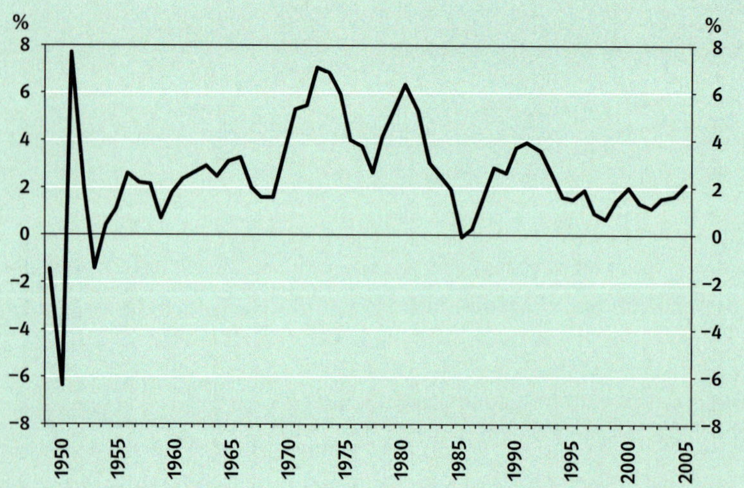

Statistisches Bundesamt

Abb. 15.7

M 3

Entwicklung der Inflationsrate in Deutschland

Bei einem längerfristigen Rückblick sieht man, welche starken Schwankungen die Inflationsrate in Deutschland aufgewiesen hat. Dies gilt zunächst schon für die [...] Gründerjahre, d.h. die Zeit von 1871 bis 1914, die sich im Übrigen durch eine sehr hohe wirtschaftliche Dynamik auszeichnete. Im Vergleich zu heutigen Verhältnissen ist dabei bemerkenswert, dass es immer wieder auch zu einem ausgeprägten Rückgang des Preisniveaus kam. Man spricht dann von einer **Deflation**. Die Preise waren in dieser Phase nach unten hin also sehr viel flexibler als heute (Schaubild 15.6). Mit dem Ersten Weltkrieg hob die Preisentwicklung dann völlig ab und mündete in einer Hyperinflation: Eine Mark des Jahres 1919 hatte dieselbe Kaufkraft wie eine Trillion Mark im Oktober 1923. Die Ursache hierfür war eine exzessive Staatsverschuldung, die über die Notenpresse finanziert wurde, wodurch die Geldmenge stärker ausgeweitet wurde als die vorhandene Gütermenge. [...] Viele Menschen haben dabei ihre gesamten Ersparnisse verloren.

Die **Hyperinflation** konnte erst durch eine umfassende Währungsreform im November 1923 gestoppt werden.

Dies wiederholte sich mit dem Zweiten Weltkrieg. Wiederum war eine unkontrollierte, kriegsbedingte Staatsverschuldung die Hauptursache. Aufgrund umfassender staatlicher Preiskontrollen und Zuteilungen in Form von Bezugscheinen (Lebensmittelkarten) blieben dabei die Preiserhöhungen eng begrenzt, so dass die Inflationsrate in den Kriegsjahren lediglich bei 2,3 % lag. Am Ende des Krieges war das Geld jedoch erneut nahezu wertlos. [...] Um den entstandenen Geldüberhang

abzubauen, wurde am 21. Juni 1948 eine Währungsreform durchgeführt. Die D-Mark wurde als Währung für die damaligen Westzonen eingeführt und reduzierte alle Bankguthaben im Verhältnis 100 Reichsmark: 10 D-Mark; für größere Anlagen kam es sogar zu einer Reduktion im Verhältnis 100:6,5. [...] (vgl. Kap. 1.2)
Wie das Schaubild 15.7 verdeutlicht, blieben Deutschland in der Zeit nach 1948 derart unruhige Entwicklungen erspart. Die Preisentwicklung verlief bis Mitte der sechziger Jahre recht moderat. Sie nahm dann jedoch Fahrt auf und erreichte im Zuge der ersten Ölkrise eine Spitze von 7,8% im Jahre 1974. Bei der zweiten Ölverteuerung erhöhte sich der Preisauftrieb auf bis zu 7,5 % im Jahre 1982. Eine dritte Inflationswelle trat mit der Wiedervereinigung in den Jahren 1991/92 ein, bei diesen Zahlen muss man jedoch berücksichtigen, dass alle anderen westlichen Länder (mit Ausnahme der Schweiz) in der Zeit von 1950 bis 2000 teilweise erhebliche höhere Inflationsraten als Deutschland zu verzeichnen hatten. Die für die deutsche Geldpolitik bis 1998 verantwortliche Deutsche Bundesbank konnte sich deshalb weltweit einen sehr guten Ruf verschaffen. Aus diesem Grund wurde auch die Verfassung der europäischen Zentralbank weitgehend nach dem Modell der Bundesbank gestaltet. [...]

Peter Bofinger: a.a.O., S. 296 ff.

M 4

Arten und Ausmaß der Inflation

Ab welcher prozentualen Preiserhöhung überhaupt von Inflation zu sprechen ist, kann nicht „ex cathedra“[1] festgelegt werden. In Einklang mit der Festlegung der Europäischen Zentralbank, die damit der Festlegung vieler nationaler Zentralbanken gefolgt ist, wird allgemein ab einer Preissteigerungsrate von zwei Prozent von Inflation gesprochen.
Die Unterscheidung verschiedener Arten von Inflation knüpft an verschiedene Kriterien an. So unterscheidet man:
– nach der Stärke der Preissteigerung („Grad der Inflation“) die **schleichende** und die **galoppierende Inflation**; nach der Dauer der Preissteigerungen die temporäre und die permanente (»säkulare«) Inflation;
– nach ordnungspolitischen Aspekten die **offene** und die **zurückgestaute Inflation**;
– nach der Ursache der Inflation die **Nachfrage- und die Angebotsinflation** sowie – als besondere Form der Nachfrageinflation – die **monetär verursachte Inflation** [...].

Ulrich Baßeler u.a.: a.a.O. S. 729

M 5

Warum ist Inflation gefährlich?

Eigentlich waren es himmlische Zeiten. Jeder Deutsche war Millionär, über Nacht wurde er zum Milliardär, und schließlich hielt er Billionen in der Hand. Und konnte dafür doch nichts kaufen.
Denn das viele Geld, das er im Schubkarren über die Straßen schob, war nichts mehr wert. Oft erzählt wurde die Geschichte des amerikanischen Abgeordneten, der im Jahr 1923 Deutschland besuchte und für sieben Dollar sagenhafte vier Milliarden Mark bekam; die

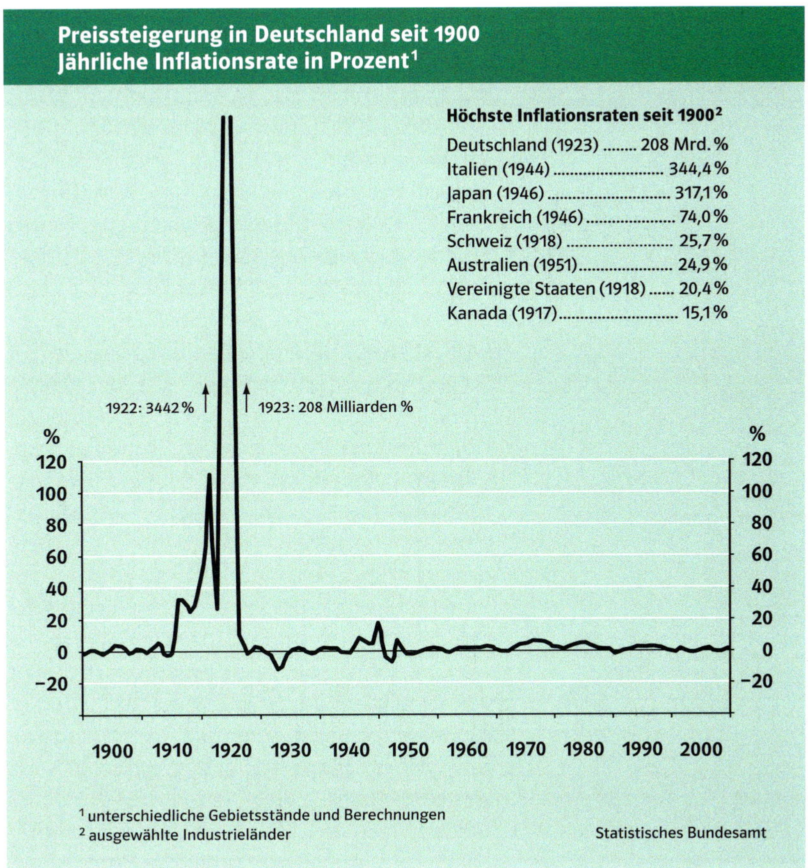

1 ex cathedra (lat. „vom Lehrstuhl aus“) – vom Papst als (unfehlbarem) Kirchenlehrer festgelegt, übertragen: maßgeblich, verbindlich, unanfechtbar

Mahlzeit im Gasthaus kostete ihn eineinhalb Milliarden Mark, und dem Kellner gab er vierhundert Millionen Mark Trinkgeld. Die große Inflation hatte Deutschland in den zwanziger Jahren heimgesucht und weite Bevölkerungskreise arm gemacht.

Aber was ist das überhaupt: Inflation? Wenn die Kugel Vanilleeis beim Italiener um die Ecke schon wieder teurer geworden ist, die Tankfüllung wegen der steigenden Ölpreise und Steuern mehr kostet und in der Wurstpackung zum selben Preis statt 100 nur noch 80 Gramm Lyoner stecken. Dann herrscht Inflation – zumindest, wenn sich Eis, Benzin und Wurst im Warenkorb einer Durchschnittsfamilie finden und dieser Warenkorb immer teurer wird.

Die Verbraucherpreise steigen – das ist die einfache Definition von **Inflation**. Falsch ist sie nicht, doch die Ökonomen haben es gern etwas genauer. Sie wollen wissen, warum die Preise anschwellen. Die heute noch tonangebenden Monetaristen fanden eine überzeugende Antwort: Inflation ist ein Geldmengen-Phänomen. Sie entsteht immer dann, wenn die Geldmenge schneller wächst, als sich Güter und Dienstleistungen in einem Land vermehren. Dann verliert das Geld an Wert, und genau das ist Inflation, lautet das Diktum des Wirtschaftsnobelpreisträgers Milton Friedman.

Das ist gerade so wie mit den Tomaten im Sommer: Werden viele Tonnen der roten Früchte zur selben Zeit reif, sind sie auf dem Markt billig zu haben. Mit Geld verhält es sich nicht anders: Je mehr es gibt, desto billiger wird es, desto tiefer sinkt seine Kaufkraft.

So war es auch im Sommer 1923: Die Reichsbank brachte mehr und mehr Banknoten in Umlauf – und nicht nur sie. Im Grunde genommen druckte jeder, der wollte, Geld. Großunternehmen wie Hoechst oder Thyssen stellten einfach neue Scheine her, um ihren Arbeitern den Lohn in die Hand drücken zu können. Anfangs zahlten sie die Löhne noch wöchentlich aus, dann täglich. Und sie zahlten immer mehr, weil der Wert des Geldes umso schneller verfiel, je mehr davon in Umlauf kam. Am Ende wollte niemand mehr Geld in der Hand halten, weil es schon nach einer Stunde an Wert eingebüßt hatte.

Geldentwertung ist kein Phänomen moderner Zeiten, das gab es schon vor der Entdeckung der Papierwährungen. Regenten aller Art sind immer wieder der Versuchung erlegen, beim Gewicht der Münzen oder dem Anteil an Gold und Silber zu schummeln. Auch kolonialistische Raubzüge brachten den Wert der Edelmetalle unter Druck, wenn die Schiffe aus den fernen Erdteilen plötzlich in der Heimat landeten – mit allzu viel Gold und Silber an Bord. [...]

(Marktpreise) signalisieren Knappheit. Genau diese Funktion können Preise nicht mehr erfüllen, wenn die Inflation galoppiert. Unternehmer und Verbraucher wissen nicht mehr so genau, was die Preise bedeuten, wenn eine Schicht Inflation auf ihnen liegt. Ändern sich die Preise schnell und in großen Sprüngen – so wie 1923 in Deutschland –, sind die Produzenten verwirrt.

Der Bauer kann nicht sagen, ob seine Kunden Millionen für ein Kilogramm Kartoffeln zahlen, weil die Früchte so begehrt sind oder weil die Verbraucher den rechten Überblick über ihre dicken Geldbündel verloren haben. Laufen die Preise aus dem Ruder, funktioniert die Geldwirtschaft nicht mehr. Der Blick auf die Preistafel ist so wenig hilfreich wie der in eine Landkarte mit falsch eingezeichneten Straßen.

Nimmt die Geldentwertung überhand, verlieren die Banknoten ihre wichtigste Eigenschaft: Sie sind nicht länger allgemein anerkanntes Zahlungsmittel. In Ländern wie Argentinien oder Brasilien, die jahrzehntelang unter hohen zweistelligen Inflationsraten litten, etablierte sich der amerikanische Dollar als Zweitwährung. Im Nachkriegsdeutschland wurde mit Zucker oder Zigaretten gezahlt. Eine Wirtschaft, die der Inflation freien Lauf lässt, verkommt zu einem reinen Warenumschlagplatz. Es wird immer weniger investiert und produziert.

Der Kern des Problems: Wenn ich nicht weiß, wie viel mein Geld, meine Investition, mein Kredit, meine Waren und Dienstleistungen morgen wert sind, verkürzt sich die Perspektive der Investoren, Banken und Verbraucher. Ist auf Noten und Münzen kein Verlass mehr, konzentriert sich alles wirtschaftliche Handeln auf heute. Investitionen, deren Ertrag sich erst am Ende einer langen Kette zeigt – Ideen finden, Kapital aufnehmen, produzieren, vermarkten, verkaufen –, werden aufgeschoben. Zu ungewiss ist, ob am Ende noch genügend Geld verdient wird. Der Investor verkümmert zum Händler, und die Gesellschaft verliert Produktivität, Wirtschaftskraft und Wohlstand.

Auch die Banken agieren nur noch kurzatmig. Sie werden für Kredite einen hohen Risikoaufschlag fordern und lange Laufzeiten scheuen. Wer weiß, was das Geld, das zurückgezahlt wird, noch wert ist? Kredite werden teuer, die Zinsen steigen und bremsen das Wachstum.

Nur der Staat ist Inflationsgewinnler. Der Finanzminister weiß: Das Papiergeld, in dem er sich verschuldet hat, ist nichts als ein Zahlungsversprechen – und das ist mit zunehmender Inflation weniger wert. Kann er es nicht mehr einlösen, freut er sich über eine beschleunigte Geldentwertung: Die Schuld, die er begleichen muss, wird leichter. Das erklärt auch, warum Regierungen nicht immer geneigt sind, dem Auftrieb der Inflation Einhalt zu gebieten.

Moralisch betrachtet, schadet die Inflation vor allem den Schwachen, denen, die nichts besitzen außer ein paar Staatsanleihen, die noch nicht einmal Kredit bekommen. Wer im Wesentlichen vom Geldlohn seiner Arbeit lebt, ist in der Inflation arm dran. Der Wert von Sparbüchern, Lebensversicherungen und Renten verfällt. Besser geht es allen, die reale Werte besitzen: Immobilien, Gold oder Land – und das sind nicht die Armen einer Gesellschaft. So lässt sich mit Recht sagen: Hohe Inflation ist unsozial.

Nun ist rasende Geldentwertung wie in den zwanziger Jahren eine extreme Ausnahmeerscheinung. In den meisten Industrieländern ist die Inflationsrate in den neunziger Jahren auf zwei oder drei Prozent zurückgegangen. Vorbei sind die Zeiten, in denen Miele und Volkswagen jedes Jahr die Preise erhöhen konnten. Heute müssen sie sich ebenso wie die Computerhersteller und Fluggesellschaften auf Preiskämpfe einstellen.

Es geht so weit, dass der Ökonom Roger Bootle Ende der neunziger Jahre bereits den Tod der Inflation ausrief. Wie konnte es soweit kommen? Da wird vor allem der Sieg der Notenbanken ins Feld geführt, die eine glaubwürdige Stabilitätspolitik verfolgten. Entscheidender ist aber wohl der Sieg des Wettbewerbs: Handelsschranken sind gefallen, aus den aufstrebenden Ländern drängen billige Waren zu uns.

Der Preiswettbewerb hat sich beschleunigt, und die Macht der Produzenten ist gebrochen. Deshalb glaubt Bootle, dass die schleichende Geldentwertung beendet ist, mit der sich die Industrieländer seit dem Ende des Zweiten Weltkrieges herumschlagen mussten. Und das ist gut so.

Catherine Hoffmann, Warum ist Inflation so gefährlich? In: Frankfurter Allgemeine Sonntagszeitung, 27.08.2006

M 6a

Nachfrageinflation

Die **Nachfrageinflation** ist die älteste der modernen Inflationserklärungen. Sie setzt bei der inflatorischen Lücke an – der überschüssigen Güternachfrage über das Angebot bei Vollbeschäftigung – und erklärt den Impuls zur Preisniveausteigerung aus diesem **Nachfrageüberhang** (Angebotslücke, vgl. 5.3, M 14). Da bei Vollbeschäftigung kurzfristig keine Ausdehnung der Produktion möglich ist, bewirkt die überschüssige Güternachfrage allein eine Preissteigerung: Trotz ihrer erhöhten Ausgaben erhalten die Nachfrager genauso viel Güter wie bisher, die Preissteigerung „absorbiert" die zusätzliche monetäre Nachfrage. Die Abbildung verdeutlicht diese Zusammen-

Der Inflationsimpuls bei der Nachfrageinflation

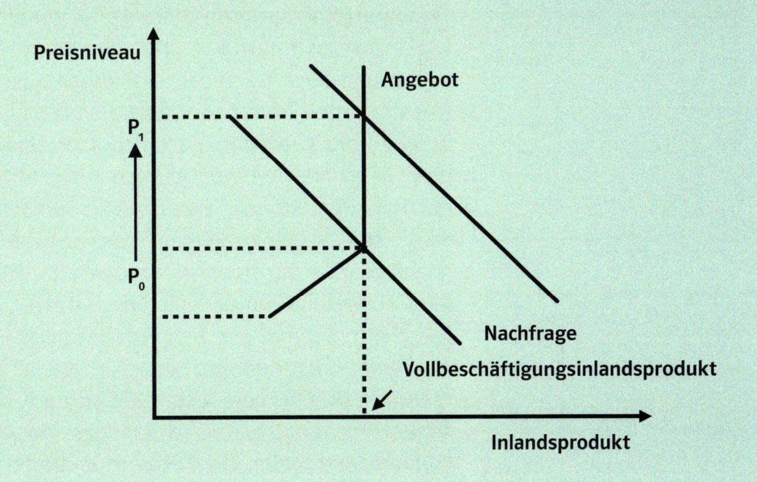

hänge und zeigt auch, dass eine nachfrageverursachte Preissteigerung schon vor Erreichen der Vollbeschäftigung möglich ist, z.B. als Folge branchenbezogener Engpässe.
Die vorausgesetzte Nachfrageerhöhung zeigt sich in der Verschiebung der Nachfragekurve nach rechts: Bei jedem Preis wird mehr Sozialprodukt nachgefragt. Sie führt zu der Preisniveauerhöhung von P 0 auf P 1 bei konstantem Sozialprodukt.
Wie lässt sich das Fortbestehen der Inflation erklären? Eine einfache – aber rein formale Erklärung wäre die, zu unterstellen, dass die Nachfrage nach Gütern trotz der Preiserhöhung auf ihrem erhöhten realen Niveau verbleibt: In der betrachteten ersten Periode haben die Nachfrager in ihrer Gesamtheit ja keine zusätzlichen Güter erhalten. Wenn sie weiterhin mehr Güter nachfragen, als das mit dem Sozialprodukt vereinbar ist und ihre Ausgaben entsprechend erhöhen können, so ergibt sich in der zweiten Periode dieselbe Situation wie in der ersten: Einem Güterangebot in Höhe des Sozialprodukts steht eine größere Nachfrage gegenüber – das Preisniveau steigt erneut.
Wie kann es zu einer solchen Situation kommen? Entscheidend für diesen Ablauf ist, dass die Nachfrager ihre Ausgaben entsprechend erhöhen können und wollen. Das kann und wird häufig bei den überwiegend kreditfinanzierten privaten Investitionen der Fall sein wenn die Investoren gute zukünftige Gewinnchancen sehen. Wie aber ist es bei den Haushalten? Die Unternehmerhaushalte haben im Zuge der Preissteigerung ihr Geldeinkommen „automatisch" steigern können. Anders die Nicht-Unternehmerhaushalte. Doch gehen diese leer aus? Je höher die überschüssige Nachfrage auf dem Gütermarkt ist, umso höher wird die Nachfrage nach Arbeitskraft werden. Es entsteht eine Überschussnachfrage auf dem Arbeitsmarkt, die es den Gewerkschaften – ohne Ausnutzung einer Machtposition – leicht macht, Tariflohnerhöhungen in Höhe der Preissteigerungen durchzusetzen. Die Haushalte (zumindest die Lohn- und Gewinnempfänger) können ihre reale Nachfrage aufrechterhalten. Tun sie dies auch und gilt dasselbe für den Staat und für das Ausland (Exporte), so bleibt die Gesamtnachfrage auf einem über dem Sozialprodukt liegenden Niveau. Der Inflationsprozess kann sich fortsetzen: Überschussnachfrage – Preissteigerung – Gewinnsteigerung – Lohnsteigerung – Überschussnachfrage – Preissteigerung usw. [...]
Allgemein kann der Inflationsimpuls – die zusätzliche Güternachfrage – im Prinzip von den privaten Haushalten, den Unternehmungen, dem Staat oder dem Ausland ausgehen. Ist die Zunahme der Nachfrage auf eine Zunahme der Exporte (etwa infolge stärker steigender Preise und Einkommen im Ausland) zurückzurühren, so ergibt sich eine **erste Erscheinungsform** der **importierten Inflation**: Die Inflation wird durch die Nachfrage aus dem Ausland ins Inland hereingetragen. Ist die inflatorische Lücke auf eine inländische Nachfragekomponente zurückzuführen, so spricht man von einer **hausgemachten** Nachfrageinflation.

Ulrich Baßeler u.a., a.a.O., S. 733 ff.

M 6b

Angebotsinflation

Preiserhöhungen können [...] nicht nur von der Nachfrageseite ausgehen, sondern auch von der Angebotsseite. Zu Preissteigerungen, die von der Angebotsseite ausgehen, kommt es, wenn Kostensteigerungen über die Preise an die Nachfrage weitergegeben werden oder wenn Anbieter einen höheren Gewinnaufschlag durchsetzen. Damit sind die beiden Grundtypen der **Angebotsinflation** – die **Kostendruck**- und die **Gewinndruckinflation** – aufgezeigt. Wenn es zu Preissteigerungen bei wirtschaftlicher Stagnation kommt, spricht man auch von **Stagflation** (Stagnation + Inflation).
Kostensteigerungen können gesamtwirtschaftlich gesehen folgende Ursachen haben:
- eine über dem Prozentsatz der Produktivitätssteigerung liegende Lohnsatzerhöhung;
- eine Zunahme der Preise für importierte Vorprodukte;
- eine Zunahme der Kapitalkosten (Zinskosten), die über die Zunahme der Kapitalproduktivität hinausgeht;
- eine Zunahme der Kostensteuern;
- zunehmende Stückkosten bei abnehmender Kapazitätsauslastung.

[...] Steigen die Preise für importierte Rohstoffe und Zwischenprodukte, so haben wir es wieder mit einer vom Ausland ausgehenden Form der Inflation zu tun: eine **zweite Variante der importierten Inflation**. [...]
Entsprechend der **Lohndruckinflation** spricht man von einer **Gewinndruckinflation**, wenn die Unternehmer unter Ausnutzung von Marktmacht die Gewinnaufschläge mit dem Ziel erhöhen, den Gewinnanteil am Volkseinkommen zu erhöhen. Vorausgesetzt, dass die Unternehmer ihren Preissteigerungsspielraum in der Vergangenheit voll ausgenutzt haben, ist eine Erhöhung der Gewinnspanne bei konstanter oder rückläufiger Nachfrage nur möglich, wenn ihre Marktmacht zunimmt. Eine Zunahme der Marktmacht kann sich auf zwei Wegen ergeben: Einmal kann der Wettbewerb, zum anderen kann die direkte Preiselastizität der Nachfrage[1] abnehmen.

Ulrich Baßeler u.a.: a.a.O., S. 735 ff.

M 6c

Monetaristische Inflationserklärung

Aus monetaristischer Sicht gilt:
„Inflation ist verbunden mit und letztlich ursächlich abhängig von einer erheblich über der Wachstumsrate der realen Produktion liegenden Zuwachsrate des Geldangebots – wobei die Differenz zwischen beiden Raten die Inflationsrate ist.“[2]
Monetaristen sehen also in einer übermäßigen Vermehrung der Geldmenge, ermöglicht durch eine entsprechende Zunahme der Zentralbankgeldmenge, die eigentliche Ursache der Inflation (vgl. hierzu M 21a). Wie kommt es aber von einer Geldmengenerhöhung zur Preiserhöhung?
[...] Die erhöhte Geldmenge stört das Gleichgewicht der Vermögensanlage der Wirtschaftseinheiten und führt zunächst zu einer erhöhten Nachfrage nach Wertpapieren (Substitution von Geld durch Wertpapiere). Die steigende Nachfrage erhöht die Preise (Kurse) für Wertpapiere, was – bei gegebener Nominalverzinsung – gleichbedeutend ist mit einer Abnahme ihrer tatsächlichen Verzinsung. Bei unveränderten Preisen und Erträgen des Realvermögens wird deshalb eine Substitution von Forderungen durch Realvermögen lohnend, wodurch die Konsum- und Investitionsgüternachfrage zunimmt. Diese Nachfrageerhöhungen führen dann zu Preissteigerungen. [...]
Auch im Rahmen des **monetaristischen Erklärungsansatzes der Inflation** müssen neben dem auslösenden Impuls die tragenden Kräfte eines Inflationsprozesses aufgezeigt werden. Die Monetaristen gehen hier von einer sich fortwährend wiederholenden exzessiven Geldmengenvermehrung aus, die die Währungsbehörden durchführen oder zulassen, um eine politisch unerwünschte Beschäftigungskrise zu vermeiden, die durch eine Einschränkung des Geldmengenwachstums mit der entsprechenden Einschränkung der Gütemachfrage hervorgerufen würde.
Es wird deutlich, dass die monetaristische Erklärung der Inflation nicht fundamental von der oben beschriebenen Nachfrageinflation abweicht. Der Unterschied besteht vor allem darin, dass die Monetaristen eine allein im Güterbereich der Volkswirtschaft begründete Nachfragesteigerung (z.B. infolge gestiegener Gewinnerwartungen der Unternehmungen oder zunehmender Staatsansprüche an das Sozialprodukt) nicht als Inflationsursache ansehen, sondern eine entsprechende Geldmengenerhöhung vorgelagert sehen.

Ulrich Baßeler u.a.: a.a.O., S. 740 f.

M 6d

Inflation als Verteilungskampf

Über mögliche Überlagerungen angebots- und nachfrageseitig angeregter Preissteigerungen hinaus lassen sich die Nachfrage- und die Angebotsinflation auf eine gemeinsame Ursache zurückführen: den Versuch der verschiedenen Gruppen der Volkswirtschaft, das reale Sozialprodukt zu ihren Gunsten umzuverteilen. Der Unterschied liegt nur darin, dass der **Verteilungskampf** bei der
– Nachfrageinflation um die Verwendung des Sozialprodukts durch erhöhte Ausgaben geführt wird, so dass die Summe der Ansprüche an das Sozialprodukt größer ist als das Sozialprodukt selbst; während der Verteilungskampf bei der
– Angebotsinflation über die Einkommensentstehungsseite durch Lohn- und Preiserhöhungen geführt wird.

1 Preiselastizität der Nachfrage – Sie misst die prozentuale Veränderung der Nachfrage im Verhältnis zur prozentualen Veränderung des Preises.

2 H.C. Johnson: Inflation – Theorie und Politik. München 1975, S. 110

1 vgl. S. 197

2 aquatisch – zum Wasser gehörig, im Wasser lebend

3 endogen – von innen, durch innere Kräfte bewirkt (Gegensatz: exogen)

In beiden Fällen aber führt der Verteilungskampf zu Preissteigerungen, die häufig von der staatlichen Wirtschaftspolitik bewusst hingenommen werden, weil sie einen mit letzter Konsequenz geführten Verteilungskampf vermeiden, indem sie ihn auf die Preisebene verlagern und hier unmerklicher machen. Preissteigerungen übernehmen die Funktion „sozialer Besänftigung".

Ulrich Baßeler u. a., a. a. O., S. 741 f.

M 7

Am schnöden Mammon liegt es nicht

Warum steigen die Preise? Weil wir alle im Geld schwimmen. Weil die Zentralbanken zu viel Cash in die Wirtschaft gepumpt haben und weil obendrein eine Geldschwemme aus den Ölstaaten und Schwellenländern auf uns zukommt. So ist es in diesen Tagen immer wieder zu lesen. Die Menge des umherfließenden Geldes bestimmt die Teuerung – das ist die Sichtweise, die der US-Ökonom Milton Friedman[1] Ende der fünfziger Jahre entwickelte und die in den folgenden Jahrzehnten hohes Ansehen errang. Den Wirtschaftskommentatoren hat sie ein ganzes Planschbecken aquatischer[2] Metaphern beschert – aber wirklich treffend sind diese derzeit nicht.

Inflation entsteht nach Friedmans Ansicht, wenn mehr Geld („Liquidität") in die Wirtschaft gepumpt wird, als zur Finanzierung des Wachstums nötig ist. Dann sind viele Verbraucher und Unternehmer bereit, höhere Preise oder Löhne zu bezahlen, weil sie ja eben so viel Geld in der Tasche haben. Friedman empfahl den Zentralbanken daher, die umlaufende Geldmenge genau zu kontrollieren. Viele haben auf ihn gehört. Die Bundesbank etwa legte Geldmengenziele fest. Doch heute nimmt man in den Notenbanken immer weniger Notiz von der Geldmenge. Nicht einmal die Europäische Zentralbank, die nach dem Vorbild der Bundesbank gestaltet wurde, praktiziert noch die Geldmengensteuerung.

Das liegt vor allem daran, dass trotz der beeindruckenden theoretischen Arbeit Friedmans und seiner Schüler deutlich wurde: Ein eindeutiger Zusammenhang zwischen Geldmenge und Inflation lässt sich in der Praxis kaum nachweisen. Im Moment ist es zwar tatsächlich so, dass die monetäre Liquidität zunimmt und die Teuerung steigt. Doch gab es ebenso Phasen, in denen die Geldmenge stark wuchs, die Inflation aber fiel – zum Beispiel nach dem Platzen der Aktienblase im Jahr 2000.

War Friedmans Theorie also fehlerhaft? Jedenfalls hat sich gezeigt, dass es nicht bloß auf die Geldmenge ankommt. Wichtiger ist, was mit dem Geld geschieht. Wenn die Leute mit locker gewährten Krediten gleich Waren kaufen oder wenn die Ölstaaten ihre gewaltigen Dollareinnahmen für Großeinkäufe in den Industrieländern mobilisieren, dann steigt die Nachfrage. Dann steigen wahrscheinlich auch die Preise schneller.

Doch muss es dazu nicht zwangsläufig kommen. Denn was passiert zum Beispiel, wenn die Bürger so viel Angst vor einer heraufziehenden Wirtschaftsflaute haben, dass sie ihr Vermögen umschichten und mehr Geld und weniger Wertpapiere halten? Dann mag die Geldmenge zwar auch gestiegen sein, aber die Mittel werden nicht benutzt, um zu konsumieren oder zu investieren. Deshalb baut sich auch kein Preisdruck auf.

Eine einflussreiche Schule in der Ökonomie – die Theorie des endogenen[3] Geldes – begreift die Geldmenge nicht mehr als eine Sache, die von der Notenbank vorgegeben wird und dann von außen auf die Wirtschaft wirkt. Sie sieht sie als Folge anderer Ereignisse in der Wirtschaft: Die Geldmenge wächst oder schrumpft je nachdem, wie die Konjunktur gerade läuft und wie die Menschen ihr Geld anlegen. Zumal ja nicht nur die Zentralbanken Einfluss auf die Geldmenge in einer Volkswirtschaft haben, sondern auch ganz normale Finanzinstitute Geld schöpfen können. Zum Beispiel, wenn sie mehr Kredite vergeben.

Heißt das, dass die Zentralbanker gar keine Schuld an den hohen Inflationsraten haben? Nicht unbedingt, aber der Mechanismus ist aus der Sicht der Endogenen anders als der, den Friedman beschrieb. Die Zentralbank setzt den Zins fest, sie bestimmt also den Preis des Geldes. Dadurch beeinflusst sie das Wirtschaftswachstum, denn niedrige Zinsen regen Konsum und Investitionen an und höhere wirken bremsend.

Die Preise schießen nach oben, wenn die Nachfrage so stark zunimmt, dass das Angebot an Waren und Dienstleistungen nicht mithalten kann. Dann werden auch Rohstoffe und Arbeitskräfte knapp. Der Ölpreis steigt, die Gewerkschaften setzen Lohnaufschläge durch, und die Firmen geben die Mehrkosten in Form höherer Preise an die Konsumenten weiter.

Schlimmstenfalls droht eine Spirale aus steigenden Preisen und höheren Löhnen. Diese Gefahr wächst bei dauerhaft lockeren Zinsen. Das ist keine Elfenbeinturmdebatte, denn im Augenblick kommen die beiden Denkschulen möglicherweise zu unterschiedlichen Empfehlungen. Anhänger der Geldmengenlehre begründen die hohe Inflation mit gewohnt hydraulischen Metaphern. Sie sagen, dass eine überreichliche Liquidität direkt die Preise treibe – zum Beispiel, weil sie in den Ölmarkt fließe und dort eine spekulative Blase verursache. Daher müssten Zentralbanken die Überschussliquidität abschöpfen, also die Zinsen erhöhen, um die Inflation zu zähmen.

Die Anhänger der Gegensichtweise begreifen die Teuerung als einen Preis des Wachstums. Sie steige zurzeit vor allem deshalb, weil die Weltwirtschaft – auch dank niedriger Zinsen – kräftig zugelegt habe. Wenn die Zentralbanken nun mit höheren Zinsen den Preisauftrieb wieder bändigen wollen, müssen sie zumindest kurzfristig eine schwächere Konjunktur und mehr Arbeitslosigkeit in Kauf nehmen. Das macht die Wahl des Zinses um einiges schwieriger.

Mark Schieritz: Am schnöden Mammon liegt es nicht.
In: Die Zeit, Hamburg, Nr. 27, 26. Juni 2008

1. Informieren Sie sich über die Inflationsentwicklung in Deutschland seit 1900 (M 3). Recherchieren Sie Ursachen und Folgen der Hyperinflation 1923 und der zurückgestauten bzw. verdeckten Inflation im Nachkriegsdeutschland.

2. Unterscheiden Sie Arten und Ausmaß der Inflation (M 4).

3. Erläutern Sie, warum Inflation so gefährlich ist (M 5). Stellen Sie dabei die Folgen einer Inflation zum einen für die Gesamtwirtschaft, zum anderen für Gruppen von Wirtschaftssubjekten (Konsumenten, Sparer, Unternehmungen, Investoren, Staat) vor. Erklären Sie die These, hohe Inflation sei unsozial.

4. Erarbeiten Sie die vorgestellten Theorien zur Inflationserklärung. Erläutern Sie, dass inflatorische Entwicklungen in der Regel nicht monokausal zu erklären sind (M 6a–d).

5. Arbeiten Sie anhand M 7 die genannten Erklärungen für die weltweite Rückkehr der Inflation heraus. Unterscheiden Sie dabei die vorgestellten Theorieansätze in Hinblick auf konkrete Ursachen für Inflation und Empfehlungen zu ihrer Bekämpfung.

6. Analysieren Sie aktuelle Ergebnisse zur Preisentwicklung auf dem Hintergrund der Inflationstheorien.

7.3 Begriff, Funktionen und Erscheinungsformen des Geldes – Geldmengenabgrenzungen

Mit Beginn des Jahres 1999 entstand geldpolitisch eine neue Ära: 11 Mitgliedsländer der Europäischen Union führten faktisch den Euro als gemeinsame Währung ein und seit dem 01.01.2002 wird der Euro auch als Bargeld gebraucht. Im Bereich des Euro-Gebietes ist nun die Europäische Zentralbank für die Geldpolitik zuständig, die Zentralbanken der beteiligten Länder und die Europäische Zentralbank bilden das so genannte Europäische System der Zentralbanken (ESZB). Bevor die Rolle der Geldpolitik für wirtschaftliche Entwicklungen untersucht und Strategie sowie Instrumente der Europäischen Zentralbank dargestellt werden, sollen zunächst einführend die Bedeutung und die Erscheinungsformen des Geldes geklärt werden.

M 8

Geldfunktionen und Geldeigenschaften

Die Volkswirtschaft präsentiert sich als Geldwirtschaft. Die Verwendung von Geld ist den Menschen zur alltäglichen Gewohnheit geworden. Die Völker mögen nach Entwicklungsstand, Kultur und Geschichte noch so unterschiedlich sein: Geld benutzen sie alle. Inflationen haben das Geldwesen immer wieder zerrüttet – aber niemals stand die Geldwirtschaft als solche auf dem Spiel. Geld dient nicht nur – weil Wertangaben zumeist in Geldeinheiten ausgedrückt werden – als **Rechenmittel**. Das Geld erfüllt im Wirtschaftsleben vor allem zwei Funktionen: Es ist (allein) das allgemeine **Tauschmittel**, und es ist (neben anderen) ein **Wertaufbewahrungsmittel**. [...]

Damit sind wir der bei Geldwirtschaft angelangt. Der Begriff „Geld" bezeichnet einfach jene Güter, die aufgrund ihrer hohen Tauschfähigkeit bevorzugt in Tauschketten als intermediäres Gut verwendet werden. Ragt aus der Fülle der Güter eines mit besonders niedrigen Transaktionskosten heraus, wird letztlich nur noch dieses allgemein als „Geldgut" verwendet werden. Eine Wirtschaft, in der dieses eine Geldgut bei Tauschgeschäften regelmäßig zwischengeschaltet wird, vollzieht den Übergang von der reinen Tauschwirtschaft zur „Geldwirtschaft".

Allein das Streben der wirtschaftenden Menschen, die Tauschketten so kostengünstig wie möglich abzuwickeln, wird zur Auswahl eines Gutes als Geldgut führen. Es bedarf keines staatlichen Befehls, dass ein Gut zum Geldgut wird.

In den Kassen der wirtschaftenden Menschen ist – über den Durchschnitt eines längeren Zeitraumes gesehen – immer ein bestimmter Bestand an Geld vorhanden. Das ergibt sich schon aus dem Tauschprozess. Die Geldeinnahmen und die Geldausgaben verlaufen zeitlich nicht synchron. Wer gerade Einnahmen erzielt, aber erst für später eine Ausgabe plant, kann das eingenommene Geld in der Zwischenzeit in der Kasse halten. Doch das erklärt nicht die ganze Kassenhaltung. Die meisten Menschen halten unabhängig von Einnahmen- und Ausgabenüberschüssen dauerhaft einen bestimmten Geldbestand in der Kasse, bringen ihren Kassenbestand also praktisch niemals auf Null. Geld, das dauerhaft in der Kasse gehalten wird, dient insofern gerade nicht dem aktuellen Weitertausch in Güter, kann aber morgen oder übermorgen zum Kauf von Gütern verwendet werden. Geldhaltung bedeutet also „Wertaufbewahrung" im Sinne der Kaufkraftübertragung in die Zukunft. Geld ist mithin ein Wertaufbewahrungsmittel. Es ist freilich nicht das einzige. Auch Wertpapiere, Edelmetalle oder langlebige Güter (vom Auto bis zur Immobilie) können morgen oder übermorgen veräußert werden; auch sie sind Wertaufbewahrungsmittel. [...]

Rüdiger Pohl: Geld und Währung. Mannheim u. a. 1993, S. 9 ff.

M 9

Erscheinungsformen des Geldes

Ordnet man die historische Vielfalt des Geldes nach seiner Stoffwertigkeit, so lassen sich zwei große Gruppen bilden:

- stoffwertiges Geld und
- stoffwertloses bzw. unterwertiges Geld.

Stoffwertiges Geld zeichnet sich dadurch aus, dass als Geld Güter Verwendung finden und der Geldwert durch den Warenwert des verwendeten Gutes bestimmt wird. Man spricht

deshalb auch von **Warengeld**. Mit fortschreitender Entwicklung ist beim Warengeld eine Tendenz zum **Metallgeld** (insbesondere zu Gold- und Silbermünzen) zu beobachten, das die beschriebenen technischen Anforderungen des Geldes weitgehend erfüllt. Beim stoffwertlosen bzw. unterwertigen Geld vollzieht sich eine Trennung zwischen dem Geldwert und dem Stoff- (Güter-)Wert. Da stoffwertloses Geld – worauf noch einzugehen sein wird – immer eine Forderung (meist gegenüber einer Bank) darstellt, wird es auch als Kreditgeld bezeichnet. Typische Erscheinungsformen des stoffwertlosen Geldes sind Banknoten, Scheidemünzen (= unterwertige Münzen) und Buchgeld (= Guthaben auf Girokonten).

Bei **Banknoten** war entstehungsgeschichtlich zunächst eine volle Einlösepflicht in stoffwertiges Geld gegeben: Die ersten Banknoten entstanden, indem ungeprägtes oder geprägtes Edelmetall bei Goldschmieden hinterlegt wurde, die dafür auf wertgleiche Beträge lautende Depotscheine – die Banknoten – ausgaben. Später gab es in vielen Ländern eine Golddeckungspflicht und eine Goldeinlösepflicht der Banken, die im Laufe des 20. Jahrhunderts schrittweise aufgegeben worden ist. Heute gibt es nur noch ungedeckte Banknoten. Das **Buchgeld** besteht aus einer auf Verlangen des Inhabers in Banknoten umtauschbaren Sicht-Forderung gegenüber einer Bank. Da diese Forderungen gegenüber Banken (Verbindlichkeit der Banken) nicht in Form einer Urkunde verbrieft werden, sondern nur in den Büchern der jeweiligen Bank erscheinen, erklärt sich der Name Buchgeld. Man zahlt mit diesem Buchgeld mittels Scheck oder Überweisung oder Kreditkarte/EC-Karte. In diesem Sinn stellt eine Kreditkarte/EC-Karte kein Geld dar, sie ist nur eine technische/ökonomische Möglichkeit, über sein Buchgeld zu verfügen.

Das so genannte **elektronische Geld** (e-money) ist hingegen Geld. Hier wird ein Geldbetrag auf einem Datenträger elektronisch gespeichert, mit dessen Hilfe Zahlungen geleistet werden können. Man unterscheidet hier zwei Formen. Einmal die so genannte Geldkarte, die einen Geldbetrag enthält, der vorher durch eine Vorauszahlung eingezahlt worden ist (eine prepaid card). Zum anderen ein **Netzgeld**, ein Geld, das in einem elektronischen Datenträger gespeichert ist und durch das Internet übertragen wird.

Beide Formen des elektronischen Geldes sind bislang nur in geringem Umfang verbreitet.

Ulrich Baßeler u. a., a. a. O., S. 477 f.

M 10

Zur Erklärung der Wirkungen des Geldes und für die Ausgestaltung der Geldpolitik spielt die Geldmenge eine wichtige Rolle. Dabei bezeichnet die Geldmenge den Bestand an Geld in Händen inländischer Nichtbanken. Als Nicht-Banken bezeichnet man private Haushalte, einschließlich der privaten Organisationen ohne Erwerbscharakter, z. B. Vereine oder Kirchen, Unternehmen (außer Banken) und öffentliche Haushalte. Allerdings lassen sich je nach Liquiditätsgrad, also nach Verfügbarkeit von Geldbestandteilen für die Nachfrage, verschiedene statistische Abgrenzungen der Geldmenge vornehmen. Das Eurosystem unterscheidet eine eng gefasste Geldmenge M 1, eine weiter umfassende M 2 und eine weit gefasste M 3. Dieses Aggregat steht bei der Geldpolitik des Eurosystems im Vordergrund. Folgende Darstellung zeigt die Geldmengenabgrenzungen.

Die Messung der Geldmenge

Die Geldbestände der privaten Haushalte, Unternehmen und öffentlichen Stellen werden zur Geldmenge zusammengefasst. Je schneller die Geldmenge steigt, umso schneller nehmen über kurz oder lang auch die Preise zu. Über das Bargeld und die Sichteinlagen hinaus rechnet das Eurosystem dabei auch andere liquide Anlageformen zur Geldmenge: Termingelder mit einer Laufzeit von bis zu zwei Jahren, Spareinlagen mit einer Kündigungsfrist von bis zu drei Monaten sowie kurzlaufende Wertpapiere, die von Banken oder Geldmarktfonds[1] ausgegeben werden. Die genaue Abgrenzung der Geldmenge richtet sich dabei jedoch nach dem Untersuchungszweck. Zumeist soll die gewählte Gelddefinition der Notenbank helfen, Preisgefahren frühzeitig zu erkennen. Hierfür eignet sich im Euro-Währungsgebiet besonders die Geldmenge M 3.

Julian Reischle, In: Deutsche Bundesbank: Geld und Geldpolitik, 2007, S. 44 f.

1 Geldmarktfonds – Investmentfonds, die bis zu 100 Prozent der ihnen zufließenden Mittel in kurzfristige Anlageformen (z. B. Bankeinlagen, variabel verzinsliche Wertpapiere und festverzinsliche Wertpapiere mit einer Restlaufzeit von höchstens 12 Monaten) investieren dürfen. Für die Nichtbanken stellen diese Fonds statt Sicht-, kurzfristiger Termin- oder Spareinlagen damit eine andere Möglichkeit zur Haltung liquider Anlagen dar. Geldmarktfondsanteile werden deswegen in der vom Eurosystem abgegrenzten europaweiten Geldmenge M 3 berücksichtigt. Als Investmentfonds bezeichnet man Anlageformen, die zur Risikomischung aus Wertpapieren, Bankeinlagen oder Immobilien gebildet werden und die auch mit geringerem Kapitaleinsatz Anlegern offen stehen. Das Miteigentum am Fondsvermögen wird in Form von Wertpapieren (Investmentzertifikate) bestätigt. Die Zertifikate verbriefen Anteile am Gesamtvermögen.

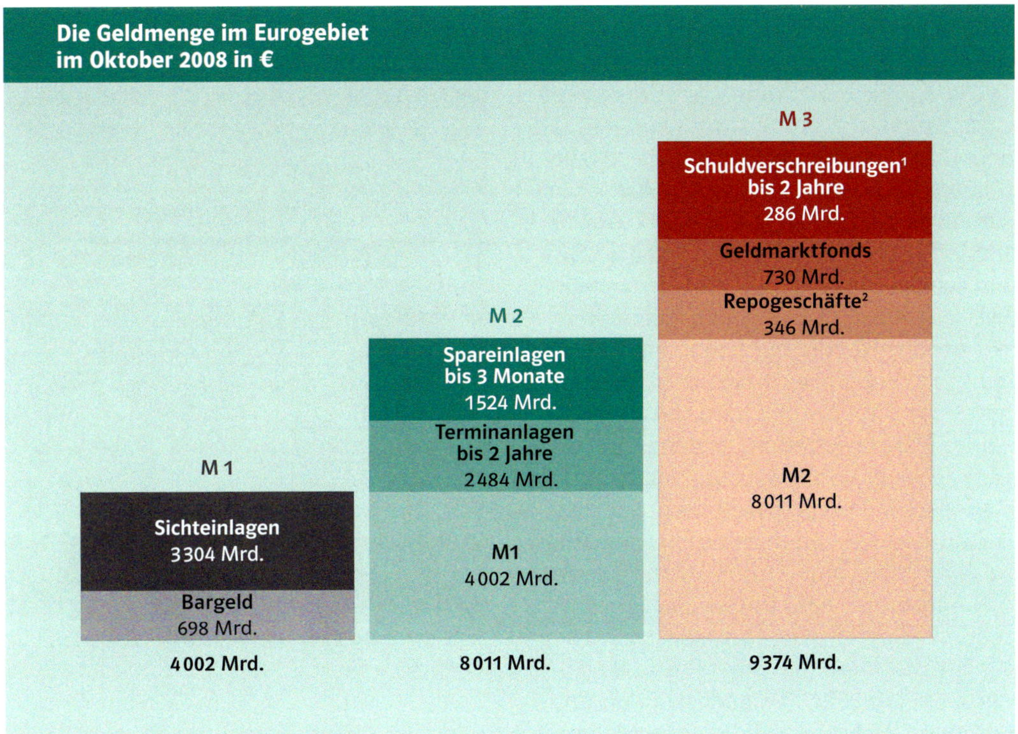

1 Schuldverschreibungen (Obligationen) – Sammelbezeichnung für Wertpapiere, in denen sich der Aussteller verpflichtet, bei Fälligkeit einen bestimmten Geldbetrag zu zahlen und nach einem festgelegten Verfahren Zinszahlungen zu leisten. Schuldverschreibungen werden von staatlichen Stellen (öffentliche Anleihen), Banken (Bankschuldverschreibungen, Pfandbriefe) und Industrieunternehmen (Industrieobligationen) zur Deckung eines größeren Bedarfs an Finanzierungsmitteln eingesetzt.

2 Repogeschäfte – Geschäfte mit Rückkaufsvereinbarung zwischen Banken und der Zentralbank

1. Erläutern Sie den Begriff des Geldes und erarbeiten Sie in einer Übersicht die Funktionen und die Eigenschaften des Geldes. Welche Eigenschaften zeichnen ein gutes Tauschmittel aus (M 8)?

2. Orientieren Sie sich über die Geschichte des Geldes. Versuchen Sie, die Phasen seiner Entwicklung zu erläutern (M 9). Besuchen Sie zur weiteren Information das Moneymuseum der Schweizer Zentralbank (www.moneymuseum.com) oder das Geldmuseum der deutschen Bundesbank (www.geldmuseum.de).

3. Woraus besteht unser heutiges Geld? Wie ist wirtschaftsgeschichtlich zu erklären, dass die Geschichte des Geldes die Geschichte seiner „Entstofflichung" ist? Warum erfordert diese Entstofflichung eine zunehmende politische Überwachung des Geldsystems (M 9)?

4. Grenzen Sie die Geldmengenbegriffe voneinander ab.

5. Nehmen Sie an, alle Nicht-Banken heben ihre Sicht- und Spareinlage ab.
Stellen Sie die möglichen Folgen dar.

7.4 Organisation, Aufgaben und Stellung der EZB

Die Ursprünge der währungspolitischen Zusammenarbeit in Europa zeigten sich schon Anfang der Sechzigerjahre, als die 6 Mitglieder der Europäischen Wirtschaftsgemeinschaft (EWG) die Zusammenarbeit in geldpolitischen Angelegenheiten aufnahmen.
Die so genannte „Währungsschlange", welche ab 1972 die Wechselkurse zwischen einigen europäischen Währungen stabilisieren sollte, und das Europäischen Währungssystem, welches ab 1979 eine stärkere Koordinierung der Geld- und Wechselkurspolitiken zum Ziel hatte, bekräftigten die Bemühungen, eine europäische Wirtschafts- und Währungsunion zu realisieren. Diese Entwicklungen gipfelten im sog. Vertrag von Maastricht, der im Jahr 1992 von den Staats- und Regierungschefs der EU-Mitgliedsstaaten unterzeichnet wurde und die Voraussetzungen für die Einführung der gemeinsamen Währung schuf. Am 1. Juni 1998 wurden die EZB und das ESZB als zentrale Institutionen der monetären Integration errichtet. Der folgende Abschnitt informiert in Grundzügen über die Organisation des Eurosystems, über Aufgaben und Stellung der Europäischen Zentralbank.

Die Europäische Zentralbank (EZB) in Frankfurt am Main

M 11

Organisation des Eurosystems

Das **Europäische System der Zentralbanken (ESZB)** besteht aus der **Europäischen Zentralbank (EZB)** und den nationalen Zentralbanken (NZBen) aller EU-Mitgliedstaaten. Zu diesem System gehören also auch die Zentralbanken jener EU-Mitgliedstaaten, in denen der Euro noch nicht als gemeinsame Währung eingeführt wurde. Die EZB und die NZBen derjenigen EU-Staaten, die dem Euro Währungsgebiet beigetreten sind, werden als **„Eurosystem"** bezeichnet. Das Eurosystem in seiner Gesamtheit ist die Zentralbank des Euro-Raums.

Das oberste Entscheidungsorgan des Eurosystems und zugleich der EZB ist der **EZB-Rat**. Er fasst die Beschlüsse, die notwendig sind, um die dem Eurosystem übertragenen Aufgaben zu erfüllen. Hierzu gehört vor allem die Gewährleistung von Preisstabilität. Er legt somit insbesondere die Geldpolitik für den Euro-Raum fest. Der EZB-Rat setzt sich aus den sechs Mitgliedern des EZB-Direktoriums und den Präsidenten beziehungsweise Gouverneuren der NZBen derjenigen Staaten zusammen, deren Währung der Euro ist. Die Mitglieder des EZB-Rats handeln bei allen Entscheidungen, auch bei denen, die die Geldpolitik betreffen, alleinverantwortlich und unabhängig.

Deutsche Bundesbank, Zehn Jahre geldpolitische Zusammenarbeit im Eurosystem. In: Deutsche Bundesbank, Monatsbericht April 2008, S. 16

Anmerkung: Die EU-Länder, die dem Euro-Währungsgebiet beitreten möchten, müssen die Konvergenzkriterien des EU-Stabilitäts- und Wachstumspaktes erfüllen:
– Die Inflationsrate darf nicht höher als 1,5 Prozentpunkte über derjenigen der drei EU-Länder mit der niedrigsten Inflationsrate liegen.
– Der Schuldenstand des Landes darf höchstens 60 % des BIP betragen.
– Das jährliche Haushaltsdefizit darf höchstens 3 % des BIP ausmachen. Die langfristigen Zinsen dürfen nicht mehr als 2 Prozentpunkte höher sein als in den drei preisstabilsten EU-Ländern.

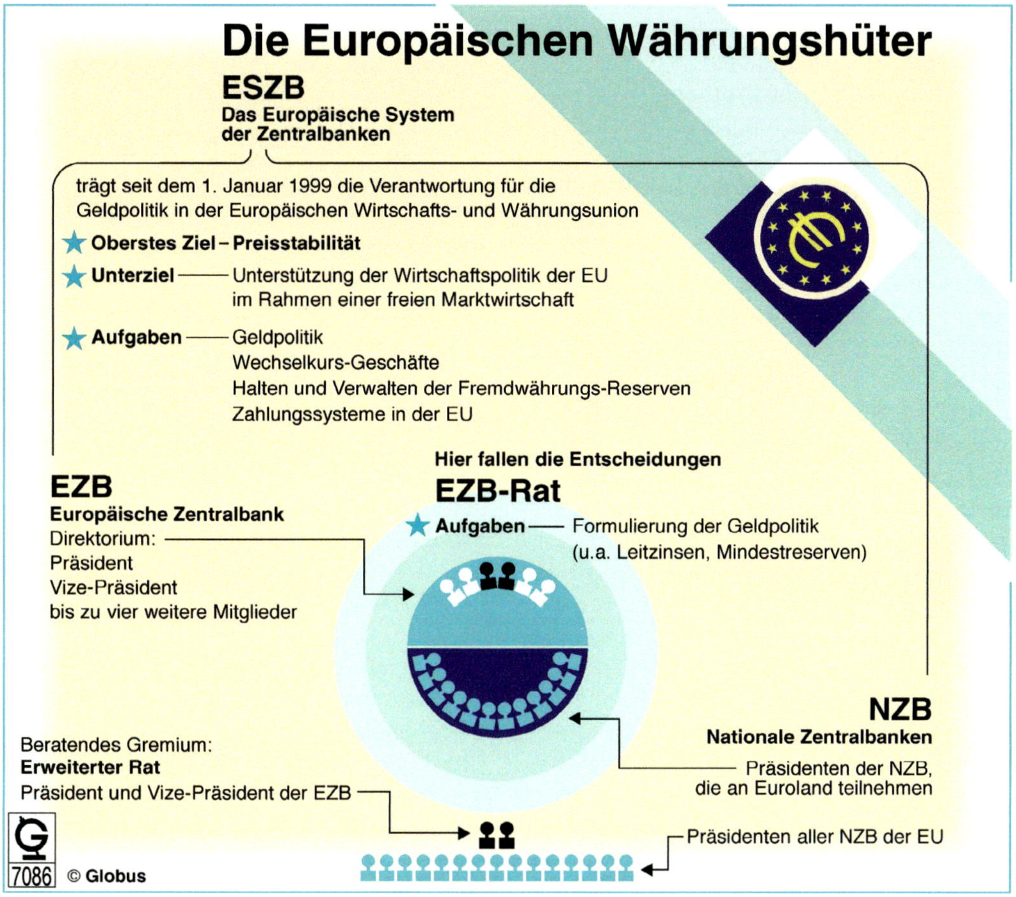

M 12

Ziele und Aufgaben von ESZB und EZB

Das zentrale Ziel des ESZB wird in Art. 105, Abs. 1 EG-Vertrag formuliert:

> Das **vorrangige Ziel des ESZB** ist es, die **Preisstabilität** zu gewährleisten. Soweit dies ohne Beeinträchtigung des Zieles der Preisstabilität möglich ist, unterstützt das ESZB die allgemeine Wirtschaftspolitik in der Gemeinschaft, um zur Verwirklichung der in Artikel 2 festgelegten Ziele der Gemeinschaft beizutragen. Das ESZB handelt im Einklang mit dem Grundsatz einer offenen Marktwirtschaft mit freiem Wettbewerb, wodurch ein effizienter Einsatz der Ressourcen gefördert wird […].

Die **Aufgaben des ESZB** und des Eurosystems sind im Vertrag zur Gründung der Europäischen Gemeinschaft festgelegt. In der Satzung des Europäischen Systems der Zentralbanken (ESZB) und der Europäischen Zentralbank (EZB) werden sie im Einzelnen erläutert. Die Satzung ist dem EG-Vertrag als Protokoll beigefügt.

Der EG-Vertrag bezieht sich auf das „ESZB" und nicht auf das „Eurosystem", da er auf der Annahme beruht, dass letztlich alle EU-Mitgliedstaaten den Euro einführen werden. Bis dahin wird das Eurosystem die Aufgaben ausführen. […]

Die Ziele der Union (Artikel 2 des Vertrags über die Europäische Union) sind ein hohes Beschäftigungsniveau und ein beständiges, nichtinflationäres Wachstum.

Gemäß Artikel 105 Absatz 2 des Vertrags zur Gründung der Europäischen Gemeinschaft bestehen die **grundlegenden Aufgaben** darin

- die Geldpolitik des Euro-Währungsgebiets festzulegen und auszuführen,
- Devisengeschäfte durchzuführen,
- die offiziellen Währungsreserven der Mitgliedstaaten zu halten und zu verwalten,
- das reibungslose Funktionieren der Zahlungssysteme zu fördern.

Weitere Aufgaben:
- Banknoten: Die EZB hat das ausschließliche Recht, die Ausgabe von Banknoten innerhalb des Euroraums zu genehmigen.
- Statistik: In Zusammenarbeit mit den nationalen Zentralbanken erhebt die EZB entweder von nationalen Behörden oder direkt von den Wirtschaftsakteuren die für die Erfüllung der Aufgaben notwendigen statistischen Daten.
- Aufsicht über die Kreditinstitute und Stabilität des Finanzsystems: Das Eurosystem trägt zur reibungslosen Durchführung der von den zuständigen Behörden auf dem Gebiet der Aufsicht über die Kreditinstitute und der Stabilität des Finanzsystems ergriffenen Maßnahmen bei.
- Internationale und europäische Zusammenarbeit: Zum Zwecke der Erfüllung der dem Eurosystem übertragenen Aufgaben arbeitet die EZB sowohl innerhalb der EU als auch international mit den zuständigen Organen, Einrichtungen und Foren zusammen.

http://www.ecb.int/ecb/orga/tasks/html/index.de.html

M 13

Die Unabhängigkeit der EZB

Art. 107 (Unabhängigkeit der EZB)
Bei der Wahrnehmung der ihnen durch diesen Vertrag und die Satzung des ESZB übertragenen Befugnisse, Aufgaben und Pflichten darf weder die EZB noch eine nationale Zentralbank noch ein Mitglied ihrer Beschlussorgane Weisungen von Organen oder Einrichtungen der Gemeinschaft, Regierungen der Mitgliedstaaten oder anderen Stellen einholen oder entgegennehmen. Die Organe und Einrichtungen der Gemeinschaft sowie die Regierungen der Mitgliedstaaten verpflichten sich, diesen Grundsatz zu beachten und nicht zu versuchen, die Mitglieder der Beschlussorgane der EZB oder der nationalen Zentralbanken bei der Wahrnehmung ihrer Aufgaben zu beeinflussen.

Einer der Eckpfeiler der Geld- und Währungsordnung des Euro-Währungsgebiets ist die **Unabhängigkeit** der EZB und der nationalen Zentralbanken (NZBen) des Eurosystems. Diese Unabhängigkeit ist sowohl im Vertrag zur Gründung der Europäischen Gemeinschaft (EG-Vertrag) als auch in der Satzung des Europäischen Systems der Zentralbanken (ESZB-Satzung) und nicht etwa im Sekundärrecht verankert und hat somit „verfassungsmäßigen“ Status. Sie ist ein unverzichtbares Element, das das Streben nach Preisstabilität erleichtert. Das Konzept der Unabhängigkeit umfasst:

Funktionelle Unabhängigkeit
Die funktionelle Unabhängigkeit erfordert ein eindeutiges und rechtssicheres vorrangiges Ziel sowie die Ausstattung der Zentralbank mit den erforderlichen Mitteln und Instrumenten, damit sie dieses Ziel unabhängig von anderen Stellen erreichen kann. Wie im EG-Vertrag und der ESZB-Satzung verankert, besteht das vorrangige Ziel des ESZB in der Gewährleistung von Preisstabilität.

Institutionelle Unabhängigkeit
Auf den Grundsatz der institutionellen Unabhängigkeit wird in Artikel 108 des EG-Vertrags und Artikel 7 der ESZB-Satzung ausdrücklich verwiesen. Nach diesen Bestimmungen ist es der EZB, den NZBen und den Mitgliedern ihrer Beschlussorgane untersagt, Weisungen von Organen oder Einrichtungen der Gemeinschaft, Regierungen der Mitgliedstaaten oder anderen Stellen einzuholen oder entgegenzunehmen. Darüber hinaus dürfen diese Organe und Einrichtungen bzw. Regierungen nicht versuchen, die Mitglieder der Beschlussorgane der EZB oder der NZBen zu beeinflussen.

Personelle Unabhängigkeit
Die Unabhängigkeit der Zentralbanken wird durch die Bestimmung der ESZB-Satzung, die den Mitgliedern der Beschlussorgane der EZB eine bestimmte Amtszeit garantiert, zusätzlich untermauert. Diese Bestimmung schreibt

für die Präsidenten der NZBen eine Amtszeit von mindestens fünf Jahren (Wiederernennung zulässig) und für die Mitglieder des Direktoriums der EZB eine Amtszeit von acht Jahren (keine Wiederernennung zulässig) vor. Des Weiteren dürfen Mitglieder der Beschlussorgane nur aus Gründen entlassen werden, die in der ESZB-Satzung aufgeführt sind.

Finanzielle Unabhängigkeit

Die EZB und die NZBen müssen in der Lage sein, sich eigenständig ausreichende finanzielle Mittel zur Wahrnehmung ihrer Aufgaben zu beschaffen. Die EZB verfügt über eigenes Kapital, das von den NZBen gezeichnet und eingezahlt wird. Sie verfügt auch über einen eigenen Haushalt, der unabhängig von dem anderer EU-Institutionen ist. Was die NZBen betrifft, so müssen die Mitgliedstaaten dafür sorgen, dass ihre jeweilige NZB jederzeit über ausreichende finanzielle Mittel verfügt, um ihre Aufgaben im Rahmen des ESZB bzw. im nationalen Rahmen erfüllen zu können.

http://www.ecb.int/ecb/educational/facts/orga/html/or_007.de.html

1. Beschreiben Sie die Organisation des Eurosystems sowie Ziele und Aufgaben der Europäischen Zentralbank (M 11, M 12).

2. Erläutern Sie die Bedeutung der EZB im Rahmen von Geld- und Konjunkturpolitik. Erklären Sie dabei die Unabhängigkeit der EZB sowie die Einschätzung, man könne den EZB-Rat als „Thron der Götter" bezeichnen (M 13).

3. Ermitteln Sie die Gründe für die betonte Unabhängigkeit der EZB. Recherchieren Sie die Stellung der Zentralbank anderer Länder. Stellen Sie mögliche Einwände vor, die gegen die starke Stellung der EZB und gegen ihre Unabhängigkeit angeführt werden können (M 13).

4. Das vorrangige Ziel des ESZB ist in Art. 105 Abs. 1 (EG-Vertrag) missverständlich bis falsch formuliert. Korrigieren Sie den Fehler und begründen Sie Ihre Korrektur (vgl. Kap. 2.1.4 und M 13).

7.5 Geldschöpfung und Geldvernichtung im Europäischen System der Zentralbanken

Dieser Abschnitt liefert grundlegende Informationen, wie Geld in den Wirtschaftskreislauf kommt – in der Fachsprache spricht man von Geldschöpfung –, welche Rolle den Zentralbanken im modernen Bankensystem zukommt und welche Möglichkeiten und Instrumente der Europäischen Zentralbank zur Geldversorgung sowie zur Sicherung der Preisniveaustabilität gegeben sind.

1 Wilhelm Hankel: Das große Geldtheater. Stuttgart 1995

2 Als (Spekulations-)Blase bezeichnet man einen von starker Nachfrage bestimmten Markt, z. B. im Börsen-, Rohstoff- oder Immobilienbereich, der sich in der Regel völlig von der realen Wirtschaftsentwicklung abgekoppelt hat. Oft resultieren Blasen aus einer „aufgeblähten" Liquiditätsausstattung.

M 14

Die Geldschöpfung im modernen Bankensystem

Mit der „Erfindung" des Giralgeldsystems gelang zum Ausgang des Mittelalters ein „Quantensprung" in der Entwicklung der Geldwirtschaft. Das System kooperierender Banken in den neuen ökonomischen Zentren (Oberitalien, Amsterdam, London) erlangte die Fähigkeit zu einer autonomen Geld- und Kreditschöpfung „quasi aus dem Nichts"[1]. Diese Innovation bildete eine wesentliche Grundlage für die weitere Entwicklung des Kapitalismus.

Allerdings gab es auch negative Erfahrungen mit einem ungesteuerten System privater Geldschöpfung. Die Geldschöpfung kann in Zeiten eines Wirtschaftsaufschwungs weit über das Notwendige hinausgehen, so dass es zu einem inflationären Boom kommen kann und sich auf einzelnen Märkten sog. „Blasen"[2] bilden und eine Preisspirale entsteht. Irgendwann bricht das Vertrauen in die weitere Entwicklung zusammen, die Verkäufe und Gewinnmitnahmen steigen, die „Blase wird angestochen", der Boom bricht ein, „die Letzten beißen die Hunde" und viele Kreditnehmer können die Bankkredite nicht zurückzahlen. Eine Bankenkrise mit Zusammenbrüchen einzelner Bankhäuser droht. Die Kreditvergabe wird stark reduziert mit der Folge eines scharfen Wirtschaftseinbruchs, vieler Unternehmenspleiten, deflationärer Entwicklung und sprunghaft steigender Arbeitslosigkeit.

Um solche rezessiven Entwicklungen möglichst zu verhindern oder die Auswüchse zumindest zu begrenzen, wurde die **„Geldpolitik** erfunden" und das System der **Geschäftsbanken** um die Institution einer **zentralen Notenbank** ergänzt.

Die modernen Geldsysteme basieren auf dem geregelten Zusammenspiel zwischen zentraler Notenbank, den privaten Geschäftsbanken und den Kunden dieser Banken (den privaten Nicht-Banken). Die Notenbank – im Euroraum also die EZB – hat die Aufgabe, die für das Wirtschaftswachstum notwendige private Geldvermehrung so zu steuern, dass volkswirtschaftliche Ziele von höchster Bedeutung (Geldwertstabilität, Wachstum und Beschäftigung) gefördert werden. Die Notenbank gewinnt ihre strategische Position vor allem dadurch, dass sie allein befugt ist, Banknoten zu drucken. Durch einen hoheitlichen politischen Akt wird modernen Notenbanken das Notenausgabemonopol übertragen.

Der größte Teil des verwendeten Geldes ist heute nicht das Bargeld, sondern vor allem das **Giralgeld**, das als sog. Sichteinlage auf einem Girokonto liegt und jederzeit vom Konto-Inhaber zu Zahlungszwecken verwendet werden kann. Die Bürger halten ein Girokonto bei ihrer Bank, auf dem z. B. durch monatliche Gehaltszahlungen **Sichteinlagen** entstehen. Diese Sichteinlagen stellen Geld in höchster Vollendung dar, das genauso gut zu Zahlungszwecken verwendet werden kann wie Banknoten. Giralgeld ist privat geschaffenes Geld. Moderne Bankensysteme haben die Fähigkeit, im Zuge der Kreditgewährung z. B. an Unternehmen Geld zu schöpfen und so die Geldmenge zu vergrößern.

Nun ist eine Geschäftsbank, will sie mehr Kredite vergeben, allerdings auf eine Zufuhr von Zentralbankgeld (ZBG) angewiesen. Bei der Geldschöpfung der Geschäftsbanken im Zusammenspiel mit den privaten Kunden wird ein Teil des Geldes von den Kunden erfahrungsgemäß bar abgezogen, weil viele Käufe im täglichen Leben immer noch über Bargeld abgewickelt werden. Um ihrer Umwandlungs-

pflicht von Sichteinlagen in Banknoten nachkommen zu können, benötigen die Banken also unbedingt ZBG, das sie nicht selbst schaffen können, sondern nur bei der Zentralbank beziehen können. Je mehr die Wirtschaft wächst, umso größer ist die Kredit- und Geldnachfrage und umso größer ist auch der Bedarf der Banken an ZBG. Zentralbankgelder sind Guthaben der Banken bei der Zentralbank, die diese bei Anforderung in Bargeld (Banknoten) umwandelt und es mit Geldtransportern zu den Banken liefert.
In einem System mit **Mindestreservepflicht**[1] auf die Sicht- und andere Einlagen – dies trifft auf die EZB zu – brauchen die Banken noch aus einem anderen Grunde ZBG (vgl. Abbildung).
Erhöhen sich die Sichteinlagen eines Kunden einer Bank, dann muss die Bank einen bestimmten Prozentsatz davon als ZBG bei der EZB verzinslich anlegen. Es wird dem Kreislauf und damit weiterer Kreditschöpfung entzogen. Auch um dieser Pflicht nachzukommen, muss eine Bank sich ZBG beschaffen.
Wie kann sich eine Geschäftsbank das benötigte Zentralbankgeld beschaffen? Der institutionelle Ort der Beschaffung ist der sog. **Geldmarkt** im engeren Sinne, der Markt für Zentralbankgeld, auf dem nur die Geschäftsbanken und die Notenbank agieren Der Prozess der Beschaffung von ZBG wird auch **Refinanzierung** genannt. Das Schema der Refinanzierung ist im Wesentlichen immer gleich [...]. Die Notenbank stellt ZBG nur gegen Sicherheiten (Übertragung von Wertpapieren) und gegen eine Zinszahlung den Banken zu Verfügung. Der Zinssatz für das **Hauptrefinanzierungsgeschäft** der EZB wird auch als Leitzins bezeichnet.
Eine ergänzende Möglichkeit bildet das **Interbankgeschäft**. Eine Bank, die ZBG benötigt, kann sich dieses auch bei einer anderen Bank, die aktuell über ZBG verfügt (freie Überschussreserven besitzt) ausleihen und muss dafür den nach Angebot und Nachfrage ständig neu ermittelten Marktpreis bezahlen. Für **ZBG-Tagesgeld** ist der Tagesgeldzinssatz (der im EZB-System als **„EONIA“**[2] bezeichnet wird) zu bezahlen.

Klaus Schaper: Geld und Währung in wirtschaftswissenschaftlicher Perspektive. In: Jörg Althammer, Uwe Andersen, Joachim Detjen, Klaus-Peter Kruber (Hrsg.): Handbuch ökonomisch-politische Bildung. Schwalbach 2007, S. 147 f.

M 15

Geldentstehung durch Kredit

Geld, dessen Akzeptanz letztlich nur auf dem Vertrauen der Wirtschaftssubjekte basiert, muss knapp gehalten werden. Im anderen Fall geht die ökonomische Kohärenz[3] einer Volkswirtschaft verloren, was schließlich zum Zusammenbruch einer Geldwirtschaft führt. Die Macht der Zentralbanken zur Knapphaltung ihres Geldes beruht darauf, dass Wirtschaftssubjekte Zentralbankgeld definitiv benötigen und die Zentralbank das Monopol zur Schaffung von Zentralbankgeld besitzt.

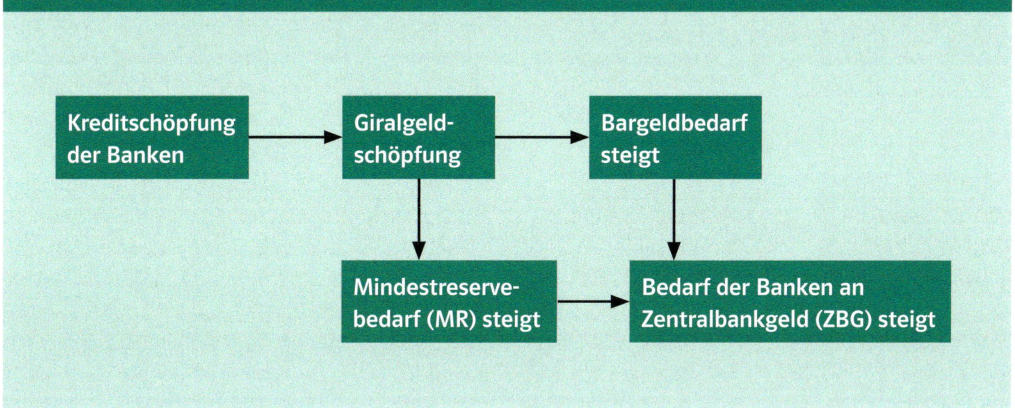

Der Bedarf an Zentralbankgeld im Zuge der Geld- und Kreditschöpfung

1 Als Mindestreserve bezeichnet man die Zentralbankguthaben der Banken, die diese zur Erfüllung der Mindestreservepflicht bei der Zentralbank halten müssen. Die Mindestreserve ist Bestandteil des geldpolitischen Instrumentariums des Eurosystems. Der Mindestreservesatz des Eurosystems liegt bei zwei Prozent. Dieser Satz wird auf täglich fällige Einlagen, Einlagen mit einer vereinbarten Laufzeit von bis zu zwei Jahren, Geldmarktpapiere und Schuldverschreibungen mit vereinbarter Laufzeit von bis zu zwei Jahren erhoben. Das Mindestreserve-Soll müssen die Banken nicht täglich, sondern im kalendertäglichen Durchschnitt als Guthaben bei der Zentralbank halten, so dienen die Mindestreserveguthaben auch als Arbeitsguthaben für den laufenden Zahlungsverkehr.

2 EONIA (Euro Overnight Index Average) – offiziell berechneter Tagesgeldzinssatz für den Euro. Er stellt den Durchschnitt der Zinssätze dar, die eine Gruppe größerer Institute im Euro-Währungsgebiet auf dem Interbankenmarkt für unbesicherte Übernachtkontrakte effektiv abgeschlossen haben, und wird von der Europäischen Zentralbank ermittelt.

3 Kohärenz – Zusammenhang

Geld wird von der Zentralbank von der Logik her mittels Kreditgeschäften mit Geschäftsbanken in Umlauf gebracht. **Geld** wird also durch die **Kreditvergabe** der Zentralbank an Geschäftsbanken **geschaffen** und bei der **Rückzahlung des Kredits** an die Zentralbank wieder **vernichtet**.

Die Zentralbank zwingt somit Geschäftsbanken, sich permanent zu refinanzieren. Dies geschieht dadurch, dass die Zentralbank mit den Geschäftsbanken nur sehr kurzfristige Geschäfte tätigt, die Geschäftsbanken also schon nach kurzer Zeit das erlangte Zentralbankgeld an die Zentralbank zurückgeben müssen. Letztere befindet dann über die Bedingungen einer erneuten Kreditvergabe. Es ist zu beachten, dass Geschäftsbanken die bei der Zentralbank aufgenommenen Kredite einschließlich der angefallenen Zinsen zurückzahlen müssen. Die Bezahlung der Zinsen kann selbstverständlich nur gelingen, wenn die Zentralbank zuvor zusätzliche Kredite an die Geschäftsbanken vergeben hat. [...]

Selbst wenn alle Zahlungen mit Hilfe der Kreditkarten privater Geschäftsbanken erfolgen würden und die Nachfrage nach Zentralbankgeld beim Publikum auf null sinken würde, bliebe die Macht der Zentralbank erhalten. Solange die Geschäftsbanken **Mindestreserven** halten oder tägliche Ungleichgewichte in ihren Zahlungsströmen durch Zentralbankgeld ausgleichen müssen, gibt es eine Nachfrage nach Zentralbankgeld, die nur die Zentralbank bedienen kann. Aber ein Trend zur Absenkung der Bargeldhaltung durch das Publikum auf null ist – wie gesagt wurde – auch nicht zu erkennen.

Die Nachfrage der Geschäftsbanken nach Zentralbankgeld wird nur bedient, wenn sie der EZB Sicherheiten anbieten können. Sie müssen der EZB öffentliche oder private Schuldtitel wie Wertpapiere[1] oder Handelswechsel[2] bei einer Kreditvergabe als Pfand hinterlegen oder als Eigentum übertragen, um Geld zu erhalten. Im zweiten Fall spricht man von so genannten **Offenmarktgeschäften**. Juristisch ist ein Offenmarktgeschäft kein Kreditgeschäft. Jedoch führt die Ausgestaltung der Offenmarktgeschäfte durch die EZB (sowie auch der anderen Zentralbanken) dazu, dass es sich faktisch um ein Kreditgeschäft handelt. Welche Papiere als Sicherheiten akzeptiert werden, also refinanzierungsfähig sind, bestimmt die Zentralbank. Gegenwärtig werden diese Sicherheiten in zwei Kategorien eingeteilt, den „Kategorie-1-Sicherheiten" und den „Kategorie-2-Sicherheiten". Die ersteren sind marktfähige Schuldtitel, die im gesamten Euroraum gelten und für welche die EZB einheitliche Zulassungskriterien festgelegt hat. Die Letzteren sind Sicherheiten, die für die nationalen Finanzmärkte von besonderer Bedeutung sind, zum Beispiel Handelswechsel. Deren Zulassungskriterien werden zwar von den nationalen Zentralbanken definiert, allerdings bedürfen sie der Zustimmung durch die EZB. Hauptsächlich werden Kategorie-1-Sicherheiten eingesetzt.

Theoretisch könnte eine Zentralbank die Geschäftsbanken auch ohne den Gebrauch von Wertpapieren refinanzieren. Sie könnte beispielsweise der Geschäftsbank, die den höchsten Zinssatz bietet, das meiste Zentralbankgeld leihen. Die Bindung der Geldschöpfung an Wertpapiere hat jedoch für Zentralbanken den Vorteil, dass die einzelnen Geschäftsbanken durch den Bestand an Papieren einer maximalen Refinanzierungsgrenze unterliegen. Zudem werden ökonomisch angeschlagene Geschäftsbanken, die sich keine Wertpapiere besorgen können, von der Refinanzierung ausgeschlossen.

Michael Heine/Hansjörg Herr: Die Europäische Zentralbank – Eine kritische Einführung in die Strategie und Politik der EZB. Marburg 2006, S. 65 ff.

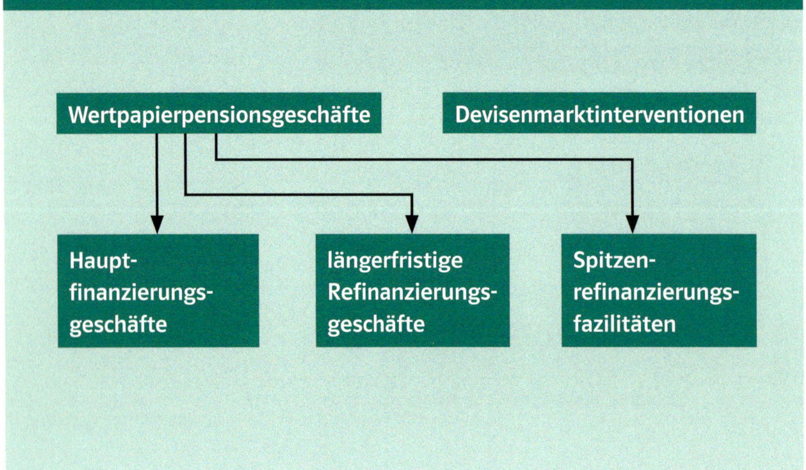

Die wichtigsten Kanäle der Geldentwicklung

1 Wertpapier – Urkunde, die ein Vermögensrecht, z. B. eine Kreditforderung, eine Schuldverschreibung oder ein Anteilsrecht wie eine Aktie in der Weise verbrieft, dass das Recht ohne die Urkunde weder übertragen noch geltend gemacht werden kann.

2 Handelswechsel – Wertpapier zur Finanzierung von Wareneinkäufen. Bei der Zahlung mit Wechsel entsteht ein Lieferantenkredit. Der Wechselaussteller verpflichtet sich, eine bestimmte Geldsumme an einem bestimmten Zeitpunkt an den durch die Wechselurkunde als berechtigt Ausgewiesenen zu zahlen.

M 16

Zur Geldschöpfung der Geschäftsbanken

Bei der Giralgeldschöpfung unterscheidet man die **„aktive"** und die **„passive"** Geldschöpfung der Banken. So entsteht Giralgeld durch Einzahlung von Bargeld auf Girokonten. Bei dieser „passiven" Form der Giralgeldschöpfung ändern sich die gesamten Geldbestände der Wirtschaft (also Giralgeld in Händen der Nichtbanken plus Bargeld) nicht. Daneben ist das Bankensystem aber auch in der Lage, durch Gewährung von Krediten aktiv Giralgeld entstehen zu lassen und damit die Geldmenge insgesamt zu erhöhen.

Beispiel: Aktive Geldschöpfung durch Kreditvergabe
Ein Industrieunternehmen braucht 100 000 €, um die Rechnung eines Rohstofflieferanten zu bezahlen. Es nimmt bei seiner Bank – der Bank A – einen Kredit in dieser Höhe auf. Die Bank A überweist die Kreditsumme über die Deutsche Bundesbank bargeldlos auf das Konto des Rohstofflieferanten bei der Bank B. Die Guthaben der Bank A bei der Bundesbank nehmen ab, gleichzeitig steigen aber auch die Forderungen an das Industrieunternehmen.

Bei der Bank B erhöhen sich einerseits die Einlagen ihrer Kunden (erster Geldschöpfungsschritt), andererseits ihre eigenen Zentralbankguthaben. Wenn die Bank B diese Guthaben nicht gerade benötigt, wird sie versuchen, die überschüssige Liquidität gewinnbringend weiter zu verleihen. Sie gewährt einen Kredit über 100 000 € an eine Großküche, die damit eine umfängliche Warenlieferung von einem Lebensmittelhändler bezahlt. Bank B überweist die Kreditsumme über die Deutsche Bundesbank bargeldlos an die Bank C, wo der Lebensmittelhändler sein Konto unterhält. Als Folge davon fließen der dritten Bank C Zentralbankguthaben über 100 000 € zu, wobei auch die Einlagen ihrer Kunden steigen (zweiter Geldschöpfungsschritt). Bezogen auf ihre Guthaben bei der Bundesbank steht die Bank C dann vor derselben Situation wie vorher die Bank B: Sie kann einen Kredit über 100 000 € vergeben, das heißt, der Prozess der Giralgeldschöpfung setzt sich fort. In unserem Beispiel geht das sogar endlos so weiter.

Angenommen, der Rohstofflieferant hebt von seinem Konto sofort 30 000 € bar ab. Dann stehen der Bank B für die eigene Kreditgewährung nur noch 70 000 € (statt 100 000 €) zur Verfügung. An die Großküche kann sie also nur noch einen Kredit über 70 000 € geben.

Wenn diese sich davon ebenfalls 30 Prozent, d. h. 21 000 € auszahlen lässt, um z. B. Löhne bar zu bezahlen, fließen der dritten Bank C nur noch Einlagen und Zentralbankguthaben über 49 000 € zu. Ihr stehen für die eigene Kreditschöpfung also nur noch 49 000 € (statt wie ursprünglich 100 000 €) zur Verfügung. Die Geld- und Kreditschöpfung läuft zwar weiter, wird aber immer kleiner, wenn die Banken Bargeld brauchen. Nehmen wir nun an, dass jeweils 30 Prozent der an eine Bank überwiesenen Summe gleich bar abgehoben werden und dass die Bank jeweils Mindestreserve im Umfang von zehn Prozent ihrer Kundeneinlagen bei der Bundesbank unterhalten muss. (Die Annahme von zehn Prozent ist unrealistisch hoch, dient hier aber der Veranschaulichung.)

Bei der Bank B hat der Rohstofflieferant von der überwiesenen Kreditsumme in Höhe von 100 000 € bar 30 000 € abgehoben. Somit verblieben 70 000 €. Von diesen 70 000 € muss die Bank B zehn Prozent, also 7000 €, bei der Bundesbank als Mindestreserve hinterlegen. Für ihre eigene Kreditgewährung stehen ihr also nicht mehr die vollen 100 000 €, sondern nur 63 000 € zur Verfügung.

Der Bank C fließen von der Bank B Zentralbankguthaben über 63 000 € zu. Der Großmarkt benötigt davon gleich 18 900 € als Bargeld. Von den restlichen 44 100 € sind bei der Bundesbank 4410 € als Mindestreserve zu hinterlegen. Für die Kreditgewährung stehen der Bank C also nur noch 39 690 € zur Verfügung.

So setzt sich das fort …

Begrenzung der Geldschöpfung durch Barauszahlung und Mindestreserve

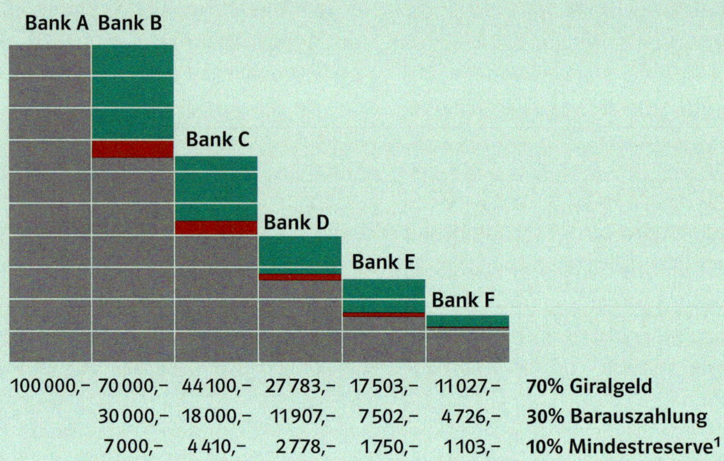

[1] bezieht sich auf Giralgeld

Der Geldschöpfungsprozess erscheint damit wie Zauberei: Die Banken schöpfen anscheinend selbst Geld, ohne die EZB nötig zu haben. Einer höheren Forderung an die Nichtbanken stehen höhere Einlagen derselben gegenüber: Die Geldmenge ist gewachsen. Aber so einfach ist das alles doch nicht. Die EZB kann die Geldvermehrung der Banken nämlich begrenzen. Zunächst gibt es da eine Art Bremse, bei der die EZB zwangsläufig ins Spiel gebracht wird. So kann eine Giralgeldschöpfung immer dann nicht eintreten, wenn die bereitgestellten Einlagen vollständig als Bargeld abgehoben werden. Denn dann verwandelt sich Giralgeld in Bargeld. Bargeld aber können die Banken nicht selbst „schöpfen". Sie sind gezwungen, sich das benötigte Bargeld bei der Notenbank zu beschaffen. Die aktive Geldschöpfung wird auch dadurch begrenzt, dass die Kreditinstitute Mindestreserven bei der EZB halten müssen, die einen bestimmten Prozentsatz ihrer Einlagen betragen. Ursprünglich war die Mindestreserve dazu gedacht, die Banken zu einer Reservehaltung für unvorhergesehene Mittelabflüsse zu verpflichten. Da es mittlerweile eine Vielzahl von bankaufsichtsrechtlichen Regelungen gibt, die die Bankenliquidität sichern sollen, dient die Mindestreserve heute vor allem geldpolitischen Zwecken. Sie verstärkt die Abhängigkeit der Geschäftsbanken, sich mit Zentralbankgeld zu refinanzieren, und sorgt für zusätzliche Stabilität am Geldmarkt. Der Mindestreservesatz liegt seit 1999 bei 2 Prozent und wird auf alle kurzfristigen Bankverbindlichkeiten angewandt.

Die „Überschussreserve" im Bankensystem wird immer kleiner. Der Prozess der Giralgeldschöpfung wird dadurch gebremst. Jede einzelne Bank kann immer nur einen Bruchteil ihres Liquiditätszuflusses ausleihen. Trotzdem sind am Ende die Einlagen im Bankensystem – das Giralgeld – um ein Mehrfaches derjenigen Einlage gestiegen, die durch die ursprüngliche Kreditgewährung entstanden ist. Man spricht deshalb auch von der **„multiplen Giralgeldschöpfung"** (multipel = vielfach).

Giralgeld entsteht nicht nur durch Kreditgewährung der Banken. Wenn ein Kreditinstitut z. B. ein Wertpapier oder ein Grundstück von einer Nichtbank erwirbt, entsteht ebenfalls Geld. Denn dem Veräußerer wird als Bezahlung ein Sichtguthaben eingeräumt. Oder wenn z. B. eine deutsche Maschinenfabrik in den USA für ein amerikanisches Unternehmen eine Industrieanlage errichtet, wird sie zur Bezahlung von Löhnen, Material usw. dort erhaltene Dollar an eine deutsche Bank verkaufen.

Dafür erhält sie ein Sichtguthaben bei dieser deutschen Bank. Die Geldmenge in Deutschland wächst also.

Julian Reischle. In: Deutsche Bundesbank: Geld und Geldpolitik. 2007, S. 59 ff.

M 17

Offenmarktgeschäfte

Normalerweise wird Geld in modernen Geldwirtschaften über **Offenmarktgeschäfte** emittiert. Der Name erinnert noch an jene Zeiten, als der Kauf und Verkauf von Wertpapieren tatsächlich noch auf offenen Märkten, an Börsen, stattgefunden hat. Kaufte die Zentralbank Wertpapiere, so floss den Wirtschaftssubjekten Zentralbankgeld zu. Es kam zur Geldentstehung. Verkaufte die Zentralbank später diese Papiere wieder, so entzog sie der Volkswirtschaft Zentralbankgeld. Es kam, wie man zu sagen pflegt, zur Geldvernichtung. Diese Geschäftsform hatte für die Zentralbank den Nachteil, dass sie immer dann, wenn sie ihr Geld verknappen wollte, vom Kalkül der privaten Wirtschaftssubjekte abhängig war. Denn sie konnte die übrigen Marktteilnehmer nicht zum Kauf ihrer Wertpapiere zwingen. Aus diesem Grunde sind Zentralbanken in allen entwickelten Volkswirtschaften dazu übergegangen, beim Kauf der Wertpapiere von den Geschäftsbanken zugleich den Zeitpunkt des Rückkaufs und den Preis hierfür festzulegen.

Aus der Differenz zwischen dem Kauf- und dem Verkaufspreis errechnet sich der Zinssatz, den die Zentralbanken für die Bereitstellung von Geld fordern. Diese spezifische Art und Weise der Offenmarktgeschäfte nennt man Wertpapierpensionsgeschäfte, welche der EZB und anderen modernen Zentralbanken als Hauptfinanzierungsinstrument dienen. Im Kern stellen Wertpapierpensionsgeschäfte – wie schon betont – Kreditverträge dar, die in eine spezifische Form gegossen wurden. Offenmarktpolitik im traditionellen Sinne des Wortes spielt heutzutage demnach keine nennenswerte Rolle und hat in der Geldpolitik auch noch nie eine große Rolle gespielt.

Heute wird von Offenmarktgeschäften immer dann gesprochen, wenn die Initiative, Geld in Umlauf zu bringen, von der EZB ausgeht. In nahezu allen Fällen werden im Rahmen der Offenmarktpolitik die so genannten **befristeten Transaktionen** vollzogen, so dass die EZB ihren Kunden, den Kreditinstituten, Geld für einen festgelegten Zeitraum leihweise zur Verfügung stellt. Die befristeten Transaktionen können ihrerseits in **„Hauptfinanzierungsgeschäfte“** (Haupttender) und in **„längerfristige Refinanzierungsgeschäfte“** unterteilt werden, wobei die ersteren im Zentrum geldpolitischer Entscheidungen stehen. Im Durchschnitt eines Jahres werden etwa 75 Prozent der von der EZB emittierten Mittel über die Hauptfinanzierungsgeschäfte zugeteilt und über sie erhält die Wirtschaft insgesamt die entscheidenden zinspolitischen Signale. Legen wir daher zunächst die Lupe auf dieses Instrument.

Im wöchentlichen Abstand bietet die EZB über die nationalen Zentralbanken den Geschäftsbanken des Euroraums Geld an. Ende des Jahres 2000 waren im Euroraum 2542 Institute berechtigt, an Hauptrefinanzierungsgeschäften teilzunehmen. Teilgenommen haben jedoch immer nur zwischen 400 und 600 Institute, die dann über den Geldmarkt Zentralbankgeld an andere Institute verliehen.

Die EZB kann zwischen zwei Verfahren, dem so genannten Mengentender und dem Zinstender wählen. Zunächst entschied sich die EZB für den Mengentender. Ende Juni 2000 wechselte sie zum Zinstender. Beim **Mengentender** gibt die EZB den Zinssatz vor, zu dem sie den Geschäftsbanken das Geld zur Verfügung stellt. Dieser Zinssatz wird als **Leitzinssatz** bezeichnet. Die Geschäftsbanken teilen dann der Zentralbank mit, wie viel Zentralbankgeld sie zugeteilt bekommen möchten. Durch die Vorgabe des Leitzinssatzes liefert die EZB der Volkswirtschaft wichtige Zinssignale in Bezug auf den beabsichtigten geldpolitischen Kurs. Wird beispielsweise der Leitzinssatz erhöht, so geht die EZB offenbar auf einen restriktiveren Kurs über. Beim [...] **Zinstenderverfahren** müssen die Geschäftsbanken nicht nur die gewünschte Geldmenge, sondern auch den Zinssatz nennen, zu dem sie bereit sind, Geschäfte mit der EZB abzuschließen. Allerdings gibt die EZB einen Mindestbietungssatz vor, der nunmehr die Signalfunktion übernimmt. Außerdem soll so die Unsicherheit für die Kreditinstitute reduziert

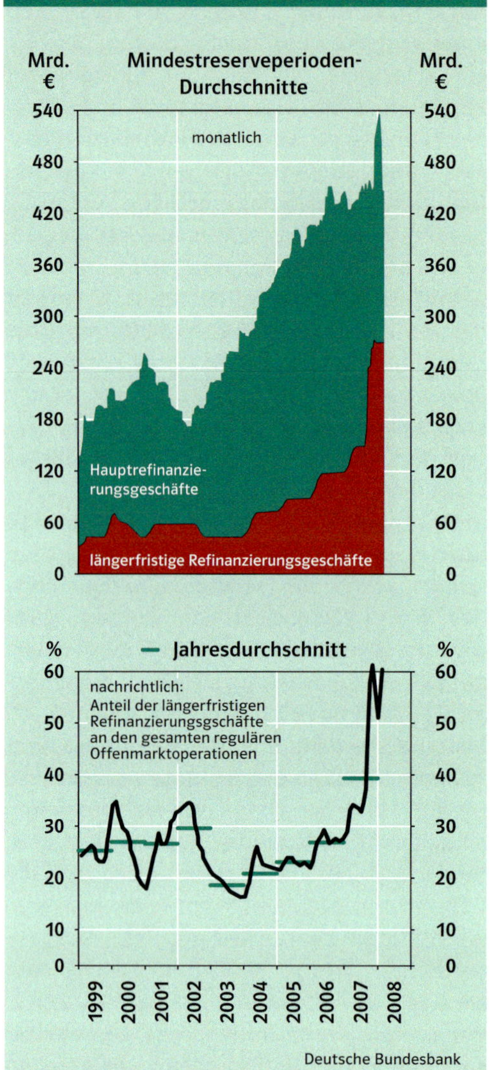

Ausstehendes Volumen der Haupt- und längerfristigen Refinanzierungsgeschäfte

werden. Die Laufzeit der Verträge beträgt in beiden Fällen lediglich eine Woche. Durch die kurze Laufzeit der Transaktion behält die EZB ihre Handlungsfähigkeit, da die Geschäftsbanken bereits nach kurzer Zeit ihre Verpflichtungen erfüllen und neues Geld nachfragen müssen. Sie werden „an der kurzen Leine“ geführt.

Michael Heine/Hansjörg Herr: Die Europäische Zentralbank. a.a.O., S. 67ff.

M 18

Weitere Instrumente der Geldpolitik der EZB

Eine dritte Art der Offenmarktpolitik neben den Hauptfinanzierungs- und den längerfristigen Geschäften sind die **Feinsteuerungsoperationen**. Sie werden nicht regelmäßig, sondern von Fall zu Fall durchgeführt. Sowohl im Jahr 2000 als auch im Jahr 2001 wurden jeweils zwei Operationen durchgeführt. Mit Hilfe dieses Instruments versucht die EZB unerwartete Liquiditätsschwankungen abzufedern, um die Auswirkungen auf die Zinssätze zu begrenzen. Im Jahr 2001 wurde beispielsweise versucht, die geldpolitischen Folgen der Terroranschläge des 11. September zu neutralisieren. Im Jahr zuvor sollte so ein Liquiditätsüberhang kurzfristig abgebaut werden. Für die normale Geldversorgung spielt dieses Instrument allerdings keine bedeutende Rolle. Die Feinsteuerung kann mit Hilfe befristeter Transaktionen, aber auch durch definitive Käufe und Verkäufe von Wertpapieren durchgerührt werden.

Ein weiteres Instrument sind **Devisenswapgeschäfte**. Hier kauft die EZB Devisen und erhöht dadurch die Geldmenge, um sie zu einem vereinbarten Termin wieder zu verkaufen und die Geldmenge dann zu reduzieren. Die prozentuale Abweichung des heutigen Ankaufkurses (dem Kassakurs) und dem künftigen Verkaufskurs (dem Terminkurs) wird als Swapsatz bezeichnet. Daneben können Zentralbanken auf Devisenmärkten intervenieren, um den Wechselkurs auch längerfristig zu beeinflussen. Bekämpft eine Zentralbank beispielsweise Aufwertungstendenzen ihrer Währung, dann wird sie ausländische Währung aufkaufen und damit die eigene Geldmenge erhöhen. Indem sie so die Nachfrage nach der ausländischen Währung und das Angebot der inländischen erhöht, begrenzt sie die Aufwertungstendenzen. Werden die Geldmengeneffekte von Devisenmarktinterventionen durch andere geldpolitische Instrumente kompensiert, spricht man von Sterilisierungspolitik. Die EZB hat bisher selten auf den Devisenmärkten interveniert. Die Deutsche Bundesbank intervenierte massiv während ihres gesamten Bestehens. Auch die Bank of Japan griff zeitweise in großem Umfang ein, um eine Aufwertung des Yen zu bremsen.

Viertens schließlich führt die EZB vereinzelt so genannte **strukturelle Operation** durch. Mit ihrer Hilfe sollen strukturelle Liquiditätspositionen des finanziellen Sektors gegenüber dem Eurosystem verändert werden. Im Jahr 2001 führte die EZB zwei solcher Operationen durch. Ziel war es, Liquiditätsengpässe im Finanzsektor abzubauen, die dadurch entstanden waren, dass die Geschäftsbanken mit Zinssatzsenkungen rechneten und so die Summe der Gebote den tatsächlichen Liquiditätsbedarf nicht abdeckte. Sie wurden als Standardtender mit einwöchiger Laufzeit durchgeführt. Im Jahr 2000 verzichtete die EZB gänzlich auf diese Form der Geldpolitik.

Michael Heine/Hansjörg Herr: Die Europäische Zentralbank. a.a.O., S. 72 f.

M 19

Ständige Fazilitäten

Vor dem Hintergrund der bisherigen Ausführungen kann der Eindruck entstehen, dass die EZB sehr präzise die Zentralbankgeldmenge steuern kann. Denn die Initiative der Geldemission liegt bei ihr und darüber hinaus legt sie das Zuteilungsvolumen fest. Damit aber stellt sich die Frage, wie sie ihrer Funktion als Lender of Last Resort[1] gerecht wird, wenn bei einzelnen Banken oder sogar beim gesamten Bankensektor kurzfristig und unerwartet hoher Liquiditätsbedarf entsteht, der durch Geldgeschäfte zwischen den Geschäftsbanken nicht oder nicht rechtzeitig befriedigt werden kann. In Fällen dieser Art kann die Initiative zur Geldemission von den Geschäftsbanken ausgehen. Geldpolitische Geschäfte, die durch Initiative der Geschäftsbanken zu Stande kommen, werden **ständige Fazilitäten** genannt, die sich ihrerseits in **Spitzenrefinanzierungsfazilität** und **Einlagefazilität** unterteilen. Beginnen wir mit den Spitzenrefinanzierungsfazilitäten.

Sofern Kreditinstitute in Liquiditätsengpässe geraten, können sie sich auch außerhalb der Offenmarktgeschäfte kurzfristig Geld bei der Zentralbank besorgen. Die Laufzeit dieser Kredite ist bis zum Folgetag begrenzt. Für diese „Übernachtkredite" durch die EZB gibt es keine Höchstgrenzen, sofern hinreichende Sicherheiten geboten werden können. Dadurch garantiert die EZB dem Finanzsektor eine stets ausreichende Geldversorgung, was auch ihrer Funktion als Lender of Last Resort entspricht. Allerdings sind diese Kredite teurer als die sonstigen Zentralbankkredite. Der Zinssatz für die Spitzenrefinanzierungsfazilität liefert zugleich die obere Begrenzung der Zinssätze auf dem Geldmarkt, also jenem Markt, auf dem Geschäftsbanken untereinander Kredite vergeben. Denn auch bei Liquiditätsengpässen ist keine Geschäftsbank bereit, einer anderen höhere Zinssätze zu zahlen als die von der EZB verlangten, da sie sich dort jederzeit verschulden kann. Durch diese Möglichkeit, sich kurzfristig ohne Kredithöchstgrenzen bei der EZB zu verschulden, besteht aus der Perspektive der EZB nicht länger die Möglichkeit, die Zentralbankgeldmenge volumen- und zeitmäßig exakt zu steuern.

Die Spitzenrefinanzierungsfazilität wird vergleichsweise wenig in Anspruch genommen. Das liegt daran, dass die EZB den Liquiditätsbedarf des Bankensektors möglichst genau zu prognostizieren versucht und ihre Offenmarktgeschäfte entsprechend ausrichtet.

Durch die Einlagefazilität haben die Kreditinstitute die Möglichkeit, Guthaben bis zum nächsten Geschäftstag bei der EZB zu einem von der EZB zu zahlenden, festgelegten Zinssatz zu „parken". Sofern also eine Geschäftsbank am Abend überschüssige Liquidität hat, kann sie dieses Geld entweder anderen Geschäftsbanken leihen, die knapp bei Kasse sind, oder es bei der EZB über Nacht anlegen. Der Zinssatz für diese Einlagen liefert somit die untere Grenze für Interbanken-Geldgeschäfte, da keine Geschäftsbank, die Geld verleihen möchte, einen niedrigeren Zinssatz akzeptieren wird als denjenigen, den ihr die EZB zahlt. Damit kann die EZB auch nach unten zumindest die kurzfristigen Zinssätze direkt steuern.

Dass mit dem Zinssatz für Einlagefazilitäten und dem für Spitzenrefinanzierungsfazilitäten die EZB einen Zinskorridor schafft, der die Zinsschwankungen auf dem Interbanken-Geldmarkt eng begrenzt, zeigt die Abbildung. Der Tagesgeldsatz in der Abbildung ist der marktmäßig bestimmte Zinssatz, der sich auf dem Geldmarkt bildet und den die Banken beim Verleihen von Tagesgeld an andere Banken verlangen. Der Tagesgeldsatz schmiegt

1 Lender of Last Resort – Die Kennzeichnung lender of last resort nennt die Bedeutung der Zentralbank als „Kreditgeber der letzten Zuflucht". Gerät eine Geschäftsbank in eine Liquiditätskrise, so kann die Zentralbank als lender of last resort einspringen und den kurzfristigen Engpass der Bank überbrücken.

sich sehr eng an den Pensionssatz, dem Zinssatz für das Hauptfinanzierungsgeschäft beziehungsweise Wertpapierpensionsgeschäft, an. Das verdeutlicht zweierlei. Erstens gelingt es der Zentralbank dank der Kurzfristigkeit der Wertpapierpensionsgeschäfte, einen Refinanzierungsbedarf der Geschäftsbanken zu schaffen. Denn es ergab sich offensichtlich nie ein längerfristiger Liquiditätsüberhang auf dem Geldmarkt, der den Geldmarktzinssatz bis zum Zinssatz der Einlagenfazilität hätte fallen lassen. Zweitens stieg der Geldmarktzinssatz nie längerfristig bis zum Zinssatz der Spitzenrefinanzierungsfazilität an. Die EZB hat somit niemals den „Geldhahn" beim Hauptfinanzierungsgeschäft in der Form abgedreht, dass die Banken massiv gezwungen waren, auf die Spitzenrefinanzierungsfazilität zurückzugreifen. Das verdeutlicht, dass die EZB bei der quantitativen Festsetzung der Wertpapierpensionsgeschäfte relativ genau den Liquiditätsbedarf des Geldmarktes abschätzen kann. Zudem hat sie noch das Instrument des Schnelltenders. Schließlich ist die Regelung der Mindestreservehaltung so ausgerichtet, dass die Geschäftsbanken einen Liquiditätspuffer erhalten.

Michael Heine/Hansjörg Herr: Die Europäische Zentralbank. a. a. O., S. 74 f.
Schaubild: Deutsche Bundesbank, Zehn Jahre geldpolitische Zusammenarbeit im Eurosystem
In: Deutsche Bundesbank, Monatsbericht April 2008, S. 25

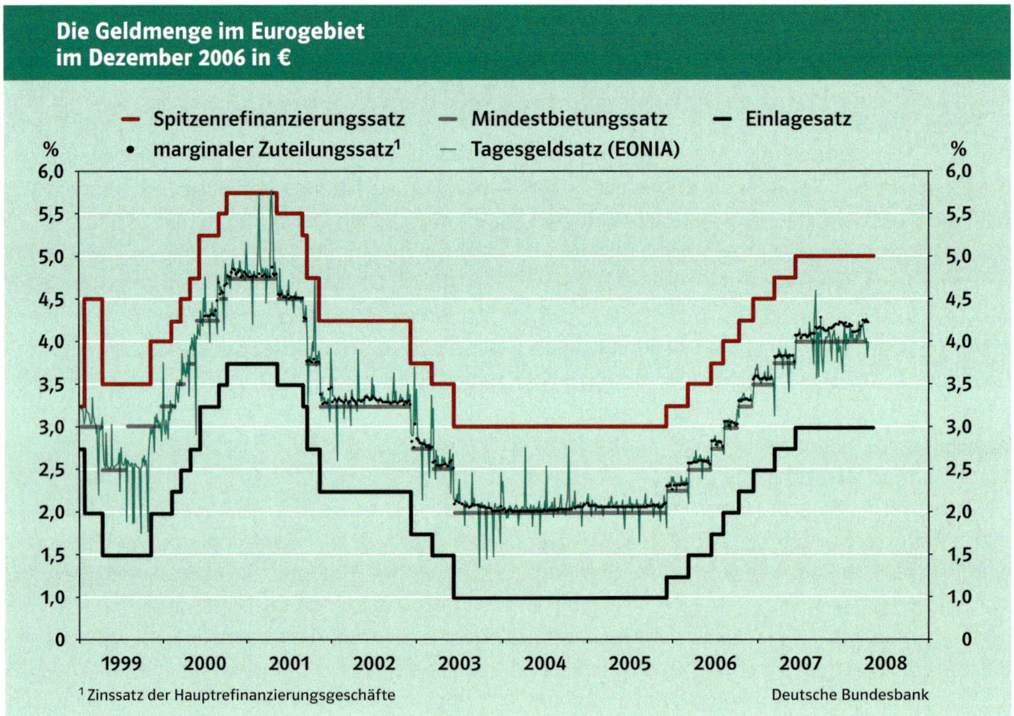

M 20

Übersicht: Geldpolitisches Instrumentarium

Geldpolitische Geschäfte	Transaktionsart		Laufzeit	Rhythmus	Verfahren
	Liquiditätsbereitstellung	Liquiditätsabschöpfung			
Offenmarktgeschäfte					
Hauptrefinanzierungsinstrument	Befristete Aktionen	–	eine Woche	wöchentlich	Standardtender
Längerfristige Refinanzierungsgeschäfte	Befristete Aktionen	–	drei Monate	monatlich	Standardtender
Feinsteuerungsoperationen	– Befristete Transaktionen – Devisenswaps	– Devisenswaps – Hereinnahme von Termineinlagen – Befristete Transaktionen	nicht standardisiert	unregelmäßig	– Schnelltender – Bilaterale Geschäfte
	Definitive Käufe	Definitive Käufe	–	unregelmäßig	Bilaterale Geschäfte
Strukturelle Operationen	Befristete Transaktionen	Emission von Schuldverschreibungen	standardisiert / nicht standardisiert	regelmäßig und unregelmäßig	Standardtender
	Definitive Käufe	Definitive Verkäufe	–	unregelmäßig	Bilaterale Geschäfte
Ständige Fazilitäten					
Spitzenrefinanzierungsfazilität	Befristete Transaktionen	–	Über Nacht	Inanspruchnahme auf Initiative der Geschäftspartner	
Einlagefazilität	–	Einlagenannahme	Über Nacht	Inanspruchnahme auf Initiative der Geschäftspartner	

Deutsche Bundesbank: Geld und Geldpolitik, 2007, S. 114

1. Erläutern Sie, wie Geld entsteht. Unterscheiden Sie dabei zwischen der Geldschöpfung der Zentralbanken und der Geldschöpfung der Geschäftsbanken (M 14, M 15).
2. Erklären Sie den Unterschied zwischen passiver und aktiver Giralgeldschöpfung insbesondere in Hinblick auf die Geldmengenentwicklung. Verdeutlichen Sie die Grenzen der multiplen Giralgeldschöpfung anhand des vorliegenden Beispiels (M 16).
3. Erläutern Sie die Bedeutung der Zentralbanken im modernen Bankensysten (M 14). Beschreiben Sie, wie die Zentralbanken die Geldwertstabilität sichern können (M 14).
4. Erarbeiten Sie, wie die EZB die Geschäftsbanken mit Geld versorgt. Erläutern Sie dabei die Instrumente der Offenmarktpolitik (M 15, M 17).
5. Erläutern Sie die Möglichkeiten der EZB zur Begrenzung der Geldmengenentwicklung bzw. zur Sicherung der Preisniveaustabilität (M 15).
6. Beschreiben Sie die Funktion der ständigen Fazilitäten (M 19).

7.6 Geldpolitische Strategien im Überblick

Bevor im Folgenden die geldpolitische Strategie der Europäischen Zentralbank zur Sicherung von Preisstabilität genauer dargestellt wird, soll zunächst in M 21 und M 22 einführend der theoretische Hintergrund unterschiedlicher Strategien der Geldpolitik dargestellt werden. Dabei lassen sich vor allem zwei Konzepte unterscheiden, zum einen das Konzept der **Geldmengensteuerung**, zum anderen das Konzept der **direkten Inflationssteuerung** über ein direktes Inflationsziel. M 23 erklärt dann genauer die geldpolitische Strategie des Eurosystems. Die Grenzen der Geldpolitik werden in M 24 thematisiert.

M 21

Geldmengensteuerung

M 21a

Quantitätstheorie des Geldes

Die Idee, wonach eine Geldmengenausdehnung für inflationäre Prozesse verantwortlich sei, basiert auf der so genannten **Quantitätstheorie** des Geldes, die so alt ist wie die Ökonomie. Der Klassiker David Ricardo[1] formulierte die ältere Variante der Quantitätstheorie des Geldes Anfang des neunzehnten Jahrhunderts in aller Klarheit. Irving Fisher[2] präsentierte in seinem Buch die „Kaufkraft des Geldes" die ausgereifteste Variante der alten Quantitätstheorie. Nach dem Zweiten Weltkrieg kam es zur Neuauflage der Theorie im Rahmen der „Neoquantitätstheorie", die wirtschaftspolitisch vor allem mit Milton Friedman verbunden ist. [...]

Da sich alle Varianten der Quantitätstheorie an der so genannten **Quantitätsgleichung** verdeutlichen lassen, soll diese Gleichung zunächst erklärt werden. Wenn Yr für das reale Sozialprodukt, P für das Preisniveau, M für die nominale Geldmenge und V für die Umlaufgeschwindigkeit des Geldes stehen, dann ergibt sich zwingend:

$$M \times V = P \times Yr$$

Auf der rechten Seite der Gleichung steht das nominale Sozialprodukt einer Volkswirtschaft. Es symbolisiert bei der alten Quantitätstheorie das Transaktionsvolumen in einer Volkswirtschaft. [...] Auf der linken Seite der Gleichung steht die nominale Geldmenge, die zur Durchführung dieser Transaktionen dient, multipliziert mit der durchschnittlichen Umlaufgeschwindigkeit des Geldes. Sie gibt an, wie oft ein Geldstück im Durchschnitt während einer Periode die Hände wechselt. Ist sie größer als eins, dann genügt eine Geldmenge, die kleiner ist als das nominale Transaktionsvolumen einer Volkswirtschaft.

Die Quantitätsgleichung ist eine Tautologie[3], da sie immer stimmt: Bei gegebener Geldmenge und gegebenem nominalen Sozialprodukt ergibt sich statistisch immer eine Umlaufgeschwindigkeit, welche die Quantitätsgleichung erfüllt. Zu einer gehaltvollen Theorie wird die Quantitätsgleichung erst, [...] indem die „Ursache-Wirkungs-Zusammenhänge" begründet werden. Wenn wir zur Vereinfachung der Argumentation einmal unterstellen, die Umlaufgeschwindigkeit des Geldes und das reale Sozialprodukt seien (warum auch immer) gegeben, dann kann sich das Preisniveau erhöhen, weil die Geldmenge steigt. Es kann aber auch sein, dass ein Anstieg des Preisniveaus zu einer Erhöhung der Geldmenge führt. Alle Varianten des neoklassischen Paradigmas gehen davon aus, dass letztlich die Geldmenge das Preisniveau determiniert. Daher spricht man bei diesem Ansatz auch von **Monetarismus**.

Die Annahme ist nun, dass die Zentralbank die nominale Geldmenge exogen steuert. Sehr deutlich kommt die Exogenität der Geldmenge bei der Geldentstehungsparabel von Friedman zum Ausdruck, in der die Geldschöpfung durch den Notenabwurf eines Hubschraubers über einem Währungsgebiet beschrieben wird. Unterstellt wird demnach, dass Zentralbanken jederzeit die Geldmenge exakt steuern können. [...] Gleichzeitig soll die Umlaufgeschwindigkeit im Wesentlichen stabil sein. Unter diesen Annahmen wird dann M zur Bestimmungsgröße für P. Damit ist der Schurke

1 Ricardo, geboren April 1772 in London, war ein englischer Bankier und gehört wie Mill und Smith zu den großen Vertretern der klassischen Ökonomie. Sein größter wissenschaftlicher Beitrag ist das Konzept der komparativen Kostenvorteile. Gegen den damaligen Trend die eigene Nation mit hohen Schutzzöllen zu umgeben, war auch er Verfechter freien Handels und von den Vorteilen internationaler Arbeitsteilung überzeugt. Ebenso betonte Ricardo die Bedeutung einer unabhängigen Zentralbank sowie einer strikten Geldmengenbegrenzung zur Inflationsbekämpfung. Hier sieht man deutliche Parallelen zu Friedman und dem Monetarismus. Ricardo starb am 11. September 1823.

2 Irving Fisher, geboren am 27.2.1867 in Saugerties, N.Y., war der erste amerikanische Ökonom, der zu großer Bedeutung gelangte. Er beschäftigte sich mit mathematischer Wirtschaftstheorie, zentral standen dabei Probleme der Geldtheorie. Nach ihm benannt ist die Quantitätsgleichung, Transaktionsgleichung oder Verkehrsgleichung als der formale, mathematische Ausdruck einer Version der so genannten Quantitätstheorie. Er starb am 29.4.1947 in New York.

3 Tautologie – ein lediglich erläuterndes und nicht erkenntniserweiterndes Urteil

für die Verursachung von inflationären und deflationären Prozessen gefunden: Es ist die Zentralbank. Auch alle moderneren Fassungen der Quantitätstheorie des Geldes kommen zum gleichen Ergebnis.

Michael Heine/Hansjörg Herr: Die Europäische Zentralbank. a.a.O., S. 84 f.

M 21b

Zur Bestimmung des Geldmengenziels

Anfang Dezember 1998 hat der EZB-Rat den Referenzwert für das Geldmengenwachstum erstmals auf viereinhalb Prozent festgelegt. Seitdem liegt er unverändert auf diesem Niveau. Die Ableitung dieser Rate basierte auf Annahmen für den Preisanstieg („Anstieg gegenüber dem Vorjahr von unter zwei Prozent"), dem realen BIP-Wachstum (Trendwachstum von zwei bis zweieinhalb Prozent jährlich) und dem trendmäßigen Rückgang der Umlaufgeschwindigkeit des Geldes (Rückgang von jährlich etwa einem halben bis einen Prozentpunkt). Zunächst wurde eine jährliche Überprüfung des Referenzwerts vorgenommen. Angesichts des mittel- bis langfristigen Charakters des Referenzwerts wird aber seit dem Jahr 2003 darauf verzichtet. Eine Anpassung des Wertes soll fortan bei einer Änderung der Eckwerte vorgenommen werden.

Julian Reischle. In: Deutsche Bundesbank: Geld und Geldpolitik, 2007, S. 110 f.

M 21c

Das Konzept der Geldmengensteuerung

Entsprechend wird die **Geldmengensteuerung** konzipiert. Nimmt man z.B. an, dass die Wachstumsrate des realen Bruttoinlandsprodukts 2 Prozent betragen werde, dass die Umlaufgeschwindigkeit des Geldes (ein Reflex der Zahlungssitten) konstant bleibe und dass die Inflationsrate bei 2 Prozent gehalten werden soll, dann wird die Geldpolitik ein Wachstum der Geldmenge – meist wird die Abgrenzung M3 gewählt – von 4 Prozent anstreben. Dies war das Konzept der Geldmengensteuerung der Deutschen Bundesbank, mit einer wichtigen Ergänzung: Die Deutsche Bundesbank richtete sich nicht nach dem erwarteten

Wachstum der Geldmenge M3 und der Buchkredite an den privaten Sektor[1]

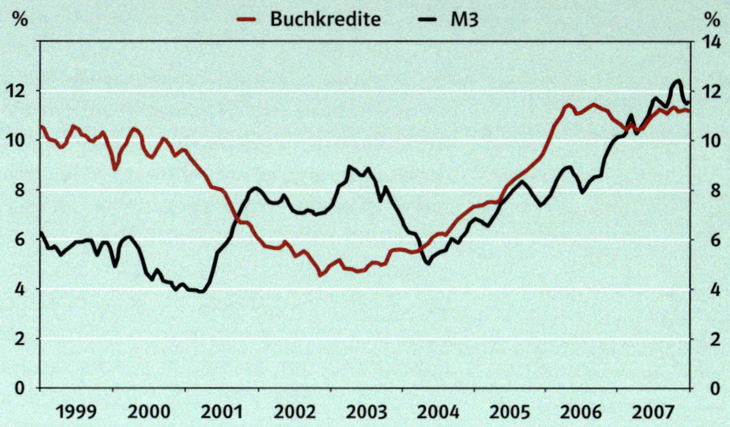

[1] Veränderung gegenüber dem Vorjahr

tatsächlichen Wachstum des Bruttoinlandsprodukts, sondern nach dem möglichen Wachstum im Rahmen der **Entwicklung des Produktionspotenzials**. Dies soll die Entwicklung von konjunkturellen Schwankungen bereinigen und insgesamt zu einer Verstetigung der Entwicklung von Produktion und Preisen beitragen (potenzialorientierte Geldpolitik).

Ulrich Baßeler u.a.: a.a.O., S. 514

M 22a

Inflation-Targeting

Seit dem Ende der 1980er Jahre suchte eine wachsende Anzahl von Zentralbanken nach neuen geldpolitischen Strategien. Diese Neuausrichtung der Geldpolitik wurde im Wesentlichen durch den Umstand erzwungen, dass die Orientierung an dem Zwischenziel der Geldmengenentwicklung keinen soliden Maßstab lieferte. Hohe Volatilitäten[1] auf den Aktien- und Devisenmärkten sowie verschiedene Finanzinnovationen führten dazu, dass die Geldnachfrage zunehmend instabil und damit eine Geldmengenorientierung der Geldpolitik unmöglich wurde. Zudem zeigte die Erfahrung, dass Zentralbanken nicht in der Lage waren, die Geldmenge nach der Vision des Friedman'schen Hubschraubers zu steuern. [...]

Die neue populär gewordene geldpolitische Strategie – das **Inflation-Targeting** – versucht

1 Volatilität – Maß für die Preis- beziehungsweise Kursschwankungen bestimmter Werte (z.B. Aktien, Anleihen, Devisen, Rohstoffe, Zinssätze, Aktienindizes) oder auch ganzer Börsenmärkte. Je größer die Kursschwankungen sind, umso größer ist auch die Volatilität der Aktie und damit auch das mit dem Papier verbundene Risiko.

1 Reputation – Ansehen

die Geldpolitik unmittelbar an die Einhaltung eines Inflationsziels auszurichten. Gemeinsam ist den Zentralbanken, die dieser Strategie folgen, dass sie Preisniveaustabilität als das zentrale Ziel der Geldpolitik ansehen. Für Inflation-Targeting wird üblicherweise geltend gemacht, dass Zentralbanken so die Transparenz und Glaubwürdigkeit ihrer Politik und damit ihre Reputation[1] erhöhen können. [...] Beim Inflation-Targeting kann entweder ein bestimmter Trend des Preisniveaus oder eine bestimmte jährliche Inflationsrate als Ziel dienen. Wird ein längerfristiger Trend gewählt, so muss eine vom Ziel abweichende Preisniveauentwicklung im Folgejahr wieder ausgeglichen werden, um den gewählten Trend langfristig zu realisieren. Von dieser harten Form des Inflation-Targeting macht freilich keine Zentralbank Gebrauch. Stattdessen wählten sie alle eine bestimmte jährliche Inflationsrate als Ziel. Daher müssen Verfehlungen in der Vergangenheit – so groß sie auch waren – in der laufenden Geldpolitik nicht kompensiert werden. Aber auch diese konkrete Variante des Inflation-Targeting lässt noch zahlreiche Variationsmöglichkeiten zu. Denn es müssen die Höhe der Zielinflationsrate und der Warenkorb zur Messung der Inflation bestimmt werden. Des Weiteren muss entschieden werden, ob die Zentralbank oder – wie im Falle Großbritanniens – die Regierung das Inflationsziel festlegt. Darüber hinaus gibt es die Möglichkeit, eine einzige Ziffer als Ziel zu definieren oder einen Zielkorridor. Im letzten Fall muss die Breite des Zielkorridors bestimmt werden. Schließlich kann das **Inflationsziel** als mittelfristiges Ziel angestrebt werden oder als ein Ziel, das mit allen Mitteln Jahr für Jahr erreicht werden soll. Nahezu alle Zentralbanken haben sich die Hintertür der mittelfristigen Realisierung des Ziels offen gehalten.

Vom theoretischen Ansatz her orientiert sich die Geldpolitik beim Inflation-Targeting an der **Inflationsprognose**. Kommt eine Zentralbank zu der Einschätzung, dass die erwartete Inflationsrate von der angestrebten Zielinflationsrate (nicht nur temporär) nach oben abweicht, so muss sie die geldpolitischen Zügel anziehen, im anderen Fall muss sie sie lockern. Ohne Zweifel wird sich die Beurteilung künftiger Inflationsgefahren im jeweils konkreten Einzelfall als schwierig erweisen. Denn wird eine Politik des Inflation-Targeting betrieben, so steht und fällt diese Konzeption mit der Möglichkeit von Zentralbanken, ein adäquates Bild von den aktuellen inflationären beziehungsweise deflationären Gefahren zu entwerfen und auf dieser Grundlage eine tragfähige Prognose zu erarbeiten. Ob solche Prognosen letztlich Bestand haben werden, ist innerhalb einer prinzipiell unsicheren Welt selbstverständlich ungewiss. Damit sind geldpolitische Entscheidungen immer mit dem Risiko möglicher Fehlentscheidungen behaftet. Das kann man bedauern, ändern kann man es nicht.

Fehlentscheidungen werden umso eher vermieden, je besser eine Zentralbank die Ursachen von Preisniveauveränderungen kennt und diese empirisch auch quantifizieren kann. Da die Politik des Inflation-Targeting der Geldmengenentwicklung keine nennenswerte Bedeutung mehr beimisst, muss sie sich nach anderen, empirisch erfassbaren Kandidaten für die Verursachung inflationärer beziehungsweise deflationärer Triebkräfte umsehen. (Vor) allem der Entwicklung der Lohnstückkosten, die sich aus den nominalen Bruttolöhnen und der Arbeitsproduktivität errechnen, (kommt) die zentrale Bedeutung für Preisniveauveränderungen (zu). Steigende Lohnstückkosten (die nominalen Bruttolöhne steigen schneller als die Arbeitsproduktivität), die über die Zielinflationsrate hinausgehen, zeigen inflationäre Gefahren an, die Zentralbanken keinesfalls ignorieren können. Insbesondere wenn die Gefahr einer Lohn-Preis-Spirale entsteht, dürfen Zentralbanken nicht länger passiv bleiben. Werden Lohn-Preis-Spiralen zugelassen, so verfestigen sich Inflationserwartungen und es wird für die geldpolitischen Entscheidungsträger zunehmend schwer, diese „Inflationskultur" zu bekämpfen. Im Ergebnis entsteht die Gefahr eines kumulativen Inflationsprozesses. Transparenz und Glaubwürdigkeit bedeuten demnach, dass Zentralbanken in Wort und Tat eine produktivitätsorientierte Lohnpolitik, einschließlich der Berücksichtigung der Zielinflationsrate, einfordern. Dies schließt selbstverständlich ein, dass auch eine Entwicklung der Lohnstückkosten unterhalb der Zielinflationsrate oder gar sinkende Lohnstückkosten nicht im Interesse von Zentralbanken liegen können. Denn sie signalisieren deflationäre Gefahren, mit denen geldgesteuerte Ökonomien noch schlechter leben können als mit inflationären Prozessen.

Eine weitere Schlüsselgröße für die Einschätzung der künftigen Preisniveauänderung sind Wechselkursentwicklungen. Denn eine Abwertung der eigenen Währung führt, alle anderen Umstände einmal als gegeben unterstellt, zu einem Preisanstieg bei den importierten Gütern und damit zu einem Preisniveauschub. [...]

Schließlich (zeigt sich), dass eine Überschussnachfrage[1] bei ausgelasteten Kapazitäten auf zentralen oder gar auf allen Märkten den Unternehmen die Möglichkeit eröffnet, die Preise anzuheben. Im Ergebnis würde es zu einer Nachfrage- beziehungsweise Gewinninflation kommen, die im Kontext einer Inflationsprognose berücksichtigt werden muss. [...]

Selbstverständlich sollten und werden Zentralbanken auch andere Kenngrößen volkswirtschaftlicher Entwicklungen in die Prognosearbeit einbeziehen, um ein möglichst umfassendes und abgerundetes Bild zu erhalten. Beispielsweise werden sie die Preise jener Rohstoffe (z.B. Ölpreis) im Auge behalten, die für die Kostenstruktur der Ökonomie bedeutsam sind.

Damit sind die zentralen Parameter[2] benannt, mit deren Hilfe Inflationsprognosen erstellt werden.

Michael Heine/Hansjörg Herr: Die Europäische Zentralbank. a.a.O., S. 142 ff.

M 22b

Definition von Preisstabilität durch die EZB

Auf Basis der Erkenntnis, dass Preisstabilität der beste Beitrag der Geldpolitik für nachhaltiges Wachstum und Beschäftigung ist, wurde dem Eurosystem durch Artikel 105 des EG-Vertrages das vorrangige Ziel gegeben, „Preisstabilität zu gewährleisten“. Der EG-Vertrag lässt aber offen, was quantitativ unter „Preisstabilität“ zu verstehen ist.

Um diesbezüglich Klarheit zu schaffen, gab der EZB-Rat im Oktober 1998 eine quantitative Definition von Preisstabilität bekannt, die im Frühjahr 2003 noch einmal präzisiert wurde. Demnach wird Preisstabilität definiert als „Anstieg des Harmonisierten Verbraucherpreisindex (HVPI) für das Euro-Währungsgebiet von unter, aber nahe bei 2% gegenüber dem Vorjahr“. Preisstabilität in diesem Sinne muss mittelfristig gewährleistet sein. Dieser Zusatz trägt der Tatsache Rechnung, dass das Preisniveau kurzfristigen Schwankungen unterliegt, die von der Geldpolitik nicht gesteuert werden können.

Es gibt mehrere Gründe dafür, Preisstabilität als Teuerungsrate leicht oberhalb von 0% zu definieren. So ist der gemessene Anstieg des Preisindex typischerweise etwas nach oben verzerrt, weil Änderungen der Verbrauchs- und Einkaufsgewohnheiten bei der statistischen Preismessung nicht angemessen berücksichtigt werden. Darüber hinaus sah der EZB-Rat im Frühjahr 2003 die Notwendigkeit, einen gewissen Sicherheitsabstand zum Schutz gegen Deflationsrisiken einzuhalten. Mit der Veröffentlichung seiner quantitativen Definition für Preisstabilität stellt der EZB-Rat der Öffentlichkeit sowohl eine Orientierungshilfe für die Inflationserwartungen als auch einen Maßstab zur Verfügung, an dem sich der Erfolg seiner Geldpolitik messen lässt. In den ersten neun Jahren der Währungsunion lag die Jahresinflationsrate mit durchschnittlich 2,1% zwar oberhalb dieses Stabilitätsbereichs. Hierfür war aber nicht zuletzt eine Reihe aufwärtsgerichteter Preisschocks verantwortlich, die von den internationalen Energie-, Rohstoff- und Agrarmärkten ausgingen sowie durch Steueränderungen bedingt waren und damit tendenziell außerhalb des Einflussbereichs der Geldpolitik lagen. [...]

Deutsche Bundesbank: Zehn Jahre geldpolitische Zusammenarbeit im Eurosystem. In: Deutsche Bundesbank, Monatsbericht April 2008, S. 17 f.

1 vgl. hier Kap. 7.2, M 6a

2 Parameter – Hilfsveränderliche, die jedoch während einer Rechnung als konstant angesehen wird. In wirtschaftlichen Analysen kennzeichnen Parameter (veränderliche) Größen, durch die ein ökonomischer Prozess beeinflusst wird, so z.B. Lohn-, Materialkosten in der betriebswirtschaftlichen Rechnung.

M 23

Die geldpolitische Strategie des Eurosystems: Zwei-Säulen-Strategie

Hauptelemente der geldpolitischen Strategie des EZB-Rats sind – neben der Definition für Preisstabilität – die zwei Säulen seines geldpolitischen Analyserahmens. Der **Zwei-Säulen-Ansatz** basiert auf der Erkenntnis, dass eine auf Preisstabilität ausgerichtete Geldpolitik sowohl die kürzer- als auch die längerfristigen Preisrisiken im Blick behalten muss. Erstere analysiert der EZB-Rat dabei vor allem auf Basis gesamtwirtschaftlicher und finanzieller Indikatoren (wirtschaftliche Analyse). Die Abschätzung der längerfristigen Preisgefahren erfolgt hingegen überwiegend anhand monetärer Indikatoren (monetäre Analyse).
In **kurz- bis mittelfristiger Perspektive** wird die Preisentwicklung vor allem durch das Zusammenspiel von Angebot und Nachfrage auf den Güter- und Faktormärkten beeinflusst. Daher beobachtet und interpretiert der EZB-Rat im Rahmen seiner **wirtschaftlichen Analyse** unter anderem die weltweite wirtschaftliche Aktivität, die Wechselkursentwicklung, die Wettbewerbsposition des Euro-Raums, die Einkommens- und Preisentwicklung, die Arbeits- und die Finanzmärkte sowie zahlreiche Erwartungsindikatoren.
Ziel ist es dabei vor allem, Entwicklungen zu identifizieren, die sich innerhalb der folgenden ein bis zwei Jahre in Preisniveauänderungen niederschlagen können. Aus geldpolitischer Sicht ist hier zentral, ob der Inflationsdruck lediglich vorübergehender oder dauerhafter Natur ist. Um diesbezügliche Risiken frühzeitig zu erkennen, zieht das Eurosystem neben Angaben zur Lohnentwicklung auch Messgrößen der Inflationserwartungen heran, die aus Umfragen oder Finanzmarktindikatoren abgeleitet werden. Bestehen mittelfristig aufwärtsgerichtete Inflationsrisiken, so muss die Notenbank mit einer Zinsanhebung reagieren, um auf mittlere Sicht Preisstabilität zu gewährleisten. [...]
Zur Beurteilung der **längerfristigen Preisrisiken** nutzt der EZB-Rat im Rahmen der **monetären Analyse** den empirisch gut dokumentierten langfristigen Zusammenhang zwischen der Geldmengen- und der Preisentwicklung im Euro-Raum. Dieser Zusammenhang zeigt sich beispielsweise darin, dass Inflationsprojektionen, die auf der Entwicklung des breit abgegrenzten Geldmengenaggregats M 3 basieren, eine erkennbar höhere Prognosegüte für einen Vorhersagehorizont von mehr als zwei Jahren besitzen als Vorhersagen auf Basis realwirtschaftlicher Indikatoren, [...].
Da die Indikatorfunktion der Geldmenge aber durch temporär auftretende Sonderfaktoren beeinträchtigt sein kann, beschränkt sich die monetäre Analyse nicht auf die Betrachtung des Geldmengenaggregats M 3. Vielmehr werden auch alternative Geldmengenabgrenzungen sowie die Komponenten [...] von M 3 untersucht. Letztere liefern Aufschluss über die Quellen der Geldentstehung. Üblicherweise stellen dabei die Buchkredite an den Privatsektor die Haupttriebkraft für das Geldmengenwachstum im Euro-Gebiet dar. [...]
Die beiden Säulen des Analyserahmens stellen keine konkurrierenden Sichtweisen, sondern zwei sich ergänzende Einschätzungen über die zukünftigen Preisrisiken im Euro-Raum dar. Insgesamt verringert der breit angelegte Zwei-Säulen-Ansatz die Gefahr, dass der EZB-Rat seine geldpolitischen Entscheidungen einseitig auf nur eine mögliche Quelle von Preisgefahren ausrichtet. Er reduziert somit das Risiko geldpolitischer Fehlentscheidungen.

Längerfristige Entwicklung der Geldmenge und der Preise im Euro-Währungsgebiet[1]

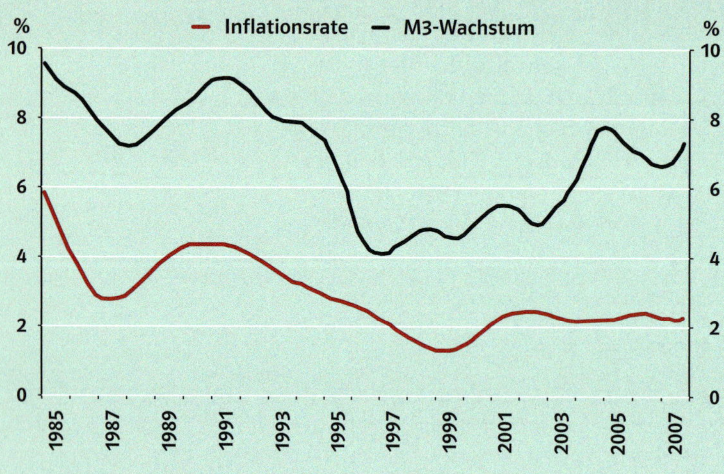

[1] um 6 Quartale vorgeschoben

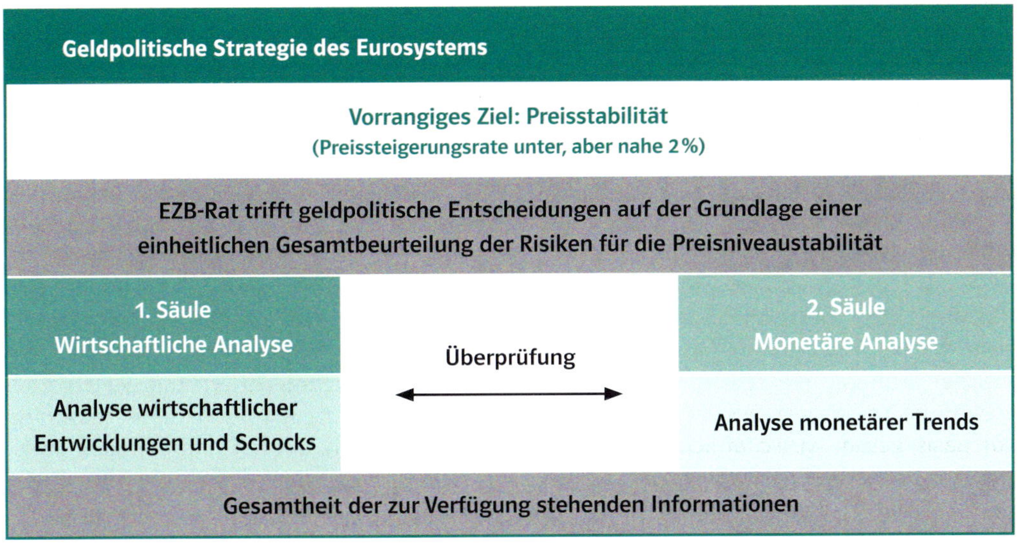

Deutsche Bundesbank: Zehn Jahre geldpolitische Zusammenarbeit im Eurosystem. In: Deutsche Bundesbank, Monatsbericht April 2008, S. 18 ff. Schaubilder: Deutsche Bundesbank, Geld und Geldpolitik, 2007, S. 108 f.

1. Erläutern Sie die Grundaussagen der Quantitätstheorie. Erklären Sie das Konzept der Geldmengensteuerung anhand der Fisher'schen Verkehrsgleichung (M 21 a, M 21 b).

2. Erklären Sie die Festlegung des Geldmengenziels (M 21 c).

3. Beschreiben Sie das Konzept des Inflation-Targeting und erschließen Sie genauer die zentralen Parameter, mit deren Hilfe Inflationsprognosen erstellt werden können (M 22a).

4. Erklären Sie, warum die EZB Preisniveaustabilität als mittelfristige Gewährleistung des Anstiegs des Harmonisierten Verbraucherpreisindex (HVPI) für das Euro-Währungsgebiet von unter, aber nahe bei 2 % gegenüber dem Vorjahr definiert (M 22b).

5. Beschreiben Sie die geldpolitische Strategie der EZB. Ordnen Sie begründet zu, welche Passagen von M 23 sich auf Geldmengensteuerung beziehen und welche auf Inflation-Targeting.

6. Erklären Sie, warum eine Ausdehnung der Geldmenge M 3 nicht unbedingt als Gefahr für die Preisniveaustabilität gesehen werden muss (M 23).

7. Verdeutlichen Sie, wie die Zwei-Säulen-Strategie die theoretischen Analysen zu den Inflationsursachen aufgreift.

8. Recherchieren Sie aktuelle Verlautbarungen der EZB zu geldpolitischen Entscheidungen (http://www.bundesbank.de/ezb/ezb.php). Erläutern Sie dabei die Analysen der EZB auf dem Hintergrund der geldpolitischen Strategien und überprüfen Sie dabei kritisch die These, dass trotz offizieller Distanzierung vom Konzept des Inflation-Targeting die EZB im Grunde Inflationssteuerung betreibt.

M 24

Grenzen der Geldpolitik

M 24a

Transmissionswege

Allgemein gilt, dass Transmissionstheorien Wirkungsketten beschreiben, wie geldpolitische Impulse übertragen werden und in welche Richtung sie auf die gesamtwirtschaftliche Nachfrage bzw. auf das gesamtwirtschaftliche Angebot wirken. Ansatzpunkt geldpolitischer Maßnahmen ist dabei i.d.R. der Geldmarkt. Über die Beeinflussung der dortigen Zinssätze, die die Zentralbank relativ genau steuern kann, hoffen die geldpolitisch verantwortlichen Akteure über die Refinanzierungskosten der Geschäftsbanken, dass sich der geldpolitische Impuls auf die Kapitalmärkte durchschlägt und so das Verhalten der Nichtbanken beeinflusst.

Beispielsweise versucht die Zentralbank – ausgehend von einem preisniveaustabilen Umfeld – eine expansive geldpolitische Maßnahme (im Gegensatz zu einer restriktiven Geldpolitik) durchzusetzen, die dazu dienen kann, die Nachfrage zu stimulieren. Dazu senkt sie bspw. den Satz für Hauptrefinanzierungsgeschäfte. Dadurch wird die Refinanzierung der Banken günstiger und auch der Geldmarktzins sinkt. Da die Banken nun billiger an Geld kommen, hofft die Zentralbank dass die Banken die Zinssenkung an die Kunden weitergeben und die Zinssenkung auf die Kapitalmärkte abstrahlt.

Wenn die Renditen sinken, ist es für die Nichtbanken jedoch auch lohnend, verstärkt Kredite nachzufragen und das so erhaltene Geld in Güterkäufe zu investieren. Die Nachfrage auf den Gütermärkten steigt also. [...] Wie man leicht einsehen kann, ist das Erreichen des notenbankpolitischen Ziels auf dem Transmissionswege von vielen Faktoren abhängig. So setzt bspw. eine verstärkte Kreditnachfrage auch eine entsprechende Bereitschaft der Akteure voraus. Bleibt diese aus, weil bspw. die Erwartungen an die Zukunft negativ sind, so wird der Transmissionsprozess unterbrochen. Ein weiterer Punkt, der bei dem Einsatz geldpolitischer Maßnahmen zur Beseitigung von Störungen berücksichtigt werden muss, ist die „lag Problematik" (vgl. Kapitel 6, M 27). Darunter wird die Zeitspanne vom Erkennen einer gesamtwirtschaftlichen Störung über das Ergreifen von Maßnahmen hin zum Wirken der Maßnahmen verstanden. Im Extremfall kann aufgrund prozyklischer Wirkungen der Geldpolitik der gewünschte politische Effekt konterkariert werden. [...] In der Aufschwungphase sollen [...] restriktive geldpolitische Maßnahmen ergriffen werden, die allerdings aufgrund der Wirkungsverzögerungen der Maßnahmen erst in der Rezession zu wirken beginnen, und so den Konjunkturabschwung noch verstärken, bzw. die Rezessionsphase verlängern.

http://classic.unister.de/Unister/wissen/sf_lexikon/ausgabe_stichwort5823_122.html

M 24b

Die Geldpolitik der EZB stößt an ihre Grenzen

[...] EZB-Chef Jean-Claude Trichet scheint in diesen Tagen vor allem an drei Dingen gelegen zu sein: Ruhe verbreiten, Kontrolle und Handlungsfähigkeit demonstrieren. Doch die Ereignisse zeigen, wie wenig Einfluss die Notenbank derzeit noch auf den Verlauf der Krise hat. Die Märkte stecken in einer tiefen Vertrauenskrise, keine Bank traut der anderen über den Weg, das Ausfallrisiko ist allerorten gestiegen, und damit schwindet die Macht der Geldpolitik.

Der Geldmarkt ist für das Funktionieren der Märkte entscheidend, denn auf ihm geben sich die Banken kurzfristig gegenseitig Kredit und bestimmen zugleich die Zinsen für Unternehmen und andere Marktteilnehmer. Doch schon seit Wochen liegt der Markt lahm, Geld wird nur noch zu übermäßig hohen Zinsen verliehen. Trichet wird nicht müde zu betonen, den Märkten so lange und so viel Zentralbankgeld bereitzustellen wie nötig. Seit Monaten pumpt die EZB immer neue Milliarden in das System, um die Lage zu entspannen. Doch es hilft nichts – die Banken sitzen auf ihrem Geld und verleihen es, wenn überhaupt, nur zu übermäßig hohen Konditionen: Libor (London Interbank Offered Rate) und Euribor[1] blieb von der konzertierten Zinssenkung unbeein-

1 Euribor – European Interbank Offered Rate, es handelt sich dabei um den Zinssatz, den europäische Banken voneinander beim Handel von Einlagen mit einer festgelegten Laufzeit von einer Woche sowie zwischen einem und sechs Monaten verlangen.

druckt und verharrten auf einem Niveau weit über den Leitzinsen. Stattdessen parken die Banken ihr Geld teils sogar wieder bei der Zentralbank: In der ersten Oktoberwoche stieg die Einlagefazilität bei der EZB um gut zehn Milliarden auf 38 Milliarden Euro an, obgleich sie mit nur mickrigen 3,25 (nach der Leitzins-Senkung: 2,75) Prozent verzinst werden.

„Das Bankensystem steckt in einer klassischen Liquiditätsfalle", sagt Deutsche- Bank-Volkswirt Thomas Mayer. Diese Falle hatte der Ökonom John Maynard Keynes bereits 1936 erkannt. In dieser Situation kann eine Zentralbank noch so viel Geld in den Markt pumpen, es versickert einfach. Solange die Banken sich nicht vertrauen, ist die Geldpolitik machtlos, und nur der Staat kann noch mit Garantien einspringen.

Doch die fehlende Durchschlagskraft liegt auch am begrenzten Auftrag der EZB: Anders als die US-Notenbank ist sie kein „Lender of last resort", der notleidenden Unternehmen – unter Umgehung des Bankensektors – Kredite geben darf. Anders als die Fed, die Wachstum und Geldwertstabilität als zwei gleichrangige Ziele in ihren Statuten verankert hat, ist die EZB primär der Preisstabilität verpflichtet. So kann sie sinkende Zinsen nur rechtfertigen, wenn die Stabilität der Preise gesichert ist.

Wie belastend ein solch enges Mandat in Krisenzeiten sein kann, zeigt die Hartnäckigkeit, mit der Trichet auf die Inflationsbekämpfung hinweist: „Ich versichere den Bürgern in Europa, dass wir für Preisstabilität sorgen werden. Wir sind uns voll bewusst, dass das heute ihre Hauptsorge ist", betonte er noch Anfang Oktober. Auch die jetzige Zinssenkung wurde mit gesunkenen Inflationsrisiken begründet. Wer so argumentiert, während draußen Banken zusammenbrechen und die Leute um ihre Spargroschen bangen, verliert auf Dauer an Glaubwürdigkeit.

Die EZB selbst kann sich aus diesem Korsett nicht befreien. Nur die Regierungen des Euro-Raums können den Währungshütern mehr Spielraum geben, um sie im Krisenfall handlungsfähiger zu machen. Das könnte eine veränderte Zielsetzung der Geldpolitik in Ausnahmesituationen sein, aber auch eine größere Palette an Verantwortlichkeiten. Ökonomen fordern seit Langem, der Zentralbank mehr Befugnisse in der zersplitterten europäischen Bankenaufsicht zu geben. Schließlich könnte die EZB, ähnlich wie die Fed, die Funktion als „Lender of last resort" übernehmen.

Zu solch fundamentalen Reformen wird es inmitten einer Krise aber wohl nicht kommen. Ruhe zu verbreiten und Handlungsfähigkeit zu demonstrieren dürfte Trichet daher weiter schwerfallen.

Elke Pickartz: Die Geldpolitik der EZB stößt an ihre Grenzen. In: WiWo 14.10.08

M 24c

Geldpolitik im Niemandsland

Es muss schrecklich stehen um die wirtschaftlichen Aussichten der Vereinigten Staaten. Anders lassen sich die Entscheidungen der Fed von Dienstag nicht interpretieren.

Die von Ben Bernanke geleitete Führung der Notenbank, die nicht im Ruf eines Klubs von Abenteurern steht, beschreitet ein für die Geldpolitik fremdes und undurchsichtiges Terrain. An die Stelle traditioneller Geldmarktsteuerung durch Zinspolitik tritt eine ungehemmte Finanzierung der Wirtschaft durch die Notenpresse. Jede traditionelle Theorie betrachtet dies als eine Todsünde. Vertretbar wäre Bernankes Zug ins Ungewisse daher allenfalls als Notprogramm in einer verzweifelten Lage.

Ganz offensichtlich hält die Fed ihre bisherige geldpolitische Lockerung nicht für ausreichend, um das Risiko einer Abwärtsspirale aus Deflation und Depression zu vermeiden. Besondere Furcht scheint sie vor dem steigenden Realwert von Schulden im Falle einer Deflation zu verspüren, da Amerika – der Staat wie die privaten Haushalte – sich mit Schulden vollgesogen hat und zumindest der Staat weitere Schulden in erheblicher Höhe machen muss. Ihr traditionelles Instrument ist der Fed seit Dienstag abhandengekommen: Da der Leitzins nun praktisch bei null Prozent liegt, kommen weitere Zinssenkungen nicht mehr in Frage.

In einer solchen Situation könnte eine Notenbank die weiße Flagge hissen, erklären, dass sie alles in ihrer Macht Stehende getan habe, und die Regierung auffordern, mit schuldenfinanzierten Ausgabenprogrammen à la Keynes ihren Beitrag zur Überwindung der Krise zu leisten. Doch obwohl die Politik in Washington längst auf keynesianischen Pfaden wandelt, setzt die Fed nun auch noch die Notenpresse in Gang. Das diesen Vorgang verniedlichende englische Fachwort lautet „quantitative easing".

Im Einzelnen hat die Fed nicht nur angekündigt, den Leitzins auf lange Zeit nahe null zu halten. Daneben will sie die Wirtschaft durch den Ankauf weiterer Vermögenswerte mit zusätzlichem Geld versorgen. So soll der Ankauf langfristiger Staatsanleihen nebenher die Rendite am Kapitalmarkt niedrig halten. Überdies führt die Fed eine neue Kreditlinie für Haushalte und Kleinunternehmen ein. De facto tritt die Fed an die Stelle der Geschäftsbanken, die zu sehr mit ihren eigenen Problemen beschäftigt sind, um die Wirtschaft ausreichend mit Krediten zu versorgen.

Augenfällig wird die Verwandlung der Fed von einer Notenbank in eine Geschäftsbank im Wachstum ihrer Bilanzsumme. Sie betrug vor Ausbruch der Krise 874 Milliarden Dollar und beläuft sich aktuell auf 2219 Milliarden Dollar. Weitere Steigerungen sind vorprogrammiert. In den Beständen der Fed befinden sich Vermögenswerte, die man eher bei privaten Großanlegern vermuten würde, wie 476 Milliarden Dollar Schatzanweisungen und 312 Milliarden Dollar Geldmarktpapiere von Unternehmen.

Diese Politik wirft eine ganze Reihe schwer zu beantwortender Fragen auf. Zum einen ist unklar, ob eine aggressive Geldpolitik in absehbarer Zeit spürbare Wirkungen zeigen wird. Sollte sich die amerikanische Wirtschaft in einer durch eine zu geringe Ausgabenneigung von Unternehmen und Privathaushalten gekennzeichneten Lage befinden, wie sie Keynes beschrieb, wäre Heilung eher durch staatliche Ausgabenpolitik als durch Geldpolitik zu erhoffen. Die japanischen Erfahrungen der neunziger Jahre zeigen überdies, dass expansive Geld- und Finanzpolitik ohne eine Sanierung des Bankensystems nicht funktioniert. Eine Notenbank kann nicht auf Dauer die Geschäftsbanken als Kreditgeber der Wirtschaft ersetzen.

Außerdem dürfen die langfristigen Folgen dieser Form von Geldpolitik nicht unterschätzt werden. Die Aufblähung ihrer Bilanzsumme ist kurzfristig unbedenklich für die Fed, weil ihr im Unterschied zu einer Geschäftsbank keine Illiquidität und selbst im Falle erheblicher Forderungsausfälle keine Insolvenz drohen kann: Sie druckt das Geld selbst, in dem sie bilanziert. Aber die Vermehrung der Geldmenge darf nicht dazu führen, dass ein Verlust an Vertrauen in die amerikanische Währung entsteht.

Außerdem erzeugt diese Politik ein nicht unerhebliches Inflationspotential und die Gefahr einer weiteren Spekulationsblase in den kommenden Jahren – vor allem dann, wenn die befürchtete Deflation ausbleiben sollte. Die Fed muss daher, falls ihre Politik eine Wiederbelebung der Konjunktur erzeugt, das überschüssige Geld um den Preis stark steigender Zinsen rasch wieder aus dem Markt nehmen. Es bleibt abzuwarten, ob die Währungshüter dem dann absehbaren politischen Druck widerstehen werden.

Auf die Risiken dieser Politik hinzuweisen heißt nicht, sie zu verdammen. Die aktuelle Lage der Weltwirtschaft ist so ungewöhnlich, dass sich nicht einfach mit alten Patentrezepten argumentieren lässt. Der Mut der Fed verdient durchaus Anerkennung. Sollte sich ihr Weg als zielführend erweisen, müssen die Lehrbücher über Geldtheorie und Geldpolitik umgeschrieben werden. Sollte sich Bernanke aber irren, wird auf lange Sicht keine Ruhe in der Weltwirtschaft einkehren.

Gerald Braunberger: Geldpolitik im Niemandsland.
In: Frankfurter Allgemeine Zeitung,18.12.2008
http://www.faz.net/s/Rub58241E4DF1B149538ABC-24D0E82A6266/Doc~E342075F7D16E46D2B0306FDF548DCBF3~ATpl~Ecommon~Scontent.html

1. Erstellen Sie anhand von M 24a eine Wirkungskette für die Übertragung geldpolitischer Impulse auf die Realwirtschaft. Erläutern Sie, welche Bedeutung time lags bei der Wirkung geldpolitischer Maßnahmen haben(vgl. Kap. 6.5.2 M 25 und M 27).

2. Stellen Sie die Grenzen der Geldpolitik bei der Bewältigung einer Wirtschaftskrise dar (M 24b und M 24c) und erörtern Sie die Risiken einer extrem expansiven Geldpolitik.

3. Stellen Sie die Unterschiede in der Zielsetzung und den Möglichkeiten zur Steuerung der Konjunktur zwischen der EZB und der Fed dar.

4. Diskutieren Sie, ob die Zielsetzung der EZB anlog zu der der Fed verändert werden sollte (M 24b).

Lernkontrolle

Stichwortsammlung

Inflationstheorien
- Inflation – Deflation
- schleichende, galoppierende Inflation, Hyperinflation, temporäre oder permanente Inflation
- Nachfrageinflation, Angebotsinflation: Kostendruck- oder Gewinndruckinflation, monetär verursachte Inflation: monetaristischer Erklärungsansatz, Inflation als Resultat des Verteilungskampfes, importierte Inflation, Stagflation

Geldpolitik im Europäischen System der Zentralbanken
- Funktionen des Geldes: Rechenmittel, Tauschmittel, Wertaufbewahrungsmittel
- Erscheinungsformen des Geldes: Warengeld, Metallgeld, Banknoten, Buchgeld bzw. Giralgeld
- Geldmengenabgrenzungen: M 1, M 2, und M 3
- Geldschöpfung und -vernichtung im Giralgeldsystem, passive, aktive und multiple Giralgeldschöpfung der Geschäftsbanken, zentrale Notenbank, Geldpolitik, Leitzins, Geldmarkt, Refinanzierung der Geschäftsbanken, Mindestreservepflicht, Interbankgeschäft, Zentralbankgeld-Tagesgeld, Eonia
- Geldpolitisches Instrumentarium des Eurosystems:
  - Offenmarktgeschäfte, Wertpapierpensionsgeschäfte, Hauptfinanzierungsinstrument, längerfristiges Refinanzierungsinstrument, Mengentender, Zinstender
  - ständige Fazilitäten: Spitzenrefinanzierungsfazilität, Einlagefazilität
  - Feinsteuerungsoperationen, Devisenswapgeschäft, strukturelle Operationen

Organe, Aufgaben und Stellung der EZB
- Europäisches System der Zentralbanken (ESZB), Europäische Zentralbank (EZB), Eurosystem, EZB-Rat
- Ziele und Aufgaben der EZB, Unabhängigkeit der EZB

Geldpolitische Strategien
- Geldmengensteuerung, Geldmengenziel, Quantitätstheorie, Monetarismus, Fishersche Quantitäts- oder Verkehrsgleichung
- Inflation-Targeting, Inflationsziel
- Zwei-Säulen-Strategie des Eurosystems: wirtschaftliche und monetäre Analyse
- Grenzen der Geldpolitik
- Transmissionswege
- time-lags
- Liquiditätsfalle

8 Außenwirtschaftliche Abhängigkeit Deutschlands im Zeitalter der Globalisierung

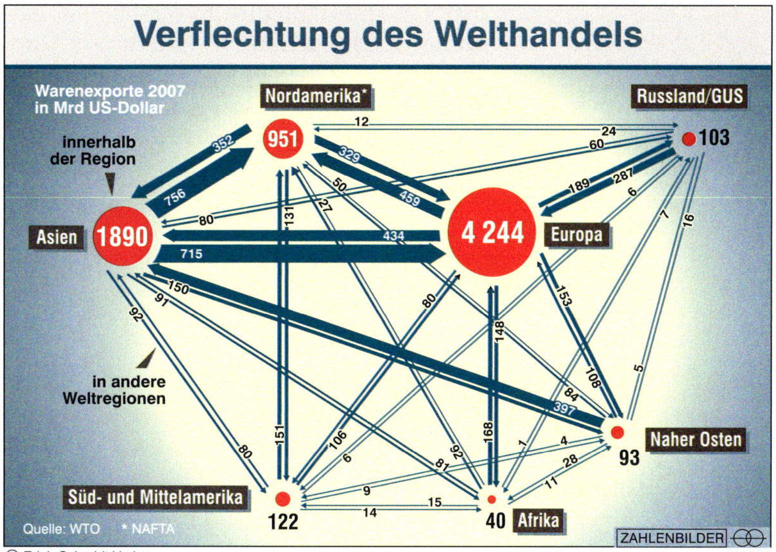

© Erich Schmidt Verlag 681 133

Für Deutschland ist der Handel mit Waren und Dienstleistungen mit den übrigen Ländern der Welt lebenswichtig. Weil Deutschland ein rohstoffarmes Land ist, ist es auf die Einfuhr von Rohstoffen aller Art angewiesen. Außerdem ist „Geiz geil", also werden billige Fertigprodukte aus China und anderen Niedriglohnländern eingeführt. Schließlich sind die Deutschen ein reiselustiges Völkchen geworden, das sich nicht mehr mit dem Harz begnügt. Mallorca muss es ja mindestens sein. Außerdem sind unentgeltliche Zahlungen an internationale Organisationen, z. B. die EU, fällig. Für all dies werden Devisen benötigt, also Forderungen gegenüber dem Ausland, und die werden nicht verschenkt, sondern sind überwiegend durch den Export von Waren und Dienstleistungen zu verdienen. Darum ist Deutschlands Wirtschaft stark exportabhängig. Darüber hinaus ist die Konjunkturentwicklung wesentlich durch die Entwicklung des Exports bestimmt, damit auch die Zahl der benötigten Arbeitskräfte. Die Exportfähigkeit muss in einer globalisierten Welt gegen den Konkurrenzdruck aus anderen Volkswirtschaften behauptet werden. Im folgenden Kapitel wird die Bedeutung des Außenhandels für Deutschland beschrieben sowie in wesentliche Grundbegriffe der Außenwirtschaft eingeführt. Dabei werden u. a. die Fragen aufgenommen, worin Deutschlands internationale Wettbewerbsfähigkeit besteht, ob Deutschland sich zu einer Art „Basarökonomie" entwickelt und ob Deutschland von der Globalisierung eher profitiert oder benachteiligt wird. Weitere Abschnitte informieren über Ursachen des internationalen Handels, internationale Währungsbeziehungen und Finanzmärkte sowie über supranationale Institutionen.

Mit diesem Kapitel können Sie folgende Ziele erreichen:
- sich einen Überblick über die Außenhandelsbeziehungen Deutschlands verschaffen,
- die Bedeutung des Exports für Wachstum und Beschäftigung erörtern,
- die Ursachen für den internationalen Handel erklären,
- die Theorie der komparativen Kostenvorteile erläutern und ihren Erklärungswert beurteilen,
- aus unterschiedlichen Perspektiven beurteilen, ob Deutschland ein Gewinner der Globalisierung ist,
- internationale Währungsbeziehungen und wichtige Institutionen des internationalen Währungssystems in ihren Funktionen darstellen,
- die Bedeutung und Entwicklung internationale Finanzmärkte sowie deren Risiken für die Stabilität der Weltwirtschaft erläutern und beurteilen,
- die Zeckmäßigkeit der Tobinsteuer zur Eindämmung spekulativer Devisenmarkttransaktionen diskutieren.

8.1 Die Außenhandelsverflechtung der Bundesrepublik Deutschland

Dieser Abschnitt informiert über die Außenhandelsbeziehungen Deutschlands. Es soll deutlich werden, wie stark die deutsche Wirtschaft mit dem Ausland durch Importe und Exporte verflochten ist. Es wird manchmal vergessen, dass in den Exporten häufig auch Vorleistungen enthalten sind, die aus Importen stammen. Das gilt für fast alle Rohstoffe, aus denen Maschinen etc gebaut werden, aber auch für Halbfertigprodukte, die Unternehmen aus dem Ausland, teilweise von ihren Tochterunternehmen beziehen.

M 1

Deutschland bald Export-Vizeweltmeister?

Waren im Wert von 969 Milliarden Euro wurden im vergangenen Jahr ausgeführt. Noch nie haben deutsche Firmen so viele Waren ins Ausland verkauft wie im vergangenen Jahr – und noch nie war der Überschuss in der Handelsbilanz[1], also der Differenz zwischen Exporten und Importen, so hoch wie 2007. Die deutschen Firmen exportierten nach Angaben des Statistischen Bundesamtes Waren im Wert von 969 Milliarden Euro – umgerechnet rund 1,33 Billionen US-Dollar. Damit bleibt Deutschland das Land mit den weltweit größten Exporten.

Zweitplatzierter war nach Berechnungen der Bundesagentur für Außenwirtschaft (bfai) China mit 1,22 Billionen Dollar vor den USA mit 1,15 Billionen Dollar. „China schickt sich an, Deutschland als Exportweltmeister im Verlauf der zweiten Hälfte 2008 abzulösen", sagte Ernst Leiste vom bfai. Der Zuwachs der chinesischen Exporte, die 2007 um ein Viertel zulegten, habe sich wegen der Wechselkursentwicklung und der hohen Vorjahresraten zuletzt etwas abgeschwächt. [...] Die deutschen Ausfuhren stiegen im vergangenen Jahr um 8,5 Prozent, das war deutlich weniger als 2006 mit 13,7 Prozent Zuwachs. Volkswirte gehen davon aus, dass die Exporte in diesem Jahr zwar die Marke von einer Billion Euro knacken, aber mit rund sechs Prozent schwächer wachsen werden als 2007. Der starke Euro, die hohen Energiekosten und die schwächere Weltwirtschaft hatten der Exportwirtschaft bereits in der zweiten Jahreshälfte 2007 einen Dämpfer verpasst.

Deutsche Exportschlager sind laut Statistik Autos, Maschinen und chemische Produkte. Der wichtigste Markt für deutsche Güter sind die Länder der Europäischen Union, in die mit Waren im Wert von 627,6 Milliarden Euro fast zwei Drittel der deutschen Ausfuhren gingen (plus 11,1 Prozent). Wegen des starken Euros, der die Wettbewerbsfähigkeit beschränkte, stiegen die Exporte in Länder außerhalb der EU nur unterdurchschnittlich um 4,1 Prozent auf 341 Milliarden Euro.

Die Einfuhren nach Deutschland stiegen im vergangenen Jahr um 5,0 Prozent auf 770 Milliarden Euro. Somit ergab sich ein Handelsüberschuss in Höhe von rund 199 Milliarden Euro. Damit wurde auch hier der Rekordwert des Vorjahres von 159 Milliarden Euro nochmals übertroffen.

http://www.tagesschau.de/suche2.html?searchText=-exportweltmeister&vgn_form_encoding=ISO-8859-1&er

1 Handelsbilanz – vgl. 3.6. M 16

M 2

Exportquoten ausgewählter Zweige des verarbeitenden Gewerbes, Deutschland August 2008	
Wirtschaftszweig	Exportanteil*
Verarbeitendes Gewerbe	42,9
Textilgewerbe	44,4
Chemische Industrie	54,6
Metallerzeugung und -bearbeitung	37,5
Maschinenbau	57,8
Herstellung von Büromasch., DV-Geräten u. -einrichtungen	28,6
Herstellung von Geräten zur Elektrizitätserzeugung und -verteilung	40,9
Rundfunk-, Fernseh-, und Nachrichtentechnik	55,4
Herstellung von Kraftwagen und Kraftwagenteilen	59,5

* Exporte im Verhältnis zur Bruttoproduktion eines Sektors in Prozent.

M 3

Wandel der Regionalstruktur im deutschen Außenhandel von 1950 bis 2000

Für die regionale Entwicklung der Exporte und Importe der Bundesrepublik von 1950 bis 2000 lassen sich folgende Trends beobachten:

– Der weitaus größte Teil des Außenhandels erfolgte mit den Industrieländern. Nach einem Rückgang in den fünfziger Jahren steig der Anteil der Exporte und der Importe aus den bzw. in die Industrieländer(n) am gesamten Außenhandel. Ein relativer Rückgang in den siebziger Jahren war durch die beiden Ölpreisschocks bedingt. […]

– Der Anteil der Entwicklungsländer (EL) am bundesdeutschen Außenhandel hat sich seit 1960 – mit Ausnahme der ölpreisbedingten Zunahme – reduziert. Insbesondere der Anteil der Importe verringerte sich um über die Hälfte von 23,5 % im Jahr 1950 auf 11,0 % im Jahr 1999. Zwar sind die absoluten Werte der Ausfuhren in die EL und der Einfuhren aus den EL im Beobachtungszeitraum erheblich angestiegen, ihr Anstieg war aber unterproportional. Wegen des relativen und teilweise absoluten Rückgangs der meisten Rohstoffpreise sind die mengenmäßigen Importe der El in die Bundesrepublik relativ nicht so stark zurückgegangen. – Innerhalb der Industrieländer hat die Bedeutung der EU-Länder als Außenhandelpartner der Bundesrepublik erheblich zugenommen. […]

Gerd-Jan Krol, Alfons Schmid: Volkswirtschaftslehre. 21. Aufl., Tübingen 2002, S. 639

M 4

a)

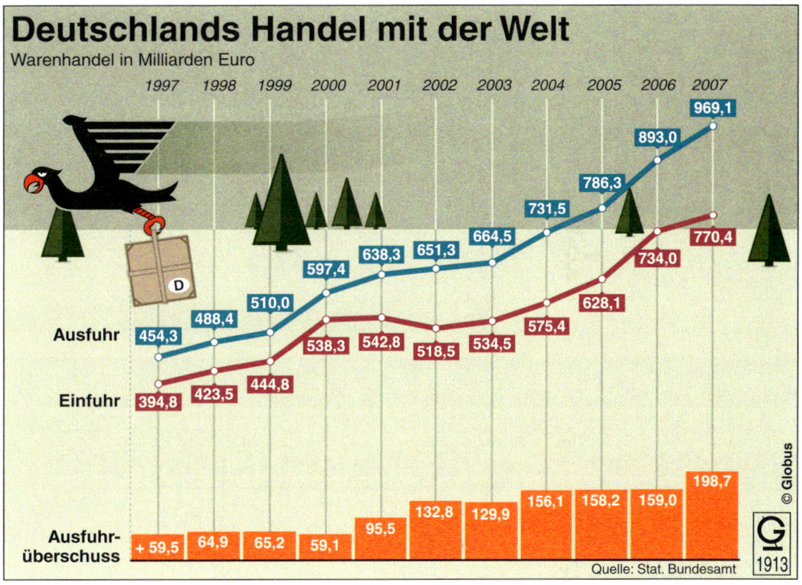

b)

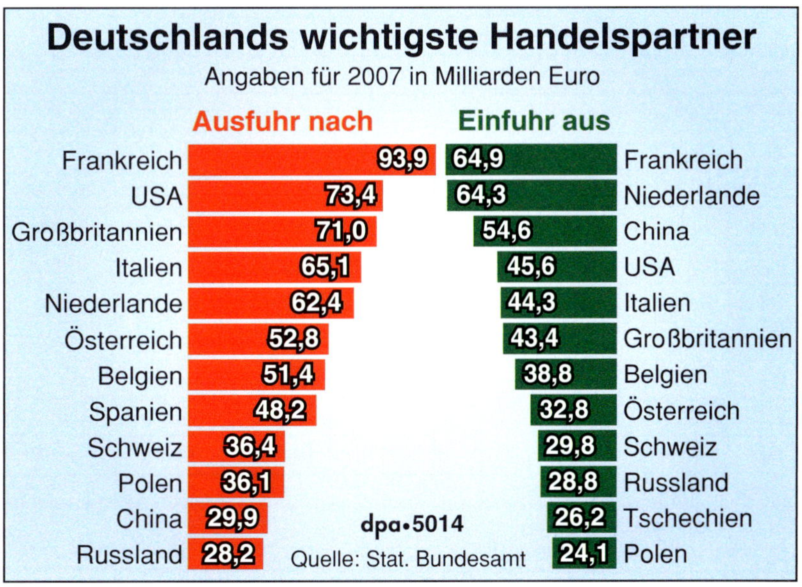

M 5

Was importiert Deutschland?

M 5a

Importabhängigkeit bei verschiedenen Rohstoffen, 2003					
Bauxit	100	Graphit	94	Pt-Metalle	100
Blei	100	Kaolin	18	Schwefel	4
Chrom	100	Kupfer	100	Schwerspat	67
Eisen	100	Mangan	100	Vanadium	100
Feldspat	11	Molybdän	100	Wolfram	100
Fluss-Spat	88	Nickel	100	Zinn	100

Bundesanstalt für Geowissenschaften und Rohstoffe (2004), Bundesrepublik Deutschland. Rohstoffsituation 2003; eigene Berechnungen.

M 5b

Einfuhr nach Gütergruppen (Tatsächliche Werte in Mio. Euro)

Jahre	Insgesamt	Darunter										
		Erdöl und Erdgas	Erzeugnisse des Ernährungsgewerbes	Textilien, Bekleidung, Leder und Lederwaren	Chemische Erzeugnisse	Eisen und Stahlerzeugnisse, NE-Metalle und -erzeugnisse	Maschinen	Büromaschinen, Datenverarbeitungsgeräte und -einrichtungen	Geräte der Elektrizitätserzeugung und -verteilung u. ä.	Nachrichtentechnik, Rundfunk- und Fernsehgeräte sowie elektronische Bauelemente	Kraftwagen und Kraftwagenteile; sonstige Fahrzeuge	Waren, die nicht zugeordnet werden konnten*
1995	339 618	14 435	21 302	31 710	31 613	23 201	23 991	16 186	13 765	17 213	36 921	25 289
1996	352 995	18 622	22 440	33 073	31 562	19 760	25 299	16 670	14 137	17 519	42 162	24 795
1997	394 794	19 912	23 419	35 008	35 189	22 988	27 078	19 264	15 704	19 203	48 636	33 614
1998	423 452	15 557	24 645	36 166	41 225	24 751	31 339	23 716	17 881	21 953	57 335	28 771
1999	444 797	17 909	24 305	35 112	44 561	22 086	32 920	26 869	18 970	24 704	62 751	34 113
2000	538 311	33 318	25 796	38 231	52 609	29 854	38 674	32 096	24 390	36 555	72 418	34 689
2001	542 774	33 771	27 511	37 927	58 532	28 608	40 373	31 507	24 852	37 310	77 462	25 529
2002	518 532	32 265	28 057	35 970	57 896	26 323	38 316	29 388	23 550	33 536	76 904	21 376
2003	534 534	36 210	28 425	35 144	58 820	26 705	38 760	28 354	24 502	33 555	81 237	27 091
2004	575 448	38 144	29 241	34 833	66 464	34 279	41 495	28 885	26 222	39 183	85 497	29 440
2005	628 087	52 785	30 492	35 371	73 297	39 846	45 199	31 088	27 212	41 227	93 638	25 151
2006	177 994	66 123	33 582	37 726	83 825	55 910	52 804	33 741	30 724	46 733	110 908	31 927

* Einschließlich Zuschätzungen von Anmeldeausfällen in der Intrahandelsstatistik. Ausführliche Erläuterungen: Statistisches Bundesamt, Fachserie 7, Reihe 1, Monatsbericht, Seite 6.
Bearbeitet nach Jahresgutachten des Sachverständigenrates 2007/08. http://www.sachverstaendigenrat-wirtschaft.de/gutacht/ga-content.php?gaid=52

M 6

Wandel der Güterstruktur im deutschen Import von 1950–2000

Die Warenstruktur der deutschen Einfuhren ist [...] durch einen erheblichen Wandel gekennzeichnet. Zu Beginn der sechziger Jahre waren nur etwa ein Drittel der Importe Fertigwaren und zwei Drittel Primärprodukte und Halbwaren. Diese Importstruktur verschob sich kontinuierlich zugunsten der Fertigwaren. Anfang der neunziger Jahre betrug der Anteil der Fertigwaren an den Einfuhren 60 %. Dieser Anstieg kam ausschließlich durch die weit überproportionale Zunahme der Einfuhr von Enderzeugnissen zustande. Der Importanteil von Vorerzeugnissen stagnierte bzw. ging leicht zurück. Stark ist der Anteil der Rohstoffe und der Agrarerzeugnisse an den Einfuhren zurückgegangen.

Gerd-Jan Krol, Alfons Schmid: a. a. O., S. 642

M 7

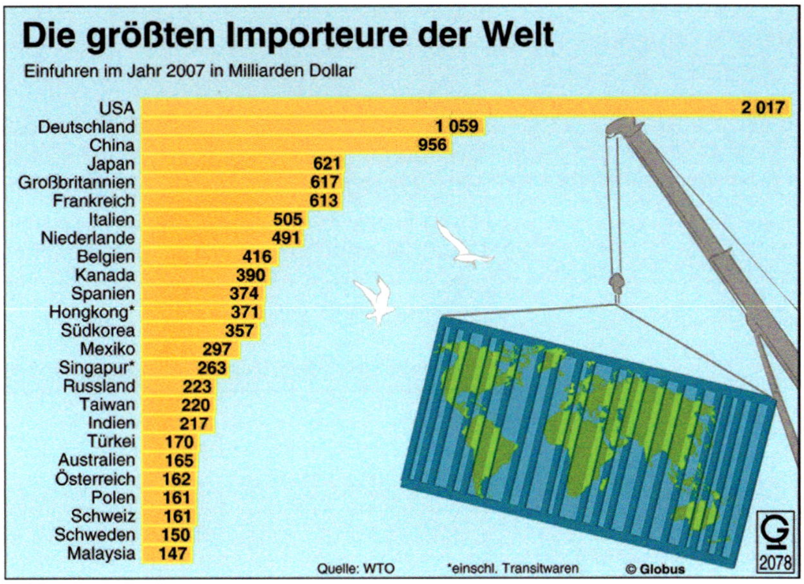

1. Analysieren Sie anhand der Statistiken die Exportströme der deutschen Wirtschaft (M 4). Vergleichen Sie diese Entwicklung mit den in M 3 dargestellten Ergebnissen.

2. Ermitteln Sie die Bedeutung des deutschen Exports in die EU-Länder im Vergleich zum Export in die USA.

3. Erläutern Sie die Bedeutung des Exports für die angeführten Wirtschaftszweige sowie für die Sicherung der Arbeitsplätze (M 2).

4. Die Statistiken zum Außenhandel zeigen, dass die deutsche Wirtschaft international wettbewerbsfähig ist. Erörtern Sie mögliche Gründe für die internationale Wettbewerbsfähigkeit der deutschen Unternehmen.

5. Diskutieren Sie die Chancen und Gefahren Deutschlands als Exportweltmeister. Interpretieren Sie in dem Zusammenhang die Karikatur zu Beginn dieses Abschnitts.

6. Erörtern Sie auf der Grundlage der ausgewählten Statistiken die Bedeutung der Importe für die deutsche Wirtschaft (M 5a/b, M 7).

7. Analysieren Sie die regionale Struktur der deutschen Importe (M 4) und vergleichen Sie Ihr Ergebnis mit der in M 6 dargestellten Entwicklung.

8. Werten Sie die Einfuhr nach Gütergruppen aus (M 5b). Berechnen Sie die Anteile der Gütergruppen am Import. Diskutieren Sie, ob man nicht die Einfuhr von Kraftwagen und Kraftwagenteilen verbieten sollte, um dadurch mehr Arbeitsplätze in Deutschland zu schaffen.

9. Analysieren Sie das Schaubild auf S. 265 zur Verflechtung des Welthandels.

8.2 Der Außenhandel im Wirtschaftskreislauf – Bedeutung für Wachstum und Beschäftigung

Wie sehr Deutschland auf den Außenhandel bei der Realisierung eines Wachstumspfades angewiesen ist, der auch dem Beschäftigungsziel dient, wird in den folgenden Materialien dargestellt. Es werden Überlegungen zur Volkswirtschaftlichen Gesamtrechnung von Kapitel 3 wieder aufgenommen, um die grundsätzliche Wirkung von Veränderungen des Exports und Imports auf das Bruttoinlandsprodukt zu skizzieren. Die Diskussion, ob der Exporterfolg nicht täuscht, weil ein immer größerer Anteil des Exports aus Importen besteht, wird mit der Kontroverse um die Basarhypothese aufgenommen (M 11a, M 11b).

M 8

Die Bedeutung des Exports für den Arbeitsmarkt und das Wachstum

Der deutsche Außenhandel hat für das Wirtschaftswachstum sowie den Arbeitsmarkt in Deutschland zentrale Bedeutung. „War vor zehn Jahren erst jeder Sechste in Deutschland Erwerbstätige vom Export abhängig, ist es heute bereits jeder Fünfte", teilte der Präsident des Statistischen Bundesamtes, Johann Hahlen, heute bei einem Pressegespräch in Frankfurt am Main zum Stand des deutschen Außenhandels und seiner gesamtwirtschaftlichen Verflechtung mit.

Im Jahr 2005 waren nach aktuellen Ergebnissen aus der Input-Output-Rechnung des Statistischen Bundesamtes rechnerisch 8,3 Millionen Arbeitsplätze in Deutschland vom Export abhängig, 2,4 Millionen mehr als 1995 und fast eine Million mehr als 2000. Für den Inlandsmarkt arbeiteten 2005 rund 30,5 Millionen Personen, das waren 1,3 Millionen weniger als 2000. Somit konnten diese Arbeitsplatzverluste der letzten fünf Jahre letztlich durch die Arbeitsplatzgewinne in der Exportwirtschaft nicht kompensiert werden.

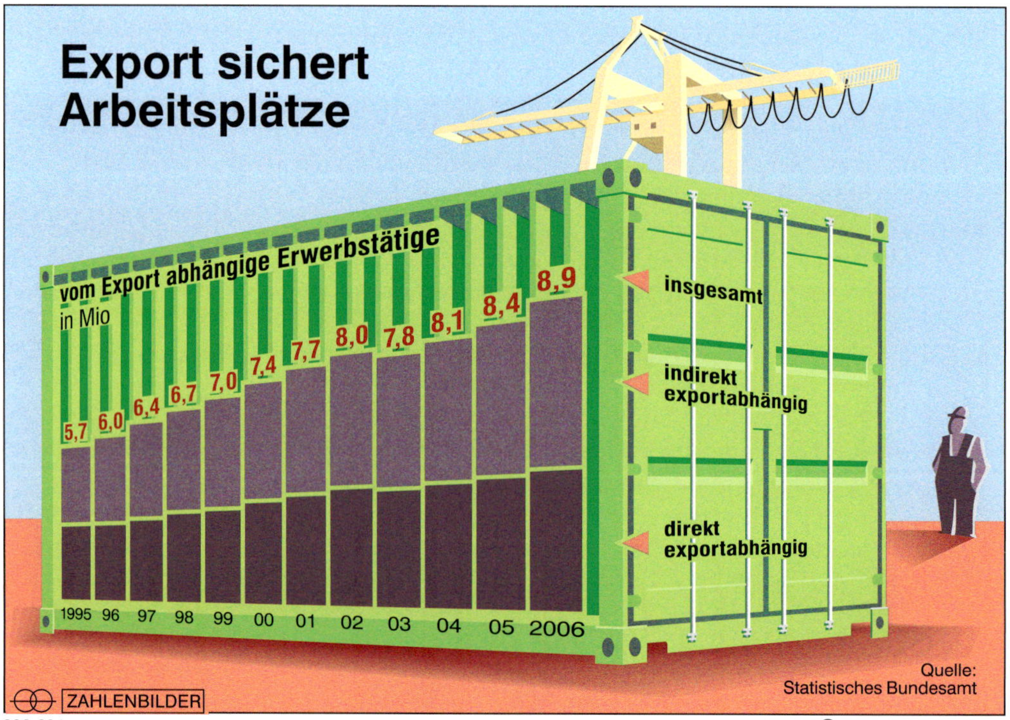

390 604 © Erich Schmidt Verlag

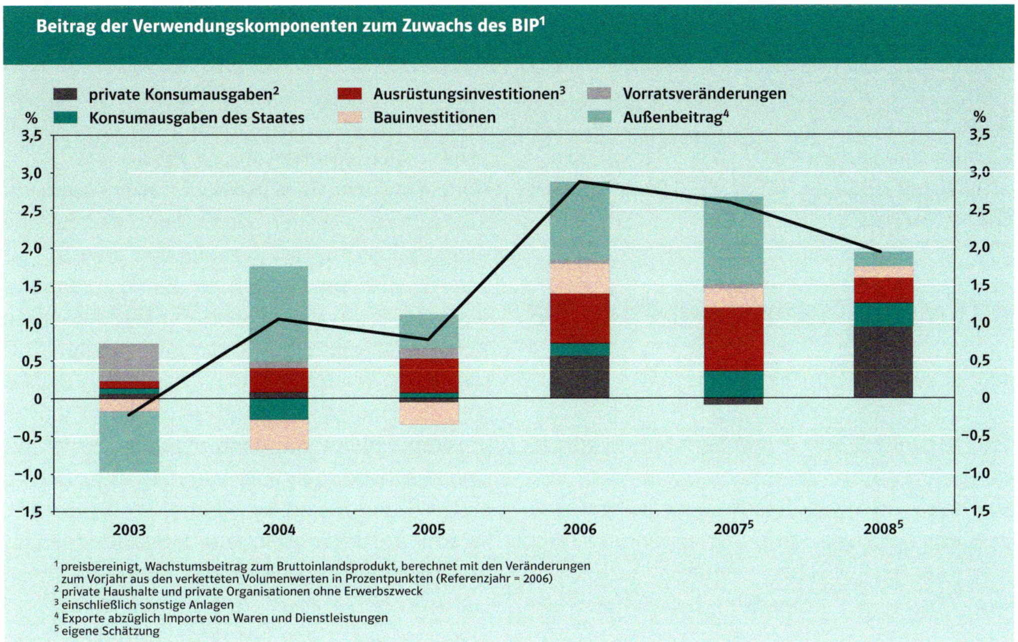

SVR 2007/08 Schaubild 23, S. 77

Deutlichen Einfluss hatte der erfolgreiche Außenhandel seit 2000 – mit Ausnahme des Jahres 2003 – auf das Wachstum des Bruttoinlandsprodukts. Ungefähr zwei Drittel des realen Wirtschaftswachstums in den letzten beiden Jahren, nämlich 1,1 %-Punkte von 1,6 % im Jahr 2004 und 0,6 %-Punkte von 1,0 % im Jahr 2005, verdankt Deutschland dem realen Außenbeitrag, das heißt dem Saldo aus Aus- und Einfuhren von Waren und Dienstleistungen.

Die in den Exporten enthaltene inländische wirtschaftliche Leistung ist von 1995 bis 2005 nominal um 81,3 % gestiegen, das gesamte Bruttoinlandsprodukt in diesem Zeitraum „nur" um 21,6 %. Die mit der inländischen Produktion für die Auslandsnachfrage verbundene wirtschaftliche Leistung erhöhte sich entsprechend anteilsmäßig von 15,6 % des Bruttoinlandsproduktes im Jahr 1995 auf 23,2 % im Jahr 2005.

Bezogen auf den Wert der Exporte ist der ausländische Anteil an der Wertschöpfungskette der deutschen Exporte kontinuierlich gewachsen. Die bei der Produktion von Waren und Dienstleistungen für den Auslandsmarkt eingesetzten importierten Vorleistungen hatten 2005 einen Anteil von 22,6 % am Export. Nur zu Handelszwecken oder zur Lohnveredelung vorübergehend nach Deutschland eingeführte Waren trugen 17,0 % zum Export bei. Das ergibt zusammen einen Importanteil der Exporte von 39,6 %.

Betrachtet man nur den Warenexport ohne die Dienstleistungen, so liegt der Anteil der Importe am gesamten Warenexport bei 41,7 %. […]

Die Expansion des deutschen Außenhandels vollzog sich im letzten Jahrzehnt vor dem Hintergrund einer starken Zunahme des internationalen Handelsaufkommens. Eine Betrachtung allein der deutschen Handelsströme gibt deshalb keine Auskunft darüber, ob der Marktanteil der deutschen Waren bei unseren Handelspartnern gesunken oder gestiegen ist. Letzteres zeigt die so genannte **Export-Performance**[1] an: Wachsen die deutschen Exporte schneller als die Gesamtimporte der 25 bedeutendsten Partnerländer, so steigt die Export-Performance; wachsen sie langsamer, so sinkt sie. Im Jahresvergleich 2004/2005 sank der Export-Performance-Index von 96 auf 91 Punkte oder um 4,4 %. Dies hängt unter anderem mit den stark gestiegenen Rohöl-

1 Export-Performance – Diese Kennzahl gibt den „Marktanteil" der deutschen Warenexporte an den Importen anderer Länder an.

preisen zusammen. Die Nachfrage nach Rohöl ist wenig preiselastisch, ein Preisanstieg führt somit zu einer für Deutschland ungünstigen Anteilsverschiebung in den Gesamtimporten unserer Partnerländer.

Statistisches Bundesamt: Pressemitteilung Nr. 219 vom 30. Mai 2006.

M 9

Wirkungen der Exporte und Importe auf das Bruttoinlandsprodukt

Im Abschnitt 3.3 ist in die Verwendungsrechnung eingeführt worden. Danach kann das BIP auch über die Nachfrageseite ermittelt werden. Dazu werden die Komponenten der gesamtwirtschaftlichen Nachfrage addiert, wie dies in der folgenden bekannten Gleichung (vgl. S. 100) zum Ausdruck kommt. In einer offenen Volkswirtschaft wird die gesamtwirtschaftliche Nachfrage also nicht mehr nur von den inländischen Nachfragekomponenten bestimmt, sondern neben dem Konsum, den Staatsausgaben und den Investitionen auch durch die Höhe der Exporte und Importe.

$$Y^{brutto}_{Marktpreise} = C^{privat} + C^{Staat} + I^{Brutto} + (Ex - Im)$$

Die **Exporte** umfassen die Güter und Dienstleistungen, die im Inland hergestellt und von Ausländern nachgefragt werden. Sie erhöhen also die gesamtwirtschaftliche Nachfrage und dadurch das BIP. Wie M 8 deutlich macht, hängt in Deutschland jeder 5. Arbeitsplatz und damit auch das Einkommen der betreffenden Arbeitnehmer vom Export ab. Damit kann ein Zuwachs der Exporte, ebenso wie ein Zuwachs der Investitionen oder der Staatsausgaben expansive kumulative Prozesse[1] im Inland auslösen. Je höher die Exportquote, d.h. der Anteil der Exporte am BIP ist, umso stärker ist die Volkswirtschaft von der Entwicklung der Weltwirtschaft abhängig. Das gilt für Deutschland mit einer Exportquote von rund 40 % in besonderer Weise.

Werden Güter und Dienstleistungen, die im Ausland produziert worden sind, **importiert**, werden Teile der im Inland entstandenen Einkommen zu Einnahmen ausländischer Unternehmen und tragen so zur Einkommensentstehung im Ausland bei. Damit entfallen diese Einkommensbestandsteile für die Inlandsnachfrage. Importe verringern also die inländische Nachfrage und haben damit eine kontraktive Wirkung auf die Höhe des BIP und die Höhe der Beschäftigung im Inland. Kreislauftheoretisch betrachtet stellen also Importe genauso wie Sparen und Steuern einen Ausfall der effektiven Nachfrage auf inländischen Märkten dar. Tendenziell und isoliert betrachtet führen höhere Importe genau wie höheres Sparen oder höhere Steuern über einen Nachfrageausfall zu kontraktiven Prozessen.

Angenommen deutsche Haushalte wurden beschließen, nur noch französische Autos zu kaufen. Der Nachfragerückgang für deutsche Autos würde die deutschen Automobilhersteller zur Drosselung ihrer Produktion zwingen. Kurzarbeit und Freisetzung von Arbeitskräften wären die Folge. Einschränkungen in der Konsumgüternachfrage aufgrund des geringeren verfügbaren Einkommens würden negative Wirkungen in der Konsumgüterindustrie auslösen mit entsprechenden Folgen für die Zahl der dort Beschäftigen. Die höheren Importe könnten so einen kontraktiven Effekt für das Wirtschaftswachstum im Inland bewirken. Da die Importe eines Landes die Exporte eines anderen Landes sind, würde sich für Frankreich der genau entgegengesetzte Effekt ergeben.

Die vorstehenden Überlegungen zeigen, dass kreislauftheoretisch betrachtet Importe das

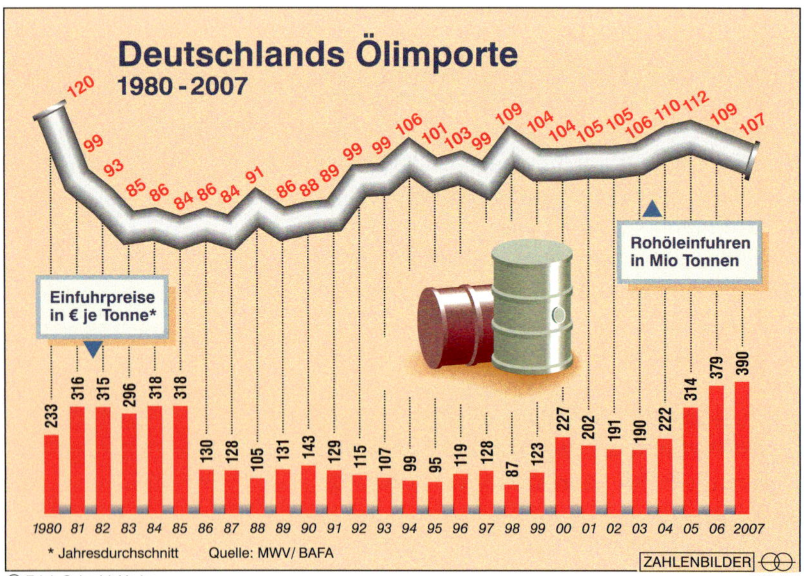

© Erich Schmidt Verlag 342 117

1 expansive kumulative Prozesse – Begriff für sich selbst verstärkende wirtschaftliche Prozesse, die zu einer Konjunkturbelebung führen. Beispielsweise sollen zusätzliche staatliche Investitionen über den Multiplikatorprozess solche expansiven kumulativen Prozesse bewirken (vgl. Kap. 5.4).

BIP verringern und Exporte das BIP erhöhen. Für den Beitrag des Außenhandels zum BIP ist daher die Differenz zwischen Exporten und Importen, der Außenbeitrag entscheidend.

Aus der Grafik in M 8 können Sie erkennen, wie stark das Wachstum der deutschen Volkswirtschaft in den Jahren von 2003 bis 2007 auf Wachstumsimpulse aus dem Ausland angewiesen war, wie sie im Beitrag des Außenbeitrags zum Zuwachs des Bruttoinlandsprodukts zum Ausdruck kommen. Erkennbar wird auch, dass der konjunkturelle Aufschwung seinen Ausgangspunkt von den Exporten nahm. Das ist typisch für konjunkturelle Erholungsphasen in Deutschland.

Uwe Taenzer

M 10 a

Die Basarhypothese

Die Fertigungstiefe der deutschen Industrie hat sich seit dem Fall des Eisernen Vorhangs dramatisch verringert. Die Firmen verlagern die kundenfernen, arbeitsintensiven Teile der Vorproduktketten in Niedriglohnländer. Sie errichten dort Produktionsstätten (Offshoring), oder kaufen bei Vorlieferanten, die dort produzieren (Outsourcing).

Dies habe ich als Basareffekt karikiert. Der Basareffekt kann zwar grundsätzlich als Verbesserung der internationalen Arbeitsteilung interpretiert werden. Er ist aber maßlos übertrieben, weil die hohen und starren deutschen Industrielöhne mehr Arbeitsplätze vernichten, als anderswo neu entstehen. Deutschland braucht Reformen des Arbeitsmarktes und des Sozialsystems, um zu einer effizienten Reaktion auf die Globalisierung zurückzufinden. Die Basar-Hypothese hat viel Kritik hervorgebracht, doch wurden die meisten Gegenargumente geklärt […]. So ist in Deutschland der eigene Wertschöpfungsanteil der Industrie seit Anfang der 90er Jahre viel schneller gefallen als im Rest der alten EU oder auch im Durchschnitt der Länder USA, Japan, Großbritannien und Frankreich. Eine Analyse des Statistischen Bundesamtes belegt auch, dass der Importanteil deutscher Exporte von 1991 bis 2002 von 27 auf 39 Prozent stieg. […]

Hans-Werner Sinn: Basareffekt und pathologischer Exportboom. In: Financial Times Deutschland, 06.06.2005, S. 26

M 10

Exportboom oder Basarökonomie?

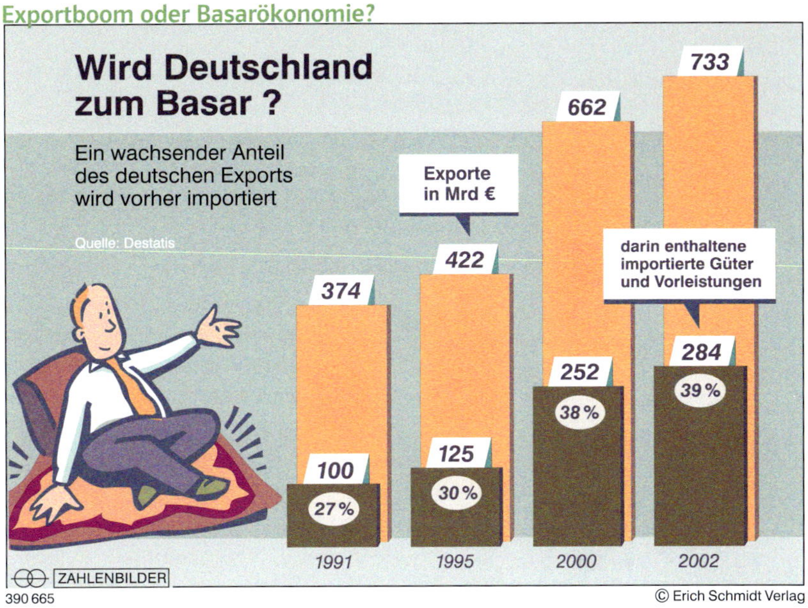

M 10 b

Die fünf Weisen zur Basarhypothese

Eine im Zeitablauf insgesamt geringere Wertschöpfung durch die Ausfuhr wäre dann der Fall, wenn aus jedem durch Exporte erzielten Euro ein immer geringerer Anteil an Wertschöpfung im Inland anfiele und die gestiegene Menge an Exporten diesen Effekt nicht ausgleichen würde. Was hier eher technisch klingt, ist in diesem Jahr unter dem mit einer negativen Konnotation belegten Schlagwort der „Basarökonomie" plakativ in die öffentliche Debatte getragen worden. Überspitzt: Deutsche Exportunternehmen importierten Güter, verpackten sie neu und verkauften sie ins Ausland. Aus der traditionell exportstarken heimischen Industrie wäre ein Sektor von Handelsunternehmen geworden, aus dem Industriestandort Deutschland eine internationale Handelsdrehscheibe.

Ob dieses Bild zutrifft, ist letztlich eine empirische Frage. Ein erstes Indiz dafür, dass die deutsche Wirtschaft nicht zu einem Basar degeneriert ist, stellt bereits die Entwicklung des Außenbeitrags dar. Selbst unter der unrealistischen Annahme, dass sämtliche Importe

Deutschlands letztlich als Vorleistungen für die deutschen Exporte dienen, bedeutet ein steigender Außenbeitrag eine Zunahme der durch den Export anfallenden Wertschöpfung im Inland [...]
Die Entwicklung zwischen den Jahren 1991 und 2002 zeigt klar, dass pro aus Exporten erzieltem Euro ein immer geringerer Anteil auf Wertschöpfung in Deutschland selbst beruht. Anders gewendet hat der ausländische Wertschöpfungsanteil pro aus Exporten erzieltem Euro zugenommen und zwar von 26,7 v.H. auf 38,8 v.H. zwischen den Jahren 1991 und 2002. Überspitzt wird dies als Tendenz zur Basarökonomie bezeichnet. Man kann dies aber auch anders interpretieren: Ein sinkender inländischer Wertschöpfungsanteil lässt sich als Beleg einer effizienten Einordnung der deutschen Exportunternehmen in die internationale Arbeitsteilung verstehen, und hier sind die Möglichkeiten durch die Marktöffnung in Mittel- und Osteuropa seit Beginn der neunziger Jahre für deutsche Unternehmen vielfältiger geworden. [...]
Vor dem Hintergrund der Diskussion um die Entwicklung Deutschlands zu einer Basarökonomie und der Frage, inwieweit die Exportzahlen Wertschöpfungszuwächse im Inland erzeugen, ergibt sich zusammenfassend der folgende Befund. Zum einen haben sich die inländischen Wertschöpfungsanteile aus der Exporttätigkeit verringert, zum anderen hat der Mengeneffekt kräftig gestiegener Exporte insbesondere seit Mitte der neunziger Jahre trotz eines gesunkenen Wertschöpfungsanteils die durch die Exporte induzierte Wertschöpfung in der Gesamtwirtschaft und im Verarbeitenden Gewerbe relativ zu derjenigen der übrigen Wirtschaftsbereiche erhöht.

SVR: Jahresgutachten 2004/05, S. 358 ff.

1. Analysieren Sie anhand von M 8 und M 9 die Bedeutung des Exports für die wirtschaftliche Entwicklung in Deutschland.
2. Erläutern Sie die Basarhypothese von Sinn (M 10a).
3. Erörtern Sie, inwieweit die Basarhypothese für die deutsche Exportwirtschaft zutrifft (M 10 a, M 10 b) und ob Deutschland seine Exportabhängigkeit reduzieren sollte.
4. Verfassen Sie einen Kommentar, in dem sie sich mit der Bedeutung des Exports für Deutschland auseinandersetzen.
5. Stellen Sie anhand einer Ursachen-Wirkungskette für eine offene Volkswirtschaft expansive bzw. kontraktive kumulative Prozesse dar, die durch einen Anstieg des Exports bzw. des Imports ausgelöst werden können (M 9, vgl. dazu auch Kap. 6, M 19).
6. Recherchieren Sie die Entwicklung des Exports der Automobilindustrie ab Mitte 2008 und erörtern Sie die Auswirkungen auf die Konjunktur.

8.3 Ursachen internationalen Handels

In diesem Abschnitt wird gefragt, warum es überhaupt zur Aufnahme von Außenhandelsbeziehungen kommt und welche Vorteile aus dem internationalen Warenaustausch für die am Außenhandel beteiligten Länder resultieren.
Grundsätzlich werden folgende Gründe als ursächlich für die Aufnahme von internationalen Handelsbeziehungen angeführt:
- Nichtverfügbarkeit bestimmter Güter oder Ressourcen im Inland,
- absolute und relative Kostenvorteile im inter-industrieller Handel,
- intra-industrieller Handel aufgrund der Konsumpräferenzen der Nachfrager.

M 11

Nichtverfügbarkeit bestimmter Güter und Ressourcen im Inland

Es liegt nahe, dass ein Land Güter zu importieren versucht, über die es nicht verfügt, und die es nicht produzieren bzw. herstellen kann. [...]
Die Gründe einer **dauerhaften Nichtverfügbarkeit** können z.B. in klimatischen, geologischen oder in technologischen Gegebenheiten liegen. [...]
Fehlende Rohstoffe oder andere Vorprodukte oder Hilfsstoffe, die für Produktionsprozesse benötigt werden, aber im betreffenden Land nicht selbst herstellbar sind, müssen importiert werden. Hier sind oftmals Abhängigkeiten gegeben, die einen Import – und damit auch Exporte im Sinne eines beiderseitigen Außenhandels zur Beschaffung der nötigen Devisen – geradezu erzwingen. [...]
Neben fehlenden Naturressourcen kann aber auch ein Mangel an entsprechend geschulten bzw. vorgebildeten Arbeitskräften oder auch Kapitalmangel der Grund für den Zwang zur Aufnahme von Außenhandelsbeziehungen sein. [...]
Technischer Fortschritt in hoch entwickelten Volkswirtschaften führt dazu, dass diese Länder technologische Innovationen bereits erfolgreich und in großen Stückzahlen produzieren, während andere Länder diesen industriellen Schritt noch nicht vollziehen können und insofern technologisch zurückhängen. Diese technologischen Lücken einerseits bzw. der technologische Vorsprung bestimmter Länder andererseits, führt dazu, dass es zu einem sog. **„Down-Stream-Trade“** neuer Industrieprodukte von hoch entwickelten in weniger entwickelte Länder kommt [...].
Technologischer Vorsprung wird umso eher und schneller diffundieren, sich also zunehmend auch in noch weniger entwickelte Länder ausbreiten, je intensiver sich die Handelsbeziehungen [...] entwickeln, je mobiler die Produktionsfaktoren sind und je schneller generell die gesellschaftliche, politische und wirtschaftliche Entwicklung von Ländern sich harmonisiert; je intensiver also die **„Globalisierung“** voranschreitet.
Aktuell ist China ein dramatisches Beispiel dafür, wie schnell ein traditionelles Importland zu einer den Welthandel zunehmend prägenden Exportmacht mutieren kann [...].
Ein **Imitation-lag**[1] liegt vor, wenn das technologische Know-how in importierenden Volkswirtschaften so gering ist, dass selbst das „Abkupfern“ oder die (legale wie illegale) Imitation technologischen und organisatorischen Fortschritts nicht oder nur in geringem Maße gelingt. Solcherart ist ein Großteil der Handelsbeziehungen zwischen den Industriestaaten und Afrika. [...]
Solche technologischen Lücken [...] und Entwicklungsschwächen [...] können von weiter entwickelten Staaten zu Lasten weniger entwickelter Volkswirtschaften gezielt beeinflusst oder sogar ausgedehnt werden. Ein geeignetes Mittel hierzu sind z.B. die Vielzahl zwischenstaatlich anerkannter Normen des Patent-, Gebrauchsmuster-, Urheber- und Erfinderrechts im Allgemeinen, die gezielt versuchen, die Vormachtstellung von Pionierunternehmen und Erstproduzenten auf In- und Auslandsmärkten zu sichern bzw. zu schützen.

Wolfgang Eibner: Anwendungsorientierte Außenwirtschaft. München, Wien 2006, S. 22–25

1 Imitation-lag – Entwicklungsschwäche

1 Kostendegression – mit zunehmender Produktionsmenge sinken die Stückkosten, weil sich die fixen Gesamtkosten auf eine größere Stückzahl verteilen.

2 Autarkie – Selbstversorgung, eine Volkswirtschaft, die ohne Außenhandel auskommt, weil in ihr alle benötigten Güter selber hergestellt werden

M 12

Interindustrieller Handel aufgrund absoluter Kostenvorteile

Der Begriff „**interindustrieller Handel**" beschreibt den Teil des Außenhandels, der darauf zurückzuführen ist, dass es in verschiedenen Ländern unterschiedliche Preise für bestimmte Güter gibt: Es werden also – obwohl die gleichen Güter auch im Inland produziert werden (können) – Güter deshalb importiert, weil sie im Ausland billiger sind.

Umgekehrt wird ein Land jene Güter exportieren, die es im Vergleich zum Ausland billiger herstellen kann und die es deshalb auch im Ausland, sofern man von Zöllen oder anderen Handelshemmnissen einmal absieht [...] billiger anbieten kann.

Die Frage, worauf ein Preisunterschied zwischen an sich gleichen Gütern in zwei Ländern zurückzuführen ist, lässt sich mit folgenden Punkten beantworten:

– **Die Produktionsbedingungen** und damit **die Kostenstrukturen** sind unterschiedlich, wobei hierunter sowohl eine unterschiedliche Ausstattung mit Produktionsfaktoren wie auch eine unterschiedliche Produktivität aber auch divergierende technologische Produktionsverfahren verstanden werden können.

– **Die jeweiligen Produktionsmöglichkeiten** (und damit die grundlegende Kostenstruktur) in beiden Ländern **sind vergleichbar**, aber die **Nachfrageintensität** (z. B. aufgrund unterschiedlicher Präferenzen) nach diesen Gütern ist unterschiedlich: Es kommt insofern in Ländern mit hoher Nachfrageintensität aufgrund von Mengeneffekten und damit verbundener Kostendegression[1] zu niedrigeren Produktionskosten und damit Preisen, als in einem anderen Land mit vergleichbarer Faktorausstattung aber geringerer Nachfrageintensität [...].

Sind die Produktionsbedingungen im In- und Ausland unterschiedlich, so können an sich gleiche Güter in den jeweiligen Ländern zwangsläufig [...] zu entsprechend unterschiedlichen Kosten produziert werden. Es kommt zu **absoluten Kostenvorteilen** [...] und damit (kann) auch günstiger am Markt angeboten (werden).

Schon Adam Smith erkannte die zentrale Bedeutung absoluter Kostenvorteile für das Zustandekommen von Außenhandelsbeziehungen. Er meinte, dass das Prinzip der Arbeitsteilung das zentrale Mittel sei, die Arbeitsproduktivität zu erhöhen. [...]

Eine solche nationale Spezialisierung auf bestimmte Waren bzw. Güter aus einem oder mehreren der genannten Gründe, die konkret zu einer Fertigung mit geringeren Realkosten bzw. geringerem Faktoreinsatz führt als in anderen Ländern, ist aber außenhandelstechnisch nur möglich bzw. sinnvoll, wenn gleichzeitig eine **internationale Arbeitsteilung** besteht oder entsteht. Nur dann ist es für ein Land sinnvoll,

– sich auf die Produktion von Gütern zu spezialisieren, die es mit den geringsten Kosten herstellen kann,

– diese Güter in einer Menge zu produzieren, die über die nationale Nachfrage hinausgeht und

– die insofern entstehenden Angebotsüberschüsse gegen analog bereitstehende Überschussgüter eines anderen Landes zu tauschen bzw. zu handeln.

Der reale **Wohlfahrtseffekt** einer solchen Vorgehensweise liegt darin, dass ein Land durch den Austausch dieser vergleichsweise günstiger produzierten Güter seinen Gesamtkonsum (Export- und Importprodukte) erheblich steigern kann im Vergleich zu einer Autarkie[2]-Situation ohne Außenhandel, in der das Land versucht, alle benötigten Güter selber herzustellen.

Die Begründung des Zustandekommens von Außenhandelsbeziehungen alleine auf Basis des **Prinzips absoluter Kostenvorteile** hat allerdings wesentliche Schwachstellen bzw. stellt letztlich nur einen Teilaspekt zur Erklärung von Außenhandelsbeziehungen dar.

Dem Erklärungsprinzip absoluter Kostenvorteile gelingt es nämlich nicht, bestehende Außenhandelsbeziehungen zu erklären, die zustande kommen, auch wenn z. B.:

– Ein Land in der Lage ist, **alle Güter zu geringeren Kosten** herzustellen, als andere Länder; welchen Vorteil sollte ein solches Land also aus der Aufnahme von Außenhandelsbeziehungen ziehen?

– Ein Land bei keinem einzigen Gut einen absoluten Kostenvorteil gegenüber anderen Ländern hat, also **alle Güter zu höheren Preisen anbieten muss als andere Länder**; warum

sollte also ein anderer Staat mit diesem Land Außenhandelsbeziehungen aufnehmen wollen?
Zum Beispiel kann die Bundesrepublik Deutschland sicher alle denkbaren Industriegüter zu geringeren Kosten herstellen als Island. Nach der Theorie der absoluten Kostenvorteile könnte Island also nicht am industriellen Welthandel teilnehmen. Dies ist jedoch nicht der Fall.
Das Prinzip der absoluten Kostenvorteile ist damit kein vollständiges Theorem zur Erklärung von Außenhandelsströmen.

Wolfgang Eibner, a. a. O., S. 26–28

M 13

Interindustrieller Handel aufgrund relativer (komparativer) Kostenvorteile.

Genau diesen Erklärungsnotstand des Prinzips der absoluten Kostenvorteile erkannte schon 1817 David Ricardo, der in seinem seinerzeit bahnbrechenden Werk: Principles of Political Economy and Taxation, London 1817, die Theorie der komparativen Kostenvorteile als maßgebliches Theorem zur Erklärung preis- bzw. kostenbasierten Außenhandels in Form interindustriellen Handels begründete. [...]
Die Kernaussage der **Theorie der komparativen Kostenvorteile**, die quasi das fundamentale Credo der realen Außenwirtschaftstheorie darstellt, ist folgende:
Zentrale Erklärungsgröße für die Aufnahme von Außenhandelsbeziehungen sind nicht absolute, sondern komparative – also relative – Preisunterschiede in der Produktion bestimmter Güter in einzelnen Ländern.
In der Regel ist es so, dass in vielen Fällen der Kostenvorsprung eines Landes bei verschiedenen Produkten auch sehr verschieden ist.
In Bezug auf das Beispiel eines Außenhandels zwischen Island und Deutschland könnte das z. B. bedeuten, dass zwar Deutschland alle Güter absolut billiger produzieren kann als Island, jedoch die einzelnen relativen Kostenvorteile in der Produktion bestimmter Güter sehr unterschiedlich ausfallen:
So ist es z. B. denkbar, dass Fischprodukte in Deutschland um 10 % günstiger produziert werden können als in Island, Maschinenbauprodukte dagegen aber sogar um 50 % günstiger hergestellt werden können. In einer solchen Konstellation wäre es für Deutschland sinnvoll, sich auf die Produktion der Güter zu konzentrieren, in denen die absoluten Kostenvorteile besonders groß sind.
Es würden also Waren, in denen der absolute Vorteil besonders groß ist, bei denen also ein relativer – komparativer – Kostenvorteil besteht, gegen Waren getauscht bzw. gehandelt, bei denen geringere **absolute Kostenvorteile** (oder Kostennachteile) bestehen, also ein komparativer Kostennachteil gegeben ist.
Andererseits können kostenmäßig unterlegene Länder (im obigen Beispiel z. B. Island) aus Außenhandelsbeziehungen Vorteile ziehen, wenn sie ihre Produktionsfaktoren auf die Erzeugung solcher Güter lenken – sich also spezialisieren –, bei denen sie trotz absoluter Kostennachteile über komparative Vorteile verfügen, im obigen Beispiel bei Fischprodukten. [...]
Seit Ricardo gelten nicht absolute Preisdifferenzen, sondern relative Preisunterschiede – genannt **komparative Kostendifferenzen** – als zentrale Ursache für das Zustandekommen internationaler Handelsbeziehungen:
- Ein Land wird also solche Güter **importieren**, bei deren Produktion es komparative Nachteile gegenüber einem Auslandsanbieter hat, die Produktion dieses Gutes im Inland also relativ teurer als im Ausland ist.
- Es wird andererseits solche Güter **exportieren**, bei denen es im Vergleich zu anderen Ländern komparative Kostenvorteile aufweist, die es also vergleichsweise günstiger produzieren kann als das Ausland.

Anlass zur Entwicklung dieses Prinzips war eine Diskussion in der englischen Öffentlichkeit Anfang des 19. Jahrhunderts über etwas, was 100 Jahre zurücklag. 1703 hatte der englische Botschafter in Portugal, John Methuen, einen Handelsvertrag zwischen England und Portugal mit folgendem Inhalt abgeschlossen: Portugal erklärte sich bereit, keine eigenen Webereien aufzubauen, sondern Tuche, Stoffe usw. aus England zu beziehen. Dafür war England bereit, dem portugiesischen Rotwein einen 33-prozentigen Vorzugszoll gegenüber französischem Rotwein einzuräumen.
Portugal hatte also gegenüber Frankreich einen Zollvorteil bei der Weinlieferung nach

England. Grund für diesen Vertrag war seinerzeit, dass sich England politisch auf Konfrontationskurs mit den damals verbündeten Ländern Frankreich und Spanien befand. England und Portugal wollten diese Länder durch eine handelspolitische Ausgrenzung ökonomisch schädigen: Frankreich lieferte bislang Wein nach England, und Spanien Tuch nach Portugal. Durch das Handelsabkommen zwischen England und Portugal über die genannten gegenseitigen Wein- und Tuchlieferungen verloren Frankreich und Spanien ihre Exportmöglichkeiten nach England und Portugal.

Aus der Diskussion über diesen Vertrag, und ob er vernünftig war, entstand die Idee der komparativen Kosten. Bis heute wird das Beispiel des Handelsvertrages von 1703 (2-Länder/2-Güter-Modell) in Lehrbüchern zur Erklärung der komparativen Kostenvorteile herangezogen [...]

Folgendes **Beispiel** soll verdeutlichen, dass internationaler Handel nicht aus absoluten Preisdifferenzen resultiert, sondern ausschließlich auf relativen – komparativen – Preisdifferenzen beruht.

Unterstellen wir – analog zu den originären Darstellungen Ricardos – zwei Länder, England und Portugal, die beide Wein und Tuch produzieren.

Folgende Abbildung bildet die Produktionskosten in Arbeitsstunden ab:

Land	Produktionskosten pro Einheit in Arbeitsstunden		Opportunitätskosten pro Einheit*	
	Tuch*	Wein*	Tuch*	Wein*
England	2	40	0,05	20
Portugal	1	10	0,1	10

*: 1 Yard Tuch bzw. 1 Barrel Wein

Betrachtet man lediglich die linke Hälfte in Abbildung, so ist zunächst nicht einsichtig, warum es zur Aufnahme von Handelsbeziehungen kommen sollte:

– Portugal kann alle Güter (Wein und Tuch) günstiger produzieren (und verkaufen) als England. Ein Import eines teureren Gutes erscheint zunächst unsinnig: Portugal dürfte damit an keinem Handel interessiert sein.

– England, das natürlich gerne die günstigeren portugiesischen Waren kaufen würde, kann dies mangels Devisen nicht tun, da seine eigenen Waren durchgängig teurer sind. So weit die betriebswirtschaftliche Analyse.

Der Volkswirt erkennt bei Betrachtung der rechten Hälfte der Abbildung jedoch, dass **jedes Land bei einem Gut über einen komparativen Kostenvorteil verfügt**:

– England braucht zur Produktion von 1 Yard Tuch nur 5% des Arbeitseinsatzes, der für die Produktion von einem Barrel Wein nötig ist.

– Portugal dagegen benötigt für eine entsprechende Tuchproduktion 10% des Arbeitseinsatzes, der für die Produktion eines Barrels Wein anfällt.

In Portugal ist damit die Tuchproduktion relativ teurer als in England;

dafür ist dann aber logischerweise die Weinproduktion in Portugal relativ günstiger als in England: Es wird für die Produktion eines Barrels Wein nur das 10-fache der Ressourcen benötigt, die zur Produktion eines Yard Tuch nötig sind, in England dagegen muss das 20-fache eingesetzt werden.

Wolfgang Eibner, a.a.O, S. 29, 56–58

M 14

Die Modellannahmen der Theorie der komparativen Kostenvorteile

Nach Ricardo sind neben den absoluten vor allem die komparativen Kostenvorteile ein wesentlicher Bestimmungsgrund für den internationalen Handel. Komparative Kostenvorteile bestehen dann, wenn ein Land zur Erzeugung einer zusätzlichen Einheit eines Gutes auf relativ weniger bei der Erzeugung eines anderen Gutes verzichten muss als die übrigen Länder. Ökonomisch ausgedrückt: Wenn die **Opportunitätskosten** für die Aufgabe dieses Gutes in diesem Land niedriger sind als in den anderen Ländern. Opportunitätskosten eines Gutes für ein Wirtschaftssubjekt oder für eine Gesellschaft bestehen aus der Menge eines anderen Gutes, das aufgegeben werden muss, um eine Einheit von diesem Gut zu erhalten. Komparative Kostenvorteile kann es auch dann geben, wenn ein Land bei der Produktion aller Güter absolute Kosten vorteile hat. Entscheidend sind unterschiedliche

Opportunitätskosten zwischen den Ländern. Spezialisiert sich jedes Land auf die Erzeugung der Güter, bei denen es einen komparativen Kostenvorteil hat, so erhöht sich die gesamte Welt-Produktion. Tauscht nun jedes Land nach Aufnahme des internationalen Handels die Waren, bei deren Produktion es relativ kostengünstiger ist, gegen Waren, die es **kostenungünstiger** produziert, dann hat jedes Land nach erfolgter Spezialisierung und internationalem Handel mehr Güter zur Verfügung als vorher. Die Folge der Spezialisierung und des Handels ist eine Erhöhung des Wohlstandes in den am Welthandel beteiligten Ländern. [...]
Diesem einfachen ricardianischen Modell liegen folgende *Annahmen* zugrunde:
- Auf den Güter- und Faktormärkten besteht vollkommene Konkurrenz; die Wirtschaftssubjekte handeln nach dem ökonomischen Maximierungs- bzw. Minimierungsprinzip.
- Es gibt keine „economies of scale" (Skalenerträge) und mit zunehmendem Faktoreinsatz nehmen die Grenzproduktivitäten ab [...].
- Die Produktionsfaktoren sind innerhalb eines Landes völlig mobil, zwischen den Ländern völlig immobil.
- Es existieren identische Nachfragepräferenzen in allen Ländern.

Im RICARDO-Modell gibt es nur Arbeit als Produktionsfaktor. Aufgrund natürlicher Voraussetzungen bestehen dauerhaft unterschiedliche Produktionstechnologien. Aufgrund dieser Annahmen gründen die komparativen Kostenunterschiede auf international unterschiedlichen Arbeitsproduktivitäten.

Gerd-Jan Krol, Alfons Schmid: Volkswirtschaftslehre, a.a.O., S. XXX

M 15

Intra-industrieller Handel

War der inter-industrielle Handel entsprechend der klassischen Handelstheorie dadurch gekennzeichnet, dass der „Exportkorb" eines Landes andere Güter enthält als der „Importkorb" des Landes, also verschiedenartige Güter zwischen den Außenhandelspartnern gehandelt werden, so bezeichnet der **intra-industrielle Handel** einen Warenaustausch gleichartiger Güter. Der internationale Handelsaustausch zwischen entwickelten In-

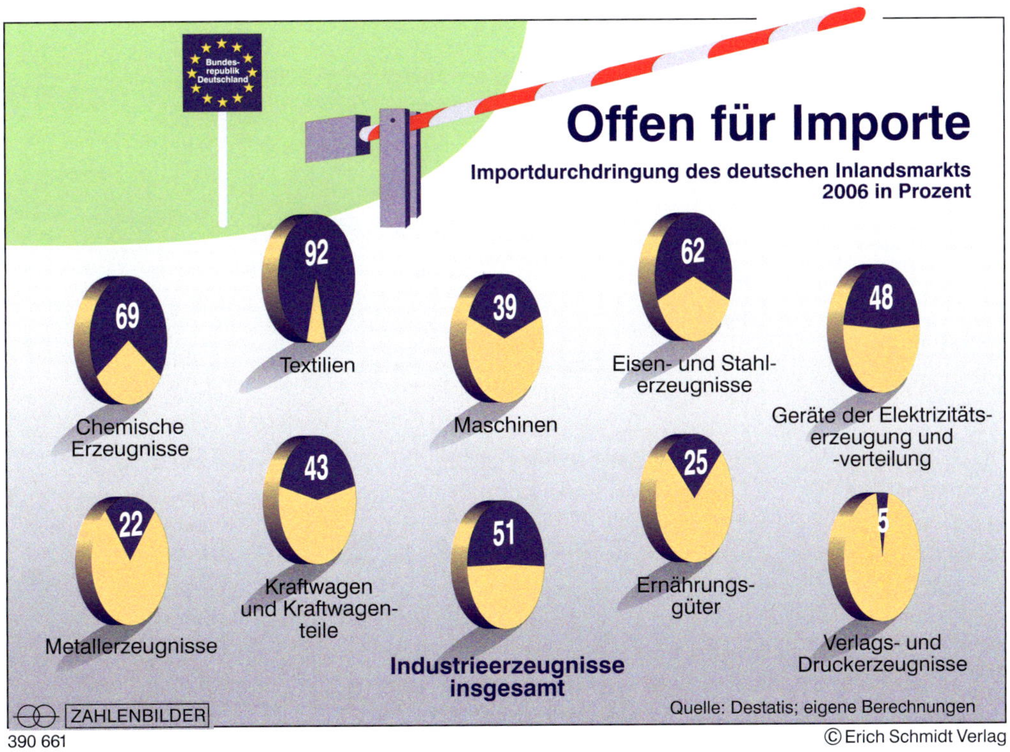

dustriestaaten umfasst in zunehmendem Maße auch Waren, die sowohl im Inland als auch im Ausland produziert werden: Vielleicht sogar zu ähnlichen, im Extremfall auch gleichen Preisen.

Die Spezialisierung eines Landes auf ein oder mehrere Güter einer Warengruppe bei gleichzeitiger Spezialisierung des anderen Landes auf andere Güter der gleichen Warengruppe kann mit dem sog. LANCASTER-Ansatz erklärt werden. Nach Lancasters „Neuer Konsumtheorie" [...] sind es nicht die Güter per se, die einen Nutzen stiften, sondern die konkreten Eigenschaften dieser Güter.

Damit liegt der Grund für das Zustandekommen solcher Handelsbeziehungen in den **Konsumpräferenzen der Nachfrager** in entwickelten Staaten, die stark an einer **Produktvielfalt und Produktdifferenzierung** zur Bereicherung der heimischen Märkte interessiert sind. Anlass für die Aufnahme von Handelsbeziehungen ist hier also eine rein **subjektive Produktdifferenzierung**, der keine objektive Notwendigkeit, importieren oder exportieren zu müssen, entspricht. Außenhandel ist also nicht unbedingt nur die Folge eines Zwangs, die Versorgung der Bevölkerung materiell verbessern zu wollen oder zu müssen.

Dieser von Preisüberlegungen und einer objektiven Nichtverfügbarkeit von Gütern weitgehend losgelöste Außenhandel steht empirisch betrachtet in enger Korrelation mit steigendem Wohlstand.

Dabei sind die Bedürfnisse um so differenzierter und die intra-industrielle Produktdifferenzierung umso vielfältiger, je höher die Pro-Kopf-Einkommen in den einzelnen am intra-industriellen Handel beteiligten Länder sind. [...]

Wolfgang Eibner, a. a. O, S. 33 f.

1. In M 11 wird zwischen dauerhafter und vorübergehender Nichtverfügbarkeit von Gütern als Ursache für den internationalen Güteraustausch unterschieden. Verdeutlichen Sie an Beispielen, inwieweit dies für Deutschland eine Ursache für den Import von Gütern ist.

2. Recherchieren Sie, ob für Deutschland als hoch entwickeltes Industrieland auf einzelnen Gebieten eine technologische Lücke existiert, der zum Import bestimmter Güter zwingt, wenn die deutsche Wirtschaft im internationalen Wettbewerb bestehen will.

3. Erläutern Sie an Beispielen den grundsätzlichen Unterschied zwischen inter- und intra-industriellem Handel(M 12, M 15).

4. Erläutern Sie, warum die Erklärung des Außenhandels aufgrund absoluter Kostenvorteile nicht für alle inter-industriellen Außenhandelsbeziehungen gilt (M 12).

5. Stellen Sie die Theorie der komparativen Kostenvorteile in ihren Grundzügen dar (M 13).

6. Analysieren Sie den Erklärungswert der Theorie der komparativen Kostenvorteile für die Realität des internationalen Handels (M 14).

7. Erörtern Sie, warum gerade diese Theorie für die Rechtfertigung des Freihandels eine so große Rolle spielt.

8. Erklären Sie mit Hilfe der in diesem Abschnitt dargestellten Ursachen für den internationalen Handel, warum in Deutschland viele ausländische Autos gekauft werden, obwohl das Angebot aus heimischer Produktion vielfältig ist.

8.4 Deutschland – Gewinner der Globalisierung?

Wenn Deutschland Exportweltmeister über mehrere Jahre hin ist, scheint es doch klar zu sein, dass Deutschland Globalisierungsgewinner ist. Aber warum wird dann in der Öffentlichkeit darüber überhaupt gestritten? Im Folgenden werden unterschiedliche Positionen zur Frage, ob Deutschland ein Gewinner der Globalisierung ist, vorgestellt, um die eigene Urteilsbildung anzuregen. Dabei wird aus der Sicht der Konsumenten, Unternehmen, Arbeitnehmer und gesamtwirtschaftlicher Perspektive argumentiert (vgl. auch Kap. 11)

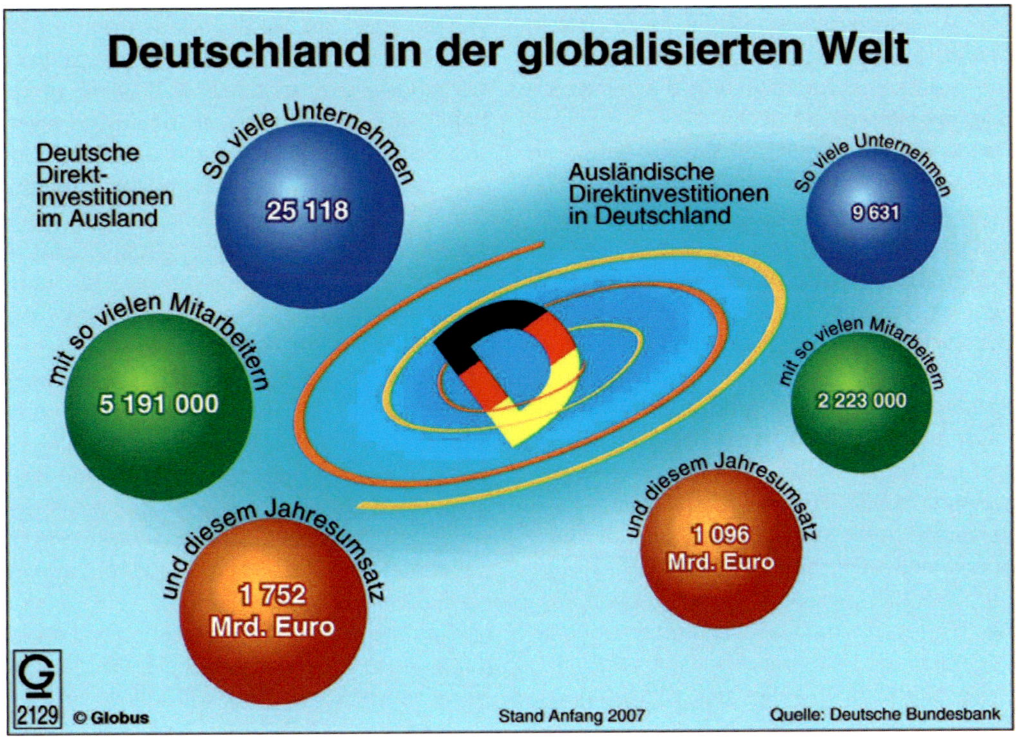

M 16

Globalisierungsvorteil – Günstiger einkaufen

Die Globalisierung hat viele Gesichter – unter anderem lachende Konsumenten. Würden Spielzeug, Digitalkameras und Laufschuhe nicht in Niedriglohnländern, sondern in Deutschland hergestellt, wären sie für zahlreiche Bundesbürger kaum erschwinglich, wie ein Blick in die Verbraucherpreisstatistik schnell klarmacht. Wenn das Stichwort Globalisierung fällt, bekommen in Deutschland viele Menschen Bauchschmerzen – vor allem jene Arbeitnehmer, deren Tätigkeiten zunehmend in Fernost für kleines Geld erledigt werden. Ihre Sorge ist nicht unberechtigt, denn China und andere aufstrebende Niedriglohnländer setzen die Arbeitsplätze in den Industrienationen zunehmend unter Druck. Doch wer die weltweite Arbeitsteilung aus diesem Grund geißelt, vergisst allzu leicht, wie sehr die westliche Hemisphäre von den Produkten aus Asien, Lateinamerika und Co. profitiert.

In Deutschland sind die Verbraucherpreise von 1991 bis 2005 um fast ein Drittel gestiegen – das entspricht einer durchschnittlichen Inflationsrate von 2 Prozent pro Jahr. Die Preise der Importgüter sind unterdessen im selben Zeitraum sogar leicht gesunken. Und das, obwohl sich eines der wichtigsten Einfuhrgüter extrem verteuert hat: Der Ölpreis legte in den vergangenen 14 Jahren um 175 Prozent zu. Rohstoffe und Energie herausgerechnet sind die Einfuhrpreise seit 1991 sogar markant rückläufig gewesen.

Die Preissteigerungsrate der inländischen Erzeugnisse ist derweil noch deutlich höher, als es der Anstieg der Verbraucherpreise erkennen lässt, denn dort fließen auch die günstiger gewordenen Importwaren ein.
Ohne die Lieferungen aus den Niedriglohnländern müssten die hiesigen Konsumenten heute also sehr viel tiefer in die Tasche greifen, um bestimmte Anschaffungen zu tätigen.
Wie der Blick auf einzelne Gütergruppen in der Verbraucherpreisstatistik zeigt, haben sich die Preise gerade jener Produkte moderat entwickelt, die heute häufig made in China oder Taiwan sind.
Für Unterhaltungselektronik sowie Foto- und Filmausrüstung waren 2005 sogar nur zwei Drittel des Geldes fällig, das 1991 dafür ausgegeben werden musste.
Der Preisrutsch ist in diesem Fall zwar auch dem technischen Fortschritt zuzuschreiben und nicht allein der Produktion in Niedriglohnländern. Einen nicht zu unterschätzenden Einfluss hat diese gleichwohl, was sich in den einstelligen Verbraucherpreissteigerungen von arbeitsintensiven Erzeugnissen wie Kleidung, Schuhen, Spiel- und Werkzeug widerspiegelt. Dienstleistungen aus dem Bildungs- und Gesundheitswesen, die nicht aus dem Ausland bezogen werden können, stehen hingegen – neben Tabak und Heizöl – an der Spitze der Teuerungsskala seit 1991.
Diese angenehme Folge der Globalisierung darf allerdings über eins nicht hinwegtäuschen: Die zunehmende internationale Verflechtung stellt für Deutschland eine wirtschaftliche Herausforderung ersten Ranges dar. Eine Stärke des Standorts liegt zweifelsohne auf dem Gebiet der wissens- und technologieintensiven Güter. Doch damit in diesen Bereichen genügend neue Jobs entstehen können, dürfen die Produktmärkte und vor allem der Arbeitsmarkt nicht zu stark reguliert sein. Was die Unternehmen brauchen, um ihre Potenziale hierzulande ausschöpfen zu können, sind beispielsweise größere Spielräume bei den Entgelten, ein gelockerter Kündigungsschutz sowie weniger bürokratische Auflagen.

iwd-Informationsdienst des Instituts der deutschen Wirtschaft, Köln, Nr. 48 / 30.11.2006, © Deutscher Instituts-Verlag, Köln

M 17

Going International – Erfolgsfaktoren im Auslandsgeschäft

Die wirtschaftliche Entwicklung Deutschlands in den letzten Jahren belegt: Das verstärkte Auslandsengagement der Unternehmen hat sich als Stütze der Konjunktur erwiesen. Dabei ist es dem Pioniergeist und der Innovationsfähigkeit der deutschen Unternehmen zu verdanken, dass sich die deutsche Wirtschaft im weltweiten Wettbewerb so gut behauptet.
Wir sind aber nicht nur Exportnation; unser Wohlstand hängt ganz entscheidend auch von den Importen sowie von den Investitionen aus dem Ausland und in das Ausland ab. Durch die Internationalisierung ihrer Wertschöpfungsketten bleiben die deutschen Unternehmen auf den heimischen und den internationalen Märkten wettbewerbsfähig und sichern damit auch hierzulande Beschäftigung und schaffen Ausbildungsplätze. Trotz aller bisherigen Erfolge liegt in der Erschließung internationaler Märkte noch viel Potenzial.
In der Gesamtschau sind es gerade die kleinen und mittleren Unternehmen, die sich zusehends erfolgreicher auf den Weltmärkten behaupten – trotz aller Widrigkeiten. Immer häufiger müssen sie ihren Markt in weiter entfernt liegenden Ländern suchen und dabei mit eigenen Niederlassungen vor Ort präsent sein. Die Märkte der Welt verändern sich dabei ständig, die Ansprüche der Kunden wachsen und die Konkurrenz ist hellwach – täglich sind schnelle und richtungweisende betriebliche Entscheidungen gefragt.
Wenn Unternehmen auf ausländischen Märkten erfolgreich agieren, so beruht dies häufig auf einer Mischung verschiedener Tätigkeitsformen, welche einfache Handelsgeschäfte genauso beinhalten wie Kapitalinvestitionen im Ausland. Erfolgreiche Auslandsgeschäfte erfordern eine gründliche, etwa ein- bis zweijährige Vorbereitungszeit. Dabei sind Geschäftsreisen, Auslandsmessen, Marktanalysen und Beratungen für deutsche Unternehmen die wichtigsten Mittel und Wege, neue Märkte zu erkunden.
Besonders erfolgreiche Geschäfte machen die deutschen Unternehmen in den EU-15/EFTA Ländern, in Asien und in den zehn neuen EU-Mitgliedstaaten. Sie schätzen sowohl die ak-

tuelle Geschäftssituation als auch die weiteren Perspektiven auf den europäischen Zielmärkten als besonders positiv ein. Der erweiterte EU-Markt zeigt hierbei bereits seine Wirkung: Die Geschäftsbeziehungen zu Tschechien und Polen werden ähnlich positiv bewertet wie die zu Frankreich und den USA. Die größte Dynamik der Geschäftsentwicklung wird in den nächsten Jahren für Russland, Indien, Polen, Rumänien/Bulgarien und China erwartet.

Mehr als die Hälfte aller auslandsaktiven Unternehmen haben in den letzten fünf Jahren im Ausland investiert. Je intensiver die Unternehmen im jeweiligen Zielland vernetzt sind, desto höher ist die Investitionssumme vor Ort. Fast alle im Ausland investierenden Unternehmen betreiben auch internationalen Handel – vor allem Exportgeschäfte. Für die im Ausland investierenden Unternehmen sind neben absatzseitigen Gründen in hohem Maße standortrelevante Vorteile für das Auslandsengagement maßgeblich. Kapitalbeteiligungen aus dem Ausland spielen derzeit nur bei wenigen deutschen Unternehmen mit Auslandsgeschäft eine Rolle – und wenn, dann hauptsächlich bei Großunternehmen.

Das Auslandsgeschäft hat positive Auswirkungen auf den Gewinn, den Umsatz und den Personalbestand der Unternehmen – sowohl im Inland als auch im Ausland: 55 Prozent der Unternehmen haben seit Beginn ihres Auslandengagements ihren Umsatz in Deutschland erhöht, nur 19 Prozent verringert. 42 Prozent konnten ihren Gewinn steigern, nur bei 25 Prozent hat er sich reduziert. 37 Prozent der Betriebe haben im Inland Beschäftigung aufgebaut, 22 Prozent hingegen abgebaut.

Unternehmen, die auch im Ausland investieren, weiten ihren inländischen Personalbestand überdurchschnittlich aus. Und sind zudem an ihren inländischen Standorten erfolgreicher als die auslandsaktiven Unternehmen insgesamt. Der positive Beschäftigungssaldo von 17 Prozentpunkten liegt bei Unternehmen mit Auslandsinvestitionen über dem Durchschnittssaldo von 15 Prozentpunkten.

Internationale Aktivitäten öffnen den Unternehmen die Augen für die Standortvorteile des Auslands. Die Unternehmen stehen deshalb vielfach vor der Frage, ob sie sich künftig unter den derzeitigen Standortbedingungen Produktion, aber auch Forschung und Entwicklung in Deutschland noch leisten können.

Die Verlagerung von Produktion ist daher für jedes vierte Unternehmen, das im Auslandsgeschäft bereits Erfahrungen gesammelt hat, ein Thema. Von diesen Betrieben haben zwei Drittel zumindest Teile ihrer Produktion bereits verlagert, ein weiteres Drittel plant dies noch. Hauptzielregionen von Produktionsverlagerungen sind die zehn neuen EU-Mitgliedstaaten und Asien/Pazifik.

Standortbedingte Produktionsverlagerungen kosten Arbeitsplätze in Deutschland. Zwar haben die produktionsverlagernden Unternehmen seit Beginn ihrer generellen Auslandsaktivitäten per Saldo mehr Arbeitsplätze im Inland geschaffen; im Vergleich zu den anderen auslandsaktiven Unternehmen sind sie in ihrem inländischen Beschäftigungsverhalten aber deutlich zurückhaltender. Alarmierend ist: Vor allem kleinere Unternehmen, die erfahrungsgemäß in konjunkturellen Schwächephasen eine relativ stabile inländische Beschäftigung aufweisen, planen eine Auslandsverlagerung von Produktion in der nahen Zukunft. Dies weist auf die wirtschaftspolitische Notwendigkeit einer nachhaltigen und unternehmensorientierten Standortpolitik in Deutschland hin. Der positive Beschäftigungssaldo liegt bei produktionsverlagernden

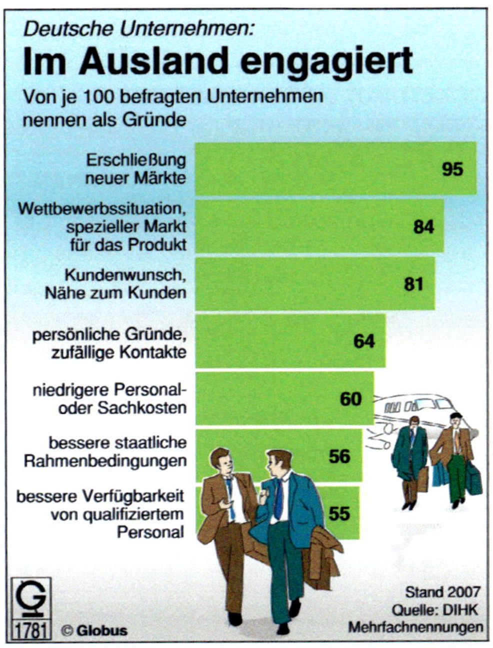

Unternehmen mit 5 Prozentpunkten erheblich unter dem Durchschnittssaldo aller Unternehmen (15 Prozentpunkte).
Standortrelevante Vorteile des Auslands spielen bei Produktionsverlagerungen eine große Rolle; die wichtigsten Gründe dabei sind niedrigere Arbeits- und Sachkosten, (57 Prozent) weniger Regulierungen und Bürokratie (37 Prozent) sowie geringere Steuern und Abgaben (36 Prozent). Die Standortproblematik macht keinen Halt vor höher qualifizierten Arbeitskräften. Dies wird mit Blick auf die in Forschung und Entwicklung (FuE) aktiven Unternehmen deutlich: Knapp 30 Prozent der Unternehmen, die FuE betreiben, haben zumindest Teile ihrer FuE-Kapazitäten ins Ausland verlagert bzw. planen dies noch.
Dabei zeigt sich, dass FuE zumeist der Produktion ins Ausland folgt. Insofern sind die wesentlichen Gründe für eine FuE-Verlagerung die gleichen wie die für eine Produktionsverlagerung. Sie sind standortbezogener Natur: Niedrige Lohnkosten, die Nähe zum Kunden und Markterfordernisse die wichtigsten Motive.
Die Standortproblematik wird dadurch verstärkt, dass kaum ein Unternehmen eine Rückverlagerung von Produktion sowie von FuE plant (nur knapp 3 Prozent). [...]

Alexander Lau: Going International, Stand September 2005. Deutscher Industrie- und Handelskammertag (DIHK) Bereich International, Außenwirtschaftsförderung, Berlin 2005, www.dihk.de

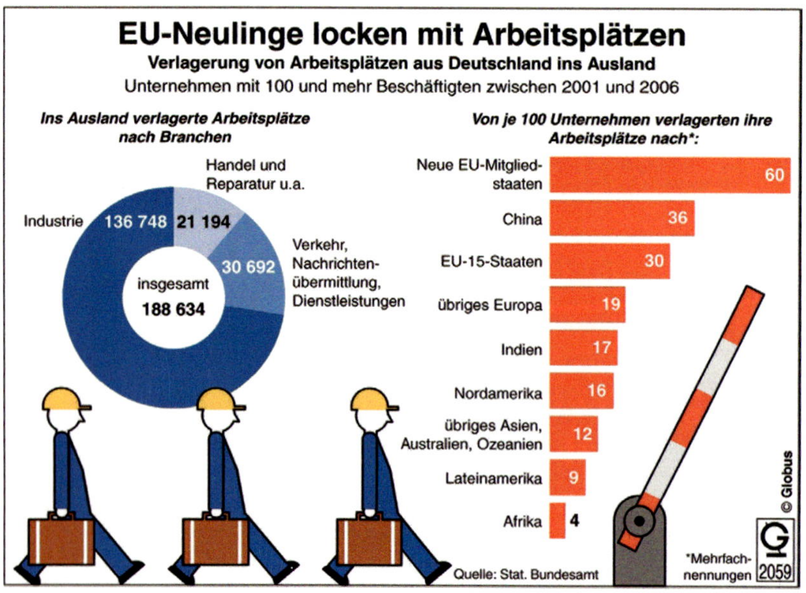

M 18

IG-Metall-Chef Huber: „Wir sind für den freien Handel, aber zu fairen Bedingungen"

Gerhard Schröder: Herr Huber, Deutschland ist Exportweltmeister. Die deutsche Wirtschaft eilt auf den Weltmärkten von Erfolg zu Erfolg. Profitieren davon auch die Beschäftigten? Sind die also auch Gewinner der Globalisierung?
Berthold Huber: Nicht in jedem Fall. Wir haben in Unternehmen, die eine starke Weltmarktposition haben, oftmals Leih- und Zeitarbeit. Die Menschen profitieren auf keinen Fall. Das sind die Auswüchse der Globalisierung.
Schröder: Heißt das, wir müssen uns fürchten vor den neuen Billigkonkurrenten in den neuen großen Wirtschaftsländern wie Indien und China? Ist das die Folge?
Huber: Der Weg, alles immer billiger zu machen und die Löhne und Gehälter zu senken und nach unten zu drücken und ungesicherte Arbeit in den Mittelpunkt zu drücken, ist kein guter Weg. Wir sind der Überzeugung als IG Metall: Man kann in der Globalisierung und in diesem weltweiten Wettbewerb nur bestehen – Stichwort Exportweltmeister –, wenn man gute Produkte macht, wenn man hohe Produktivitäten hat, wenn man hohe Qualitäten hat. Und dazu brauchen sie immer die Menschen, ohne die Menschen geht das gar nicht. Und wir werden nicht akzeptieren, dass sie sozusagen nur Ausbeutungsobjekt sind und ungesicherte Verhältnisse haben. Die Menschen lassen sich das nicht auf Dauer gefallen.
Schröder: Gerade in den Branchen, die exportorientiert sind wie Metall und Chemie, da sind die Löhne und Einkommen in den vergangenen Jahren noch verhältnismäßig stark gestiegen, viel stärker als etwa in den Dienstleistungsbranchen. Heißt das nicht, die Beschäftigten profitieren in den Branchen, wo Globalisierung da ist?
Huber: Aber vor allem heißt es eines: In den exportorientierten Branchen wie Metall, Elektro und Chemie sind wir gut organisiert und haben dort eine starke Vertretungsmacht als IG Metall. Und wir orientieren uns selbstverständlich an den wirtschaftlichen Möglichkeiten der Branchen von Metall und Elektro. Aber natürlich orientieren wir uns auch an der Leis-

tung der Beschäftigten. Und es ist vollkommen richtig, was Sie sagen. Wir haben signifikant höhere Tarifabschlüsse wie die auf den Binnenmarkt gerichtete Branchen.
Schröder: Aber auch die gut organisierte IG Metall konnte und wird auch nicht verhindern können, dass Unternehmen wie Nokia und Siemens Produktionen ins billigere Ausland – nach Osteuropa, nach Polen, Tschechien oder Ungarn – verlagern. BMW will auch Tausende von Jobs streichen. Heißt das also unter dem Strich: Deutschland verlagert Jobs ins Ausland, weil die Löhne hier zu hoch sind?
Huber: Das kann man bis dato nicht, vor allem nicht so pauschal, sagen. In der Metall- und Elektroindustrie sind über hunderttausend neue Arbeitsplätze entstanden. Was wir kritisieren, dass die ungesicherte und prekäre Beschäftigung – Leih- und Zeitarbeit – zugenommen hat. Aber unterm Strich haben wir auch ein Beschäftigungsplus, insbesondere im Jahr 2007 und auch bis hin in das Jahr 2008. Aber klar ist: Die Arbeit, die wir hier in Deutschland machen, ist tendenziell hoch und höher qualifiziert. Das ist eine Stärke des Standorts Deutschland, dazu sind natürlich Voraussetzungen zu schaffen: Gute Ausbildung, damit die Bundesrepublik ihr Wohlstandsniveau halten kann.
Schröder: Und die einfachen Tätigkeiten, die wandern ins Ausland?
Huber: Ist jede Arbeit, die wir hier haben, auch mit allen Bemühungen um eine humanere Umgebung – ist das gut? Und der Lohndruck, den werden sie in der globalisierten Weltwirtschaft nicht wegkriegen. Und die Alternative – sie sagen, wir geben einfach bei den Tarifen nach, bei den Löhnen, Gehältern, bei der Arbeitszeit – das ist ja kein Weg. Wir wollen höhere Qualitäten, wir wollen Innovationen, wir wollen, dass hohe Produktivitäten existieren. Das ist doch die Stärke des Industriestandortes Deutschland.
Schröder: Aber auf der anderen Seite sehen Sie doch, dass es längst nicht mehr nur die einfachen Tätigkeiten sind, die dorthin verlagert werden, wo es billiger ist. Sondern auch Handys und Computer werden in Rumänien oder in China produziert. Ist das nicht etwas, was Ihnen Sorgen macht?
Huber: Natürlich haben wir da Sorgen, aber die Handys, die an den Fließbändern produziert werden, da denke ich, da ist der Zug längstens abgefahren. Die werden wir hier nicht halten. Beim Maschinenbau, da sieht die Richtung ganz anders aus. Auch diejenigen, die aus Kostengründen oder nur, um höhere Profite zu machen, verlagert haben, sind teilweise wieder zurückgekommen, weil sie die Qualität nicht kriegen. Wir werden nicht mit China konkurrieren können, was das Lebenshaltungsniveau anbelangt und was die Löhne anbelangt. Aber ich will ausdrücklich sagen: Wir wollen es auch nicht, weil es in vielen Fällen keine Arbeit in Würde und im Respekt vor Menschen ist. Wir haben in China nach wie vor Sklavenarbeit, wir haben ungeschützte Arbeitsverhältnisse – das ist ja gigantisch: 150 Millionen Wanderarbeiter. Soll das unser Ideal sein? Nein. Da muss man eher im globalen Zusammenhang dafür sorgen, dass derart unwürdige und menschenverachtende Arbeitsplätze abgeschafft werden.
Schröder: Und wie kann man das erreichen?
Huber: Nun ja, wir haben ein Welthandelsabkommen, wo die Würde des Menschen und der Schutz der Menschen überhaupt keine Rolle spielt, sondern nur der Freihandel. Wir sind für den freien Handel, aber zu fairen Bedingungen. [...]

IG-Metall-Chef Berthold Huber: „Wir sind für den freien Handel, aber zu fairen Bedingungen". In: dradio.de, Interview der Woche, 27.04.2008, Moderation: Gerhard Schröder

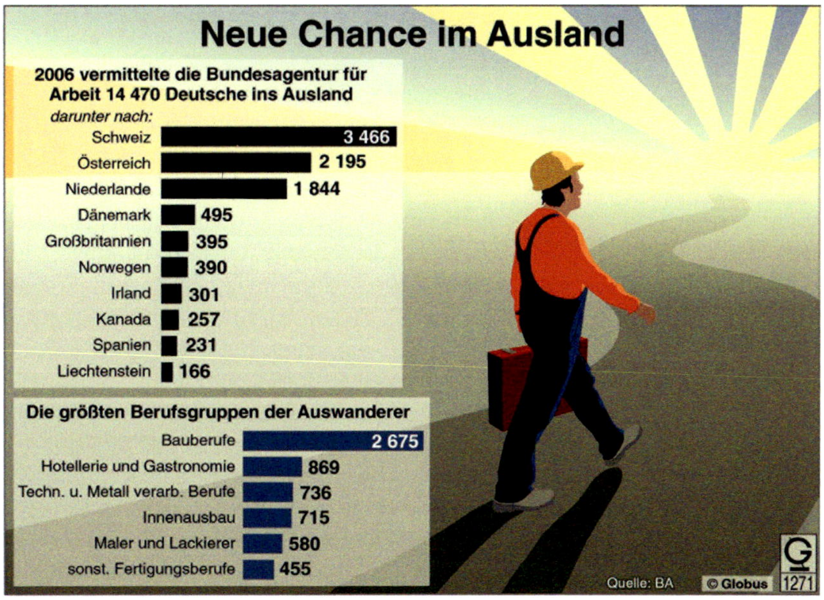

M 19

Die Angst vor dem Verlust des Arbeitsplatzes

[...] Anhänger des Freihandels räumen zwar ein, dass Arbeitsplätze verloren gehen, aber sie beteuern auch, dass neue Beschäftigungsmöglichkeiten entstehen würden. Hoch bezahlte Stellen mit hoher Produktivität ersetzen Niedriglohnstellen mit geringer Produktivität. Dieses Argument ist überzeugend, sieht man von einem Detail ab: In vielen Ländern ist die Arbeitslosigkeit hoch, und diejenigen, die ihren Arbeitsplatz verlieren, wechseln nicht auf andere, besser bezahlte Stellen, sondern werden langfristig arbeitslos. Dies ist insbesondere in vielen Entwicklungsländern geschehen, die ihre Handelsschranken so schnell abbauten, dass die Privatwirtschaft nicht genügend Zeit hatte, neue Arbeitsplätze zu schaffen, oder es sich aufgrund hoher Zinsen nicht leisten konnte, die für die Schaffung neuer Arbeitsplätze erforderlichen Investitionen zu tätigen.

Auch die Industrieländer sind davon betroffen, obgleich hier, bei einer sachgerechten Geld- und Fiskalpolitik, der Verlust alter und die Schaffung neuer Arbeitsplätze Hand in Hand gehen sollten. Das passiert allerdings häufig nicht. Die Arbeitslosigkeit in Europa verharrt hartnäckig auf einem hohen Niveau. Menschen, die ihren Arbeitsplatz verlieren, bekommen nicht automatisch einen neuen. Gerade bei hoher Arbeitslosigkeit kann es länger dauern, bis Erwerbslose eine neue Anstellung finden. Arbeitnehmer in mittlerem Alter haben auf dem Arbeitsmarkt oft gar keine Chancen mehr – sie gehen einfach in den vorzeitigen Ruhestand. Gering qualifizierte Arbeitskräfte sind besonders stark betroffen. Aus diesem Grund haben Berufstätige in den Industriestaaten Angst, dass Industriearbeitsplätze nach China und Dienstleistungsarbeitsplätze (wie Abrechnungsabteilungen von Finanzunternehmen) nach Indien abwandern.

Wenn das Ergebnis einer zügigen Handelsliberalisierung der Anstieg der Arbeitslosigkeit ist, dann bleiben die versprochenen positiven Effekte der Liberalisierung wahrscheinlich aus. Wenn Arbeitnehmer ihre geschützten Arbeitsplätze mit geringer Produktivität verlieren, dann steigt vermutlich die Armuts- und nicht die Wachstumsrate.

Selbst wenn gering qualifizierte Arbeitskräfte in Industrieländern ihren Arbeitsplatz behalten, müssen sie Lohneinbußen hinnehmen. Wenn sie sich nicht mit Lohnsenkungen, der Kürzung von Sozialleistungen und der Lockerung des Kündigungsschutzes einverstanden erklären, so sagt man ihnen, müsse das Unternehmen die Arbeitsplätze ins Ausland verlagern, um wettbewerbsfähig zu bleiben. Junge Arbeiter in Frankreich waren perplex, als man ihnen vorhielt, die Einschränkung des Kündigungsschutzes, um den die Gewerkschaften lange gekämpft hatten, und Lohnsenkungen – seien notwendig, so wird behauptet, um auf dem Weltmarkt konkurrenzfähig zu bleiben – lägen letztlich in ihrem Interesse. Man mahnt sie zur Geduld und versichert ihnen, dass es ihnen langfristig spürbar besser gehen werde; doch angesichts der Vielzahl von Fällen, in denen diese Versprechen auch zehn oder zwanzig Jahre nach der Liberalisierung noch nicht eingelöst wurden, ist ihre Skepsis verständlich. John Maynard Keynes, der große Ökonom des zwanzigsten Jahrhunderts, entgegnete denjenigen, die mitten in der Weltwirtschaftskrise der dreißiger Jahre zur Geduld mahnten, da die Märkte langfristig schon wieder für Vollbeschäftigung sorgen würden: „Ja, aber langfristig sind wir alle tot."

Politiker und Ökonomen, die versprechen, dass alle Menschen vom Abbau von Handelsschranken profitieren werden, sind unehrlich. Laut Wirtschaftstheorie (und historischen Erfahrungen) ist das Gegenteil richtig: Selbst wenn die Handelsliberalisierung ein Land insgesamt besser stellt, erleiden einige Gruppen doch Wohlfahrtsverluste. Und: Zumindest in den Industrieländern werden die gering qualifizierten Arbeitskräfte die Hauptleidtragenden sein.

Die Welt des Adam Smith und der Freihandelsverfechter, in der alle vom Freihandel profitieren, ist nicht nur eine mythische Welt vollkommener Märkte ohne Arbeitslosigkeit, es ist auch eine Welt, in der Risiken nicht von Belang sind, weil es vollkommene Versicherungsmärkte gibt, auf die die Risiken abgewälzt werden können, und in der immer vollkommener Wettbewerb herrscht, wo es also keine marktbeherrschenden Microsofts und Intels gibt. In einer solchen Welt hätten die Arbeitnehmer keine Angst, wegen der Handelsliberalisierung ihre Arbeitsplätze zu verlieren; sie würden nahtlos auf andere Stellen wechseln. Für den Fall, dass doch einmal Störungen auftreten sollten, könnten sich die Arbeitnehmer gegen das Risiko vorübergehender Arbeitslosigkeit oder dagegen versichern, dass die neue Stelle schlechter entlohnt ist als die alte. Aber selbst in den funktionstüchtigsten realen Marktwirtschaften kann man sich gegen solche Risiken nicht schützen; und während in den Industrieländern eine staatliche Arbeitslosenversicherung die Folgen der Erwerbslosigkeit mildert, sind die Arbeitnehmer in den meisten Entwicklungsländern auf sich selbst gestellt.

Aus diesem Grund erfordert die Handelsliberalisierung mehr als nur eine einmalige Hilfe beim Wechsel von alten Wirtschaftszweigen in neue. In einer offeneren Volkswirtschaft kann es zu einer Vielzahl von Schocks kommen – wenn beispielsweise inländische Firmen mit einem massiven Zustrom von Importen, die plötzlich billiger werden, weil ein anderes Land, etwa in einer Krise, seine Währung abwertet, nicht konkurrieren können. Als die koreanische Währung abgewertet wurde, stiegen die koreanischen Stahlexporte in die USA, und die amerikanischen Stahlarbeiter klagten. Wenn Brasilien eine gute Orangenernte einfährt, dann rufen die Orangenfarmer in Florida nach staatlicher Hilfe und erhalten sie manchmal über eines der [...] nichttarifären Handelshemmnisse. Jeder spürt die Unsicherheit.

Nicht nur diejenigen, die ihren Arbeitsplatz verlieren, und ihre Familien sind betroffen. Fast alle sind Risiken ausgesetzt. Wenn zum Beispiel inländische Industrien aufgrund der Konkurrenz durch Einfuhren schließen, dann wirkt sich dies negativ auf ihre Lieferanten aus. Erhöhte Unsicherheit ist einer der Gründe dafür, dass der Widerstand gegen die Handelsliberalisierung so weit verbreitet ist.

Außerdem hat die Globalisierung die Fähigkeit der Regierungen, der wachsenden Unsicherheit und Ungleichheit gegenzusteuern, eingeschränkt. Liberalisierung erfordert nicht nur den Abbau von Zöllen, die für weniger entwickelte Länder eine wichtige Quelle staatlicher Einnahmen sind, sondern unter Umständen auch die Senkung weiterer Steuern, um im internationalen Wettbewerb mithalten zu können. In dem Maße, wie die Steuern gesenkt werden, gehen auch die öffentlichen Einnahmen zurück, was zwangsläufig Einschnitte bei den Bildungs- und Infrastrukturausgaben und den Aufwendungen für die soziale Sicherheit wie etwa die Arbeitslosenversicherung nach sich zieht, und dies zu einer Zeit, da dieses Sicherungssystem wichtiger ist denn je, um auf den verschärften Wettbewerb zu reagieren und die Folgen der Liberalisierung sozial abzufedern. [...]

Joseph Stiglitz: Die Chancen der Globalisierung. München 2006, S. 96 ff.

1. Stellen Sie die Globalisierungsvorteile aus der Sicht der Konsumenten und Unternehmen zusammen, die in M 16 und M 17 dargestellt werden.
2. In M 17 und M 18 geht es auch um den Wirtschaftsstandort Deutschland. Erörtern Sie die Stärken und Schwächen Deutschlands als Wirtschaftsstandort.
3. Erarbeiten Sie die negativen Wirkungen von Globalisierung und Freihandel, die Joseph Stiglitz beschreibt (M19). Überprüfen Sie anhand von M 18 und einer ergänzenden Internetrecherche, ob und inwieweit diese Gefahren auch für die Bundesrepublik Deutschland von Bedeutung sind.
4. Zum Abschluss sollten Sie mit anderen Kursteilnehmern eine Pro- und Kontra-Debatte zum Thema „Deutschland Globalisierungsgewinner?" führen. Entwickeln Sie dazu als Vorbereitung der Debatte für die Rollen als Arbeitnehmer, Konsument, Unternehmer, Gewerkschaftsvertreter und aus der Sicht der Parteien (Recherche notwendig) sowie von Wissenschaftlern, die eine nachfrage- bzw. angebotspolitische Konzeption vertreten (vgl. Kap. 6), entsprechende Statements.

8.5 Internationale Währungsbeziehungen

In diesem Abschnitt steht die monetäre Seite des internationalen Handels im Vordergrund. Dabei werden die internationalen Währungssysteme und die verschiedenen Möglichkeiten der Wechselkursbildung erläutert. Der internationale Güterhandel erfordert bei unterschiedlichen Währungen den Tausch der Landeswährungen. Dabei entsteht das Problem des Austauschverhältnisses, des Wechselkurses, zwischen den Landeswährungen. M 20 stellt in einem kurzen Überblick die grundsätzlichen Möglichkeiten vor, wie dieser Austausch international geregelt werden kann. M 21 stellt zwei Grundmodelle für die Konstruktion internationaler Währungssysteme vor, die in unterschiedlichen Spielarten die zwischenstaatlichen Währungsbeziehungen bestimmen. M 22 nimmt die Währungssysteme auf und beschreibt die Wechselkursbildung bei einem System flexibler Wechselkurse. M 23 stellt den Zusammenhang zwischen Binnen- und Außenwert einer Währung dar.

M 20

Wechselkurssysteme im Überblick

Da bis auf den Euroraum die meisten Volkswirtschaften eine eigene Währung besitzen, wird ein freier, unbehinderter Güteraustausch über die Landesgrenzen hinweg nur möglich, wenn ein Markt existiert, auf dem die unterschiedlichen Landeswährungen getauscht werden können. Dieser Markt wird als Devisenmarkt bezeichnet. Unter dem Begriff „Devisen" werden alle Forderungen gegenüber dem Ausland in Form von Guthaben bei ausländischen Banken, Auslandsschecks und -Wechsel, ausländischen Münzen und Banknoten zusammengefasst. In der Fachsprache werden jedoch nur Guthaben bei ausländischen Banken, Auslandsschecks und -Wechsel als Devisen, ausländische Münzen und Banknoten aber als Sorten bezeichnet.

Die Preise, die sich auf dem Devisenmarkt beim Austausch der Währung untereinander bilden, werden Wechsel- oder Devisenkurse genannt. Sie geben die Austauschrelationen zwischen den verschiedenen Währungen an.

In diesen Wechsel- oder Devisenkursen spiegelt sich der Außenwert des Geldes wider. Je weniger inländische Währungseinheiten für eine ausländische Währungseinheit zu zahlen sind oder je mehr ausländische Währungseinheiten für eine inländische Währungseinheit erhältlich sind, desto höher ist der Außenwert des Geldes und umgekehrt.

Es stellt sich die Frage, wie sich Wechselkurse ergeben. Das ist abhängig von dem bestehenden **Wechselkurssystem**. Darunter versteht man das System (auch **Wechselkursregime, Währungssystem**), nach dem sich der Wechselkurs, also die Tauschrelation zwischen zwei Währungen, bildet. Grundsätzlich werden feste und flexible (frei schwankende) Wechselkurse unterschieden.

Feste Wechselkurse treten auf:

- in einer gebundenen Währung, etwa in der Goldwährung, durch die Festsetzung der Goldparität (z. B. im Deutschen Reich entsprach bis zum Ersten Weltkrieg 1 M dem 1/2790 Teil eines kg Feingolds). Die Wechselkurse ergeben sich dann durch die unterschiedlichen Gewichtsanteile des Feingoldes der getauschten Währungen.
- durch einseitige willkürliche Festsetzung, wobei die Höhe der Wechselkurse eine Frage der Macht und des politischen Prestiges sein kann. Typisch dafür waren die Wechselkurse, die von den früheren Ostblockländern gegenüber den westlichen Währungen festgelegt wurden und heute noch z. B. für Nordkorea gelten. In solchen Wechselkursen schlägt sich eine wesentlich niedrigere Bewertung der fremden Währung nieder, als sie sich auf dem freien Devisenmarkt ergeben würde. Die Folge ist ein Nachfrageüberschuss nach Devisen, der durch eine Devisenzwangswirtschaft bekämpft wird. Die Unterbewertung der westlichen Währung und Devisenzwangswirtschaft führten zum Entstehen „schwarzer" Devisenmärkte;
- durch mehrseitige Festsetzung im Rahmen eines internationalen Währungsabkommens.

Die Mitgliedsländer eines solchen Währungsabkommens verpflichten sich, einen bestimmten Wechselkurs, Kursparität (Paritätskurs), gegenüber jeder anderen Währung festzulegen und notfalls durch Interventionen der Zentralbank zu stützen. Diese Art der Festsetzung zielt auf einen langfristigen Gleichgewichtskurs hin. Um kurzfristige Schwankungen des Außenhandels ausgleichen zu können, ist es möglich, gewisse Schwankungsbreiten der Wechselkurse nach oben und unten (Bandbreiten) zu vereinbaren. Im Währungsabkommen von Bretton Woods war dies der Fall (vgl. M 34).

Flexible Wechselkurse bilden sich in einer Volkswirtschaft ohne staatliche Eingriffe aufgrund des Devisenangebots und der Devisennachfrage. Das Devisenangebot auf dem inländischen Devisenmarkt stammt aus Exporten von Güter- und Dienstleistungen und aus Kapitalimporten, während die Nachfrage nach Devisen aus Güterimporten und Kapitalexporten resultiert. Die Schwankungen der Devisenkurse sind weder nach oben noch nach unten begrenzt (vgl. M 22).

Uwe Taenzer

M 21

Internationale Währungssysteme

Für die Regelung der zwischenstaatlichen Währungsbeziehungen finden zwei Grundmodelle weite Beachtung: die **freie Konvertibilität der Währungen** einerseits und die **Devisenbewirtschaftung** andererseits.

In einem System freier Konvertibilität der Währungen ist es jederzeit statthaft, die heimische oder eine beliebige fremde Währung ohne jede Beschränkungen in andere Devisen umzutauschen. Diese Freiheit wird entscheidend durch nationale Vorschriften geprägt, die das Ausmaß staatlicher Einflussnahme auf die Verwendung bzw. den Umtausch von Devisen festlegen. Relativ wenige, dafür jedoch die bedeutenden Währungen – insbes. der US-Dollar, der Euro, das Britische Pfund und der Schweizer Franken – sind aufgrund des Ausbleibens jeglicher devisenrechtlicher Einschränkungen vollkommen konvertibel. Die Abstufungen bei der Konvertibilität reichen dabei von der Beschränkung auf bestimmte Transaktionsarten, bestimmte Länder oder bestimmte Personen bzw. Institutionen. Einhergehend mit dem Zerfall des Blocks der sozialistischen Staatshandelsländer beschleunigt sich der weltweite Trend hin zu einer Reduzierung der staatlichen Beeinflussung des Devisenverkehrs. [...]

Im Rahmen des freien Tauschverkehrs mit Devisen (freie Konvertibilität) ist zu unterscheiden zwischen Währungssystemen mit streng fixierten Wechselkursen (z. B. Goldwährung), solchen mit grundsätzlich festen, aber von Fall zu Fall änderbaren (stufenflexiblen) Wechselkursen, flexiblen Wechselkursen mit möglicher Intervention der Zentralbanken *(„managed floating")* und schließlich völlig frei flexiblen Wechselkursen. Bei stufenflexiblen Wechselkursen können Spekulanten gegen die schwächere Währung Abwertungsdruck erzeugen, indem entsprechende Verkäufe dieser Währung in den Devisenmärkten eingeleitet werden. Das Spekulationsrisiko ist dabei überschaubar. Abwertungen fallen dann meist kräftig aus, um die Wiederholung eines solchen Schrittes in absehbarer Zukunft zu vermeiden. Dagegen reagieren frei flexible Wechselkurse sofort auf die Marktentwicklung. Mithin können durch plötzliche Ausschläge des Wechselkurses knapp kalkulierte Gewinnspannen im Außenhandel mehr als aufgezehrt werden. Es gibt zwar Instrumente, um dem Wechselkursänderungsrisiko [...] zu begegnen, aber dies ist grundsätzlich mit zusätzlichen Kosten verbunden.

http://www.deifin.de/thema006.htm

M 22

Devisenmärkte und Wechselkursbildung

[...] Waren in der Zeit bis zum Zweiten Weltkrieg und auch noch danach bis etwa Anfang der 70er Jahre Entwicklungen an den Devisenmärkten bzw. der Wechselkurse ganz überwiegend noch determiniert durch reale – also handelsbestimmte – Finanzströme, so hat sich dies spätestens seit Mitte der 70er Jahre deutlich und seit Ende der 80er Jahre sogar dramatisch verschoben. Reale Faktoren spielen im Rahmen der finanzpolitischen Bestimmungsfaktoren für die Richtung und Intensität von

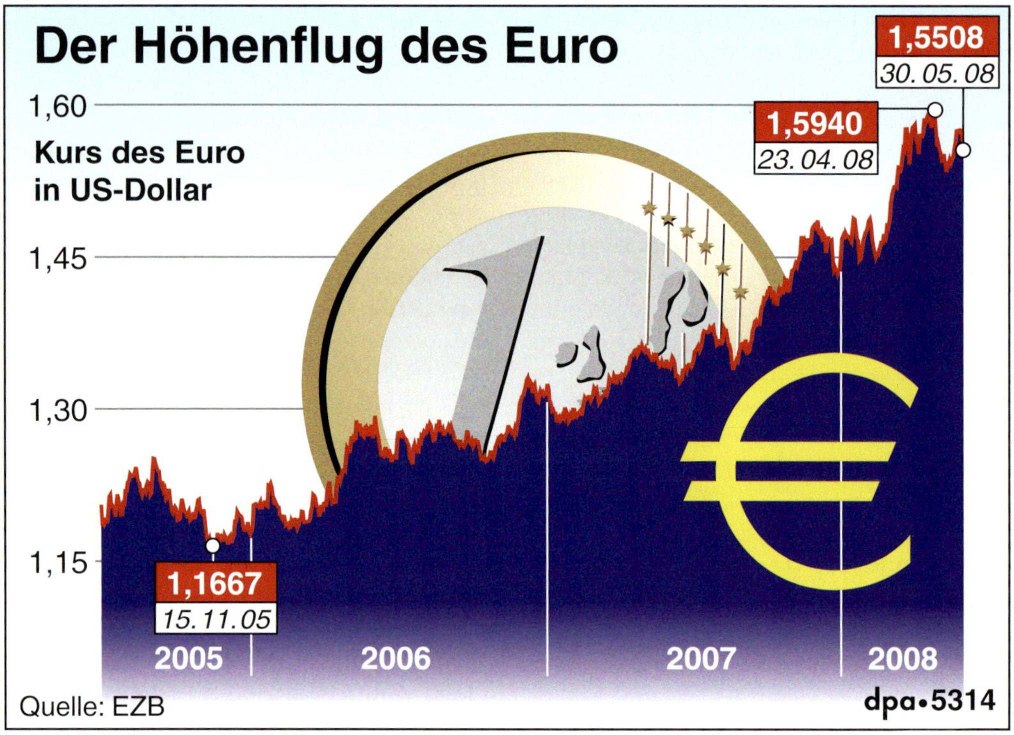

Finanzströmen eine immer unbedeutendere Rolle:

Waren z. B. 1960 rein **handelspolitische Transaktionen** noch verantwortlich für rund 80% aller weltweiten Finanztransaktionen, so sind reale Transaktionen heutzutage nur noch Randinformationen im weltweiten Spekulationsfieber [...]. Einem Welthandelsvolumen von gegenwärtig rund 5 Billionen US-$ *pro Jahr* stehen aktuell allein Devisen-Transaktionen auf den internationalen Finanzmärkten von teilweise bis zu 1,5 Billionen US-$ pro Tag (!) gegenüber [...].

Es ist damit offensichtlich, dass die Finanzströme heutzutage primär von monetären Signalen wie vor allem Zinsdifferenzen, Inflationsraten, Verschuldungsentwicklungen, hierauf aufbauenden Erwartungshaltungen wie Auf- oder Abwertungstendenzen, politische Stabilitätserwartungen u. a. m. abhängen. [...]

Devisenmärkte sind ein zentraler Teil internationaler Finanzmärkte und als ein eminent wichtiger Bestimmungsfaktor der Wanderungsbewegungen internationaler Finanzströme anzusehen. [...]

Gegenwärtig existieren rund 170 verschiedene Landeswährungen [...]. Für die meisten dieser Währungen existieren jedoch aufgrund eingeschränkter oder gar fehlender **Konvertibilität**, d. h. fehlender freier Handelbarkeit ohne gesetzliche Beschränkungen, keine globalen Devisenmärkte (also lediglich regionale, kontrollierte Märkte oder gar nur Schwarzmärkte).

Dies z. B. deshalb, weil die Währungen vieler Staaten in ihrem Außenwert schlicht vom Staat festgelegt werden, so dass legal von einem solchermaßen definierten Wert nicht abgewichen werden kann; mithin sind in einem solchen Fall Devisenmärkte staatlicherseits nicht erforderlich, bzw. sogar kriminell.

Ökonomisch betrachtet sind allerdings auch in solchen Fällen staatlicher Reglementation Devisenmärkte unabdingbar, da staatlich festgesetzte Wechselkurse in der Regel nie den wirklichen Wert einer Währung gegenüber Auslandswährungen (im Sinne nationaler und internationaler Kaufkraft) wiedergeben.

Nötige oder aus Allokationsgesichtspunkten[1] sinnvolle Kapitalbewegungen werden hierdurch behindert (z. B. bei nahezu allen afrikanischen Staaten, Naher Osten, Vorderasien, China) oder vollkommen verhindert (etwa im Fall des vollkommen vom Rest der Welt abgeschotteten Nord-Korea). Entsprechend su-

1 Allokationsgesichtspunkte – Aspekte, die die optimale Verteilung der Produktionsfaktoren auf die verschiedenen Produktionsmöglichkeiten einer Volkswirtschaft betreffen.

chen sich die Märkte (bzw. deren Akteure) für die von den Marktkräften erzwungenen Wechselkurskorrekturen ihre Devisenmärkte in Form von illegalen Wechselstuben bzw. ganz allgemein in Form von Schwarzen Devisenmärkten.

Für viele andere Wechselkurse existieren primär regional begrenzte Devisenmärkte (Südamerika, Südostasien, Osteuropa). Nur ganz wenige Währungen Westeuropas (Euro, Britisches Pfund, Schweizer Franken und die Skandinavischen Kronen), Nordamerikas (US- und Kanadischer Dollar) sowie Japans (Yen) werden an allen international frei zugänglichen Devisenmärkten mit täglicher amtlicher Kursbildung gehandelt. Insgesamt gibt es weltweit nur 47 Währungen, die überhaupt völlig unabhängig floaten[1] (Stand: Januar 2006). Die zentralen internationalen Börsenplätze sind New York, London, Tokio und Frankfurt (als die wichtigsten Zentren) sowie Canberra, Hongkong, Kopenhagen, Montreal, Oslo, Singapur, Stockholm und Zürich. Seit Einführung des Euro sind die anderen international bedeutenden Börsen Westeuropas für den Devisenhandel von untergeordneter Bedeutung.

Konkret werden auf **Devisenmärkten** Forderungen, die in einer ausländischen Währung nominiert sind, gegen inländische Währung gehandelt. [...]

Als **Devisenkurs** wird die **Preisnotierung** einer ausländischen Währung in inländischer Währung (z.B. Euro) definiert, zum Beispiel: 1 US-$ = 0,9 Euro.

Der Kehrwert dieses Devisenkurses wird als **Wechselkurs** bezeichnet, also: 1 Euro = 1,1 US-$.

Diese Relation wird auch als **Mengennotierung** bezeichnet. [...] Der Euro (wird) in Form der Mengennotierung gehandelt.

Verdeutlichen wir an diesen beiden einfachen Beispielen auch die Begriffe Kursgewinn bzw. Aufwertung und Kursverlust bzw. Abwertung: [...]

- Eine **Aufwertung** bzw. ein Kursgewinn führt zu **steigenden Wechselkursen** (es wird mehr ausländisches Geld für eine Einheit nationaler Währung getauscht) und
- eine **Abwertung** bzw. ein Kursverlust führt zu **fallenden Wechselkursen** (es wird weniger ausländisches Geld für eine Einheit nationaler Währung getauscht). [...]

Wechselkursbildung am Devisenmarkt
(Devisenkurs des Euro = Wechselkurs des US-$)

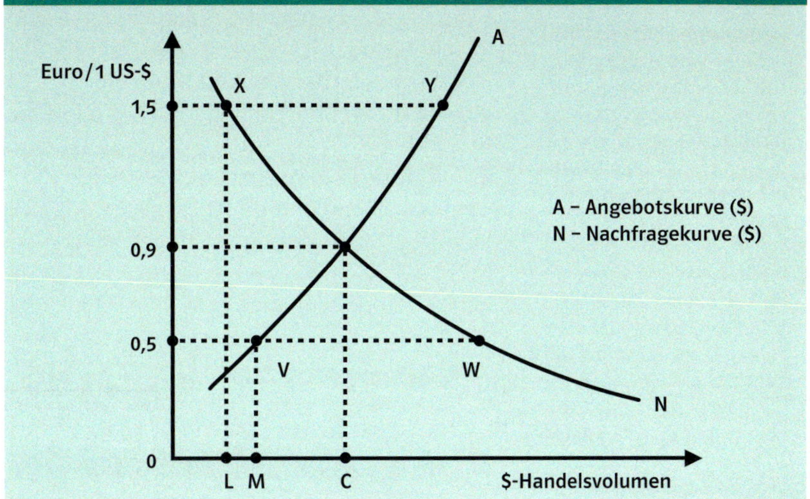

Grundsätzliches Ziel der Devisenmärkte ist es, **Angebot und Nachfrage von Devisen in ein Gleichgewicht zu bringen**.

In Abbildung 12.1 ist das Angebot und die Nachfrage nach einer ausländischen Währung (US-$) im Vergleich zu einer inländischen Währung (Euro) dargestellt.

Würde staatlicherseits ein $-Wechselkurs (Euro pro 1 US-$) in Höhe von beispielsweise 1,50 festgelegt, ergäbe sich – wie aus Abbildung 12.1 unschwer zu erkennen ist – ein Angebotsüberhang von US-$ in Höhe von XY:

- Die Marktakteure bewerten den tatsächlichen Kurs des US-$ deutlich geringer und bieten insofern eine große Menge US-$ zu diesem als sehr vorteilhaft angesehenen Kurs an.

Die Anbieter von Euro, bzw. die Nachfrager nach US-$, halten aus denselben Gründen den Kurs des US-$ für zu hoch, entsprechend gering ist die Nachfrage nach US-$ zu diesem Preis.

- Als Folge des geschilderten Angebotsüberhanges sinkt der Wechselkurs des US-$ auf 0,9 Euro pro 1 US-$: Erst bei diesem Kurs entspricht das Devisenangebot exakt der Devisennachfrage (US-$).

Umgekehrt ist die Argumentation und der Anpassungsprozess bei einer Ausgangssituation eines $-Wechselkurses von 50 €-Cent pro US-$: Im Beispiel von Abbildung 12.1 halten die Marktteilnehmer diesen Kurs für zu niedrig:

1 floaten – die Schwankungen der Wechselkurse zwischen zwei Währungen sind weder nach oben noch nach unten begrenzt, z.B. zwischen Euro und US-Dollar

1 Sonderziehungsrechte – Das Sonderziehungsrecht ist eine Recheneinheit des Internationalen Währungsfonds. Die Sonderziehungsrechte stellen den Anspruch eines Mitgliedslandes gegenüber allen IWF-Mitgliedern auf Überlassung konvertierbarer Währungen dar. Sie werden allen Teilnehmerländern entsprechend der nationalen Quote des jeweiligen Landes am IWF zugeteilt und können dazu genutzt werden, über die normalen Ziehungsrechte hinaus fremde Währungen zu erwerben oder Verbindlichkeiten bei anderen Zentralbanken zu begleichen.

- Folglich ist das Angebot an US-$ in Punkt V äußerst gering,
- die Nachfrage nach US-$ dagegen in Punkt W sehr hoch [...].
- Entsprechend ergibt sich in Abbildung 12.1 ein Nachfrageüberhang nach US-$ in Höhe von VW.

Es ergibt sich ein Anpassungsprozess in Richtung auf einen höheren Wechselkurs des Dollars. Das Marktgleichgewicht ist wieder erreicht bei einem Kurs von 0,9 Euro = 1 US-$ und einem Handelsvolumen von C in Abbildung 12.1. [...]

Wolfgang Eibner: a.a.O., S. 206–211

M 23

Das derzeitige Wechselkurssystem

Das derzeitige Wechselkurssystem ist im Wesentlichen ein System flexibler Kurse. Die Wechselkurse zwischen den wichtigsten Währungen der Welt bilden sich frei auf den Devisenmärkten. Dies gilt für US-Dollar, Euro, Yen und Pfund. Eine Reihe von Währungen ist jedoch an wichtige Weltwährungen gekoppelt, so an den Euro, an den Dollar, an Währungskörbe und an Sonderziehungsrechte[1]. Das Schaubild in M 26 stellt das derzeitige Währungssystem dar.

Ein entscheidender Unterschied zu der Zeit des Systems von Bretton Woods (vgl. M 34) ist, dass Kapitalbewegungen inzwischen eine weitaus größere Bedeutung bekommen haben und der Wechselkurs nicht nur durch Güterhandel, sondern auch durch Kapitalbewegungen beeinflusst wird. Dabei spielen Erwartungen, insbesondere auch Wechselkursänderungserwartungen, eine zentrale Rolle [...]. Das derzeitige Wechselkurssystem wird entscheidend durch das Bemühen der Notenbanken bestimmt, stabile Währungen bereitzustellen. Ihnen ist es gelungen, die hohen Inflationsraten der 1970er Jahre nennenswert zu senken.

Das derzeitige Wechselkurssystem ist ein von den großem Notenbanken, der Fed, der EZB und der Bank von Japan, bestimmtes System. Nachdem die Bank of Japan nach der Währungskrise 1989 im Wesentlichen mit deflationären Tendenzen im eigenen Land beschäftigt war, kann das derzeitige System vor allem als ein Spiel zwischen der Fed und der EZB (und ihrer Vorläuferin, der Deutschen Bundesbank)

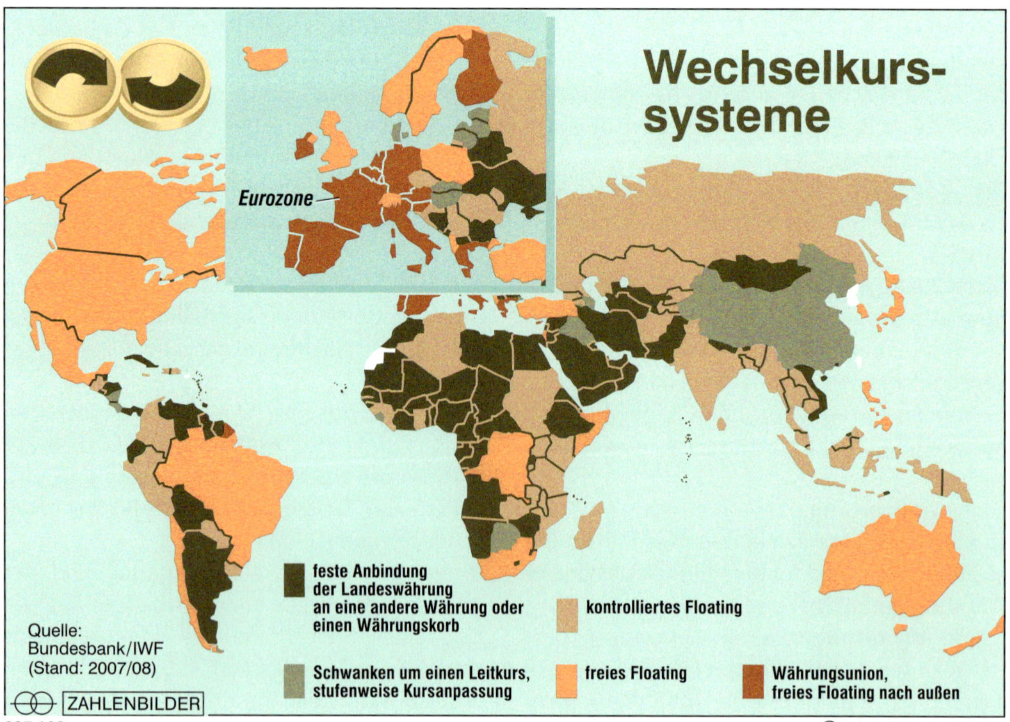

625 103 © Erich Schmidt Verlag

verstanden werden, bei dem die EZB mit ihrem Ziel einer Inflationsrate von weniger als zwei Prozent versucht, die Auswirkungen eventueller inflationärer Tendenzen in den USA in Schach zu halten [...]. Im Vergleich zur Goldwährung und zum System von Bretton Woods hängt die Stabilität der Wechselkurse im derzeitigen System von der Einstellung der Zentralbanken zur Inflation ab. Würde sich diese Einstellung ändern, würde die Unabhängigkeit der Zentralbanken reduziert oder würde die Finanzpolitik über hohe Staatsverschuldung [...] die Voraussetzungen für stabiles Geld verschlechtern, so sind davon auch die Wechselkurse betroffen.

Notenbanken sind auch „Lender of Last Resort" im Sinne von „Lender of Last Liquidity" im Fall von Krisen. So haben die drei großen Notenbanken der Welt den Geschäftsbanken nach dem Anschlag vom 11. September 2001 (ebenso im Zusammenhang mit der Finanzmarktkrise 2007/09 Anmerkung) in einer kurzfristig koordinierten Aktion Liquidität bereitgestellt, um eine Verunsicherung der Finanzmärkte zu verhindern. Mit Interventionen am Devisenmarkt können die Notenbanken versuchen, kurzfristige Kursschwankungen (von Tag zu Tag) zu glätten und, über den Tag hinaus, allzu große Schwankungen der Wechselkurse zu vermeiden. Allerdings haben diese Ansätze ihre Grenzen. Es zeigt sich, dass die Geldpolitik nicht sowohl einen bestimmten Wechselkurs verteidigen als auch die Geldmenge kontrollieren kann.

Horst Siebert, Oliver Lorz, a.a.O. S. 289–293

1. Erklären Sie die Grafik in M 22 zur Wechselkursbildung.
2. Beschreiben Sie die wesentlichen Unterschiede zwischen einem Wechselkurssystem mit festen und flexiblen Wechselkursen. (M 20, M 21, M 23)
3. Diskutieren Sie die Vorteile fester und flexibler Wechselkurse für Unternehmen und aus der Sicht einer Zentralbank, der als oberstes Ziel Geldwertstabilität gesetzt ist. (M 23).
4. Erläutern Sie, wie sich ein Kursverlust des US-Dollar für die deutsche Exportindustrie und für die auf Dollarbasis abgerechneten Importe auswirkt.
5. China als bedeutende Exportnation lässt seine Währung, den Yuan, um einen von der Regierung festgelegten Referenzkurs mit einer Bandbreite von 0,6 schwanken. Die USA werfen China vor, auf diese Weise den Export zu subventionieren, weil der Yuan unterbewertet ist. Welche Interessen könnten die USA an einer Aufwertung des Yuan haben?
6. Erörtern Sie, ob angesichts von Währungsspekulationen und Krisen einem freien internationalen Güteraustausch auf den internationalen Finanzmärkten eher durch ein System fester Wechselkurse gedient wäre.

8.6 Internationale Finanzmärkte

Bereits in der Annäherung wurde gezeigt, wie in Zeiten globaler Finanzmärkte regionale Fehlentwicklungen nationaler Finanzmärkte sich zu internationalen Krisen nicht nur auf den Finanzmärkten auswachsen können.
M 24 enthält außer einer Begriffsbestimmung internationaler Finanzmärkte Informationen über die ihnen zugeschriebenen Funktionen. M 25 informiert differenzierter über die unterschiedlichen Formen der Finanzmärkte. Das dynamische Wachstum der Finanzmärkte und die Abkoppelung der Finanztransaktionen von den realwirtschaftlichen Entwicklungen ist M 26 zu entnehmen. Mit M 27 wird die Diskussion über die Kontrolle der internationalen Finanzmärkte aufgenommen. Dabei spielt die Tobinsteuer eine wichtige Rolle (M 28, M 29) in der politischen Diskussion.

M 24

Was versteht man unter internationalen Finanzmärkten?

Unter internationalen Finanzmärkten versteht man die Gesamtheit finanzieller Transaktionen an ausländischen Finanzplätzen und/oder in ausländischer Währung. Dabei kann es sich beispielsweise um einen Markt handeln, auf dem Aktien, Anleihen, Derivate, Bankkredite, Hypotheken, Devisen gehandelt werden. [...] Finanzmärkte haben aufgrund der Vielzahl von Anbietern und Nachfragern, die gleichartige Dinge handeln, grundsätzlich ideale Markteigenschaften. Sie lenken den Produktionsfaktor Kapital – auch auf internationaler Ebene – in die produktivste Verwendung, so dass er einen höheren Wohlstandsbeitrag liefert, als wenn er weiterhin an die nationalen Grenzen gebunden wäre. Günstige Investitionsmöglichkeiten bieten sich vor allem in Entwicklungs- und Schwellenländern, wo Kapital knapper ist und somit in der Regel eine höhere Rendite bietet als in den Industriestaaten. Mit dem Kapital, wenn es in Form von längerfristig angelegten Unternehmensinvestitionen im Ausland (Direktinvestitionen) angelegt wird, werden zumeist auch neue Technologien und fortgeschrittenes Know-how transferiert. Von einem Abbau der Kapitalverkehrsbeschränkungen (Protektionismus) im Zuge der Globalisierung profitieren damit gerade auch die weniger entwickelten Staaten. [...]

http://www.insm.de/Lexikon/I/Internationale_Finanzmaerkte.html (12.06.08)

M 25

Formen internationale Teilmärkte

Auf den internationalen Finanzmärkten wird Geldkapital in Form von Wertpapieren, Krediten oder Devisen gehandelt. International tätige Banken, transnationale Unternehmen und große Fonds verleihen überschüssige finanzielle Mittel, um die Kurs- und Zinsdifferenzen auf den globalen Finanzmärkten auszunutzen. Auch Steuervorteile und andere rechtlich Beschränkungen im Inland führen Anleger zum Ausweichen auf internationale Finanzmärkte. Als Kreditnehmer treten Regierungen, Banken und Unternehmen solcher Länder auf, in denen Geldkapital knapper und teurer ist.

So wie auf nationaler Ebene läßt sich der internationale Finanzmarkt in drei Teilmärkte, den Geld-, Kredit- und Kapitalmarkt unterscheiden. Ein wesentlicher Unterschied besteht jedoch darin, dass Finanzmittel in dritten Währungen gehandelt werden, im Wesentlichen in US-Dollar, britischem Pfund, Schweizer Franken, Euro und Yen. Der internationale **Geldmarkt** ist, wie der nationale Geldmarkt, überwiegend ein Interbankenmarkt, an dem hunderte von Banken teilnehmen. Dominiert wird er jedoch von den großen international tätigen Banken, die in der Lage sind, die Rolle des Regulators zwischen den nationalen Geldmärkten zu übernehmen. Basis für die Funktionsfähigkeit des Geldmarktes ist das Vertrauen zwischen den Banken in ihre jederzeitige Zahlungsfähigkeit. Die Kreditgewährung erfolgt aufgrund dieses gegenseitigen Vertrauens ungesichert. Die Laufzeiten der Geldmarktkredite sind relativ kurzfristig. Sie erstrecken sich von Krediten für einen Tag bis zu längstens einem Jahr. Wird das Vertrauen zwischen den Banken in ihre Bonität gefährdet, wie es in der Finanzkrise seit 2007 der Fall war, führt das zum Zusammenbruch des gesamten internationalen Finanzmarktes mit den entsprechenden globalen Rückwirkungen auf die Realwirtschaft (vgl. S. 6–17.) Der globale Geldmarkt ist für das Funktionieren der übrigen internationalen Teilmärkte von größter Bedeutung.

Am internationalen **Kreditmarkt** werden Kredite von Banken an Nichtbanken über eine Vielzahl verschiedener Instrumenten abgewickelt. Im Gegensatz zum Geldmarkt werden diese Kredite in Verträgen und auf der Grundlage von Sicherheiten vereinbart. Die Laufzeit liegt dabei zwischen einem und zehn Jahren. Am internationalen **Kapitalmarkt** wird im Gegensatz zum Geldmarkt langfristiges Kapital in unterschiedlicher Form an den bedeutenden Börsen (New York, London, Frankfurt, Tokio) gehandelt. Es wird zwischen dem Aktienmarkt (Markt für Beteiligungen an Unternehmen) und dem Rentenmarkt (Markt für Schuldverschreibungen) unterschieden. Bei internationalen Anleihen erfolgt die weltweite Platzierung von internationalen Bankenkonsortien. Das Risiko für die beteiligten Banken ist wesentlich geringer als am Geld- und Kreditmarkt, weil sie hier nicht als Kreditgeber, sondern nur als Vermittler zwischen Gläubigern und Schuldnern auftreten.

Uwe Taenzer

M 26

Spekulation und internationale Finanztransaktionen

Unter dem Eindruck der Weltwirtschaftskrise von 1929 hat sich die internationale Staatengemeinschaft auf der Konferenz von Bretton Woods (1944) die Stabilisierung des Währungs- und Finanzsystems zum Ziel gesetzt. Zentraler Kern des Abkommens war ein System fixer Wechselkurse mit dem Dollar als Leitwährung und Kapitalverkehrskontrollen (vgl. dazu M 34 in Kap. 8.7) Anfang der 70er Jahre brach das System zusammen und wurde durch ein System flexibler Wechselkurse zwischen den Leitwährungen (Dollar, Euro, Yen) abgelöst. Zusätzlich wurden auf politischer Ebene weitreichende **Deregulierungen** und **Liberalisierungen** beschlossen, die zu starken Veränderungen im internationalen Finanzsystem führten.

Die Zahl der Finanztransaktionen ist in der Folge enorm angestiegen. 2007 erreichte das

Tagesvolumen auf den Devisenmärkten 3,2 Billionen Dollar. Auch die Struktur der Transaktionen hat sich verändert. Rund 80 % der Transaktionen haben einen Zeithorizont von weniger als sieben Tagen, 40 % einen von weniger als zwei Tagen. Der Welthandel zuzüglich aller ausländischen Direktinvestitionen entspricht nicht einmal 2 % des Devisenumsatzes. Auch wenn Absicherungsgeschäfte gegen Kursschwankungen hinzugerechnet werden, sind diese Volumina bei weitem nicht durch realwirtschaftliche Tätigkeiten zu erklären. Da sich die Devisentransaktionen von realwirtschaftlichen Grundlagen abgelöst haben, werden Wechselkurse immer weniger von ökonomischen Basisdaten bestimmt, sondern von kurzfristigen **Renditeerwartungen** privater Finanzmarktakteure. Auf den Devisenmärkten wird aber nicht irgendein Preis bestimmt, sondern der Preis für Währungen, der wesentliche Auswirkungen auf die Realwirtschaft hat. Am deutlichsten ist dies anhand der Finanzkrisen der 90er und 2000er Jahre zu sehen. Aber auch ohne krisenhafte Entwicklung bildet hohe Volatilität und Instabilität ein ungünstiges Umfeld für den produktiven Sektor. Sie erschweren die Planung und erhöhen die Unsicherheit, was teure Absicherungsgeschäfte nötig macht.

Cornelia Staritz: Tobinsteuer – „Sand ins Getriebe" der Finanzmärkte und Einnahmen für Entwicklung, 09. November 2007, Attac/ÖGB-Verlag, Wien 2007

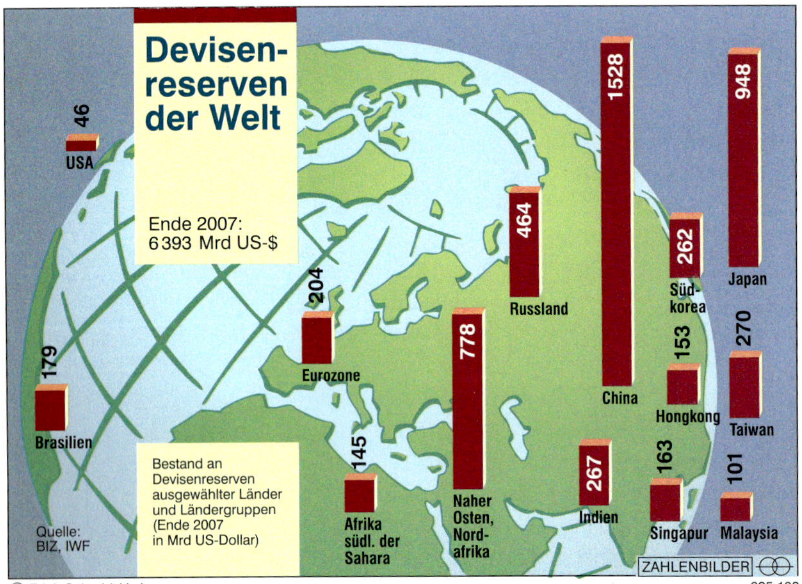

© Erich Schmidt Verlag 625 108

M 27

Finanzminister Steinbrück zur Notwendigkeit eines Ordnungsrahmens für die internationalen Finanzmärkte

[...] Die aktuelle Finanzmarktkrise ist ein eindruckvoller – wenn auch sehr schmerzhafter – Beleg dafür, dass Transparenz eine elementare Grundvoraussetzung für funktionsfähige und langfristig stabile Finanzmärkte ist. Denn nur wenn die Marktrisiken überschaubar sind, bleiben sie letztlich auch beherrschbar. Leider hat sich gezeigt: Das zunehmende Tempo, mit der die Finanzbranche immer neue Produkte entwickelt, hat den Komplexitätsgrad der internationalen Finanzströme nicht verringert. Im Gegenteil. Für nicht wenige von uns sind allein schon die in der Finanzwelt üblichen Fachvokabeln und Kunstwörter eine unüberwindbare Hürde. Wer hätte vor 12 Monaten zum Beispiel erklären können, was sich hinter dem Begriff „conduits"[1] verbirgt?
Bedauerlicherweise haben aber selbst einige Bankvorstände ihre Derivate[2] und strukturierten Produkte irgendwann selbst nicht mehr verstanden. Ich bin deshalb überzeugt: Bei der Prophylaxe gegen zukünftige Finanzkrisen können wir uns nicht allein auf die viel beschworenen Selbstheilungskräfte des Marktes oder das Eigeninteresse der Finanzmarktakteure verlassen. Das Interesse des Marktes hat ja auch nicht ausgereicht, um die aktuelle Krise zu vermeiden. Deshalb erfordert die aktuelle Krise auch politische Reaktionen, um bessere, international gültige Spielregeln zu vereinbaren. Beim G7-Finanzministertreffen in Tokio Anfang Februar wurden deshalb auch auf deutsche Initiative hin Vorschläge in den drei zentralen Bereichen

- Eigenkapitalunterlegung der Banken,
- besseres Liquiditätsmanagement sowie
- höhere Transparenz

diskutiert.
Ich will hier keine Vorlesung zur internationalen Bilanzierungsregeln und Eigenkapitalvorschriften halten und deshalb nicht jede der möglichen Einzelmaßnahmen durchdeklinieren. Deshalb nur so viel: Neben der Anpassung bilanzrechtlicher Vorschriften und der Erarbeitung eines „set of best practices" für die Rating-Agenturen haben die Maßnahmen insbesondere zum Ziel, die Anreizsysteme und das

1 Conduit – Als Conduit wird eine Refinanzierungsform bezeichnet, die mit Hilfe einer Zweckgesellschaft Forderungen wie beispielsweise langlaufende Kredite ankauft und diese über die Ausgabe von Geldmarktpapieren in international gängigen Währungen refinanziert. Diese Geldmarktpapiere können Wertpapiere mit kurzer Laufzeit (Asset Backed Commercial Paper, ABCP), oder Wertpapiere mit mittlerer Laufzeit (Medium Term Notes, MTN), sein.

2 Derivate – Bezeichnung für eine Vielzahl von Finanzinstrumenten. Gemeinsam ist ihnen, dass sie von den traditionellen Finanzbeziehungen wie Krediten, Aktien, Anleihen oder von abstrakten Formen wie Aktienindizes abgeleitet sind und der Steuerung von Preis- und Kreditrisiken dienen.

Risikomanagement in den Banken zu verbessern. [...]

http://www.bundesfinanzministerium.de/nn_54322/DE/Presse/Reden_20und_20Interviews/083__Transparenz__und__Stabilit_C3_A4t__int__Finanzmaerkte.html (14.3.08)

M 28

Die Tobinsteuer – Ziele und Wirkungsweise

Die Finanzkrisen der 90er und 2000er Jahre lenkten über die Fachwelt hinaus die Aufmerksamkeit auf das internationale Finanzsystem. NGOs wie Attac beschäftigen sich seither verstärkt mit Problemen und möglichen politischen Regulierungen der internationalen Finanzmärkte. Eine Forderung, die weltweit von einer wachsenden Zahl von zivilgesellschaftlichen Gruppen, ÖkonomInnen und nationalen Parlamenten erhoben wird, ist die Tobinsteuer. [...]

Was ist die Tobinsteuer? – Ziele und Wirkungsweise

Der Wirtschaftsnobelpreisträger James Tobin schlug im Jahre 1972 die Besteuerung von Devisentransaktionen vor mit dem Ziel, „Sand ins Getriebe" der Finanzmärkte zu streuen. Wechselkursschwankungen sollen reduziert und fundamentale Daten wieder stärker zur Geltung gebracht werden, indem kurzfristige Devisentransaktionen verteuert und somit reduziert werden. Heute wird über einen Steuersatz zwischen 0,001 und 0,5% diskutiert. Die Wirkungsweise der Tobinsteuer lässt sich am besten anhand eines Filters beschreiben: Durch die Steuer werden zwar alle Devisentransaktionen teurer, die Effekte sind aber aufgrund der unterschiedlichen Laufzeit sehr unterschiedlich. Kurzfristige Anlagen, die auf geringe Kursdifferenzen spekulieren, wären unrentabel, da erstens die Gewinnspannen sehr gering sind und da die Steuer zweitens bei jeder Transaktion anfällt und die Wirkung umso größer ist je öfter die Währung gewechselt wird. Aufs Jahr gerechnet entspräche ein Steuersatz von 0,25% bei einem Portfolio, das einmal täglich verschoben wird, einen Zins von 183%. Bei einem wöchentlichen Währungswechsel wären es 26% und bei einem monatlichen Umtausch 6% Jahreszins. Handelsgeschäfte werden einmal bezahlt und mit der Tobinsteuer belegt. Eine Steuer von 0,25% wird ein Handelsgeschäft nicht unrentabel machen, vor allem wenn man diese Steuer mit einer Umsatzsteuer von 20% vergleicht. Bei langfristigen Investitionen mit einem Zeithorizont von z.B. zehn Jahren reduziert sich der Steuersatz auf 0,025%.

„Gegen" die Tobinsteuer wird gerne argumentiert, dass sie nicht bei spekulativen Attacken gegen eine Währung hilft, bei denen es in kurzer Zeit zu Abwertungen von bis zu 40% (Thailand) oder 60% (Indonesien) kommt. Doch die Tobinsteuer ist ursprünglich gar nicht dafür gedacht. Sie bezieht sich auf Zeiten des „normalen" Funktionierens der Finanzmärkte und kann Krisen bestenfalls im Vorfeld stoppen. Allerdings hat der Ökonom Paul Bernd Spahn das Konzept zu einer Zwei-Stufen-Steuer weiterentwickelt, die auch gegen spekulative Attacken wirkt: Solange sich der Wechselkurs innerhalb eines Wechselkurskorridors bewegt, fällt nur die normale Tobinsteuer an. Kommt es jedoch zu starken Wechselkursschwankungen, weil z.B. spekuliert wird, springt die hohe Zusatzsteuer von bis zu 100% an, was Transaktionen unrentabel macht und unterbindet. Langsame Änderungen der Wechselkurse sind möglich – spekulative Attacken nicht. Diese Zusatzsteuer wäre ein Instrument, um sich gegen massive Währungsspekulationen zu wehren und wäre vor allem für Entwicklungs- und Schwellenländer ein wirkungsvolles, sich selbst einschaltendes und im Alleingang realisierbares Instrument.

Die Tobinsteuer würde neben ihrem Hauptziel der Stabilisierung der Devisenmärkte eine Reihe weiterer Vorteile mit sich bringen: Erstens würde die Tobinsteuer ein Stück Handlungsspielraum für die nationalstaatliche Wirtschaftspolitik zurückgewinnen. Geld- und Wechselkurspolitik könnte wieder mehr als Instrument makroökonomischer Steuerung eingesetzt werden, ohne dass es unmittelbar zu Kapitalabzug käme. Ein weiterer Vorteil wären die Einnahmen der Steuer, die vor allem in Bezug auf immer größer werdende globale Probleme wie Armut und Umweltzerstörung bedeutender werden. Weiters würde der Faktor Kapital besteuert, dessen Beitrag in den letzten Jahrzehnten drastisch zurückgegangen ist. Die Einführung der Tobinsteuer hätte auch politische Bedeutung. Zum einen wäre sie der längst überfällige Einstieg in die internationale Besteuerung. Zum anderen wäre sie ein Anstoß, über andere Instrumente der Finanzmarktregulierung nachzudenken.

Ist die Tobinsteuer machbar?

An der technischen und institutionellen Machbarkeit der Tobinsteuer besteht kaum mehr Zweifel. Bereits heute werden Devisentransaktionen erfasst und dokumentiert. Hier würde eine geringfügige Änderung im Computerprogramm genügen. Die Steuer müsste auch nicht weltweit eingehoben werden, was zurzeit politisch unrealistisch ist. 82% der Devisentransaktionen werden in nur acht Staaten durchgeführt. Aber auch die EU alleine stellt für viele ÖkonomInnen – unter anderem Nobelpreisträger Joseph Stiglitz – eine kritische Masse für einen Steuerraum dar. Sobald die EU den Anfang macht, wird es für weitere Staaten einfacher, nachzuziehen.

Und warum ist die Tobinsteuer noch nicht eingeführt?

Der größte Knackpunkt ist der politische Wille. Aber auch im Bereich der politischen Umsetzbarkeit hat sich einiges getan. Das Interesse der Entwicklungsländer, die bisher am schwersten von instabilen Finanzmärkten betroffen sind, steigt. Innerhalb der Industrieländer plädieren das kanadische, französische, belgische und seit 2006 das österreichische Parlament und die schwedische, belgische, norwegische, spanische, italienische und die (vorhergehende) finnische Regierung für die Einführung der Tobinsteuer.
Die Tobinsteuer ist kein Allheilmittel, sie ist aber – neben anderen Instrumenten – ein wichtiges Instrument zur Regulierung der internationalen Finanzmärkte. Die Debatten um die ökonomische Sinnhaftigkeit und die technische Umsetzbarkeit der Tobinsteuer sind gewonnen. Nun ist es einzig eine Frage des politischen Willens. Vor allem der EU aber auch Österreich, das sich in einem Vier-Parteien-Beschluss dazu verpflichtet hat, sich für die Einführung der Tobinsteuer auf EU-Ebene einzusetzen, kommt hierbei eine wichtige Rolle zu.

Cornelia Staritz[1]: Tobinsteuer – „Sand ins Getriebe" der Finanzmärkte und Einnahmen für Entwicklung, a. a. O.

1 Cornelia Staritz ist Ökonomin. Ihre Forschungsschwerpunkte sind internationale Finanzmärkte, internationaler Handel und Entwicklungsökonomie. Seit 2001 ist sie Aktivistin bei Attac Österreich und war drei Jahre im Vorstand.

M 29

Kritik der Tobin-Steuer

Tobin hatte nach dem Zusammenbruch des Systems von Bretton Woods eine geringfügige Steuer auf Devisentransaktionen gefordert. Die Idee war, die Währungsspekulation durch Erhöhung der Transaktionskosten unattraktiver zu machen. Tobins Vorschlag geht auf Überlegungen von John Maynard Keynes zurück, der durch steuerliche Maßnahmen Spekulationen auf Finanzmärkten dämpfen wollte. Viele Nichtregierungsorganisationen (NGOs), z. B. WEED und Attac, haben die Einführung einer Tobin-Steuer zur zentralen Forderung erhoben. Nach genauer Prüfung bleiben aber erhebliche Zweifel an den Erfolgsaussichten dieser Steuer. Die zentrale Schwachstelle der Tobin-Steuer ist, dass sie alle internationalen Kapitalströme implizit als problematisch bewertet. Tausende von nützlichen und vollkommen ungefährlichen Transaktionen werden mit den wirklich destruktiven und spekulativen Kapitalströmen in einen Topf geworfen. Dies ist falsch und führt zur unnötigen Verteuerung beispielsweise des internationalen Handels.
Weiterhin ist zu fragen, ob die Tobin-Steuer ihr vorrangiges Ziel erreichen kann: Leistet sie einen nennenswerten Beitrag zur Vermeidung schwerer Währungskrisen? Die Antwort ist, dass Spekulanten, die einen festen Wechselkurs attackieren wollen, von einer Steuer in Höhe von 0,1 bis 0,25 Prozent des Umsatzes nicht abgeschreckt werden können. Wenn Profite von 30 Prozent und mehr locken, ist mit einer derartig geringfügigen Steuer kaum etwas auszurichten.
Zu diesem Ergebnis kommen auch zwei neue Studien der Europäischen Kommission und des Bundesministeriums für wirtschaftliche Zusammenarbeit und Entwicklung (BMZ): Das eigentliche Ziel, die Stabilisierung von Wechselkursen und die Verhinderung von spekulativen Attacken gegen einzelne Währungen, wird durch eine Tobin-Steuer nicht erreicht werden.
Zudem ist unklar, ob die Erhöhung der Transaktionskosten grundsätzlich ein Erfolg versprechendes Mittel gegen Spekulation ist. Es gibt keinen empirischen Befund, der diese Einschätzung stützt. [...]

Schaden würde die Tobin-Steuer denjenigen, die auf kleine Ausschläge der Wechselkurse wetten. Aber diese kleinen Ausschläge sind kein Problem. Diese Arbitrage-Funktion sichert einheitliche Preise und sorgt für liquide Märkte. Eine geringfügige Steuer könnte daher sogar destabilisierende Auswirkungen auf die Devisenmärkte haben. Eine Senkung des Liquiditätsniveaus durch die Reduzierung der Umsätze kann also dazu führen, dass die Volatilität der Wechselkurse steigt. Dies gilt insbesondere bei Währungen von Entwicklungs- und Schwellenländern, bei denen die Liquidität und die Umsätze ohnehin recht niedrig sind. [...]

Eine Tobin-Steuer, die auf Dauer erhoben werden soll, erfordert einen multilateralen Ansatz und die Bereitschaft, die Steuer zumindest auf den wichtigsten Finanzplätzen zu erheben. Deshalb erscheint es nicht übertrieben pragmatisch, wenn man die Frage stellt, ob in absehbarer Zeit mit der Unterstützung eines solchen Konzeptes durch die amerikanische Regierung zu rechnen sein wird. Ohne die Amerikaner wird dieses Konzept keine durchschlagende Wirkung erzielen. [...]

Herbert Dieter: Globalisierung ordnungspolitisch gestalten: Die internationale Finanzarchitektur nach den Finanzkrisen. In: Aus Politik und Zeitgeschichte, B 05/2003.

1. Vergleichen Sie differenziert die Ausführungen zur der Bedeutung der internationalen Finanzmärkte für die realwirtschaftliche Entwicklung in M 24 und M 26 und bewerten Sie die in den Materialien zum Ausdruck kommenden Positionen vor dem Hintergrund der Finanzmarktkrise von 2007/2009 (vgl. Finanzmarktkrise, S. 6 – 17).

2. Erarbeiten Sie die Gründe, warum für die internationalen Finanzmärkte eine globaler Ordnungsrahmen gefordert wird (M 27).

3. Diskutieren Sie, inwieweit durch die angedeuteten Elemente für einen internationalen Ordnungsrahmen, die in M 26 aufgezeigten Probleme der globalen Finanzmärkte hinreichend bekämpft werden können.

4. Erläutern Sie die Wirkungsweise der Tobin-Steuer. Setzen sie sich mit der Kritik an der Tobin-Steuer auseinander (M 28, M 29).

5. Beurteilen Sie die Sinnhaftigkeit der Tobin-Steuer und reflektieren Sie, warum dieses Instrument bisher nicht global eingesetzt worden ist.

8.7 Internationale Wirtschafts- und Währungsbeziehungen: Institutionen und Regelungen

In diesem Abschnitt werden in einem Überblick die wichtigsten internationalen Institutionen, die der Sicherung der globalen Wirtschafts- und Währungsbeziehungen dienen, vorgestellt.

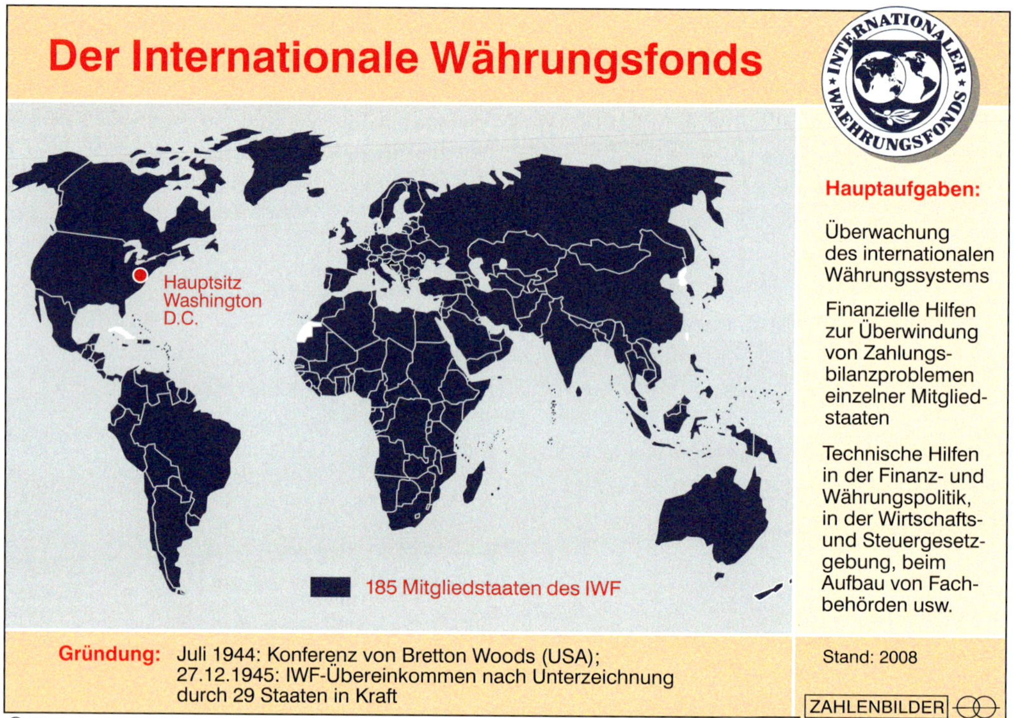

625 110

M 30

Internationaler Währungsfonds

Der Internationale Währungsfonds (IWF, englisch International Monetary Fund, IMF) wurde im Juli 1944 auf der Währungs- und Finanzkonferenz der Gründungsmitglieder der Vereinten Nationen in Bretton Woods (USA) zusammen mit der Weltbank gegründet. Er ist seit 1947 eine Sonderorganisation der Vereinten Nationen. Nach dem Zweiten Weltkrieg war er (bis 1973) für die Einhaltung der Regeln im Bretton-Woods-System fester Wechselkurse verantwortlich.

Ende 2006 gehörten dem IWF 184 Länder an. Die Ziele des Gründungsabkommens bestimmen noch immer die Arbeit des IWF. Er will die internationale Zusammenarbeit in der Währungspolitik und stabile Wechselkurse fördern, das Wachstum des Welthandels erleichtern, das Ungleichgewicht in den Zahlungsbilanzen der Mitglieder reduzieren und Mitgliedern mit bestimmten finanziellen Schwierigkeiten durch Kredite helfen. Um einen Kredit zu erhalten, müssen die Empfängerländer finanz- und wirtschaftspolitische Auflagen erfüllen, zum Beispiel die Sanierung des Staatshaushalts. Je nach Problem des Mitglieds stellt der Währungsfonds verschiedene Kredite mit jeweils eigenen Konditionen bereit.

Sonderfazilitäten

Neben den normalen Krediten des IWF, die allen Mitgliedern mit Zahlungsbilanzproblemen zustehen, hat der Fonds bestimmte Sonderfazilitäten geschaffen. Diese Sondermittel kommen hauptsächlich den Entwicklungsländern zugute. Ein Beispiel ist die 1988 in Kraft getretene Erweiterte Strukturanpassungsfazilität (ESAF), die sich an einkommensschwache Mitgliedsländer richtet, die schwerwiegende Zahlungsbilanzprobleme haben und umfassende Strukturanpassungsprogramme durchführen. 1999 wurde die ESAF in die Armutsreduzierungs- und Wachstumsfazilität (Poverty Reduction and Growth Facility, PRGF) umgewandelt. Hauptziel ist nun die Armutsbekämpfung. Um diese Mittel zu erhalten, müssen die Länder eine Armutsbekämpfungsstrategie (PRSP) ausarbeiten. 2006 waren 78 Länder berechtigt, PRGF-Kredite in Anspruch zu nehmen.

Sonderziehungsrechte

Die Mittel des IWF stammen vorwiegend aus den Quoteneinzahlungen der Mitglieder, die je nach wirtschaftlicher und finanzieller Stärke des Landes variieren. Insgesamt liegt das Kapital des Internationalen Währungsfonds bei 213 Milliarden Sonderziehungsrechten (SZR). Diese Rechnungseinheit wurde 1969 eingeführt, um den Dollar als Weltwährung zu entlasten. Der Wert eines SZR wird täglich aus den Währungen der fünf wichtigsten Mitglieder ermittelt: aus dem US-Dollar (USA), dem Yen (Japan), dem Pfund Sterling (Großbritannien) und seit 1999 dem Euro (Frankreich und Deutschland). Die deutsche Quoteneinzahlung beträgt etwa 13 Milliarden SZR, das sind rund 6 Prozent der Gesamtquoten.

http://www.bmz.de/de/wege/multilaterale_ez/akteure/iwf/index.html

M 31

IWF in der Kritik

Die Wirtschafts-Zauberformel war märchenhaft schlicht und auch für ungeübte Hexenmeister wie geschaffen. Sie sollte Blech in Gold, Wasser in Wein und Armut in Wohlstand verwandeln. Die Zauberformel, die als „Washingtoner Konsens" in die Geschichte eingehen sollte, lautete so:

Wenn alle Nationen dem Staat Zügel anlegen und sich der unsichtbaren Hand des Marktes anvertrauen; wenn sie Steuern senken, Haushalte sanieren, Inflation bekämpfen, öffentliche Güter privatisieren und Kapitalinvestoren mit offenen Armen empfangen – dann werden alle Menschen auf der Erde ihr trauriges Los verbessern. Ihr Wohlstand wird wachsen und sich mehren im Laufe der Zeit. Völker, hört die Signale: „Mehr Markt, weniger Staat."

Kaum ein Wirtschaftsprogramm hat die Ökonomien der Weltgesellschaft so durchfurcht wie jenes, das Experten der Weltbank, des Internationalen Währungsfonds (IWF) und des US-Finanzministeriums Anfang der neunziger Jahre in harmonischer Runde zu Papier gebracht hatten. Nicht nur eine Handvoll Länder, ganze Kontinente beugten sich dem Washingtoner Ratschluss in der Hoffnung auf Wachstum und Wohlstand. Die Hoffnung ist geblieben, aber die Euphorie verflogen. Die Zauberformel „Mehr Markt, weniger Staat" verliert an Kredit, trotz achtbarer Erfolge bei Inflationsbekämpfung und Haushaltssanierung.

In Lateinamerika verabschieden sich ehemalige Musterschüler gleich reihenweise von ihren amerikanischen Lehrmeistern; Regierungen kippen wie Dominosteine und suchen einen eigenen, den nationalen Weg. Auch in Europa liebäugeln Politiker wieder mit Protektionismus und staatlichen Eingriffen, und dieselben Minister, die sich gestern noch an den Segnungen des Freihandels berauscht hatten, verteufeln nun den Finanzmarktkapitalismus als Invasion der „Heuschrecken". [...]

Selbst der IWF musste einräumen, dass übereilte Handelsliberalisierung in Entwicklungsländern zwar hübsche Strohfeuer entfacht, aber auch soziale Flächenbrände. Die Weltbank musste ihren verbissenen Kampf gegen Umverteilungspolitik aufgeben und betont nun, ohne Armutsbekämpfung gebe es kein nachhaltiges Wachstum. In der Tat ist der Nachweis, zwischen Privatisierung und allgemeinem Wohlstand bestehe ein naturwüchsiger Zusammenhang, nicht erbracht. Selbst im Vorzeigeland Südafrika, dem das Washingtoner Programm den Sprung in die Weltwirtschaft ermöglichte, liegt die Arbeitslosenquote zäh bei 30 bis 40 Prozent.

Überraschend daran ist eigentlich gar nichts. Wirtschaftswissenschaftler wie Paul Krugman oder Joseph Stiglitz (vgl. M 19) liegen der Welt mit ihrer Kritik an der Washingtoner Zauberformel seit Jahren in den Ohren.

Überraschend allerdings ist die stumme Panik vieler Politiker. Sie werden nervös, weil

© Erich Schmidt Verlag

Ausschluss und Ungleichheit nicht nur in exotischen Randlagen der Weltgesellschaft wachsen, sondern auch im eigenen Wohlstandsgürtel. Globalisierte Reiche leben mit lokalisierten Armen Tür an Tür, in direkter Nachbarschaft, nur durch Selbstschussanlagen getrennt. Die Peripherie wuchert ins Zentrum, und die Klassengesellschaft kehrt zurück. In den USA konnten die Superreichen ihr Jahreseinkommen seit 1980 verdoppeln, während das der unteren Schichten stagniert. Nach einer Schätzung der US-Steuerbehörden hatte im Jahre 2004 jeder Fünfte der 300 Millionen Amerikaner am Tag höchstens sieben Dollar zur Verfügung, während die knapp 140 000 reichsten Haushalte 13 500 Dollar ausgeben konnten – täglich. Das ist ein Beispiel unter vielen.

Weltweit gibt es immer mehr reiche Länder mit armen Menschen; es wachsen Reichtum und Unterschichten, Luxus und Elend. Auch die Weltbank hat zur Armut in Lateinamerika beigetragen. Die Armut, auch die absolute, vermehrt sich so zuverlässig wie das Millionärsvermögen. Dieses wuchs, allein im Jahr 2004, global um 8,2 Prozent – am schnellsten, schwer zu glauben, in Afrika.

Die vielleicht empörendste Form sozialer Ungleichheit weist ausgerechnet jener Kontinent auf, für den der Washingtoner Konsens unter Federführung des amerikanischen Ökonomen John Williamson ursprünglich konzipiert worden war: Lateinamerika. Das Pro-Kopf-Einkommen ist heute niedriger als 1980; laut UN müssen 60 Millionen Lateinamerikaner von weniger als einem Dollar täglich leben – auch deshalb, weil bei der berüchtigten Privatisierungsschlacht in den neunziger Jahren die letzten sozialen Sicherungen abgewrackt wurden. „Die Privatisierung hat falsche Hoffnungen geweckt.“

Thomas Assheuer: Wer erlöst uns vom Kapital? In: ZEIT ONLINE 04/2007 S. 39: http://www.zeit.de/2007/04/Neoliberalismus

M 32a

Welthandelsorganisation (WTO)

Die Welthandelsorganisation (Englisch: World Trade Organization: WTO) ist die internationale Organisation, die sich mit der Regelung der weltweiten Handels- und Wirtschaftsbeziehungen beschäftigt. Sie wurde 1995 gegründet und ist die Nachfolgeorganisation des GATT mit erweiterter Zielsetzung. Sie ist eine eigenständige Organisation im System der Vereinten Nationen. Zur Zeit hat sie 151 Mitgliedstaaten.

Die Aufgaben der WTO

Das Allgemeine Zoll- und Handelsabkommen GATT (Englisch: General Agreement of Tariffs and Trade) war nach dem Zweiten Weltkrieg gegründet worden, um die Zölle zwischen den Handelspartnern zu senken. Der Handel sollte erleichtert werden zum Nutzen aller Teilnehmer. In insgesamt acht Verhandlungsrunden wurden die Zölle insbesondere für Industrieprodukte gesenkt.

Die Aufgaben der WTO als Nachfolgeorganisation sind erweitert auf den Abbau von Handelshemmnissen aller Art, um so den internationalen Handel zu fördern. Die WTO umfasst nun auch Dienstleistungen, geistiges Eigentum und landwirtschaftliche Produkte. Die Liberalisierung des Welthandels bedeutet jedoch nicht, dass es generell keine Handelsschranken mehr geben darf. So dürfen Maßnahmen zum Schutz vor Krankheiten und Seuchen ergriffen werden.

Grundsätze der Welthandelsbeziehungen

Die Mitglieder der WTO haben sich auf mehrere Grundsätze verständigt, die im Welthandel gelten sollen. Diese galten teilweise bereits im GATT. Der Grundsatz der Meistbegünstigung legt fest, dass ein WTO-Mitglied alle Partner im Handel gleich behandeln muss. Wer einem anderen Land bestimmte Vorteile einräumt, muss dies grundsätzlich gegenüber allen Ländern tun.

Das Inländerprinzip schreibt vor, dass ausländische Waren und Dienstleistungen nicht anders behandelt werden dürfen als solche aus dem Inland. Um die Transparenz im Handel zu erhöhen, müssen die WTO-Länder ihre nationalen Vorschriften über den Handel bei der WTO melden. Damit soll sichergestellt werden, dass kein Handelspartner von Änderungen überrascht wird.

Das Prinzip der Gegenseitigkeit besagt, dass in den Verhandlungen die jeweiligen Zugeständnisse der Partner ausgewogen sein sollen. Nur die Entwicklungsländer können davon ausgenommen werden.

Die Organisation der WTO

Das wichtigste Organ der WTO ist die Konferenz der Wirtschafts- und Handelsminister. Ein Allgemeiner Rat führt die laufenden Geschäfte. Als Generalsekretär fungiert seit 2005 der Franzose Pascal Lamy. Der Sitz der WTO ist Genf (Schweiz).

Die Ministerkonferenz tagt mindestens alle zwei Jahre. Sie legt die Themen fest, über die die Mitglieder verhandeln wollen. Seit 1996 hat es sieben Verhandlungsrunden gegeben. Die laufende Doha-Runde, benannt nach der Hauptstadt Katars, ist bisher erfolglos geblieben. Die Gegensätze zwischen der EU und den USA einerseits und den Entwicklungs- und Schwellenländern andererseits konnten bisher nicht überbrückt werden. Hauptstreitpunkt ist die Agrarpolitik.

Die Streitschlichtung der WTO

Auch wenn sich die Mitglieder der WTO zu den genannten Prinzipien bekennen, so werden sie nicht immer eingehalten. Handelskonflikte gehören daher seit der Gründung des GATT 1947 zur politischen Normalität des Welthandels.

Eine wichtige Neuerung in der WTO war die Verbesserung des bereits im GATT bestehenden Streitschlichtungsverfahrens. Dieses wird vom Allgemeinen Rat wahrgenommen, der zu diesem Zweck Schiedsgerichte bildet. In einem mehrstufigen Verfahren können Länder andere Partner des WTO-Abkommens quasi verklagen. Kommt das Schiedsgericht zum Ergebnis, dass die Klage zu Recht erhoben wurde, können Gegenmaßnahmen in Form von Strafzöllen erhoben werden. Immer wieder wird die WTO als Schiedsrichterin angerufen, um die Konflikte zwischen den Partnern zu schlichten. Das Streitschlichtungsverfahren hat sich als erfolgreiches Instrument für einen fairen Welthandel herausgestellt.

WTO und Europäische Union

Die Mitgliedstaaten der Europäischen Union führen eine gemeinsame Außenhandelspolitik. Sie sprechen deshalb in der WTO „mit einer Stimme": Die Europäische Kommission vertritt bei den WTO-Treffen die europäischen Handelsinteressen. Die EU ist ein eigenständiges WTO-Mitglied – ebenso wie jeder ihrer Mitgliedstaaten.

Bundesregierung Lexikon.http://www.bundesregierung.de/Content/DE/Lexikon/EUGlossar/W/2005-11-16-welthandelsorganisation-wto-.html, Stand der Erstellung: September 2007

Sie verhandeln noch!

M 32b

Ein Beispiel für ein schwieriges Geschäft

Schwerer Rückschlag für die Liberalisierung des Welthandels: Die WTO-Gespräche in Genf sind abgebrochen worden. Gegen ein neues Abkommen legten China, Indien und die USA ihr Veto ein. Die Gespräche sollen nun im Herbst fortgesetzt werden. [...]

In Delegationskreisen hieß es, der Generaldirektor der Welthandelsorganisation (WTO), Pascal Lamy, habe die Länder informiert, dass ein Abkommen nicht erreicht werden könne. Die Gespräche sollen nun im Herbst fortgesetzt werden.

Die Ministerkonferenz in Genf sollte die im Jahr 2001 gestartete so genannte Doha-Runde zur weiteren Handelsliberalisierung einem Abschluss näher bringen. Die rund 40 Minister hatten sich zwar am Freitag in Grundzügen auf ein neues Abkommen zur Öffnung der Märkte für Agrarprodukte und Gebrauchsgüter geeinigt, konnten sich aber abschließend nicht auf ein gemeinsames Kompromisspaket einigen. Nach Informationen der Nachrichtenagentur AP war der Grund dafür ein Streit zwischen den USA, Indien und China über den Import von landwirtschaftlichen Gütern. Zu viele Fragen – etwa hohe Baumwollsubventionen der USA, ein Bananenregime oder Schutzmechanismen für Agrarimporte in ärmeren Ländern – blieben ungelöst. [...]

http://www.spiegel.de/wirtschaft/ 0,1518,568907,00.html (29.07.2008)

M 33

Weltbankgruppe

Die Weltbank wurde im Juli 1944 auf der Währungs- und Finanzkonferenz der Gründungsmitglieder der Vereinten Nationen in Bretton-Woods (USA) zusammen mit dem Internationalen Währungsfonds (IWF) gegründet. Sie ist wie der IWF eine Sonderorganisation der Vereinten Nationen. Ursprünglich war ihr Ziel, nach dem Zweiten Weltkrieg den Wiederaufbau zu fördern und in Zusammenarbeit mit dem IWF stabile Währungen zu schaffen. Seit den 1960er Jahren ist es ihre Hauptaufgabe, die Armut in der Welt zu bekämpfen und die Lebensbedingungen der Menschen in den Entwicklungsländern zu verbessern. So trägt sie zum Erreichen der internationalen Entwicklungsziele bei.

Die Weltbankgruppe besteht zurzeit aus fünf Organisationen:

- Internationale Bank für Wiederaufbau und Entwicklung (IBRD)
- Internationale Entwicklungsorganisation (IDA)
- Internationale Finanz-Corporation (IFC)
- Multilaterale Investitions-Garantie-Agentur (MIGA)
- Internationales Zentrum für die Beilegung von Investitionsstreitigkeiten (ICSID)

Im allgemeinen Sprachgebrauch sind in der Regel nur die IBRD und die IDA gemeint, wenn von der Weltbank die Rede ist.

Arbeitsspektrum der Weltbankgruppe

Hauptsitz der Weltbankgruppe ist Washington, sie unterhält aber auch 109 Länderbüros. Mehr als 10 000 Menschen arbeiten weltweit für die Gruppe. Sie ist der wichtigste Geldgeber für Projekte in der Entwicklungszusammenarbeit. Die Gewährung von Krediten ist immer an bestimmte Auflagen gebunden, die die Empfängerländer zu erfüllen haben.

Die Weltbank engagiert sich in mehr als 1800 Projekten in nahezu jedem Arbeitsbereich und in jedem Entwicklungsland – von der Vergabe von Mikrokrediten in Bosnien und Herzegowina, über die Förderung von Schulbildung für Mädchen in Bangladesch und Gesundheitsprojekten in Mexiko bis zum Wiederaufbauprogramm nach einem Erdbeben in Indien.

http://www.bmz.de/de/wege/multilaterale_ez/akteure/weltbank/index.html

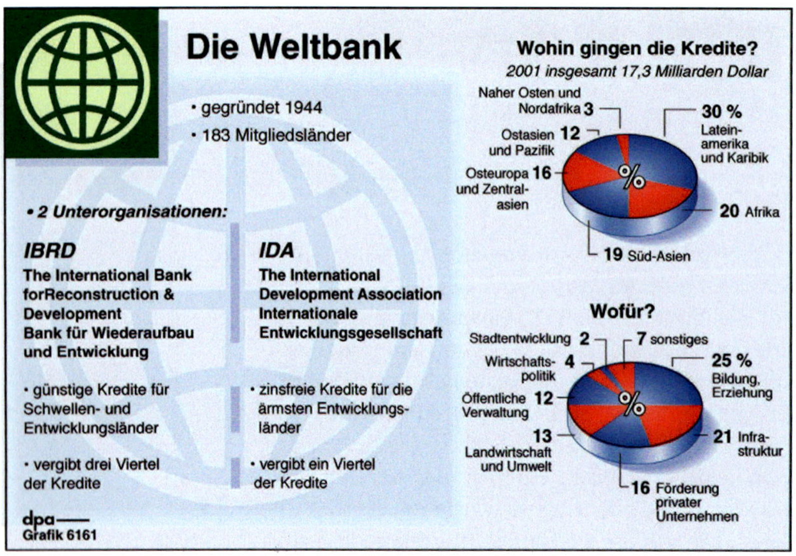

M 34

Ein Blick zurück – das Weltwährungssystem von Bretton Woods

Auf der Konferenz von Bretton Woods im amerikanischen Bundesstaat New Hampshire

wurde im Jahre 1944 von 44 Nationen eine neue Ordnung für die Weltwirtschaft entworfen, in der günstigere Bedingungen für eine internationale Arbeitsteilung hergestellt werden sollten. Dabei wurde der **Internationale Währungsfonds** (IWF) zusammen mit dem neuen Währungssystem von Bretton Woods ins Leben gerufen. Ferner wurde die Weltbank gegründet. Das **GATT** (General Agreement on Tariffs and Trade) folgte 1947.

Das in Bretton Woods beschlossene Weltwährungssystem war von der Erfahrung der dreißiger Jahre geprägt: Währungsabwertung, Aufhebung der Konvertibilität, protektionistische Tendenzen und letztlich ein starker Rückgang des Welthandels. Der Grundgedanke des Systems von Bretton Woods bestand darin, durch stabile Wechselkurse die Entwicklung des Welthandels zu erleichtern. Die institutionelle Regelung des Währungssystems wurde also als Instrument zur Entwicklung des Welthandels betrachtet.

Ein wichtiges Prinzip der neuen Weltwährungsordnung war die Konvertibilität. Eine Währung ist voll konvertibel, wenn jeder Bürger eines jeden Landes die Währung gegen eine andere Währung austauschen kann. Dabei kann eine konvertible Währung ohne Einschränkungen im internationalen Austausch verwendet werden. Dies war beispielsweise bei der Goldwährung der Fall (Goldkonvertibilität). Die Konvertibilität kann in vielfältiger Weise eingeschränkt sein. So kann sich die freie Umtauschbarkeit nur auf solche Devisen beziehen, die aus dem Waren- und Dienstleistungsverkehr resultieren, und nicht auch auf Devisen aus Kapitalverkehr. Bei einer solchen Trennung zwischen Waren- und Dienstleistungsverkehr einerseits und Kapitalverkehr andererseits liegen multiple Wechselkurse vor. Oft wird auch zwischen Ausländern und Inländern differenziert. So kann die volle Konvertierbarkeit aller Guthaben nur Ausländern eingeräumt werden (Ausländerkonvertibilität) oder auch den Inländern (Inländerkonvertibilität). [...] In dem System von Bretton Woods war direkt oder indirekt für jede Währung eine Goldparität festgelegt. Die amerikanische Notenbank verpflichtete sich, jederzeit und in unbeschränkter Höhe die Dollarbestände anderer Notenbanken (nicht der Bürger) zum Kurs von einer Unze Feingold pro 35 US-$ umzutauschen (sog. Gold-Devisen-Standard). [...]. Da der Dollar an die einzelnen Währungen gebunden war, ergab sich auch eine feste Relation der Währungen untereinander.

Die Währungsparitäten sollten nur bei fundamentalen Ungleichgewichten geändert werden. Prinzipiell war die Konvertibilität der Währungen angestrebt. Die Stabilität der Währungen sollte durch Interventionen der Notenbank sichergestellt werden. Verschob sich z.B. die Angebotskurve an US-$ nach rechts und wurde die untere Grenze einer zulässigen Bandbreite von einem Prozent um die Währungsparität erreicht, so müsste die Notenbank Dollar nachfragen, um den Kurs zu halten. Im Schaubild ist diese für die Deutsche Bundesbank in den sechziger Jahren typische Situation dargestellt. Um eine Aufwertung zu vermeiden, müsste die Bundesbank Dollar in Höhe von ST nachfragen. [...]

Es ist anzuerkennen, dass das System fester Wechselkurse mit einer starken Entwicklung des Welthandels einherging. Man kann auch die These vertreten, dass die Unterbewertung der Mark in den fünfziger und sechziger Jahren in diesem System die deutsche Wirtschaft (über den Export) unter „Nachfragedampf" gehalten hat. Das System der festen Wechselkurse war jedoch durch erhebliche Schwächen gekennzeichnet:

Die angestrebte Konvertibilität der Währungen konnte nicht in der gewünschten Weise gewährleistet werden. Vielmehr waren Kapitalverkehrskontrollen und andere Maßnahmen der Devisenbewirtschaftung erforderlich. Das System erforderte auch von Zeit zu Zeit Wechselkursanpassungen, die nicht

Feste Wechselkurse mit Bandbreite

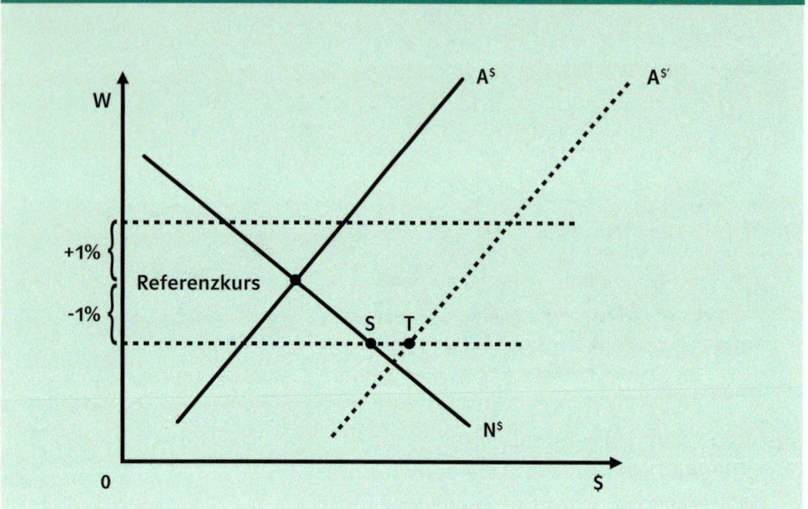

den Marktgesetzen folgten, sondern im politischen Prozess bestimmt wurden. Der Wechselkurs war letztendlich ein politischer Preis. Wechselkurse haben für längere Perioden falsche Preissignale gesetzt und damit zu Verzerrungen in der Wirtschaftsstruktur geführt. Die politisch bedingten Neufestsetzungen haben dann oft zu abrupten Preisänderungen geführt. Damit war die Forderung nach der Konstanz der Wirtschaftspolitik verletzt. Fehlallokationen waren so vorprogrammiert. Überschussländer importierten die Inflation aus dem Ausland (vgl. Kap. 7, M 6). Es zeigte sich schließlich 1967 bei der Abwertung des britischen Pfundes, dass auch Leitwährungen gegebenenfalls abwerten müssen.

Das System von Bretton Woods war nach dem Zweiten Weltkrieg zunächst durch Dollarknappheit [...] gekennzeichnet. Die Handelspartner der USA als Hegemonialmacht der Weltwirtschaft in den fünfziger und sechziger Jahren hatten zunächst Schwierigkeiten, Dollar durch Handelsbilanzüberschüsse zu verdienen und anzusammeln.

In den späteren Jahren war Bretton Woods durch einen Dollar-Überschuss [...] charakterisiert. Die Amerikaner konnten den nominalen Anker des Systems von Bretton Woods nicht mehr bereitstellen. Der Staatshaushalt wies hohe Defizite auf, die in Kauf genommen wurden, um den Vietnam-Krieg zu finanzieren. Durch die Hergabe von Banknoten konnte die USA Güter importieren. Damit entstand ein Dollar-Überschuss. Solang Wechselkurse fixiert waren, erhielten die Amerikaner für ihre weicher gewordenen Dollar harte Devisen. Dieses konnte jedoch auf Dauer nicht gut gehen.

Am 15. August 1971 wurde die Goldkonvertibilität des Dollar aufgehoben; im Dezember 1971 wurden neue Kurse festgelegt (sog. Leitkurse) mit einer größeren Bandbreite von 4,5 Prozent in beide Richtungen. 1973 wurde das System von Bretton Woods durch flexible Wechselkurse abgelöst.

Horst Siebert, Oliver Lorz: a. a. O., S. 289–292

1. Informieren Sie sich über die Funktionen des IWF und erklären Sie, wozu Sonderziehungsrechte und Sonderfazilitäten dienen (M 30).
2. Analysieren Sie, welche wirtschaftspolitische Konzeption der IFW verfolgte (Kapitel 6 und M 31).
3. Setzen Sie sich mit der Kritik am IWF und Weltbank auseinander (M 31, M 33).
4. Erläutern Sie die Organisation und die Aufgaben der WTO (M 32a).
5. Diskutieren Sie, ob die Handelsliberalisierung für Entwicklungs- und Schwellenländer vorteilhaft ist. Nehmen Sie dabei Bezug auf die Karikatur in M 32a und recherchieren Sie den Hintergrund für das Scheitern der Doha-Runde (M 32b).
6. Erklären Sie den Unterschied zwischen dem Währungssystem von Bretton Woods und dem derzeitigen Wechselkurssystem (M 34, M 23). Verdeutlichen Sie, warum das Währungssystem von Bretton Woods scheiterte.

Lernkontrolle

Stichwortsammlung

Außenhandelsbeziehungen Deutschlands
- Export
- Exportquoten einzelner Wirtschaftszweige
- Import
- Importe nach Gütergruppen
- Außenbeitrag
- wichtigste Handelpartner
- Wandel der Import- und Exportstruktur

Außenhandel im Wirtschaftskreislauf
- Konjunkturverlauf und Außenbeitrag
- Export und Arbeitsmarkt
- Export-Performance
- Wirkungen der Exporte und Importe auf das Bruttoinlandsprodukt
- Basarökonomie
- Basarhypothese

Ursachen internationalen Handels
- dauerhafte Nichtverfügbarkeit
- vorübergehende Nichtverfügbarkeit
- unzureichendes Imitationspotential
- Imitation-lag
- interindustrieller Handel
- absoluter Kostenvorteile
- reale Wohlfahrtseffekt
- komparative Kostenvorteile
- Theorie der komparativen Kostenvorteile,
- David Ricardo
- Modellannahmen der Theorie der komparativen Kostenvorteile
- Opportunitätskosten
- Intra-industrieller Handel
- Konsumpräferenzen der Nachfrager
- Produktdifferenzierung

Deutschland - Gewinner der Globalisierung
- Globalisierungsvorteil
- Erfolgsfaktoren im Auslandsgeschäft
- Handelsliberalisierung
- Wohlfahrtsverluste
- gering qualifizierten Arbeitskräfte
- Globalisierung und Verlust der nationalen Regierungen wachsender Unsicherheit und Ungleichheit entgegenzusteuern

Internationale Währungsbeziehungen
- Internationale Währungssysteme
- Wechselkurssysteme
- Feste Wechselkurse
- Flexible Wechselkurse
- Konvertibilität der Währungen
- Devisenbewirtschaftung
- Devisenmarkt
- Wechselkursbildung
- Intervention der Zentralbank
- Auf- oder Abwertung
- Preisnotierung
- Mengennotierung
- Lender of Last Resort
- Lender of Last Liquidity
- globaler Finanzmakt
- Geldmarkt
- Kapitalmarkt
- Spekulation bei internationale Finanztransaktionen
- Notwendigkeit eines Ordnungsrahmens für die internationalen Finanzmärkte
- Tobinsteuer
- Internationaler Währungsfonds
- Sonderziehungsrechte
- Welthandelsorganisation (WTO)
- Weltbankgruppe
- Weltwährungssystem von Bretton Woods
- Washingtoner Konsens

Finanzmarktkrise – ordnungspolitische Diskussion: Zum Verhältnis von Markt und Staat

Die globale Finanzmarktkrise hat eine intensive Diskussion über das Verhältnis von Markt und Staat ausgelöst. Die von Marktradikalen betonte Überlegenheit des Marktes als Anreiz- und Steuerungsinstrument in allen wirtschaftlichen Bereichen ebenso wie das Zurückdrängen des Staates zugunsten des privaten Sektors aus vielen gesellschaftlichen Lebensbereichen begegnet einer großen Skepsis. Schließlich musste der Staat als Retter in der Not für das eklatante Marktversagen im Finanzsektor einspringen. Während die Gewinne der Finanzkonzerne privatisiert wurden, müssen die Steuerzahler in vielen Ländern die Verluste aus deren Fehlspekulationen tragen.
Die folgenden drei Materialien spiegeln die Diskussion in einigen wesentlichen Facetten wider.

M 1

Was haben sie uns nicht alles erzählt über den überlegenen Markt und die Wertlosigkeit des Staates – und was hört man nun? Dröhnendes Schweigen

Die Neunmalklugen

Wer glaube, dass der Mensch aus Katastrophen lernen könne, müsse enttäuscht werden, schrieb der Philosoph Peter Sloterdijk 1989 in seinem Buch Eurotaoismus: „Nur der reale Weltuntergang wäre eine überzeugende Warnung vor dem Weltuntergang. Die einzige Katastrophe, die allen einleuchtet, wäre die Katastrophe, die keiner überlebt."
An einer solchen Katastrophe hat niemand Interesse: Auch derjenige nicht, der sich in den vergangenen 15 Jahren gelegentlich ein wirksames didaktisches Instrument gewünscht hätte gegen all die Marktideologen und Staatsverächter, gegen die Sinns und Rogowskis, die Hundts und Henkels, Merzens und Metzgers; gegen die Initiative Neue Soziale Marktwirtschaft[1], gegen unzählige missionarisch tätige Mitarbeiter von Finanzdienstleistungsfirmen und die Deregulierungs-Textbausteine des Bundespräsidenten. Auch ohne Weltuntergang bringt eine Rezession, die uns nun noch bevorsteht, genug Angst und auch für Nicht-Aktienbesitzer schmerzliche Konsequenzen mit sich: zum Beispiel Arbeitslosigkeit. Wir sollten also, Sloterdijks Pessimismus zum Trotz, die Finanzkrise als Warnkatastrophe zu begreifen versuchen. Von ihrer Unübersichtlichkeit her ist die gegenwärtige Situation, ist das großartige Scheitern aller neoliberalen Verheißung über die Weisheit der Märkte und die Überflüssigkeit des Staates, mit dem Untergang des Sozialismus verglichen worden. Im Gegensatz zu 1989 fällt allerdings ein Unterschied auf: Damals kam es schnell zu breiten Aufarbeitungsdebatten unter Historikern, politischen Akteuren – vielen Intellektuellen, die zum düsteren Alltag des Realsozialismus in Sowjetunion und DDR gar nicht allzu viel beigetragen hatten, die aber trotzdem Verantwortung für ihre latenten Sympathien übernahmen. Und sich ein kleines bisschen schämten für manche ätzende Kritik am demokratischen, freiheitlichen System […]
Diese selbstkritische Betrachtung der eigenen Rolle, dieses kleine bisschen Scham ist in der aktuellen Krise aufseiten der ökonomischen Elite bisher nicht zu entdecken: wahrscheinlich, weil sich ihre Mitglieder tatsächlich nicht als Anhänger einer Weltanschauung unter mehreren, sondern als Inhaber einer unbestreitbaren Wahrheit betrachtet haben. Und diese Wahrheit – dass der Markt praktisch alles besser könne als der Staat; dass die Börse letztlich das präzisere Abstimmungsinstrument sei als die demokratische Wahl; dass das Spitzenpersonal der Wirtschaft den Politikern himmelweit überlegen sei – beschränkte sich keineswegs auf die wirtschaftliche Sphäre. Diese Wahrheit sollte überall gelten, für Recht und Politik, Militär und Verwaltung, Kirche, Kindergarten und Krankenhaus. Nur stimmte sie nicht einmal für den eigenen Bereich. Es

1 „Initiative Neue Soziale Marktwirtschaft" – sie ist eine branchen- und parteiübergreifende Plattform und ausdrücklich offen für alle, die sich dem Gedanken der Sozialen Marktwirtschaft verbunden fühlen. Sie wird […] von den Arbeitgeberverbänden der Metall- und Elektro-Industrie finanziell getragen und von weiteren führenden Wirtschaftsverbänden unterstützt. Wissenschaftlich begleitet wird die Initiative vom Institut der deutschen Wirtschaft Köln (IW)." vgl. http://www.chancenfueralle.de/Die_Initiative.html

wirkt kurios, wenn Bundespräsident Horst Köhler nun mehr Moral für die Märkte einfordert und sich gegen Selbstzufriedenheit und Zynismus der Manager wendet. Er müsste seine Referenten ins Archiv schicken und sich seine eigenen Reden vornehmen, zum Beispiel die zum Tag der Deutschen Einheit 2004. Da war es noch das „westdeutsche Regelwerk", das zu sehr geprägt war von „Selbstzufriedenheit", außerdem von „überzogenem Anspruchsdenken" und einem „alles durchdringenden Regulierungseifer". Köhler machte sich stark für einen „radikalen und nachhaltigen Abbau von Vorschriften und Bürokratie". Ähnlich Hans-Werner Sinn, laut Bild-Zeitung „Deutschlands klügster Wirtschaftsprofessor": „Jedes Land braucht eine Kulturrevolution, wenn der Filz über 50 Jahre akkumuliert wurde. Jetzt ist Deutschland so weit." Schon 2002 sah Arnulf Baring (Bild: „Deutschlands klügster Historiker") die Bundesrepublik als „DDR light", regiert von einer „drohnenhaften Herrschaftskaste" aus ahnungslosen Politikern und wehrlos ohne eine Notstandsverfassung à la Weimar. Deshalb fand Baring, die Situation sei reif für „einen Aufstand gegen das erstarrte Parteiensystem. Ein massenhafter Steuerboykott, passiver und aktiver Widerstand, empörte Revolten liegen in der Luft." Antizipierte[1] er den Zusammenbruch der Finanzmärkte und die steuerfinanzierten Milliardenrettungspakete für Banken? Nein, es ging um die staatliche Unfähigkeit zum echten Sozialabbau.

In jener Zeit war auch die Initiative Neue Soziale Marktwirtschaft des Arbeitgeberverbands Gesamtmetall omnipräsent[2], die es sich zum gut bezahlten Ziel gesetzt hat, die „Einstellung der Bevölkerung zur Wirtschafts- und Sozialordnung" zu verändern. Sie ging Medienpartnerschaften ein, versorgte Zeitungen mit kompletten Interviews, platzierte wirtschaftsfreundliche Sätze in Vorabend-Soaps, kaufte sich sozialstaatskritische Fernsehbeiträge, präsentierte zweifelhafte Städte-Rankings (mit einem kommunalen Krankenhaus konnte eine Stadt nicht gewinnen, sie hatte dann garantiert zu viele öffentlich Beschäftigte). Und immer lautete die Botschaft Wettbewerb, Deregulierung, Privatisierung, Beschneidung der Arbeitnehmerrechte.

Den „weltbürgerkriegsähnlichen Zustand", den die FAZ vor ein paar Tagen konstatierte, hat freilich nicht das Parlament herbeigeführt, nicht das deutsche Wertpapierrecht oder die städtische Müllverordnung, nicht der erhöhte Mehrwertsteuersatz und auch nicht die Pflegeversicherung. Der unübersichtliche, beängstigende Zustand hat seinen Ursprung in der Sphäre der Wirtschaft, und jene nun gescholtenen Politiker und Beamten, die in Bankenaufsichtsgremien möglicherweise zu lange stillhielten, agierten in der beschriebenen staatsfeindlichen Großstimmung. [...]

Ironischerweise lief das marktradikale Leitmotiv der vergangenen 15 Jahre immer darauf hinaus, dass die drittgrößte Volkswirtschaft der Welt, dass der Exportweltmeister Deutschland kurz vor dem Abgrund stehe und dass seine messbare Wirtschaftsstärke rein gar nichts bedeute. Gewiss war die Arbeitslosenzahl von fast fünf Millionen eine Katastrophe – vor allem für die Betroffenen. Aber alle anderen Arbeitnehmer sollten gefälligst auch in der Angst leben, es könne ihnen bald ebenso ergehen – und sich bescheiden und wirtschaftskompatibel[3] verhalten. Jedes Jahr hielt der Bundesverband der Deutschen Banken sein „gesellschaftspolitisches Forum" ab. Nie ging es dort um Regelungsbedarf im internationalen Finanzwesen – dafür umso öfter um Deutschlands Reformunfähigkeit, die „konfiszierte[4] Freiheit", „Wettbewerb als Lebensform".

Und Sabine Christiansen ließ Woche um Woche aus ihrer Berliner Sendekugel den Untergang des Standorts verkünden: „Konjunktur-Angst – Aufschwung ade?", „Sind wir ein Volk von Sozialschmarotzern?" oder „Macht dieses Steuersystem Deutschland kaputt?". All diese Äußerungen, Sendungen, Veranstaltungen sind zurechenbar. Sie schufen einen Wahrnehmungsnebel, in dem das Land hochgefährdet, Parteien und Demokratie unfähig – und gefährlich – erschienen. Jetzt will es keiner gewesen sein, aber damals wussten alle genau, um was es ging: Effizienz. Rendite. Ökonomisierung aller Lebensbereiche. Wer anders dachte, geriet schnell in die Defensive. [...]

Nach so viel Gehirnwäsche können wir uns glücklich schätzen, dass es uns noch möglich ist, eine echte Krise zu erkennen, wenn wir sie vor der Nase haben. Und wir können lernen von all denen, die in den vergangenen, effizi-

1 antizipieren – vorwegnehmen

2 omnipräsent – allgegenwärtig

3 kompatibel – miteinander vereinbar

4 konfiszieren – von Staats wegen beschlagnahmen

enzbesoffenen Jahren besonders out waren: Von den Schülern altsprachlicher Gymnasien zum Beispiel, die ihren marktgetrimmten Altersgenossen immer schlechter erklären konnten, wozu Latein und Griechisch denn gut seien. Von den AOK-Versicherten, die darauf beharrten, durch ihren hohen Krankenkassenbeitrag ärmere, ältere, kränkere Patienten mitzufinanzieren. Von den Leuten, die sagen: Bei aller Liebe, ein Museum kann nicht nur ein Profitcenter sein. Von denen, die bis heute nicht verstanden haben, warum es eine marktwirtschaftliche Pflicht sein soll, die Stadtwerke deutscher Großstädte an chinesische Investoren zu verkaufen. Von Lehrern, die nicht glauben, dass sie ein Produkt herstellen – sondern, dass sie Kinder erziehen. Von all diesen Menschen könnten auch die Marktradikalen etwas lernen: dass eine Gesellschaft andere Kraftquellen hat und andere Kraftquellen braucht als nur den Profit. Wenn sie es lernen würden, ließe sich einfacher darüber diskutieren, wie der Kapitalismus aussieht, den wir haben wollen.

Aber vielleicht hat auch Sloterdijk recht.

Susanne Gaschke: Die Neunmalklugen. In: DIE ZEIT, 16.10.2008, Nr. 43

M 2

Die US-Finanzkrise wächst sich zu einer Systemkrise des Kapitalismus aus. Ein Plädoyer für die Marktwirtschaft von Thomas Straubhaar, Chef des Hamburgischen Weltwirtschaftsinstituts (HWWI).

Markt oder Staat: Wer hat versagt?

Die Zeit der Abrechnung ist gekommen. „Ist der Kapitalismus noch zu retten?", fragt nicht nur ZDF-Talkerin Maybrit Illner.

Alle prügeln sie auf die Abzocker ein, die erst die Gewinne privatisiert haben und nun die Verluste sozialisieren. Bundeskanzlerin Angela Merkel kritisiert die USA, weil die Amerikaner von ihrem Finanzmarkt profitiert hätten, nun aber die Reparaturkosten auf die ganze Welt verteilten.

Der SPD-Finanzminister sieht eine unverantwortliche Überhöhung eines zügellosen Renditestrebens ohne ausreichende Regulierung. Ideologische Differenzen verschwinden im Kampf gegen einen neuen gemeinsamen Feind: die raffgierigen Kapitalisten. Wer immer schon heimliche Zweifel am marktwirtschaftlichen System hatte, nun darf er sie laut äußern. „Zivilisiert den Kapitalismus!", fordert „Die Zeit", schließlich hätten „Gier und Größenwahn zum schlimmsten Bankenkrach seit Generationen geführt".

Aus der US-Immobilienkrise wird so eine allgemeine Systemkrise des Kapitalismus. 20 Jahre lang schien der Streit zwischen Markt- und Staatswirtschaft entschieden. Der Zusammenbruch des real existierenden Sozialismus, das Auseinanderbrechen kommunistischer Kunststaaten und der Fall des Eisernen Vorhangs waren mehr als eindrückliche Belege für die Überlegenheit freier Märkte. Vier Jahrzehnte unterschiedlicher Ideologien hatten im Westen Deutschlands mehr oder weniger Wohlstand für alle und im Osten Mangel für die meisten zur Folge. Die freie Marktwirtschaft hatte die zentrale Planwirtschaft klar besiegt.

Argwöhnisch beobachteten die Deutschen gleichwohl, wie Märkte dereguliert und Staatsbetriebe privatisiert wurden.

Energie, Telefon, Post, Verkehr, Gesundheit – überall war der Staat auf dem Rückzug. Oft ohne dass die Bevölkerung wahrnehmen konnte oder wollte, ob und wie die Alltagsversorgung besser oder billiger wurde.

Gerade in Ostdeutschland fiel der Vorwurf einer kalten Marktgläubigkeit auf fruchtbaren Boden.

Und jetzt das: Wie ein Tsunami fegt eine Pleitenwelle über die Finanzmärkte. Die Wall Street, das Herz des Kapitalismus, steht vor dem Infarkt. Wie Bruchbuden werden Investmentbanken mitgerissen. Keine der kapitalistischen Ikonen überlebte die Schockwellen. Noch ist offen, wie weit Nachbeben in den nächsten Monaten weitere Finanzinstitute einstürzen lassen. Mit „Hunderten von Milliarden Dollar" müssten notleidende Kreditinstitute gestützt werden, um Schlimmeres zu verhindern und „um Wachstum und Wohlstand zu fördern", warnt US-Finanzminister Henry Paulson.

Es gibt nichts schönzureden: Eine Verstaatlichung privater Risiken und die gigantische, letztlich durch den Steuerzahler finanzierte und mit der Gießkanne über Banken und Versicherungen ausgegossene Staatshilfe wäre eine Bankrotterklärung für die Marktwirtschaft. Ein Bailout[1], die staatlich subventionierte Befreiung aus einer Bürgschaft oder einem Vertrag, zerstört die wichtigste Grundregel eines mündigen Handelns, das eigenverantwortlich und eigenbestimmt ist – dass Verantwortung und Haftung untrennbar verbunden sind. So kann Marktwirtschaft nicht funktionieren, auch nicht nach dem neoliberalen Lehrbuch.

Doch das Marktversagen von heute ist die Folge des Staatsversagens von gestern.

Es war die viel zu expansive Geldpolitik in der Amtszeit des wohl fälschlicherweise als herausragend bewerteten Alan Greenspan, die mit niedrigen Zinsen für zu viel Liquidität und damit für die Immobilienblase sorgte. [...]

Tatsache ist, dass weltweit Politik und Bevölkerung das Vertrauen in das freie Spiel der Marktkräfte, in die Entdeckungskraft des Wettbewerbs und die moralische Integrität von Managern und Aufsichtsbehörden verloren haben.

In Brüssel, Paris, Berlin und anderen Hauptstädten macht sich kaum kaschierte Schadenfreude über das Ende des US-Kapitalismus breit.

Nun wird das Pendel der Geschichte zurückschlagen. Der Staat kehrt zurück.

Die Totengräber einer liberalen Wirtschaftsordnung wollen die Chance auf ein Rollback nicht ungenutzt verstreichen lassen. Und das gilt nicht nur für das Finanzwesen. Überall werden es liberale Stimmen schwerer haben, sich Gehör zu verschaffen. Überall wird es den Kritikern von Kapitalismus und Marktwirtschaft leichter fallen, die Massen zu mobilisieren und die in den vergangenen Jahren deregulierten Märkte wieder an staatliche Fesseln zu ketten.

Dabei sind Staat und Markt gar keine unversöhnlichen Gegensätze. Ohne Staat kann zwar jeder machen, was er will, er ist aber auch ohnmächtig, seine Freiheit gegenüber anderen durchzusetzen. Nur ein starker Staat kann individuelle Grund- und Freiheitsrechte, Eigentums- und Verhaltensrechte und damit die Funktion offener und freier Märkte sichern. Er muss einen Rahmen für die Tätigkeiten privater Marktakteure setzen und mit seinen Gesetzen für funktionierenden Wettbewerb sorgen.

Das gilt selbstredend auch für die Finanzmärkte. Ganz offensichtlich haben die bisherigen Regeln nicht genügt, um ein eklatantes Marktversagen zu verhindern. Das gilt es zu korrigieren. Vor allem müssen die für Banken geltenden Eigenkapitalvorschriften, Bilanzierungsrichtlinien und Transparenzforderungen auch für alle anderen bankenähnlichen Finanzinstitute mit derselben Strenge gültig sein.

Dem Ruf nach „einer stärkeren international abgestimmten Regulierung auf internationaler Ebene“ (Finanzminister Steinbrück) ist dabei mit Vorsicht zu begegnen. Gerade der Wettbewerb zwischen nationalen Vorschriften kann auch Vorteile haben.

Man stelle sich vor, die USA hätten die für die Wall Street geltenden Regeln für die ganze Welt verbindlich gemacht. Dann wäre das europäische Modell der eigenkapitalstarken, universellen Geschäftsbank hierzulande durch das in den USA 1933 eingeführte Trennbankensystem mit seinen Investmentbanken verdrängt worden. Dann würde heute nicht nur die Wall Street, sondern auch der Frankfurter Bankenplatz in Trümmern liegen. [...]

Die Suche nach besseren Regeln sollte sich von einer banalen Einsicht leiten lassen.

Weder wird sich die nächste Krise verhindern lassen, noch werden die besten Regeln von heute verhindern können, dass morgen innovative Unternehmer, aber eben auch Zocker und Profiteure das System herausfordern.

Wer glaubt, staatliche Finanzaufsichtsbehörden bräuchten nur genügend Kompetenzen, dann ließen sich Finanzkrisen verhindern, unterliegt einer Regulierungsillusion. Spekulationsblasen hat es immer gegeben, und es wird sie immer geben. Sie sind untrennbar mit dem Finanzkapitalismus verbunden. Krisen gehören zu Märkten. Sie sind Bausteine auf dem Weg des Fortschritts von guten zu besseren Lösungen. Sie helfen, aus Fehlern zu lernen und klüger zu handeln.

Weder strengere Gesetze noch schärfere Kontrollen können menschliches Fehlverhalten verhindern.

Sie können auch kein tugendhaftes Verhalten erzwingen. Gier und Neugier gehören zu den Grundlagen einer kapitalistischen Ordnung. Die Gier nach Gewinn stimuliert die Neugier. Sie lässt Menschen nach besseren Ideen suchen. Niemand weiß im Voraus, wer Erfolg ha-

1 Bailout – Rettungaktion

Freitag 43, 24.10.2008, S. 2 (HOGLI)

ben und wer scheitern wird. Deshalb ist der Weg zum Ziel im Kapitalismus mit Konkursen und Verlusten gepflastert. Dennoch ist kein anderes Wirtschaftssystem bei der Suche nach Lösungen für komplexe Probleme auch nur annähernd so erfolgreich wie der Kapitalismus. Das Zusammenspiel von Freiheit, Verantwortung und Haftung hat trotz aller Krisen zu mehr Wohlstand geführt.

Je weniger der Staat den Menschen vorgibt, wie sie zu leben und arbeiten haben, umso stärker werden Erfinder-, Entdecker- und Unternehmerinstinkte geweckt.

Das war in der Vergangenheit so. Und es gibt keinen Grund, wieso es nicht auch für die Zukunft gelten soll. Wer die Möglichkeiten begrenzt, Risiken einzugehen, bremst die Dynamik.

Es geht um einen Abwägungsprozess: Wie ein Richter die gegenläufigen Argumente von Staatsanwalt und Verteidiger gewichten muss, gilt es, die Kosten von Markt- und Staatsversagen gegeneinander abzuwägen. Freie Märkte sollen etwas, aber nicht zu stark durch staatliche Regulierungen begrenzt werden.

Es gilt, zu verhindern, dass Konzerne so wachsen, dass sie „too big to fail" sind, ihr Untergang also auch andere, unbeteiligte Firmen zerstört und im schlimmsten Fall das Land oder gar die Weltwirtschaft mitreißt. Es gilt, den Markt zu regulieren, damit der Wettbewerb funktioniert. Mehr nicht. Werden Märkte zu stark gefesselt, sinken Wachstum, Beschäftigungschancen und Verteilungsspielraum.

Nimmt man die politische Rhetorik der vergangenen Tage ernst, ist zu erwarten, dass das Re-Regulierungspendel übers Ziel hinausschießt. Gesetzlich erzwungen oder freiwillig dürften die Finanzinstitute vorsichtiger werden. Risikoreiches Verhalten wird teurer und weniger attraktiv.

Damit aber verliert die Wirtschaft eine wichtige Antriebskraft. Das reale Trendwachstum der Weltwirtschaft dürfte sich spürbar verlangsamen. Das kann niemanden freuen. Weder jene, die schon immer glaubten, dass der Kapitalismus keine gute Idee sei, noch jene, die wissen, dass es zur Marktwirtschaft – bei allen ihren Mängeln – keine Alternative gibt.

Thomas Straubhaar: Markt oder Staat: Wer hat versagt? In: Wirtschaftswoche, 09.10.2008

M 3

Nach dem Bankrott

DIE ZEIT: Herr Habermas, das internationale Finanzsystem ist kollabiert, es droht eine Weltwirtschaftskrise. Was beunruhigt Sie am meisten?

Jürgen Habermas: Was mich am meisten beunruhigt, ist die himmelschreiende soziale Ungerechtigkeit, die darin besteht, dass die sozialisierten Kosten des Systemversagens die verletzbarsten sozialen Gruppen am härtesten treffen. Nun wird die Masse derer, die ohnehin nicht zu den Globalisierungsgewinnern gehören, für die realwirtschaftlichen Folgen einer vorhersehbaren Funktionsstörung des Finanzsystems noch einmal zur Kasse gebeten. Und dies nicht wie die Aktienbesitzer in Geldwerten, sondern in der harten Währung ihrer alltäglichen Existenz. Auch im globalen Maßstab vollzieht sich dieses strafende Schicksal an den ökonomisch schwächsten Ländern. Das ist der politische Skandal. Jetzt mit dem Finger auf Sündenböcke zu zeigen, halte ich allerdings für Heuchelei. Auch die Spekulanten haben sich im Rahmen der Gesetze konsequent nach der gesellschaftlich anerkannten Logik der Gewinnmaximierung verhalten. Die Politik macht sich lächerlich, wenn sie moralisiert, statt sich auf das Zwangsrecht des demokratischen Gesetzgebers zu stützen. Sie und nicht der Kapitalismus ist für die Gemeinwohlorientierung zuständig.

ZEIT: Sie haben gerade Vorlesungen an der Universität Yale gehalten. Was waren für Sie die eindrücklichsten Bilder dieser Krise?
Habermas: [...] Dort verbanden sich die höchst realen wirtschaftlichen Ängste mit der heißen Endphase eines der folgenreichsten Wahlkämpfe. Die Krise hat auch den breiten Wählerschichten ihre persönliche Interessenlage schärfer zu Bewusstsein gebracht. Sie nötigte die Leute nicht notwendig zu vernünftigeren, aber zu rationaleren Entscheidungen – jedenfalls im Vergleich zur letzten, durch Nine-Eleven[1] ideologisch aufgeputschten Präsidentschaftswahl. Diesem zufälligen Zusammentreffen wird Amerika, wie ich unmittelbar vor der Wahl anzunehmen wage, den ersten schwarzen Präsidenten verdanken – und damit einen tiefen historischen Einschnitt in der Geschichte seiner politischen Kultur. Darüber hinaus könnte aber die Krise auch in Europa einen Wechsel der politischen Großwetterlage ankündigen.

ZEIT: Was meinen Sie damit?
Habermas: Solche Gezeitenwechsel verändern die Parameter der öffentlichen Diskussion; damit verschiebt sich das Spektrum der für möglich gehaltenen politischen Alternativen. Mit dem Koreakrieg ging die Periode des New Deal[2] zu Ende, mit Reagan und Thatcher und dem Abflauen des Kalten Krieges die Zeit der sozialstaatlichen Programme. Und heute ist mit dem Ende der Bush-Ära und dem Zerplatzen der letzten neoliberalen Sprechblasen auch die Programmatik von Clinton und New Labour ausgelaufen. Was kommt jetzt? Ich hoffe, dass die neoliberale Agenda nicht mehr für bare Münze genommen, sondern zur Disposition gestellt wird. Das ganze Programm einer hemmungslosen Unterwerfung der Lebenswelt unter Imperative des Marktes muss auf den Prüfstand.

ZEIT: Für Neoliberale ist der Staat nur ein Mitspieler auf dem ökonomischen Feld. Er soll sich kleinmachen. Ist dieses Denken nun diskreditiert?
Habermas: Das hängt vom Verlauf der Krise ab, von der Wahrnehmungsfähigkeit der politischen Parteien, von den öffentlichen Themen. In der Bundesrepublik herrscht ja noch eine eigentümliche Windstille. Blamiert hat sich die Agenda, die Anlegerinteressen eine rücksichtslose Dominanz einräumt, die ungerührt wachsende soziale Ungleichheit, das Entstehen eines Prekariats, Kinderarmut, Niedriglöhne und so weiter in Kauf nimmt, die mit ihrem Privatisierungswahn Kernfunktionen des Staates aushöhlt, die die deliberativen[3] Reste der politischen Öffentlichkeit an renditesteigernde Finanzinvestoren verscherbelt, Kultur und Bildung von den Interessen und Launen konjunkturempfindlicher Sponsoren abhängig macht. [...]

ZEIT: Der Washington-Konsens war das berühmt-berüchtigte Wirtschaftskonzept von IWF und Weltbank aus dem Jahr 1990, mit dem zuerst Lateinamerika und dann die halbe Welt reformiert werden sollte. Seine zentrale Botschaft lautete: Trickle down. Lasst die Reichen reicher werden, dann sickert der Wohlstand schon zu den Armen.
Habermas: Seit vielen Jahren häufen sich die empirischen Belege dafür, dass diese Prognose falsch ist. Die Effekte der Wohlstandssteigerung sind national und weltweit so asym-

1 Nine-Eleven – Terroranschlag auf das World-Trade-Center in New York 11.09.2001

2 New Deal – Wirtschafts- und sozialpolitische Reformen in den USA nach Amtsantritt von Franklin D. Roosevelt 1930, um den Folgen der Weltwirtschaftskrise entgegenzuwirken. Nach allgemeiner Auffassung fand der New Deal sein Ende mit dem Eintritt der USA in den zweiten Weltkrieg 1941

3 deliberative Demokratie – die gleichberechtigte Mitwirkung aller Bürger an allen politischen Themen

1 Chicago-Schule – die von Milton Friedman begründete monetaristische neoliberale Wirtschaftskonzeption (vgl. Kap. 6.5 und 6.6).

2 New Labour – eine durch Tony Blair veränderte, kapitalismusfreundlichere Ausrichtung der Labour-Party.

3 penetrieren – durchdringen, durchsetzen

metrisch verteilt, dass sich die Armutszonen vor unser aller Augen ausgebreitet haben.

ZEIT: Um etwas Vergangenheitsbewältigung zu betreiben: Warum ist der Wohlstand so ungleich verteilt? Hat das Ende der kommunistischen Bedrohung den westlichen Kapitalismus enthemmt?

Habermas: Mit dem nationalstaatlich beherrschten, durch keynesianische Wirtschaftspolitiken eingehegten Kapitalismus, der ja den OECD-Ländern einen aus historischer Sicht unvergleichlichen Wohlstand beschert hat, war es schon früher am Ende – nach der Preisgabe des Systems der festen Wechselkurse und dem Ölschock. Die ökonomische Lehre der Chicago-Schule[1] ist bereits unter Reagan und Thatcher zur praktischen Gewalt geworden. Das hat sich unter Clinton und New Labour[2] – auch während der Ministerzeit unseres jüngsten Helden Gordon Brown – nur fortgesetzt. Allerdings hat der Zusammenbruch der Sowjetunion im Westen einen fatalen Triumphalismus ausgelöst. Das Gefühl, weltgeschichtlich recht bekommen zu haben, übt eine verführerische Wirkung aus. In diesem Fall hat es eine wirtschaftspolitische Lehre zu einer Weltanschauung aufgebläht, die alle Lebensbereiche penetriert[3].

ZEIT: Der Neoliberalismus ist eine Lebensform. Alle Bürger sollen zu Unternehmern und zu Kunden werden.

Habermas: Und zu Konkurrenten. Der Stärkere, der sich in der freien Wildbahn der Konkurrenzgesellschaft durchsetzt, darf sich diesen Erfolg als persönliches Verdienst anrechnen lassen. Es ist von abgründiger Komik, wie Wirtschaftsmanager – und nicht nur die – dem Elitegeschwätz unserer Talkrunden auf den Leim gehen, sich allen Ernstes als Vorbilder feiern lassen und mental den Rest der Gesellschaft unter sich lassen. Als könnten sie nicht mehr unterscheiden zwischen funktionalen und ehrpusselig-ständegesellschaftlichen Eliten. Was, bitte, soll am Charakter von Leuten in Führungspositionen, die ihre Arbeit halbwegs ordentlich tun, exemplarisch sein? Ein weiteres Alarmzeichen war die Bush-Doktrin vom Herbst 2002, die die Irakinvasion vorbereitet hat. [...]

ZEIT: Aber noch einmal zurück: Was wurde nach 1989 versäumt? Ist das Kapital schlicht zu mächtig geworden gegenüber der Politik?

Habermas: Mir ist im Laufe der neunziger Jahre klar geworden, dass die politischen Handlungskapazitäten den Märkten auf supranationaler Ebene nachwachsen müssen. Danach sah es ja auch in den frühen neunziger Jahren zunächst aus. George Bush der Ältere sprach programmatisch von einer Neuen Weltordnung und schien auch die lange Zeit blockierten – und verächtlich gemachten! – Vereinten Nationen in Anspruch nehmen zu wollen. Die vom Sicherheitsrat beschlossenen humanitären Interventionen stiegen zunächst sprunghaft an. Der politisch gewollten wirtschaftlichen Globalisierung hätten eine weltweite politische Koordination und die weitere Verrechtlichung der internationalen Beziehungen folgen sollen. Aber die ersten ambivalenten Ansätze sind schon unter Clinton stecken geblieben. Dieses Defizit bringt die gegenwärtige Krise wieder zu Bewusstsein. Seit den Anfängen der Moderne müssen Markt und Politik immer wieder so ausbalanciert werden, dass das Netz der solidarischen Beziehungen zwischen den Mitgliedern einer politischen Gemeinschaft nicht reißt. Eine Spannung zwischen Kapitalismus und Demokratie bleibt immer bestehen, weil Markt und Politik auf gegensätzlichen Prinzipien beruhen. Auch nach dem letzten Globalisierungsschub verlangt die Flut der in komplexer gewordenen Netzwerken freigesetzten dezentralisierten Wahlentscheidungen nach Regelungen, die es ohne eine entsprechende Erweiterung von politischen Verfahren der Interessenverallgemeinerung nicht geben kann. [...]

Ein Gespräch mit dem Philosophen Jürgen Habermas über die Notwendigkeit einer internationalen Weltordnung. Das Gespräch führte Thomas Assheuer In: Die Zeit, 06.11.2008, Nr. 46

Jürgen Habermas (*18. Juni 1929 in Düsseldorf) ist ein deutscher Philosoph und Soziologe, der hauptsächlich durch seine Arbeiten zur Sozialphilosophie bekannt geworden ist. Nicht zuletzt durch regelmäßige Lehrtätigkeiten an ausländischen Universitäten, vor allem in den USA, sowie durch Übersetzungen seiner wichtigsten Arbeiten werden seine Theorien international diskutiert. Jürgen Habermas ist das prominenteste Mitglied der zweiten Generation der Kritischen Theorie; er wird zur Frankfurter Schule gezählt, hat sich von deren Ursprung allerdings gelöst. Habermas war an allen großen theoretischen Debatten der Bundesrepublik beteiligt, nahm aber auch zu gesellschaftspolitischen und historischen Ereignissen Stellung. Als übergeordnetes Motiv seines umfassenden Werks gilt ihm „die Versöhnung der mit sich selber zerfallenden Moderne".

Wikipedia

1. Erschließen Sie den Argumentationsgang der jeweiligen Texte und stellen Sie die wesentlichen Argumente zum Verhältnis von Staat und Markt in einer globalisierten Welt in einer Synopse zusammen.

2. Analysieren Sie die Texte ideologiekritisch.

3. Recherchieren Sie, ob es anlässlich der Weltwirtschaftskrise von 1929 eine vergleichbare Diskussion gab.

Methode: Zukunftswerkstatt zum Verhältnis von Markt und Staat

Nicht nur im vorhergehenden Kapitel, sondern in der Annäherung und in den meisten Kapiteln des Buches wurde immer wieder das Verhältnis von Markt und Staat aufgegriffen.
Zum Schluss soll auf der Grundlage der erarbeiteten Erkenntnisse und Methoden die Diskussion um das Verhältnis von Markt und Staat in der Sozialen Marktwirtschaft in einer kreativen Form aufgenommen werden.
Als Methode wird die Zukunftswerkstatt gewählt. Es handelt sich dabei um einen Lernweg, in dem gemeinsam Informationen organisiert und gegliedert werden, der aber gleichzeitig offen für neue Ideen ist.

Leitfragen und Stationen der Methode Zukunftswerkstatt

Impulstext

Standpunkte zum Verhältnis von Markt und Staat
Für diejenigen unter uns, die eine gewisse Verbindung zur keynesianischen Tradition für sich beanspruchten, ist dies ein Moment des Triumphs, nachdem sie über drei Jahrzehnte lang in der Wildnis zurückgelassen, ja beinahe gemieden wurden. Es ist ein Triumph des Verstands über Ideologie und Interessen.
Die Wirtschaftstheorie hatte seit Langem erklärt, warum unbehinderte Märkte sich nicht selbst korrigieren, warum Regulierung notwendig war und warum die Regierung in der Wirtschaft eine wichtige Rolle zu spielen hatte. Doch viele, insbesondere jene, die für die Finanzmärkte arbeiteten, forcierten eine Art „Marktfundamentalismus". Die daraus resultierende irrige Politik wurde unter anderem von einigen Mitgliedern aus dem Team des designierten US-Präsidenten Barack Obama vorangetrieben. Dies änderte sich erst, als nicht nur Entwicklungsländer, sondern auch die USA und andere entwickelte Industriestaaten begannen, unter den Kosten dieser Politik zu leiden.

Joseph Stiglitz - Zurück aus der Wildnis
http://www.ftd.de/meinung/kommentare/:Gastkommentar-Joseph-Stiglitz-Zur%FCck-aus-der-Wildnis/450739.html?p=1, 13.12.2008

Natürlich kann niemand ernsthaft bestreiten, dass wir es mit einer großen Krise zu tun haben, in deren Vorfeld gewaltige Fehler gemacht wurden. Versagt hat aber nicht der Markt - er hat im Gegenteil völlig logisch reagiert. Versagt haben Institutionen und einzelne Menschen wie Politiker und Manager. Ratingagenturen haben Schrottkredite zu hoch bewertet. Die US-Notenbank hat das Land jahrelang mit zu billigem Geld versorgt und damit die Immobilienblase aufgepumpt. Und die amerikanische Politik hat den Immobilienbesitz auf unverantwortliche Weise gefördert, indem sie eben nicht marktgerecht handelte. (...)
Es besteht kein Zweifel daran, dass wir als Reaktion auf die Finanzkrise neue Regeln brauchen. Wenn sich die Finanzwirtschaft globalisiert, reichen nationale oder regionale Behörden und Abkommen nicht mehr aus. Wer aber aus dieser Lektion öffentlich den

Schluss zieht, dass eine Systemänderung ansteht, handelt nicht nur fahrlässig, er handelt gemeingefährlich. Es gibt kein besseres System als die Marktwirtschaft, wenn wir das Ziel verfolgen, das Streben nach Glück und Wohlstand in produktive Bahnen zu lenken. Statt Ängste zu schüren, statt nach einem wie auch immer gearteten Dritten Weg zu suchen, sollten gerade jetzt, fast 20 Jahre nach dem Ende des Staatssozialismus, unsere politischen Vorbilder (…) wieder an diese einfache Wahrheit erinnern.

Olaf Henkel: Krankt der Kapitalismus?
http://www.ftd.de/meinung/kommentare/:Pro-und-Kontra-Krankt-der-Kapitalismus/427511.html?p=3

Leitfragen:

Wie soll das Verhältnis von Staat und Markt geregelt sein?
Sollen weiterhin Privatisierung und Deregulierung Leitlinien des politischen Handels sein?
Ist die Teilverstaatlichung von Unternehmen (z.B. Commerzbank) mit einer Marktwirtschaft vereinbar?
Soll der Steuerzahler für die Verluste der Unternehmen zahlen nach dem Motto „Gewinne werden privatisiert, Verluste sozialisiert“?
Soll der Staat in Zukunft stärker regulierend in wirtschaftliche Abläufe eingreifen?
Welche Bereiche der Wirtschaft sollen stärker reguliert und kontrolliert werden?

Station 1

Vorbereitung

Fragestellung festlegen: Wie soll das Thema genau heißen? (Vorschlag: Fragestellungen auf Zetteln sammeln, darüber abstimmen lassen, welche Fragestellung behandelt wird.)

- Arbeitsform wählen: Gruppenarbeit oder ganze Klasse?
- Informationen zusammentragen
- Handwerkszeug vorbereiten: Was brauchen wir während der Arbeit, was zur Präsentation?
- Zeitplanung bedenken: Wie legen wir die Etappen in die Unterrichtsstunden?

Station 2

Bestandaufnahme und Kritikphase

- Hier sollen die Probleme und Mängel angesprochen werden. Beachten Sie: Auch kritische Argumente benötigen eine Begründung. Zunächst findet keine Diskussion der gesammelten Punkte statt – jeder soll ein Recht haben, seine wahrgenommenen Probleme unkritisiert zu äußern. Erst zum Abschluss der Phase werden die Probleme nach Bedeutung gewichtet.

Spielregeln:

1. Diskussionsverzicht
2. Kritik nur in Stichworten aufschreiben (kurz, kritisch, konkret).
3. Deutliche Visualisierung aller Äußerungen (Kritikpunkte auf eine Tapete aufkleben und an die Wand hängen).

Station 3

Blick nach vorne – Ideen und Phantasiephase

- Ideen sammeln, erklären, begründen, auf unterschiedliche Weise darstellen und mit anderen austauschen. In dieser Phase sind alle Traumvorstellungen möglich. Eine ideale Lösung wird gesucht.
- Kritikpunkte aus Station 2 in positive Folgerungen umformulieren.
- Entscheiden, worauf es ankommt, abwägen, was uns wichtig ist.
- Je nach gewähltem Schwerpunkt: Wie sieht das optimale Verhältnis zwischen Markt und Staat aus?

Spielregeln:

1. Keine Kritik am Vorgebrachten. Streng verboten sind so genannte „Killerphrasen“ („Das ist doch Blödsinn“ – „Das geht doch überhaupt nicht“ – „Das bringt doch nichts“).
2. Freies Gedankenspiel, d. h. alle Möglichkeiten des kreativen, phantastischen und utopischen Denkens sollten genutzt werden.
3. Freie Wahl der Präsentation, d. h. die Gruppe bestimmt selbst die Art und Weise der Präsentation (Bild, Collage, Rollenspiel, Interview usw.). Der Zukunftsentwurf sollte möglichst anschaulich und sinnlich erfahrbar präsentiert werden.

Station 4

Über Wege nachdenken und sprechen – Realisierungsphase

- Einzelne Bilder und Vorstellungen zusammentragen.
- Ergebnisse vor- und ausstellen.
- Mit anderen darüber sprechen, nachdenken. Wie kann das Ziel umgesetzt werden? Alternativen finden.

Spielregeln:

1. Konkret werden, d. h. der utopische Entwurf muss in allen Einzelheiten mit den gegenwärtigen Verhältnissen konfrontiert werden. Es sollte möglichst präzise aufgezeigt werden, wer, wann, wo, wie, was machen soll.

Zum Abschluss sollte überlegt werden, wie man die Ergebnisse der Zukunftswerkstatt nutzen kann, um etwas in Bewegung zu setzen. Das kann ein Brief an Verantwortliche sein, eine Ausstellung in der Schule, um anderen seine Ideen mitzuteilen, eine Änderung der eigenen Handlungsweise, ein Artikel oder Leserbrief in der Schüler- oder Lokalzeitung, ein Beitrag auf der Schulhomepage, …

Nach: Zeitfragen, S. 220 f. und http://www.sowi-online.de/methoden/dokumente/zukunftswerkstatt.htm (Spielregeln)

Glossar

Anmerkung: Die kursiv gestellten Begriffe sind jeweils auf der zitierten Buchseite definiert.

Abbaurate Darunter versteht man die abgebaute Menge einer erschöpflichen Ressource in einem bestimmten Zeitraum. **87**

Abschwung (Stagnation, Rezession) Phase des Konjunkturzyklus, die durch rückläufiges Wachstum des Bruttoinlandsproduktes gekennzeichnet ist. Die sinkende gesamtwirtschaftliche Nachfrage führt zu einer geringeren Auslastung der Produktionskapazitäten, die Wachstumsrate des BIP sinkt, bleibt aber positiv. Sind die Wachstumsraten über 2 Quartale negativ, wird von einer Rezession gesprochen. **119**

Akzelarationsprinzip vgl. Akzelarationshypothese **162**

Akzelatorhypothese **130**

Allokation **34**

Allokation des Konsums, intertemporaler **111**

Allokationsfunktion **54, 131**

Allokationsgesichtspunkte **290**

Angebotshandeln, autonomes Unternehmerisches Handeln, das nicht unmittelbar durch die Nachfrage induziert wird, sondern durch Investitionen für neue Produkte Einkommen und kaufkräftige Nachfrage schafft. Es ist für die dynamische Entwicklung einer Volkswirtschaft von entscheidender Bedeutung. **205**

Angebotstheorie Danach wird die wirtschaftliche Entwicklung durch das autonome Handeln der Unternehmen bestimmt. Die Marktkoordination führt bei funktionsfähigem Wettbewerb zu optimalen Ergebnissen. Die Wirtschaftspolitik soll am gesamtwirtschaftlichen Angebot ansetzen (Gegensatz = nachfrageorientierte Wirtschaftspolitik). Sie will über Leistungsanreize ein höheres wirtschaftliches Wachstum bewirken, z. B. durch Steuersenkungen für Unternehmen. Außerdem möchte sie dem privaten Sektor zu Lasten des staatlichen Sektors mehr Gewicht verleihen. **204 f.**

Arbeitsgruppe Alternative Wirtschaftspolitik **216**

Arbeitslosenquote(n) Sie wird von der Bundesagentur für Arbeit (BA) ermittelt. Die BA unterscheidet zwischen der „Arbeitslosenquote bezogen auf die zivilen Erwerbspersonen" (Relation zwischen der Zahl der arbeitslos Gemeldeten und der Zahl der zivilen Erwerbspersonen) und der Arbeitslosenquote bezogen auf die abhängigen zivilen Erwerbspersonen (Relation der arbeitslos Gemeldeten und der abhängig beschäftigen zivilen Erwerbspersonen). **56**

Arbeitslosigkeit (friktionelle/saisonale/freiwillige) Friktionelle Arbeitslosigkeit ist durch den Wechsel des Arbeitsplatzes bedingt. Sie ist in der Regel nur von kurzer Dauer und auch in Phasen einer Vollbeschäftigung unvermeidlich. Saisonale Arbeitslosigkeit resultiert aus dem Wechsel der Jahreszeiten (z. B. Beschäftigung im Baugewerbe, Skibetrieb). Freiwillige Arbeitslosigkeit liegt vor, wenn die Wiederaufnahme eines Arbeitsverhältnisses angesichts der angebotenen Lohnhöhe und sonstiger Arbeitsbedingungen für nicht vorteilhaft gehalten wird. **58**

Arbeitsteilung, globale Sie ergibt sich aus den Möglichkeiten des internationalen Handels. Die Arbeitsteilung beschränkt sich nicht nur auf eine Volkswirtschaft, sondern wird global. Das gilt sowohl für industriell gefertigte Produkte (z. B. Fahrzeugbau) als auch für Dienstleistungen (z. B. in der Datenverarbeitung). **26**

Aufschauklungsprozess, kumulativer hier: Multiplikatorwirkung zusätzlicher staatlicher Transformationsausgaben **189**

Aufschwung (Expansion) Phase des Konjunkturzyklus, der durch steigende Wachstumsraten des BIP gekennzeichnet ist **119**

Außenbeitrag Differenz zwischen Export und Import von Waren und Dienstleistungen, Element der gesamtwirtschaftlichen Nachfrage **65**

Autarkie **276**

Baisse **176**

Basisinnovationen Als Basisinnovationen gelten große technologische Durchbrüche wie beispielsweise die Dampfmaschine, der Verbrennungsmotor, der Computer oder die Gentechnik. **141**

Beschäftigungsschwelle Höhe der Wachstumsrate des Bruttoinlandsproduktes, bei der es zu einem Abbau der Arbeitslosigkeit kommt. Die Wachstumsrate muss dazu über dem Produktivitätswachstum liegen. **74 f.**

Bilanzen (diverse Formen) In der Zahlungsbilanz werden die wirtschaftlichen Transaktionen einer Volkswirtschaft mit dem Ausland für ein Jahr wertmäßig erfasst. Die Erfassung wirtschaftlich ähnlicher Transaktionen erfolgt in einzelnen Teilbilanzen. Die Leistungsbilanz setzt sich aus vier Teilbilanzen zusammen: In der Handelsbilanz wird der Ex- und Import von Waren erfasst. Die Dienstleistungsbilanz umfasst die Dienstleistungen, die vom Ausland in Anspruch genommen wurden (z. B. Transportleistungen, Tourismus) und die gegenüber dem Ausland erbrachten Dienstleistungen. Die Bilanz der Erwerbs- und Vermögenseinkommen erfasst die Entgelte für Faktorleistungen (z. B. Dividendenzahlungen deutscher Unternehmen an Ausländer bzw. Dividendenzahlungen von ausländischen Unternehmen an Deutsche). In der Bilanz der unentgeltlichen Zahlungen werden z. B. die laufenden Übertragungen an internationale Organisationen erfasst, sowie die empfangenen Leistungen z. B. von der EU. Die Kapitalbilanz erfasst die Kapitalimporte (z. B. ausländische Direktinvestitionen in Deutschland) und Kapitalexporte (z. B. Direktinvestitionen deutscher Unternehmen im Ausland). **108**

BIP (Bruttoinlandsprodukt) Wertmaßstab für die gesamte Leistung einer Volkswirtschaft in einem bestimmten Zeitraum. Es misst die Produktion von Waren und Dienstleistungen im Inland nach Abzug der Vorleistungen. Es errechnet sich als Summe der Bruttowertschöpfung aller Wirtschaftsbereiche zuzüglich des Saldos aus Gütersteuern minus Gütersubventionen. **96**

BIP, Trendpfad des ~s Darstellung des längerfristigen Wachstumstrends des BIP unter Ausschaltung der kurzfristigen Schwankungen **119**

Blase (Spekulationsblase) **168, 244**

Bretton Woods **22**

Brutto-Anlageinvestitionen Sie umfassen die Käufe neuer Anlagen und selbsterstellter Anlagen. Als Anlagen werden alle dauerhaften reproduzierbaren Produktionsmittel verstanden. Die Bruttoanlageinvestitionen untergliedern sich in Ausrüstungen (Maschinen, Geräte, Fahrzeuge), Bauten (Wohnbauten, Fabriken, Straßen, ...) und sonstige Anlagen (Urheberrechte, Computersoftware, ...). **100**

Bruttoinvestitionen Die Bruttoinvestitionen sind der Teil des Bruttoinlandsproduktes, der für Ausrüstung, Bauten und Vorräte verwendet, und weder von den privaten noch von den öffentlichen Haushalten konsumiert wird. **142**

Bruttonationaleinkommen Es ergibt sich, indem zum BIP die von der übrigen Welt empfangenen Primäreinkommen (Gehälter, Zinsen, ...) hinzugezählt und die an die übrige Welt geleisteten Primäreinkommen abgezogen werden. **101**

Bruttowertschöpfung Produktionswert der Unternehmen abzüglich der Vorleistungen, um Doppelzählungen bei der Berechnung des BIP zu vermeiden **96**

Budgetrestriktion **112**

Bundeskartellamt **31**

Ceteris-paribus-Klausel Methodische Annahme der Konstanz aller übrigen Faktoren, die bei der Modellbildung eine erhebliche Rolle spielt. Bei der Konsumfunktion wird z. B. nur die Abhängigkeit vom verfügbaren Einkommen analysiert. Alle anderen Einflussgrößen werden als konstant angenommen. **147**

Chicago-Schule **314**

Conduit **296**

deficit spending **183, 190, 193**

Deflation Gegenteil von Inflation. Es kommt zu einem Verfall der Güterpreise. Dadurch steigt der Geldwert. Deflation geht einher mit einer Wirtschaftskrise. **228**

Definitionsgleichung In der VGR und bei Kreislaufdarstellungen können die dargestellten Zusammenhänge durch Gleichungen dargestellt werden, die keine funktionalen Bezüge aufweisen, sondern durch Definitionen der Aggregate bestimmt werden. Definitionsgleichungen haben in der Makroökonomie einen ex-post-Charakter. **92**

Defizit, konjunkturelles Teil des staatlichen Defizits, bezeichnet die in einer Rezession auftretende Staatsverschuldung (bedingt durch geringere Steuereinnahmen und höhere Staatsausgaben z. B. für Arbeitslosengeld). **193**

Defizit, strukturelles **215**

Deregulierung Abbau von staatlichen Regelungen (Gesetze, Verordnungen) mit dem Ziel, den Unternehmen und Bürgern mehr Entscheidungsspielräume zu gewähren. Dadurch sollen Innovationen angeregt und wirtschaftliche Entscheidungen schneller realisiert werden können. Insgesamt erhofft man sich davon positive Auswirkungen auf das Wirtschaftswachstum. **13, 208**

Derivate **296**

Deutsche Bundesbank **31**

Devisenbilanzsaldo **108**

Devisenmärkte Handel der Kreditinstitute mit ausländischen Währungen. Am Devisenmarkt bildet sich der Devisenkurs als Preis einer ausländischen Währung im Verhältnis zur inländischen. **290 f.**

Devisenreserven Bestand der Zentralbank an Forderungsrechten, die auf fremde Währungen lauten **65**

Devisenswapgeschäfte Die EZB setzt dieses Instrument zur ergänzenden Feinsteuerung der Liquidität und der Zinssätze am Markt fallweise ein. Kauft (verkauft) die EZB von (an) Geschäftsbanken Devisen und vereinbart gleichzeitig einen späteren Rückverkauf zu einem festgelegten Datum und zu festgelegten Konditionen, stellt sie den Banken Zentralbankgeld zur Verfügung. Verkauft die EZB Devisen an die Banken mit späterem Rückkauf entzieht sie den Banken Liquidität. Der Rückverkaufspreis bzw. Rückkaufspreis beinhaltet den Swapsatz. Das ist die Differenz zwischen Termin- und Kassakurs. Analog zum Pensionssatz bei Wertpapierpensionsgeschäften ist das der Preis für das Devisenswapgeschäft. **250**

Diffusionsperiode Periode, in der sich durch Nachahmung neue Technologien und neue Produkte allgemein am Markt durchsetzen **141**

Direktinvestitionen **21**

Distanzüberwindungskosten (Reduktion) Darunter werden die Transportkosten für Güter und Informationen verstanden. Sie sind durch den technischen Fortschritt stark gesunken. **23**

Distribution/Distributionsfunktion **54, 72**

Dollarparität festgelegter Wechselkurs einer Währung im Verhältnis zum Dollar, wie es im System fester Wechselkurse nach dem Zweiten Weltkrieg bis 1973 aufgrund des Abkommens von Bretton Woods üblich war. **65**

Down-Stream-Trade Handel mit neuartigen Produkten zwischen hoch entwickelten und weniger entwickelten Ländern **275**

Einkommens- und Verbrauchsstichprobe (EVS) **61**

Entstehungsrechnung Methode zur Berechnung des Bruttoinlandsproduktes, die von der Angebotsseite der Volkwirtschaft ausgeht **96**

EONIA (Euro Overnight Index Average) **245**

Einkommenseffekt Zusätzliche Investitionen schaffen bei ihrer Produktion Einkommen. Daraus können sich kurzfristig über den Multiplikatoreffekt positive Rückwirkungen auf die Beschäftigung und das Wachstum einer Volkswirtschaft ergeben. **144**

Ersatzinvestitionen Re- oder Ersatzinvestitionen dienen dazu, den in der Produktion oder durch Veralterung abgenutzten Kapitalstock zu ersetzen. **142**

Erweiterungsinvestitionen Sie dienen dazu, die Produktionsanlagen eines Unternehmens zu erweitern, seine Kapazität zu erhöhen. **143**

Erwerbslosenquote Sie wird nach der Methode der Internationalen Arbeitsorganisation (ILO) vom Statistischen Bundesamt ermittelt und gibt die Erwerbslosen in Prozent der Erwerbspersonen an. **56**

and Trade). Es wurde nach dem 2. Weltkrieg gegründet, um die Zölle zwischen den Handelspartnern zu senken. Der Handel sollte erleichtert werden zum Nutzen aller Teilnehmer durch Senkung der Zölle. Die WTO ist die Nachfolgeorganisation des GATT. **305**

Geld (als Tauschmittel, Wertaufbewahrungsmittel) Es werden drei Geldfunktionen unterschieden. Als Tauschmittel erleichtert es den Austausch unterschiedlichster Güter. Geld als Wertaufbewahrung dient dazu, Kaufkraft von einer Periode in eine andere zu verlagern. Geld als Recheneinheit ermöglicht es, unterschiedlichste Güter wertmäßig zu vergleichen. **237**

Geldmarkt Am Geldmarkt wird kurzfristiges Zentralbankgeld zwischen den Banken gehandelt (Interbankenhandel). Die Zentralbanken, im Euroraum die EZB, greifen in den Handel, um die Liquidität und die Zinssätze am Geldmarkt der Banken zu beeinflussen. **245, 295**

Geld- und Fiskalpolitik **133**

Geldmarktfonds **238**

Geldmenge **226**

Geldmengensteuerung Geldpolitische Konzeption zur Steuerung der Geldmenge. Um inflationäre Tendenzen zu vermeiden, soll die Geldmenge M3 im Umfang der Wachstumsrate des BIP einschließlich einer als unvermeidbar angesehen Inflationsrate steigen. **255**

Geldströme Im Wirtschaftskreislauf wird zwischen einem Geld- und Güterstrom unterschieden. Beide Ströme verlaufen entgegengesetzt. **93**

Generationenkonflikt Bei der sozialen Sicherung ergibt sich dieser Konflikt beispielsweise, wenn der Generationenvertrag dazu führt, dass die erwerbstätigen Generationen aufgrund der demografischen Entwicklung immer mehr Rentner versorgen müssen. **82**

Giralgeld Giral- oder auch Buchgeld besteht aus den Sichteinlagen auf den Girokonten der Banken. **244**

Giralgeldschöpfung, multiple Aktive Giralgeldschöpfung der Kreditinstitute durch z. B. Kreditgewährung. Das Bankensystem als Ganzes kann ein Vielfaches der ursprünglichen Kreditgewährung in Form von Giralgeld schöpfen. Der Umfang der multiplen Giralgeldschöpfung ist abhängig von der Höhe des Mindestreservesatzes und dem Bargeldabfluss. Der theoretisch mögliche Umfang der multiplen Giralgeldschöpfung lässt sich durch eine unendliche geometrische Reihe berechnen. **248**

Gleichgewicht (makroökonomisches) Begriff der makroökonomischen Theorie und Wirtschaftspolitik, vgl. §1 des StWG. Ein gesamtwirtschaftliches Gleichgewicht besteht, wenn das gesamtwirtschaftliche Angebot und die gesamtwirtschaftliche Nachfrage übereinstimmen. Wirtschaftspolitisch ist damit die gleichzeitige Erreichung der wirtschaftspolitischen Ziele gemeint, wie sie im magischen Viereck des § 1 StWG formuliert sind. **48**

Global Sourcing **23**

Grenzkosten **19**

Grenzleistungsfähigkeit des Kapitals Zinssatz, der die Summe der mit ihm diskontierten erwarteten Nettoerlöse den Anschaffungskosten gleichmacht; wichtiger Begriff innerhalb der Investitionstheorie von Keynes. **152**

Güterströme Im Modell des Wirtschaftskreislaufs wird zwischen Geld- und Güterströmen unterschieden. Die Güterströme repräsentieren die Realwirtschaft. **93**

Handel, interindustrieller Unter diesem Begriff wird der Außenhandel zwischen verschiedenen Ländern verstanden, die annähernd gleichartige Produkte herstellen, jedoch zu unterschiedlichen Preisen. **276**

Handel, intertemporaler **111**

Handelsbilanz Siehe Bilanzen (diverse Formen) **108**

Haushaltsdefizit Der Teil der Staatsausgaben, der nicht durch Steuereinnahmen und Gebühren, sondern durch Kredite finanziert wird. **209**

Handelshemmnisse, nicht-tarifäre **23**

Handelswechsel **246**

Haushaltssanierung **13**

Kapitalstock Bestand an produzierten Produktionsmitteln in einer Volkswirtschaft **142, 155**

***Keynesianische Beschäftigungspolitik* 27**

Kitchin-Zyklus benannt nach dem südafrikanischen Bergbauunternehmer, der diesen Konjunkturzyklus entdeckte. Er dauerte etwa 40 Monate. **140**

Kompatibilität Vereinbarkeit verschiedener Ziele, die Erreichung eines Ziels fördert die Erreichung der anderen Ziele. **68**

Kondratieff-Zyklus benannt nach dem russischen Wirtschaftswissenschaftler. Der Konjunkturzyklus dauert 50 bis 60 Jahre und wird durch neue Erfindungen und Innovationen in der Industrietechnologie ausgelöst. **140**

***Konflikt, struktureller* 78**

***Konjunkturausgleichsrücklage* 193**

Konjunkturpolitik, diskretionäre Bezeichnung für eine Wirtschaftspolitik, bei der die wirtschaftspolitischen Akteure ihre wirtschaftspolitischen Entscheidungen fallweise und nicht regelgebunden treffen. Teilweise wird der Begriff abwertend für die Kennzeichnung einer konzeptionslosen Wirtschaftspolitik verwendet. **192**

Konjunkturzyklus Zyklische Schwankungen der gesamtwirtschaftlichen Entwicklung, die sich im Auslastungsgrad der gesamtwirtschaftlichen Produktionskapazitäten niederschlagen **155**

***Konsolidierung* 210**

Konsum- und Sparquote, marginale Sie gibt die Veränderung des Konsums bzw. des Sparens bei einer Veränderung des Einkommens an. **148 f., 189 f.**

Konsumfunktion, Hypothese über die Abhängigkeit des Konsums vom Volkseinkommen **147**

Konsumgüternachfrage, private größter Bestandteil der gesamtwirtschaftlichen Nachfrage **130**

Konsumneigung kommt in der marginalen Konsumquote zum Ausdruck. Je höher die marginale Konsumquote ist, umso höher ist die Konsumneigung und umgekehrt. **147**

Konsumquote, marginale Veränderung des Konsums bei einer Veränderung des Volkseinkommens, streng mathematisch bei einer unendlich kleinen Veränderung des Volkseinkommens. **148 f.**

Kosten, soziale Sie entstehen bei der Produktion oder dem Konsum von Gütern durch Beeinträchtigungen in Form von gesundheitlichen Schäden, Vermögensschäden und finanziellen Aufwendungen, die zu Lasten der Allgemeinheit gehen und nicht vom Verursacher getragen werden. Typisches Beispiel für soziale Kosten sind Umweltschäden. **104**

***Kostendegression* 276**

Krise (Depression) Tiefpunkt im Konjunkturzyklus, negative Wachstumsraten des BIP **119**

***Laspeyres-Index* 62**

Leistungsbilanz siehe Bilanzen (diverse Formen) ***108***

Leistungswettbewerb Er ist charakterisiert durch die Anpassung an veränderte Marktbedingungen sowie durch die Entwicklung und Durchsetzung neuer Ideen in Bezug auf neue Technologien, Produkte sowie die Erschließung neuer Bezugs- und Absatzmärkte. **35**

Leitsätzegesetz/Gesetz über Leitsätze Durch das Leitsätzegesetz vom 24. Juni 1948 wurde in den Westzonen, der späteren Bundesrepublik Deutschland, die staatlich verordnete Preisbildung und Kontingentierung im Grundsatz aufgehoben. Die Preise konnten sich wieder für die meisten Produkte im Wettbewerb aufgrund von Angebot und Nachfrage bilden. Damit war die Entscheidung für eine marktwirtschaftliche Ordnung in der Bundesrepublik gefallen. **29 f.**

Leitzinssatz Zinssatz, den die Zentralbank im Rahmen ihrer Geldpolitik festsetzt, um die Zinssätze am Geldmarkt und dadurch das allgemeine Zinsniveau zu beeinflussen. **249**

***Lender of Last Resort* 251**

***Liquidität* 155**

Lohnpolitik Träger der Lohnpolitik sind die autonomen Tarifvertragsparteien. Gewerkschaften

Neoliberalismus/neoliberale Utopie **16, 72**

Nettoinvestitionen Bruttoinvestitionen abzüglich der Ersatzinvestitionen. Nettoinvestitionen erhöhen den Kapitalstock und damit das Produktionspotential eines Unternehmens bzw. der Volkswirtschaft **142**

Neutralität Mehrere Ziele verhalten sich neutral zueinander, wenn sie sich gegenseitig weder behindern noch positiv beeinflussen. **68**

Neutralitätspostulat Nach klassischer Auffassung funktioniert eine sich selbst überlassene Volkswirtschaft optimal. Eingriffe des Staates in das wirtschaftliche Geschehen können grundsätzlich nur als Störungen aufgefasst werden. Um diese Störungen auf ein Minimum zu beschränken, soll sich der Staat bei seiner Finanzpolitik neutral verhalten, d. h. so, dass die privaten ökonomischen Kräfte nicht beeinträchtigt werden, dass also das Wirtschaftsergebnis nicht negativ beeinflusst wird. **174**

New Deal **313**

Offenmarktgeschäfte Über die Offenmarktpolitik steuern die Zentralbanken die Liquidität der Banken. Das wesentliche Instrument sind dabei die Wertpapierpensionsgeschäfte. Die Zentralbank kauft zentralbankfähige Wertpapiere an und vereinbart gleichzeitig mit den Banken den Rückkauftermin und den Preis für den Rückkauf. **26, 249**

Ökonometrie **149**

Ökonomie der Unsicherheit, politische Bezeichnung des Soziologen Ulrich Beck für die soziökonomische Situation der westlichen Volkswirtschaften, die nach seiner Auffassung durch einen Anstieg prekärer Beschäftigungsverhältnisse charakterisiert ist **76**

Ökonomismus **80**

Opportunitätskosten **155, 278**

Output, gesamtwirtschaftlicher Synonym für das BIP **55**

Outsourcing **21**

Paradigmenwechsel **184**

Parallelpolitik vgl. prozyklische Fiskalpolitik **189**

Parameter **257**

Planungsbehörde In den sozialistischen Planwirtschaften war die zentrale Planung das Koordinationssystem. Für die Planung war in der DDR die Staatliche Plankommission (SPK) als zentrales staatliches Organ des Ministerrates für die Planung und Entwicklung der sozialistischen Volkswirtschaft und für die Kontrolle der Durchführung der Planaufgaben zuständig. **34**

Potenzialrate Wachstumsrate des Produktionspotentials **132**

predatory lending **9**

Preiselastizität der Nachfrage **233**

Preisniveau ermittelt durch den Verbraucherpreisindex **60**

Primärdefizit **213**

Primäreinkommen **101**

Privatisierung und Öffnung der Märkte Eine wesentliche Maßnahme innerhalb der Angebotspolitik, um staatliche Monopole (z. B. Post) durch Wettbewerbsmärkte zu ersetzen, damit dem freien Spiel der Marktkräfte Raum gegeben werden kann. Davon werden Preissenkungen und Innovationen erwartet. **206**

Produktionsbedingungen Je nach dem Stand der Technik, dem Standort, den Lohnkosten und Steuern, der Infrastruktur etc. sind die Produktionskosten in verschiedenen Volkswirtschaften und Regionen unterschiedlich. **276**

Produktionsfaktoren Volkswirtschaftlich werden Kapital (Sach- und Humankapital), Arbeit, Boden bzw. natürliche Umwelt als Produktionsfaktoren unterschieden. Betriebswirtschaftlich werden die Elementarfaktoren (objektbezogene menschliche Arbeit, Betriebsmittel, Werkstoffe) und die dispositiven Faktoren (Geschäfts- und Betriebsleitung, Planung, Organisation und Kontrolle) unterschieden. **93**

protektionistisch **66**

Prozesse, expansive kumulative **153, 272**

Prozess, kontraktiver kumulativer **153**

prozyklisch **131**

Quantitätstheorie des Geldes Gemäß der Quantitätstheorie bestimmt die Geldmenge das Preisniveau, weil die Umlaufsgeschwindigkeit des Geldes und der Output als kurz- und mittelfristig konstant angenommen wird. **254**

Rahmenbedingungen Sie sind die vom Staat gesetzten Bedingungen für das Handeln von Unternehmen. Nach Forderung der Angebotspolitiker soll die Wirtschaftspolitik des Staates verlässliche Rahmenbedingungen in Bezug auf Steuern, Abgaben, gesetzlichen Auflagen u. a. schaffen, um das Risiko von Investitionen nicht zusätzlich zu erhöhen. **205**

Rating **224**

Ratingagentur **11**

Rationalisierungsinvestitionen Investitionen, die zur Erhöhung der Produktivität führen **143**

Refinanzierung Die Geschäftsbanken benötigen für ihre Geschäfte Zentralbankgeld. Die Beschaffung von Zentralbankgeld von der Zentralbank wird als Refinanzierung bezeichnet. **245**

Regenerationsrate Bei erneuerbaren Ressourcen soll deren Regenerationsrate nicht überschritten werden, um das ökologische Gleichgewicht zu erhalten. Bezogen auf erneuerbare Ressourcen misst die Regenerationsrate die Geschwindigkeit und das Ausmaß der Wiederherstellung eines ökologischen Gleichgewichtszustandes, der durch die Nutzung der Ressourcen (Abbaurate) gestört wird. **87**

Regression, lineare **75**

Regulierung Eingriffe des Staates in den Marktprozess. **208**

Rendite(erwartungen) Die Rendite bezeichnet den Gewinn aus einer Kapitalanlage. Sie wird als Zinssatz für das eingesetzte Kapital ausgedrückt. **296**

Rentenanpassungsformel **215**

Rentenversicherungsnachhaltigkeitsgesetz **214 f.**

Repogeschäfte **239**

Residualgröße **101**

Ressourcen Die einer Volkswirtschaft zur Verfügung stehenden Produktionsfaktoren Arbeit, Kapital und Naturgüter (Boden, Bodenschätze, Wasser etc.) **119**

Rezession **13, 47**

Say'sches Theorem Es ist einer der Pfeiler der klassischen Lehre, der auch in der Angebotspolitik in modifizierter Form wieder aufgenommen worden ist. Danach schafft sich jedes Angebot seine eigene Nachfrage, so dass sich stets ein gesamtwirtschaftliches Gleichgewicht einstellt, das durch Vollbeschäftigung gekennzeichnet ist. **174**

Schattenwirtschaft Bezeichnung für alle wirtschaftlichen Tätigkeiten, die nicht amtlich erfasst werden (Eigenleistungen, Nachbarschaftshilfe, Schwarzarbeit) **104**

Schuldverschreibungen (Obligationen) **239**

Schwarzarbeit Arbeitsleistungen gegen Bezahlung, für die gesetzeswidrig keine Steuern und Sozialbeiträge von den Unternehmen oder Selbstständigen abgeführt werden, und wodurch der Auftraggeber geringere Ausgaben hat. Je höher die Belastungen mit Steuern und Abgaben sind, umso lukrativer wird die Schwarzarbeit. **104**

Sektor, primärer umfasst Betriebe der Land- und Forstwirtschaft sowie der Fischerei **97**

Sektor, sekundärer umfasst das produzierende Gewerbe und Baugewerbe **97**

Sektor, tertiärer umfasst öffentliche und private Dienstleister, Finanzierung, Handel, Gastgewerbe und Verkehr **97**

Sockelarbeitslosigkeit **71**

Sonderziehungsrechte **292**

Soziale Marktwirtschaft Wirtschaftsordnung der Bundesrepublik Deutschland, in der die Elemente der Marktwirtschaft mit sozialen Zielsetzungen wie sozialer Sicherheit und sozialer Gerechtigkeit verbunden werden **31**

Sozialstaat Begriff, unter dem die vielfältigen sozialen Leistungen des Staates zusammengefasst werden **83**

***Sparquote* 123, 149**

***Staatsausgabenmultiplikator* 189**

***Staatsausgabenquote (Staatsquote)* 43, 213 f.**

Staatsverschuldung Verschuldung des Staates, die dadurch entsteht, dass die Ausgaben höher sind als die ordentlichen Einnahmen durch Steuern und Gebühren. **210**

Stabilisierungsfunktion Die Nachfrage des Staates kann zur Stabilisierung der konjunkturellen Entwicklung führen. In der auf Keynes aufbauenden Nachfragepolitik ist dies eine wichtige Funktion, die den Staatsausgaben zugeschrieben wird. **131**

Stabilität des privaten Sektors, inhärente Nach der Vorstellung der nationalökonomischen Klassiker und in neoklassischer Sichtweise sind dem privaten Sektor Kräfte eigen, die ihn befähigen, aus eigener Kraft mit Problemen fertig zu werden. Die „unsichtbare Hand" des freien Marktes und des Wettbewerbs führen über die Anpassung an veränderte Bedingungen zu einer optimalen Lösung. **204**

***Stabilitäts- und Wachstumspakt (EU)* 28, 213**

Stabilitäts- und Wachstumsgesetz (StWG) Das Gesetz zur Förderung der Stabilität und des Wachstums der Wirtschaft wurde im Jahre 1967 zur Zeit der Regierung der Großen Koalition verabschiedet. In ihm wurden die noch heute geltenden wirtschaftspolitischen Ziele verankert, die Richtschnur für das wirtschaftspolitische Handeln der Bundesregierung sein sollen und die der Sachverständigenrat (SVR) bei seinen Jahresgutachten zugrunde legt. **193**

***Stagnation, persistente* 123**

***Steuern, direkte* 147**

***Steuern, indirekte* 147**

Steuerrad-Theorie von Milton Friedman gebrauchte Metapher zur kritischen Charakterisierung der wirtschaftspolitischen Konzeptionen, die auf Keynes aufbauen **196**

***Stille Reserve* 59**

***Subprime-Darlehen* 8**

***Subsidiarität* 42**

***Subventionen* 147**

***SVR (Sachverständigenrat)* 47**

System der natürlichen Freiheit Die von Adam Smith dargestellte Wirtschaftsordnung, bei der der Staat auf folgende Funktionen beschränkt wird: „[...] Das Land gegen Gewalttätigkeit und Angriff anderer unabhängiger Staaten zu schützen, zweitens die Aufgabe, jedes Mitglied der Gesellschaft so weit wie möglich vor Ungerechtigkeit oder Unterdrückung durch einen Mitbürger in Schutz zu nehmen oder ein zuverlässiges Justizwesen einzurichten, und drittens die Pflicht, bestimmte öffentliche Anstalten und Einrichtungen zu gründen und zu unterhalten, die ein Einzelner oder eine kleine Gruppe aus eigenem Interesse nicht betreiben kann, weil der Gewinn ihre Kosten niemals decken könnte." **33, 171 f.**

System fester Wechselkurse Im System fester Wechselkurse beruhen die festgesetzten Paritäten (Austauschverhältnis zwischen zwei Währungen) auf Vereinbarungen zwischen den Staaten. **65**

System flexibler Wechselkurse In einem System freier oder flexibler Wechselkurse bilden sich die Wechselkurse ohne staatliche Eingriffe nach Angebot und Nachfrage auf dem Devisenmarkt. **65**

Tarifvertragsparteien Gewerkschaften und Arbeitgeberverbände **206**

Theorie der komparativen Kostenvorteile Theorie, die auf David Ricardo zurückgeht und begründet, dass der Güteraustausch zwischen zwei Volkswirtschaften auch dann für beide Volkswirtschaften vorteilhaft ist, wenn eine Volkwirtschaft bei allen Gütern einen absoluten Kostennachteil gegenüber der anderen besitzt. **277**

Transformationsausgaben Dazu zählen der Staatsverbrauch und die Investitionen des Staates. Sie sind dadurch gekennzeichnet, dass sie Bestandteil des BIP sind, da der Staat eine direkte Gegenleistung in Form von Gütern und Diensten erhält im Gegensatz zu Transferausgaben. **187f.**

Trend-Wachstumsrate Wachstumsrate, die nicht die temporären Wachstumsschwankungen, sondern durch Regressionsberechnungen den längerfristigen Trend der Wachstumsrate ausdrückt **125**

Umverteilung Durch staatliche Maßnahmen (Steuern und Transferzahlungen) wird die Primärverteilung der Einkommen, die unmittelbar über den Markt entsteht, korrigiert. Umverteilungsmaßnahmen beziehen sich nicht nur auf die Einkommensverteilung, sondern auch auf die Vermögensverteilung. **83**

unsichtbare Hand Von Adam Smith eingeführter Begriff, demzufolge durch den Marktmechanismus das Streben nach Eigennutz gleichzeitig das Gemeinwohl fördert. Zwischen Eigen- und Gemeinnutz wird eine prästabilierte Harmonie angenommen. **171**

Unterbeschäftigungsgleichgewicht In einem Unterbeschäftigungsgleichgewicht (einer deflationären Lücke) ist die Nachfrage zu gering, um die vorhandenen Kapazitäten und insbesondere das vorhandene Arbeitsangebot voll auszulasten. **183**

Usancen **295**

Verhaltensgleichung Sie drückt eine funktionale Beziehung aus. Beispielsweise gibt die Sparfunktion S = f (Yv) an, dass die Höhe des Sparens von der Höhe des verfügbaren Einkommens abhängig ist. **92, 147**

Verteilungsrechnung Teil der Volkswirtschaftlichen Gesamtrechnung. Die Verteilungsrechnung errechnet den Wert der produzierten Güter aus den Informationen über die bei der Produktion entstandenen Einkommen, die sich auf das Arbeitnehmerentgelt sowie die Unternehmens- und Vermögenseinkommen aufteilen. **96**

Verwendungsrechnung Teil der Volkswirtschaftlichen Gesamtrechnung, Berechnung des BIP über die Verwendungsseite. Sie nimmt die vorhandenen Informationen über die einzelnen Nachfragekomponenten (Unternehmenserhebungen, Produktionsstatistik, Kfz-Zulassungen, Außenhandelsstatistik) und aggregiert diese zu der gesamtwirtschaftlichen Nachfrage. **96**

Volatilität **255**

Volkseinkommen Summe der Arbeitnehmerentgelte, Unternehmens- und Vermögenseinkommen **101**

Vollbeschäftigungsgleichgewicht gesamtwirtschaftliches Gleichgewicht, bei dem die gesamtwirtschaftliche Nachfrage und das gesamtwirtschaftliche Angebot übereinstimmen und Vollbeschäftigung besteht **159**

Vorratsveränderungen Sie stellen die Veränderungen der Vorräte der Unternehmen am Ende gegenüber dem Anfang einer Berichtsperiode an Roh- und Betriebsstoffen, Halb- und Fertigfabrikaten dar und sind in der VGR Bestandteil der Bruttoinvestitionen. **100**

Vorzieheffekte Da Nachfrageprogramme zur Anregung der Konjunktur zeitlich begrenzt sein müssen, besteht die Gefahr, dass sie Vorzieheffekte erzeugen und dass nach ihrem Auslaufen erneut Nachfrageschwäche entsteht. Beispielesweise ziehen Untenehmen ihre Investitionen vor, wenn sie eine Investitionszulage zeitlich befristet bekommen. **201**

Wachstum, exponentielles **51**

Wägungsschema, Warenkorb Bei der Berechnung des Verbraucherpreisindex werden die Verbrauchsgewohnheiten der Haushalte nach der Art und Menge der nachgefragten Güter und Dienstleistungen für das Basisjahr ermittelt. Das Wägungsschema gibt an, zu welchen Anteilen (Gewichtung) die einzelnen Gütern oder Gütergruppen in den Warenkorb eingehen. **61**

Währungsreform Grundlegende Neuordnung des Geldwesens in einer Volkswirtschaft. 1948 wurde in den drei Westzonen Deutschlands eine Währungsreform durchgeführt, bei der die D-Mark die wertlos gewordene Reichsmark ersetzte. **29**

Warengeld Als Zahlungsmittel gilt ein Handelsgut, wie Steine, Muscheln, Vieh, Pelze, Felle oder Metalle. Warengeld ist charakteristisch für wenig entwickelte Gesellschaften. **237**

Wechselkurse Preis einer ausländischen Währung, ausgedrückt in Einheiten der eigenen Währung **65**

Wechselkurssysteme Das System, nach dem sich die Wechselkurse zwischen zwei Volkswirtschaften mit unterschiedlicher Währung bilden **288 f., 291**

Weltbank **22**

Weltwirtschaftskrise **13, 119, 181**

Wertpapier **246**

Wertvernichtung **100**

Wirkungsverzögerungen, fiskalpolitische Sie werden auch als „time lags" bezeichnet und führen dazu, dass konjunkturpolitische Maßnahmen verspätet, also nicht zu dem Zeitpunkt wirken, zu dem sie geplant sind. Dadurch können antizyklische geplante Maßnahmen zum Ausgleich von Konjunkturschwankungen prozyklisch wirken und so die konjunkturellen Ausschläge verstärken. Diese Auswirkungen sind ein wesentliches Argument gegen eine antizyklische Konjunkturpolitik. **200 f.**

Wirtschaftsplan, zentraler In den sozialistischen Ländern erfolgte die Koordination zwischen Angebot und Nachfrage über zentrale Volkswirtschaftspläne. **34**

Wirtschaftsweise **224**

Wirtschaftswunder Bezeichnung für die wirtschaftliche Entwicklung nach der Währungsreform von 1948 bis in die 60er Jahre in Westdeutschland. **29**

Wohlfahrtseffekt Dem freien Außenhandel werden wohlstandssteigernde Effekte zugeschrieben, weil durch die im Ausland kostengünstiger produzierten Güter der Konsum gesteigert werden kann. **276**

Zahlungsbilanzausgleich, materieller Der materielle Zahlungsbilanzausgleich fordert den Ausgleich der autonomen Transaktionen oder den Ausgleich der Devisenbilanz. **110**

Zentralbank Geldpolitische Entscheidungsinstanz einer Volkswirtschaft, die allein zur Ausgabe gesetzlicher Zahlungsmittel berechtigt. Für den Euro-Raum nimmt diese Funktion die Europäische Zentralbank in Frankfurt war. Die Deutsche Bundesbank hat seit 1999 keine geldpolitischen Befugnisse mehr. **206**

Zentralverwaltungswirtschaft Wirtschaftsordnung in den sozialistischen Ländern, die gekennzeichnet ist durch die zentrale Planung seitens des Staates und die Vergesellschaftung des Produktivvermögens, z. B. in der ehemaligen DDR die Volkseigenen Betriebe (VEB) **34**

Zinsausgleichssteuer **295**

Zinstenderverfahren Beim Zinstenderverfahren müssen die Geschäftsbanken gegenüber der Zentralbank die gewünschte Zentralbankgeldmenge und den Zinssatz angeben, den sie für die Refinanzierung zu zahlen bereit sind. **249**

Zwei-Säulen-Ansatz (Strategie) Geldpolitische Strategie der EZB, die sowohl auf die Geldmengensteuerung als auch auf die Erreichung eines gesetzten Inflationsziels setzt, um Preisniveaustabilität zu erreichen. **258**

Zyklusdämpfer Komponenten der gesamtwirtschaftlichen Nachfrage, die konjunkturelle Ausschläge verringern **130**

Zyklusverstärker Komponenten der gesamtwirtschaftlichen Nachfrage, die konjunkturelle Ausschläge verstärken **130**

Register

Bildnachweis

Umschlag.links imago sportfotodienst, Berlin; **Umschlag.rechts oben** VISUM Foto GmbH (Christian Burker), Hamburg; **Umschlag.rechts unten** imago sportfotodienst (Petra Schneider), Berlin; **6** Burkhard Mohr, Königswinter; **8** Claus Tigges, Bethesda, MD 20817; **9** CCC, www.c5.net (Stuttmann), Pfaffenhofen a.d. Ilm; **16** Picture-Alliance (Sven Simon), Frankfurt; **17** Picture-Alliance (dpa), Frankfurt; **18** CCC, www.c5.net (Schwalme), Pfaffenhofen a.d. Ilm; **19** CCC, www.c5.net (Klaus Stuttmann), Pfaffenhofen a.d. Ilm; **22** picture-alliance/ dpa-infografik; **25** Picture-Alliance (dpa), Frankfurt; **26** Burkhard Mohr, Königswinter; **30** Ullstein Bild GmbH (Röhnert), Berlin; **31** laif (KEYSTONE-FRANCE/Keystone/Eyedea Presse), Köln; **32** Süddeutsche Zeitung Photo (AP), München; **36** Picture-Alliance (dpa/Rohwedder), Frankfurt; **39** Schwalme/CCC,www.c5.net; **40** laif (Plambeck), Köln; **41** Picture-Alliance (Martin Schutt/ZB), Frankfurt; **42** Picture-Alliance (dpa/Arne Dedert), Frankfurt; **43** CCC, www.c5.net (Mandzel), Pfaffenhofen a.d. Ilm; **46** CCC, www.c5.net (Reinhard Löffler), Pfaffenhofen a.d. Ilm; **51** Wolfgang Horsch Cartoonist, Niedernhall; **53** Picture-Alliance (dpa-infografik), Frankfurt; **56** Picture-Alliance (dpa-infografik), Frankfurt; **57** Picture-Alliance (Globus Infografik), Frankfurt; **57** CCC, www.c5.net (Jan Tomaschoff), Pfaffenhofen a.d. Ilm; **60** Burkhard Mohr, Königswinter; **62** Picture-Alliance (Globus Infografik), Frankfurt; **64** basiert auf: Verlagsgruppe Handelsblatt GmbH, Düsseldorf; **72** Haus der Geschichte, Bonn; **73** Burkhard Mohr, Königswinter; **78** Klaus Stuttmann, Berlin; **82** Burkhard Mohr, Königswinter; **85** CCC, www. c5.net (Haitzinger), Pfaffenhofen a.d. Ilm; **86** Mussil/CCC,www.c5.net; **105** ddp Deutscher Depeschendienst GmbH (Timm Schamberger), Berlin; **109** Erich Schmidt Verlag GmbH, Berlin; **110** Erich Schmidt Verlag GmbH, Berlin; **111** Erich Schmidt Verlag GmbH, Berlin; **113** Picture-Alliance (akg-images), Frankfurt; **122** Erich Schmidt Verlag GmbH, Berlin; **125** Erich Schmidt Verlag GmbH, Berlin; **129** CCC, www.c5.net (Klaus Stuttmann), Pfaffenhofen a.d. Ilm; **140** nach Nefiodow in Capital 1/2 2000, © Fraunhofer Institut Arbeitswirtschaft und Organisation, IAT Universität Stuttgart; **147** Burkhard Mohr, Königswinter; **151** FAZ Informationsgrafik (Stefan Walter), Frankfurt a. M.; **152** CCC, www.c5.net (Klaus Pielert), Pfaffenhofen a.d. Ilm; **164** CCC, www.c5.net (Klaus Stuttmann), Pfaffenhofen a.d. Ilm; **165** shutterstock (Alan Freed), New York, NY; **166** Burkhard Mohr, Königswinter; **170** CCC, www.c5.net (Gerhard Mester), Pfaffenhofen a.d. Ilm; **171** AKG, Berlin; **174** Picture-Alliance (maxppp), Frankfurt; **177** AKG, Berlin; **182** AKG, Berlin; **184** AKG, Berlin; **186** Roger Schmidt, Karikatur-Cartoon, Brunsbüttel; **188** Erich Schmidt Verlag GmbH, Berlin; **191** Burkhard Mohr, Königswinter; **194** Erich Schmidt Verlag GmbH, Berlin; **195** Götz Wiedenroth, Flensburg; **197** Ullstein Bild GmbH (BNP), Berlin; **199** CCC, www.c5.net (Horst Haitzinger), Pfaffenhofen a.d. Ilm; **203** Borin Van Loon; **207** CCC, www.c5.net (Schwalme), Pfaffenhofen a.d. Ilm; **208** CCC, www.c5.net (Plaßmann), Pfaffenhofen a.d. Ilm; **209** Picture-Alliance (Globus Infografik), Frankfurt; **210** CCC, www. c5.net (Schwalme), Pfaffenhofen a.d. Ilm; **214** Picture-Alliance (Globus Infografik), Frankfurt; **215** Picture-Alliance (Globus Infografik), Frankfurt; **215** CCC, www.c5.net (Klaus Stuttmann), Pfaffenhofen a.d. Ilm; **217** Amelie Glienke, Berlin; **219** Picture-Alliance (Globus Infografik), Frankfurt; **223** CCC, www.c5.net (Jan Tomaschoff), Pfaffenhofen a.d. Ilm; **224** Imago Stock & People, Berlin; **225** CCC, www.c5.net (Jan Tomaschoff), Pfaffenhofen a.d. Ilm; **226** Picture-Alliance (dpa-infografik), Frankfurt; **227** CCC, www.c5.net (Klaus Stuttmann), Pfaffenhofen a.d. Ilm; **236** Picture-Alliance (dpa-infografik), Frankfurt; **237** Andreas Prüstel, Berlin; **240** MEV Verlag GmbH, Augsburg; **241** Picture-Alliance (Globus Infografik), Frankfurt; **265** Erich Schmidt Verlag GmbH, Berlin; **266** CCC, www. c5.net (Klaus Stuttmann), Pfaffenhofen a.d. Ilm; **267.M4 oben** Picture-Alliance (Globus Infografik), Frankfurt; **267. M4 unten** Picture-Alliance (dpa Grafik), Frankfurt; **269** Picture-Alliance (Globus Infografik), Frankfurt; **270** Erich Schmidt Verlag GmbH, Berlin; **272** Erich Schmidt Verlag GmbH, Berlin; **273** Erich Schmidt Verlag GmbH, Berlin; **279** Erich Schmidt Verlag GmbH, Berlin; **281** Picture-Alliance (dpa-infografik), Frankfurt; **283** Picture-Alliance (Globus Infografik), Frankfurt; **284** Picture-Alliance (GLOBUS Infografik), Frankfurt; **285** Picture-Alliance (Globus Infografik), Frankfurt; **290** Picture-Alliance (dpa-Grafik), Frankfurt; **292** Erich Schmidt Verlag GmbH, Berlin; **294** CCC, www.c5.net (Klaus Stuttmann), Pfaffenhofen a.d. Ilm; **296** Erich Schmidt Verlag GmbH, Berlin; **300** Erich Schmidt Verlag GmbH, Berlin; **302** Erich Schmidt Verlag GmbH, Berlin; **303** CCC, www.c5.net (Klaus Stuttmann), Pfaffenhofen a.d. Ilm; **304** Picture-Alliance (dpa Grafik), Frankfurt; **305** CCC, www.c5.net, Pfaffenhofen a.d. Ilm; **312** Amelie Glienke, Berlin; **315** Picture-Alliance (dpa), Frankfurt